本书由郑州中华之源与嵩山文明研究会资助出版

谨以此书纪念中国考古学理论的探索者俞伟超先生

中华之源与嵩山文明研究系列丛书

求真抑或建构

——走出实证主义历史学与考古学

徐良高　著

科学出版社
北　京

内 容 简 介

对于历史学、考古学，我们不仅要知其然，更要知其所以然。史学本体论让我们知其所以然，因而对于历史学、考古学的发展具有重要作用，本书正是一部讨论史学本体论的著述。

本书将史学本身作为研究对象，探讨史学是如何进行的，史学的本质是什么，我们如何对待史学研究及其成果，如何看待史学价值等诸方面的问题，提出了一系列不同于实证主义史观的有关史学本体论的观点。学术创新首先源自观念的改变，本书的诸多观点对于我们重新认识历史学的本质特性，全面审视中国史学传统，检讨当代居于主导地位的实证史观，打破观念禁锢，跳出传统史学思维定式，反思现在的历史学与考古学研究，拓宽视野，促进历史学与考古学的范式创新与转换，都将有所裨益，是学习历史学与考古学理论的重要参考书。

本书适合从事考古学、历史学研究的专家学者及相关专业师生参考、阅读。

图书在版编目（CIP）数据

求真抑或建构：走出实证主义历史学与考古学 / 徐良高著. —北京：科学出版社，2023.3

（中华之源与嵩山文明研究系列丛书）

ISBN 978-7-03-075267-3

Ⅰ.①求… Ⅱ.①徐… Ⅲ.①史学—研究②考古学—研究 Ⅳ.①K0 ②K86

中国国家版本馆CIP数据核字（2023）第048451号

责任编辑：郝莎莎 / 责任校对：贾娜娜

责任印制：张 伟 / 封面设计：北京美光制版有限公司

科学出版社 出版

北京东黄城根北街 16 号

邮政编码：100717

http://www.sciencep.com

北京厚诚则铭印刷科技有限公司印刷

科学出版社发行 各地新华书店经销

*

2023年3月第 一 版 开本：787×1092 1/16

2024年8月第三次印刷 印张：35 3/4

字数：845 000

定价：238.00元

（如有印装质量问题，我社负责调换）

《求真抑或建构——走出实证
主义历史学与考古学》

作　者：徐良高

史学问道三十载（代序）

一

这是一个互联网的时代，一个地球村的时代，一个追求自由、平等、民主的时代，一个多元文化共存与冲突的时代，一个全球化与民族主义共存与互动的时代。对于当代中国来说，还是一个崇尚科学又迷信科学的时代，一个权威遍地又怀疑一切的时代，一个信息泛滥又信息匮乏的时代，一个一夜成名又万事皆浮云的时代，一个目标明确又没有目标的时代，一个彰显自我又迷失自我的时代，一个号召以学习为信仰而学习无用论又甚嚣尘上的时代，一个鼓励创新又抑制创新的时代。我们既大开眼界，又眼花缭乱、无所适从。在这样一个百年未有之大变局的时代，一切权威和主流观念都在被审视、被批判、被解构，时代在呼唤新理论、新思想！

对于中国的历史学、考古学来说，面对全球化与民族主义思潮这一时代大问题及其无所不在的影响，面对汗牛充栋的文献和成千上万的文物，面对各种自以为是的历史真相和历史规律说及彼此之间永无休止的争论，面对各种为我所用的历史阐释、陈述与宣传，面对当代社会剧烈变迁下历史学的失落、困惑和无所适从，面对中国考古学新发现层出不穷而研究思路单一的现状，中国历史学家和考古学家如何适应这样一个剧变的时代，构建与时代相呼应的新理论，找到自己的定位，发挥自己的价值？如何正确认识史学与时代现实之间的关系？历史学家真能"超然物外"，"两耳不闻窗外事，自在小楼成一统"，纯粹地"为学术而学术"吗？

作为一名专业考古学者，我常常在想，专注于古人的盆盆罐罐与人类遥远过去的考古学真的与其生活的时代无关吗？它真的是一门逍遥象牙塔，冷观风云变的纯学问吗？还是时代影响之于我们不过是"润物细无声"，我们对此缺乏自觉意识而已？直觉告诉我们，历史学、考古学与历史学家、考古学家不可能也不会孤立于时代与现实之外。

二

自1982年进入北京大学考古系开始专业学习以来，我一直想弄明白：考古学是怎么回事？我们为什么要研究考古学？考古学研究是如何进行的？考古工作和历史研究有价值吗？具体价值是什么？看到或听到的说法似乎都很高大上，如发现历史规律，指导人类未来之类等等，但我总觉得这种说法过于空洞抽象，在实际工作中没有真切感受。随着自己人生阅历的增加，越来越多地看到人生无常，世事难料，不禁让人越来越怀疑人类社会发展真的有规律吗？

参加工作后，长时间内我一直从事具体的考古发掘与研究，曾主持过西周丰镐遗址、周原遗址和苏州木渎东周古城等一系列重要都城性质遗址的考古发掘与研究工作，也进行过一些专题性学术课题研究，如先周文化、西周文化、礼制建筑、古代都城、文明起源等，对考古学、历史学有了深入的观察与体会。我发现，田野考古并不如想象中那样客观、科学，一尘不染。对于任何史学问题，学术界都是歧异纷呈，不同观点之间的争论总是以言之凿凿、信心满满开始，最终却以争论不休、莫衷一是、不了了之结束，几乎没有形成期望中的共识，更遑论真理与历史真相了。

1996—2001年有幸参加了"九五"国家重点科技攻关项目"夏商周断代工程"，我对历史学研究中的多元现象更有了真切的感受。同一历史学问题，总是各种观点相持不下，争论不休。各种现代自然科学手段的采用，不同来源史料的收罗、使用与整合，不同学科顶级科学家的合作并没有使问题变得更简单，学界分歧也未真正消弭。在各种史料的理解与选择，对不同史料、检测数据的解读与整合，对前人观点的评判与采信等等方面，都呈现出多元并存、歧义纷呈的现象和错综复杂的关系。我意识到，多学科的结合、现代科技手段的应用并未实现历史学的科学化，进而获得历史真相。

为什么会出现这些现象？怎么解释这些现象？如何看待这种困境？我们对历史学的传统认知是对的吗？我们希望找到合理的解释，但过去的历史学教育和认知难以给出令人满意的答案。

我渐渐意识到，要想解释这些问题，首先必须认识历史学的本质属性与特征到底是什么？我们是如何开展历史学研究的？即历史是如何被记录和表述的？谁在说（著述、研究与传播）？为何说（著述、研究与传播）？怎么说（著述、研究与传播）？只有回答了以上问题，不同学者为何总有不同的观点？史学中为何总是充斥着无穷无尽的阐释、争论与各种版本的叙述？不同观点之间难道只是谁对谁错的问题吗？为何多种史观都声称发现了人类社会的发展规律，但现实世界却总是充满不确定性，我们对未来的种种预测总是失败？如何看待历史学研究成果？历史学的意义何在？这些问题才会有合理的解释。从史学研究实践到理论思考，由"术"到"道"，所有这些问题的终极答案就在对历史学的本体论认识上。

三

在我个人对以上问题思考、探索的过程中，从开始的困惑到后来的明悟，经历了从孤陋寡闻到眼界大开，从困顿迷惑到豁然开朗的心路历程。

开始时，自己仅仅是凭直观感受对自己有关历史学、考古学的传统理论认知产生了怀疑，对当代中国历史学、考古学的主流观点产生了一些不同的想法，但这些想法是不是奇思异想？靠谱吗？自己没有信心。为了释疑解惑，我阅读了大量西方史学理论方面的著作，渐渐地认识到自己起初的许多想法虽尚属肤浅，但绝不是胡思乱想，国外史学界已有许多深入的探讨，尤其是一些具有后现代思想观念的史学理论著述更使我有一种与之心心相印、心有灵犀的强烈认同感。吾道不孤也！这增强了我的信心。在这一释惑问道过程中，我深切感受到兴起于西方的后现代思想绝不是少数思想家闭门造车的极端之论，而是对曾经主导西方学术界的实证主义、过程主义的深刻反思与批判，是学术发展的必然结果，体现了学术与时代的互动。

西方史学理论的发达反衬出中国史学理论传统的不足和理论思辨的薄弱。对于今天的中国考古学来说，至今已历经百年，在时空框架建设、多学科结合、"证经补史"观念主导下的中国古史重建等方面已经取得了丰硕成果。我认为，中国考古学所面临的主要问题已经不是更多资料的积累和传统架构的修补，而是重新认识史学本质，反思现有主导理论，突破观念禁锢，打开思维，拓宽视野，接受并鼓励多元化的、创新性的历史阐释与叙述了。唯有如此，中国考古学才能超越传统，开创新路，发挥出无穷潜力，同时走出象牙塔，面向公众，满足日益多元化的社会需求。然而中国考古学的理论研究现状却是，除了一些西方考古学理论著作的译介外，只有一些片段的理论思考和讨论，且基本集中在阐释理论与考古学方法论方面，缺乏系统性的理论构建，更缺乏关于本体论的讨论。迄今为止，我们尚没有一本基于如此丰富多彩的中国考古学实践的系统的本土理论著述，也未形成浓厚的理论思辨和学术争鸣氛围，这与中国考古学的学科地位很不相称，也不利于学科的发展。

在许多中国考古学家的观念中，考古学是一门重在实践、靠实物说话的学科，不需要那些"虚头巴脑"的理论。岂不知我们的一切考古学研究都是阐释，阐释离不开理论，理论自觉是学术创新和进步的基础与保证。

学问之道，不仅要知其然，更要知其所以然。苏格拉底说："没有经过反思的人生是毫无意义的。"同样，没有理论自觉与反思的历史学、考古学研究不过是被别人牵着鼻子的研究，其价值如何，创新何在，也是值得我们深思的。

西方史学理论的影响和对中国考古学理论现状的反思促成本书的写作。我们将本书定位为一本系统讨论历史学本体论的著述，一本基于中国历史学与考古学自身实践而对后现代思潮做出呼应的理论著述。我们希望本书不仅体现中国考古学思想史的内在发展脉络，也反映出中国改革开放四十年所带来的时代变化，并对中国历史学界、考古学界的理论自觉、理论反思与批判起到一点促进作用。

四

从古到今有多远，谈笑之间；从心到心有多远，天地之间。有人说，当两个人交流时，其实是六个人在交流：你以为的你，你以为的他，真正的你；他以为的他，他以为的你，真正的他。两人交流时，你实际上是在和"你以为的他"交流，你真的知道"真正的他"的想法吗？

我本人的亲身经历也使我常常反思这个问题。我从皖西大别山区的偏远农村来到北京大学考古系，然后又有幸工作于中国社会科学院考古研究所，生活于北京这样的世界性都市。考古工作的需要又使我常常到全国各地出差，也偶尔有机会出国进行学术交流。这些经历使我常常有机会与各种不同文化背景、不同职业、有不同经历的人打交道。我最真切的感受就是人与人之间真正理解之难和人类文化的多样性，不同人之间因成长经历、文化背景和生活环境的不同而形成彼此不同的思想观念和行为方式。这种差异使我们常常视他人的观念和行为为怪异，不可理喻。正如著名人类学家克劳德·列维—斯特劳斯所说，要理解女性割礼、男性割礼以及食人族等种种奇怪、令人诧异甚至作呕的习惯和信仰，就得先去了解它的独特背景[①]。人类学的主要内容就是要研究人类文化的产生及其影响，探讨不同文化的差异及其背后的原因，从而促进不同文化人群之间的相互理解、宽容与文化交流。全球一体化和工商业高度发达的当代尚且如此，在交流不便、彼此相对隔绝的古代社会，这种文化差异更应存在。

同时代的人与人之间尚且难以做到彼此真正理解，我们如何有自信去真正理解另一种时代与文化背景中的古人的观念及其行为呢？对于历史学来说，虽然我们希望了解古人的真实生活和社会，但我们真的能完全理解古人的世界吗？我们是不是也在与"我们以为的古人"对话呢？我们关于古人的各种观点与历史叙述是历史真相的再现，还是我们自己对历史阐释与建构？

"不畏浮云遮望眼，自缘身在最高层。"我们努力站到历史学、考古学之外，以

---

① 〔法〕克劳德·列维—斯特劳斯著，廖惠瑛译：《我们都是食人族·前言》，上海人民出版社，2016年。

一个旁观者、超越者的视角和心态来审视中国的历史学与考古学，思考史学的研究何以开展，结论何以形成，陈述何以表达，进而探寻史学的本质、意义及其中的问题。

我们认为，对于历史学研究来说，我们首先应认识到历史与历史学不是一回事，人类社会发展的自在历史与由历史学家所记录、陈述的历史不是一回事，且往往不一致。史料不是自在历史的全面、客观记录，受到史家的影响而具有文本性。史料本身不会说话，历史学家通过史料来说出他自己想说的话。历史学家在史学中发挥着核心的作用，而历史学家是具有主观能动性的复杂的人，会受到各种内在与外在因素的影响。

史学立论前提的假说性，史料的文本性，历史学问题、概念和理论模式的多元性、时代性，等等，都决定我们的各种观点不过是我们对史料和历史现象的解读与阐释，任何历史叙述都是史家对历史的建构，它们都是史家与史料互动的结果，具有不可验证性。不同史家有不同的解读与建构，解读与建构具有多元性。

历史学是一门构建历史记忆的学科，我们需要不断重构历史记忆以满足不断变化的时代需要，历史学不是也不可能做到对自在历史的求真与再现，虽然许多历史学家常常以此自许。一本本历史著述都在告诉我们这样一个历史学的真相：求真与再现是理想，解读与建构才是现实；理想虽崇高，现实才真实。我们虽然不能再现历史过程，但我们可以不断重构历史叙述。因为当代的需要，我们重构对过去的阐释与叙述，过去的历史成为定义现在的手段。

总之，历史学是基于人类现实需要，在特定时代认知体系内，由具有主观能动性的史家在史料和前人研究的基础上，根据个人认知、经验、个性、兴趣、立场、目的等对史料进行选择、判断与解读，并建构有关人类及其文化发展过程的陈述的一门学问。历史学本质上是一门解释性学科，是人类关于自我及其文化发展历程的阐释、建构体系，目的在于满足自己的好奇心，确认我是谁，我从哪里来，证明自我存在的价值与意义以及自身行为合理性。作为一种自古有之的人类文化现象，历史学在更广泛的范围内满足了我们的需要，塑造着我们的观念，影响着我们的行为，对于我们具有重要的价值与意义。马克斯·韦伯和人类学家克利福德·格尔茨说，人是悬在由他自己所编织的意义之网中的动物[1]，历史学就是人类编织意义之网的活动之一。

揭开历史学的面纱，我们会发现，它也许不如我们所想象得那么完美、科学，其中夹杂着种种谎言、谬误、目的和利益诉求，但这应该才是历史学真实的一面，因为历史与历史学背后都是真实、具体且复杂的"人"！

我们认为，指出历史学的建构性本质虽然否定了历史学的求真属性，破坏了历史

---

[1]　〔美〕克利福德·格尔茨著，韩莉译：《文化的解释》，译林出版社，1999年，第5页。

学实证科学化的美梦，但揭示了历史学科作为人文学科的本质特性。从科学精神的本质是质疑而非信仰的角度看，那些常常以真理、真相的名义排斥不同观点，寻求话语垄断的实证史观，未必符合科学精神，而这种不认为历史学是一门实证科学，鼓励多元，呼吁学术批判与质疑的建构史观，似乎更体现出一种科学精神。

在对史学本质特性这种总体认识的背景下来看考古学，作为广义历史学一部分的考古学具有同样的本质特性，虽然考古学的研究对象是物质形态的古代文化遗存，与传统历史学不同。考古学研究本质上也是具有主观能动性的考古学家通过考古发掘和对考古发现的古代文化遗存的解读来建构古代历史叙述并对各种历史现象做出阐释的一门人文学科。考古学研究同样受到时代和文化背景的影响，考古学的目的也是满足当代社会的现实需要。

从对考古学的这种认知出发，我们就能更准确地看待考古学中的相关理论和研究，对它们做出更理性、更客观的评价。比如，新考古学的"中程理论"不过是一种考古学家借自人类学的、用于解读考古发现和构建古史叙述的模式而已，是通过考古发现沟通当代陈述的历史与古代自在的历史之间的桥梁；被中国史学界奉为圭臬的"二重证据法""三重证据法"等根本不是证实古史，再现历史真相的几重平行证据关系，而是历史学解读与构建中的模式与对象关系，几重证据之说不成立；在中国考古学界具有代表性的考古学文化民族说、国家说，各种版本的"最早中国说""中国文化唯一延续论"，都不过是当代民族主义思潮和民族国家历史记忆构建在考古学中的反映，是历史学时代性、建构性的表现，等等。其中一些观点在本书的写作过程中曾发表在相关专业刊物上，受到学术界的重视与好评。

许多学者在自己的历史学、考古学研究实践中也许对史学的本质也有相似的认知或感悟，那么，就让我们将这种认知和感悟系统化，使之从共有知识变成公共知识，成为一种学界共识。

五

古人云："不破不立。"有时候，"破"比"立"更重要。本书的目的重在"破"，希望通过对历史学本质的分析来认清我们头脑中牢固的传统史学思维方式、话语体系和叙述体系，走出固有的思维定式，突破观念禁锢，尝试从不同的视角看待我们的历史研究，看待中国当代历史学与考古学。"不识庐山真面目，只缘身在此山中。"只有认识到历史学、考古学的建构性本质，清醒地意识到我们所固有的一套史学观念与思维方式及其影响，才可能突破这些定式思维与固有观念的禁锢与束缚，发扬批判质疑的科学精神，破除权威迷信、洋人迷信、权力迷信、真理迷信，开启史学创新的无限可能性。罗曼·罗兰说："世上只有一种英雄主义，就是在认清生活真相之后依然热爱生活。"我们希望在认清历史学、考古学的真相之后更加热爱历史学、考古学。

本人一贯主张，一本好的著作、一篇好的文章，要么给人启示，要么给人知识，但给人启发、促使人思考比给人知识更重要。本书的目的主要不是传播历史学知识，而是希望能够帮助我们反思当代中国主流史观，重新思考诸多史学传统认知，打开思维，另眼看史学。同时，我们也希望本书是一本具有反思批判精神的著述，可以在史学界激起一点点水花和涟漪，促使学界意识并反思我们潜意识中的种种自以为是的观念。本书如能发挥一点对我们的固有观念和思维定式的质疑、批判作用，引起我们对当前历史学、考古学主流范式的审视与反思，足矣。

当然，我们也必须承认，后人之所以能超越前人，主要在于后人站在前人的肩膀上，因而能够看得更远、更全面、更深刻。同时，我们希望由对"旧"的"破"带来对"新"的"立"。当然，这种"立新"不应是另一种历史解读与叙述体系的话语垄断，而应是历史解读与叙述的多元化，"百家争鸣，百花齐放"。

有朋友说，本书所谈多应为我们史学工作者应该具备的常识。本人赞同，在此我想引用梁文道在他的文集《常识》中所写的一句话："本书所集，卑之无甚高论，多为常识而已。若觉可怪，是因为此乃一个常识稀缺的时代。"①我们希望常识能够回归。

我们也知道，对于本书中的诸多观点，学术界会有不同的看法和争论。我们认为，本书中提出的诸多问题和观点即使对于那些坚信实证史观的人来说，也是不容回避的问题。如果他们对这些问题不能给予合理的解释，对我们的观点不能提供令人信服的辩驳理由，那么，历史学、考古学的实证科学化、人类历史的真实过程终将再现等的乐观愿景将缺乏学理基础和内在逻辑的支撑，因而也就无从谈起。

六

我们希望本书是建立在中国历史学、考古学自己研究实践之上的理论思考，而不是西方理论的简单引进和介绍。因此，在书中，我们尽可能结合中国的历史学与考古学研究实践，尽量采用中国历史学、考古学的研究案例，少用外国案例。不过，我们在此想提醒的是，限于种种原因，本书基本不涉及中国当代史讨论，但只要我们稍加

---

① 梁文道：《常识》，广西师范大学出版社，2009年。

关注，恰恰是这些我们有切身感受的各种当代史记录与叙述版本以及发生在我们身边真实生活给予了我们最直接、最真切的例证来显示历史学的建构性本质。今天的古代史就是古代的当代史，以今度古，今犹如此，古何能免！

除了力求内容的创新和中国化，我们也试图在其他方面有所创新，如基于对各类文字资料都是文本的认识，我们对各种形式的文献都给予了同等的重视，如论文、报刊文摘、网络文章等等。

理论思考和讨论是一个没有终点的过程，无论是对整个学科来说，还是对研究者个人来说，都是如此。追求终极的理论是错误的，自吹为终极理论或真理是荒谬的。因此，本书对我个人来说仅仅是一个阶段性的思考和认识，不足之处在所难免，书中的许多观点都有待深入探讨，我们真诚欢迎各种严肃的学术批评。

值此中国考古学界百年欢庆之时，我们更应该保持冷静、理性的科学态度。我们希望能借本书提醒大家静心思考历史学、考古学的一些根本性问题，在学术研究中重视创造历史、记录历史的人及其作用，关注人的主观能动性、人性的复杂性和人所创造文化的多元性，认清史学的本质，将各种号称为历史"真理""真相"的解读与叙述还原为一种建立在某些理论前提基础上的学说与观点，进而推动学术批评与科学质疑精神，解放思想，促进创新。

七

钱理群说，在如今的高校中，政治活动家型知识分子占主导地位。静心想来，本人实为一天性自由散淡之人，深以陈寅恪的"独立之意志、自由之精神"为是，实无成为政治活动家型学者的能力，也从未想过要归入何门何派，做事为人的原则唯有遵从本心，独立思考，行所当行，言所当言，以不误人自警。

饶宗颐说："一个人在世上，如何正确安顿好自己，这是十分要紧的。"本人从不认为著书立说、青史留名是一件多么重要且神圣的事情，但却从心底里认同发现安身立命之道、寻求内心安宁对一个人来说是一件非常重要的事。本书的写作过程虽然辛苦，但确使我深切体会到这种感受。

本书的创作前后历经30余年，从开始的资料收集与杂乱思考到前后两次计3年的资料整理、写作，从数百万字的资料摘抄、心得杂记到140万字的初稿，再到近80万字的二稿，再到50余万字的定稿，再到此后的修改，经历了一个漫长的过程。这是一个既痛苦又充实的过程，个中甘苦非他人所能体会。

七易其稿，书稿终于付梓，感到无比轻松！虽然熬白了少年头，但自认为尽可能做到了"行我当行，言我当言，唯求从心，不问西东"，无憾矣。

章学诚在《文史通义》中说："书有序，所以明作书之旨也，非以为观美也。"本人希望本篇自序能达到这一目的，同时顺便交代清楚本书的写作背景和我个人的心路历程，以为正文之补充。

感谢这个改革开放的伟大时代，感谢在本书的写作、出版过程中给予支持的所有师友。在此特别向李伯谦老师致敬，向王巍、陈淳、陈星灿、朱岩石、许宏、刘建国诸师友致谢，他们的无私支持和热情鼓励使本书得以完成并出版。在本书写作过程中，我的家人给予了全力支持，我的学生吉野彩美提供了诸多帮助，郑州中华之源与嵩山文明研究会资助了本书的出版，科学出版社的闫向东社长、郝莎莎编辑为本书的出版付出了大量心血，在此一并致谢。

孙庆伟

2022年10月10日

目　　录

第一章 史 学 原 理

通过理论反思，打破观念禁锢，跳出定式思维，才有百花齐放，学术繁荣。

第一节 什么是史学理论

作为一个以历史学为职业的人，我们首先应该对以下问题有所反思：我们对历史的认识与讲述是真实历史的再现，还是我们的解释和对古人世界的想象？古人的观念认知、行为方式、衣食住行到底是怎样的面貌？我们真的能与古人沟通，对他们的世界一清二楚吗？我们真能再现他们的生活，理解他们的行为、观念和思想吗？我们如何以及能否判断我们关于历史的解释与讲述是真实历史的再现，或只是我们的解读与建构呢？对历史学原理展开讨论，即开展史学理论研究是解答这些疑问的钥匙。

什么是史学理论？广义的史学理论包括历史学的本体理论和对象理论。

本体理论是将历史学科本身作为研究对象，对相关问题进行探讨的各种理论。对象理论是将人类过去的历史作为对象，予以阐释和叙述的各种理论与观点。正如赵吉惠在《史学概论》中所提出的，历史学可分为史学理论、历史过程与规律的叙述、史料三个层次。史学理论包括历史哲学、历史学自身的理论和方法、历史过程中概括的理论和方法三个方面[①]。

本体理论探讨的是历史学的本质，大约相当于"历史哲学"的研究范畴，正如克罗齐所主张的，历史哲学所涉及的历史不是本来意义的历史，而是历史学。他主张把历史哲学作为历史认识论，也就是不以客观的历史为研究对象，而以历史学（历史编纂学）为研究对象。

狭义的史学原理的主要关注对象就是历史学本体理论，即历史学到底是什么。这也是每一个史学工作者首先应该关注的问题。

布莱德雷说："历史哲学，亦即对历史进行一番哲学的反思，是古已有之的，但是

---

① 赵吉惠：《史学概论》，陕西师范大学出版社，1990年。

要到1951年沃尔什（W. Walsh）的《历史哲学导论》一书才正式提出所谓'思辨的历史哲学'与'批判的历史哲学'之分，并且为不少的学者所接受。"①对本体论的关注不仅来自史学家对本学科相关具体研究的思考与体悟，也来自科学方法论研究者的影响。

　　随着历史学家对自己史学研究实践过程的总结与反思，许多问题自然不可避免地被提出：历史学是否等同于历史？各自的本质是什么？彼此之间是什么关系？史料是如何形成和发现的？即历史是如何被记录和表述的？有什么特性？谁在说（写、研究或记录）？怎么说（写、研究或记录），即历史学家是如何进行研究和陈述的？历史学研究对象是如何被选择、解释和建构的？为什么这样说（写、研究或记录）而不那样说（写、研究或记录）？如何看待历史学家之间不同的观点与陈述？为什么史学中充斥着争论、无穷无尽的阐释与各种版本的叙述？能否对史学研究成果做真假对错的判断，或我们所做出的是否仅仅是有关阐释与叙述合理性的判断？判断标准是什么？面对各种史学观点和有关历史的阐释与叙述，我们如何做出自己的选择？我们的工作有价值吗，即历史学的意义何在？历史学是科学还是艺术，是实证还是建构，是基于当代需要还是为了再现过去和寻找人类社会的发展规律？人类社会的发展规律是否存在？等等。这些问题困扰着那些探根究底的史学家们，他们希望找到答案，历史学本体论成为一种需要。理论思考就是这样的追根究底。对于学术研究来说，只有不停地追问为什么并试图解答它，才会有真正的科学探索和学术创新，这正是传统中国学术，包括史学所欠缺的②。

　　当代科学方法论的研究者们提出"元理论"概念，将研究一门科学的元理论的学问称为"元科学"，如"元数学""元逻辑学""元历史学""元物理学"等，以区别于对象理论。"逻辑经验主义者的许多人从20世纪50年代起，把他们对自然科学的元理论研究的兴趣，转移到历史科学，于是形成了批判的（分析的）历史哲学。它研究历史知识的基础和理论结构、研究历史的理解与解释、一般规律和因果关系在历史

① 〔英〕F.H.布莱德雷著，何兆武、张丽艳译：《批判历史学的前提假设·译序》，北京大学出版社，2007年。
② 亨利·奥古斯特·罗兰说："为了应用科学，科学本身必须存在。假如我们停止科学的进步而只留意科学的应用，我们很快就会退化成中国人那样，多少代人以来他们（在科学上）都没有什么进步，因为他们只满足于科学的应用，却从来没有追问过他们所做事情中的原理。这些原理就构成了纯科学。中国人知道火药的应用已经若干世纪，如果他们用正确的方法探索其特殊应用的原理，他们就会在获得众多应用的同时发展出化学，甚至物理学。因为只满足于火药能爆炸的事实，而没有寻根问底，中国人已经远远落后于世界的进步。"见亨利·奥古斯特·罗兰：《为纯科学呼吁》，《前沿科学（季刊）》2012年3期第6卷·总第23期。

中的作用、历史认识的客观性和主观性等等，而不涉及历史事实本身。"①

概而言之，本体理论将历史学本身作为一种人类的文化现象来考察，追问历史学的本质是客观再现历史，还是主观建构历史？是神意的表达，还是忠实的记录？有无规律？史家的作用是什么？历史事件是具体的、独一无二的，还是规律的表象，受规律的支配？我们如何记录历史？如何选择、判断、表达？什么因素会影响到我们？历史学的价值和意义是什么？问题、理论与史料的关系如何？等等。如果所有的史学研究和历史过程的叙述都是基于当代的阐释与建构，那么，史学本体论就是要研究历史因何被阐释与建构，如何被阐释与建构，为何不断被解构与建构，等等。从一定意义上讲，本体理论与具体研究的关系，大约相当于过去所说的"道"与"术"的关系。

关于对象理论，有学者将科学研究中的对象理论定义为："科学家基于对该学科的研究对象——即大量的现象或事实——的观察，建立了由一套描述性的陈述和判断性的陈述所构成的逻辑系统；这些陈述由概念、范畴、定义、原理、定律等所组成。这就是科学理论的结构，它的作用就在于：认识各种变量（如数学变量、时间变量）之间的相互关系（如因果关系、发生学的关系等等），以达到解释某种（或某些）已知现象为什么发生，并预测将要发生的现象。"②

如果以此为标准，历史学的对象理论就是那些用于描述史料，阐释历史现象，解释现象之间关系，构建历史叙述的概念、史观、理论与模式等，以及历史学家利用这些概念、史观、理论或模式对史料所做的解读，对历史现象所做的阐释，对历史过程所做的叙述与解释。如关于人类文明社会的特征、起源及其产生动力的各种解释，如生态影响论、人口增长论、灌溉论、贸易发展论、战争论、宗教论、社会分层论、系统论、古国—方国—国王发展过程说等都属于对象理论③。历史学的对象理论包括人类文化的所有方面，是史学研究的基本内容。

对象理论解决的是两个基本问题：①历史是什么，②历史现象背后的为什么。实证主义史观所追问的人类社会发展规律也属于"为什么"的范畴。托波尔斯基说："在历史研究中，一个历史家向自己提出的问题的总和可以归纳为如下的三个基本类型：（1）（曾经）是什么——即叙事学的问题；（2）为什么（曾经）是那样——即解释性的问题；（3）从关于过去的研究中得出什么科学的规律——即理论性的问

---

① 朱本源：《历史学理论与方法》，人民出版社，2007年，第85页。

② 朱本源：《历史学理论与方法》，人民出版社，2007年，第84页。

③ 徐良高：《他山之石，可以攻玉——英美学术界"文明起源"研究及其启示》，《古代文明研究》（第一集），文物出版社，2005年。

题。""历史的对象理论是对历史上的重大事件和人物的行为的一种尝试性的解释，是历史家回答他自己提出的问题的答案中的主要组成部分。"①

简而言之，本体理论探讨历史学是怎么回事，对象理论回答历史是怎么回事。从某种意义上讲，对象理论与本体理论的关系，犹如游戏的参与者和游戏规则制订者的关系。前者强调规则的神圣性和遵守的必要性、正确性。后者则要思考规则的本质、目的及其相对性、局限性和人为性，还有如何使之更加完善。两者之间密切相关，互相影响。一方面，通过具体的历史学实践，我们认识史学的本质，由自在的历史研究者到自觉的历史研究者，由知其然到知其所以然。另一方面，本体理论是学术研究的基础理论，决定我们如何看待史学学科影响，如何开展史学研究，如何看待研究成果。只有通过史学本体理论的思考，我们才能认识到历史学的本质特性和原理，打破旧观念禁锢，并由此带来对象理论的创新，即历史现象新解读与历史叙述新构建的出现。中国近代新史学的兴起、新考古学和后过程主义考古学的出现都与对史学本体论的新思考、新认识密切相关。

史学研究对象涉及人类文化的方方面面，相关理论包罗万象，非本书内容可以覆盖，也非本书讨论的对象，故不在本书中予以讨论。在本书中，我们将集中讨论史学本体理论所涉及的史料、史家、史观、研究过程、理论模式、成果判断、历史学的社会价值等问题。

第二节　史学理论的价值

1926年，爱因斯坦在与海森伯关于科学观察的本质和意义的讨论中提出"理论决定我们能够观察到的东西"，毛泽东说："感觉到了的东西，我们不能立刻理解它，只有理解了的东西才能更深刻地感觉它。感觉只解决现象问题，理论才解决本质问题。"②

年鉴学派史学的口号是"没有理论就没有史学"③。于沛说，20世纪中国史学研究的实践证明，理论是基础，任何一次史学实践的重大发展，都是以史学理论的进步为前导，史学理论的发展，是历史学永葆青春不断获得前进的动因④。对于考古学来说，

---

① 朱本源：《历史学理论与方法》，人民出版社，2007年，第104页。

② 毛泽东：《实践论》，《毛泽东选集》（第一卷），人民出版社，1991年。

③ 朱本源：《历史学理论与方法》，人民出版社，2007年，第86页。

④ 于沛：《没有理论就没有历史科学——20世纪我国史学理论研究的回顾和思考》，《史学理论研究》2000年第3期。

同样如此。"为了研究过去，考古学家先确定要研究的问题，再运用一系列考古学方法来发现、复原、保护、描述和分析考古学遗存，以解答这些问题。为了探索这些遗存的意义，考古学家有一套理论体系作为指导，这些理论为解释考古证据提供了手段而且有助于对过去进行描述和说明。"[1] "理论是所有考古学方法和实践的中心。理论确立了研究的领域和考古学者的工作方法。它形成而且影响了考古学所使用语言的逻辑。"[2]广义上讲，所有考古都是理论的。后过程主义者认为技术和资料背后都隐藏着理论。任何貌似中性的陈述、分析都具有强烈的理论色彩[3]。那种认为可以不管理论，只进行具体历史问题的研究也没有摆脱理论的影响，只不过研究者凭借的是自己的经验、常识和自己受教育过程中所接受的以各种理论为基础进行的潜意识的、直觉性的研究，是一种自发自然的研究方式。

所以，英国历史哲学家布莱德雷说："根本就不存在没有任何预先判决的历史这样一种东西；真正的区别只在于有的作者有着他的各种预先判断而并不知道它们是什么，并且他们的预先判断可能是错误的；而有的作者则是有意识地根据自己所认为是真理的已知基础而在有意识地发号施令并且在创造。""唯有当历史学警觉到了它的前提假设的时候，它才开始成其为批判性的，并且尽可能地保护它自己远离种种虚构的异想天开。"[4] "所有学术讨论中最偏颇的观点往往源自那些公然声称自己的立场是中性的、不含偏见的和无价值倾向的人。"[5]

理论引导研究，史学理论既帮助我们提出问题，开阔视野，也帮助我们对史料进行选择与阐释，指导我们建构历史叙述，还帮助我们对各种观点进行审视与评判。从这个意义上讲，历史学学术史首先是理论发展史，是思想观念变迁史，对于历史学来说，富有启示的新理论、新思想甚至比新史料更关键，更能推动史学的发展。

本体理论研究的重要性如下。

每一个史学研究者都有自己心目中的元理论，只不过有些学者经过自己的主动反思和选择，具有明确的自我意识；有些学者则是潜意识的，其关于历史学的观念、认知或来自所受的教育，前人的研究成果，或来自个人的经验感悟。

---

① 〔美〕罗伯特·沙雷尔、温迪·阿什莫尔著，余西云等译：《考古学：发现我们的过去》（第三版），世纪出版集团上海人民出版社，2009年，第13页。

② 〔英〕肯·达柯著，刘文锁、卓文静译：《理论考古学》，岳麓书社，2005年，第219页。

③ 〔英〕马修·约翰逊著，魏峻译：《考古学理论导论》，岳麓书社，2005年，第178页。

④ 〔英〕F. H. 布莱德雷著，何兆武、张丽艳译：《批判历史学的前提假设》，北京大学出版社，2007年，第28页。

⑤ 〔英〕马修·约翰逊著，魏峻译：《考古学理论导论·前言》，岳麓书社，2005年，第4页。

何兆武说："什么是历史？什么是历史学？历史知识和理解的性质是什么？倘若不首先认真考虑并确切回答这些问题，就径直着手研究历史，那种历史知识就必然是盲目的而又混乱的，有如盲人摸象。……当代我国史学界有人喜欢侈谈中国历史的特点以及人类历史的普遍规律之类，而对于作为其先决条件的，即什么是历史的和历史学的本性和特点，却毫不措意，这又怎么能够把历史学和历史认识建立在一种健全的基础之上呢？历史理性批判这项工作乃是历史学研究的一项前导或先行，不首先进行这项工作，历史学就等于没有受洗礼，就没有资格侧身于学术的殿堂。"[1]是啊，我们孜孜以求希望获得历史的真相，但我们却往往忽略探求历史真相的历史学的真相！

本来，学术的目的是探究事物的本质，那么，我们又怎么能忽略对学术自身本质特性的探究呢？没有学理的深入讨论，就不会有具体研究的真正突破。没有理论的自觉和反思，就不可能做到对学科不仅知其然，而且知其所以然，进而全面审视学科的理论基础、方法、思路、价值与意义，客观地评价已有成果及存在的问题，准确把握发展的方向和趋势。真正的创新与发展不是人云亦云或为创新而创新，为反对而反对。

对于任何一门学科来说，创新的前提首先是要全面审视和深刻反思已有研究成果，将我们潜意识中的定式思维和偏见呈现出来，分析其形成背景和优缺点，只有这样才能在传承中创新。"不识庐山真面目，只缘身在此山中。"本体理论首先可以帮助我们超越史学看史学，通过历史学本体的反思与研究，高屋建瓴，站在更高的视角看待当前的历史学研究，知其然，知其所以然，使我们认清自身研究的时代性与局限性，开展真正的学术批评与讨论，培养真正的科学精神，破除学术迷信和垄断，培养"百花齐放、百家争鸣"的学术氛围，我们才能走向研究的自觉，审视我们的研究成果，进而超越现有的史学研究概念、范式、体系与成果。

缺乏理论的自觉和反思，往往导致以我之标准要求他人，衡量他人研究，轻率评判他人成果，固执地自认为代表科学、正确等现象，忽略了自己的研究和观点也是有理论前提的，也是相对的。而本体理论思考可以帮我们树立"兼容并蓄"、客观评价多元学术观点的学术意识与胸怀。

为学之要在于不疑处有疑，一个缺乏通过不断的自我反思、批判来努力排除各种或明或暗的固有思想观念禁锢的学科如何才能跳出窠臼，实现真正的创新呢？中国史

---

[1] 何兆武：《对历史学的若干反思》，《史学理论读本》，北京大学出版社，2006年，第65页。

学传统和当代史学研究与教育实践都缺乏对理论的关注和理论的思辨、反思与批判，大多数史家是由所受教育和学术传统培训出来的陷于既有范式而不自知的研究者。如果我们继续这种囿于现有思维定式和学术范式而不自省，真正的学术自由与创新就无从谈起！

具体到考古学来说，本体理论同样重要。可是中国考古学界流行的主流观点却认为考古学以材料说话，理论无所谓，更无所谓本体理论，或认为我们的指导理论是不言自明，无须讨论。

事实真的如此吗？其实不然，我们的一切研究都是在特定的理论框架内和假说的前提基础上的。张光直说："考古学理论指的是我们考古学家坚信考古材料——包括其性质、分类、相互关系、稳定或变化的机制可以被处理和解释的这样一个概念体系。""简单地说，理论赋予我们运作我们的方法论体系，选择我们收集、整理和解释我们所用的资料的具体方法和技术的框架。"[1]"我们可以说，考古学上的理论是在考古作业的每个步骤上指导我们作何选择，如何作此选择的，关于文化现实、社会现实的有系统的一套看法和想法。换句话说，在考古学实践中，我们应当先知其所以然才能决定其然。使我们能知其然的便是考古学理论。口口声声说他不相信考古学理论，或者说他没有考古学理论的人，并不是真没有考古学理论，而是只有未经检讨的、不成系统的或者甚至是迷惑混乱的理论。""如果有的考古工作者认为考古学理论不值得重视的话，我们不妨问一问，是盲目地使用主观的、未经检讨的理论好，还是先对自己的理论体系作一番检讨好呢？"[2]马修·约翰逊说："大多数的考古学家都同意从广义上来讲我们解释过去的方式具有'理论'特征。例如，我们可以引用诸如社会和生物进化的普遍原理。""如果任何人告诉你，他们是'没有理论'的考古学家，也就是说他们'对理论不感兴趣'；或者同那些'时髦的理论家'相反，他们从事的是'真正的考古'，都没有讲出全部的真相。虽然他们为自己贴上'实用主义'或者'常识'的标签来掩饰理论成见，其实他们和其他人一样都是理论家。我认为他们为了达到这一目的而逃避了阐明其工作的学术基础的责任，并且为了避免批评性的分析而试图隐藏他们实际使用的理论假设和方法。"[3]

---

[1] 张光直著，曹兵武译：《考古学：关于其若干基本概念和理论的再思考》，生活·读书·新知三联书店，2013年，第104页。

[2] 〔加〕布鲁斯·G. 特里格著，陈淳译：《时间与传统·序》，中国人民大学出版社，2011年。

[3] 〔英〕马修·约翰逊著，魏峻译：《考古学理论导论》，岳麓书社，2005年，第2、7页。

　　比如夏鼐先生关于中国考古学的定义："考古学属于人文科学的领域，是历史科学的重要组成部分，其任务在于根据古代人类通过各种活动遗留下来的实物，以研究人类古代社会的历史。""考古学是根据古代人类通过各种活动遗留下来的实物以研究人类古代社会历史的一门科学。""作为一门历史科学，考古学的研究不应限于对古代遗迹、遗物的描述和分类；也不应限于鉴定遗迹、遗物的年代和判断它们的用途与制造方法。考古学研究的最终目标在于阐明存在于历史发展过程中的规律，而马克思列宁主义的历史唯物论便是指导研究这种规律的理论基础。"①。从这段论述中，我们可以明显地看出其中的时代主流思想——进化论、近代民族主义思潮、实证主义新史学和马克思主义的影响。

　　在中国史学界，对历史学的主流定义迄今仍认为历史学是一门科学，目的是寻找人类社会发展规律，并用以指导未来发展。同样，在考古学界，夏鼐先生几十年前所提的关于中国考古学的定义仍被奉为圭臬，尚无人予以质疑。现在看来，这些定义无疑是将历史学、考古学简单化了，同时禁锢了我们的视野、思路。我们是继续闭眼跟着前人走，还是自己也睁开眼睛看看脚下的路？苏格拉底说："未经反思的生活是不值得过的。"同样，未经反思、批判和质疑的任何理论、思想和学术观点是不是也不应盲信？我们是否应该经常自问：我们的许多观念是别人灌输给我们而被我们认为是理所当然的，还是经过我们自己独立思考后而做的判断与选择？我们是依据被灌输的思想观念，生活在他人安排的生活方式和别人所规定的文化规范之中，还是自己独立思考后形成的思想观念和生活在自我选择的生活方式之中？

　　中国史学（包括考古学）的创新当从改变观念和思维方式起，而改变观念和思维方式当从观念和思维方式的自觉意识和自我批判起，观念和思维方式的自觉意识和自我批判则应从本体理论讨论始！

　　英国考古学家科林·伦福儒说，经历了大概四十年，英美的考古学者逐渐意识到真正的考古学史不仅是指考古发现的历史，也不只是科学技术的发展史，真正意义的考古学史也是考古学思想的发展史②。经验证明，难度最大的进展是观念上的进步。要回答历史重建的问题，与其说依靠新的发现或发掘，还不如说来自分析上的进步和理性、观念上的发展③。中国考古学要有突破性发展，首先必须对我们的考古学本体理论

---

① 中国大百科全书总编辑委员会《考古学》编辑委员会：《中国大百科全书·考古学卷》，中国大百科全书出版社，1986年，第1—3页。

② 陈淳：《考古研究的哲学思考》，《中国文物报》2006年8月11日第7版。

③ 杨建华：《外国考古学史·科林·伦福儒序》，吉林大学出版社，1999年。

进行反思与批判，使我们由一位理论自然观的史学家变为一位理论自觉观的史学家。"真正的考古学家也应是理论家、思想家、哲学家，是一个关注理论和社会思潮的人文科学学者。"①

文化的创新来自观念的创新，社会的变化源自思想的变化。陈春声说："对于人文学者来说，思想的发明要比知识的创造重要得多。思想的发明是人文学科的根本追求。人文学科不会给你很多实用性的知识，但是它提出的思想可能会改变人们对世界的看法。因为人们对世界看法的不同，他们面对和改造世界的方法也就有所不同，结果，世界也随着改变了。"②我们希望，从考古学中，不仅能享受到发现的得失喜忧之乐，还能品味到思想的思辨醇厚之美！考古学给我们的不仅仅是一个个精彩的故事，也不只是有关人类过去的各种知识，还能给我们带来启迪、思想和人生大智慧！忽视理论和思想，历史学带给我们的只是知识，而不是智慧。

哈耶克说人类是观念的动物，观念的转变和人类意志的力量塑造了今天的世界。观念指导行动，观念的变化带来文化的创新。我们常常被某些固有观念和成见所禁锢，被各种条条框框所束缚而不自知，只有通过理论反思，打破观念禁锢，跳出定式思维，才有百花齐放，学术繁荣，中国史学领域需要一场思想再解放运动。这也正是本书的写作目的——推动理论自觉，促进对当代史学的反思，改变固有观念。可以预见，"一旦我们的思想观念更新了，原来的史料就被转化为新史料并被给予新的诠释而获得新的意义"③。

一言以概之，历史学本体论的讨论对历史学研究的作用就是帮助我们认清本质，改变观念，促使反思，推动创新。

第三节　中国史学理论传统与考古学理论现状

一、中国史学理论传统

史学理论在历史学中既然占有如此重要的地位，那么，史学理论研究在中外历史学传统中到底占据着怎样的地位呢？当代中国历史学、考古学在史学理论上的探索又

---

① 张春海：《考古学与哲学联手打开新视野》，《中国社会科学报》2013年3月11日第A01版。

② 陈春声：《人文学科的"有用性"》，《大学的根本》，商务印书馆，2015年。

③ 何兆武：《对历史学的若干反思》，《史学理论读本》，北京大学出版社，2006年，第66页。

如何呢?

近代以来,历史学本体论的讨论在西方学术界倍受重视,它们以历史哲学的面貌出现,成为哲学研究的重要组成部分,相关重要学者与著述众多。著名学者有维柯、康德、黑格尔、卡尔·马克思、兰克、罗宾·乔治·柯林伍德、托波尔斯基、克罗齐、年鉴学派多位代表性学者、卡尔·波普尔、卡尔·贝克尔、海登·怀特,等等,代表性著作有黑格尔的《历史哲学》、爱德华·霍列特·卡尔的《历史是什么》、耶日·托波尔斯基的《历史方法论》、贝奈戴托·克罗齐的《历史学的理论和实际》、科林伍德的《历史的观念》、卡尔·波普尔的《历史决定论的贫困》,马克·布洛克的《为历史辩护或历史家的技艺》、雷蒙·阿隆的《历史哲学》,等等。在考古学方面,西方学术界对本体理论进行思考与讨论的代表性人物有戴维·克拉克、路易斯·宾福德、布鲁斯·炊格尔、伊恩·霍德等,代表性著作有戴维·克拉克的《考古学纯洁性的丧失》《分析考古学》,布鲁斯·炊格尔的《时间与传统》《考古学思想史》,路易斯·宾福德的《作为人类学的考古学》,伊恩·霍德的《阅读过去》,马修·约翰逊的《考古学理论导论》,等等。

在近代以来的中国史学界,受西方的影响,也有一些学者对历史学本体理论进行过系统的思考,如梁启超、李大钊、何兆武等,代表性著作有梁启超的《中国历史研究法》,李大钊的《史学要论》,白寿彝的《史学概论》,何兆武的《历史理性批判散论》《历史与历史学》,瞿林东的《中国史学的理论遗产》,王学典主编的《史学引论》,等等。

往前追溯,在源远流长的中国历史学传统中,有关历史学本体理论的讨论又是一种怎样的状况呢?

在中国史学发展史上,对史学理论有所论述的代表性人物及其著作有早期的孔子与《春秋》,西汉的司马迁与《史记》,唐代的刘知几与《史通》、杜佑与《通典》,清代的章学诚与《文史通义》等。其中,唐代刘知几《史通》论述了"史法"即史书形式和内容,以及史家才学识的重要性,清代章学诚《文史通义》在继承刘知几学说的基础上,更强调"史德""史意",即史家的道德、思想和史学的功能。梁启超说:"要之自有左丘、司马迁、班固、荀悦、杜佑、司马光、袁枢诸人,然后中国始有史;自有刘知几、郑樵、章学诚,然后中国始有史学矣。"[1]这里的所谓史是指对历史的研究,史学是指对历史学自身的思考,亦即我们今天所说的史学理论。梁启超进一步说:"自有史学以来二千年间,得三人焉:在唐则刘知几,其学说在《史

---

① 梁启超:《清代学术概论》,《梁启超史学论著四种》,岳麓书社,1998年,第130、131页。

通》；在宋则郑樵，其学说在《通志·总序》及《艺文略》《校雠略》《图谱略》；在清则章学诚，其学说在《文史通义》。"①瞿林东说："就史学理论而言，早在孔子时代，就提出'良史'与'书法'的观念，提出了事、文、义史书三要素的观念，其后，关于史书与时代之关系的认识，史书之社会功用的认识，历史撰述之历史价值的认识，'实录'与'信史'的观念，才、学、识之'史才三长'的思想，以史经世的理论，史实、褒贬、文采之历史撰述三原则的理论，撰述内容与史书体裁之关系的理论，史书'未尝离事而言理'的理论，以及'六经皆史'的理论，'史法'与'史意'相区别的理论，'史论'之重要性的观点，史书体裁之辩证发展的理论，知人论世的史学批评方法论原则，'欲知大道，必先为史'的见解等等，历代史家也都各有论述。"②

不过，由于中国传统历史叙述的基本形式是以年代为中心的编年体、以人物为中心的纪传体、以事件为中心的纪事本末体、以制度为中心的典志体，以及以师承关系为线索分门别类地叙述学术思想史的学案体等，导致"中国古代的史学体系，大抵以史料的纂辑考订为主，分析与思辨的成分甚少，理论环节薄弱。历来占主导地位的鉴戒史观，通常仅止于史料、史实与论赞的比附，表现形式单调，说教色彩浓厚，欲借史学以'知人论世'的目标能否达到，并无理论、实践和技术上的保证"③。即使宋以后流行的史论，也不能与西方的史学理论相比拟。杜维运指出："西方的历史解释，为就历史发展的渊源、原因、背景、影响，编织历史事实以解释，其解释容或主观，然皆有无限根据，非凿空生论。西方学者认为中国的史论，大多根据道德观点，对历史事件所下的泛论，是属于政治的与伦理的历史解释。"④

有人总结说："认为中国史学只是一种编纂，而无思想可言，是近代中外史学界极为流行的一种论调。""研究中国历史的西方汉学家也认为中国的历史'用剪刀与浆糊编纂而成，不怎么消化，几乎没有解释'。"⑤"西方史学家一致认为中国史学的发展，永远没有突破通往真历史的最后障碍——希望窥探往事的真相；永远没有发展批判历史与批判史学；永远没有发展自我批评与发现的方法，无情的考验通则，有目的地搜求文献以证明假说；中国发展的考据学，未能对证据作科学的评价与分析；中国未曾出现过接近西方的精确史学，不知为历史而历史，为真理而

① 梁启超：《中国历史研究法》，《梁启超史学论著四种》，岳麓书社，1998年，第129页。
② 瞿林东：《关于当代中国史学话语体系建构的几个问题》，《中国社会科学》2011年第2期。
③ 王学典主编：《史学引论》，北京大学出版社，2008年，第193页。
④ 杜维运：《中国史学与世界史学》，商务印书馆，2010年，第193、194页。
⑤ 杜维运：《中国史学与世界史学》，商务印书馆，2010年，第147、148页。

真理……"①

以上所言极为中肯，至少指出了中国传统历史学的两个问题：①中国传统史学缺乏本体理论讨论；②缺乏摆脱政治控制和追求史学独立性的举措。中国史著虽然汗牛充栋，但由于受到时代认知和社会政治环境的影响，存在诸多问题。梁启超对此有深刻论述，尤其是在第二方面。

整体来说，中国虽有悠久的著史传统，但基本上主流历史叙述都被少数精英控制，成为满足上层统治者需要的工具，缺乏独立性。囿于这种政治环境的限制、明确的政治目的性和指导思想独尊的影响，中国传统史学理论并不发达，即使少数人对历史学理论有所讨论，也有极大的局限性，质疑批判精神不张，更缺乏深入、全面、多元的理论思辨风气。虽然刘知几、郑樵、章学诚等少数学者对历史学本身有所思考，但由于受儒家正统思想的控制和缺乏多元视角，这种讨论都比较片面，仅限于史著体例（如纪传体、本末体、通鉴体、史通体、学案体、撰述与记注的区别等问题的讨论）、史家作用（如史家的才、学、识、德问题）、经史关系、史学作用（如资治通鉴、明善恶、示训诫等观念）等方面，且往往缺乏深刻认知和多元史观。从另一方面看，理论思辨的不彰也影响到具体的历史记录、解读与叙述，因此，虽然我们有悠久的历史学传统和丰富的历史文献记录，但其基本视角、内容、解释、评述和体例等长期以来并没有大的变化与发展，并一直影响到当代中国历史学。

中国的传统史学是专制制度下的皇家王朝史，反映的是皇权专制王朝的史学思想与需求，基本是以儒家为指导思想，通过史料取舍、特定概念体系和叙述技巧等来编纂史书，以实现教化、资治等目的，借历史以正名分，寓褒贬，别善恶，强调"述而不作，其义自显"，"孔子成《春秋》，而乱臣贼子惧"等著史观念，将思想隐含在编纂叙述之中。这一特征带来中国史学理论思考的风气不彰，缺乏独立、系统和有深度的理论思考与批判精神。

总之，中国传统历史著述虽然发达，但基本是强调致用的政治性工具。即使有少数学者进行过独立的学理思考和探讨，也都是简单的、碎片式的直觉体悟和经验总结，缺乏深入而系统的哲学思辨和学理讨论。

对历史学本体理论进行系统思考和讨论要等到近代中国史学界新史学思潮的兴起，以梁启超为代表的新史学以来自西方的实证主义和民族主义史学理论为依据，对传统皇权王朝史学实践与思想进行了深刻全面的反思与批判，才真正开始对史学理论进行深入的思考与探讨，开创了历史学的一代新风，马克思主义史观的争论与其作为

---

① 杜维运：《中国史学与世界史学》，商务印书馆，2010年，第120页。

历史学指导思想地位的确立更使学术界认识到史学理论的重要性。即便如此，"在（中国）历史学的理论研究话语体系建构方面，也存在几个问题：一是史学工作者一般多注重于具体的实证研究，对历史学的理论话语体系的建构缺乏足够的自觉意识；二是历史学的理论所包含的关于客观历史运动的理论和关于历史学学科自身发展的理论，在许多学术论著中尚缺乏清晰的界定，从而造成研究上的困难"[①]。

二、中国考古学理论研究现状

在这样一种强调"致用"而忽视学理讨论与反思的史学传统背景中，中国史学形成了一种重实用、轻理论，重考据、轻思辨的倾向。中国考古学也不可避免地受此影响。

在近代中国社会所经历的"两千年未有之大变局"中，民族主义、民主与科学两大思潮成为时代之主流，浩浩荡荡，顺之者昌，逆之者亡。自梁启超以来，中国新史学的最大追求目标之一就是历史学的科学化，几乎每一个历史学家都以自己的研究为科学而自许，而其中的"科学"概念又往往被理解为狭义的实证科学。中国新史学的另一个目标是在近代民族救亡背景下，受民族主义影响，具有明显实用目的，满足近代民族国家需要的民族国家史的建构。加之后来马克思主义史学主导地位确立，成为中国一切历史学研究的指导思想。在这样的社会背景下，虽然相较于传统史学，对史学理论的意识大大提高，但中国近代史学界关于历史学本体理论的讨论仍受到极大的制约和限制，成果显得片段且单薄。

在这样一种时代背景下，深受实证主义史学影响，被新史学寄予走出疑古、重建古史厚望的中国考古学重考据、实证，轻理论、思辨成为一种必然倾向。

另外，由于提供了不同于倍受疑古思潮质疑的传统文献史学的全新实物遗存和第一手史料，考古学普遍被认为是一门不同于传统史学的实证科学，更具有科学性。许多学者认为，考古学以材料，尤其是实物材料说话，有一分材料说一分话，因而是实证的、可检验的，不需要理论，正如19世纪实证主义史学流派所主张的"史料自己会说话"，"说话的不是我，而是历史通过我的口来说话"[②]。

由于以上原因，中国考古学者对理论多采取避而不谈，甚至轻视的态度，认为理论讨论是一种没有多大实际意义的清谈虚议，"上穷碧落下黄泉，动手动脚找东西"才是考古学的正道工作。张光直一针见血地指出："考古学理论在中国一向不大受人

---

①　瞿林东：《探索中国史学的理论研究话语体系》，《中国社会科学报》2009年12月1日第3版。

②　朱本源：《历史学的理论与方法》，人民出版社，2007年，第442页。

重视。最近两年来出版的《中国考古学年鉴》固然是对当代中国考古学研究活动很可靠的反映，而在这里根本没有'考古学理论'这个范畴。可见，'理论'这件东西在当代中国考古学研究活动中可以说没有什么地位。"[①]

据说美国考古学家路易斯·宾福德在1985年访问中国时，发现中国的考古学者体会不到理论和范例的作用，不知道如何应用理论来认识自己这个研究领域[②]。应该说，宾福德的观察是敏锐的。

如果说中国考古学对理论有所关注的话，也主要集中在对象理论，即用来解读考古发现，建构古史叙述的理论应用方面。引起中国考古学界热烈讨论的相关理论命题，如以马克思主义为指导的中国考古学派理论、古文化—古城—古国理论、古国—方国—帝国演进理论、区系类型理论、多元一体理论、交互作用文化圈理论、各种关于中国文明起源的观点等，都属于对象理论范畴。而有关地层学、类型学、聚落考古的应用本质上属于方法论范畴，虽然关于其本身的学理讨论也蕴含着理论思考。

鉴于中国考古学界理论意识和思考的欠缺，20世纪90年代前后，以俞伟超为领袖的一批学者将美国的新考古学思潮介绍到中国，翻译出版了《当代国外考古学理论与方法》等书，在中国学术界，尤其是青年学者中产生了一定的影响，虽然其主要关注内容仍是在考古学研究的对象理论方面，即鼓励中国考古学从传统的资料描述到更深入的解释。

由于新考古学要使考古学成为一门实证科学的诉求与中国近代新史学的理念和方向基本一致，加之，中国的马克思主义史学本身也特别强调对考古材料的解释，使新考古学思潮并未带给中国考古学界太大的冲击和改变。更重要的是，在美国人类学色彩浓厚的学术背景下出现的"作为人类学的考古学"新考古派主张与具有强烈传统史学背景和追求重建民族国家历史叙述进而培养民族国家认同感的中国考古学在学术传统、观念、思路、方法等方面多有格格不入之处。基于以上原因，新考古学思潮在中国考古学界未能产生更深远的影响。

在中国考古学界，真正对考古学做系统本体论思考与探讨的当推俞伟超先生。1992年，他发表《考古学新理解论纲》一文，提出"考古十论"，即层位论、形态论、环境论、聚落论、计量论、技术论、全息论、文化论、艺术论、价值论，内容既包括考古学方法论、对象理论的探讨，也包括大量关于考古学本体理论的思考与论

---

① 〔加〕布鲁斯·G.特里格著，陈淳译：《时间与传统·序》，中国人民大学出版社，2011年。
② 陈淳编著：《考古学理论·后记》，复旦大学出版社，2004年。

述，如考古学的范畴、目标、性质、价值等①。他自认为"那篇《论纲》在认识现有的考古学理论和考古学中潜藏的本质方面，却的确已经提出了一个独特的解释体系"②。他的自我评价是准确的。可惜的是曲高和寡，他的这篇论文虽然在当时引起了学术界的热议，但并没有更多的学者就这些问题继续展开深入的研讨。

近年来，许多西方考古学理论著述被译介到中国，既有《考古学思想史》《阅读过去》《考古学：理论、方法与实践》等这类翻译的理论专著，也有陈淳编著的《考古学理论》这类系统介绍西方考古学理论的著述，还有发表在相关专业刊物上的诸多理论文章，它们虽然正在对中国考古学产生影响，但学术界的反响尚不够强烈，尚未带来浓厚的理论思辨风气，中国考古学界仍是按传统的方法、思路、习惯进行发掘和研究。虽然也不断有人做着各种方法、研究的创新尝试，但由于理论讨论的不足，基本上还是在传统范围内的新探索，少见引人耳目一新的新视角、新思路和课题创新设计。

总的来说，中国考古学从诞生到现在，已历经百年的发展，研究成果丰硕，但在理论总结、反思与批判等方面的成果却很少，除了一些西方考古学理论著作的译介外，只有一些零星的理论思考和讨论的文章，其中许多还是关于对象理论与考古学方法论的讨论。迄今，中国考古学界尚没有一本主要基于如此丰富多彩的中国考古学研究实践的考古学理论著述，其中尤以考古学本体论的讨论最为匮乏。迄今，我们对于考古学的定义、本质与价值等仍然沿袭几十年前夏鼐先生的说法，未见不同观点与认识的出现，更缺乏深度的学理思辨与讨论。夏鼐先生关于"考古学"的论述成为我们不二的指导思想，大家觉得考古学就是如此，虽然在一些细节，尤其是新方法、新手段、新解释理论等方面也认为应该有所发展、补充。这实在是一个既奇怪又悲哀的学术现象。

中国考古学界理论的贫乏与西方考古学界理论的繁盛形成了鲜明的对比。西方考古学理论从器物类型学、柴尔德等关于人类历史的理论到宾福德的新考古学理论，再到当代的后过程主义理论，以及在理论影响下的具体研究，如性别考古、中程理论、认知考古学等，一直非常活跃，对考古学视野的开阔、问题的提出、方法的改进、解释的多元等起到了巨大作用，理论创新带来了研究方向、思路、方法和技术的创新。

与考古学界相比，中国历史学界对理论的讨论更为关注。相较于历史学，甚至人类学对本体理论讨论之热烈，中国考古学太缺乏理论思辨了。由此导致研究中的诸多概念充满模糊性，研究结论往往充满偏见、武断和盲目的自信，方法的科学性也有待

---

① 俞伟超、张爱冰：《考古学新理解论纲》，《中国社会科学》1992年第6期。
② 俞伟超：《古史的考古学探索·序言》，文物出版社，2002年。

提高。例如，人类学的许多概念、理论在人类学学科内本就具有假说性，考古学研究只是借用它们作为模式来解读古代遗存，构建古史叙述，但许多人潜意识中将这些概念与理论当成了古代历史的本来面貌，并认为考古发现证明了这些理论。对于古代文献的态度，也存在同样的问题。

陈淳也观察到："相对于西方科学所崇尚的怀疑精神，中国的考古学则缺乏善思和善疑的精神。我国的学者过多相信自己的经验和直觉，相信权威的看法，相信约定俗成的一些套路和框框。由于缺乏善疑精神，我们没有不断提出新的问题或从新的角度去看旧的问题。因此，中国的考古学缺乏创造性的想象力，缺乏不断进取的动力。由于缺乏提出问题的科学思维，因此研究也就缺乏方向，也造成缺乏为解决新问题而创造新方法的动力。整个研究过程也不是表现在问题的转移来深入认识和揭示研究客体的本质，于是偏爱或执着于老经验和遵循因袭的观念便成为十分流行的一种治学态度。"①

三、理论不彰的影响之一：考古"以发现为王"，缺乏阐释或简单阐释

从理论上讲，"考古学不等同于考古发现，更不等同于宝藏发现。至少考古工作者应该达成共识，伟大的考古发现不应该成为刻意追求的目标和炫耀的资本。……其次，考古学是基于田野的思辨和建构之学，而不是技术性工作。发掘可能构成田野考古的高潮，但是对于考古学研究而言，不过是其中一环而已。没有任何钻探或者发掘技术可以对考古学研究起到一锤定音的作用，相反，没有考古学观念，就根本不会有洛阳铲的使用方式和长沙楚墓的'蜃灰'的界定。……如果有一天，中国考古工作者不再将灿烂的出土文物作为吸引公众眼球的手段，不再片面追求重大发现，而同样关注寻常遗址蕴含的重大问题，不再将发掘当成自身工作的全部或者光辉的句号"②。但现实却是许多人之所以关注考古学就在于它的神秘性，它所发现的古代精美文物及其巨大的经济价值，以及由此带来的社会轰动效应，至于这些发现背后的古代人类社会的历史文化信息，倒在其次，甚至可以忽略不计。这种现象不仅表现在一般民众之中，即使在相关专业领域也不少见。

---

① 陈淳编著：《考古学理论》，复旦大学出版社，2004年，第16页。
② 徐坚：《改变考古学公众形象的内部话语》《微言大义：考古与盗墓的微博大讨论》，《中国文物报》2012年12月21日第5版。

　　造成这一现象的原因是多方面的，其中，史学理论不彰是原因之一。因为对文物背后的文化内涵和历史意义的解读与阐释缺乏或简单，没有激发公众的兴趣与关注点。同样，中国考古学囿于"证经补史"思维方式的现象也是缺乏具有深度和广度的创新性阐释的表现。

　　持续不断的考古发现虽然在推动中国考古学的发展，但对学科的发展来说主要是资料性的积累。越来越广泛应用的现代科技手段，投入越来越多的文化遗产保护和方兴未艾的公共考古虽与考古学研究有关，但基本上是技术手段和考古学研究成果的应用，对中国考古学研究的促进作用有限，不可能推动中国考古学的根本性创新。考古学当然应为精美文物的发现而自豪，但更应该以深入发掘文化遗产背后丰富的人类历史文化信息为己任。我们现在缺少的不是考古研究的技术手段、能力和资料发现，而是缺少批判、质疑的精神和对考古发现的创新阐释能力。没有反思和批判就没有新问题的提出，也就没有创新和超越，新发现也只是数量的简单增加，甚至是某种意义上的破坏。我们认为，思想和理论的探讨与反思比几个新发现更重要。况且，所谓考古发现的重要性和历史价值是随思想、理论的发展、变化而变化和拓展的。过去认为不重要的发现在新理论下通过重新阐释而被赋予重要的历史价值，因而成为重要的发现；过去被忽略的资料和信息在新理论下会被重新发现并被赋予重要价值。

　　有学者也指出："新考古学阶段也常常表明，考古学的发展不是得益于更多资料的收集而是来自于理论的进步。"① "现代考古学已经超出了这样一套纯技术的操作范畴，它不仅包括发现、排列和描述过去的遗存，同时也包括了解和解释过去发生的事情，并探究遗存与现象产生的原因。所以，考古学仅有一套完善的技术和方法是不够的，它还必须与一套解释考古遗存与现象的理论概念相关联。现代考古学理论的作用是为考古学家提供一种科学框架和手段来透过现象看本质，对发生在过去的事情作出阐释。"②

　　如果我们说中国考古学有所谓的"黄金时代"的话，那最多也就是考古发现的"黄金时代"，而绝不是考古学研究和古史重建的黄金时代。以新发现为核心的考古学黄金时代是短暂的、不可持续的黄金时代，只有本于思想与问题的考古发掘与不断创新的阐释才是真正的、可持续的黄金时代。

　　阐释比发现更重要，考古发现不是终点，而仅仅是起点！中国考古学研究要跳出

---

① 〔英〕伊恩·霍德、司格特·哈特森著，徐坚译：《阅读过去》，岳麓书社，2005年，第162页。

② 陈淳编著：《考古学理论·前言》，复旦大学出版社，2004年，第2、3页。

当前状态，走向一个新阶段，需要的是我们观念的变化，即理论的反思与突破！

从中国考古学对世界考古学、历史学的贡献来说，张光直所殷切期望的中国考古学对世界学术界认识人类社会发展的一般性法则有所贡献也不是仅仅靠考古发现就能实现的。如果只满足于提供丰厚的古代遗存资料，而不能在新解释理论探索、新历史叙述体系建构、新方法应用等方面有所贡献，是谈不上成为世界考古学研究强国的，最多只是"考古大国"而已。

四、理论不彰的影响之二：对考古发现的过度阐释

与"发现为王"相对应的另一面是对考古发现的过度阐释，这也是理论意识不足带来的问题。

回顾中国考古学史，一直都不缺乏随意解读与过度阐释的现象。从一开始，就有对考古发现做随意解释的现象，如中国文化西来说，仰韶文化为夏文化说，龙山文化为夏文化说，等等。正是鉴于这种解释过于简单、随意，中国考古学界渐渐认识到建立自己的时空框架体系，即建立在器物类型学和考古地层学之上的考古学文化区系类型体系的重要性，这是从考古学研究历史的基础。经过1949年以后几十年的考古工作，主要区域的不同时期考古学文化区系类型框架体系基本建立。虽然这只是一种建立在古代物质文化遗存上的考古学文化时空体系，但对之的阐释与过度阐释也随之而来，如将当代人以陶器为标准构建的考古学文化区系类型解读为文献记载的某些古代国家政治体或民族认同体。由于缺乏学理讨论和理论支撑，这种解读是具有相当随意性的过度解读，其中必然存在种种问题，对此，我们将在后面的章节中展开讨论。如果我们认真检讨"夏商周断代工程"、先周文化、夏文化等诸多学术热点问题的讨论和得失，都可以发现过度阐释的现象，其中的主要问题就在于理论缺失，概念不清，前提设定模糊、混乱。

对马克思主义史学思想过度政治化、教条化、绝对化，用马克思主义史学思想的相关论述和只言片语来解释中国的考古发现，用中国的考古发现简单附会、论证马克思主义史观，也是一种对考古发现的过度阐释和对历史的过度消费。

在当代学术界，这种简单附会、过度阐释的学术风气并没有减弱，反而有越演越烈之势，比如，我们不但从考古学上证实了夏，而且三皇五帝似乎也快成为信史了，等等，不一而足，更遑论印第安人来自殷人说、三星堆文明西来说等等奇谈怪论。

这些学术乱象的背后除了社会环境因素的影响外，就是因为理论思辨与争鸣的缺

乏，尤其是历史学本体理论讨论的缺乏。理论思辨的不足使我们没有建立科学的思维方式，没有意识到对考古发现的阐释只是某种解读，不是证实；阐释需要学理的支撑，而且阐释是相对的、多元的、有条件的，要遵循一定的范式，要不断面对学界的批判与质疑。

从"不识庐山真面目，只缘身在此山中"的"事中人"到"跳出三界外，不在五行中"的审视者、思考者。我们只有对现有的概念体系、基本学理，即现有范式进行审视、反思、质疑、批判，才能不断保持学术研究的活力和创新精神。将现有范式视为理所当然，奉为指导思想与真理，如何能够促进学术的创新呢？

我们的史学理论如何跟上正在走向全球化、多元化、民主化、互联网话语权平面化，即去权威化和去中心化的后现代时代，促进史学解读、叙述与评价的多元化，以满足时代的需要，也是我们必须面对的挑战。如果我们缺乏应有的社会关怀和对时代的呼应，那就只能安于平庸，自在小楼成一统，并终将沦为一种自娱自乐式的智力游戏和自我满足。

五、中国史学理论不发达原因探析

虽然西方社会对历史哲学的重视已是较晚时期出现的，但与西方相比，中国史学传统中对历史哲学的关注更少，并严重制约中国史学的发展。中国虽有悠久的著史传统，但为何史学理论并未与之同步发展起来？究其原因，大致有以下几方面。

第一个因素当属专制社会的思想控制。专制社会的统治者最不需要的大概就是"独立的思想，自由的精神"了。在皇权专制和独尊儒术的社会环境中，中国传统史学被皇权和定于一尊的儒家指导思想严格控制，从而压制了对独尊思想的质疑与批判，更抑制了多元思想的学术争鸣和创新动力。定于一尊的权力和话语权掌控者也不容许有无前提的、真正自由平等的学理讨论，因为这种讨论必然会对处于独尊的思想带来质疑，进而可能动摇其集权地位的合法性。虽然，从理论上讲，只有在平等、自由的学术争论中经受住各种质疑与批判的思想观点占据主导地位才是科学的、合理的，但权力者并不想这么做！

由于官方指定的思想已经确定了史学的基调、目的和核心问题的标准答案，不容讨论，更不要说质疑，所有主流历史建构都只能在一个划定的圈内做规定动作。由此，一元思想代替了多元争鸣，独尊垄断代替了平等质疑，从而抑制了史学理论的思考、质疑与检讨。在这种情况下，中国传统史学虽然发达，历史著述汗牛充栋，但表现为具体问题研究多，指导性思想的探讨与质疑不被鼓励，甚至不被允许，一代代学者只能以注经的方式隐晦地表达自己的观点与思想。这种对经典的注释与再阐释的方式将研究者束缚于权力指定的框架内，犹如让舞者戴着脚镣、手铐跳舞，不仅影响了研究的内容与结论，更限制了研究者的视角与思维，很难对根本性问题进行思考与讨论。

正是受到思想独尊和政治对学术的控制，除了诸侯并争、百家争鸣的春秋战国这一特殊时代，中国学术研究中一直缺乏对终极问题的思考与拷问，纯学术性的学理和逻辑思辨的传统没有延续和发扬光大，不同时代、不同学者通过注释经典而表达出来的观点、思想多是片段的、零星的意见和想法，往往缺乏体系性的表述，也难以体现出其中的逻辑思辨过程，直到近代以来，这种现象才有改变。

美国自由主义经济学家科斯指出，中国缺乏一个开放的思想市场，因而影响了创新能力的培养[①]。没有思想的自由竞争哪来创新的动力和思维方式？专制社会控制人们思想的同时也消灭了思想自由竞争的环境，禁锢了人们的独立思考和学理反思，形成一种抑制开创性创新能力培养的社会环境。

第二个原因当属中国传统史学突出的政治化和致用性倾向。

首先，由于中国专制权力的强大，传统的中国历史学基本上是政治的工具，由权力操控并为权力服务，而不是一门增进人类见识、培养思考能力的学问。"以'殷鉴'为标志的历史认识，对中国文化特征的形成具有不可忽视的影响。史学的兴旺发达，官方史学活动的绵延不废，史学与政治的密切结合等等，都可以追溯到这个思想的源头。"[②]这种工具化倾向左右了历史学的方向。自西周初年产生"殷鉴"观念以来，"以史为鉴"这一历史观念就与现实政治联结在一起，即不仅从历史的叙述与分析中得出政治见解，而且引用历史事例来论证自己的政治方针。中国传统史学依附于政治权力，服务于体制，著述者难以保持独立的人格，更难以坚守"独立的精神"与"自由的思想"。著史时，往往唯上是从，唯前人是从，"上有所好，下必甚焉"，难以有独立的思考和不同思想观点的争鸣与讨论。

其次，有人说，从古代的传统开始，一直到今天，中国始终重视的是应用方面，是技术，而对于背后的道理，向来是不重视的。中国史学的发展也是如此，即强调以"经世致用"为宗旨而不重视理论探讨，史学被赋予"资治"和"明道"这两大功能。一方面，以史明道，以史教化人心，规训大众；另一方面，以史为鉴，历史著述被赋予"将施有政，用乂邦家"的期望，形成"欲知大道，必先为史"的理念。"至

---

① 科斯：《中国改革：商品市场与思想市场的发展》，《学术界》2012年第2期。
② 乔治忠：《古代中国官方修史视角下的中外史学比较》，《史学理论研究》2009年第2期。

东汉季年，《汉纪》一书的作者荀悦在其《申鉴》中，对记史、修史的功能作了十分精辟的论说，他指出：'君举必记，臧否成败，无不存焉。下及士庶，等各有异，咸在载籍。或欲显而不得，或欲隐而名章，得失一朝而荣辱千载，善人劝焉，淫人惧焉。故先王重之，以肆赏罚，以辅法教。'此后，关于史学惩劝、垂训、鉴戒、资治、教化等功能的论述日益丰富，可总括为'经世致用'的宗旨。在宋代理学兴起的背景下，史学'明道'的观念日益畅行，并且升华为凌驾于事功之上的理念性追求，试图达到一个思想体系的完美实现，从而指导社会机制的运行，如朱熹自称《资治通鉴纲目》功能是'岁周于上而天道明矣，统正于下而人道定矣，大纲既举而鉴戒昭矣，众目毕张而几微著矣。'而这种'明道'观念，最终还是属于经世致用。因此，中国古代对史学社会功能的认识，乃是以经世致用的观念为主导。"①顾炎武说"引古筹今，亦吾儒经世之用"，言简意赅地道明了传统史学的经世致用观念。

由于政治权力的控制与支持，重致用、工具化，一方面促使中国历史著述的发达，成为一种独特的历史文化现象；另一方面，又导致轻视、限制学理探讨的结果。中国历史上的历史著述基本属于王朝政治史，由王权控制，为统治者服务，以树碑立传式和资治通鉴式最为常见，政治功用和致用性非常明确。"至于历史认识论，由于经世致用这一价值定向的制约，使得中国式的历史认识论始终没有超越文献收集、直观叙述再加道德评判这一粗浅水平。直至清代中期的章学诚，才以追求'史意'而独树一帜。但是，章氏所标榜的'史意'，其实质仍旧只是张扬史学的经世主义传统，而不是严格意义上的历史认识论。在这种情况下，历史认识是如何成为可能，历史认识的限度问题等始终都没有进入中国传统史家的研究视野。故而，中国传统史学在走向近代的转型时期，最多只能为近代意义上的历史学提供方法论方面的资源；至于与近代史学类型相适应的历史本体论和历史认识论，则只能在伴随欧风美雨而至的'西学'中求之了。"②其结果必然导致梁启超所说的传统史学的"五弊二端"。

第三个原因是考据学传统抑制了学术界的理论意识，导致学者忽视理论的重要性。由传统考据学而来的治学传统重具体问题研究而轻视理论探讨，认为后者多"空谈""玄虚"，意义不大。清代章学诚的际遇是这一影响的典型例证。章学诚的《文史通义》被认为是中国古代史学理论的代表作，与唐代刘知几的《史通》齐名，合称"双璧"，但在考据学盛行的清代，他的著述并不为当时所重，他亦一生颠沛流离，穷困潦倒。直到20世纪，其学说思想才引起学者的注意和推崇，他亦被梁启超誉为

① 乔治忠：《古代中国官方修史视角下的中外史学比较》，《史学理论研究》2009年第2期。
② 钱茂伟、王东：《民族精神的华章：史学与传统文化》，北京图书馆出版社，2004年，第96、97页。

"清代唯一史学大师"。

即使就考据学来说，真正伟大的学者也并不是为考据而考据，而是试图通过考据来含蓄地表达自己的思想。章太炎评价乾嘉朴学的典范是"训诂明而后义理明"，"以声韵得训诂，以训诂析章句，以章句辨名物，以名物明义理"[1]。余英时在评价戴震的考据学时也说："东原之学是'由训诂以究性理'。用托尔斯泰的比喻来说，在东原的整个学问系统中，考证只是'花朵'，义理才是'根本'。"[2]实际上，在中国历史上产生重大影响的研究都是因为其中所包含的理论思考、新思想观念，如朱熹的《四书章句集注》。但一帮末学腐儒将考据学变为知识分子躲避社会关怀，为考据而考据的章句之学，甚至由此导致中国古代学者大量研究的碎片化，甚至自娱自乐。

有人说："一代又一代古代中国的读书人（也包括现代那些无论什么专业，但未曾在精神上自觉，却又被含糊地称为'知识分子'的读书人），一辈子所读、所记、所思的也就是前人的各种意见，这些意见因人而异，而且时过境迁后，常令人难以理解，要花很多时间去琢磨其到底是什么意思，这些工作耗尽了中国读书人的全部精力，导致这个民族虽然拥有大量的所谓'知识'，但却从来没有实质性的进步。"[3]此论虽偏极端，但确有其合理性。由于中国传统学术缺乏系统的理论思考和学理讨论，知识分子的著述大多只是一些只言片语的议论和个人的随感，虽然其中不乏新意和启发性，但由于没人去做艰苦的系统论述和学理反思工作，缺乏逻辑论证和深入讨论，因此这些议论、随感也仅仅是一些囿于少数知识分子精英圈的议论、随感而已，即使有人去不断考据、注释，也很少影响到大众的认知体系和思维方式并产生社会影响力。当代考古学的许多所谓理论也多停留在这个层次上。

第四，改革开放以来，中国史学界对理论的否定倾向也有部分原因与"文革"期间马克思主义史学理论在历史学研究中的过度阐释和简单套用有关，史学的过度政治工具化使史学界对理论心有余悸。

正如前文所论，相较于历史学，中国考古学对理论的忽视程度更为严重。究其原因，除了以上因素的影响外，张光直认为："中国考古学界对理论的漠视不是偶然的，而有它历史上的一些因素。首先，中国传统史学本来就缺乏对历史理论的有系统的讨论。""可以说，以反抗传统史学之末流的仁义道德史学为特征的这种史料学，半个多世纪以来一直占据着领导或至少是优势地位。在这种历史观培育下发展起来的

① 章太炎讲演，曹聚仁记录：《国学概论》，巴蜀书社，1987年，第17—21页。
② 余英时：《论戴震与章学诚》，生活·读书·新知三联书店，2000年，第147、148页。
③ 李玉琪：《回到思想：从苏格拉底和孔子说起》，贵州人民出版社，2008年，第213页。

考古学，也就特别重视考古学材料的获取和考证，而不信任主观的理论，常以为'理论'不过是一种成见，因而把理论硬套在考古学材料上便不是严谨的治学方式。"①

此外，我们认为中国考古学忽视理论的原因还有以下几个方面：第一，由于考古资料是客观存在的物质形态文化遗存，考古学方法具有自然科学的背景与特点，如属自然科学的多学科手段、地层学与类型学等，因此，考古学被想当然地认为更具有天然的实证科学性，而非思辨性；第二，早期中国考古学的代表人物的理念与做法使中国考古学专注于史料发掘与研究工作而忽视相关理论的思辨与探索，如王国维的"新材料产生新学问"说、"二重证据法"，傅斯年所倡导的"史学就是史料学"②、"上穷碧落下黄泉，动手动脚找东西"，等等；第三，传统金石学、考据学的影响使考古学的关注点和思维方式重在器物学和具体遗存年代、性质的考证上，而忽视理论的讨论。

过犹不及，空谈理论或简单套用某种理论无助于学术的发展，但缺乏理论思考的考古学研究也极易导致大方向、大视野的缺失以及质疑、反思与批判意识的欠缺，超越旧范式的创新能力不足，对象趋于琐碎，成果囿于成见，修修补补而已。

第四节　历史与历史学，自在的历史与表述的历史

讨论史学理论，我们首先要回答这样几个问题：什么是历史？什么是历史学？历史的本质特性是什么？历史学的本质特性又是什么？两者之间是一种怎样的关系？任何史学理论都涉及这些问题，它们是史学本体理论的核心和关键之所在。我们对它们有怎样的认知决定我们有怎样的史观，怎样看待历史研究及其成果。

在现代汉语中，"历史"一词有多重含义，据《现代汉语词典》，"历史"一词有四个含义：①自然界和人类社会的发展过程，也指某种事物的发展过程和个人的经历；②过去的事实；③过去历史事实的记载；④指历史学。《简明不列颠百科全书》对"历史"的定义是：历史一词在使用中有两种完全不同的含义，第一，指构成人类往事的事件和行动；第二，指对此种往事的记录及其研究模式。前者是实际发生的

---

① 〔加〕布鲁斯·G. 特里格著，陈淳译：《时间与传统·序》，中国人民大学出版社，2011年。

② 注：现在我们回头看傅斯年的"史学就是史料学"观点，要认识到这一观点的提出是有其历史背景的，某种意义上也是一种疑古，是他对传统中国史学的盲目崇古信古，缺乏批判鉴别而依赖传说性质史料所构建的三皇五帝上古史的一种怀疑与否定，他认为只有来源可靠，经过科学鉴别的史料呈现的历史才是信史，历史学首先是科学的史料学。

事情，后者是对发生事件进行的研究和描述①。这些解释已经指出历史包括"过去发生的事"和"对过去发生的事的记载与研究"两种含义，前者是指一般意义上的"历史"，后者指一般意义上的"历史学"。它涉及两个范畴、两个概念——自在的历史与表述的历史，以及它们之间的关系。

据研究，在西方文化中，自荷马起的古希腊诗文中，historia一词就有三个意义：研究和研究报道、诗体纪事、事实的精确描述。被称作西方"历史学之父"的希罗多德所撰写的古代希腊波斯战争史著述《历史》，以History为书名，意思就是"调查和探究"，是指对于过去事件的记述以及对这些事件相互关系的探索②。

从文艺复兴开始，西方"历史"一词逐渐具有明确的双重含义：既指"过去的事件"，又指"关于过去事件的陈述"③。这种对"历史"概念予以两分的观念被后来的历史哲学家广为接受，黑格尔论述"历史"的双重内涵时说："在我们的语言中，历史一词兼有客观的侧面与主观的侧面，因而既表示事件的记录，又表示事件的本身。历史是事实的描述，亦是事实本身。"④意大利历史学家克罗齐提议用意大利语"storia"（即英语history，法语histories）一词指历史上发生过的事，用"storiografia"（即英语historiography，法语historiographie等）指历史家编写的历史或作为一门学科（知识）的历史。法国历史学家亨利·科尔班（Henry Corbin）建议用大写的法语Histories指客观的事件，用小写的histories来指撰写出的历史⑤。美国历史学家卡尔·贝克（Carl Becker）说："在所有过去的时间里，确实发生过的一系列的事件；不论我们是否知道它们是怎么一回事，这些事件从某种最根本的意义上来说，就构成了历史，然而关于这些事件的绝大部分，我们是毫无所知的，甚至不知道它们曾经发生过。""由于这些事件已不复存在，所以，史学家也就不可能直接与事件本身打交道。他所能接触的仅仅是这一事件的有关记载，简单说来，他接触的不是事件，而是证明曾经发生过这一事实的有关记载。——如果确实如此，历史事实就不是过去发生的事情，而是可以使人们想象地再现这一事

---

① 中国大百科全书出版社、美国不列颠百科全书公司合作编译：《简明不列颠百科全书》（第八卷），中国大百科全书出版社，1986年，第961页。

② 葛懋春主编：《历史科学概论》，山东教育出版社，2002年；姜义华、瞿林东、赵吉惠：《史学导论》，复旦大学出版社，2008年。

③ 朱本源：《历史学理论与方法》，人民出版社，2007年，第9页。

④ 〔德〕黑格尔著，王造时译：《历史哲学》，上海书店出版社，1999年，第63页。

⑤ 朱本源：《历史学理论与方法》，人民出版社，2007年，第9、10页。

件的一个符号（symbol）。"①

以上这些学者都强调了历史学与历史之间的不同与差异。

在中国的历史学传统中，人们又是如何认识这一问题的呢？

"史"字最早出现在中国古代的甲骨文中，据王国维《释史》考证，"中"字在甲骨文、金文中的原始意义为盛放简策之器，后引申为簿书之意，史的字形为手持簿书之人，即"史之职，专以藏书、读书、作书为事"。汉代许慎《说文解字》说："史，记事者也。"《汉书·艺文志》记载："左史记言，右史记事。事为《春秋》，言为《尚书》。"

关于"历"字，《说文解字》说："历，过也，传也。""过"是指空间上的移动，"传"是指时间上的变化。

虽然"历"和"史"两字关系密切，但直到19世纪末，在中国的学术分类中，并没有"历史"这么一说，今天所说的历史，古代一般只用一个"史"来表达。"历史"一词来自日语。明治维新以后，日本大量引入西方的科学概念，首先用"历史"来译西方概念的history，然后被早期游历日本的中国人介绍回来。清光绪二十二年（1896），梁启超在《变法通议·论女学》中介绍："日本之女学，约分十三科，……五历史……"其后不久黄遵宪的《日本杂事诗》也说："（日本）有小学校，有学科曰读书，曰习字，曰算术，曰地理，曰历史。"此后，"历史"作为一个固定的词汇在中国被广泛使用②。

大致说来，在中国的传统史学观念中，认为有关过去的一切及其文字记录和研究都属于历史，"史"没有双重含义，历史和历史学往往不分。而且由于当时政治的影响，中国文化一开始就把"史"看成政治事件或君王的"言"与"事"的记载，而不是所有人类言行的记载。记载的目的在于为后代作政治的借鉴或道德的教化，而不是探究事理③。正是由于普遍缺乏对"历史"具有两种含义的意识，中国传统史学往往将历史记载与记忆当成历史事实本身。

直到近代，受西方史学的影响，关注历史哲学的中国学者开始对此重新进行思考。早在20世纪二三十年代，中国马克思主义史学的先驱李大钊在强调史学科学化时，已注意到：所谓"过去"，原有"实在的过去"和"历史的过去"之分，前者指过去本身，是一去不复返的死了的过去，后者指常存人间的活着的过去。所谓史实，

---

① 朱本源：《历史学理论与方法》，人民出版社，2007年，第11页。
② 葛剑雄、周筱赟：《历史学是什么》，北京大学出版社，2005年，第3—9页。
③ 朱本源：《历史学理论与方法》，人民出版社，2007年，第13、14页。

原有"实在的事实"和"历史的事实"之别，前者相当于实在发生过的事实，后者意为史籍所著录所解喻人群所记忆的事实。解喻是不断变动的，故去年的历史真实未必是今年的真实，昨日的真实未必是今日的真实[①]。

现在越来越多的中国学者认识到历史与历史学的差异，如叶舒宪说："如果说当代历史人类学研究对我们有什么重要启示的话，其中最重要的一点在于将以往人们对'历史'的笼统认知剥离开来。它至少让人们在观念的层面了解到，过去发生的事情与对过去所发生事情的选择和记录绝不是一回事，后者带有'制造'和'想象'的性质。"[②]杜经国等著的《历史学概论》，庞卓恒主编的《史学概论》，都提出"历史"一词包含不同的含义。王学典将历史分为两种，即"实在的历史"和"描述的历史"。其中，所谓"实在的历史"就是历史本身，亦即那种已经离我们而去、消逝得无影无踪、但确实存在过且又不为后人的意图所左右的过去，是"确有其人""确有其事"中的"人"与"事"[③]。描述的历史是"史学家依据一定的理论预设、一定的参照框架、一定的价值准则，为达到某种特定的意图，采用一定的方法，对零散、杂乱、众多的历史事实进行选择、取舍、整理、强调、归纳、组合而勾画出的一定区域、一定时间内的人类社会的变迁过程"。"后人对历史的描述与曾经客观地发生过的历史是不能等同的两回事。"[④]

所有这些中外先贤的真知灼见促使我们认真思考这样的问题——史家对历史描述、解释与评述到底是古人自己的所思、所想、所为，还是史家所认为的古人所思、所想、所为？

一、什么是"自在的历史"？有何特征？

记得刚参加工作的时候，在考古工地上经常想：如果现代科技能发明一种仪器使我们收集到古人在遗址中活动留下的所有信息，并将它们像录像回放那样全部播放出来，该多好呀。历史过程被我们再现了，任何研究成果都可以通过验证而判断出对错。

可惜历史已随时间而去，一去不复返了。自在的历史具有不可重复、不可验证的

---

① 李大钊：《史学要论》，河北教育出版社，2001年，第7、8页。

② 叶舒宪、彭兆荣、纳日碧力戈：《人类学关键词》，广西师范大学出版社，2004年，第96页。

③ 王学典主编：《史学引论》，北京大学出版社，2008年，第5页。

④ 王学典主编：《史学引论》，北京大学出版社，2008年，第11、12页。

特性。虽然有大量的科幻作品讲述着我们在过去、现在与未来之间穿梭往来，时空变换，但那些都不过是人类的幻想而已。科学告诉我们，人类不可能回到过去，时空旅行只能存在于人们的想象、神话传说和科幻作家的作品中[①]。

按照前面对历史和历史学的区分，其中"历史"，我们可以称为"自在的历史"，即已经发生的人类生存、发展过程和为生存、发展而创造的所有适应方式——人类文化现象。人类的历史本身就是一个持续发展、演变的过程，过去被视为今天的历史，今天将成为明天的历史。人类所创造的文化也因自然和人为的因素而大部分消失，少部分化为残垣断壁的遗迹和零星、破碎的遗物成为历史的见证，供我们研究和凭吊。在人类创造文字以后，一些历史现象、事件、人物言行因为各种原因和目的而被记录、陈述和传播。

据说有这么一条詹姆斯历史定律——历史本身不会重复，重复只出现在历史学家之间。同样，"考古学家和历史学家根本就无法可验证地复原原原本本的过去。……过去具有独立于考古学家的重建和解释之外的自身存在的价值"[②]。

二、什么是"表述的历史"？有何特征？

不同于"历史"的"历史学"，我们又可以称之为"表述的历史"。历史虽然不能重复，但可以叙述；历史过程虽然不能再现，但可以建构。表述的历史是对自在的历史的记录、阐释与叙述，是由处于特定时代的人为了特定的目的来观察、记录、编撰与传播的。

"表述的历史"由以下几个要素组成：被视为记录、反映"自在历史"的各种史料文本，作为观察者、记录者、叙述者、研究者的史家，根据某种史观、理论模式所做的史料选择、分析、解读和历史叙述与评判。

根据李振宏在《历史学理论与方法》一书中的划分，作为"表述历史"的历史学可分为以客观历史为对象的诸学科、以史学本身为对象的诸学科、以历史资料为对象的诸学科三大类别。以客观历史为对象的诸学科包括记叙的历史和历史理论即历史哲学两部分，记叙的历史又分为通史、断代史、专门史、事件运动史；以史学本身为对象的诸学科包括史学史、史学理论、历史编纂学、史学评论；以历史资料为对象的诸

---

① 〔英〕史蒂芬·霍金著，许明贤、吴忠超译：《时间简史——从大爆炸到黑洞》，湖南科学技术出版社，2008年，第134—140页。

② 〔加〕布鲁斯·崔格尔著，徐坚译：《考古学思想史》，岳麓书社，2008年，第320页。

学科包括辨伪学、校勘学、辑佚学、版本学、考据学、史料学①。

王学典说"描述的历史"（相当于本书中的"表述的历史"）具有以下两个基本特征②。

（1）这种历史实质上体现的是一种过去观，而不是过去本身，因此，这种历史可以而且应该因人而异。由于各个人所怀抱的宗旨、对未来的期待、看待生活的方式不同，他们所写的同一段历史，面貌也可能不同。范文澜的《中国通史简编》和钱穆的《国史大纲》，写作出版的事件大体相同，但所描述的历史面貌却差异甚大，其源盖出于范钱二人的历史观不同：范著主要侧重"揭露统治阶级的罪恶"，突出下层人民"反封建"的内容，因而整部历史显得较为灰暗，基调低沉；钱著主张对过去的历史要充满"温情"与"敬意"，尽可能多地展示过去历史的积极内容和光明一面，因而历史描述的基调是上扬的。尽管两书所涉人、地、事大体一致，但整体情景却反差甚大。同样，胡绳的《帝国主义与中国政治》和蒋廷黻的《中国近代史大纲》也提供了这方面的例证。胡著采取"革命化"的叙事立场，把鸦片战争以来的中国近代史写成一种"反帝反封建"的"革命"过程；蒋著采用"现代化"的叙事线索，将海通以来的历史看作中国不断向西方学习、实现工业化、近代化的过程。如此一来，以鸦片战争为起点的同一部中国近代史就具有了两种面貌。

（2）这种历史可以随时翻新，不断重构，因此，这种历史又可以因时而异。"一时代有一时代比较进步的历史观，一时代有一时代比较进步的知识；史观与知识的不断进步，迫使人们对于历史事实的解释要不断地变动。解释变动了，事实的意义也就可能与以往不同了；过去看不到的，现在看到了；过去认为是真理的，现在变得荒谬了。因此，一切的历史，不但不怕随时改作，并且都要随时改作，而改作的历史，比以前的比较近真。""不断被重写，正是历史的魅力所在。"③

表述的历史的核心是人，历史是由人创造的，也是由人来陈述，即记录与撰写的。马丁·海德格尔在定义"陈述"时说："陈述是有所传达有所规定的展示。"因而，"陈述是根据已经在领会中展开的东西和寻视所揭示的东西进行展示的"④，"所有的陈述都是在此时、此地和现在提出来的，正如我所写出的和您所读到的。它们不

---

① 李振宏：《历史学理论与方法》，河南大学出版社，1999年。
② 王学典主编：《史学引论》，北京大学出版社，2008年，第12—14页。
③ 王学典主编：《史学引论》，北京大学出版社，2008年，第12—14页。
④ 〔德〕马丁·海德格尔著，陈嘉映、王庆节合译，熊伟校：《存在与时间》，生活·读书·新知三联书店，1987年，第191页。

属于过去。"①历史学的陈述同样如此，英国学者迈克尔·奥克肖特说得直截了当："历史不是别人而是历史学家'制造出来'的：写历史就是制造历史的唯一办法。"②

表述的历史受到时代的权力体系、话语体系、认知体系、史家的个人立场、观念与目的等多方面因素的影响。乔治·奥威尔说："谁控制过去就控制未来；谁控制现在就控制过去。"③即谁控制了话语权，谁就控制了历史陈述权。换言之，控制现在的人根据自己的需要建构历史，形成某种历史记忆，而这种历史记忆又影响到人的观念与行为，进而影响到社会的未来。

三、自在的历史与表述的历史的关系

自在的历史与表述的历史的关系，或曰历史与历史学的关系表现为：前者是已经发生的全部人类行为，具有独立于我们而存在的自在性和一去不返的不可重复性。后者是由人记录、写作、阐释、叙述与传播的历史，具有主观性、选择性和片面性，被赋予了各种目的和价值判断。表述的历史以自在的历史为对象，但不可能全面、客观、真实地展现自在的历史，虽然史学家非常希望撰述出这种历史著述，或者自认为撰述的就是这种历史著述。实际上，表述的历史终归是由史家选择、阐释、撰述和评判的，所有流传下来的历史叙述都是表述的历史。

另外，表述的历史以自在的历史为依据，不能信口开河、天马行空，否则就属于小说创作和神话虚构范畴了。自在的历史通过表述的历史得以展现，进入人类的认知体系。但表述的历史终归是表述者心中的历史，是表述者向他人传播并希望他人接受、相信的历史叙述，不是自在历史的复制和再现，二者不能等同。

自在的历史与表述的历史虽然密切相关，但彼此更有区别，前者是已经过去的，不可重复的历史；后者是存在于现时的，随时代而变化，并与我们密切相关的历史，由我们书写，满足我们的需要，表达我们的观念、认知，并教育、塑造我们。

自在的历史与表述的历史是否能够达成一致，即所谓再现真实的历史，发现历史的真相？能否实现表述的历史与自在的历史的一致？如何判断它们之间的一致性？这几个问题就是历史学本体理论的核心问题。传统上，当我们视史学为科学时，实际上是追求，并认为能达到两者的完全重叠，但实际上这忽视了具有时代性和主观能动性

---

① 〔英〕马修·约翰逊著，魏峻译：《考古学理论导论》，岳麓书社，2005年，第15页。

② 〔美〕迈克尔·奥克肖特著，〔英〕奥沙利文编，王加丰、周旭东译：《历史是什么》，上海财经大学出版社，2009年。

③ 〔英〕乔治·奥威尔著，董乐山译：《1984》，上海译文出版社，2003年，第37页。

的史家在其中的作用和影响。英国历史哲学家爱德华·卡尔曾指出历史学中的两种错误观点：一种认为历史就是客观地编辑事实，事实绝对优先于解释；另一种认为历史是历史学家头脑里主观的产物，历史事实是历史学家确立的。他主张：历史是历史学家与他的事实之间相互作用的连续不断的过程，是现在与过去之间永无止境的回答交流①。我们认为，他的观点很中肯。

历史与历史学，或曰自在的历史与表述的历史之间虽然有这样的相互依存关系，但对于我们人类社会和历史学界来说，真正发挥影响，与我们密切相关的还是历史学，而不是已经一去不返的、远离我们而去的自在的历史。自在的历史真实存在而不可知，我们所看到的、研究的历史都是史家的、建构的史学，是表述的历史。正如美国哲学家卡尔·贝克尔所说："在历史学家创造历史事实之前，历史事实对于任何历史学家而言都是不存在的。"②我们有关历史的一切研究实际上都是关于表述历史的研究。

四、再现自在历史的尝试——"中程理论"小议

正是因为困惑于如何沟通自在的历史与表述的历史，实现两者的一致，即再现自在的历史这一问题，美国新考古学派的代表人物路易斯·宾福德提出了著名的"中程理论"（the middle range theory），对考古学理论发展产生了巨大影响。这一理论也引起了中国考古学界的关注，并在中国学者的著述中屡被提及。

如果我们仔细推敲中国学者对"中程理论"的各种理解与使用，便会发现，似乎对这一概念的内涵存在着某些误读误解。如果我们从自在的历史与表述的历史的区分与关联的角度来解读"中程理论"，也许能更准确地理解其含义和价值，发现其存在的问题。

什么是"中程理论"？宾福德为什么要提出"中程理论"？

宾福德认为，传统考古学界重于对发现的描述而忽视对发现的解释和通过解释去再现古人的行为方式与思想观念，并进而探讨文化现象背后的机制。他提出，无论是考古记录还是物质文化，如果不和人类行为相连就无法被理解。他认为，传统考古学在用物质遗存复原人类的过去时普遍缺乏科学可信的方法论，考古学家即使对古代遗

---

① 〔英〕爱德华·卡尔著，吴柱存译：《历史学家和历史学家的事实》，《史学理论读本》，北京大学出版社，2006年，第36页。

② 〔美〕卡尔·贝克尔：《什么是历史事实》，《现代西方历史哲学译文集》，上海译文出版社，1984年，第224页。

存有所解释，也往往具有随意性、主观性，而缺乏科学规范和可验证性，因此极有可能扭曲对过去真实情形的把握，因此，考古学家必须寻找新的和具有说服力的方法，从考古材料中推断人类行为。宾福德认为，考古学家调查和观察的现象是在现在进行的，所以他们做出有关观察的表述也仅是眼前的一些事实。那么，考古学家应如何将对现在观察的一种表述转化成关于过去有意义的阐释呢？显然，如果没有一种推理的方法，我们就无法从观察现象的表述转变成对过去的科学阐释，除非我们解决了如何赋予考古记录以真正含义的问题，否则我们无法重建历史。由此，他提出了"中程理论"或"中程理论建设"的概念，并将这个概念看作一种可信赖的认知手段，是考古学家能够将静态的观察转变成有关动因阐释的"罗塞达碑"[①]。按照宾福德的观点，中程理论模式主要依赖当代人类学知识。

实际上，新考古学利用"中程理论"这一概念是想建立一座沟通表述的历史与自在的历史之间的科学桥梁，从静态的考古现象来解释过去的已消失的动态原因。英国考古学家约翰逊说："事实和现象是重要的，但是没有理论，它们不会吐露真言。考古学家和废铜烂铁收集者之间的区别在于，我们要用一套法则将那些事实和现象转化成对过去有意义的解释。过去和现在之间有一条鸿沟，需要考古学家建立一座连接的桥梁，这座桥梁就是用来阐释的理论与方法。"[②]"宾福德的中程理论试图利用民族志资料建立考古学所观察到的现象和考古学所不能观察得到的人类行为之间的有效对应关系。"[③]宾福德将它定位为不仅沟通古今之间静与动、沟通研究者的"现在"与考古遗存"过去"之间的桥梁，还试图解决表述的历史与自在的历史如何达成统一，即保证考古学家对古代遗存的解读具有真实性、客观性，进而实现考古学研究的科学化的方法。

为了建立中程理论的研究范例，宾福德身体力行，开创了被称为"民族考古学"（ethnoarchaeology）的研究方法。他只身前往阿拉斯加，与纽纳米因纽特人生活了十年，观察他们的生活方式、资源利用、群体结构和移动方式。宾福德特别关注土著人行为，如废弃方式与文化遗存之间的关系，即他们的生活方式会在废弃的垃圾和居址的遗迹方面留下哪些特征，寻找出行为与物质遗存之间的因果率，建立一种对应的模式。然后，利用这些来自民族志的材料和对现代土著人的观察得到的模式去解释史前人工制品和相关考古遗址的散布现象，探讨其形成原因和古人的行为方式。

---

① 陈淳编著：《考古学理论》，复旦大学出版社，2004年，第126—129页。
② 陈淳编著：《考古学理论·前言》，复旦大学出版社，2004年，第3页。
③ 〔加〕布鲁斯·崔格尔著，徐坚译：《考古学思想史》，岳麓书社，2008年，第17页。

　　炊格尔对民族考古学在建立考古学中程理论方面的作用做了如下的解释：民族考古学是用来了解物质文化是怎样从其有机系统的位置上过渡到考古学位置上去的。对这种物质转化过程的分析，能够使考古学家了解正常运转的文化系统中物质的废弃过程，通过对土著群体和部落社会中物质的废弃率、废弃地点、缺失概率以及废弃实例的观察来了解活体社会文化中物质保留下来和不能保留下来的原因，从而建立起一套关系法则，使得考古学家能够更正确地从物质遗存中推断其所代表的文化系统。"这些人类行为和物质之间关系被用来建立某种观察的原则，正如宾福德所言，这些原则可以通过在现生系统中的检验而上升为理论，那么它们可以成为我们用来从史前遗存中破解人类行为和文化系统动力的密码，考古学家就有了解读文化动力的'罗塞达碑'。"①

　　罗伯特·沙雷尔等说："考古学中有一个基本矛盾：考古资料存在于当下，考古学家关心的却是过去，尤其关心创造这些遗存的古人的行为及行为的变迁。因为不可能直接观察古代发生的事件，只能依据获取的遗存复原这些事件。考古学家运用了中程理论在实物遗存和人类行为之间建立严谨的联系。这些理论上的联系是以类比为基础的。类比就是根据已知事物和联系推论出未知的事物和联系的推理形式。类比推理基于这样的前提：如果两类现象的某一个方面相似，那它们的其他方面也可能类似。具体运用到考古学上，类比是把考古遗存与活态社会的类似现象进行比较，推断考古遗存的性质和不同遗存之间的联系。"②中程理论是为考古解释建立一套可靠的普遍类比，"中程理论的核心是在忽略特定文化背景的前提下建立遗存与行为之间的联系"③。

　　对于"中程理论"及其在考古学研究中的应用所存在的问题，西方学者也有评述。伊恩·霍德说："新考古学宣传其阐释过去的方法论是'坚实'而普遍适用的，简单地说，他们可以将物质文化模式与人类模式联系一起，通过物质文化模式上运用通用法则和中程理论，实现对人类模式的'阅读'。"但"新考古学总是回避行为者的可能性，将其排除在社会理论之外。""行为者不一定简单地按照预定的角色或规则行事。"④炊格尔说："尽管少数考古学家坚持进化主义的决定论形式应该回到'中心舞台'，大多数美国和西欧的考古学家则越来越倾向于相信，人类的行为是复杂的，对其发展过程的解释如果不试图运用多样性和特别性的观点的话，将一事

① 陈淳编著：《考古学理论》，复旦大学出版社，2004年，第128、129页。

② 〔美〕罗伯特·沙雷尔、温迪·阿什莫尔著，余西云等译：《考古学——发现我们的过去》（第三版），世纪出版集团上海人民出版社，2009年，第343页。

③ 〔美〕罗伯特·沙雷尔、温迪·阿什莫尔著，余西云等译：《考古学——发现我们的过去》（第三版），世纪出版集团上海人民出版社，2009年，第349页。

④ 〔英〕伊恩·霍德、司格特·哈特森著，徐坚译：《阅读过去》，岳麓书社，2005年，第6、8页。

无成。"　"人类行为并不是如此具有规律性，以至于无法在二三个民族志个案研究基础上建立空间行为的通则性总结，即使这些研究非常细致。……在假定人类行为的特别形式的普遍适应性上，需要保持非常警惕的态度。"　"经过仔细调查的中程理论对适用个案的运用有助于减少从考古学资料中探求人类行为活动的主观因素。这并不能保证对考古学证据的阐释能够完全避免由于考古学家的利益、价值或玄想所导致的对材料的扭曲，但是它们提供了考古学资料的阐释可以受到最大程度的约束的背景。"①

以上这些西方学者对中程理论的理解和评述非常到位，反观中国学者的理解，往往存在某些误解，如将"中程理论"理解为处于低级理论与高级理论之间的中级理论，是在直观的考古发现的古代文化遗存与非直观的人类行为之间建立起一种有效关系的理论。我们认为，这种误解的根源在于我们未注意到自在的历史与表述的历史之间的差异，以及史家是如何试图通过解读考古遗存，推测古人的行为并实现当代历史叙述再现古人的自在历史这一历史研究过程的。

宾福德意识到表述历史再现自在历史的困境，才希望寻求一种符合当代科学认知体系的方法来解决这一问题，试图让考古学发展为一门符合当代实证科学特性的学科，建立一种由明确的当代知识模式去解读，并且可以被验证的有关考古学遗存现象的解释理论和古史的陈述。

针对19世纪实证主义史学所主张的"史学就是史料学""史料自己会说话"以及传统考古学重描述轻阐释、对古代遗存阐释缺乏科学性等现象，新考古学和中程理论是很有价值的。它建立了一种新范式，努力实现考古学的实证科学化，试图解决自在的历史与表述的历史之间如何实现统一性以保证表述的历史具有科学性的问题，即希望解决考古学研究中考古学家对考古发现的古代遗存现象解释的主观性、随意性问题，保证考古学家所叙述的历史与自在的历史一致。

不过，我们必须认识到，虽然新考古学试图通过中程理论沟通自在的历史和表述的历史，从古代遗存揭示真实的历史，达到考古学阐释可验证、科学化的目的，但考古学家的任何成果本质上仍是考古学家所做的当代解释与表述的历史。由于历史学、考古学的特性及其局限性，这些来自当代知识系统的模式本身虽然可以被检验，但将它们用于对古代遗存的解释所得到的认识，本质上还是一种解读，无法验证。"中程理论"不过是研究者对考古发现进行阐释的理论模式而已，自在的历史也未由此再现。所谓"史学科学化"、"客观化"、寻找"历史真相"、"再现历史"等说法从

---

① 〔加〕布鲁斯·崔格尔著，徐坚译：《考古学思想史》，岳麓书社，2008年，第309、329、330页。

理论和人的认知上都是不可能实现的目标。

其实，宾福德也意识到考古学研究中的当代性和个人主观性，但他将之视为一种非科学性和随意性，希望建立起科学的考古学解释方法来消除这种影响，即通过人类学考察，建立科学模式去解释考古发现。但我们认为，考古学研究中的当代性和个人主观性是史学的特性之一，我们不能否定它，也无法改变它，而是要理解它，接受它，承认它。

除此之外，当代人类学知识作为阐释考古发现的理论模式，在适用性上也是需要讨论的问题。

科林伍德认为，用跨文化通则方法（按：这种通则是否存在？）阐释历史资料是不可取的，福柯也强调过去与现在之间有不可弥合的断裂。炊格尔则一针见血地指出的："宾福德关于考古学能做什么的观点与他的新进化论立场有关。新进化论人类学家认为，在社会文化现象中存在高度的规律性。宾福德把文化定义为人类超肌体的适应手段，他还像莱斯利·怀特一样认为，总体上说技术决定社会，而这两者一起又决定了意识形态。这表明，人类行为特点具有显著的一致性，并会反映在考古记录中。宾福德进一步认为，无需详细的跨文化确证，全世界的狩猎采集群都是十分相似的。""新进化论者还相信，处于相同发展阶段的文化具有许多共同特点，特别是那些具有适应意义的结构特征。""过程考古学最初的系统阐述因将规范性研究与人类行为共性的探讨混为一谈，这就使这一问题的探讨变得复杂化。研究文化'规则'在左右人类行为上作用的社会人类学家并不认为同一社会中的所有成员都遵循相同的规则。相反，作为社会互动认知导向的'文化地图'概念尤其反对这种观点。"[1] "70年代，越来越多的美国考古学家认识到，萨哈林和塞维斯的一般进化论模式，甚至斯图尔德的多线进化主义都远远低估了史前文化的多样性程度。""通则性进化论的可信度也遭受到民族学批判，尤其是来自那些对进化论研究并没有本质性敌意的人类学家的打击。"[2]

由于新考古学将人类社会等同于自然现象之一种，过于强调考古发现的普遍性与代表性、单线进化论观念、文化演变的规律性、同质性（或曰均变论）等，而忽视了考古发现的各种局限性、片段性、人类的主观能动性、人类文化的多元性、偶然性、复杂性、积累性和变化性，即人类文化以及历史学的本质特性，使它所追求的考古学科学化不可能实现，他们的研究也只能是一种基于考古发现和当代认知，符合现代实

① 〔加〕布鲁斯·特里格著，沈辛成译，陈淳校：《世界考古学展望》，《南方文物》2008年第2期。
② 〔加〕布鲁斯·崔格尔著，徐坚译：《考古学思想史》，岳麓书社，2008年，第276、277页。

证主义科学范式的解读与建构而已，并非历史的真相与规律。

那么，我们能够依赖科学的方法或别的什么手段来解决自在历史与表述历史的统一性问题吗？由于自在历史的一去不返，不能重复，无法验证的特性，以及表述的历史所具有的时代性、史家主观性等特性，我们不可能实现两者之间的统一。况且，即使我们在某些方面或历史片段上真的达到了某种统一，即再现了自在的历史，我们也无法做出客观判断和科学验证。我们所能追求的只能是表述历史的持之有据，论说有理。

第五节　由自在的历史到表述的历史：史家的核心作用

公元前5世纪，古希腊哲学家普罗泰戈拉在《论真理》中说："人是万物的尺度，存在时万物存在，不存在时万物不存在。"[①]世界的本质是什么？是客观存在还是某种幻象？是可知的还是不可知的？我们所描述的世界是真实世界的反映还是人类的一种感觉和建构？这是哲学、宗教讨论的根本问题。自古至今，哲学争论的一个核心问题就是人的意识与自然世界的关系问题。一种观点认为世界是一种不依赖于人的意志，可以被人类认识的客观存在。另一种观点，从"庄周梦蝶"到佛教的"万物本空，皆为幻相"[②]，从王阳明的"心外无物"到康德的"知性为自然立法"和乔治·贝克莱的"存在就是被感知"，均认为客观世界是不确定的，也是不可知的，我们所能认识的自然世界只是"现象界"，依赖我们的主观意识而存在。当代量子力学的最新理论认为，从不确定状态变成确定状态，一定要有意识地参与，意识不能被排除在客观世界之外，只有把人的意识加进去，才能够确定客观世界，如薛定谔的猫。

历史学本体论涉及同样的根本问题。当然，我们首先承认"自在的历史"是客观存在过的事实。那么，"自在的历史"是否可知？能否被全面、客观地复原与再现？我们所读到、听到的历史，即"表述的历史"是"自在的历史"的直接的、真实的再现，还是人们建构的有关人类过去的解释与叙述体系？历史学家是如何以及为何重建已经过去了的历史过程，并解释各种历史现象背后的原因？"表述的历史"是如何形成的？它与"自在的历史"之间有怎样的关系？

受近代自然科学思维方式影响而形成的实证主义史观认为：①历史是在历史学家

---

① 转自赵本义：《"人是万物的尺度"的新解读》，《人文杂志》2014年第6期。

② 佛教的《金刚经》说：宇宙、人生的本质缘起性空，无固定不变的实体，无一相才是真相、实相。世界的本质是无相，现象世界都是幻相，"凡所有相，皆是虚妄"。

头脑之外存在的一个或一系列的事件；②历史学家可以知道这些事实，并一如其发生的那样客观地描述它们；③历史学家可以排除任何宗教的、政治的、哲学的、道德的等利害的考虑①。"在19世纪30年代，当兰克很正当地抗议把历史当作说教时，他说历史学家的任务只在于'如实地说明历史'。""实证主义者力主把历史当作科学，因而对于崇拜事实这一点给予了很大的影响。实证主义者说，首先确定事实，然后从这些事实之中得出结论。在英国，这种历史观恰恰适应于从洛克到波特兰·罗素的作为英国哲学主流的经验主义的传统。经验主义关于知识的理论是预先假定主体与客体之间的完全分离。事实，就像感官印象一样，从外界向观察者袭来，是独立于观察者的意识之外的。"②一句话，即历史学家可以像物理学家、化学家、生物学家那样面对并处理他的研究对象，历史学是建立在史料具有客观性和自在历史可以获得并再现的认知上，人文与自然、历史与科学之间没有什么差异，史学的目的是"求真"。同时，实证史学主张史学家要保持一种超然态度，在历史研究时要自动消失，让史料自己去说话。

但实证主义史观忽略了一去不复返的历史是由人来记录、陈述、阐释、传播并被人所接受，从而成为人类记忆和认知的一部分的，即历史学是由人主导的。历史学与人关系密切，人的观念、行为既决定人类社会的历史特性，也决定作为人类文化现象的历史学的特性，无论是历史事件，还是历史著述，其背后都是作为行为者和著述者的人。人是复杂的，会受时代环境、个人性格、经历、教育、立场、诉求等因素的影响。即使对于标榜客观主义的代表人物兰克来说，多位历史学家都指出，兰克在其历史编纂学的实践中并没有抹掉自己的个性，并且最终诉诸神学的解释。克罗齐说兰克的客观主义是一种折中主义，是"建立在支吾其词的、旁敲侧击的、谨慎沉默的文字诡计之上的公正性与客观性"。美国的"现代主义"学派历史学家查理·比尔德、卡尔·贝克等从兰克的历史著作中找出许多例子证实兰克是19世纪偏见最深的历史家之一。至于喊出"史料自己会说话"的另一实证主义史学代表人物古朗士，卡尔·贝克说，不是历史通过古朗士的口说话，而是古朗士通过历史来说话。仰慕古朗士的听众用掌声来赞扬的既不是历史，也不是古朗士，而是古朗士挑选出来并加以文饰的某些历史事件，以证实法国的制度不是起源于日耳曼人的一个部族法兰克人，而是起源于罗马化的高卢人（拉丁文化）。因为他以此来安抚法国人对德国人（日耳曼人）的敌

① 比尔德：《那个高贵的梦》，《当代西方史学理论》，中国社会科学出版社，1996年，第683、684页。
② 〔英〕爱德华·卡尔著，吴柱存译：《历史学家和历史学家的事实》，《史学理论读本》，北京大学出版社，2006年，第38页。

对情绪，所以赢得了听众的热烈掌声①。

许冠三说："'现代化'时期的史学理论非但已注意'历史客观'与'历史记载'的区别，'历史实际'、'历史资料'与'历史认识'这三者之间的永恒差距，而且还尝试论证史学的研究对象、认识过程与思维模式之间不同于其他经验科学。有关论述指出，从理论上说，史学所研究的对象，本是川流不息一去不返的'历史过程'，它既不像一般社会科学素材那样可以重现，更不似自然客体那样可以复制或仿造。而且，在实际上，研究者所直接考察的并不是'历史过程'本身，而只能是'历史资料'，即'历史过程'留下的残迹，零星遗物和打着各种主观烙印的文献。是以，'历史研究活动乃是认识主体（历史学家）经由中介质（历史资料）与认识客体（历史实际）这三者在实践基础上能动的统一。'"②那些受过专业训练的史学家自认为自己是客观的、中立的历史观察者、记录者和复述者，在研究中可以做到无我的境界的想法是幼稚的。每部史著、每篇文章不仅反映被研究、被表述的特定的过去的人与事，实际上，更反映出作者的立场、情感、世界观、价值观等。史家的认知、立场、情感、利益诉求、价值观等都影响到他对历史的阐释与叙述，而史家所受的历史教育又会影响到史家的认知、立场、情感、价值观、人生观，它们之间互相作用。任何一本史学著作都是史家的主观选择，是他对事件之间关联关系的建构，以及基于他自己认知体系的分析和价值判断的结果。什么样的时代就有什么样的历史，什么样的史家就有什么样的史著。

克罗齐说"一切历史都是当代史"，科林伍德说"一切历史都是思想史"。大量而无序的各类文字资料、各种古代物质遗存只有经过史家的记录、选择、解读、阐释才能成为史料，这些史料只有通过史家的建构才能形成有序的历史叙述。历史学家所研究的过去不是一个死的过去，而是在某种意义上仍然活在现在之中的过去。历史不是别人而是历史学家"制造出来"的，写历史是制造历史的唯一办法③。

后现代思潮的关键就是关注了人及其观念在构建人类社会及其认知体系中的核心作用，一切社会关系、认知体系都是人类为了需要而建构出来的，是不同时期人类观念的产物。后现代史学的出现正是对实证史学过于强调科学、客观而忽视作为核心的人及其主观能动性的一种矫正。

---

① 朱本源：《历史学理论与方法》，人民出版社，2007年，第441、442页。
② 许冠三：《新史学九十年》，岳麓书社，2003年，第586、587页。
③ 〔英〕爱德华·卡尔著，吴柱存译：《历史学家和历史学家的事实》，《史学理论读本》，北京大学出版社，2006年，第46、47页。

　　卡尔·贝克尔批判了科学历史学，在他看来，历史事实就是历史学家的创造，在创造过程中，历史学家的个人经历也必须参与其中，不仅如此，历史学家的个人经历还是评判材料的最终法庭，因为历史学依赖证词，而对这些证词的分析和评判需要依赖历史学家的经历。除了寻找历史事实需要历史学家主观性的介入外，记录这些历史事实更少不了主观性的参与。历史学家面对找到的历史事实，需要选择那些能令他体会到历史真谛的事实[①]。

　　何兆武说："事实本身不会说话，论断并不是事实本身说出的，而是史家的思想所做出的判断。……我们对历史的知识和认识是通过史家的炮制，再又通过我们自己思想的折射而形成的。史料不等于史实。实证主义者认为只要有了史料就足以确定史实——这实在是一种过分天真而毫无根据的信条。史料本身是由史家在进行解说而传递给读者后，又经过读者本人的思想折射。所以严格地说，历史并无所谓'本来的面貌'，而只有人们所理解的面貌。……我们的历史知识并不是由所谓的客观事实直接给定的，而是通过我们的思想认识和我们意识所折射出来的。只有我们大体上有一致的思想和意识，我们才可能有大抵一致的历史知识，我们的历史知识永远不可能是全面的而纯客观的。根据同样的'事实'，人们可以得出不同的结论。犹如用同样的材料，建筑师可以建造出不同的建筑物。材料本身不会形成一座大厦，事实本身也不能自行解说其自身而构成其为历史。面对一大堆史料，史家便需要有一套规范的标准，否则就无从下手。而一旦有一套规范的标准，史家就只能把所谓的史实置诸于这个规范的标准之下进行评判，也就是把历史置诸于一个一定的坐标之上，而这个坐标却不是史实本身所自行给定的，而是史家本人所预先假定的。"[②]余英时说："每个人既然不能避免主观，那么最可能做的事情，就是把主观的问题，把基本的假定提到一个明确的境地来，提到一种自觉的状态来。假借客观的外形，来隐藏着一种主观，这对史学的发展来说是不利的。"[③]忽视历史学家的主观能动性、影响历史解读与建构的各种外在因素和历史中的人性，都是简单化的、想当然的，忽视了历史及历史叙述的复杂性。

　　由自在的历史到表述的历史，核心因素是历史的撰述者——具有复杂人性的历史

①　〔美〕卡尔·贝克尔著，马万利译：《历史的观念译丛·人人都是他自己的历史学家：论历史与政治》，北京大学出版社，2013年。

②　朱本源：《历史学的理论与方法·何兆武〈序〉一》，人民出版社，2007年，第7、8页。

③　余英时：《史学、史家与时代》，《文史传统与文化重建》，生活·读书·新知三联书店，2004年，第125页。

学家。这也是为什么我们要研究历史学的本体论，关注人与史学的关系问题。"事实只是事实，它本身是不会说话的。说话的乃是掌握着所谓史实的人，即历史学家。而历史学家并不等于史实本身，而只是所谓的史实的阐述者。……一个历史学家是怎样看待历史学的，也就决定了他是怎样研究历史的。"[①]

本质上，人类一切问题根本上都是人的问题，历史是由人为了各种目的而创造的，历史著述也是由人为了各种目的而撰述的，因此，研究历史首先要研究创造历史的人和撰述历史的人。人既是历史学研究的终极目标，也是研究中要考量的基本要素，缺少对人及其主观能动性的关注与思考的历史学研究是简单化和表面化的，也是肤浅的。同样，任何否定或忽视人的核心作用和复杂性的人文社会科学研究都是简单化的、想当然的。

简单地说，在表述历史的形成过程，即历史学的研究中，史料、史家与理论之间互相作用，如图一所示。

```
        史家
       ↗ ↖
   史料 ⇄ 理论
```
图一 史料、史家、理论的互相作用

史学的研究过程是"自在的历史→史家→史料→史家→表述的历史"，而不是传统实证主义史学观所认为的"自在的历史→史料→表述的历史"的简单关系。

我们所看到的、研究的历史都是表述的历史。在表述历史的形成过程中，史学家发挥着核心作用，他决定着表述什么，如何表述，给予何种解释与评价等。同样，史料的形成也受到记录者、撰述者的主观影响。史料本身，包括文献记载和考古记录，都是文本，在其形成过程中，受到各种人为因素的影响。"后现代思维认为，每代人、不同阶级和个人都会以不同方式来解释历史，而且没有什么客观标准能使学者评估不同的见解。在历史学方面，他们认为即便是历史资料本身，也是由古代史官和学者根据他们认为什么是值得记录的价值判断而有选择地保留在史籍之中的，这种记录或史料难免掺杂了作者当时的个人利益、社会价值观和历史偏见。"[②]但过去我们往往忽视了史家的核心作用，或者想当然地认为，我们可以在研究中做到客观、中立，达到无我之境界。

没有绝对的客观、中立，只是史家的立场表现得或明或暗，有的是有意识，有的是无意识。那些自认为在研究中保持了中立、客观和超然立场的史家不过是自欺欺

---

① 朱本源：《历史学理论与方法·何兆武〈序〉一》，人民出版社，2007年，第1页。
② 陈淳：《考古学史首先是思想观念的发展史——布鲁斯·特里格〈考古学思想史〉第二版读后感》，《南方文物》2009年第1期。

人，或者是缺乏理论自觉而已。

当我们承认史家的核心作用时，我们就不得不承认史著具有史家的个性，其内容受到史家的观念与诉求的影响，表现出陈述者的立场、情感、价值观、利益诉求、认知水平等。面对各种版本的历史阐释与陈述，我们不能对陈述者视而不见，或假装其不存在，或假设其为一个没有个人思想、情感和价值观念的历史过程记录机器。无论我们承认还是否认，作为一个鲜活的人的历史家都在那里，并通过自己的观察、选择、撰述与评论在历史记述中或明或暗地展现自己，尽管他们往往没有直接宣称自己的主张，甚至以实录而自诩。

典型案例为女性史与性别考古。

从女性史的简单回顾和性别考古学中我们不仅可以看出男女性别的社会角色差异及其历史演变，更可以从中看出史家的性别意识和角色定位对史学著述的影响，一窥历史学家在史学中的核心作用。

"从历史的观点上讲，性别考古学与后过程主义考古学及人文科学中的女权主义思想保持了密切的联系。"①受到后现代思潮的影响，伴随着女权主义兴起而带来的对传统男性霸权在历史学中主导地位的反思与批判，近年来，女性史和性别考古学兴起，其目的就是批判传统的男性霸权的历史叙述及其偏见，重新审视女性在历史中的地位，重构女性本位的历史叙述体系。

我们知道，传统中国社会是男权社会，男人掌控着话语权。在男性中心的社会文化中，历史撰述是男性本位的观察、判断与叙述，无不以男性为中心，以男性的视角为视角，以男性的价值标准为判断标准，文献记载充满男权意识，体现男性的价值观和世界观。女性作为配角或附庸而存在，基本处于失语状态，历史文献对女性要么忽略，要么充满男性的偏见。以我国第一部辞书——东汉的《说文解字》为例，全书共收九千三百五十三字。有学者通过梳理其中的女部字，发现其中表现出明显的男性视角、男权思想和特定的时代观念，而这些视角、观念也反映在当时的历史叙述和文献文本中。例如，"妇，服也，从女持帚洒扫也"，反映了当时妇女的典型形象是女子持帚，表示从事家务劳动，是当时社会对女性的一种定位。书中对"妇"字的定义不止于主持家务，更重要的是"服也"，即服从，是否懂得服从成为整个社会对女性的评价标准。"媒，谋也，谋合二姓"，"妁，酌也，斟酌二姓也"，婚姻的着眼点在于两个家族之间的联系与利益权衡，女性作为当事人，其个人自主意志却被忽略。"嫁""娶"二字，"嫁，女适人也，从女家声"，《白虎通·嫁娶》："嫁者，家

---

① 〔英〕马修·约翰逊著，魏峻译：《考古学理论导论》，岳麓书社，2005年，第133页。

也，妇人外成，以出适人为家。"即对女子来说，出嫁以后的家才是真正的家。除此之外，《说文解字·女部》中存在的大量贬义词，如表示嫉妒的，"娇，妒也"，"妒，妇妒夫也"，"媢，夫妒妇也"；表示不顺从、妨害的，如"妨，害也"，"妄，乱也"，"媂，不顺也"；表示贪婪的，如"婪，贪也"；表示言多、诽谤的，如"姗，诽也"；表示淫乱的，如"婬，私逸也"，"妍，除也。汉律：'齐人予妻婢奸曰妍'"，"奸，犯婬也"，"奸，私也"；等等。这些贬义字的含义虽并不只针对女性，但字形却全部从女，很明显表现出对女性的歧视，反映了掌握社会权力的男性对女性的偏见①。

其他如对妲己、褒姒的妖魔化，对汉初吕后、唐武则天的贬抑等，无不是男权话语的表现。所以，鲁迅说："一向不信，昭君出塞可以安汉，木兰从军可以保隋，也不信妲己亡殷，西施治吴，杨妃乱唐的那些古话。我以为在男权社会里，女人是绝不会有这种大力量的，兴亡的责任，都应该男的负。但向来的男性的作者，大抵将败亡的大罪，推在女性身上，这真是一钱不值的没有出息的男人。"②18世纪法国哲学家普兰·德·拉巴尔在评价男人时提到，但凡男人写女人的东西都值得怀疑，因为男人既是法官又是当事人。正因为如此，"某些女权主义者主张传统史学的独特话语模式，依赖于逻辑、理性和一致性，反映出逻各斯中心的、男权中心的、霸权的意识形态，这对女权主义来说是充满敌意的"。"新的女权主义史学呼唤着从一种'有意识的女权主义立场'、'一种女权主义者的视角'出发的对全部历史的再概念化，以便于它可被通过妇女的眼光看见，并藉由她们界定的价值来规序。"③

女性视角和性别考古学在具体的考古学研究中确实也能够帮助我们打破偏见，带来新思路、新认识。例如，著名性别考古学家珍妮特·斯佩克特尔提出：一般研究中，只有家庭内的劳动工具而不是狩猎工具、装饰品而不是礼器、厨房而不是"大房子"才和女性联系在一起。这种貌似科学客观且简单易行的二分方法事实上饱含占据主导位置的男性中心观念的歧视，而且男女两性、家内与家外、种植与狩猎等分类法是否符合前现代社会实践值得质疑。她于1983年发表的《希达察人的性别任务分工：性别研究的考古学方法的发展》一文，通过从器物、空间到行为和认知的两性关系模

---

① （汉）许慎著，（宋）徐铉校，王宏源新勘：《说文解字》，社会科学文献出版社，2005年；周士璋：《从汉字看古代对女性的歧视》，《河北师范大学学报（哲学社会科学版）》2000年第2期。

② 鲁迅：《且介亭杂文·阿金》，《鲁迅全集》（第六卷），人民文学出版社，2005年。

③ 〔美〕格特鲁德·希梅尔法布著，余伟译：《新旧历史学》，新星出版社，2007年，第27、28页。

式分析考古遗存，发现遗物和空间蕴含的性别信息，揭示出此前被忽视的历史上的女性的存在，并进一步讨论了历史上女性的活动、社会地位和相关信仰及禁忌，大大拓展了考古学研究的视野与思路[①]。

第六节　历史学的对象——人及其文化

历史学的研究对象是人及其创造的文化的演变过程，马克思、恩格斯说："我们仅仅知道一门唯一的科学，即历史科学。历史可以从两方面来考察，可以把它划分为自然史和人类史。"[②]卡西勒说："历史现象属于一个特殊的领域：人的领域。在人类世界之外，我们不能在这个词的特殊意义上说历史。"[③]"历史学所要掌握的正是人类，做不到这一点，充其量只是博学的把戏而已。优秀的史学家犹如神话中的巨人，他善于捕捉人类的踪迹，人，才是他追寻的目标。"[④]

虽然从研究历史角度上讲，自然史和人类史都属于历史学范畴，但以自然现象为研究对象的学科，如有关地球的起源与地质、地貌的演化，物种的起源与演变等，都属于自然科学。

我们知道，自然史研究建立在"均变论"的假说前提之上。"均变论"原则源自地质学，与英国地质学家查尔斯·赖尔（Charles Lyell）密切相关。赖尔认为：第一，自然规律具有时空的普遍性，所以过去并不是变幻莫测的，万事万物都有其自然的原因，并不需要神学的解释。第二，我们必须首先了解现在作用于地表的各种可观察的过程，然后才能解释过去的事件。第三，地质变化是缓慢的、渐进的、稳定的，不是灾难性的。第四，地球从形成以来基本保持一致——地球形成以后就稳定下来，不存在全球性的灾变。概括地说，"均变论"认为，地球的变化原理古今一致，过去的变化可以通过现今的侵蚀、沉积、火山作用等物理和化学过程来认识[⑤]。进一步推论，"均变论"认为自然界的物质形态、结构、性质和运动规律从古至今都是相同的，通过对现在的研究，就掌握了认识过去的关键，即赖尔所强调的"现在是认识过去的钥

① 徐坚：《超越性别的性别考古学——纪念珍妮特·斯佩克特尔》，《中国社会科学报》2013年6月5日第 B06版。

② 马克思、恩格斯：《德意志意识形态》，《马克思恩格斯选集》（第1卷），人民出版社，1995年，第66页。

③ 〔德〕卡西勒：《历史哲学》，《历史理论与史学理论——近现代西方史学著作选》，商务印书馆，1999年，第590页。

④ 〔法〕马克·布洛赫著，张和声、程郁译：《历史学家的技艺》，上海社会科学院出版社，1995年，第23页。

⑤ 〔英〕C.莱伊尔著、徐韦曼译：《地质学原理》（第一册），科学出版社，1959年。

匙"。由"均变说"发展出的"以今论古"原理,在现代科学中发挥了重要作用,至今仍是自然科学研究最为基础的理论假设之一。

不过,"均变论"适用于自然史研究,却未必适用于以人类及其文化演变为对象的历史学研究。自然科学的"均变论"前提假设是研究对象——自然现象的重复性、同一性和运行的规律性(即运动和变化由某些因素决定并受一定的规律支配),以及假说的可验证性。如果将历史学视为像自然科学一样的实证学科,就必须假说古今人类及其文化是简单重复的,具有同一性,文化的演变受一定规律的支配,由某种固定因素所决定,研究结论具有可验证性。

近代实证主义史学也正是这么想的。受到近代以来自然科学成就的鼓舞,实证主义史学试图将史学发展为一门实证科学,将人及其文化假设为一种简单的自然现象之一来开展研究,并努力寻找其中的规律,从而控制、规划人类社会的发展方向和未来。但结果证明,这些尝试都是失败的,或者被某些政治、经济集团所利用,成为工具和蛊惑人心的口号,为他们的行为披上合法、神圣的外衣。

实证主义的人文研究忽视了人的主观能动性和人类文化的复杂性,将具有文化性的人及其社会预设为简单重复的自然现象之一种,因而过于简单和乐观。

为什么"均变论"不适用于历史学研究? 要回答这个问题,我们必须首先对人及其文化的特性以及由人性所决定的人类历史及历史学特性有所认识。

将人与一般动物区分开来的本质特性是什么? 人类是依靠身体被动适应环境还是凭借文化去主动适应环境? 人类文化是重复和均变的,还是积累、反思、创新、变化与多元的? 如何看待人类文化的偶然性与必然性? 文化的发展有无规律? 是进化、退化抑或循环? 是单线进化还是多线进化? 对这些问题的不同认识决定一个人的历史观,即视历史学、考古学为以求真为目的的实证科学,还是将历史学、考古学看作满足多元化需要的建构性学科。

一、具有生物与文化双重属性的人

马克思说:"人双重地存在着:主观上作为他自身而存在着,客观上又存在于自己生存的这些自然无机条件之中。"[①]人既是自然世界的一部分,又独立于自然世界;既被动地适应环境,又主动地改造环境以适应自己。人既是生物的人,又是文化的人,只有人类发展出复杂的文化系统来主动适应环境或改造环境以满足自己的需要。

———————

① 《马克思恩格斯全集》(第46卷·上),人民出版社,1974年,第491页。

与自然界相比，人及其文化具有突出的主观能动性和复杂性。因此，人类是一种同时具有生物属性与文化属性的动物。

人的文化属性既建立于生物属性之上，又超越于生物属性的限制，具有主动的自我创造能力。

人的生物性与文化性之间的关系犹如人的身体与服饰之间的关系。前者体现了人的生物性，虽有差异，但基本相同。后者是人类后天有意识的发明与创造，是一种文化现象，它不仅满足人保暖的基本生理需要，还发挥了满足审美趣味、象征社会地位与财富等多样化的人类需要。"坦诚相见"与"袒裼相见"两个词语形象地说明人的文化属性与生物属性的区别。前者强调做事为人应有诚实互信的态度，强调人与人之间相处的行为方式；后者指的是身体直接相对，强调作为生物属性的人与人之间的相处状态。

人类不断创造文化，文化又不断影响人类。文化使人类超越一般动物，成为地球的主宰。只有人类才发展出一套超越生理限制的文化体系来主动地适应环境，改造环境并获得巨大成功。虽然新的研究显示，一些物种也有制造工具以主动获取食物的能力，如乌鸦会做掏树洞中虫子的钩子、猩猩会利用石头砸开硬果壳等，但毕竟它们的工具使用范围简单、有限。

作为生物属性的人所具有的自然现象特性，要比作为文化属性的人简单得多，容易把握得多，因此，研究人的生物体的医学比研究人类文化现象的人文学科进步更快，成果的共识性也更强。

当然，人的生物属性与文化属性又是密切相关、互相影响的，这也就决定了"医学要远比科学复杂。表现在人群的异体性，人体的异质性和疾病的异现性"。因此，"医学不是纯粹的科学，也不是单纯的哲学，医学充满了科学和哲学，但还涵盖有社会学、人学、艺术、心理学等等"[1]。

孔子说："性相近也，习相远也。"人的生理属性使我们彼此之间具有相似性，但文化属性又决定我们彼此之间的差异和个性，因为文化具有主动性、多元性，因人、因事、因地、因时而不同。生物遗传特性一致的同卵双胞胎受后天各种环境因素的影响而形成各自不同的个性、价值观、人生观，走出不同的人生道路，很好地说明文化对人的塑造作用和人类文化多样性特征。文化属性决定了我们每一个人都是独一无二的自己。"几乎所有有意义的人类行为要素都不是由生物程式完全直接决定的，这些要素代表着生物程式和社会以及文化经验的互动。"通过文化学习，一个婴儿可

---

① 《樊代明院士：医学远比科学复杂》，《世界复合医学》2015年第3期。

以变成部落民，或印第安农夫，或纽约曼哈顿公寓里的居民。饥、渴、性等生物性驱动力都永无止境地受到文化习尚的再塑造和重整①。

以一般人印象中最能表现人的生物属性的男女性别区分与角色认同现象为例，也可以看出人所具有的两重属性——生物属性与文化属性，即人类社会的性别区分和角色认同既取决于生理特性，也受到文化背景的影响。伊恩·霍德说："在性别认知研究中，曾经一度存在共识，认为性别是生物性和自然性的，因此也是固定的。然而，性别认知却是可变的，它是一个由社会意义构成的对身体的'事实'可颠倒的阅读。性别认知可以像人的服饰一样经常发生变化，而性别不可变，因为身体是物质性的和自然的。"②"学者为了把概念讲清楚，通常把生物学上的区分称为'性'（sex），而文化上的区分称为'性别'（gender）。'性'区分的是男性和女性，属于客观标准，在整个历史上未曾改变。至于'性别'区分的是男人和女人（某些文化也有其他类别），所谓'够男人'和'够女人'的标准存在于主体之间，而且会不断改变。"③英文中的"gender"一词更多是指通过文化而建构的一种关于性别的观念，更强调性别的社会性和文化属性，即对性别的认同和观念不是自然生理的结果，而是社会成员在实践过程中被社会和文化所塑造出来的产物。个人所建立的性别认同会随时间和文化环境的变化而变化，如等级、种族的影响。换句话说，gender是一种文化的建构与认同，而不是由生理因素决定的。

二、文化的基本特性

首先，文化具有复杂性。人性的复杂带来文化的复杂性。

人性的复杂决定了人类文化并不都是经过全面分析、科学设计、综合比较和理性选择的结果，有许多理性与非理性因素、偶然因素与必然原因影响文化的创造与选择，带来人类文化的复杂性。

实际上，即使是现代自然科学，也将偶然性作为一种回避不了、消除不了的客观事实摆在人们面前。现代物理学中的量子力学对微观现象随机性的揭示、分子生物学对遗传基因随机突变的发现，以及系统科学对各类系统中存在的随机噪声和涨落现象的分析，无不表明了偶然性的客观存在。对人类社会来说，历史中的偶然性更是广泛

---

① 〔美〕罗杰·M.基辛著，北晨编译：《当代文化人类学概要》，浙江人民出版社，1986年，第14页。

② 〔英〕伊恩·霍德、司格特·哈特森著，徐坚译：《阅读过去》，岳麓书社，2005年，第92页。

③ 〔以色列〕尤瓦尔·赫拉利著，林俊宏译：《人类简史——从动物到上帝》，第八章，中信出版社，2014年。

存在，所以，《欧洲史》的作者K. 费舍说："人类命运的发展只是一些偶然的、不可预见的力量的游戏。"①

从个人与社会关系的角度讲，根据一般性原则，个人似乎应该完全遵守普遍的社会规则，因此，物质文化应当体现一种共同的、普遍性的意义。我们的考古学研究也是以此为立论的前提的。但由于每个人实际上都有各自的性格、认知与诉求等，常常出现对社会主流规则的抵抗意识，并由此导致物质文化形式及含义的复杂化。即使同一个人，在不同背景下，其观念、行为也会不同。

许多伟大的思想家所规划的人类社会美好蓝图，如孔子的大同世界，西方的空想社会主义之所以在实践中失败，或在实践中被改造得面目全非，就是因为这些蓝图往往是建立在单一的、美好的人性假说基础之上的，忽视了人性的复杂性和自利性。在中国人民公社和苏联集体农庄尝试，失败的原因之一就是理想的理论建构和制度设计忽略了人性的自私与复杂。从分配者和被分配者角度讲，人的需求、欲望、情感等是复杂的、因人因时而异的，市场经济尊重了人性的多元和人的主动性，但带来了社会的不公，重效率而轻公平；计划经济重在保证社会的公平，国家按特定标准安排一切，但这一设计忽视了人性的复杂，假设人性是简单的、无私的，人类的思想和需要是一致的。

当代人类社会实践如此，古代社会也当如此。遗憾的是，以寻求历史真相和探究人类社会发展规律为目的的实证史学的前提恰恰是将人类社会、文化作为一种简单化的自然现象来对待，忽视了其中的复杂人性和人的主观能动性。历史是由人创造的。任何采用简单化的思维方式，将人类社会、文化设想为像自然现象那样的简单重复，试图寻找到其中的发展规律，并希望以某一种或几种原因来解释其发展原因，进而像利用科学原理掌握自然现象那样去掌握、规划人类社会的发展方向，都是一厢情愿的想当然，忽视了人性的复杂和人的主观能动性，以及人类社会的各种或然性。

理解当代社会和人们的行为，我们必须了解人性及其复杂性。研究古人及其社会同样需要考虑人性及其复杂性。忽视人性的复杂和人的主观能动性的任何历史学结论都是简单化的结论，貌似有理但实际上难以令人信服。正是考虑到人的复杂性，法国年鉴学派的创始人吕西安·费弗尔主张历史必须与心理学联合，取得心理学的有力支援。心理学解释使历史学家能更好地去解释、了解人类历史实际创造者的行为和动

① 转引自陈中立等：《反映论新论——马克思主义反映论及其在现时代的发展》，中国社会科学出版社，1997年，第406页。

机①。是的，我们应该重视研究人类心理活动的心理学的各种成果，看看人类心理的复杂性以及这种复杂性对于其行为的影响。只有理解了人性的复杂，我们才能更深刻地理解古人及其所创造的各种复杂文化，也才能更深刻地理解历史学家和他所创作的各种史学著述文本。

其次，文化是不断变化的，具有反思、积累、传播、交流学习、自我调整和主动创新等特性，它们都是人类主观能动性的反映。从采集到农业到工业，从简单社会到复杂社会，从部族到奴隶制国家再到当代民主国家，从石器时代到信息化时代，从神权社会、君权社会到民主社会，从万物有灵观念到科学主义盛行，人类的文化既在不断积累，也在不断变化。一成不变的文化是僵化的文化，只会被历史淘汰。

最后，文化具有多元性。不同时代、不同地域的人，因环境因素、资源条件、技术手段、认知水平、文化传统、集体审美、个人灵感等因素的不同，创造出不同的适应方式，即不同的文化，虽然所有的文化在本质上都是为了主动适应环境、满足各种相同的人类需要。

由于人类文化具有创新性、传承性和多元交流特性，必然形成累进效应。人类社会之所以在加速发展，而不是简单地重复，其原因就在于人类文化的创新、传承、积累与交流融合。人类今天如此复杂而高级的文化也得益于此。

三、为什么我们不能预测未来

记得在沣西考古工地发生过这样一件事：老王做饭与小王风格不同，前者刀功粗糙，口味较重，后者刀功较好，口味清淡。某天，大家吃完早餐，一致认为是小王做的，因为菜切得细，口味清淡，符合小王的做菜风格。结果一问，大家都错了，早餐是老王做的。原来，前天晚上，老王听到大家对饭菜的议论和口味偏好，主动做了改变，有意识地将菜切细了，口味放清淡了。

这一事例生动地告诉我们：人是有反思能力和主观能动性的动物，人及其文化具有不断主动反思、自我调整的特点，不是简单地重复和遵循某种规律一成不变地运行下去。

人性的复杂、人的主观能动性和文化属性不仅决定了人类历史的复杂性，也决定了我们不可能预测我们的未来，虽然预测未来是人类梦寐以求的愿望和孜孜以求的目

---

① 〔法〕吕西安·费弗尔：《历史与心理学——一个总的看法》，《现代西方史学流派文选》，上海人民出版社，1982年。

标。伟大的科学家牛顿在炒股失败后哀叹道："我可以计算天体运行的轨道，却无法计算人性的疯狂。"正如凯恩斯的研究所揭示的市场经济活动中的人类非理性——多数决策不是基于冷静的理性计算，而是出于受一种"动物精神"的驱使，"在历史上所有的经济泡沫，从郁金香泡沫、南海泡沫，到1990年代日本房市泡沫和美国IT泡沫中，都能看到投机者的疯狂。2007年至今的美国房市泡沫破裂和金融危机再次见证了人类决策的非理性层面"[①]。

我们的历史研究，尤其是因果解释往往是建立这样的假说之上：人类的任何决策和行为总是理性的（而且是我们认知体系中的理性），是经过系统分析后的理性选择。但大量的历史事实告诉我们，这种理性人的假设是不成立的，人类决策和行为受到各种因素的影响，往往是非理性的，由此导致历史发展的不确定性与偶然性。法国哲学家勒庞在其著作《乌合之众：大众心理研究》中说，集体无意识的群体，缺乏理性，少有深思熟虑，多诉诸感情，更多受生物本能影响，易被煽动[②]。

除了复杂人性和非理性因素对人类行为的影响外，人的主观能动性也在干预人类社会的发展走向，人不是完全被动地受所谓"人类社会发展规律"的支配。当我们根据某种理论或规律假说来预测人类社会的发展方向时，同时也就在影响人类的行为或社会发展趋势，因为我们会根据这种预测来主动调整自己的行为方式，其结果是既有可能使原来的预测基本实现，也有可能使原来的预测变错。卡尔·波普尔指出，由于观察客体与观察主体之间的相互作用而导致预测的不确定性。"社会科学家也许正在努力发现真理，但同时他也必定总在对社会施加一定的影响。他的意见确定起作用这个事实就破坏了意见的客观性。"[③]即预测本身就影响被预测事件的发展方向。例如，马克思、恩格斯切中要害地指出了19世纪资本主义社会中的问题，提出社会主义的设

---

① 杨春学：《凯恩斯的"动物精神"：人类市场行为非全理性》，《中国社会科学报》2010年2月9日第9版。

② 注：勒庞的思想极大挑战了18世纪以后启蒙哲学中有关理性人的假设。美国学者罗伯特·墨顿在评价勒庞《乌合之众：大众心理研究》的得与失时说："人既无理性又自私自利，易于冲动且反复无常，或者是把理性用在伤天害理的事情上。他既是暴力和虔诚骗局的实施者，又是它的牺牲品——这样一幅人类画像，在勒庞写此书时当然算不上什么新见解。至少从《君主论》——这个标题显然强调了控制者——的时代起，一直到《乌合之众》——这个标题转向了被控制者——的时代，每个世纪的马基雅维利主义作家，就一直在不断地设计出这样的形象。""对于人类及其行为中这个令人憎恶的方面，心理学家、社会学家、社会哲学家、政治理论学、政论记者以及有创造性的落魄小说家都写过大量的书和应时之作，勒庞的《乌合之众》，不过是其中的一本而已。"〔美〕罗伯特·墨顿：《勒庞〈乌合之众〉的得与失》，《乌合之众：大众心理研究》，中央编译出版社，2017年，第38页。

③ 〔英〕卡尔·波普尔著，杜汝辑、邱仁宗译：《历史决定论的贫困》，华夏出版社，1987年，第11、12页。

想。不过，资本主义社会在后来的发展中，针对问题不断做出调整，强化社会福利、公平机制和社会保障，当代资本主义国家已远非早期资本主义国家，资本主义迄今也并没有被社会主义代替。

所以，卡尔·波普尔说，由于纯粹的逻辑理由，我们不可能预测历史的未来进程。因为：人类历史的进程受人类知识增长的强烈影响；我们不可能用合理的或科学的方法来预测我们的科学知识的增长；所以，我们不能预测人类历史的未来进程。我们必须摈弃理论历史学的可能性，即摈弃与理论物理学相当的历史社会科学的可能性[①]。

我们看到的过去是我们想象的过去，我们预想的未来是我们所期望的未来，都未必是客观的存在。我们既不能看清过去，也不能预测未来，我们只能感受当下。对于我们所生活的世界，虽然我们总是希望有一种确定性，使自己不再焦虑与彷徨，可以安心地生活于其中，但实际上，不确定性才是其本质，人生无常，大约如此，确定性不过是一种信仰和自我安慰而已。越来越多的人意识到，不仅我们的世界充满不确定性，而且我们对整个世界的认识也充满不确定性，近代以来的实证主义乐观正在被质疑。

四、人及其文化属性决定历史与历史学的特性

历史决定论的前提是将人类及其文化视为简单重复的自然现象之一，可以寻找到像万有引力一样的几条规律来解释一切人类社会现象，忽视人的主观能动作用、人类文化的复杂性，甚至将人的核心作用从历史中完全抹除，应该说这是实证科学思维方式的过度乐观反映。同样，实证主义史学的根本问题在于忽略历史学中的人——史学家及其主观影响作用的存在。总之，"过程主义、结构主义和马克思主义都缺乏对行为者的充分考虑"[②]。

"20世纪80年代以来，在后现代主义思潮的影响下，一方面欧美考古学和其他社会科学一样重拾对人类行为复杂性、特殊性和偶然性的兴趣，开始采纳所谓的后过程方法来研究人类意识形态对文化变迁的影响。后过程考古学追随上世纪30年代英国哲学家和考古学家罗宾·柯林武德提出的观念论，以更加严厉的态度审视主观因素对科

---

① 〔英〕卡尔·波普尔著，杜汝辑、邱仁宗译：《历史决定论的贫困·序》，华夏出版社，1987年，第1页。
② 〔英〕伊恩·霍德、司格特·哈特森著，徐坚译：《阅读过去》，岳麓书社，2005年，第91页。

学认知的影响。"①与历史决定论不同，历史选择论认为，人是历史活动中的能动因素，社会是人的活动场所，历史是人主观选择的产物。选择论充分肯定了人的自由意志的作用。选择论凸显了历史活动中主体的作用。主体的情感、认知、需要都会对历史过程有所影响。选择论突出了人的自决力量，使历史完全成为人的历史，使人具有了作为创造者所应有的尊严②。

　　同样，历史学是一门有关人及其文化的学科。首先，历史学的基本研究对象是人及其文化的发展演变过程，人性的复杂决定其行为方式，即文化的复杂性。其次，历史学的研究者是具有复杂人性和主观能动性的人，历史学家的立场、观念、利益诉求、情感、认知等不可避免地对其研究对象的选择、阐释、判断、评价与叙述等产生影响。

　　从自在的历史一面看，历史随时间而一去不返，不能重复，不可验证。人类具有主观能动性，人类创造的文化具有主动的调整、适应、积累、改变的特性，不像自然科学的研究对象那样被认为是进行简单重复的运动。"'自然现象'背后没有什么东西可供追查，而'历史现象'背后却有挖掘不尽的思想、动机、考虑、构思、阴谋、算计等等。""自然的过程可以确切地被描述为单纯事件的序列，而历史的过程则不能。历史的过程不是单纯事件的过程而是行动的过程，它有一个由思想的过程所构成的内在方面；而历史学家所要寻求的正是这些思想过程。一切历史都是思想史，……都是在历史学家自己的心灵中重演过去的思想。"③同样，在考古学中，"制作一件人工制品时，如有装饰的陶罐，它的制作者通常有很多选择，这些选择部分地被文化和习惯（如传统和经验）所制约；但是陶匠可以依据自身的判断和艺术感觉做出选择。……他们既在制定文化和习惯，又被文化和习惯约束着"④。"人类行为却被看成是有目的的或是有意图的。换句话说，只有了解人们的观念和意图才能解释人类的行为。观念和意图并非有形实体，它们只是以思想的方式存在于我们脑袋中。考古学家无法直接观察或者'测量'它们。在这种意义上，考古学解释在本质上始终是解释学的（即与观念、含义和象征有关），而不是科学的。这一论点是后过程主义考古学的

---

① 陈淳：《考古学史首先是思想观念的发展史——布鲁斯·特里格〈考古学思想史〉第二版读后感》，《南方文物》2009年第1期。

② 王学典主编：《史学引论》，北京大学出版社，2008年，第16、17页。

③ 〔英〕科林伍德著，何兆武、张文杰译：《历史的观念》，商务印书馆，1997年，第83、84、302、303页。

④ 〔英〕肯·达柯著，刘文锁、卓文静译：《理论考古学》，岳麓书社，2005年，第179、180页。

核心纲领之一。"①

历史是由人创造的，也是由人来撰述的。人的主观能动性和复杂性决定人类历史的复杂性和无规律可循，作为著史核心的史家的人性决定历史学的建构性与多元性。自在的历史虽客观存在但已难以确知，我们所看到的、听到的、读到的历史都属表述的历史，是史家阐释与建构的结果。

五、"均变论"不适用于历史学

如前所述，试图使历史学实证科学化的实证史学，其前提假说是假定古今人类行为方式和社会运行被动地遵循某些固定的规律，人类社会和文化演变同自然现象一样按照规定好的路线运行，历史学的最终任务就是发现这些规律和路线，并据此预测人类的未来。本质上，这是一种自然科学的"均变论"假说前提。

在人类历史研究和古代遗存现象的解释方面，实证主义史学家采用的正是"均变论"原则，与之相关的还有人类学上的"文化同质论"。

实证史学的前提之一——文化均变论，即假设古今文化是一致的、一元的，我们与生活在任何一个时代、一个区域的人具有相同的文化背景、认知体系，我们有相似的思维方式和行为准则，因此，我们才可以以当代的经验、知识、思维习惯和行为方式去理解古代遗存与文献记载，理解古人的观念及行为，进而发现历史的真相，找到事件的因果关系，重建历史的过程。就考古学来说，新考古学本质上属于实证主义史学流派，试图使考古学科学化，寻求历史中的因果关系和规律。为了实现考古学的科学化，许多考古学家认为均变论同样适用于早期人类及其文化——如果我们不能假定他们的生理需要、耐受性以及其行为反应具有古今一致性，且可以预测，那么考古学研究就根本无法进行下去②。为了说明现在的观察可以作为过去判断的依据，宾福德借鉴了地质学家赖尔的"均变说"来予以支持。宾福德声称，尽管过去文化的动力系统已经消失，但是相似的动与静的关系仍然存在于现生的文化系统之中，如土著群体结构与生态环境的关系，土著人的活动与动植物资源的关系，以及他们生产工具、技术与原料及活动方式的关系都应当和过去的状况相似。如果在现生文化系统之中人类物质文化废弃特点和人类行为的相伴关系存在某种规

---

① 〔英〕马修·约翰逊著，魏峻译：《考古学理论导论》，岳麓书社，2005年，第44页。
② 〔英〕科科林·伦福儒、保罗·巴恩主编，陈胜前译：《考古学：关键概念》，中国人民大学出版社，2012年。

律的话，那么考古学家对这种规律的总结可以用来从史前文化的物质现象提炼人类行为和文化动力的信息①。

我们认为，这种前提假说忽视了人的复杂性和文化属性，否定了人是一种具有自我反思、主动调整能力的动物，即否定了人的主观能动性及其影响。因此，"均变论"的假说前提是否适用于人类历史研究是值得推敲的。

另外，不同时代不同地域的人群与文化之间虽然具有同质性，使得我们彼此之间能够互相沟通与理解，但也具有各有的独特性，即文化的多样性，彼此之间文化传统、自然人文环境和认知体系各有不同。人类文化不是按照某种规律单线进化的，而是多元发展的。同质性和多样性并存也是人类社会及其文化复杂性的一种反映。

基于以上对历史及历史学本质特性的认识，我们认为自然科学中的"均变论"前提不适用于历史学研究。"均变论"对于考古发现的动物、植物、环境等自然现象的研究也许适应，但一旦涉及人及其文化，作为人类文化的一部分，对于以人类文化为研究对象的考古学来说，就未必适用了②。

自然界尤其是无机界中的发展，表现为"原因—结果"的过程，直接受因果关系的支配。人类社会的历史运动，表现为"原因—目的选择—结果"的过程，中间插入了人的目的这一主观环节。人的需要是文化创造与历史选择的主体因素和动力源。人是社会活动的主体，是历史的主人，社会历史就是人类有意识活动的历史，每一个社会现象都留下人的活动轨迹，打上人的意志的烙印③。

梁启超曾对自然科学和历史学的差别做了说明，他指出，第一，自然科学的事件是重复出现的，然而历史事件是一次性的。第二，自然科学的事件是普遍的，而历史事件是唯一的。第三，自然科学的事件是超时空的，而历史事件是以时空条件为主要

---

① 陈淳编著：《考古学理论》，复旦大学出版社，2004年，第127、128页。

② 自然科学手段在考古学中应用，即科技考古将均变论作为自己的重要原则基础，科技考古秉承"以今论古"的原则（见中国社会科学院考古研究所：《科技考古的方法与应用》，文物出版社，2012年，第2页）。科技考古学家的基本预设之一就是动植物、环境气候等自然现象的特性与生长、运行方式古今一致，我们可以以今天的相关动植物、环境气候知识去研究古代的同类现象的特性、行为方式，进而探讨它们与人类的关系。我们认为，如果仅仅限于对古代的动植物、河流气候等自然现象的研究，这种"均变论"原则有其合理性，而一旦涉及人，探讨它们与人的关系，问题就复杂了，必然受到人的文化属性的影响。对于科技考古来说，科技是手段，研究古代的人及其文化才是目的，即研究人与各种自然环境因素的互动关系及其对文化的影响。因此，科技考古本质上仍是历史学科，同样具有历史学的本质属性。关于这一点，我们将在后面相关章节展开讨论。

③ 王学典主编：《史学引论》，北京大学出版社，2008年，第36、37页。

基础的。因此，史学研究要比自然科学研究更为复杂和困难[1]。

克罗齐认为，历史学不是科学，而是艺术。如果说自然科学是通过外部的观察来认识科学现象的，那么，历史学则主要是通过认识主体的内省和体验来认识历史现象。这是由历史现象是偶然的、个别的、不可重复的所决定的[2]。柯林伍德指出，自然科学的事实是一种现象，而历史事实的背后却是思想。自然科学所研究的仅仅是现象，而历史学家所研究的却是现象后面的思想[3]。历史学以人及其文化为研究对象，故必须考虑到人性及人类文化的复杂性。

总之，自然科学与历史学之间有本质的区别，自然科学的"均变论"前提假说不适用于历史学研究。实证主义历史学（包括新考古学）的根本问题之一也正在于其前提假说——均变论和同质论。

第七节　作为广义历史学一部分的考古学

近代兴起的考古学，在研究资料和方法上与依赖文献记载的传统历史学有很大不同，因此有学者主张将考古学与历史学区别开来，作为一门独立的学科。我们认为，虽然考古学与传统历史学在研究资料和方法上有所差异，但本质上考古学仍属于广义历史学的一部分。

广义历史学研究已经成为过去的人及其创造的文化，目标是重建其发展历程，探讨其变化原因。它通过两种途径来实现这一目标：一是通过流传下来的文献记载研究过去的人及其文化；二是通过保存下来的古代物质文化遗存研究过去的人及其文化。夏鼐说："作为考古学的研究对象的实物，即物质的遗存，应该是古代人类活动遗留下来的。考古学是历史科学的一部门。"[4]苏秉琦说："考古学本身就是隶属于历史学的范畴，就是要弄清历史，历史就是讲人类的活动。"[5]"在传统考古学家杰凯特·霍克斯（Jacquetta Hawkes）看来，考古学本质上仍是人文学科的，而不是科学的，考古学遵循的是'无论使用的方法如何科学，其最终目标仍旧是史学的'。"[6]"皮柯特指

---

① 梁启超：《中国历史研究法》，《梁启超史学论著四种》，岳麓书社，1998年，第221、222页。

② 〔意〕B. 克罗齐著，田时纲译：《一切历史都是当代史》，《世界哲学》2002年第6期。

③ 〔英〕R. C. 柯林伍德著，何兆武、张文杰译：《历史的观念》，中国社会科学出版社，1986年，第243页。

④ 夏鼐：《什么是考古学》，《考古》1984年第10期。

⑤ 苏恺之：《我的父亲苏秉琦：一个考古学家和他的时代》，生活·读书·新知三联书店，2015年，第179页。

⑥ 〔英〕马修·约翰逊著，魏峻译：《考古学理论导论》，岳麓书社，2005年，第37页。

出，除了研究资料不是有意识地保存或记录的之外，考古学就是历史学。"①朱凤瀚说："如果从理论上讨论学科的界定，那么从可操作性角度看，决定学科性质与分类归属的不应该是其手段与方式，也不是研究过程中兼及的其他已有各自明确学术界域的相关学科，而应该取决于其本身终极的研究对象与研究目标。鉴此，笔者认为，现代考古学本质上仍当归入人文科学，亦即广义历史学中。"②

那么，广义历史学与传统历史学或曰狭义历史学有什么区别呢？朱凤瀚说："一是广义的历史学，或称历史科学，即研究人类社会历史的科学；另一是狭义的历史学，指依靠文献资料研究人类社会历史的学科。"③

当代广义历史学的史料包括传统文献记载和考古发现的古代文化遗存两个部分，历史学研究也包括主要基于传统文献研究的狭义历史学和基于古代物质文化遗存研究的考古学两部分。两者虽然在史料和研究方法上有所差异，但研究对象和目标一致，且彼此之间相辅相成，越来越交融在一起。另外，两者虽然使用不同的史料，但本质上也有相通之处，文献史料是"文本"，考古资料也是"文本"，虽然这类"文本"在形式和内容上与流传下来的文献"文本"有所不同，但在文本属性上并无本质差异，都是人类观念与行为的产物，在其作为史料的选择、阐释与使用过程中，都受到环境的影响和史家思想观念的左右。

基于以上理由，考古学理论，尤其是本体理论与一般史学本体论密切相关，两者在原理、内涵上是一致的，史学本体理论包含了考古学本体理论。这也正是本书将考古学本体理论纳入史学本体理论一起讨论的原因，尽管考古学也有一些自身特有的理论内容需要我们予以专门探讨。

考古学与传统历史学的关系

考古学的兴起与飞速发展，改变了以各种文献记载为基本史料的传统史学研究的基本面貌，各类考古发现的古代遗存成为我们研究历史不可或缺的重要史料组成部分，寻找、发现这些古代文化遗存并对之进行研究的考古学成为广义历史学的一部分。

传统史学的研究对象基本依赖流传下来的文献记载，具有一套自己的史料发现、甄别、应用等方法和历史叙述体系，如考据学、目录学、版本学、纪传体、编年体

---

① 〔英〕伊恩·霍德、司格特·哈特森著，徐坚译：《阅读过去》，岳麓书社，2005年，第125页。
② 朱凤瀚：《论中国考古学与历史学的关系》，《历史研究》2003年第1期。
③ 朱凤瀚：《论中国考古学与历史学的关系》，《历史研究》2003年第1期。

等。考古学的独特处在于研究对象是古人遗留下来的物质文化遗存，即古代的遗迹和遗物，因此，考古学有一套不同于传统史学的发现、发掘、描述与记录古代遗存、获取其所蕴涵的古代人类历史信息、解读其文化性质和意义的方法和理论，如田野发掘、地层学、类型学、各种科技手段的应用，等等。

考古学和狭义历史学，是广义历史学的两个组成部分，两者各有其优势，相辅相成，犹如车的两轮，不可偏废。考古发现补充、纠正传统文献记载的种种不足与偏见，文献记载提供解读考古遗存的时代、价值与意义的模式，弥补物质形态的古代遗存难以直接呈现的有关古人思想观念的史料。正如罗伯特·沙雷尔等所指出的："显而易见，考古学与历史学有密切的联系，因为两门学科都是要获得对人类过去的认识。它们之间的主要区别在于信息来源的不同，而这也导致了研究过去的方法论和技术的差异。历史学主要研究过去的文字资料，而考古学主要研究过去的实物遗存。""因为有了这些区别，历史学与考古学通常互为补充，两者合起来能展示出更完整的历史记录。"①

尽管考古学和狭义历史学都属于广义的历史学，但两者毕竟在研究资料、研究方法、关注视角、历史阐释与叙述等方面存在着明显差异，我们如何客观地看待考古学与狭义历史学？如何科学地对待两者之间的关系？只有科学地认识并处理好两者的关系，才能发挥各自的优势，互补对方的不足，实现重构上古信史的目标。

关于考古学与狭义历史学的关系，传统文献史学对考古学的作用表现在以下几个方面。

首先，文献记载提供了考古调查与发掘的线索，如徐旭生开启的陕西周秦文化考古调查，邹衡对早期晋国都城遗址的调查等，都是根据文献所提供的线索开始的，正如徐旭生所说："周秦民族迁移之地，由史传所言迁都之地，略可考知。最初后稷居有邰（今杺邑）；后公刘迁邠（今邠县）；至古公亶父迁于岐下（今岐山）；文王迁丰（今沣水西，长安户县交界地）；武王迁镐（今沣水东，长安县西南境）；懿王时迁犬丘（今兴平）。至平王被逼东迁，则已离陕西境。……秦族先世所居，西垂、西犬丘、秦，均在甘肃境内。后文公居汧渭之会；宁公居平阳（似在今凤翔县界内）；德公居雍（今凤翔）；灵公居泾阳（今泾阳）；献公据栎阳（今高陵）；孝公居咸阳，则均在陕西境。此次原拟先考察丰镐，后顺大道西行，经咸阳、兴平、武功、扶风、岐山、凤翔，南转至宝鸡，或自渭水南眉县、周至、户县东返，考察丰镐、咸

---

① 〔美〕罗伯特·沙雷尔、温迪·阿什莫尔著，余西云等译：《考古学——发现我们的过去》（第三版），世纪出版集团上海人民出版社，2009年，第22、23页。

阳、犬丘、岐下、平阳、雍，及汧渭之会。"[1]1943年，中央研究院历史语言研究所的石璋如专门以文献记载的周人政治中心邰、豳、岐、丰、镐为目标开展考古调查，对丰镐遗址进行了第二次调查[2]。徐旭生以文献记载为线索到豫西寻找"夏墟"，发现了二里头遗址等重要遗址，德国的施利曼以《荷马史诗》所述为线索去寻找特洛伊古城和迈锡尼，结果在土耳其小亚细亚濒临爱琴海的一个小山丘上发现了重要的早期遗址和金器，在迈锡尼狮子门内发现了几座大墓。这些都是以文献记载为线索开展考古调查和发掘的结果。

不过，我们也必须认识到，二里头遗址是不是就是夏的都城，施利曼发掘的遗址是不是就是特洛伊，哪一时期遗存是特洛伊，迈锡尼大墓是不是就是阿加美农的墓，却不是能简单地被这些发现证实的。实际上，学术界对这些遗址的性质有多种多样的看法，根据文献记载将它们解释为夏都、特洛伊和阿加美农墓只是其中的一种解读而已。正因为如此，施利曼以这些发现来证明《荷马史诗》记载的真实性受到了学术界的批评[3]。

其次，文献记载为考古发现遗存的意义解读和历史叙述的建构提供了模式。考古发现的古代遗存现象自身不会说话，文献记载为许多考古现象功能、性质和意义的阐释提供了重要的线索和模式，尤其是在保持有大量文献的历史时期，文献记载提供了主要的解读模式。殷墟为商晚期都城，郑州商城、偃师商城为早商都城亳或傲，二里头文化为夏，陶寺遗址为尧都，以禹贡中的九州来解释龙山时代考古学文化的区系类型，对商周墓地的"族墓地"解读，三代青铜容器为礼器，功能为祭祀用器，象征等级、地位，等等，都是以文献记载为模式对相关考古发现的性质与意义所做的阐释。

这些文献价值在有古典史学传统背景，且对相关历史有某种认同感的地区，如欧洲、中国等更明显，而在像美国这类缺乏文献史学传统且对研究对象缺乏认同感的地区，当代考古学家研究殖民以前的印第安人文化更倾向于采用某种"他者"眼光的人类学视角。

最后，研究历史中具体的人物与事件，或者抽象的制度、思想观念不是考古学的特长，"出土的地下实物其实是真实的、直接的、原始的、本来的史料，但也有很大的局限，那就是它只是僵化、物化的人类活动。它本身蕴藏了过去大量的人类活动的

---

① 徐旭生、常惠：《陕西调查古迹报告》，《国立北平研究院院务汇报》，第4卷第6期，1933年。

② 石璋如：《传说中周都的实地考察》，《中央研究院历史语言研究所集刊》（第20本·下），1943年。

③ 参见〔美〕欧文·斯通著，刘明毅译：《欧文·斯通文集：希腊宝藏》，北京十月文艺出版社，1999年；〔德〕C. W. 西拉姆著，刘迺元译：《神祇·坟墓·学者：欧洲考古人的故事》，生活·读书·新知三联书店，2001年。

信息，但凭本身形式，直接地直观地传达出来的并不多。像它所蕴蓄的关于人物、事件、社会组织、社会关系、人们的思想等等信息就是如此。在这一点上，它不如文字史料（包括语言和图像）。文字史料是经过人们的意识处理过的历史信息，实的虚的、具体的抽象的、个别的综合的都有，实物往往做不到这一点"[①]。但真实的历史又离不开具体的人物、事件、制度和思想观念，在这一方面，文献记载弥补了考古发现的不足，与考古发现在一定条件下构成某种互补关系。

考古学对传统历史学的作用则大致体现在以下几点。

第一，补充传统文献记载的片面与不足，纠正传统文献记载的种种错误，大大扩展了史学的知识面，获得了传统历史学所不能提供的历史信息，如文献中未记载的不同时期人们的日常生产生活状态、一般物质文化面貌、古人的思想观念、宗教信仰以及被忽视的诸多区域文化，等等，使我们直接感受到某种古人及其文化的真实感，为我们建构古史提供了物质形态的直观依据，丰富或改变了传统的古史叙述与想象。例如，在史前时期，考古学将历史大大往前延伸，使我们对更早期的、缺少文献记载的新石器时代、旧石器时代的人类发展史有了较全面、深入的了解。在历史阶段，大量的物质文化遗存的发现，以及"由于近年来田野考古不断从地下发现新的文字资料，包括殷墟甲骨刻辞、青铜器铭文、战国与秦汉的简牍、陶文及封泥，以及历代碑刻、墓志等，这些出土文献为各断代史、专门史与历史文献学研究提供了前所未见的新的文字史料，极大地吸引了研究历史学与文献学的学者们的注意，使人们越来越认识到'考古发现将成为中国历史学研究的新的增长点'"[②]。

在传统文献记载中，掌控着话语权的皇权和精英成为被关注的中心，他们的言行是记载的主要内容，沉默的大多数被忽视、被歪曲。考古学的发现恰恰提供了突破文献文本限制的可能性，部分地补充了过去被忽视的历史，纠正了传统文献记载的偏见，展现了历史人物、事件或过程的另一面。

第二，考古学的发展帮助我们纠正传统文献记载的种种偏见和错误，改变了诸多传统史学观点、观念和历史叙述体系。例如，就具体史学观点来说，据文献记载，世界上最早的纸是蔡伦于公元105年发明的。20世纪50年到70年代，考古学家先后在中国的甘肃、陕西发掘出一些西汉纸，将中国发明造纸术的时间向前推了300年，蔡伦造纸

---

① 宁可：《从"二重证据法"说开去——漫谈历史研究与实物、文献、调查和试验的结合》，《文史哲》2011年第6期。

② 朱凤瀚：《论中国考古学与历史学的关系》，《历史研究》2003年第1期。

说也变成了蔡伦改进造纸术①。就观念来说，中国的考古成果已迫使我们重新认识"万民一祖、千古一系"的炎黄传说历史体系，中原文化中心论观念受到质疑，中国文化的多元性被广泛认同、接受。考古发现证明中国历史上的文化既是多源的，也是多元的，每个时代每个区域的人民都创造了辉煌灿烂的文化。多元文化不断为中国文化大传统的形成与发展做出自己的贡献，与此同时，大传统又对不同区域的文化小传统施加影响，大小传统互动共存，中华民族文化在传承中保持活力，融合与创新是其生命力之所在②。考古学从实物遗存上证明中国文化实际上也是不断变化的，而不是一成不变的。任何文化都在不断变化，以适应改变了的环境和人们不断变化的需要。所谓"悠久的传统文化""中国文化保持独特延续性"等观念都是源于近代建构的民族国家历史叙述和一般公众受这种历史叙述影响而形成的印象③。正如苏秉琦所告诫我们的，为了修国史和探索中国文化和文明的起源，必须要突破两大怪圈：一个怪圈是中华大一统的概念，另一个怪圈是把马克思提出的社会发展规律看作历史本身的概念④。

"许多历史学家往往只重视甚至迷信文字资料，而无视资料产生的过程，更忽视了人们在日常生活中，自觉或不自觉地创造出来的资料。……因此，单靠帝王将相或官宦士绅制造出来的史料，不足以让我们了解地方社会的组织和结构，也不能让我们明白国家如何进入民间，乡民如何理解国家。"⑤考古学提出了新的中国历史叙述体系，将以政治史为核心的历史叙述转变为物质文化史的历史叙述，将以帝王将相为中心的历史叙述转变为以人民大众为对象的历史叙述，普通民众的生活和文化创造进入历史学的视野。

第三，为历史学的研究与阐释提供了诸多新视角、新理论，如关于文明起源与国家出现的动因，有生态环境论、人口增加论、技术进步论、战争论、文化传播论等各种观点⑥，对于文化的兴衰和朝代的更替，有环境恶化论、灾害论、人口论、战争论、

---

① 李杨：《纸史公案60年》，《看历史》2011年第7期。

② 徐良高：《中国三代时期的文化大传统与小传统——以神人像类文物所反映的长江流域早期宗教信仰传统为例》，《考古》2014年第9期。

③ 徐良高：《近代民族国家史建构中的"中国文明唯一延续论"》，《中原文化研究》2017年第2期。

④ 陈淳编著：《考古学理论》，复旦大学出版社，2004年，第87页。

⑤ 程美宝、蔡志祥：《华南研究：历史学与人类学的实践》，转引自徐桂兰：《历史学与人类学的互动》，《广西民族学院学报（哲学社会科学版）》2001年第6期。

⑥ 徐良高：《他山之石，可以攻玉——英美学术界"文明起源"研究的理论及其启示》，《古代文明研究》（第一集），文物出版社，2005年。

资源枯竭论①，甚至瘟疫论②等不同角度的新解释，大大突破了中国传统历史学中的历史循环论和儒家道德史观的简单化解释。

第四，考古学成果证明了古代文献记载的文本性，让我们认清文献记载背后隐藏着话语霸权，即谁在说？谁在写？为何说？为何写？说什么？写什么？虽然考古发现证明了许多传统文献记载是有根据的，但考古发现更多地彰显出古代文献记载在形成与流传过程中的片面性、主观性与建构性，即文本性。考古发现纠正了传统历史文献中的大量错误记载，为因文献记载中的矛盾和对文献解读的歧义而导致的无休无止的历史学争论提供了实物性的评判标准。

我们最津津乐道的是考古发现证明了某某文献记载的正确性，但如果我们认真梳理关于三代以前的文献记载和考古成果，就会发现，中国的考古发现虽然有时显示一些古代文献记载是有所据的，但更多的情况是填补甚至颠覆了古代文献记载和历史认知。例如，韩城芮国墓地的发现与文献所记载的芮国地望的差异，文献所记载晋国早期封地与考古发现的不同，等等。又比如，关于先秦丧葬制度，文献记载见于《左传》《仪礼》《礼记》《周礼》等书，参照考古发现的墓葬遗存资料，我们知道其中许多内容都是出于理想的建构，并未实际存在或实施过，随葬品的多少和组合、墓道的多少等都不似文献记载的那么严格有序，所以有学者指出："周礼所说周人族坟墓的两种类型（'公墓'和'邦墓'），具有某种简单化和理想化的成分。"③《周礼·冢人》记载："冢人掌公墓之地，辨其兆域而为之图，先王之葬居中，以昭穆为左右。凡诸侯居左右以前，卿大夫居后，各以其族。凡死于兵者，不入兆域。凡有功者居前。以爵等为丘封之度与其树数……"按此记载，在"公墓"中不仅埋葬有先王，还有诸侯和卿大夫。此外，坟丘的大小、墓上树木的多少也都有规定。这些有关"公墓"制度的记载与商周考古的实际情况并不一致。考古发现，商王有自己单独的陵区，不和其他贵族葬在一起。西周时这种制度恐怕也不会存在，西周时期的诸侯国君墓地发现了多处，如上村岭虢国墓地、北赵晋侯墓地、琉璃河燕国墓地以及平顶山应国墓地等，这些诸侯国君皆有自己独立的墓地，并没有和周天子埋葬在一起。国外的考古发现也同样证明文献记载具有明显的文本性。例如，英国人对于维京人的印象，传统文献记载他们是海盗，凶残而贪婪，但考古学家通过英国里奇韦墓地的发现

①　徐良高：《文明崩溃理论与中国古代文化衰变现象研究》，《中国历史文物》2009年第4期。

②　仲伟民、李俊杰：《瘟疫与人类历史——传染病影响世界历史进程》，《光明日报》2020年03月14日第12版。

③　孙华：《周代前期的周人墓地》，《远望集——陕西省考古研究所华诞四十周年纪念文集》，陕西人民美术出版社，1998年，第281页。

判断，墓地遇难者很可能就是英格兰国王爱塞烈德二世下令在1002年11月13日"圣布莱斯日"屠杀英格兰境内所有丹麦人时的牺牲者。由此可见，英国本土人对维京人同样很残忍。因为当时的僧侣拥有大量财富，是维京海盗的直接受害者，他们作为当时唯一受过读写教育的群体，成为这段历史的记录者，出于憎恨，他们往往把维京海盗形象魔鬼化，并夸大部分历史事实，将基督教徒描述成唯一的受害者[①]。

　　总之，考古学成果彰显了传统文献的文本性，为我们发现传统历史叙述的建构性、局限性提供了证据，也为构建一种不同于传统历史叙述的历史新叙述提供了新史料、新视野、新体系。传统文献史学与考古学的有机整合为我们构建一个更为全面、完整和合理的古史叙述体系奠定了基础。

---

① 刘丹妮：《英国里奇韦墓地遇难者或为大屠杀牺牲品——新发现还原中世纪维京人真实形象》，《中国社会科学报》2012年2月3日第A03版。

第二章 史料之一：作为文本的历史文献

任何史料都是文本，都是撰述者与自在的历史互动的产物。

第一节 历史文献是客观性与主观性共存的文本

历史学离不开史料，史料是我们进行史学研究、建构历史叙述的依据。

传统上，我们想当然地假定史料都是客观记载，是自在的历史的真实记录，史料自己会说话，只要我们具备足够多的史料，自在的历史就会自动呈现，正如19世纪德国实证主义史学的代表人物历史学家兰克（1795—1886）的著名名言——"历史就在那里，不多也不少"，"史料自己会说话"，以及法国历史学家古朗士的"说话的不是我，而是历史通过我的口来说话"[①]。近代中国新史学的代表人物傅斯年说：史学便是史料学，史学本是史料学，史学只是史料学。史料的发现，足以促成史学之进步，而史学之进步，最赖史料之增加。一分材料出一分货，十分材料出十分货，没有材料便不出货[②]。即使史料记录有所错讹偏差，我们通过一定的考据方法也能发现并纠正其中的错误，还原历史本来面目。史料撰述者或史家的个人立场、情感、目的、认知体系等要么被否定或忽视，要么被假设为通过要求史家的自律可以达到以纯客观、中立的"他者"眼光来记录历史和研究历史。余英时说："史料学派的最大特色在于他们的史学和时代完全脱节。主要由于他们对于史学上所谓'客观性'的问题的了解有其局限性。他们假定历史事实是百分百的客观的，可以通过科学的考证而还原到'本来面目'。如果一切事实都考证清楚了，那么全部的历史真相自然会显现出来。……正是根据这一假定，史料学派才否认史学和时代之间有任何关联。这一学派的人深信，纯粹客观的史实既能通过一定的考证程序而恢复其'本来面目'，则史学家因自身所处的时代而产生的一切主观因素都已被摒除在史学之外了。"[③]

---

① 朱本源：《历史学的理论与方法》，人民出版社，2007年，第441、442页。

② 傅斯年：《历史语言研究所工作之旨趣》，《傅斯年全集》（第三卷），湖南教育出版社，2003年，第10页。

③ 余英时：《中国史学的现阶段：反省与展望》，《文史传统与文化重建》，生活·读书·新知三联书店，2004年，第364页。

王明珂说："在20世纪30年代以后逐渐流行于中国的'新史学'，是将文献视为过去客观事实的承载物，因此一篇历史文献的价值便在于它叙述了多少'真实的过去'；考古资料被视为比文献史料更客观、更值得信赖的'过去'遗存，客观反映过去的人类行为与其社会结构。"①

实证史学所追求的实证性、科学性正是建立在以上的假设和信仰基础上，而不是建立在学理的思辨和科学的验证之上。我们相信古人"不欺我"，古人的陈述与记录是客观的、中立的和准确的。除此之外，作为研究者的史家的判断是科学客观的，没有个人的立场与偏向。

但"后现代主义"思潮对各门社会科学以往种种理论和假说的质疑，使向来被认为外在于人而独立存在的"社会事实"的客观性成了问题。对历史学来说，过去被认为具有客观性的史料成了有待审查的对象，文献记载的客观性受到质疑。耶尔恩·吕森说："历史学研究的传统，其自尊就在于，它声称与非专业历史学相比有着更高层次的有效性。一般用的词就是'客观性'。与这种对客观性的执着相反，许多重要论述进入了历史学家的自我意识，这牵涉到他们与各自国家历史文化的相互关系。例如，后现代主义极力否认客观性这种主张，并且指出，尽管历史研究有其方法的合理性，而在历史研究之外的政治利益、语言假定和文化意义标准等等，历史的解释却对它们有一种根本的依赖。"②"经验主义的史学由于强调历史学的基本任务是'据事直书'，事情确实是怎样，就怎样叙述，充分的叙述就足以表明事情是怎样发生的，因此并不需要借助于某种观点或理论去解释它为什么是这样。但是从19世纪末以来，西方许多历史家或历史学派反对这种经验主义的历史观，不仅认为科学的历史必须是解释的，并且揭露了'据事直书'的口号的虚伪性，就是经验主义史学本身的实践也否定了它。"③

后现代思潮对于史料客观性的质疑带给我们深刻的启示，如果我们静下心来，仔细推敲，就会发现任何著述都是著述者现实目的的产物，不是为了给后人留下史料所做的客观记录。文献记载并不是绝对的自在历史的全面、客观的实录，而是自在的历史与具有自我意志的记录者之间互动的产物，历史文献具有客观性和主观性的双重属性。客观性与主观性的互动决定了这些文献的文本属性，所有的历史文献都是文本。

---

① 王明珂：《历史事实、历史记忆与历史心性》，《历史研究》2001年第5期。

② 转引自〔德〕哈拉尔德·韦尔策编，季斌、王立君、白锡堃译：《社会记忆：历史、回忆、传承·序一》，北京大学出版社，2007年。

③ 朱本源：《历史学的理论与方法》，人民出版社，2007年，第90页。

对于任何一种历史文献，我们都应该像对待任何一个叙事文本一样，首先要回答以下几个问题：谁在记录与撰述？为何记录与撰述？文本的内容是什么？这些记录与撰述会受到哪些因素的影响？文本被谁推崇与传播？为何被推崇与传播？在社会中发挥了怎样的作用？

"直书其事"是否可能？

当我们说所有文献记载都是文本的时候，我们首先必须回答这个问题：中国悠久的史学传统中所强调的"直书其事"理念是否可能？是否曾经实现过？

所谓"直书其事"，即写史者要消除一切主观因素，以公正客观、不着情感的"空白心灵"去全盘接受史料提供的全部信息，以期达到对历史完全真实的还原，即"求真"。"书"与"事"相统一，不应存在张力和偏差，中间不应有丝毫走漏，亦即所谓"还历史以本来面目"①。

"直书其事"被中国史学界自认为是优良传统和最高准则。班彪评《史记》说："其文直，其事核，不虚美，不隐恶，故谓之实录。"（见《汉书·司马迁传》）《史通·惑经》篇说："良史以实录直书为贵。"刘知几主张"爱而知其丑，憎而知其善，善恶必书"的直书实录（见《史通·曲笔》）。清代考据学家钱大昕认为："良史之职，主于善恶必书，但使纪事悉从其实，则万世之下，是非自不能掩，奚庸别为褒贬之词！"他主张"史家纪事唯在不虚美，不隐恶，据事直书，是非自见。若各出新意，掉弄一两字以为褒贬，是治丝而棼之也"②。章学诚说："盖欲为良史者，当慎辨于天人之际，尽其天而不益以人也。"（见章学诚《文史通义·史德》）中国的传统史家常常宣称自己的著述是"直书其事"，因而记载是客观真实的。

我们真的做到了"直书其事"吗？我们能做到"直书其事"吗？抑或"直书其事"只是一种理想，甚至沦为自我辩护、自认真理的理由？

李洪岩指出，现在看来，"直书其事"这种认识线路的漏洞非常明显。它不仅在逻辑上有循环论证的毛病，而且忽视了历史认识过程中语言的作用、修辞的作用，特别是认识主体的作用，忽视了史学文本固有结构与秩序对历史认识的反弹，忽视了写史（历史叙述）和历史（叙述对象）之间的张力。"事实"无法同时充当写作依据以及写作标准。作为写作依据，它本来不是给定的，而有待证明；作为写作标准，它又有待揭示，需要去挖掘。所以，这里存在悖论。"直书其事"用什么去检验？

---

① 李洪岩：《中国古代史学文本的理论与实践》，《文史哲》2006年第5期。

② 陈文和：《嘉定钱大昕全集》（第7、9册），江苏古籍出版社，1997年，第285、350页。

用"事"？而"事"恰恰有待于"书"。这种情况，正如休谟所说，表明"是这样（is）"和"应该怎样（ought）"两者合不拢。写出来的历史永远不可能是客观历史的原样还原。萨伊德曾经说：叙述必然走样。语言由媒介物而成为障碍物，史家由中间人而成为离间人，都干扰着"直书其事"的实现①。

从中国史学实践来看，一直作为中国史家精神象征的所谓"秉笔直书"的典型案例是值得重新推敲的，它们其实都不是求实求真精神的证明，而恰恰是著述者价值观左右其历史记录的典型反映。"在齐太史简，在晋董狐笔"（文天祥《正气歌》诗句），所谓崔杼弑庄公后，崔杼三杀史官而后止的故事不过是讲述一个史官忠于自己的价值观，不惧死亡威吓，道德高于威权的故事，而董狐记事更是为道而枉史②。他们本质上都是为了弘扬儒家道德观念和政治理想而作的历史叙述，与"直书其事"的求真精神相距甚远。因此，与其说这是"直书其事"的榜样，还不如说是个人理念、价值观影响历史著述的典型例证。

被中国传统史学界奉为经典的《春秋》，孔子强调自己编纂时"述而不作"，表面上看是遵守"直书其事"的实录原则，而实际上则是通过"笔则笔，削则削"，使用各种隐含褒贬的文字等手段将自己的理念贯彻于历史叙述之中，最终实现使"乱臣贼子惧"的政治目的。

在中国的历史学传统中，所谓史官的独立性和直书其事的原则既与孔子《春秋》所开创的道德史观和史在致用的主流史学传统不符，也与中国历朝历代权力干预历史记录的大量史实相矛盾。

从中国历史学家的传统地位来看，史官不过是皇家的奴仆，权力的附属品，是为皇家服务的，并没有独立的地位，即使意欲秉持独立精神也难以做到。所谓的皇权不

---

① 李洪岩：《中国古代史学文本的理论与实践》，《文史哲》2006年第5期。

② 齐太史故事见《左传·襄公二十五年》记载：齐国的大臣崔杼弑其君齐庄公，齐太史乃秉笔直书："崔杼弑其君。"崔杼就杀了齐太史。"其弟嗣书，而死者二人。其弟又书，乃舍之。南史氏闻太史尽死，执简以往，闻既书矣，乃还。"晋董狐故事见《左传·宣公二年》记载：晋灵公嫌正卿赵盾碍手碍脚，派刺客去暗杀赵盾。赵盾只得出走，不过在尚未逃出境外时，赵盾的族人赵穿便兵杀了晋灵公。晋太史董狐书"赵盾弑其君"并"示之于朝"。赵盾对董狐说："我并未弑君。"董狐说："你是正卿，逃亡没有出境，国君被杀了，你回来后又未法办弑君的人，当然就等于是你弑君了。"赵盾毫无办法，只好叹口气，听任董狐写自己弑君了。孔子对此评论道："董狐，古之良史也，书法不隐。"

前一个故事的关键是齐太史坚持要用具有明显贬义的"弑"字评价大臣崔杼的臣杀君行为。后一个故事实际上是完全违背了"直书其事"的原则，公开地以道德和自己的观点来驱使史笔。它们真正讲述的是一个史官忠于自己的信念大于恐惧死亡、道德高于威权的故事，本质上是要弘扬儒家道德精神，并不是要彰显史官的客观、求真的史学精神，是意识形态左右史实记录的例证。

得干预史官的记录与陈述不过是中国传统知识分子在权力高压与威吓下的期望与意淫而已。即使如千古明君唐太宗，近年来的大量研究表明，唐太宗一直在操控历史记录与陈述，将史书上的自己描述成一个明君形象。褚遂良拒绝唐太宗观看有关自己的起居注记载内容的故事，不过是帝王美化自己的另一种手段而已[①]。

从古代文献内容来看，我们也可以发现，所谓"秉笔直书"的中国优良史学传统，也不过是一种理想而已。翻开古代历史文献，权力者的意志主导着一切，作者的立场、价值观充斥其间，对成功者的神话和对失败者的妖魔化形成鲜明的对比，甚至各种虚妄、神异记载也比比皆是。至于更恶劣者，如魏收所撰写的《魏书》，据《北齐书·魏收传》记载，"夙有怨者，多没其善。每言：'何物小子，敢共魏收作色，举之则使上天，按之当使入地。'"因而，被时人贬为"秽史"。章学诚在《文史通义·史注》篇中指出官修史书存在敷衍塞责，私人著述剽窃抄录等欺世盗名、不负责任的现象。

1975年9月，毛泽东对陪他读书的芦荻说："一部《二十四史》大半都是假的，所谓实录之类也大半是假的。如果因为历史大半是假的就不读了，那就是形而上学。"他之所以这样说，有以下几点原因："第一，每一部史书，基本上都是由封建新王朝臣子奉命修撰的，凡关系到本朝统治者不光彩的地方，一般不去写，也不敢写。第二，封建社会有一条"为尊者讳"的伦理道德标准，皇帝或父亲的罪行，或是隐而不书，或是把责任推给臣下或他人。第三，史书中的内容，也多写帝王将相，人民群众的生产生活情形大多是只字不提，有的写了些，也是笼统地一笔带过，目的是谈如何加强统治的问题，有的更被歪曲地写了进去，如农民反压迫、剥削的斗争，一律被骂成十恶不赦的"匪""贼""逆"……这是最不符合历史的。第四，二十四史中，写符瑞、迷信的文字，占了很多，各朝各代的史书里都有。像《史记·高祖本纪》里，写了刘邦斩白蛇的故事，又写了刘邦藏身的地方上面常有云气，这些都是骗人的鬼话。"[②]

文本形成过程中，有许许多多的因素在背后影响着文本的内容。例如，关于历史人物及其言行的选择与记述，不仅受到当时政治环境的影响，著述者的价值观、政治立场、利益诉求、创作动机与目的等因素也会产生影响，导致历史著述中的夸大与贬损、神化与妖魔化等现象。想以史为鉴或以古讽今的史家，借助对历史人物言行和事件的选择性陈述、有目的的再阐释和有意无意地褒贬来表达自己的思想观

---

① 见《人造"圣君"李世民》，《教科书之外》2013年第18期。

② 王小宽、张明林：《关于〈跟毛泽东读二十四史〉》，《北京日报》2016年1月18日第16版。

念和政治立场,这类现象在专制社会的知识分子中特别常见,如中国的"五经注我"传统等。

20世纪20年代,张荫麟提出"史料限制论",从历史学家认识论角度分析了著述者对文献的影响。他说,近代以前史料所受的限制可分为绝对、相对两范畴,共十五类。"所谓绝对之限制者,非谓限制之本身皆为绝对不可变者也。谓其在过去所生之结果,后人无法补救也。吾人于不良之资料,自可摈弃怀疑。然终无法改善其质也。吾人虽能发现历史之罅隙,然有补苴之希望者极少也。"这种限制有11种。①观察范围的限制。史实观察者的观察范围总是有限的,因而史料也不可能是全面的,如个人或多数人活动之自守秘密与没有发表之机会者,别人无从观察,记载也就缺略。②观察人的限制。"过去之史事,具正确观察之能力者,多不得观察之机会,而得观察之者,却多为缺乏智识与训练之人。史家所得而根据之资料,大部分不啻寻常人持管之望天。"③观察地位的限制。"吾人对于一事物之印象,每视乎吾人观察之地位而异。历史记载每因观察者地位之限制而不得正确之印象。"例如,距离和观点的差异。④观察情形的限制。"观察时个人自身之情形及外界四周之情形,有足影响于其印象之正确者。"⑤知觉能力的限制。"吾人感官原为不可靠之测量器也。构成历史之要素,厥为空间、时间、动作、景物,然感官于此四者所得之印象,其差忒之度恒出人意表。"⑥记忆的限制。⑦记录工具的限制。⑧观察者之道德。⑨证据数量的限制。⑩传讹。⑪亡佚。上述11种绝对限制使史家不能得到理想的历史记录。相对之限制"使既得之记录复失其本来面目,或不得其真正之意义与价值"。相对限制包括4种:①缘绝对之限制而生之谬误未经发觉者。②伪书及伪器之未经发觉者。③史料本不误因史家判断之不精密而致误但未经发觉者。④事实之解释,"史家之解释历史现象,必以其时代所公认或其个人所信仰之真理为标准。而人类之智识,与时代俱进化。后世所证明为谬者,先时或曾认为真理,而史家莫能逃此限制也"①。

实际上,这类因各种原因、目的而扭曲文献记载客观性、真实性的例子在我们身边比比皆是。只要我们稍加关注,有关中国近现代史的各种叙述版本及其争论就可以给我们大量的例证和真切的启示,但限于种种原因,在此难以列举。因此,"许多学者将历史文献与考古文物当作'过去发生的事'的记录与遗存。他们相信,以考据史料、史实真伪,以及对文物的比较、分类,可重建过去发生的事实。然而,我们可以从另一种角度来看古史记载,来思考考古文物,探讨它们所反映的社会情景及相关的族群现象。由这种角度来看,古代文献记载与文物遗存可当作是人群集体记忆的遗

---

① 张荫麟:《论历史学之过去与未来》,《学衡》1928年,第62期。

存，它们是在某种个人或社会的主观'意图'下被创作以及被保存的"。"历史文献作为一种集体记忆的传递媒介，它所传递的有时并非完全是客观的历史事实，而是主观的、选择性的历史。它经常是当时某一人群，或某一社会阶层的人选择、重组他们认为重要的'过去'以合理化社会现实，因而留下的记忆遗存。"①实际上，许多文献记载的内容和注释并不是事实（fact），而是古人的意见（opinion），但我们往往将它们作为历史事实，即史料来使用。

现实生活中，当代网络空间的参与群体多元化、表达观点自由化和话语权扁平化也在将文献的文本性充分展示出来。我们对当代各种硬性或软性的商业广告、政治宣传、自我或他人所做的个人传记以及各种文献记录的文本性心知肚明。这些当代现象本应促使我们反思古代的文献记载，意识到那些文字记录和阐述同样都是文本，受到那个时代和作者的目的、立场与观念的影响。但我们对此却往往视而不见，坚信古代文献记载是客观真实的历史实录。不得不说，这种坚信不过是一种信仰，不是科学研究应该秉持的态度。

一、人性与文献的文本性

日本著名导演黑泽明的《罗生门》讲述了这样一个故事：一个强盗为色所诱，攻击一对夫妇，将丈夫绑起来，并当着他的面将他的妻子强奸了。不久人们发现了丈夫的尸体。谁是凶手？

强盗被抓了起来，三个当事者——强盗、妻子和死去的丈夫（通过女巫之口）以及目击者樵夫从各自的角度分别讲述了事情的经过，但说法各异。

强盗说，他是为爱而战，为了得到那个女子就与她的丈夫进行了决斗，经过公平而艰难的打斗，他赢了。被强奸的女子说，被强盗强奸后她请求丈夫杀了她，而丈夫却非常冷漠和鄙视地看着她，羞愤难当的她就用自己那把短剑将丈夫刺死了。死去的丈夫则通过女巫之口说，他的妻子被强奸后竟然要跟强盗一起走，为了维护自己的名誉和尊严，他用妻子的短剑自杀了。樵夫说，他亲眼看见了所发生的一切，事情的经过是：强盗强暴了那个女人，刚开始他的确想拥有她，但当他发现女人的丈夫已经嫌弃她时，他也决定丢弃这个女人。女人羞愤之余，说出了"谁是强者我跟谁"，于是两个男人开始决斗，最后强盗用自己的剑杀死了女人的丈夫。至于夫妻两人都提到的那把贵重的短剑，樵夫说他根本就没有看见。

---

① 王明珂：《华夏边缘：历史记忆与族群认同》，社会科学文献出版社，2006年，第33、184页。

同一件事，四个人却有四种不同的说法，到底谁说的是真的？实际上，这四个人为了否认自己犯罪或美化自己都说了谎，每个人都在说对自己有利的话。至此，事实的真相已不再重要，人性与事实陈述中的主观性成为电影的焦点。

《罗生门》的故事不仅仅是艺术的虚构，它之所以成为享誉世界的经典之作，原因就在于它反映了人类社会现实中的一种普遍现象和对人性的拷问。现实社会中，这类现象普遍存在。只要我们关注一下法庭审案或家庭矛盾调解节目，就会发现这类对己有利的各执一词的现象十分常见。如果我们以此来考察各种文献记载，只要我们稍加注意，就会发现，在各种文献中，几乎每一个事件，自述和他述往往都会不同，他述中也会因立场、目的的不同而有不同的版本，除非有关这一事件的记载只有一个版本的记述流传下来。

因此，我们可以说，任何史料都是文本，史料不仅是人类过去言行的文字、图像记录和物质化的遗存，也是人类有目的地施加影响的产物。所谓史料的文本性，是指作为我们研究对象的史料并不是自在的纯客观存在，而是通过人的主观能动性作用而成为史料的。影响文献史料文本性的因素包括文献在形成与流传过程中人的影响作用和作为史料使用时人的诠释、解读和选择等。

为什么会出现这种现象呢？因为人性决定了由人所撰述的文献的文本性，比如说谎就是人性的一部分。

2013年12月18日凌晨，广西柳州一名厨师黄先生在下班回家途中捡到一个男士拎包，包内有身份证、驾驶证和多张银行卡等，还有6本存折。每本存折上显示的数字均在1000万元以上，最高的4500万元，账面显示共有1.7亿元余额。黄先生大为吃惊。但事件的结果却是：12月21日，南国早报记者从警方处了解到，这6本存折竟是户主在路边花600元伪造的，存折上显示的数字并非真实存款，而是事主为在承包工程时显示有实力、"撑门面"而办的假存折①。

说谎是指人类提供错误信息或者阻止别人获知正确信息的任何行为。虽然每个社会都推崇诚实的品德，但毋庸讳言，在我们的现实世界中，谎言是我们日常行为的一部分，虽然这些谎言有善意目的与恶意目的、有意的与无意的之分。

我们为什么要说谎？

据心理学研究，说谎是人类社会广泛存在的一种社会现象，是人们日常生活领域的重要组成部分。美国心理学家戴维·利文斯通·史密斯（David Livingstone Smith）

---

① 廖艳明、唐寅：《柳州一男子花600元伪造1.7亿巨额存折只为拿项目》，广西新闻网·南国今报，2013年12月22日，http://www.gxnews.com.cn/staticpages/20131222/newgx52b62055-9271900-3.shtml。

说，说谎没有好坏之分，它只是一种超越法律和道德的求生本能。人类的心智结构从一开始就被设计成具有欺骗能力，人类惊人的欺骗技巧乃至自欺本领就藏匿在人性之中。他说："欺骗就如人类本性中的灰姑娘，它是人性的本质，但每次都不被我们承认。其实，欺骗不但是正常的、自然的，而且是普遍的，并不如一般人所想，是精神异常或道德沦丧的代名词。""进化生物学暗示我们，没有人可以完成诚实这个最高价值的行为，因为我们都是天生的骗子。"①"进化心理学认为：说谎并非特殊情形，而是正常行为，而且在不知不觉中自然流露的谎言，比处心积虑的狡猾设计还常见；人类的心智和身体里，都隐藏着欺骗。"②说谎是人类求生的本能。"欺骗是人类所有关系中最重要的层面，它潜伏在所有人际关系的背后，包括父母与子女的关系、夫妻关系、上司和下属的关系、医患关系，乃至政府和人民的关系。"③"有时谎言会出现在新闻里，其实新闻一直在传播谎言。"④人除了有目的、有意识地说谎外，还会无意识地说谎，使他的陈述与真相背道而驰。

"人类社会是一个'谎言和欺骗的网络'，太多的实话会让它承受不住而解体。从父母告诉我们的童话，到政府塞给我们的政治宣传，从头到尾，人类完全生活在虚假中。"⑤鲁迅在他的文章《我要骗人》中写道："倘使我那八十岁的母亲，问我天国是否真有，我大约是会毫不踌躇，答道真有的罢。"即使他明知道死后没有天堂，但是他必须骗他的母亲说，老人家你做了一辈子善事，你死后一定上天堂。我们能够把我们真实的想法都说出来吗？不能。于是"我要骗人"⑥。

美国著名心理学家保罗·埃克曼（Paul Ekman）研究发现，人类说谎的动机包括避免受到惩罚，原本可以得到的奖赏不说谎可能得不到；为了保护别人免于受罚；为了保护自己免于受到伤害的威胁；为了让别人看得起自己，避免社交场合的尴尬；为了避免丢脸；为了保守秘密，完全不加申明地将某些信息据为己有；为了行使凌驾于别人的权力，控制别人想要知道的信息等⑦。

① 〔美〕戴维·利文斯通·史密斯著，李怡萍译：《我们为什么说谎》，华东师范大学出版社，2010年，前言第2页，正文第5页。

② 〔美〕戴维·利文斯通·史密斯著，李怡萍译：《我们为什么说谎》，华东师范大学出版社，2010年，第6页。

③ 〔美〕戴维·利文斯通·史密斯著，李怡萍译：《我们为什么说谎》，华东师范大学出版社，2010年，第4页。

④ 〔澳〕多萝西·罗伊著，张楠迪扬译：《我们为什么说谎·前言》，中信出版社，2011年。

⑤ 〔美〕戴维·利文斯通·史密斯著，李怡萍译：《我们为什么说谎》，华东师范大学出版社，2010年，前言第2页。

⑥ 鲁迅：《我要骗人》，《鲁迅全集》，人民文学出版社，1981年。

⑦ 〔美〕保罗·埃克曼著，邓伯宸译，徐国强校：《说谎：揭穿商业、政治与婚姻中的骗局》，生活·读书·新知三联书店，2008年。

　　所有人都说过谎，美国马萨诸塞大学的心理学家罗伯特·费尔德曼等所做的调查发现，撒谎是一个普遍现象。在一项试验中，研究人员发现，60%的人在10分钟的谈话中至少有一次撒谎，平均起来有2.92次说的话不准确。况且，有时候，真相、真话往往被排斥和拒绝，因为它们让我们不愉快。

　　说谎的本性影响到文献的文本性。

　　既然说谎是人性的一部分，那么，说谎对史料文本的影响也就不言自明了。孟子曰："尽信书不如无书。"据说秦牧也说过"一个人老了，了解史书之中很多都是谎言"这样的感悟。钱钟书说："从前的愚民政策是不许人民受教育，现代的愚民政策是只许人民受某一种教育。不受教育的人，因为不识字，上人的当，受教育的人，因为识了字，上印刷品的当。"[①]"社会心理学家一直很清楚，所谓的'客观事实'，其实是'经过我们不自觉的解读与窜改'后所得到的产物。"[②]"'正常人'的想法都带有浮夸的倾向：结果成功时，我们会说是自己的功劳；结果失利时，则会把责任推给其他人。"[③]"语言是一把双刃剑，它能启发人，同时也能蒙蔽人；它是理解的工具，同时也是骗人的陷阱。'能说会道'让我们的祖先能描绘出虚假的世界，其中包括他们自己的动机，也并不需要付出什么代价，同时，因为能让他们至少比从前更有效地欺骗自己，因而能更高明地欺骗他人。"[④]

　　所有文献记载都是记录者对事件的观察和记录，它们都是通过语言来记录和传播的，人的心理活动必然影响这些文献的记载。因此，我们说文献具有文本性也符合心理学原理。从这一点也可以看出，对于以人及其文化为研究对象的历史学来说，我们不仅应该重视对研究对象——自在历史中的人的心理分析，同时也应该重视对表述历史的撰述者——史家的心理分析[⑤]。

---

① 钱钟书：《围城》，人民文学出版社，2004年，第124页。

② 〔美〕戴维·利文斯通·史密斯著，李怡萍译：《我们为什么说谎》，华东师范大学出版社，2010年，第59页。

③ 〔美〕戴维·利文斯通·史密斯著，李怡萍译：《我们为什么说谎》，华东师范大学出版社，2010年，第17页。

④ 〔美〕戴维·利文斯通·史密斯著，李怡萍译：《我们为什么说谎》，华东师范大学出版社，2010年，第88页。

⑤ 注：心理学研究越来越展现出人类心理活动的复杂性，这种复杂性导致行为的复杂性，而心理活动与行为的复杂性必然导致人类创造活动的复杂性。作为人类创造活动的一部分，文献撰述与解读、口述历史等有关历史的陈述也必然具有了文本性。我们认为，历史学研究确实应该将心理学成果纳入到自己看待历史现象，分析史学问题的视野中，因为一切历史，包括自在的历史和表述的历史都受到人类心理活动的影响，而不仅仅是各类客观因素决定的。

言行不一与表里有别。

虽然我们的道德标准希望每一个人都能做到言行一致，表里如一，但现实却是我们往往言不由衷，言行不一，故孔子说："始吾于人也，听其言而信其行；今吾于人也，听其言而观其行。"（《论语·公冶长第五》）因此，他人所看到的、文献所记载的言与行未必是人们的真实想法和事情的真相，或者仅仅是部分的真相加上陈述者的想象与理解。

在古代文献中有许多公告、书简、个人话语的记载，史家往往将它们作为真实历史的直接反映，但实际上，这些文献文本未必等同于发生过的真实历史，可能仅仅只是一种理想而已，正如"清正为民""先天下之忧而忧，后天下之乐而乐"只是官员的政治理想，并不能反映专制社会自私自利、腐败横行的官场现实；广为宣传的太平天国《天朝田亩制度》也不过是洪仁玕的美好设想而已，在历史上未曾施行过。

人类本来是复杂的，多面性的，任何文字记录相对于人性都是无力的、片段的和选择性的。文献中的人物形象都是作者想象中的人物形象，是权力希望塑造的人物形象。

二、史料的选择性：记述与遗忘

从理论上讲，一切人类行为和文化现象都是历史，都应该被记录，所有与自在的历史相关的文字记载、文化遗存都是史料，具有同等重要性，应该被平等对待。正如法国年鉴学派费弗尔所认为的，新史学所关心的是人类的全部活动。但实际情况却是，史家对待自在历史中的人和事，以及史料不可能一视同仁，再真实、客观、全面的历史记录也不可能是流水账式的记录，一定是文本创作者的判断、选择与叙述，体现创作者的观念、立场与目的等。

生活是多么丰富多彩，而文字总是那么苍白无力！历史是一个随时间而发生的、单向的、持续的人类行为过程，发生过的自在历史包括所有人的每一个具体行为、每一种具体的观念，但我们没有可能对所有个体和组织的每一种观念和每一个行为做全方位的、全过程的记录与再现，我们现在所看到的史料只是社会演变过程中因各种人为或非人为因素记述或残留下来的极少部分，而且很可能不是客观的实录。史家的选择受到各种因素的影响，一个人自以为刻骨铭心的回忆，别人也许早已经忘记。

文献资料和历史事件本身不构成历史，"只有对于那些集中思考过或将集中思考它们的人来说，它们才是或将是历史"①。王尔敏说："世间没有所谓自然存在之史料，凡一切资料俱必通过史家之觉识与命义始具史料意义与功能。"②史料与研究者自身需要回答的问题相关。叙述者围绕自己的问题，从个人、社会、事件、场景等的千丝万缕中，对史料进行评估、考定和选择。

斯坦福大学研究人员对东北亚各国教科书中针对"九一八"事变、南京大屠杀、强迫劳工、慰安妇、原子弹投放的描述进行分析，发现各国教材的差别主要不在叙述方式上，而在侧重点上。对于中国和韩国而言，日本的侵略行为，如南京大屠杀、强迫劳工和慰安妇等，是其战时记忆的最主要构成部分；对于日本而言，美国对日本城市的炮火攻击以及向广岛、长崎投放原子弹则更为重要③。

如果我们考察中国传统史学，这一点非常清楚。

我们知道，中国是世界诸文明古国中最为崇尚著史的国度，同时也是唯一一个拥有前后相继、延绵不断历史记载的国度。二十四史不仅在规模上笑傲世界史林，而且时间前后相接，绵延不绝，成为人类历史上的一大奇观。但这些汗牛充栋的历史著述的主要内容是什么呢？梁启超说："二十四史非史也，二十四姓之家谱而已。其言似稍过当，然按之作史者之精神，其实际固不诬也。"④"旧史因专供特殊阶级诵读故，目的偏重政治，而政治又偏重中枢，遂致吾侪所认为极重要之史迹，有时反阙不载。试举其例：如巴、蜀、滇、黔诸地，自古本为中华民族文化所未被，其次第同化之迹，治史者所亟欲闻也。而古代史上有两大役，实兹事之关键。其在巴蜀方面，为战国时秦司马错之定蜀；其在滇黔方面，为三国时蜀诸葛亮之平蛮。然而《史记》之叙述前事，仅得十一字；《三国志》之叙述后事仅得六十四字；其简略不太甚邪？又如隋唐间佛教发达，其结果令全国思想界及社会情状生一大变化，此共见之事实也。然而遍读《隋书》、新旧《唐书》，此种印象，竟丝毫不能引入吾脑也。如元明杂剧小说，为我文学界辟一新纪元，亦共见之事实也，然而遍读《元史》、《明史》，此间消息，乃竟未透漏一二也。……由此观之，彼旧史者，一方面因范围太滥，卷帙浩繁，使一般学子望洋而叹；一方面又因范围太狭，事实阙略，不能予吾侪以圆满的印象。"⑤"盖一切史迹，大半藉旧史而获传，然旧史著作之目的，与吾侪今日所需求者

---

① 〔意〕本尼戴托·克罗齐：《历史和编年史》，《历史的话语：现代西方历史哲学译文集》，广西师范大学出版社，2002年，第398—410页。

② 王尔敏：《史学方法》，广西师范大学出版社，2005年，第134页。

③ 王晓真：《历史教育与交流增进东北亚战后关系》，《中国社会科学报》2014年9月1日第A03版。

④ 梁启超：《新史学》，《梁启超全集》（第二集），中国人民大学出版社，2018年，第498页。

⑤ 梁启超：《中国历史研究法》，《梁启超史学论著四种》，岳麓书社，1998年，第110页。

多不相应。吾侪所认为极可宝贵之史料，其为旧史所摈弃而遂湮没以终古者，实不知凡几。"[1] "例如《资治通鉴》，其著书本意，专以供帝王之读，故凡帝王应有之史的智识无不备，非彼所需，则从摈阙。"[2] 侯旭东总结中国历代历史著述说："中国多数朝代是'史书'出，而'史料'亡。历代朝廷热衷于编史，意在'表征盛衰，殷鉴兴废'，道德评判的色彩浓重，'意识形态'的倾向明显，属于布洛赫所说的'有意的史料'，且体例基本固定，无法全面传达时代信息。时人与后人关心的是能否名垂青史，留的是美名还是恶名，对于'过去'的具体过程，反而不甚关怀。属于'无意史料'的文书档案却被主动销毁，或不加善管而散失，切断了后人真切地接触过去的重要途径。古人有所谓'居今识古，其载籍乎'之说，传世的史书成为'过去'的主要载体，在一定意义上也成为控制、引导和限制后人认识过去的工具，并大体操纵了人们的历史记忆。""国人历来自诩重视历史，不过从现代史学的眼光来看，国人所重视的只是上述成形的'史书'，并非原始'史料'，且有销毁'史料'的传统。"[3]

正因为如此，梁启超提出，中国传统史学著述存在"六病三难"，即一曰"知有朝廷而不知有国家"，二曰"知有个人而不知有群体"，三曰"知有陈迹而不知有今务"，四曰"知有事实而不知有理想"。缘此四弊，复生二病：就书事内容而言，病在"能铺叙而不能别裁"；以著作体例而言，病在"能因袭而不能创作"。合此六弊，遂生三难：一是难得读尽；二是难以抉择；三是虽读毕全史，亦难得获益[4]。

20世纪中叶以来在新疆、西安、甘肃等地出土的西汉麻质古纸被专家确认，说明造纸术在蔡伦之前早已出现[5]。但记录下来并被广为关注的只有据《后汉书·蔡伦传》记载而形成的"蔡伦造纸"之说。由此可见，没有记述就没有历史，只有被记述了的历史才会成为表述的历史的一部分。那么，谁来记述？哪些记述被关注，哪些记述被忘记？背后的影响因素有哪些？

不同立场、观念的人看待、观察事物的关注点是不同的，正如有人所说，医生看到人，眼里是水、骨骼、肌肉；时装编辑看到人，眼里是衣服、鞋子、包；互联网人看到人，眼里是流量、需求、行为路径。历史由无数个面和无数个时间段构成，历史学家只能选择一个或几个他认为有价值有兴趣的面和片段来研究。在历史研究与陈述

---

① 梁启超：《中国历史研究法》，《梁启超史学论著四种》，岳麓书社，1998年，第142页。

② 梁启超：《中国历史研究法》，《梁启超史学论著四种》，岳麓书社，1998年，第109页。

③ 侯旭东：《"史书"出，"史料"亡——无意史料的销毁与有意史料的操控》，《中华读书报》2007年9月19日第16版。

④ 梁启超：《新史学》，《梁启超论著四种》，岳麓书社，1998年，第241—247页。

⑤ 李杨：《纸史公案60年》，《看历史》2011年第7期。

过程中，我们不得不构拟出一些群体概念，如地主阶级、某民族，设定一个时间段，如春秋、战国时期，来概括历史中的人和事，选择出我们认为代表这些群体和时代的人物言行和事件片段。在这一选择和陈述建构的过程中，绝大部分具体的人及其行为、观念被代表、被遮蔽、被遗忘了。同样，考古学研究也是如此，器物分类、标准器的选择及其意义的解读都是研究者的判断与阐释。何兆武说："发生过的事并非全部值得一写。""历史并不单纯是文献所记录的事件，而是我们从记录中所选择出来的事件，作为是对历史有意义的而又可理解的东西。"①张荫麟说："史家在叙述里，必须把所知道的史实大加省略。他所省略的，也许要比他所采取的多几百千倍。"②海登·怀特说："每一种叙事，无论它看起来如何'完整'，都是建立在一组本应包括在文本中却被遗漏的事件的基础之上的，实在的事件如此，想象的事件同样如此。"③

在这种选择性的记录中，有些事实被记录或被作为叙述的核心，有些被有意识或无意识地置于配角地位或视而不见直至被遗忘。影响这种选择的因素包括记述者的兴趣、立场、目的、价值判断和各种权力等。因此，历史研究不可能回避价值判断和主观选择的问题。而史家的选择与判断又受到其个人经验、观念、教育经历、个性、认知结构等的影响，并不存在一个所有历史学家都一致的客观标准。

任何留下的记述都是记述者为了特定目的，使用特定的语言、概念和认知体系对自在历史的部分观察、描述、记录与解释。一旦自在的历史被史家记录、陈述，它就不再是自在的历史本身，而成为一种表述的历史，成为一种历史叙述文本，属于历史学的一部分。

自在的历史存在过、发生过，但只有表述的历史，即经过历史学处理的历史才对我们有意义。历史人物的言行千千万万，我们总是选择符合预设和需要的；同样，发生的历史事件大大小小无数，我们也是选择符合兴趣和需要的。选择的同时意味着放弃，突出的同时意味着遮蔽，肯定的同时意味着否定。某段历史、某些事件、某些考古现象、某个历史人物进入我们的视野，不是因为它自身的价值的自动显现，而是因为它被选择，它的价值和意义一方面可能是因为自身存在而被研究者发现；另一方面，其价值也是被撰述者赋予和阐释出来的。研究者的观点、态度、价值观和认知体系在其中起到关键作用。正如一位电视纪录片编导与笔者聊天时所说：虽然我不

---

① 何兆武：《苇草集》，生活·读书·新知三联书店，1999年，第154页。

② 张荫麟：《论史实之选择与综合》，《思想与时代》1943年第18期。

③ 〔美〕海登·怀特著，董立河译：《形式的内容：叙事话语与历史再现》，北京出版社出版集团、文津出版社，2005年，第13页。

能强求采访对象怎么说，但我可以引导；虽然我不能控制采访对象说什么，但剪刀在我手里，我拥有最终的剪辑权，最后的文本决定于我。

作为史料的文献经过记录、流传、阐释和被选择的过程，在这一过程中，史料的选择、记录、形成、流传、阐释、研究、建构无不是史家的选择、记录、形成、流传、阐释、研究、建构。作为文本的历史文献并不是我们所想象的那样简单的实录与照抄，各种各样的主客观因素都会影响到这些文献的形成与流传，如作者有意识地选择、立场、目的、利用诉求等，作者所受教育、经历而形成的观念、认知体系、话语体系等的无意识影响，外在政治权力的干预、话语霸权的表现，等等。任何对形成文献的背后因素的视而不见，都是一种想当然的简单化，忽视了文本的复杂性。

英国历史学家爱德华·卡尔说："并非所有关于过去的事实都是历史事实，或者都会被历史学家当作历史事实加以处理。"[①]"确定这些基本事实的必要性并不在于这些事实本身的任何特质，而在于历史学家'既有的'决定。……每个新闻记者今天都知道：影响舆论的最有效的办法就是靠选择和安排适合的事实。过去有这样的说法：事实本身就能说话。这一点当然不真实。事实本身要说话，只有当历史学家要它们说，它们才能说：要那些事实登上讲坛说话，按什么次第讲什么内容，这都是由历史学家决定的。""相信历史事实的硬核客观地、独立地存在于历史学家的解释之外，这是一种可笑的谬论，然而，这也是一种不易根除的谬论。"[②]布洛赫说历史学家"好比排在一支纵队末尾的士兵，消息是从头往后传的，站在末尾显然不利于正确收集情报"[③]。葛剑雄说："我们现在所看到的历史事实，都已经经过历代历史学家或者历史记载者的选择、加工。"[④]

某些历史人物、事件被选择、被关注，成为某种历史记忆的一部分，是因为有时代、现实的需要。历史过程和意义评述也会因时代观念和某些需要而被重构和重新评述。

每个社会都包括不同的人与群体，也就存在不同的利益诉求，这种不同的利益诉求也会表现于历史文献的记载之中。当然，由于话语权的不平等，不同的人与群体的

---

① 〔英〕爱德华·卡尔著，吴柱存译：《历史学家和历史学家的事实》，《史学理论读本》，北京大学出版社，2006年，第39页。

② 〔英〕爱德华·卡尔著，吴柱存译：《历史学家和历史学家的事实》，《史学理论读本》，北京大学出版社，2006年，第40页。

③ 张侃：《如何以史学为志业？——重读〈历史学家的技艺〉的笔记》，《经典的误读——厦门大学人文经典系列讲座演讲集》（第二辑），厦门大学出版社，2015年。

④ 葛剑雄、周筱赟：《历史学是什么》，北京大学出版社，2005年，第72页。

声音不会被平等地记述，掌控话语权的人和群体总是关注的重点，成为历史记述的核心与主线，普通民众被边缘化、被遗忘或成为某一概念中的分子。这在当代如此，在话语权和历史书写权力被少数人所控制的古代，更是如此。梁启超说："中国过去之史，无论政治界、思想界，皆为独裁式，所谓积极的民众意识者甚缺乏。毋庸讳言，治史者常以少数大人物为全史骨干，亦属不得已之事。"[①]以色列历史学家尤瓦尔·赫拉利说："在现代晚期之前，总人口有九成以上都是农民，日出而作、胼手胝足。他们生产出来的多余食粮养活了一小撮的精英分子：国王、官员、战士、牧师、艺术家和思想家，但历史写的几乎全是这些人的故事。于是，历史只告诉了我们极少数的人在做些什么，而其他绝大多数人的生活就是不停挑水耕田。"[②]

三、时代与文化背景对文献的影响

1815年，被流放的拿破仑复辟。当拿破仑向巴黎进军时，据说一家报纸在几天内的报道标题是这么变化的：第一条："科西嘉的怪物在儒安港登陆"；第二条："吃人的魔鬼向格腊斯前进"；第三条："篡位者进入格勒诺布尔"；第四条："波拿巴占领里昂"；第五条："拿破仑接近枫丹白露"；第六条："陛下将于今日抵达自己的忠实的巴黎"。

形势比人强，文本往往因形势、背景的变化而变化！

从历史撰述者来说，每一个文本撰述者都是生活在特定时代、特定自然与文化环境背景中的人，时代与环境及其变化必然影响到撰述者的观察、选择、评判、叙述与记录等。即使同一个人在不同环境、不同时代的背景下，因种种原因，对同一事件、人物的描述、评价往往也会不同。我们仅仅依据片段的文献记载如何认清一个历史人物或事件的真实面貌，并做出客观公正的评判？

从社会大背景的影响来说，不同时代、不同社会背景影响到历史文献的关注重心、记述内容的差异，如一个民主社会的历史文献的关注点、记录内容和评价标准等与皇权专制社会的历史文献必然存在差异。前者是公民社会核心的记录与叙述，似乎也不存在帝王家谱式的所谓官方"正史"。后者则是帝王核心的记录与叙述，正如梁启超对中国皇权专制社会历史著述特点的论述。在帝王核心的历史著述中，广大民众是不被关注或作为陪衬而出现的，即使像在中国医学史上占有重要地位的张仲景这类历史人物

---

① 梁启超：《中国历史研究法》，《梁启超史学论著四种》，岳麓书社，1998年，第225页。

② 〔以色列〕尤瓦尔·赫拉利著，林俊宏译：《人类简史——从动物到上帝》，中信出版社，2014年，第44页。

在正史中也无法获得一席之地①。造成两者之间差异的原因就在于谁掌控着话语权。

到了当代民族国家时代，在强调以民为本，全民共有、共享、共为的时代背景下，"历史是人民创造的"观念被提出，普通民众成为历史关注与记录对象的一部分，历史记录的内容更为广泛，历史叙述不再只是王朝政治史，社会发展史、文化演变史等成为历史叙述的主要内容。重在叙述民族国家历史和强调、培养民族国家认同的国家通史代替传统的帝王将相为中心的王朝断代史叙述。虽然政治人物仍受到更多关注，还占据着较大的文献篇幅，但那种政治核心的，无论贡献如何，只要生在帝王将相之家就会被载入史书的著史模式发生了根本性改变，历史著述权和被记录权不再被皇家所垄断，更多的社会精英和不同行业受到关注而被记录，各类人物自传和传记大量出现，各有市场。

四、权力、社会记忆与历史记录和叙述

卡扎菲曾用充满自信的口气对采访他的西方记者说："我会下台？谁来推翻我？利比亚人民热爱我啊！"2011年10月20日，他口中这些"热爱"他的人民把他打得像齐奥塞斯库一样千疮百孔，而人民意犹未尽，竟然像庆祝节日一样涌上街头，载歌载舞！设想一下，如果不是卡扎菲被推翻，而利比亚由他的子孙继续统治数代，甚至延续十几代，那么利比亚官方正史关于卡扎菲的统治时期会如何记述和评价呢？

在专制社会，官方控制着主流信息渠道，官方的历史叙述是唯一获准流传的版本，由此造成的历史扭曲和误导不知有多少！中国古代的大量所谓"正史"不也正是这类历史著述吗？

如前所述，所有的文献记载都是选择性记录，流传下来的历史是选择性记忆，选择性与建构性的历史记忆是人类的一种文化现象。影响这种选择性与建构性的因素既有客观性的，也有主观性的，其中包括各种权力的作用。

福柯说权力无所不在。历史记忆受制于权力，又影响着权力，文献文本的背后隐

---

① 张仲景（150—219），东汉末年著名医学家，被称为医圣。东汉南阳郡涅阳县（今河南南阳邓州市和镇平县一带）人。《后汉书》无传，其事迹始见于《宋校伤寒论序》。张仲景传世巨著《伤寒杂病论》确立的辨证论治原则，是中医临床的基本原则，是中医的灵魂所在。在方剂学方面，《伤寒杂病论》也做出了巨大贡献，创造了很多剂型，记载了大量有效的方剂。其所确立的六经辨证的治疗原则，受到历代医学家的推崇。这是中国第一部从理论到实践、确立辨证论治法则的医学专著，是中国医学史上影响最大的著作之一。不过也有学者研究指出，"医圣张仲景"的圣化也有一个层累地造成的过程。参见余新忠：《医圣的层累造成（1065—1949年）——"仲景"与现代中医知识建构系列研究之一》，《历史教学》2014年第14期。

藏着权力之手。历史记录与叙述自古以来就与权力密切相关，传统史学从来与政治和统治者关系密切，为政治服务，被权力操纵，而不是独立的观察者与记录者。因此，对于任何历史文献，我们首先要问的就是，其记载内容是事件参与各方的平衡陈述，还是控制话语权一方的单方面陈述？

由于胜利者掌控着话语权，历史往往是胜利者的历史，历史记录与叙述一般都是以胜利者为中心来展开，以胜利者的视角、价值观、利益和目的为视角、价值判断标准和目的，其外在的简单表现就是"成王败寇"。

在人类已经过去的绝大部分历史中，既没有全民调查，也没有各种统计数字，掌握话语权的少数人总是宣称自己的观念代表大众，而大众实际上基本没有发声的机会。普通人在历史当中是没有声音的，是没有形象的。"文字既然在发生时期是统治者的特权，当然包含了巨大的历史遮蔽和统治者偏见。有文字的历史总是由征服者来书写的，大部分人则永远是默默无声的，至今依然如此。文明的上层阶级把自己的地位说成是上帝决定的，所以我们根本无法知道青铜时代的中国普通农民的真实状况，他们想的是什么，受的是什么苦。"[①]人民与英雄共同创造了历史，但在历史的记录中，我们只看到了英雄，而不见人民。传统文献记载内容基本是统治阶层人物及其行为，反映了精英阶层的思想观念。

关于古希腊，爱德华·卡尔说："我们所知道的关于公元前5世纪希腊的情境是有缺点的，这主要不是因为许多部分已偶尔丧失，而是因为大体说来这种叙述是由雅典一小部分人作出的。5世纪时的希腊在雅典公民看来是怎样的，我们知道的很多，可是从斯巴达人、哥林多人、须不兹人看来，它是怎样的，我们几乎一无所知，更别提对于波斯人，对于奴隶，或者居住在雅典的非公民它是怎样的了。我们看到的这幅图景是为我们预先选择好，决定好了的，而且与其说是偶尔选择决定的，倒不如说是由一些人选择决定的。这些人有意无意地受到一特定观点的影响，并且认为支持这一特定观点的一些事实是有保存价值的。"[②]

在中国古代，皇家垄断了话语权和历史陈述权，史是皇帝、贵族等统治者的政治工具，史官是为王室服务的官僚体系中的一部分。正如布鲁斯·特里格所说："历史记载起初是在王室年鉴、王室纪念铭刻和丧葬文本中穿插的事件简短说明。这类记录经常含有政治宣传的重要成分。阿兹特克国王阿维索特尔将对历史记载的系统破坏和

---

① 叶舒宪、彭兆荣、纳日碧力戈著：《人类学关键词》，广西师范大学出版社，2004年，第35页。
② 〔英〕爱德华·卡尔著，吴柱存译：《历史学家和历史学家的事实》，《史学理论读本》，北京大学出版社，2006年，第41页。

有利自己的改写，作为阿兹特克王国政治集权的一部分。西周统治者很可能也销毁了他们商代前任的官方记录。"①

据《周礼》等文献记载，周代官职设置就有太史、大史、小史、内史、外史、左史、右史等。后世历代王朝，汉代有兰台、东观等修史之所，隋唐时期，正式建立史馆制度。史官任职于史馆，由宰相监修，宰相直接对皇帝负责。所谓的"时政记""日历""起居注""实录"等都是这些史官对皇帝言行的记载。"左史记事，右事记言"，史官所记的事与言为统治者的事和言，是为统治者证明权力合法性、追求不朽和资治借鉴等目的服务的。此外，每一个王朝为前一个王朝修史也被视为天然的责任，是获得正统、进入盛世的象征。王学典说："中国古代史学主要是一种史官史学，它依附于体制，很大程度上是政治统治和社会控制的工具。""在这一意义上，历史学成为权力的工具，要随时适应权力的要求和召唤。"②太史公在《史记》附文《报任安书》中说："仆之先人非有剖符丹书之功，文史星历，近乎卜祝之间，固主上所戏弄，倡优畜之，流俗之所轻也。"太史公以亲身感受告诉我们古代史官的真实地位和面对权力的无奈，所谓史官的独立地位与"直书"精神在专制政权下不过是史家的美好愿望而已！

中国传统文献记载的发达也是因为政治服务而受政治支持的结果，从《尚书》到二十四史无不是政治产物。孔子编纂《春秋》，虽然强调自己"述而不作"，但手法却是"笔则笔，削则削"（司马迁《史记·孔子世家》），通过对鲁国历史进行有目的的选择性编写，以达到弘扬自己的政治理念，"使乱臣贼子惧"的政治目的。

政治权力决定了哪些史料被保留，内容如何写，如秦始皇的"焚书坑儒"所焚的主要就是两类书：史书和诗书百家语，除了秦国史之外，全烧。这类"焚书坑儒"式的政治权力干预在人类历史上一再上演，如朱元璋的《明太祖实录》在建文帝时期已经编修过，但是朱棣上台后并不满意，他要把所有有利于朱允炆的记述都删减干净，然后添加进去自己才是朱元璋钦定的帝国接班人的内容。又如，清代的文字狱、二战时期日本政府的邮政检阅制度③等各种形式的书刊审查制度，等等。

---

① 〔加〕布鲁斯·特里格著，王哲昱等译：《文字与早期文明》，《南方文物》2014年第4期。

② 王学典主编：《史学引论》，北京大学出版社，2008年，第367页。

③ 注：邮政检阅档案是日本侵华时期各地宪兵队针对日本军人、军队服务人员、日本民众、殖民地与占领区的军政要人、外籍人士的往来信件、电报、电话、出版物进行秘密检查，对其中反映日军暴行、战争实态、危害日军统治等内容进行削除、扣押、烧毁、部分涂抹、原样发送等处理，并摘要辑录形成的月报或周报。日军通过邮政检查制度封锁暴行真相。1953年11月11日，吉林省在进行建筑施工时，偶然发现了一批埋在关东宪兵队司令部旧址的档案，其中包括了大量《通信检阅月报》，详细记录了信件的时间、发信人、收信人、信件内容摘要、具体处置意见等。见庄严主编：《铁证如山——吉林省新发掘日本侵华档案研究》，吉林出版集团有限责任公司，2014年。

"避席畏闻文字狱，著书都为稻粱谋。"①坎特说："我们大家都听说过苏格拉底的审判、西班牙宗教法庭、梵蒂冈禁书目录、伽利略的监禁以及布鲁诺的火刑，遑论其他无以计数的官方或教会的审查和迫害案例。正如施特劳斯所说，我们尚未充分考虑到整个历史中如此广泛存在的不自由和不宽容的政体对写作和阅读的影响。就我们所知的绝大多数政体来说，如果有人公开表达了与他所处社会确立的权威意见相抵触的观念，那他通常就要受到监禁、流放甚至死刑的处罚。在如此条件下，我们不能指望过去的作者会以我们在当代写作中已然习惯的那种自由和公开的方式来表达思想。"②

尤学工说："中国古代有重视修史的传统，修史活动从来都不是单纯的学术活动，而是一种政治行为和社会行为。这在易代之际表现得尤为明显。新王朝需要通过修史阐释继承大统的正当性与合法性，掌握历史解释权，重塑历史观念和史学观念，以建立和稳固新的文化秩序。史家们往往会借助修史来表达自身的诉求，从而为自己在易代后的文化秩序中找到安身立命之所。"③为了满足某些政治需要而假造、扭曲历史记述也是历史文献文本的常见现象，如许多所谓的天象记录往往不过是用来向大家昭示"王命天授"，以宣扬权力合法性的证据，并不是真实、准确的天象记录。又如，清朝乾隆皇帝利用编辑《四库全书》的机会，大肆篡改历史典籍也是众人皆知的事实。因为忌讳"胡""戎""夷""狄""虏"这些对清朝统治者出身带有侮辱性的用语，为了消灭这种历史记忆，于是将它们全部改掉，如将岳飞《满江红》中的诗句"壮志饥餐胡虏肉，笑谈渴饮匈奴血"改为"壮志饥餐飞食肉，笑谈欲洒盈腔血"。

在这种情况下，历史怎样写，写什么，都不是史官自身能决定的，而是由皇帝和国家政权的意志决定的。由于受到政治权力的绝对控制和官方意识形态的主导，担负着满足统治者的各种政治需要和教化人心的功能，传统历史学著述不是相对独立的、基于中立、客观、公正立场的历史实录，更不是民间自由开展的纯学术活动。

仔细分析前面梁启超对中国专制王朝时期史著的总结，实际上都是目的决定内容。因为皇家掌控了历史记录与叙述的话语权，一切历史陈述都是以统治者为中心，满足统治者的需要，所以卷帙浩繁的内容都是皇家统治集团的人与事，无论其社会重要性如何，历史贡献度大小，而更重要、更基本的社会经济、文化现象、大众生产生活则被选择性忽视。另外，执笔进行历史撰写的史家基本是作为精英阶层的儒家知识

---

① 龚自珍：《咏史》，《龚自珍全集》之《己亥杂诗》，上海古籍出版社，1999年。

② 坎特（Paul A. Gantor）著，程志敏译：《施特劳斯与当代解释学》，《经典与解释的张力》，上海三联书店，2003年，第105页。

③ 尤学工：《"明史"修纂群体与清初文化秩序》，《中国社会科学报》2011年2月10日第8版。

分子，他们的价值观贯穿于历史著述之中。由此，我们从这些史著中可以看出，话语权掌控者的观念、思想决定了历史陈述内容的选择和轻重点的偏向以及对历史现象的解释和对历史人物的评价，王朝中心观、中原文化优越论、儒家思想等在中国传统历史文献中随处可见。

可以设想，如果中国传统的历史文献不是由以皇权为核心的专制政体所控制，不是以儒家思想观念为指导思想，不是由官方史官所撰写，而是纯粹出于知识和兴趣的需求，由民间来自由撰写，那么，文献内容将会发生怎样的变化呢？至少，以皇家和高级政治人物为对象的纪传不会是基本内容，正统与非正统的划分、政治人物的评价、朝代兴衰原因的剖析等都将会不同，政治史也不会一枝独大。当然也可能就没有二十四史或二十五史之类的延绵不断的官方正史叙述版本了吧。

即使到了民主社会，权力对历史文本的干预同样存在，只是干预的力量更多元，既有政治的权力，也有经济和话语的权力。干预的方式也更隐蔽，不再像专制社会的政治权力那样以赤裸裸的粗暴方式进行。

历史记录、叙述与政治的密切关系影响文献的形成，使之失去客观性、真实性和公正性，具有突出的文本性，但后世史家又不得不主要依赖这些文献文本来认识这段历史。因此，对于历史学研究来说，且不说史家的主观意志影响因素，就是从历史学所依赖的史料来说，也是深受权力干预，受到主观意志的影响。

从历史记忆的角度看，历史文献是群体社会记忆的载体与表现，在社会记忆的理论研究上，许多学者已经对社会记忆的一些问题达成共识，其中一点就是社会记忆的形成过程并非一个恢复或完全再现的过程，而是一个社会建构的过程。在建构过程中，一些因素决定着哪些东西被删除、保留或修订，其中，权力无疑是一个很重要的因素，从某种意义上讲，权力操控了社会记忆的内容与方式。保罗·康纳顿认为，社会记忆是为支持现存社会合法化而存在的，现存社会合法化决定着社会记忆。福柯、布迪厄、德里达等当代社会理论家基本上也都支持权力在本质上操纵记忆的观点。福柯在讨论他那无所不包又无处不在的权力时，不止一次地提到记忆对权力的重要意义，指出掌控记忆对权力来说至关重要①。权力往往决定历史记忆，谁该被记住，谁该被忘记，谁是好人，谁是坏人。所以有人说，历史真相常常淹没在政治话语和情绪的误读中，也常常被时代需要或者个人情感所裹胁。

历史记忆从来都是政治活动的一部分，各种政治权力总是想方设法控制历史话语权，利用各种手段控制、影响历史记忆的选择、叙述、解读、建构与评价，将自己的

---

① 罗彩娟：《权力与社会记忆》，《中国社会科学报》2009年8月20日第7版。

意志与目的贯彻其中，试图通过控制记忆来影响人类行为，以满足自己的需要。英国作家乔治·奥威尔（George Orwell，1903—1950）在他创作的小说《1984》中写道：谁掌握了现在，谁就掌握了过去；谁掌握了过去，谁就掌握了未来。他描绘了一个荒诞而真实的专制国家，有一个叫真理部的部门，专门负责对历史记录进行有计划的销毁、篡改和重写，目的就是使人产生执政者永远正确的印象。

社会记忆既受制于权力，同时其本身也是权力，社会记忆在潜移默化地强迫人们按照它的意愿去记忆、思考和行动。

除了权力因素外，人的心理因素同样会影响到人类的历史记忆。哲学家培根说：人的精神总是天生地倾向于记住肯定的东西和忘记否定的东西。从心理学角度来看，人们对社会记忆的内容具有选择性，也就是说人们有意识地选择了要记忆什么、遗忘什么，记忆与遗忘同样重要，因而历史记忆具有人为的选择性、建构性。

20世纪70年代中叶法国历史学界兴起的"记忆史"研究对此有深入的研究。记忆史关注人类社会的"集体记忆"，通过研究，学者发现，首先，"集体记忆"总是和当今现实联系在一起的。集体记忆的一个重要功能就是重构过去，满足当今的精神需要，所以为过去"昭雪"和"否定"过去常常是记忆的中心话题。其次，记忆总是具体的、主观的、带有感情色彩的，集体记忆总是和一些特定的集体和共同体联系在一起，所以有多少共同体，就会有多少种集体记忆。"集体记忆"常常通过实质文物、文献、仪式、信仰、神话传说、庆祝和纪念活动、对某些事件的态度和情感等表现出来，并在这些集体活动中被强化。最后，"集体记忆"具有可操控性，人们可以有意地强化某些部分的记忆，也可以刻意淡化某些记忆，因此，"遗忘"也是"集体记忆"另一方面的表现[①]。英国人类学家古立佛（P. H. Gulliver）在研究非洲Jie族的亲属结构时，观察到他们家族的发展（融合或分裂），多由特别记得一些祖先及忘记另一些祖先来达成。他称之为"结构性失忆"。许多民族志显示，以忘记或虚构祖先来重新整合族群范围，在人类社会中是相当普遍的现象[②]。

通过以上分析，"我们不得不承认，我们以文字记录保存的史料，只是这些'过去事实'中很小的一部分。它们是一些被选择、组织，甚至被改变与虚构的'过去'。因此，一篇文字史料不能简单的被视为'客观史实'的载体，正确地说，它们是在人们各种主观情感、偏见，以及社会权利关系下的社会记忆产物"。"将文献作为一种'社会记忆残余'，不同于将文献作为'历史事实载体'之处是，研究者时时

---

① 沈坚：《法国记忆史视野下的集体记忆》，《中国社会科学报》2010年3月2日第2版。
② 王明珂：《华夏边缘——历史记忆与族群认同》，社会科学文献出版社，2006年，第24页。

都在探索'这是谁的记忆'，'它们如何被制造与利用'以及'它们如何被保存或遗忘'。"①

五、语言、概念和话语体系与文献的文本性

在一般的印象中，语言和用以描述现象的概念、话语体系是客观中性的，不具有主观性。但当代的研究恰恰否定了我们的这一印象，任何语言及用于描述现象的概念、话语体系都是具有文化性和时代性的，因此，当历史通过语言文字和概念、话语体系来叙述、记录和传播时，同时也就具有了文本性。古斯塔夫·勒庞说："意义随着时代的变迁而发生深刻变化的词语比比皆是。""词语只有变动不定的暂时含义，它随着时代和民族的不同而不同。"例如，"民主"一词，在拉丁民族看来，是指个人意志和自主权的从属性以及国家的优势，而在美国看来，却是指个人意志的超常发展和国家的彻底服从②。

以词典为例，理论上，词典应该是中立的和不带偏见的，但近年来对字典编纂的相关讨论已经改变了我们的这种印象。"字典不仅是为字词提供音韵、意思解释、例句、用法等等的工具书，而且具有一定的政治含义。像牛津字典、康熙字典以及国内多家辞书出版社出版的各类字典，莫不记录着这个国家主流的政治意识和政治风貌。字典通过两个基本功能发挥政治作用：以解释字义来培养公民的政治立场和政治观点，以提供字的标准写法来确立执政权威，进而培养公民的政治执行力。"③"字典中的例句更是时代政治与观念的直接表现，如新版《新华字典》中将'咱们'的例句，由原来的'咱们穷人都翻身了'，改为'咱们村全都富起来了'。旧版《新华字典》中存在'鱼翅'是珍贵食品、'虎骨'是一种药材等解释，而新版《新华字典》将动物可吃的解释删除了，体现了保护动物，人与自然和谐共处的当代观念。"④

人类学家的研究告诉我们，我们带着天然的"民族本位的偏见"，总是从自己的文化眼光去看其他民族的文化生活方式，但自我意识到这种"文化眼镜"并加以分

---

① 王明珂：《历史事实、历史记忆与历史心性》，《历史研究》2001年第5期。

② 〔法〕古斯塔夫·勒庞著，冯克利译：《乌合之众：大众心理研究》，中央编译出版社，2017年，第85—86页。

③ 戴渝龙：《盗版新华字典事件有感：小字典大政治》，东南网2013年5月10日，http://www.fjsen.com/r/2013-05/10/content_11362094.htm。

④ 新华社：《〈新华字典〉的时代记忆》，新华网2011年7月12日，https://news.163.com/11/0712/16/78PCAUQN00014JB5_2.html。

析，却是件很难的事。正如B. L. 沃尔夫通过对荷比印第安语言的比较研究发现，欧洲语言不仅包含了谈论世界的方法，还包括那个世界的一个模型①。

即使在同一时代同一文化背景下，生活于不同环境、具有不同等级地位的人群之间也存在语言表述体系的差异，并且这种差异影响到文献对历史的描述与记录。例如，五四运动时期的白话文运动以前，中国一直存在着两种语言表述、记录体系：一种是由儒家精英阶层掌握的，具有全国一致性、通用性，主要用于文本写作的文言文，即所谓的"雅言"；另一种是由广大民众日常使用的，具有时代和区域差异性的口语，即俗语方言。两者之间有很大的不同，前者被认为高雅，需要经过系统的教育和训练，主要是以儒家思想为主导的教育和训练，才能掌握，后者被认为俚俗，从成长过程中的日常生产生活中获得。文言文不仅是知识分子的身份象征，还是文化、话语霸权垄断的工具，日常活动、话语在转化为文言文形式的文献记载时，往往会发生变化，被赋予特定态度和观念，从而与真实的生活、话语产生差异，甚至导致偏离。使用方言俗语的历史事件叙述和历史人物话语在被记录时往往经过儒家知识分子的修饰、重写，以"雅言"的形式记载下来。实际上，这种修饰与重写具有某种文本再创作的意味。明史对朱元璋诏书的改写便是这方面的一个典型案例。

明洪武三年（1370），朱元璋颁发圣旨，推行户帖制度，中国人民大学历史档案系收藏的明代户帖原件上引述圣旨原文："说与户部官知道，如今天下太平了也，止是户口不明白，俚教中书省置天下户口的勘合文簿、户帖。你每（们）户部家出榜去教那有司官将他所管的应有百姓都教入官附名字，写着他家人口多少，写得真，着与那百姓一个户帖。"②完全是大白话，与朱元璋的底层出身相符。而这道圣旨到了《明太祖实录》卷五八，经过史官之笔删改润色，成了"民者，国之本也。今天下已定，而民数未核定，其命户部籍天下户口，每户给以户帖"③。显得多么典雅！原件一进入史书，面貌完全变了样子。如果我们仅从这两份文件看，是不是会得出朱元璋两个完全不同的形象？

正是意识到这种言文分离的问题，五四运动时期的知识分子发起了白话文运动，号召用日常所用的通俗语言来写身边日常事，即"有什么话，说什么话；话怎么说，就怎么说"④。

---

① 转引自〔美〕罗杰·M. 基辛著，北晨编译：《当代文化人类学概要》，浙江人民出版社，1986年。

② 引自韦庆远：《明代黄册制度》，中华书局，1961年。

③ 葛剑雄、周筱赟：《历史学是什么》，北京大学出版社，2005年，第222页。

④ 胡适：《建设的文学革命论》，《胡适文集》，人民文学出版社，1998年。

我们知道，即使"有什么话，说什么话；话怎么说，就怎么说"的当代文字记录也不可避免地发生文献记述的历史事实与自在的历史事实之间的差异，何况在古代的文献中广泛存在的文言文书写的改造过程。语言及其所蕴含的思想观念和概念体系必然影响到历史文献，使之具有文本性。

语言、文字对历史记录的影响还表现在其他方面。例如，依据东南亚国家自身的古代文献，通过比较研究发现，那些认可与中国王朝政权宗藩关系的周边国家，对中国皇帝恭敬的表达大多是在译成汉文的过程中添加上去的[①]。这是中国古代文献的自欺欺人，还是这些周边国家文献的自欺欺人呢？抑或这才是作为文本的历史文献的真实面貌？

六、立场与视角差异：同一事件，不同记录

2011年10月20日，利比亚的政治强人卡扎菲被杀死了，围绕着卡扎菲的死因，众说纷纭，梳理下来，大致有以下几种说法：一是背叛致死说，二是搜索致死说，三是众人击毙说，四是交火击毙说，五是伤重致死说，六是北约突袭致死说，七是法国特工杀死说。除卡扎菲已死亡的说法外，更有俄罗斯专家爆料说，卡扎菲还活着，死者是其替身[②]。实际上，整个利比亚内战期间，新闻媒体中充斥了这类真真假假、虚虚实实的各类消息。

仔细分析这些不同的说法，背后都有其特定的原因和利益诉求：北约突袭致死说，是由西方媒体报道，重在突出北约军事打击干预的重要，暗示北约的主要作用，但涉及民族情绪和尊严；背叛致死说，则重在突出卡扎菲众叛亲离的下场；另外几种致死的说法，则体现了反卡扎菲力量对他的仇恨，其中的交火击毙说重在掩盖卡扎菲真正的死因，让人觉得并非当局不经审判而杀死了被俘的卡扎菲，因此，利比亚现当局没有违反人道主义精神和国际战俘公约。逃逸说则与俄罗斯对西方干涉利比亚政权更替的态度有一定关系。

这类同一事件不同叙述版本的现象在我们的日常生活中比比皆是，如果我们看看电视中的各种调解节目，就会发现当事人对同一事件有不同回忆与陈述是常见现象。这些回忆与陈述之间虽然彼此矛盾，但每一个人的回忆与陈述要么对自己有利，要么

---

① 〔日〕川岛真著，薛侠群译：《宗藩关系的事实与记忆》，《中国社会科学报》2014年6月27日第4版。

② 参见：《利比亚当局官员否认卡扎菲遭拘押后受枪击》，http://www.sina.com.cn；新华网，2011年10月28日 15：17；《鲁中晨报》2012年10月20日；http://roll.sohu.com/20121020/n355298657.shtml；《利比亚多名高层人士透露卡扎菲被法国特工灭口》，《山东商报》2012年10月2日第5版。

反映了自己的某种立场、认知与目的。修昔底德在《伯罗奔尼撒战争史》中说，他"要求只用最明显的证据，得到合乎情理的正确结论"，但他发现，"真理还是不容易发现：不同的目击者对于同一个事件有不同的说法，由于他们或者偏袒这一边，或者偏袒那一边，或者由于记忆的不完全"①。明代方孝孺说："同时而仕，同堂而语，十人书之，则其事各异。盖闻有详略，辞有工拙，而意之所向，好恶不同。以好恶之私，持不审之论，而其词又不足以发之，能不失其真者鲜矣。"②曾国藩与幕僚、将领谈论"军中阵法"，发现"虽同见同闻同局中人，而人人言殊，不足凭信"，遂由此得出结论，认为"古来史传之不足凭信，亦如是矣"③。

为什么会出现这种现象呢？

首先，同一事件的参与者，由于扮演的角色、个人立场、视角和目的等的不同，自然会有不同的观察、感受和回忆，正如尤里乌斯·凯撒所说：人不管谁都无法看清现实中的一切，大多数人只看到自己想看到的和想要的现实而已。例如，对于同一场战争或战役的认知与回忆，作为指挥者的将军与作为具体行动者的士兵，胜利者与失败者，获益方与受害方，支持者与反对者，革命英雄主义者和悲天悯人的人道主义者，必然有不同的叙述、记录及评价、分析。将军洞察全局，士兵只能知道自己身边发生的事；将军运筹帷幄、深谋远虑，士兵却经受着九死一生；将军认为是史诗般的战争，而对于士兵来说，可能只有恐惧和侥幸的生存。每个人的陈述都是他心目中所建构的有关那场战争或战役的历史记忆。

其次，我们碰巧注意到的事情取决于我们过去的经历和潜意识的价值判断及个人兴趣。由于几乎没有两个人的经历是完全一样的，因而也没有两个人会以完全一样的方式看世界。克里斯·弗里斯说："大脑建构出世界的地图。这实际上是一张有关价值的地图。这张地图上写有我可能得到回报的具有很高价值的目标，也写有我可能得不到回报的低价值的目标。"④

最后，即使是历史事件的亲历者，他的回忆与叙述也会受到来自其他渠道的各种信息的影响，因为无论他处于何种位置，扮演何种角色，他都难以全方位、全过程的亲历亲见相关事件的整个过程和所有细节，他只能看到其中的一部分，况且有时眼见未必为实，我们往往被自己看到的表象所蒙骗。他所掌握的大部分过程、事件背景和

① 朱本源：《历史学的理论与方法》，人民出版社，2007年，第215页。

② （明）方孝孺著，徐光大校点：《逊志斋集·晋论二首》，宁波出版社，2000年。

③ 曾国藩：《曾文正公手书日记·咸丰十一年正月十六日》，凤凰出版社，2010年。

④ 〔澳〕多萝西·罗伊著，张楠迪扬译：《我们为什么说谎》，中信出版社，2011年，第12页。

种种影响因素等都需要靠其他来源信息的补充和后期分析。另外，有关事件的各种历史叙述和宣传也会影响到事件当事人的历史记忆，导致回忆的扭曲。

实际上，在文献记载中，同一历史事件存在不同版本的叙述是常见现象。至于那些没有分歧的历史记载，往往并不是因为时人对相关事件有一致的叙述和认知，而是因为种种原因，我们只能看到这一种记述，其他的不同声音被遮蔽或遗忘了。

谁掌握了话语权，谁就拥有了历史记录与解释的权力。有话语权的相关方越多，不同的说法就越多。大部分人接受的定论，往往是由话语权的最终掌控者决定的。所谓"正史"，不过是一种版本的历史陈述，是掌握话语权的官方历史记录与陈述而已，并不具有天然的正确性和必然的真实性，不等于自在历史的事实与真相。只要有机会，不同的历史陈述和观点就会在其他的文献中显露出来，让我们看到历史记录的文本性、多元性。即使在今天这样一个科技手段高度发达的时代，可以对事件过程进行直播，仍然存在同一事件的不同当事人对事件的回忆、认知各不相同的现象，如关于本·拉登之死的各种版本[①]。

七、"史以载道"观念对中国历史文献的影响

"prapaganda（宣传）"是什么？宣传既不是戈培尔的专利，也不是当代社会的发明，古今统治者对其奥妙与作用都是心知肚明，并广为使用。我们如果以"宣传"的态度与视角来看待古代许多文献，将有助于我们认清它们的本质。

孔子所倡导的儒家史观认为历史陈述要发挥引导世人行为的作用，他作《春秋》，倡导"以史载道"，即"我欲载之空言，不如见之于行事之深切著明也"[②]，目的是"明王道""定是非""正人伦"。他怀着"拨乱世之反正"，"使乱臣贼子

---

① 注：究竟是谁击毙了本·拉登？针对这一问题，存在着许多不同的版本，即使在杀死本·拉登的美国海豹突击队第六小队内部，大家的说法也大相径庭。2012年9月，海豹突击队一名成员，Matt Bissonette，在他的书《不简单的一天》中对这次军事行动有着这样的描述，有三人先行进入本·拉登的藏身之处，其中两人在发现本·拉登之后对他进行了射击，而最后则是他本人给了拉登致命一击。在 *Esquire* 杂志上刊登的一篇文章上对此事有着不同的描述。一名被称为"射杀者"的男子称，是他首先冲进本·拉登的卧室，看到他正要举起手中的枪，该名男子随即向其开了两枪，正中头部，本·拉登当场死亡。在美国有线电视新闻网（CNN）的一次采访中，另一名海豹突击队成员则给出了另一种说法。在其他两名突击队员到达之前，一名侦察兵首先发现并击中了本·拉登，随后，那名被称为"射杀者"的男子闻声赶来，给了本·拉登致命一击。他表示当时本·拉登的手中并没有武器。一家网站的统计显示，关于究竟是谁击毙了奥萨马·本·拉登这一问题存在6种不同的版本。参见《本·拉登》，豆丁网，http://www.docin.com/p-1460775784.html。

② （汉）司马迁著，（唐）司马贞索引，（唐）张守节正义：《史记·太史公自序》，中华书局，1982年。

惧"的政治目的，在《春秋》书中通过不同的"属辞"方式达到褒善贬恶的目的，如记载人的死亡有崩、薨、卒、歼、杀、弑等，记载战争有伐、讨、入、侵、袭、围、取、克、执、灭、救、败、平等不同名称。后人评论《春秋》说："一字之褒，荣于华衮；一字之贬，严于斧钺。"其他如"在齐太史简，在晋董狐笔"的这类有关史家誓死坚守原则的记载实际上也不是为了彰显坚持历史实录的精神，而是强调"史以载道"原则，以历史著述来弘扬、传播儒家忠君思想和仁义理念，甚至为了理想而不惜歪曲事实。这就是所谓的"春秋精神"。究其影响来说，"以《春秋》为法，以'圣心'为断，以史学经世，以'代圣立言'而达到'外王合也'——实现'内圣'与'外王'的统一，始终是中国传统史家的精神支柱和重要的心理动力"[①]。也因此导致"一方面，历史著作被视为儒家经典的注脚；另一方面，历史研究的目的也完全被局限到对儒家经典的继承、弘扬和发挥这一经学范畴之中"[②]。

春秋笔法在中国历史上影响很大，后来的儒士将此奉为信条，元代杨维桢说："《春秋》，万代之史宗也。"[③]明代王洙说："史者，《春秋》之教也。"[④]郑樵也直言不讳地承认自己写史的目的，在于尊君父抑臣子，"使后代而下，为人臣为人子者，知尊君严父，奉亡如存，不敢以轻重行乎其间，以伤名教者也"（郑樵《通志·谥略第一》）。

在中国这种强调"史以载道"的史学传统中，较少以儒家道德标准为依托，较多保持自己独立性的史学著述则被批评，如唐代萧颖士认为孔子做《春秋》，为百代君王不可变易的法则，而司马迁做本纪、书、表、世家、列传，叙事模棱两可、失褒贬体的笔法体例，不足为训[⑤]。

从科学史学的角度看，这种"史以载道"的春秋笔法是违背客观、中立的实录原则的，但这就是中国史学传统的突出特征之一。

唐代史学家刘知几曾抨击"春秋笔法"说："观夫子修《春秋》也，多为贤者讳。狄实灭卫，因桓耻而不书；河阳召王，成文美而称狩。斯则情兼向背，志怀彼我，苟书法其如是也，岂不使夫君子靡惮宪章，虽玷白圭，无惭良史乎？"（《史通·惑经》）

由于儒家思想占据了指导思想的地位，儒家思想的知识分子垄断了话语权和历史

---

①　钱茂伟、王东：《民族精神的华章——史学与传统文化》，北京图书馆出版社，2004年，第17页。

②　钱茂伟、王东：《民族精神的华章——史学与传统文化》，北京图书馆出版社，2004年，第52页。

③　杨维桢：《三史正统辨》，《清江贝先生文集》卷二《铁崖先生传》，《四库全书》文渊阁本。

④　王洙：《宋史质·叙例》，《四库全书存目丛书·〈宋史质〉卷首》。

⑤　（宋）欧阳修、宋祁等撰：《新唐书·萧颖士传》，中华书局，1975年。

陈述权，在中国传统史学中，史以载道，儒家的道德史观垄断了史书理论指导，道德史观不仅决定对历史人物、事件的选择、评价，还是解释兴衰成败的根本原因，如王朝兴盛基本都是取决于少数统治者德行的好坏，个人德行评价代替环境条件、技术能力、经济活动、社会背景、人类心理等因素的记录、观察与分析，成为史学著述的主要内容，使中国传统的历史著述具有明显的泛道德化。所以，余英时评价中国的传统历史著述说："中国传统下的撰写历史是一种政治和道德批判行为。"[①]

中国历代文献中，以道德史观为代表的意识形态对史料文本的改造更是比比皆是。所以，梁启超论中国传统史学说："从不肯为历史而治历史，而必侈悬一更高、更美之目的——如'明道'、'经世'等，一切史迹，则以供吾目的之刍狗而已。其结果必至强史就我，而史家之信用乃坠地。此恶习起自孔子，而二千年之史，无不播其毒。孔子修《春秋》，今日传世最古之史书也。宋儒谓其'寓褒贬，别善恶'，汉儒谓其'微言大义，拨乱反正'，两说孰当，且勿深论，要云，孔子作《春秋》，别有目的，而所记史事，不过借作手段，此无可疑也。坐是之故，《春秋》在他方面有何等价值，此属别问题，若作史而宗之，则乖莫甚焉。""自尔以后，陈陈相因，其宗法孔子愈笃者，其毒亦愈甚，致令吾侪常有'信书不如无书'之叹。"[②]由此观之，所谓"实录"之说、"信史"精神又从何而来？

由于中国传统史学的过度政治化、道德化，所谓"中国传统史学不隐恶、不虚美，追求客观、不阿权贵"的说法只是一种理想而已。

八、神化与妖魔化

神化与妖魔化是文献文本性的另一常见表现。神化和妖魔化背后往往隐含着价值判断，取决于话语权掌控者的目的和需要，充斥于历史文献中，成为文本的突出特点之一。

所谓"神化"，即采用有目的地选择、夸大，甚至编造正面信息，忽视、否认负面信息的方式来达到抬高陈述对象的目的，如对当权者的神化，对寄托自己理想的研究对象的美好想象，为尊者讳，等等。

所谓"妖魔化"，即通过有目的地选择、夸大、歪曲，甚至编造负面信息，忽视、否认正面信息的方式来达到贬低、抹黑陈述对象的目的。妖魔化的对象既有权力

---

① 余英时：《中国史学思想反思》，《历史与当下》，上海三联书店，2005年，第45页。
② 梁启超：《清代学术概论》，《梁启超史学论著四种》，岳麓书社，1998年，第140、141页。

斗争中的敌人，也有情感上的厌恶对象。

神化或美化与妖魔化或丑化的对象不仅有历史人物和社会群体，还包括时代、事件、人的行为、文化现象等，如盛唐、民国时代、太平天国、义和团，等等。

神化和妖魔化的简单表现形式之一就是标签化，如明君与昏君、忠臣与奸臣、盛世与乱世，等等。

历史中的人与事是已经发生的自在历史的一部分，它们的出现既有其必然性，也有其偶然性，本无好坏对错之分，都是外在于我们的自然存在。从文化多元的角度讲，所有文化都是人类创造的适应方式，我们对待它们不能做好坏对错的绝对判断。但当它们被我们纳入表述的历史时，就被加入了撰述者的目的、情感好恶和价值判断，由此，历史人物的言行和历史事件在历史记录与叙述中常常被神化或妖魔化。历史文献中充斥着对胜利者、强势文化的神化、夸大陈述和对失败者、弱势文化的妖魔化、偏见和歪曲陈述，且因撰述者各自标准、目的的不同，因人而异，言人人殊。

人类社会权力斗争离不开神化与妖魔化，为了证明自己行为的正当性与合法性，彰显自己的伟大、光荣、正确，获取民众支持，人们总是将对手丑化与妖魔化。在文献记录中，我们看到，失败者总是"行为乖张""道德沦丧"，非"盗"即"贼"，"其罪当诛"，而掌握话语权的胜利者则是伟大、光荣、正确，"替天行道""吊民伐罪"，救民于水火。

为了证明自己权利来源的合法性、必然性①，新的掌权者总是会将前朝污名化。前朝统治者一般都是荒淫无道，广大民众民不聊生，期待救星的拯救。胜利者则是顺天应民，救民于水火。新的统治者获得权力，人民普天同庆、大快人心、喜极而泣、奔走相告。以这种历史叙述与解释来证明自己是"顺天应民""拨乱反正"，自己的权力是"奉天承运""历史发展的必然"。鲁迅说："现在我们再看历史，在历史上的记载和论断有时也是极靠不住的，不能相信的地方很多，因为通常我们晓得，某朝的年代长一点，其中必定好人多；某朝的年代短一点，其中差不多没有好人。为什么呢？因为年代长了，做史的是本朝人，当然恭维本朝的人物了，年代短了，做史的是别朝的人，便很自由地贬斥其异朝的人物，所以在秦朝，差不多在史的记载上半个好

_____

① 无论是权力神赋说还是必然规律说，无论是自称"天子"还是"上帝的选民"，都是如此，除非我们赤裸裸地遵循丛林法则，直接宣称"天下是老子打出来的"。只要不是由人民投票选举出来的政权，逻辑上都不能说是权力来自人民，都必然要打着"神"或"规律"的旗号以证明自己权力的合法性。

人也没有。"①

实际上，在真实的历史中，盛世未必那么好，乱世也未必那么坏，盛世中往往孕育着问题，而所谓乱世则提供了创新的机遇，播种了新时代的种子。况且，还要看"盛世"与"乱世"是谁眼中的"盛世"与"乱世"，以及从哪个角度看"盛世"与"乱世"。试想一下，如果是当今人人皆可表达观点的网络时代，所谓"文景之治""开元盛世"等是否还会成为历史的共识或定论？

近年来，越来越多的史学家反思发现，历史上所谓的贞观之治、康乾盛世并没有传统官方正史上所描绘的那么好，普通民众的生活一如既往贫穷、艰苦，甚至更不自由，被有效的官僚制度更为严格管控，所谓的盛世也只是统治者的盛世而已。1793年夏天，英国的第一个访华使团乘坐"狮子号"抵达中国，英国人发现所谓"康乾盛世"只不过是一个国富民穷的盛世，一个两极分化的盛世，一个遍地贫困的盛世②。

反而是在传统历史叙述中的乱世、弱势时期，如春秋战国时期、宋朝，由于专制权力的管理能力相对削弱，普通民众拥有更多的自由，经济发展更快，文化也更为繁荣，在思想文化、科学技术上的发明创造也更多，因此，所谓"乱世"对一般人民来说也未必那么不堪。所以，余英时说："我们若以战国这种多国的社会来说，在文化上，中国是处于'百花齐放'时期，在经济上，商业的流动性也达到很高的水准。所以，从文化及经济的发展来说，战国并不是一衰世，历史家说战国是一衰世是因为在政治上战国没有一个大一统的国家制度。"③

对胜利者、当权者的美化和对失败者的丑化是中国传统文献文本中神化与妖魔化的另一突出现象。

张鸣说：中国的大人物头上，都免不了有光环。大家七手八脚，直到将他老人家（康熙）捧成了"千古一帝"，似乎还没有歇手的可能。即使到了当代，捧的人里不光是娱乐圈的"娱编""娱导""娱艺"加"娱记"，学界也相当积极。在这些学者眼里，康熙的文治武功无不登峰造极，武能打仗和打猎（用鸟铳，一枪一只大狗熊），文能作诗和为文，无论诗词歌赋，古体近体，样样精通。据说特别值得称道的是他还学贯中西，于西方的天文地理、数学历算甚至音乐绘画，无一不能。不过，曾经在康熙身边服务了13年的意大利耶稣会传教士马国贤（Matteo Ripa）在他的回忆录

① 鲁迅：《魏晋风度及文章与药及酒之关系》，《鲁迅全集》（第三卷），人民文学出版社，2005年。

② 张宏杰：《饥饿的盛世：乾隆时代的得与失》，湖南人民出版社出版，2012年；滕泰：《民富论：新供给主义百年强国路》，东方出版社，2013年。

③ 余英时：《关于中国历史特质的一些看法》，《文史传统与文化重建》，生活·读书·新知三联书店，2004年，第146页。

里有更接近真实的观察："皇上认为自己是个大音乐家，同时还是一个更好的数学家。但是尽管他在科学和其他一般认识上的趣味都不错，他对音乐却一窍不通，对数学的第一因也所知甚少。每座殿堂里都放了音叉或古钢琴，可无论是他自己，还是他的妃子们，都不会弹奏。有时候皇上的某一个手指确实触摸了键盘，就已经足够让他陷入被奉承的狂喜了，正如我经常见证的那样。"①

这类对历史人物的神化在中国史书上比比皆是，如《史记·高祖本纪》中对刘邦为龙种、斩白蛇起义等种种神迹的记述。在中国古代文献中，这类神话记述在历代英雄人物身上几乎人人都有。

夏桀、商纣则是被妖魔化的典型代表。在中国的正史记载中，夏桀、商纣荒淫无道，十恶不赦，但《论语·子张》记子贡的话却说："纣之不善，不如是之甚也。是以君子恶居下流，天下之恶皆归焉。"商纣王是如何从一个有为的君王变成"千古暴君"的呢？毛泽东说："纣王的那些坏话都是周朝人讲的，就是不要听。……其实纣王是个很有才干很有本事的人。他伐东夷打了胜仗，但损失也很大，周武王乘虚进攻，结果使商朝灭亡了。"②孟子则对武王伐纣自我标榜的"仁义"嗤之以鼻，他说："尽信书，则不如无书。吾于《武成》，取二三策而已矣。仁人无敌于天下，以至仁伐至不仁，而何其血之流杵也。"（见《孟子·尽心下》）东汉王充在《论衡·语增》中指出关于纣王造酒池肉林的说法绝不可信，而是某些人为了突出纣王的罪恶，不惜夸大事实，"闻一增以为十，见百益以为千"的结果。顾颉刚专门对纣王的每条罪状发生的时间次序进行过考证，他在《纣恶七十事的发生次第》一文中指出，纣王的70条罪状是从周朝开始陆续加上去的，"战国增二十项，西汉增二十一项，东晋增十三项"，"现在传说的纣恶是层层累积发展的，时代愈近，纣罪愈多，也愈不可信"。商纣王在《史记》之前的史料里似乎还不是特别坏，因为《史记·殷本纪》中商纣王的恶劣行径在殷商不多的史料来源《尚书》之中几乎没有。从《史记》开始，随着时间的推移，商纣王的罪状越来越多，如商纣王和妲己剖开孕妇肚子的记载在晋朝之前是没有的，到晋朝才有③。

神化与妖魔化不是绝对的，往往是一枚硬币的两面，随形势而翻转，因撰述者不同而不同。

---

① 张鸣：《康熙的才学》，《历史的坏脾气——晚近中国的另类观察》，中国档案出版社，2005年。
② 摘自毛泽东1959年6月22日同吴芝圃等的谈话，见张志君：《颠覆历史：中国历史上的49个谜》，中国传媒大学出版社，2007年。
③ 顾颉刚：《纣恶七十事的发生次第》，《古史辨》（第二册），上海古籍出版社，1982年。

对列宁的个人崇拜始于20世纪20年代，成为当时苏联官方宣传的内容之一。在官方宣传中，列宁就像一个超人，为了拯救俄罗斯劳动人民摆脱沙皇的邪恶来到人间，为人民开辟了永恒、幸福的道路。然而，到20世纪80年代，戈尔巴乔夫实施改革，数以千计的新闻记者、作家、演员、意识形态专家和学者积极参与讨论对列宁的个人崇拜问题，有不少人"揭穿"个人崇拜背后的真相。列宁的形象从光明之神一下子变成了邪恶的魔鬼。这些观点认为1917年10月25日的武装起义是反国家的政变，建立在前俄罗斯帝国领土上的苏维埃政权不是国家政权，而是保护犯罪分子胡作非为的革命组织。整个社会舆论呈"列宁黑色邪教"化倾向，国家公共电视台、出版社和大学都参与了这种妖魔化。以前是将苏维埃历史上一切好的方面与列宁紧密相连，而现在则是把所有负面现象都归咎于列宁①。

同类的神化和妖魔化并存现象在中国的历史文献中也比比皆是，如因观念和政治目的不同而在不同时期对孔子或推崇或批判，对曹操的肯定或否定，对传统文化的宣扬或批判，等等。

另外，认知的时代局限性和自我文化中心主义也会导致历史文献中的各种偏见，如对自我文化的神化和对异文化的妖魔化。

殷海光说："任一文化的文化分子多少都是我族中心主义者。"②近代西方对中国文化、印第安文化等的歪曲、误读和古代中原文献对周边蛮夷文化的记述（相关内容我们将在下一章展开讨论），都是这种心理的反映，正如英国人类学家亚当·库伯所说：现代西方学术中流行的"原始社会"概念是殖民时代以来为了反证西方文明社会之先进性与优越性而发明出来的一套话语③。

此外，因为对现实社会的不满，以古代社会或异文化为自我文化批判的参照，将自己的社会理想投影在古代历史或异文化的想象之中，则会导致对古代社会和异文化的神化与美化。中国古代文献中关于"三代"为黄金时代的描述，西方社会对东方中国的不同想象④，近代中国对西方文化的神化，都是这类情况的典型表现。

---

① 〔俄〕鲁斯捷姆·瓦希托夫著，李瑞琴译：《俄罗斯社会妖魔化列宁的思潮及其危害》，《中国社会科学院报》2009年7月1日第9版。

② 殷海光：《中国文化的展望》，上海三联书店，2003年，第110页。

③ 叶舒宪、彭兆荣、纳日碧力戈著：《人类学关键词》，广西师范大学出版社，2004年，第12页。

④ 在西方人眼里，中国的形象始终在可爱与可憎、可敬与可怕两极之间摇摆。正如有的学者所说："也许西方人根本就不需要一个真实的中国形象，只需要一个根据自己的需要构造出来的虚幻，作为他们关照自我、理解自我的一面镜子。"（见《西方人眼中的中国形象》，人民网2013年4月23日，http://history.people.com.cn/GB/198449/199798/）欧洲18世纪启蒙运动中，中国被启蒙思想家树为改革的榜样和理想的参照系。（转下页）

自近代以来，中国人对西方的认识一直在两个极端之间摇摆，一端是义和团式的仇视与妖魔化，另一端是《河殇》式的仰视与神化。即使在进入全球化的当代，我们对异域文化，即"他者"仍然持有大量偏见与误解。《国际先驱导报》2007年1月5日第1期推出封面报道《中国人误读的世界》，列举了五种最常见的"误读现象"："伊朗人恨死美国""韩国人爱国不买日货""印度远落后于中国""俄罗斯与老美对着干""以色列对中国充满感恩"，并对其进行了梳理和剖析。分析造成误读原因，包括偏激的民族情绪、盲目跟着西方媒体走、媒体刻意选择造成以偏概全、将一厢情愿的幻想当真实等。纸媒、网络、电视、广播等众多传播媒介纷纷转载，"中国误读世界"成为读者和网友们热烈探讨的话题之一。

九、"为尊者讳"的影响

"为尊者讳"的心理和某些制度也影响到历史文献记录的真实性与准确性。

中国古代盛行"避讳"制度，为了避讳，往往在文献记录中不能直呼其名，而要以其他的字代替，由此造成历史记录的扭曲。中国古代的文献往往因为避讳而被修改得面目全非。

除了简单的名字避讳外，文献形成过程中还有种种为尊者、当权者讳恶扬美的做法，由此导致所记历史的扭曲。《礼记·祭统》明确说，我们视为最可能反映真实历史的第一手史料——金文铭刻的目的不是为了实录历史，而是为了隐恶扬美，称颂祖

（接上页）"在这个运动中，自然道德观与神所启示的宗教之间的冲突达到了顶点。人们以中国为例，来支持毋需启示而只要通过自然秩序便能发现神这种学说。……这就为启蒙运动所追求的使道德与宗教分家的目标，提供了理论基础。……那一代欧洲人力求证明，即使没有宗教自然法则也可为人类的各种制度奠定基础。对于他们来说，中国提供了一个圆满的答案。""启蒙运动时期的作家中，有伏尔泰在其1756年出版的《道德论》里讨论了中国政府，大大抬高了中国政府的声誉。他说中国的最高成就就是'道德和法律'。中国官吏是人民的仁慈监护人，整个国家就像一个大家庭，公共福利是政府的首要职责。"伏尔泰认为，众人之中，"中国人是最有理性的"，并将中国人推崇的"理"解释为"自然之光"。为了光扬他所说的"中国精神"，他进而根据元曲《赵氏孤儿》，写出了剧本《中国孤儿》。伏尔泰感叹："我们不能像中国人一样，真是大不幸！""重农学派企图在法国和其它国家实行行政改革时，也从中国获得启发。……1767年，号称'西方孔子'的重农派领袖魁奈博士，发表了他的《中国的专制主义》，……中国社会接近于魁奈的有关臻于完美的想法。""十八世纪的欧洲也有过一阵中国热，热衷于在艺术、建筑、园艺、陶瓷和其他家庭装饰如墙纸和编织品方面运用中国式图案。"见〔美〕费正清著，张理京译，马清槐校：《美国与中国》（第四版），商务印书馆，1999年，第111页。

1840年的鸦片战争，西方对于中国取得了完全的自信。西方成为"理性、科学、民主"的象征，而中国则继续书写"野蛮、愚昧、专制"的形象。

先之美德。后来的各朝代实录莫不如此，如《明实录》中《太祖实录》原本撰写于建文帝时，永乐年间竟两次改修，以确立朱棣继统的合法性。《英宗实录》中竟然不承认有景泰帝。清代赵翼在其所撰《二十二史札记》中曾专文讨论历朝正史中的隐讳问题①。《清实录》中问题更多，清朝自入关到光绪中叶，几乎不间断地对历朝实录进行修改，尤其是康熙、雍正、乾隆三朝对清初四朝实录进行了大量的润色加工，使之绝大部分失去了初修时的面目。

其他史料也同样如此，梁启超说："私家之行状、家传、墓文等类，旧史家认为极重要之史料，吾侪亦未尝不认之。虽然，其价值不宜夸张太过。盖一个人之所谓丰功伟烈，嘉言懿行，在吾理想的新史中，本已不足轻重，况此等虚荣溢美之文，而半非史实邪。"②故此，他提出做学问要于不疑处有疑，用人要于有疑处不疑。

这种现象即使到了当代，似乎也没有多少改变！同类现象在西方社会也不能避免。

十、以讹传讹，三人成虎

太空能看见长城、比萨斜塔试验、牛顿的灵感来自一个苹果、蒸汽机的发明源自茶壶烧水等，这些科学传奇原来都是以讹传讹③。所谓"三人成虎"，一事数传之后，就可能"黑为白，白为黑"，历史的本来面貌反而模糊不清，甚至无从得见了。

在古代文献中，道听途说，以讹传讹的记载也十分常见，如对于孔子的体态相貌，历史上，人们给予了各种想象、附会、添加，以至于出现了"四十九表"之类的说法④。现在人们通常看到的"孔子行教像"最早出于唐朝著名的宫廷画家吴道子，但他似乎并没有认真查考资料。以后的孔子画像便以讹传讹，成为浓眉长髯的形象⑤。

重大灾难、政治斗争中，这种道听途说，流言蜚语非常多，但这些道听途说常常被记录下来，成为历史文献的一部分，使后人真假莫辨。"它玩弄名声，将别人的所做作为，有时候还包括其动机和感觉，进行真实的、部分真实的或者虚假的传播，这些手段往往都能让造谣者达到自己的目的。破坏竞争敌手的声誉，以助长自己的政治

① 赵翼著，王树民校注：《廿二史札记校证》（上、下册），中华书局，1984年。
② 梁启超：《清代学术概论》，《梁启超史学论著四种》，岳麓书社，1998年，第155、156页。
③ 《传奇原是讹传》，《北京晚报》2007年6月18日第42版。
④ "四十九表"是指孔子体态、相貌的四十九种标记。此说出自宋代史书《路史》，可能是集合了历代孔子形象的描述。
⑤ 杨朝明：《真实的"孔子"》，《光明日报》2010年1月28日第4版。

或社交的野心；贬低别人，以泄自己的忌妒和怨愤，并且顿时感觉高人一等，不过可能说话者本身对这种意图毫不知情。"①

例如，黎元洪曾有一个别号——"床下都督"，是说他被革命党从床下拖出来，被强逼做了首义都督。但程国安用民国建立之后不久湖北革命实录馆留下的材料和之后流传的各种史料比照，得出结论：这个"史实"其实是民国初年记者蔡寄欧在《震旦民报》上发表的演义。事实上，黎元洪在起义当夜就派人联络过起义者。但这段演义流传到今天，甚至被电视剧沿用而不疑。其他所谓起义之夜黎元洪手刃革命党人，绝食三日不肯当都督，说"莫害我、莫害我"等说法，也与此相似。那么，为什么这一谣言能盛行起来？有学者分析指出："黎元洪无党无派！他不是国民党人，也不是共产党人，建国后运动迭起，有谁还顾得上去维护他的名誉？"②

这类道听途说，以讹传讹的记载在历史文献中还不知道有多少，但它们往往被我们信以为真，当作史料使用，因为它们符合了我们的想象与需要。

十一、现实利益诉求的影响

趋利避害，人之本性。在当今的网络时代，我们已经见识了太多的为了某些政治、经济的目的和利益而肆意编造、扭曲事实的各种口述或文字记录的行为。有人总结网络打手有十宗罪：无中生有欺骗媒体，软文充新闻误导读者，收买写手海量发帖，危言耸听吓字当头，伪造身份换取信任，漠视监管打擦边球，不择手段只认效果，钱胜爹娘罔顾法律，导向评论煽动情绪，以丑出位吸引眼球③。这些做法并非今人独创，自古至今，在历史文献中都能找到它们的影子，只不过形式可能有所不同而已。

十二、小结：作为文本的历史文献

以上原因决定了历史文献必然具有文本性，所有历史文献本质上都是主观性与客观性共存的文本，任何史料都是文本，都是撰述者与自在的历史互动的产物。

那么，什么是"文本"？

关于"文本"一词，学术界有多种解释。传统意义上，文本是指用文字写出来的作品。在现代学术研究中，"文本"被赋予了新的含义，强调作品创作者和阅读者的

---

① 〔美〕戴维·利文斯通·史密斯著，李怡萍译：《我们为什么说谎》，华东师范大学出版社，2010年，第114页。

② 施雨华：《来处与归处》，《南方人物周刊》2011年第10期。

③ 《网络打手10宗罪》，大洋网，2010年10月22日，https://news.qq.com/a/20110214/000981.htm。

主观性，以及客体与主体之间的互动，因此文本是包含不同解读可能性的文献著述、历史资料，正如莎士比亚的名言："一千个读者眼中就会有一千个哈姆雷特。"

从更广泛意义上讲，人类的社会组织、仪式活动、历史遗迹等都可视为某种文本，远古的艺术作品也可以视为一种文本。"后现代主义者主张一种泛文化的文本观，文本是最本质的东西。'文本'（text）指称相当广泛，一切事物和经历，一切人类的作品，包括粗糙原始的器具和繁琐精密的政治法律制度等，从一次聚会、一次旅行到一场战争，都可以被当作文本来解读。"[①]

传统的"文献"与当代的"文本"在词意上的区别相当于英文中"document"与"text"的差异，前者含有客观记载和叙述的意思，后者包括撰述者的主观选择、叙述的意思。文本既具有客观性，也具有主观性，这是文本的特性。

本书所用"文本"一词采用后一种含义，指历史学家撰述的各种形式、各种版本的历史著述以及历史学家用来建构历史叙述的史料及相关解读。所有史料和著述，无论是官方或主流的正史还是民间或非主流的野史，文字记载还是口传历史，物质形态的文化遗存还是文字、图画材料，虽然彼此之间形式不同、严谨程度存在差异，但只要是被用作史料或视为一种有关历史的叙述，都是文本。通过本文的分析，我们可以看出，考古发掘报告也是一种文本。

文本虽然记录现实，反映现实，但文本与现实往往又存在差异，文本中的现实是文本创造者眼中的现实，正如一句名言所说："一个人所说的事实，不过是他自己的看法。"任何文本的背后都藏着人及其目的。任何有关历史事件与人物的记录与陈述都是一种文本，都是记录者与陈述者所看到的现象与判断、想象与解读等相结合的产物。后来的陈述者又在前人文本的基础上，结合自己的认知对历史进行新的选择、阐释，重构自己的历史叙述。

美国历史学家海登·怀特说："文本和语境的关系曾经是历史研究之未经审视的前提，如今却成了一个问题。"[②]在历史学研究中，我们不仅要重视文本的时代、形式、形成与流传过程、文本内容，更要重视隐藏在文本背后的人，即对文本构成重大影响的创作者和不同时代诠释者的作用、目的等，探讨何人创作了这些文本，为何创作，如何创作，如何流传，为何一再被注释，何人注释，为何注释，经与注是何关系，经与注的社会影响如何等等问题。前者是传统考据学的强项，而后者往往被传统考据学、历史学所忽视。

---

① 王学典主编：《史学引论》，北京大学出版社，2008年，第374页。

② 〔美〕海登·怀特著，董立河译：《形式的内容：叙事话语与历史再现》，北京出版社出版集团、文津出版社，2005年，第250页。

第二节　关于几类特殊文献的文本性检讨

也许有人会说，是的，我们承认很多文献史料受到上面所提到的各种因素的影响，导致文献的客观性、准确性受损，因而具有文本性，但自传、图像、档案这类文献是真正的第一手资料和当事人的陈述，应该具有绝对的客观性、真实性吧？我们以此为据可以再现历史的真实吧？实际上，这种观念在史学界也确实普遍存在，许多专家正是以此为据，认为自己的观点具有正确性，反映了真实的历史。

那么，真相到底如何？下面我们分别予以检讨。

一、自传、回忆录与传记

我问爸：你和妈怎么认识的？

他想了一会儿，说：初中的时候是同学，很喜欢，但没敢开口。后来在工作的一次旅行中碰见的，在火车上，她坐我对面，认出来的一刹那，她笑得那么迷人……

我跑去问我妈：妈，你和我爸怎么认识的？

她想了好一会儿，说：那一年，下了大雪，我骑自行车在路上摔倒了，你爸过来扶了我，然后硬要帮我修自行车，修了半个钟头都没修好……

我听着这2个版本对不上。

问爷爷，他就一句：两个人都二十好几没对象，村里相亲认识的。

这大约就是回忆录或"自传"的形象写照。

一个隆重的葬礼正在进行，悼念一个刚刚因病去世的人。牧师用沉痛的语调诉说着这个人的生平："……在这里，躺着这样一个人，他生前是一个诚实有信的好律师，一个富有爱心的好丈夫，一个具有家庭责任感的好父亲……"

这时，遗孀低下头，悄悄对她的孩子说："你去看一看那棺材里面躺着的是不是你爸爸。"

这大约就是"传记"的形象写照吧。

什么是"自传"？什么是"传记"？

自传是作者对自我人生经历的回忆与叙述，是基于某种目的和需要所做的个人历史建构与阐释。传记是他人基于某些目的和需要而对特定人物一生经历所做的历史建构与阐释。自传表现的是传主自己希望向世人呈现的自我形象，而传记表现的则是撰述者希望向世人呈现的传主形象，两者都是文本。

　　墓志铭可以视为一种迷你性的自传或传记，中国二十四史的大量内容都是少数权力人物的传记。个人回忆录与自传虽然形式不同，但本质一致，而口述史则是另一种形式的回忆录。回忆录和自传都是传主、口述者对自身经历的一种个人陈述，都是他们所建构的一种历史叙述文本，具有主观性与客观性共存的特性，并不具有必然的客观真实性、绝对的准确性和权威性，也未必是对过去客观真实的再现。有人说，回忆录不是要揭示真相，而是自我标榜的工具和寻找自我辩解的借口，某种意义上甚为有理。

　　由于"回忆录"是回忆者以自我为中心的对过去某些事件和历史过程的解释与叙述，不可避免地包含了他的视角、立场、观点、心态、情感、价值判断和选择，正如刑事侦探的常识——案件当事人的回忆和陈述往往是不准确的。

　　对回忆产生影响和扭曲的因素非常多，包括个人在事件中的位置、个人的立场、情感、价值观、现实的利益诉求、环境的影响、事后他人陈述的影响、对事件的主流评价、个人的记忆能力、事件本身对回忆者的心理和精神影响（如巨大冲击所造成的心理变化和精神创伤），等等。梁启超自诩《戊戌政变记》的价值，"后之作清史者记戊戌事，谁不认为可贵之史料"。但作为倡导实证主义新史学的史学家，他也反省道："然谓所记悉为信史，吾已不敢自承，何则？感情作用所支配，不免将真迹放大也。"[①]作为近代著名史学家和新史学奠基者的梁启超都免不了因自己的立场、情感和时势的需要影响对自己亲身经历的重大历史事件回忆的陈述，何况其他的文献文本呢？

　　除了回忆者的有意识回避、篡改、演绎外，从心理学上说，人类大脑会对记忆进行压缩和解压，压缩的原则通常都是朝有利于自己的方向省略细节，并对内容进行篡改加工。归功于己，诿过于人，人之常态也！回忆即解压的过程也是一个记忆再加工的过程。钱钟书说："惭愧常使人健忘，亏心和丢脸的事总是不愿记起的事，因此也很容易在记忆的筛眼里走漏得一干二净。"[②]诺贝尔文学奖得主马尔克斯在《霍乱时的爱情》中写道："他还太年轻，尚不知道回忆总是会抹去坏的，夸大好的，也正是由于这种玄妙，我们才得以承担过去的重负。"[③]

　　1932年，英国心理学家佛雷德里克·巴特莱特（Frederic Bartlett）提出人类利用图式来进行思考的观点。这种说法得到学术界广泛的采纳和调整。大脑使用图式的强烈倾向导致记忆会扭曲信息。当我们第一次遇到某个信息时，它可能会被扭曲以适应已有的图式。为了更好地适应我们长期形成的图式，它会被进一步扭曲。这种扭曲的体

①　梁启超：《中国历史研究法》，《梁启超史学论著四种》，岳麓书社，1998年，第200页。

②　杨绛：《干校六记》，生活·读书·新知三联书店，2010年。

③　〔哥〕加西亚·马尔克斯著，杨玲译：《霍乱时的爱情》，南海出版公司，2012年。

现之一就是偏见。巴特莱特研究了图式对记忆可靠性的影响。他给一群学生讲了一个印第安人的民间故事《鬼的战争》，然后让他们在一年中若干次地复述这个故事。他们都认为自己复述得很准确，但实际上他们做了以下的改动：①遗漏了对他们来说不重要的信息；②改变了细节、顺序和重点，以符合对他们来说重要的事情；③对看似不合理的细节进行合理化和解释；④改变内容和风格，以更符合自己的文化背景。此外，图式还会影响我们对情境和地点的记忆①。

"今天有许多认知心理学家，把我们的回忆的迷惑性当作自己的研究对象，……他们对回忆中可能出现的许多错误进行了测试并将它们仔细归类，从而指明了回忆乃属现有的最不可信的东西之列。""自20世纪80年代以来，神经学彻底否定了我们关于记忆是保护回忆的容器的观念，并且用一种截然不同的记忆观取代之：记忆是一个创造性的、可变的、因而也是基本不可信赖的网络。"②"研究记忆的科学家提出了一个耐人寻味的回答：记忆很容易产生错误的部分原因，是因为负责记忆过去发生事情片断的神经并不单独为记忆而存在，相反，记忆系统的核心功能实际上是想象未来，让我们能为未来将发生的事情做好充分准备。"③

从心理学的研究结果讲，没有人的记忆是完全真实的。

历史是已经发生的事情，而回忆则是人们相信曾发生过的事情。学者研究纳粹大屠杀幸存者的回忆发现，"幸存者对这种现实的回忆，也是他们在听了别人讲述的故事和有了自己的战后经历之后多方加工了的"④。尤其是随着意义结构和评价模式的变化，过去重要的东西后来可能变得不重要了，而以前不重要的东西在回顾的时候却可能变得重要了。在叙述中得到总结并经常得到重复的回忆，被很好地保存下来了；不过由于一成不变地一再重复，会使得回忆失去许多本来的体验品质，甚至成为假回忆，从而完全阻塞达到先前体验的途径⑤。"实际上，历史事件细节并非随着时间的流逝被逐渐淡忘了，而是无论人们想起或忘却过去的什么，都要通过当今的事件以及对它们的解释，对被回忆或忘却的东西进行一番加工：从国家的回忆政治到电影和小说

① 〔英〕安妮·鲁尼著，黄珏苹译：《极简心理学》，中国人民大学出版社，2018年，第148、149页。

② 〔德〕阿莱达·阿斯曼：《回忆有多真实？》，《社会记忆：历史、回忆、传承》，北京大学出版社，2007年，第57、62页。

③ 方陵生编译：《大脑生来就是"乐天派"》，《文汇报（上海）》2011年7月13日第12版。

④ 〔德〕哈拉尔德编，李斌、王立君、白锡堃译：《社会记忆：历史、回忆、传承》，北京大学出版社，2007年，第29页。

⑤ 〔德〕阿莱达·阿斯曼：《回忆有多真实？》，《社会记忆：历史、回忆、传承》，北京大学出版社，2007年，第68页。

的情节，直到抛弃过去的某些东西并让某些东西保持待用状态（这是一些无形的社会需要），无不如此。"[1]

曾有学者到贵州省习水县土城镇收集红军"四渡赤水"的故事。通过研究，他发现个人与集体记忆之间存在一些有趣的现象。例如，关于当年红军穿什么样的服装？50岁以下的中年人描述的红军更像电影中的红军——服装整齐，都戴八角帽，上有红五星；70岁左右的老人都说红军是灰布衣服，服装不整齐；80岁以上则说红军穿的是青布衣服，有些老人说是纯粹的黑色，而不是绿色或蓝色。对于当时发生在附近青杠坡的战斗，虽然土城镇人无一人亲历过，但描述却出奇的一致："许多老人随时都能夹叙夹议地讲出一大串，尤其是说道红军为什么会失利时，个个都像是军事分析家，有些老人还会挪用桌上物品当沙盘进行讲解。"他们之所以对这场完全不曾参与的战斗如此全能全知，是因为"只有官方才是战斗故事的权威讲述者。故事权威的单极化以及高频讲述的强化作用，决定了故事具有较强的稳定性"，即后来各种影视作品等官方叙述影响了这些人的记忆和叙述[2]。所以，古斯塔夫·勒庞说："他们（大众）的集体观察极可能出错，大多数时候它所表达的是在传染过程中影响着同伴的个人幻觉。各种事实都证明，应当明智地认为群体的证词极不可靠，它甚至能够达到无以复加的程度。"[3]

季羡林在一篇纪念胡适之的文章中写道："1948年12月中旬，是北京大学建校五十周年的纪念日。……适逢北大校庆大喜的日子，许多教授都满面春风，聚集在沙滩子民堂中，举行庆典。记得作为校长的适之先生，作了简短的讲话，满面含笑，只有喜庆的内容，没有愁苦的调子。正在这个时候，城外忽然响起了隆隆的炮声。大家相互开玩笑说：'解放军给北大放礼炮哩！'简短的仪式完毕后，适之先生就辞别了大家，登上飞机，飞往南京去了。我忽然想到了李后主的几句词：'最是仓皇辞庙日，教坊犹唱别离歌，垂泪对宫娥。'我想改写一下，描绘当时适之先生的情景：'最是仓皇辞校日，城外礼炮声隆隆，含笑辞友朋。'我哪里知道，我们这一次会面竟是最后一次。如果我当时意识到这一点的话，这是含笑不起来的。"

不过，在后记中他写道："文章写完了，但是对开头处所写的1948年12月在子民堂庆祝建校五十周年一事，脑袋里终究还有点疑惑。我对自己的记忆能力是颇有一点自

①　〔德〕萨姆·温伯格：《制造意义：世代之间的回忆是如何形成的？》，《社会记忆：历史、回忆、传承》，北京大学出版社，2007年，第140页。

②　施爱东：《口头知识的不确定性——以土城老人讲述的红色故事为例》，《西北民族研究》2010年第1期。

③　〔法〕古斯塔夫·勒庞著，冯克利译：《乌合之众：大众心理研究》，中央编译出版社，2017年，第26页。

信的，但是说它是'铁证如山'，我还没有这个胆量。怎么办呢？查书。我的日记在'文革'中被抄家时丢了几本，无巧不成书，丢的日记中正巧有1948年的。于是又托高鸿查胡适日记，没能查到。但是，从当时报纸上的记载中得知胡适于12月15日已离开北平，到了南京，并于17日在南京举行北大校庆五十周年庆祝典礼，发言时'泣不成声'云云。可见我的回忆是错了。又一个'怎么办呢？'一是改写，二是保留不变。经过考虑，我采用了后者。原因何在呢？我认为，已经发生过的事情是一个现实，我脑筋里的回忆也是一个现实，一个存在形式不同的现实。既然我有这样一段回忆，必然是因为我认为，如果适之先生当时在北平，一定会有我回忆的那种情况，因此我才决定保留原文，不加更动。但那毕竟不是事实，所以写了这一段'后记'，以正视听。"①

　　这是一个很生动的关于回忆录的例证！作为著名历史学家的季羡林回忆文章尚且如此，何况他人呢！具有严谨的学术精神的季羡林的完整叙述给了我们透彻地认识历史回忆本质的生动例证。

　　鲁迅在《药》中写道，茶馆里，刽子手康大叔对着一班低声下气的街坊高谈阔论道："这小东西不要命，不要就是了……你晓得红眼睛阿义是去盘盘底细的，他却和他攀谈了。他说：这大清的天下是我们大家的。你想：这是人话么？"

　　有一身好功夫的狱卒阿义因为没有在夏瑜的身上捞到油水，便狠狠地给了他两个嘴巴。当听众开始为这一情节喝彩时，康大叔却缓缓说道："他这贱骨头打不怕，还要说可怜可怜哩。"

　　"打了这种东西，有什么可怜呢？"听众之一的花白胡子的人说。

　　康大叔冷笑着说："你没有听清我的话，看他神气，是说阿义可怜哩！"

　　听的人的眼光，忽然有些板滞；话也停顿了。

　　花白胡子恍然大悟似的说："阿义可怜？……疯话，简直是发了疯了。"

　　"哀其不幸，怒其不争"，甘愿付出生命的先驱者夏瑜（暗指秋瑾）在大多数同时代人（包括他的母亲）眼里是个怪人，不被理解！

　　躬身自问，大概没有人能自信满满地说完全知道、理解他身边朋友，甚至亲人的一生，包括复杂的思想观念和行为。许多所谓的怪异言行，不可理喻的人或事，都是因为我们彼此有不同的思想观念和行为方式而互不理解而已。那么，我们有什么理由相信那些他人所写的传记反映了传主的真实面貌和一生呢？

　　人是复杂的，每个人都是多面的，既是天使又是魔鬼，但我们只是选择我们相信的，或我们认同的，或我们需要的那一面。同一个历史人物在不同人心中有不同的形

① 季羡林：《站在胡适之先生墓前》，《中国青年报》2009年7月16日。

象，传记中的人物形象是作者利用史料按照自己的认知、想象和需要塑造出来的。古斯塔夫·勒庞说："他们（在人类历史上起过重大作用的伟人）的真实生平对我们无关紧要。我们想要知道的，是我们的伟人在大众神话中呈现出什么形象。打动群体心灵的是神话中的英雄，而不是当时的真实英雄。"①英雄人物及其故事在被大家津津乐道的同时，也在不断地被每一个陈述者按照自己心目中的英雄形象重构，成为自己的某种理想的寄托和理念的象征。所以钱钟书说："为别人做传记也是自我表现的一种；不妨加入自己的主见，借别人为题目来发挥自己。反过来说，作自传的人往往并无自己可传，就逞心如意地描摹出自己老婆、儿子都认不得的形象，或者东拉西扯地记载交游，传述别人的轶事。所以，你要知道一个人的自己，你得看他为别人做的传。自传就是别传。"②

至于有学者说："立传的目的，不在于立传本身，而在于'古为今用'。人物传记是一种具有独特社会效益的'教科书'。'正面人物''其善可以示后'，'反面人物''其恶可以诫世'，'彰善瘅恶'有助于推进社会主义精神文明建设。"③为这样的目的所做的传记，其准确性到底如何，就更要打问号了。

除此之外，权力也会为了各种各样的目的在人物传记中有意识地塑造某种形象。例如，秦末观看秦始皇的出行行仪时，刘邦"喟然太息曰：'嗟乎，大丈夫当如此也！'"（见《史记·高祖本纪》），项羽说"彼可取而代也"（见《史记·项羽本纪》）这类记载，不可能是实录，多半是后人为塑造刘邦、项羽的英雄形象而想象出来的。同样，近300年来，美国人编造了一部英雄神话，塑造了一位国家创始伟人——美国第一任总统华盛顿。1800年，一本名叫《华盛顿生平录》的小书在美国出版，书中编造了砍樱桃树这类小故事。几年后，一本名为《乔治·华盛顿生平和文集》的书出版，书的编撰者贾雷德·斯帕克斯后来成为美国的第一个大学历史教授。"经过轮番造神运动，华盛顿一变为英雄，再变为神话，他不仅成了美国之父，更成了救世主与守护神的代言词，当有人试图对他表示不敬时，便会招来'众声咆哮'。而那个曾经恋上有妇之夫，为了财富和金钱与寡妇结婚，为了自己美观打掉黑奴牙齿，战争期间败仗不断的华盛顿被遮蔽了，呈现在人们眼前的只是一个完美的圣人，毫无瑕疵。"④

---

① 〔法〕古斯塔夫·勒庞著，冯克利译：《乌合之众：大众心理研究》，中央编译出版社，2017年，第27页。

② 钱钟书：《魔鬼夜访钱钟书先生》，《写在人生边上》，辽宁人民出版社、辽海出版社，2000年。

③ 雷家琼：《以善示后以恶诫世用好人物传记这本教科书》，《中国社会科学报》2014年11月17日第A05版。

④ 曹梅：《英雄的诞生：美利坚伟人华盛顿被创造的台前幕后》，凤凰网历史2011年5月20日（又见《看天下（Vista）》2011年第21期《"恶棍"华盛顿如何被塑造成神》一文），http://news.ifeng.com/history/shijieshi/detail_2011_05/20/6526038_0.shtml。

另外，20世纪50年代，美国汉学家傅汉思（Hans H. Frankel）发现中国古代史家习于使用某些惯用主题、词句来记录传主言行；杜希德（Denis Twitchett）也指出，史家常使用一些老套语言和传统情节来充实传主简历搭建的架子。例如，描述一些地方官员的德政时，频见"盗贼止息"的记载，对孝子的书写常见主题之一是庐墓守丧期间鸟雀栖集于庐，"惊人的记忆力、下笔成章"等是建构文士形象的常用主题，等等①。

二、家谱与族谱：一种家族自传或传记

在中国历史上，有着悠久的修谱传统，各种家谱、族谱汗牛充栋。这一现象与血缘家族组织作为基本社会组织长期存在于中国历史之中并发挥着重要作用有关，为了强化家族情感认同，培养宗族凝聚力，除了修建宗祠、定期举行祭祖活动之外，就是编修家谱、族谱，将每个成员纳入其中。

有人将这种家谱、族谱的学术价值抬得很高，认为是具有实录性质的重要史料。那么，我们应该如何看待这类具有一定历史价值的文献呢？我们认为它们都不过是一种血缘家族的自传或传记而已，同样具有文本性。正如葛剑雄所说："家谱所记载的内容，从本质上说都属于观念层面、制度层面或家族上层，与实际情况往往会有很大的差距，更难代表家族的底层、内部的实际。一般的家谱无不扬善隐恶、夸大溢美，甚至移花接木、假冒附会。"②

有学者指出，谱牒之伪，普遍存在。一是伪造名人序跋。泰和三塘《钟氏族谱》，首冠南朝时钟嵘序，实为清人伪作。清代好几家不同姓的族谱中，都有朱熹的序，如《福州义门陈氏谱》《福建周氏谱》《泉州刘氏谱》《郑氏大统宗谱》文字都相同，只是姓氏的字不同。二是托名名人之后。《中山刘氏宗谱》托名于汉中山靖王刘胜之后，自称系唐代刘禹锡之后。就连唐代宗室编写家谱，也伪托为汉代名将李广之后。现代编写的家谱中假托名人冒认祖宗的例子更多，如河南济源卢氏宗谱，托名唐代初年卢照邻之后，却把元和间人卢坦误认卢照邻之子，又把中唐卢纶置于卢照邻之前，时代错乱，完全不符合历史情况。又如，现在江浙钱姓，几乎都自称是吴越王钱镠的后裔。钱镠为唐末五代人，早在他之前江浙一带已有许多钱氏人群居住了，如唐代大历十才子诗人钱起就是吴兴人，何以后来都成了钱镠的后代了？究其原因，恐

---

① 孙正军：《形象与写意：史传书写程式化修辞频现》，《中国社会科学报》2014年4月23日第A05版。
② 葛剑雄、周筱赟：《历史学是什么》，北京大学出版社，2005年，第104页。

怕还是找不到世系的源头而托名名人之后①。

在家谱和族谱的编纂过程中，最为人所熟知，也最为史家所诟病的当属对古代名人的攀附与编造。道光《建阳县志》云："吾邑诸姓家谱多不可凭，大多好名贪多，务为牵强，……即世之相去数百年，地之相去数千百里，皆可强为父子兄弟。"②

"攀附"是个重要的社会文化现象，攀附者希望通过"攀附"某位名人祖先，编造彼此之间的血缘关系以获得某种认同、尊重，甚至权力，满足自己的虚荣心。"攀附"现象是影响我们历史记忆重构的因素之一。"我们在作人类学研究时发现，许多族群、宗族、家族在族谱记载中经常会出现忘记一些祖先的情况，为了特别记忆或强调一些祖先，有时会攀附他人的祖先，甚至创造一个祖先。"③

即使到了当代，那些以弘扬科学精神，传播科学知识为宗旨的高等学校也免不了这种"攀附"心理，具体表现为校史编写上的牵强附会。当代校史的编写犹如家谱的编修，往往也喜欢拉些历史上的名人、名校以自高身价。例如，1993年，原本正筹办80周年校庆的武汉大学"跨越式"地举办了百年校庆，之后立马开始标榜自己是"全国著名大学中第一所举办百年校庆的高校"，在社会上引起争议。原来，武汉大学的建立应该追溯到1913年创建的国立武昌高等师范学校，还是应该追溯至张之洞1893年创办的自强学堂（1902年改名为方言学堂，1911年停办），一直存在争论。中国教育史界的主流看法是武汉大学与1893年创办的自强学堂不存在传承关系，唯一的联系是武汉大学前身国立武昌高等师范学校在1913年创办时，曾使用自强学堂的校舍。1992年之前，武汉大学也一直以1913年为校史起点的正源，并以此为据举办过多次校庆活动。类似人为拉长校史的现象并不少见，一些高校将拉长校史当成提高声望和竞争力的捷径④。

鉴于家谱、族谱、校史的建构性，我们将它们作为史料使用时，应该以文本的态度来对待，正如有学者说的："在很多情况下，宗族是建构出来的，与血缘并不一定一一对应，有的谱系前后甚至毫无关系，对此，应当有充分的谨慎，不能罔顾史学研究的复杂性，以'不靠谱'的方式利用族谱。"⑤

以今视古，我们看待古史中的三皇五帝和夏商周时期先公先王谱系，是不是也

---

① 孔庆茂：《辨伪·辑佚·校勘：宗族谱牒研究三指标》，《中国社会科学报》2014年10月29日第A05版。

② 转引自王明珂：《华夏边缘——历史记忆与族群认同》，社会科学文献出版社，2006年，第30页。

③ 叶舒宪、彭兆荣、纳日碧力戈著：《人类学关键词》，广西师范大学出版社，2004年，第89页。

④ 汤嘉琛：《随意编造让校史成"笑史"》，《中国青年报》2012年12月5日第2版。李均：《生拉硬扯修"校史"，牵强附会成"笑史"》，《中国社会科学报》2010年6月24日教育版。

⑤ 吴楠：《运用家谱资料应区分不同层面》，《中国社会科学报》2013年12月2日第A02版。

应持相同的态度，将它们视为古人为了特定目的的建构、攀附甚至某种程度上的编造呢？顾颉刚、陈梦家、吉德炜（Keightley D. N.）、艾兰（Aallan S.）等都曾指出，宗谱中的早期国王更像是在政治演变过程中被创造、改进而来的。进入战国时代，随着周王朝的式微，谋求重新统一的各诸侯国相互征战，各国的君主都自诩本国为中国之正宗，因此都把祖先谱系上溯至传说中的圣王，其中伪造圣王传说的例子很多。

这类现象在世界其他古代文明中同样存在。例如，苏美尔的王系成文于公元前2100年，记述了到那时为止统治美索不达米亚的王朝的顺序。它列出了前后相继的约115个统治者的名字，据研究，这些王实际上分属于不同的城市国家，其中许多是同时存在而非先后关系。由于年代上的扭曲，苏美尔的王系把本来600余年的历史时期拉长为一个超过1900年的统治期。公元前1世纪玛雅早期纪念碑上的文字，把其王室的具有重要宗教仪式内容的日历始点追溯到公元前3114年，而这比最早的农业群落出现于这一地区早了1000年。许多玛雅纪念碑刻铭的主要目的是赞扬统治者和他们的世系，所以一个以世系的连续性和祖先崇拜为核心的，具有特定的社会、政治和宗教背景的贵族活动的悠久历史被编造出来。印加和阿兹特克的国君也重写了他们的历史和信仰系统，强调他们与太阳神的神圣联系，以证明他们政治、经济、军事扩张的正当性[①]。

总之，家谱也好，族谱也好，校史也好，国史也好，都是对历史的建构，都具有同样的文本性。

三、"口述历史"也是文本

与自传、回忆录本质上近似的历史文献史料还有一种近年来兴起的"口述历史"。口述历史是记录者通过访谈历史事件的当事人而记录下来的当事人对历史事件的回忆。口述历史与传统历史的不同在于传统历史的写作是少数知识分子的专利和单向写作，而现代口述史学则主张历史学家和人民群众一起书写历史，或者干脆由人民群众自己来书写历史。

在中国，民间以代代相传、不断丰富的口述史形式构建自己的历史叙述，形成当地社会的历史记忆古已有之，太史公在《史记·五帝本纪》中说："余尝西至空桐，北过涿鹿，东渐于海，南浮江淮矣，至长老皆各往往称黄帝、尧、舜之处，风教固殊

---

① 许宏、刘莉：《关于二里头遗址的省思》，《文物》2008年第1期。

焉，总之不离古文者近是。"而在中国史学界，早在20世纪80年代，就出现了介绍口述历史的文章。90年代以后，一些口述历史的丛书陆续出版[①]。

应该说，口述历史是表述历史的一种形式，为历史书写提供了一种新的视角，弥补了传统史学和文献史料的不足，让更多人获得历史陈述的话语权，记录自己心目中的历史。不过，口述历史对象的选择、内容的记录以及问题的设计还是由专业史家决定的。因此，归根到底，口述历史是专业史家和口述者共同构建的历史叙述文本。罗伯特·埃文斯在《光影留情》中说，记忆有三种面孔：你的一面，我的一面和最真实的一面。约翰·托什说：现代口述史学家公开承认口述资料中主观因素的存在，认为"与往事直接接触的想法只是一种幻觉"，"过去的声音难免同时也是现在的声音"，考察口述史料时要把注意力放在"记忆的过去"，而不是"真实的过去"上[②]。

从某种意义上讲，口述史都是历史事件当事人的单方面陈述。我们知道，现代法庭审案不能仅仅依据当事人口供做出审判，必须要有相关物证和证据链的支持，这是因为当事人会因为各种原因、目的而做出虚假供述。

古文字学家林沄的《我的学术思想》对此有形象的叙述，典型地反映了对于同一事件，同一个人会因环境背景不同，口述内容也会不同[③]。

四、档案的文本性

兰克认为，档案馆里白纸黑字的档案才是可靠的，用这些确凿无疑的史料才能写出真实的历史[④]。这大概可以算是史学界的共识了。

这种预设是否就没有问题呢？档案是否就是自在历史的真实记录呢？实际情况可能并没有这么简单。档案也是一种文本，同样具有文本性。

2008年中国十大科学发现之一是中国原子能科学研究院研究人员通过对清光绪皇帝遗体的头发、遗骨、衣服以及墓内外环境进行反复的检验和缜密分析后推测，光绪头发上的大量砷元素来自光绪腐败的尸体，光绪摄入的砷化物就是砒霜，结论是光绪帝死于砒霜中毒，"光绪之死"的原因有了另一种合理的解释。而过去史学界通过种种文献史料，如中国第一历史档案馆的脉案文献、医疗档案、时人日记、信札、笔

---

① 于萌：《"口述历史"现状一瞥》，《中国社会科学报》2010年2月23日第18版。

② 〔英〕约翰·托什：《口述的历史》，《史学理论》1987年第4期，第293页。

③ 林沄：《我的学术道路（代序）》，《林沄学术文集》（一），中国大百科全书出版社，1998年。

④ 钱乘旦：《兰克传统与20世纪"新史学"——钱乘旦教授在上海师范大学的讲演》，《文汇报》2013年4月1日第D版。

记、野史等，综合分析认为光绪帝是病死的[①]。

这一案例显示，传统的文献档案记载与当代的科技检测结果迥异。以此来看，文献档案真的那么客观、可信吗？实际上，档案存在大量的不准确信息，甚至被造假。

从档案的形成来看，作为历史事件的最原始记载也不是绝对客观、真实的，会受到记录者的主观因素和各种客观环境因素的影响。

各种原始文件从理论和各种法规要求上讲应该保持真实、客观与准确，但实际上，文件创作者掌握信息的准确度、全面性，个人的认知能力，以及能够影响到文件形成的各种势力的立场、目的和利益考量等因素都会影响到文件档案最后文本的内容。

研究近代史的学者指出，抗日战争中，为了鼓舞民心士气，克敌制胜，官方对外公布的战讯战报，报纸杂志发表的言论，一般均含有宣传的意味。如张发奎回忆录说："为了宣传目的，敌人每撤退一次，我们便上报一次胜仗。中央对此十分了解，这些都是虚假的胜利。"[②]何成濬说："自抗战以来，各高级长官所极力宣传之台儿庄胜利、湘北几次大捷等等，无一不夸张，中央明知之，然不便予以揭穿，只好因时乘势，推波助澜，借以振励士气，安慰人民，用心亦大苦矣。各国对外作战情形，大略皆类此，不过中国之高级长官技术特为巧妙。"[③]即使军队内部的作战报告亦有虚假成分，如抗日战争时期国军将领虚构战情、虚报战绩、虚领军饷等情形十分严重[④]。

所以，英国伦敦大学伯贝克学院的菲利波·德·维沃（Filippo De Vivo）说："文献在诞生之初并非作为史学家的'资料库'，它们多为政治、社会活动过程中的衍生品，是行政机构夯实权力，尤其是国家树立权威的实用工具。"因此，认识到文献记载并非中立是至关重要的。英国剑桥大学现代史教授亚历山德拉·沃尔沙姆（Alexandra Walsham）说："当代学者往往是在图书馆、资料室，甚至互联网上检索、查阅历史文献，将这些资料从环境、语境中抽离，孤立地看文献本身。然而，环境和语境恰恰是重要的，因为任何文献的产生、组织、保存、破坏都不是中立、客观的，它们的存在本身足以反映出当时社会最根本的关切。""但凡历史文献，即便是政府档案，也不是绝对客观的记录，都有人的主观意志在里面，都或多或少受到利益、意识形态、宗教思想等多种因素的影响，从而导致文献的失真，也就是说，我们

---

① 马佳、陈永杰：《2008中国十大科学发现》，《北京科技报》2008年12月22日第2版。
② 张发奎口述，夏莲瑛访谈及记录，郑义翻译校注：《蒋介石与我——张发奎上将回忆录》，香港文化艺术出版社，2008年，第307页。
③ 何成濬1942年8月21日日记，见《何成濬将军战时日记》（上册），传记文学出版社，1986年，第149页。
④ 王奇生：《研究抗战应挤掉国军官方战报中的水分》，《凤凰历史》，2014年6月16日。

看到的史料和历史的真实是有距离的。"①

从各种原始资料成为档案的过程来看，首先是档案的选择性保存。据研究，"从汉代情况看，当时已有定期销毁文书的制度，除存档的'故事'外，绝大多数文书13年左右销毁一次，估计秦代就应有类似的制度，在秦都咸阳集中出土大量封泥就是存在此制的重要证据。唐代则规定'依令，文案不须常留者，每三年一拣除'"②。同样，在当代，档案到档案馆后，首先是分类，按照法律规定对档案进行分类：哪一些档案可以马上销毁，哪一些可以进行三十年保存或永久保存。其中，90%以上的原始资料是不保存的，留下来的很少。所以有人说，档案馆不是保存档案的，档案馆的作用是销毁档案。英国剑桥大学默里·爱德华兹学院研究员凯特·彼得斯（Kate Peters）认为，文献记载这一行为本身就是政治行为，具有深刻政治含义：哪些被保留，哪些被销毁，背后是社会对于合理性的认知和判断，以及人类的政治参与痕迹③。

除了档案本身的文本性问题和选择性问题，在档案的使用上同样存在研究者的选择性使用、个人化解读等现象。这些选择与解读受到使用者的认知、视角、立场、观点、情感、目的等因素的影响，甚至同样的档案材料可能会导出不同的结论、评价。例如，当蒋介石日记在胡佛研究院开放时，宋曹琍璇就注意到："很多人到胡佛来，写的东西都不一样，我们同看一样东西，你写的是非常负面的，他写的非常正面，他写的又很公正，那么到底蒋的日记里面写什么呢？"④

由当代档案的文本性回看古代文字资料，我们对于三代时期的文献，乃至甲骨文、金文，是否应该秉持同样的审视态度呢？是否应该更多关注这些文本的形成原因、形成与流传过程中的选择、遮蔽、扭曲和后世的解读及其背后的人的影响因素，而不仅仅是简单地肯定与引用呢？

此外，档案材料在历代史学著述中是否发挥了重要作用，即著述者是否对档案资料予以足够重视并进行了系统梳理？侯旭东指出："反映人们对档案态度的另一类事情是在前代档案依然存在的情况下，编写史书是否使用这些资料。应该说多数不重视档案，唐代官方编撰的《晋书》就是一个很好的例子。唐太宗下诏重修《晋书》，具体由房玄龄等负责，当时唐廷保存的晋代档案相当不少，见于《隋书·经籍志》的就

① 张哲：《像"剥洋葱"般靠近历史真实》，《中国社会科学报》2014年04月23日第A03版。
② 侯旭东：《"史书"出，"史料"亡——无意史料的销毁与有意史料的操控》，《中华读书报》2007年9月19日第16版。
③ 张哲：《像"剥洋葱"般靠近历史真实》，《中国社会科学报》2014年04月23日第A03版。
④ 宋曹琍璇、刘永峰：《揭开蒋介石写了五十多年自省日记的真面目》，《看历史》，《看历史》杂志社，2010年。

有晋代各朝的起居注数百卷，记录朝廷各种'品式章程'的'故事'百卷左右，还有各种仪注、法令、奏事、各朝的诏书等，其他文集、人物传等亦有许多。房玄龄等实际是以臧荣绪的《晋书》为底本，以当时尚存的诸家《晋书》作补充，兼采晋代文集小说，几乎没有利用朝廷保存的上述档案资料。这部《晋书》是官方修撰的，不存在利用档案上的障碍，史官们对档案的轻贱态度不难想象。"①

五、有图未必有真相

以图证史被视为一种历史研究的新方法，文化史学家布克哈特将图像看作"人类精神过去各个发展阶段的见证"，提出通过图像可以加深对历史变迁的理解。对于考古学来说，从其产生之初，以图（包括考古发现的古代图像资料和将古代实物遗存拍照、绘图并予以发表）证史本是其特色和基本要求，考古学研究大概是最喜欢以图说话的一门学科了。

对于这种以图证史，我们同样要认识到，图像或者照片也是一种文本。表面上看这些图像、照片是直观而客观的，实际上其背后包含着拍摄者和制作者的视角、选择、观念与目的，体现了制作者希望传达的信息。雷颐说："新闻摄影以形象、生动的画面，使'新闻'更具可读性、可信性。今天的新闻便是明天的历史，新闻摄影与文字一样，成为重要的历史文献。然而，生活的经历告诉人们，'新闻摄影'并不可靠，在某个时候，甚至普遍'造假'。"②

另一方面，作为一种文本，读者在观看这些照片、图像时，也不是如制作者希望的那样完全被动地接受相关信息、观念，而是会加入自己的理解、立场等，与作品互动，形成自己的解读与感受。

2010年广东连州摄影节上，艺术家张大力展出了由130余组照片组成的《第二历史》，成为那届摄影节的一个焦点。这个展览让人们明白，那些广泛流传并为你我所熟知的历史照片大多经过美化、拼贴、抹去、添加元素等处理③。因为突出领袖个人或清除失败者的影响等各种原因，修改照片的现象在历史上非常多，如斯大林、墨索

① 侯旭东：《"史书"出，"史料"亡——无意史料的销毁与有意史料的操控》，《中华读书报》2007年9月19日第16版。
② 雷颐评晋永权著《红旗照相馆：1956—1959年中国摄影争辩》一书，摘自《我的2009年书单》（之二），《南方周末》2010年2月25日第26版。
③ 徐佳和：《毛主席时代的"美图秀秀"揭秘历史照片的真实面目》，搜狐·东方早报，2015年5月14日，http://www.sohu.com/a/14342547_117499。

里尼、希特勒等的各种照片常常被修改。为了某些政治需要，伪造照片也是常见的现象，如二战时期，德国、苏联的宣传部门为了战争的需要都发表了许多伪造照片来宣扬自己，污名化对手，以激发国民斗志。

分析影响图像、照片文本性的因素，我们应考虑以下几个方面：首先，图像、照片的内容取决于拍摄者的观念认知和目的，由此决定其选择的拍摄内容、视角。其次，被拍摄者在被拍摄时和平时状态往往不一样，他会有意或无意地展示自己希望展示的一面。在拍摄者和被拍摄者的互动中，真实的现实被影响和修改。再次，拍摄的内容会因种种原因而被后期制作剪辑。编辑者的目的、观念、认知，更重要的是编辑者背后的政治、经济等无形的权力之手在左右表达的内容。最后，对照片，往往不同的人有不同的欣赏角度、使用方式和解读，以满足自己的需要。希望说明什么问题，选择什么图，怎么使用图像资料，是由引用者决定的。例如，一张战争照片，既可能被用于显示战争或敌人的残忍，也可能被用于展示自己的勇气和胜利。不同观念、目的让我们选择不同的影像资料，并做不同的解读，而不同的阐释和解读又影响到我们对这一历史事件、行为的回忆与叙述。

另外，任何照片呈现的都是瞬时的、表象的、片段的内容，只能表现有限的背景，无法表现出相关事件的前后因果。

传播学中有张经典照片："天使"还是"魔鬼"？看左边，士兵正在拉一个人，似乎要扶他直起身来，好像还要递水给他喝；看右边，另一个士兵正用枪顶着同一个人的脑袋；看全部，才知道是两个士兵在软硬兼施，可能是在问这个人一些问题。单纯看左边或者右边的片段，都很容易陷入"眼见为实"的错误判断。由此可见，图像的视域会影响我们的判断，虽然，我们强调"情境分析"，但并不能保证情境的客观、全面。

实录性质的照片尚且如此，为了特定目的而人为创作的各种绘画图像等艺术作品就更难视为真实历史的实录了。"比如清人的画中，人物多博衣广袖、束发葛巾，少有长袍马褂、剃发拖辫子的人。设天下有谷陵之变，清代的遗物，仅剩这清人的画了，则以这画中人物的装束，去推考清代的服饰，其不错者几稀。"[①]

六、新闻报道不是实录

今天的新闻就是明天的历史，今天的历史也就是昨天的新闻。理论上，新闻报道

---

① 缪哲：《以图证史的陷阱》，《读书》2005年第2期。

应以客观真实为原则，对事件相关方平衡报道，给予各方平等的话语权。实际上，"你看见的都是媒体想让你看见的"。"真切的历史不过是在新闻的初稿中昙花一现，很快地就被扭曲成为带有各种偏见、代表各种利益集团的所谓正式'新闻'。定稿的新闻原来都已不再是历史，而真实的历史才只不过是新闻的初稿。"①

有图有画面有当事人陈述的电视节目和记者采访，采访对象的选择，采访素材的选择与编排过程中，记者和编辑的目的、立场、认知水平等都会主导采访进程和节目制作，最终影响到节目的客观性、准确性和全面性，使它们具有文本特性。

每个社会都有不同的利益群体，媒体自然要成为不同利益群体意见表达的渠道。有着近20年记者职业生涯的美国电视新闻主持人马克·费德斯坦说："两百年前，我们报纸资金的来源主要是美国两大政治党派。到了19世纪情况发生了变化，依靠政治党派为主的报纸变成了依靠商业运作。所以大家可以想象，谁出钱多，谁就可以控制报纸控制媒体。"那些出资的商人也许并不需要对报纸进行新闻检查，但是报纸会进行新闻自律：如果内容得罪商家，它们会选择不刊登这则消息，以免中断资金来源。这样，美国媒体就从政治倾向性主导转为商业倾向性主导。不仅受商业主导，媒体也会受到政府的干涉。言论绝对自由的媒体，在美国也很难找到，报道绝对公正的媒体，同样难寻。媒体不可能独立于整个社会之外，社会的运行模式、政治体制、商业模式，都会影响到媒体的报道倾向②。

以英国媒体关于中国形象的报道为例，可以看出不同媒体因立场不同，塑造的中国形象也不同。英国传媒学者科林·斯巴克斯说：西方的很多报道依然带着反共产主义的冷战思维来观察中国。无论中国在过去30年间发生了多么翻天覆地的变化，他们讲述的关于中国的几乎所有故事都是扭曲的，以配合把中国塑造成一个外部威胁的需要。以《每日邮报》和《金融时报》为例，通过对比它们在"中国食物""中国历史""中国外交""中国流行文化"四个主题的不同报道，可以看出，这两类报纸在对中国的报道上风格迥异。《每日邮报》几乎完全是负面的，无论在措辞还是细节选择上，俨然给人还在冷战时期的感觉，而《金融时报》则比较微妙，更愿意接受一些正面因素，这似乎给人一种准备与中国这个上升的强国采取接触政策的印象。不同读者群从报纸上获得的关于中国的信息存在着很大的差异——无论是在数量、范围、质量，还是对中国的具体分析上③。

---

① 朱小棣：《新闻是历史的初稿》，《中国社会科学报》2010年11月23日第5版。

② 龚铁鹰：《美国媒体在讲真话吗》，《环球时报》2011年2月21日第15版。

③ 褚国飞：《英国媒体报道中国大多失真——访英国传媒学者科林·斯巴克斯》，《中国社会科学报》2010年2月4日第5版。

媒体往往与权力结合，新闻成为政治的工具。在民主社会，由于言论自由和新闻自由的保障，不同利益群体还可以有自己的发声渠道来发出自己的声音，同时，媒体也尽量强调不同立场、不同观点的平衡报道，尽管实际上各种声音的大小强弱和影响力并不相同。在权力垄断的专制社会，以上这些都难以做到，新闻客观性、真实性的保证就更成为问题。

不过，从另一方面看，虽然我们不能把新闻报道视为历史事件的实录，但如果把它作为一种"文本"，分析同一事件的不同记述、不同评论，即不同文本背后的人及其观念、诉求与社会背景，则无疑是认识当时社会的重要史料。

当我们强调历史文献的文本性时，也许有人会不耐烦地反问：至少历史日期应该是真实的吧，我们可以相信吧？遗憾的是，那也不一定！且不说学术界有关古代历史年代的巨大争议，如夏商周三代的准确年表，经过"夏商周断代工程"的多学科顶级专家的联合攻关，迄今史学界仍然众说纷纭，各持己见。就是当代，许多历史日期的确定也未必与真实的事件发生日期一致，其背后也可能有某种政治考量等因素的影响。例如，1969年9月2日，越南民主共和国主席胡志明逝世，而这一天偏巧又是越南的国庆日，越共中央经过讨论，决定在讣告中将胡志明的逝世日期推后一天，以避开国庆日。要不是后来越共中央公布了真相，谁会怀疑官方讣告上的时间呢[1]？

---

① 葛剑雄、周筱赟：《历史学是什么》，北京大学出版社，2005年，第67页。

第三章　作为文本的中国古代文献及其对上古史的建构

对古代文献，我们不仅要看到书中的人与事，更要看到书后的人及其观念！

传统上，对于古代文献记载，我们一般假定它们是对自在历史的真实记录，是"实录"，历史真相就藏在这些文献记载之中。即使其中存在部分问题，我们可以通过考证、辨伪等技术手段去伪存真，获知准确的历史信息，再现真实的历史。

如果我们从任何文献都是文本的观念看，古代文献并不是真实历史的客观全面的记录，在其形成、流传过程中以及被作为史料使用时都会受到创作者、注释者、使用者的主观因素和各种环境因素的影响。历史学从古到今虽然都以发现与再现真实历史自许，但实际上从来都未实现发现与再现"历史真相"的目标，每一种历史陈述都不过是不同时代、不同个人对历史的"建构"而已。王国维说："研究中国古史，最为纠纷之问题，上古之事，传说与史实混而不分，史实之中，因不免有所缘饰，与传说无异，而传说之中，亦往往有史实为之素地，二者不易区别，此世界各国之所同也。"①

当我们走出实证主义史观和"证经补史"的传统史学思维方式，就会发现所有经史文献都是文本，并不是我们想象的那样具有神圣性、客观性和准确性。我们对古文献的研究与其将重点放在辨别内容的真假对错，力求恢复文本的原貌上，不如将重点放在文献的文本性上，即研究文本的形成与流传过程及其背后的时代背景、作者的观念、立场、目的等方面。

从文本的角度考察古代文献，我们应该考虑以下几个问题：谁创作了这个文本？为何要创作这个文本？创作过程中哪些因素影响了这一文本的形成？文本流传过程如何？在流传过程中有哪些变化？变化的原因是什么？有哪些后代的注释与阐释？谁在注释与阐释？为何注释与阐释？

---

① 王国维：《古史新证——王国维最后的讲义》，清华大学出版社，1994年，第13页。

第一节　由古代文献的形成与诠释看其文本性

一、文献的形成

研究中国近现代历史的历史学家沈志华说："不少文献在发表前进行过修改，在编辑时又做了删节，有的有说明，有的没有说明，稍不小心就可能误入歧途。""在引用重要文献时，需要对比不同时期出版的不同版本，因其中不仅注释，甚至正文都可能有差别。"[①]

今天的文献形成尚且如此复杂，何况古代呢？因此，弄清楚文献是如何形成的是我们认识古代文献文本性的第一步。

很多学者早已指出，中国古代的文献形成原因复杂。

首先，古书成于众人之手。

在古代文献中，同一本书出现对同一事件的不同记载，说明其原材料来源的多源性，如对"吴晋争长"这一历史事件，司马迁在《史记》上一共有五种记录，记载"吴国"争长成功的记录有四条，分别是：①《史记·秦本纪》，②《史记·晋世家》，③《史记·赵世家》，④《史记·伍子胥列传》。记载"晋国"争长成功的记录有一条，即《史记·吴太伯世家》的记载。

对儒家经典的研究显示，六经是经历很长时间的书写、记载、汇集、编纂和传承而逐渐定型的，经典的传统恰恰又是漫长传统之下的产物[②]。即使公认为最早文献的《尚书》，其中谈论上古史的《虞夏书》，包括《尧典》《皋陶谟》《禹贡》等名篇，学者考证认为也大都是战国时代的作品，保留古意最多的《商书》之《盘庚》篇，也经周人改写过。有学者说："如果能将一部著述的成书过程放大、拉长，甚至完整地呈现其中全部细节，我们会惊讶地发现，无论是文本内容还是实物形式，该书的面貌都在一直发生着变化。"[③]

所以，梁启超说："凡史迹之传于今者，大率皆经过若干年、若干人之口碑或笔述而识其概者也。各时代人心理不同，观察点亦随之而异，各种史迹每一度从某新时

① 沈志华：《谨慎使用回忆录和口述史料》，《北京日报》2013年03月11日第19版。
② 王中江：《经典的条件：以早期儒家经典的形成为例》，《经典与解释的张力》，上海三联书店，2003年，第23—25页。
③ 郑幸：《是谁在改变文本？》，《文汇报》2012年8月18日第C版。

代之人之脑中滤过，则不知不觉间辄微变其质。"①

其次，古书创作者的目的、动机影响古书的内容与价值偏向，甚至导致伪造文献之风的盛行。

古人著书大多本不是为了记录历史，给后人留下全面、客观的史料，而是为了实现自己的目的，表达自己的思想观念，由此导致伪托现象在中国古代多见。许多文献都是托古之作，正如《淮南子·修务训》所说："世俗之人，多尊古而贱今。故为道者必托之于神农、黄帝而后能入说。"②在尊古思维、政治专制和思想独尊的背景下，不仅改制要"托古"，著述也往往要"托古"，借古人、圣人之口，抒己之意，"己意不自抒而托古人以言之"③。

胡适说："读古书的人，须知古书有种种作伪的理由。第一，有一种人实有一种主张，却恐怕自己的人微言轻，不见信用，故往往借用古人的名字。《庄子》所说的'重言'即是这一种借重古人的主张。康有为称这一种为'托古改制'，极有道理。古人言必称尧舜，只因为尧舜年代久远，可以由我们任意把我们理想中的制度一概推到尧舜的时代。即如《黄帝内经》假托黄帝，《周髀算经》假托周公，都是这个道理。韩非说得好：孔子、墨子俱道尧舜，而取舍不同，皆自谓真尧舜。尧舜不复生，将谁使定儒墨之诚乎（见《韩非子·显学篇》）？正为古人死无对证，故人多可随意托古改制。这是作伪书的第一类。第二，有一种人为了钱财，有意伪作古书。试看汉代求遗书的令和诸王贵族求遗书的竞争心，便知作假书在当时定可发财。这一类造假书的，与造假古董的同一样心理。他们为的是钱，故东拉西扯，篇幅越多，越可多卖钱。故《管子》、《晏子春秋》诸书，篇幅都极长。有时得了真本古书，因为篇幅太短，不能多得钱，故又东拉西扯，增加许多卷数。如《庄子》、《韩非子》都属于此类。但他们的买主，大半是一些假充内行的收藏家，没有真正的赏鉴本领。故这一类的假书，于书中年代事实，往往不曾考校正确。因此庄子可以见鲁哀公，管子可以说西施。这是第二类的伪书。大概这两类之中，第一类'托古改制'的书，往往有第一流的思想家在内。第二类'托古发财'的书，全是下流人才，思想既不高尚，心思又不精密，故最容易露出马脚来。如《周礼》一书，是一种托古改制的国家组织法。我们虽可断定他不是'周公致太平'之书，

---

① 梁启超：《中国历史研究法》，《梁启超全集》（第十一集），中国人民大学出版社，2018年，第316页。
② 何宁：《淮南子集释》卷19，中华书局，1998年，第1355页。
③ 王化平：《刘咸炘论古籍辨伪》，《西南大学学报（社会科学版）》2011年第1期。

却不容易定他是什么时代的人假造的。"①"唐、虞、夏、商的事实，今所根据，止有一部《尚书》。但《尚书》是否可作史料，正难决定。梅赜伪古文，固不用说。即28篇之'真古文'，依我看来，也没有信史价值。如《皋陶谟》的'凤皇来仪'，'百兽率舞'，如《金縢》的'天大雷电以风，禾尽偃，大木斯拔。……王出郊，天乃雨，反风。禾则尽起。二公命邦人，凡大木所偃，尽起而筑之，岁则大孰'，这岂可用作史料？我以为《尚书》或是儒家造出的'托古改制'的书或是古代歌功颂德的官书。无论如何，没有史料的价值。古代的书只有一部《诗经》可算得是中国最古的史料。""汉代的书，如贾谊的《新书》，董仲舒的《春秋繁露》，都有后人增加的痕迹。""到了古代哲学史，这个史料问题更困难了。表面上看来，古代哲学史的重要材料，如孔、老、墨、庄、孟、荀、韩非的书，都还存在。仔细研究起来，这些书差不多没有一部是完全可靠的。大概《老子》里假的最少。《孟子》或是全真，或是全假（宋人疑《孟子》者甚多）。""称'子曰'或'孔子曰'的书极多，但是真可靠的实在不多。《墨子》、《荀子》两部书里，很多后人杂凑伪造的文字，《庄子》一书，大概十分之八九是假造的。《韩非子》也只有十分之一二可靠。此外如《管子》、《列子》、《晏子春秋》诸书，是后人杂凑成的。《关尹子》、《鹖冠子》、《商君书》，是后人伪造的。《邓析子》也是假书。《尹文子》似乎是真书，但不无后人加入的材料。《公孙龙子》有真有假，又多错误。"②还有人说，《战国策》是"小说家言"，《史记》是"太史公文集""历史小说"。"当《史记》被称为'无韵之离骚'时，其作为史的信度其实无形中被损害。人们倾向于相信，'鸿门宴'中的许多细节并非历史还原，相反，是文学想象，甚至只是顺应作家个人情趣的文学虚构。"③司马迁将《伯夷列传》列为《史记》中列传的第一篇，通篇800多字，涉及伯夷、叔齐传记部分仅200余字，其余文字都是抒发司马迁的感慨。《史记·太史公自序》云："末世争利，唯彼争义；让国饿死，天下称之。作《伯夷传第一》。"实际上，司马迁是通过伯夷、叔齐来表达自己的价值观和著史目的④。

曾国藩怀疑《史记》中一些战例的真实性，他说：儒者记兵事以迁为最善，迁史以《淮阴传》为最详，其中如木罂渡河，沙囊壅潍，国藩颇疑其并无是事。今临晋之

① 胡适：《中国古代哲学史》，《胡适全集》（第5卷），安徽教育出版社，2003年，第208、209页。
② 胡适：《中国古代哲学史》，《胡适全集》（第5卷），安徽教育出版社，2003年，第212、213、203、204页。
③ 王侃：《年代、历史和我们的记忆》，《中国社会科学报》2010年3月9日第8版。
④ 张国刚：《司马迁感慨什么：读〈史记·伯夷列传〉》，《中国文化》2018年春季号。

黄河尚在，果木罂所能渡乎？沙囊堵水，溢漏如故，断不能顷刻成堰，水大则不能忽堵忽决，水小则无损于敌。以物理推之，迁书尚可疑如此，则此外诸史叙述兵事，其与当年实迹相合者盖寡矣（见《曾文正公全集·书札》卷29）。因此，他告诉别人，读《史记》《汉书》不可太拘泥当真。太史公称庄子之书皆寓言，吾观子长所为《史记》，寓言亦居十之六七，班氏闳识孤怀，不逮子长远甚（见曾国藩：《曾文正公全集·文集》卷3）。他认为，司马迁所载尚不足凭，则另二十三史中其他作者记载的战争，更是文人之见，不足为信。廿三史除马、班外，皆文人以意为之，不知甲仗为何物，战阵为何事，浮词伪语，随意编造，断不可信（见《曾文正公全集·书札》卷12）。所以，他提出，君子之作事，既征诸古籍，诹诸人言，而又必慎思而明辨之，庶不致冒昧从事耳。他举例说，古代那些赫赫有名的兵书，大多是骗人的。在给尹耕耘的信中说："国藩久处兵间，虽薄立功绩，而自问所办者皆极钝之事，于'神速'二字几乎相背，即于古人论兵成法，亦千百中而无什一之合，私心深自愧叹，又因此颇疑古人之书皆装饰成文，而不可以尽信。敝部如塔、罗、李、鲍，外间有文人叙其战绩，已与当时实事迥不相符，窃疑古书亦复尔尔。"①曾国藩以自己的实际经验证明了古代文献的文本性，迷信文献实大谬也。

　　同样，在西方历史学上，古希腊历史学家修昔底德承认，他的著作中所采用的演说词并非他自己听到的或旁人听到的当事人讲话的确凿记录，而是他自己"根据有关的题目和最适合于一定场合的情绪，演讲者就会这样表达的语言"而写出的。"希腊、罗马最杰出的几位史学家，几皆与小说家、剧作家接近，而非记实的史学家。"②

　　诸子之书皆借古喻今，以古代故事表达自己的政治理念，甚至编造历史故事来宣扬自己的哲学思想。墨家的"禅让"故事如此，儒家的伯夷、叔齐故事也大抵如此。梁启超说："有本意并不在述史，不过借古人以寄其理想，故书中所记乃著者理想中人物之言论、行事，并非历史上人物之言论、行事。此种手段先秦诸子多用之，一时成为风气。《孟子》言'有为神农之言者许行'，此语最得真相。先秦诸子盖最喜以今人而为古人之言者也。前文述晁错引'神农之教'，非神农之教，殆许行之徒之教也。岂惟许行？诸子皆然。彼'言必称尧舜'之孟子，吾侪正可反唇以稽之曰，'有为尧舜之言者孟轲也'。此外，如墨家之于大禹，道家、阴阳家之于黄帝，兵家之于太公，法家之于管仲，莫不皆然。"③即使如孔子"述而不作"编纂的鲁国编年史书

---

① 张宏杰：《曾国藩的正面与侧面》，国际文化出版公司，2011年。
② 杜维运：《中国史学与世界史学》，商务印书馆，2010年，第122页。
③ 梁启超：《中国历史研究法》，《梁启超全集》（第十一集），中国人民大学出版社，2018年，第331页。

《春秋》，其目的也是"使乱臣贼子惧"，至于是否会损害到历史记录的真实性反而是排在第二位的。刘知几在《史通·惑经》篇中指出《春秋》有五虚美十二未喻，即五种不实事求是的过度赞美和十二类矛盾、问题，都违背了历史实录的原则，虽然刘知几是站在儒家道德史观立场上做出的评判。

后代之书也往往如此，如各种今文经书籍、托名太公的兵书《六韬》，等等。

王学典总结到："伪书出现的社会原因，比如诸子百家的托古立说、统治阶级的援古立法、社会名流的立异争胜、宗教派别的夤缘比附、复古学者的哗世取名、好利之徒的冒功邀赏、卑微学子的假重名人、浅薄之士的模拟真品、达官显贵的耻于已名或攻击对手、好事者的招摇撞骗或自作聪明，以及藏书家的好古、书商的造假等等，种种具体表现难以缕述。"①

通过出土古代简册内容与流传文献内容的对比，我们可以清楚地看到古人伪造古书的现象。李学勤认为，清华简《说命》基本内容与传世本伪古文《尚书·说命》完全不同，证明后者确属魏晋之后好事者所作。程薇认为，伪古文《尚书·说命》系作者按照郑玄所谓"（傅说）作书以命高宗"的思路伪造而成，而清华简《说命》则与《文侯之命》等篇体裁一致。这一发现不仅揭示了伪古文《尚书·说命》为好事者据汉人所论伪作的真相，也表明古书成书与流传复杂程度或超乎前人想象②。

二、古代文献在流传过程中的演变

李白《静夜思》人人皆知，但该诗并非一直如此。在宋代洪迈的《万首唐人绝句》里是"床前看月光，疑是地上霜。举头望山月，低头思故乡"。到了明代的《万首唐人绝句》中，第三句"举头望山月"改成了"举头望明月"。到了清代沈德潜的《唐诗别裁》里，第一句"床前看月光"改成了"床前明月光"。最终，到了蘅塘退士编撰《唐诗三百首》时，把这两句修改综合到一起，全诗才成为今天的样子："床前明月光，疑是地上霜。举头望明月，低头思故乡。"

马王堆汉墓出土的帛书《老子》，对学界关于《老子》的研究产生了翻天覆地的影响，从篇次顺序、分章到字句的错误脱衍，今本《老子》都受到质疑。据说，今本《老子》十句中就有一句走样。但没过多久，湖北省荆门市郭店楚简本《老子》出

---

① 王学典主编：《史学引论》，北京大学出版社，2008年，第178页。

② 晁天义：《充分估计古书成书与流传复杂程度》，《中国社会科学报》2013年12月18日第A02版；程薇：《由〈傅说之命〉反思伪古文〈尚书·说命〉篇》，《中国社会科学报》2014年2月26日第A05版。

土，学界发现与汉代帛书《老子》又有不同，学者认为帛书《老子》也未忠实于原本，而是随意删改[①]。

这种随着文本的流传而不断发生演变的现象在古代文献中常见，"我们过去有很多关于伪书、晚书的争论，对于《孙子兵法》等古书有一些'定论'。但是经过多次简帛古书的出土之后，我们才发现先秦秦汉许多古书的形成是一个长期的变化过程，远非后世书籍是在定点形成且可以按时间先后来排序"[②]。这种长期的变化过程导致文献记载具有文本性，历史叙述具有建构性，或者说，这种文献内容的流变就是古人重构历史叙述的方式与体现。

美国学者夏含夷在《重写中国古代文献》一书中以颇受争议的《缁衣》和《竹书纪年》为例，详细探讨了中国古代文献如何因不断重写而得以流传、再生的[③]。他指出："清末的俞樾曾在《古书疑义举例》的序言中说：'执今日传刻之书，而以为是古人之真本，譬犹闻人言笋可食，归而煮其箦也。'就是说，如果以为我们现在看到的古书都是古代真实的文本，那就等于听说竹笋很好吃，回家把席子煮来吃一样。例如，我们现在所说的《老子》与马王堆出土的帛书《老子》非常相似，但二者并不完全一样。""在中国古代，文本还没有固定下来的时候，抄写者和作注者会混在一起。抄写者在抄写的过程中，对经文有自己的解释，会按照自己的家法来抄写，从而影响到经文。那些作注的人一边看一边抄写，一边作注一边传授。直到东汉，甚至到唐代，经文被刻在石碑上才逐渐固定下来。文献在最后固定下来之前，仍在不断地变化，历史过程也一样，无论有没有新数据，历史都会继续改变。""这不仅仅是思潮的问题，还涉及某些具体问题。例如《礼记》是儒家经典，也是中国古代历史上最重要的文献之一。然而，一直都有人说《礼记》是汉人编的，说许多篇章也是汉人生造的。譬如传统的说法有：《坊记》《中庸》《表记》《缁衣》是孔子的孙子子思所作。然而从20世纪30年代开始，一直有人怀疑这四篇是秦汉人造的。直到20世纪末21世纪初，郭店简和上博楚简中都发现了《缁衣》写本，证明了《缁衣》并非作于秦汉。很多人以为这一发现就可以推翻'疑古'，支持'信古'。我同意前者，但认为它不一定就支持信古。这里的"古"相当于《礼记》的《缁衣》，但《礼记》的《缁衣》与郭店简、上博简中的《缁衣》

---

① 尹振环：《帛书老子与老子术》，贵州人民出版社，2000年，第66—101页；郭沂：《郭店楚简与先秦学术思想》，上海教育出版社，2001年，第49—136页。

② 李锐：《新出简帛与思想史重写》，《中国社会科学报》2012年12月10日第A04版。

③ 〔美〕夏含夷著，周博群等译：《重写中国古代文献》，上海古籍出版社，2012年。

不仅次序完全不同，而且很多内容也不一样。如果说二者系同一本子，当然没有什么不对；若说二者是两个独立的本子也完全可以。楚简《缁衣》反映的可能是战国中期末年楚国的历史，而《礼记》本《缁衣》反映的肯定是汉代编者的历史。除《缁衣》以外，其他不少出土文献也与传世文献有一定出入。这就好像面对半杯水，信古的说杯子半满，疑古的说杯子半空，或者相反，由于两种思潮立场不同，得出的结论也不一样。"[1]

除了文献流传中的变化所带来的文本性之外，我们也必须认识到，即使是最早的文本，也不等于历史的实录，正如我们在前一章所论。杜勇通过研究清华简发现："关于竹书内容的真伪问题，首先需要在认识上走出一个误区，即不能因为清华简是出土文献，就认为它所记录的一切都可信为真。其实出土文献与传世文献一样，其真实程度和史料价值如何也是需要认真加以鉴别的。文字的错讹自不必说，而史事的可靠与否尤须分辨。如果认为凡出土文献其史料价值都高于传世文献，可以照单全收，或者遇到史事与传世文献相异或矛盾之处，即以出土文献为依归，这都不是科学的态度。譬如，《尚书》头三篇即《尧典》《皋陶谟》《禹贡》不好说成是尧舜时代的著作，那么，来自地下的战国竹简本《尹诰》《说命》《耆夜》《保训》诸篇，是否就可以不加论证地视为商周时期的作品呢？如果作品的制作年代与它所反映的史事年代存在相当距离，又当如何评估其史料价值呢？"[2]

我们可以说，近年战国秦汉多批简册出土的重要性不是证明出土简册和传世文献之间谁真谁伪的问题，而是呈现了同一文献早期文本与晚期文本之间存在差异，即古代文本的流传演变情况，反映出古代文献的文本特性。

除了这种传世文献与地下出土文献之间的明确差异所证明的文献文本在流传过程中的明显变化外，传统史学研究也早已指出这种现象，其中的著名论断当属疑古学派大师顾颉刚提出的"层累地造成的中国古史"观。在顾颉刚之前，清代崔述已经提出中国古史有"其世愈后则其传闻愈繁""世益晚则其采择益杂"的现象[3]。

因为看到文献文本随时间而不断演变的现象，顾颉刚指出，中国古代的历史记载存在由简单变为复杂，由陋野变为雅驯，由地方的变为全国的，由神变为人，由神话变为史事，由寓言变为史实的现象，即著名的"层累地造成的中国古史"观：①"时

---

① 刘芳：《疑乎信乎不如乐乎：芝加哥大学教授夏含夷的中国上古史研究之路》，《中国社会科学报》2014年7月28日第A06版。

② 杜勇：《清华简与古史探赜·绪论》，科学出版社，2018年，第3页。

③ 崔述著，顾颉刚编订：《崔东壁遗书》，上海古籍出版社，1983年，第13页。

代愈后，传说的古史期愈长。"如周代人心目中最古的人是禹，到了孔子时有尧、舜，到了战国时有黄帝、神农，到了秦时有三皇，到了汉以后有盘古等。② "时代愈后，传说中的中心任务愈放愈大。"①

顾颉刚以禹的故事的历史演变过程为例进行了专门的研究，后世学者根据金文等新史料又做过新的补充②，我们在此不再多说。古书中的同类现象很多，如从《国语》《吕氏春秋》到《史记》《通志》，西周末年的褒姒故事被一步步演绎、丰富，褒姒被逐渐妖魔化③。

我们以吴王夫差之死记载的演绎过程为例，也可以看看文献是如何演变的，历史是如何被不断建构成为"层累地积成的历史"的。

关于吴王夫差之死，最早的《春秋·哀公十三年》仅记载"于越入吴"，非常简单，未提及夫差之死。到《春秋左氏传》中，关于吴亡国之事的记载就要复杂、具体得多了，其中关于夫差之死，《春秋左传·哀公二十二年》传："冬十一月丁卯，越灭吴，请使吴王居甬东。辞曰'孤老矣，焉能事君？'乃缢。越人以归。"说吴王夫差自缢而死，越国将其尸首带回了越国。传中还提到吴国的太宰伯嚭在哀公二十四年，即灭吴的第二年，还在越国发挥政治作用，帮助鲁国季孙避免越国的可能讨伐。

到《国语·吴语》中，出现了大段吴王与越王的交涉话语，并加入了夫差自觉愧对伍子胥的内容。"越师遂入吴国，围王台。吴王惧，使人行成。曰：'昔不谷先委制于越君，君告孤请成，男女服从。孤无奈越之先君何，畏天之不祥，不敢绝祀，许君成，以至于今。今孤不道，得罪于君王，君王以亲辱于弊邑。孤敢请成，男女服为臣御。'越王曰：'昔天以越赐吴，而吴不受，今天以吴赐越，孤敢不听天之命，而听君之令乎？'乃不许成。因使人告于吴王曰：'天以吴赐越，孤不敢不受。以民生之不长，王其无死，民生于地上，寓也；其与几何？寡人其达王于甬句东，夫妇三百，唯王所安，以没王年。'夫差辞曰：'天既降祸于吴国，不在前后，当孤之身，实失宗庙社稷，凡吴土地人民，越既有之矣，孤何以视于天下！'夫差将死，使人说于子胥曰：'使死者无知，则已矣，若其有知，君何面目以见员也！'遂自杀。"

到西汉司马迁的《史记·吴太伯世家》，夫差之死的记载既有对前述文献的继

① 顾颉刚编著：《与钱玄同先生论古史》，《古史辨》（第1册），上海书店，1926年，第62、63页。

② 杨栋：《史实推动夏禹神话创生演变》，《中国社会科学报》2014年1月10日第A08版。

③ 李峰著，徐峰译，汤惠生校：《西周的灭亡——中国早期国家的地理和政治危机》，上海古籍出版社，2007年，第227—232页。

承，又加上了自己的特色。"二十三年十一月丁卯，越败吴。越王勾践欲迁吴王夫差于甬东，予百家居之。吴王曰：'孤老矣，不能事君王也。吾悔不用子胥之言，自令陷此。'遂自刭死。"《史记·越王勾践世家》的记载还加上了夫差对忠臣伍子胥的愧疚："遂自杀。乃蔽其面，曰：'吾无面以见子胥也！'越王乃葬吴王而诛太宰嚭。"此著述体现了太史公的儒家忠信仁义思想。

到了汉代的《越绝书·请籴内传第六》，记载夫差之死为："越追之，至余杭山，禽夫差，杀太宰嚭。越王谓范蠡：'杀吴王。'蠡曰：'臣不敢杀主。'王曰：'刑之。'范蠡曰：'臣不敢刑主。'越王亲谓吴王曰：'昔者上苍以越赐吴，吴不受也。夫申胥无罪，杀之。进谗谀容身之徒，杀忠信之士。大过者三，以至灭亡，子知之乎？'吴王曰：'知之。'越王与之剑，使自图之。吴王乃旬日而自杀也。越王葬于卑犹之山，杀太宰嚭、逢同与其妻子。"

到了东汉赵晔撰写的《吴越春秋·夫差内传第五》，故事更为详细精彩了。"吴王率群臣遁去，昼驰夜走，三日三夕，达于秦余杭山，胸中愁忧，目视茫茫，行步猖狂，腹馁口饥，顾得生稻而食之，伏地而饮水。""须臾，越兵至，三围吴。范蠡在中行，左手提鼓，右手操袍而鼓之。""吴王临欲伏剑，顾谓左右曰：'吾生既惭，死亦愧矣。使死者有知，吾羞前君地下，不忍睹忠臣伍子胥及公孙圣；使其无知，吾负于生。死必连繁组以罩吾目，恐其不蔽，愿复重罗绣三幅，以为掩明，生不昭我，死勿见我形，吾何可哉？'越王乃葬吴王以礼于秦余杭山卑犹。越王使军士集于我戎之功，人一隑土以葬之。宰嚭亦葬卑犹之旁。"

文献出现得越晚，夫差之死的过程则越来越细化，越来越生动，人物也越来越多，越具有故事性，而且地点、人物、情节也往往与早期版本有所不同。另外，不同的版本中还包含着不同作者的价值观、人生观。

近年来，清华简的发现与整理显示，吴国历史在早期文献文本中是如何被建构的。

清华简《越公其事》篇共75支简，详细记载了勾践灭吴的过程，不仅记录了大量的对话，而且把勾践富国强兵、振兴灭吴的过程概括为"五政"并依次叙述。全篇内容与《左传》及《国语》中的《吴语》《越语》密切相关，历史框架彼此类同，但具体过程与情节却各自表述，差别很大。如第二章所记与传统文献就有很大不同，其中说夫差之所以没有乘胜追击剿灭勾践，是因为其自我估量实力不足，没有获胜的把握；夫差同意勾践投降的原因也没有涉及贪财好色、刚愎自用、拒绝忠良、任用佞臣等。另外，夫差与申胥的观点虽有不同，但君臣协商，并没有激烈冲突。可以说，《越公其事》篇中有关越王勾践投降求成与夫差许成的叙述颠覆了传统历史文献中夫差嚣张跋扈的形象。李守奎在专门研究了《越公其事》篇中有关勾践灭吴历史故事的流传情况后，说："从（历史的）故事化倾向来看，我们可以大致排出一个次序来，《左传》《越公其事》《吴语》《越语上》《越语下》，越往后故事性越强。这些故事经过史学家的筛选排查，有些作为史料写入史书，我们可以称之为'故事的历史化'。司马迁《史记》中相关的《世家》《列传》，就是把一些故事当作历史了。像伍子胥鞭尸、夫差毁尸、勾践卧薪尝胆、勾践为夫差牵马等经典故事，其历史真实性久已受到学者的质疑，《越公其事》的问世，进一步证明了其子虚乌有。"[1]

　　另外，古代文献在传播、流传过程中被统治者篡改、删减、禁毁以满足自己的需要在中国的历史上也是常常发生的现象，这无疑也是影响古代文献文本的重要因素。早在秦始皇焚书之前，已有孟子所说的"诸侯恶其害己也，而皆去其籍"（见《孟子·万章下》），其中的所谓"皆去其籍"，即诸侯将那些对自己不利的有关周朝官爵和俸禄制度的典籍都禁毁了。点校本二十四史及《清史稿》修订工程工作委员会办公室主任徐俊指出：清朝出于政治需要对二十四史中的少数民族称谓进行了很多改动，《明史》殿本与库本差异甚大，《元史》乾隆殿本与道光殿本也多有不同[2]。鲁迅在《病后杂谈之余》中写道："现在不说别的，单看雍正乾隆两朝的对于中国人著作的手段，就足够令人惊心动魄。全毁，抽毁，剜去之类也且不说，最阴险的是删改了古书的内容。乾隆朝的纂修《四库全书》，是许多人颂为一代之盛业的，但他们却不但捣乱了古书的格式，还修改了古人的文章；不但藏之内廷，还颁之文风较盛之处，使天下士子阅读，永不会觉得我们中国的作者里面，也曾经有过很有些骨气的人。……清朝的考据家有人说过，'明人好刻古书而古书亡'，因为他们妄行校改。我以为这之后，则清人纂修《四库全书》而古书亡，因为他们变乱旧式，删改原文；今人标点古书而古书亡，因为他们乱点一通，佛头着粪：这是古书的水火兵虫以外的三大厄。"[3]

三、注释：对古代文献的时代性阐释

　　资中筠在21世纪教育沙龙第36期上说："有一件很有意思的事儿。我有一篇文章，大概前几年，上海有一个教辅机构把我的文章收入教辅教材，然后给我寄过来一

---

① 李守奎：《〈越公其事〉与句践灭吴的历史事实及故事流传》，《文物》2017年第6期。

② 钱昊平：《我国将再次修订国史纠正历史原因所酿缺憾》，《新京报》2010年8月9日第8版。

③ 鲁迅：《病后杂谈之余》《且介亭杂文》，《鲁迅文集·杂文集》，海南出版社，2011年。

份。上面就写'作者意图'是什么等等，我一想我哪有这意图呀。……过去古人写的文章，就死无对证了，凭后人去分析。"①

从后现代文学理论来讲，作品一旦发表之后，就成为独立于作者而存在的一种文本，每个读者都有自己的解读，赋予作品以新的意义。所谓的"求真"与"复原"只能是仁者见仁，智者见智。同一经典文献内容通过不同的注释，会得出不同的甚至是相反的理解，文献文本的解读具有多元性。"阅读文字和理解文字的工作远离这些文字的作者——远离他的心境、意图以及未曾表达的倾向——使得对本文意义的把握在某种程度上具有一种独立创造活动的特性。"②正如莎士比亚所说："一千个人眼中有一千个哈姆雷特。"

在古代文献文本定型之后，通过改变文献记载内容来达到某种目的的方法已不可能。加之许多著述被尊为经典，不容置疑，更不允许随意改动。因此，对古代文献内容以注释的方式进行解读，通过诠释经典来表达自己的思想观念，成为一种必然的、唯一的选择，拉大旗作虎皮，旧瓶装新酒，发达的注释与考据传统因而成为中国学术史上的突出特点。通过注释对文献经典予以重新解读、阐释并赋予新的含义是中国古代文献研究和学术创新的一种常见现象。范文澜说，社会本身是变动不居的，而经是写定了的。写定了的经又怎能跟着社会变迁而适应统治阶级的需要呢？这就得依靠经学，依靠经生与时俱变的经义疏解。同样的经，经过不同的解释，就成为不同的经，也就发生不同的作用，满足世易时迁的不同需要。"经、儒生、经学是三位一体的东西，缺少一个，其余两个就成为无用之物。"③

清代崔述提出"以经证史"的观点，认为经书比史书的记载更真实可信。章学诚"六经皆史"说恢复了经作为一种历史文献的地位，对经的内容的客观性、真实性信之不疑。那么，我们现在就以经为例来讨论注释对于古代文献文本性的影响。

中国古人诠释经典的体式多种多样，张舜徽在其《中国古代史籍校读法》中归纳为十种：传、说、故、训、记、注、解、笺、章句、集解。此外还有"疏"和"正义"。还有学者将诂（故）训传作为一种复合的诠释体式，认为它是对诂、训、传三种体式的兼顾并用④。

中国经典的产生离不开诠释，经典与诠释之间互为依存。随着时间的推移，一些

---

① 王娜：《我们那时候的学习方式是很自然的——资中筠谈她的校园时代》，《新闻晨报·悦读·沙龙》2014年5月11日第B12/B13版。

② 〔德〕加达默尔著，夏镇平译：《哲学解释学》，上海译文出版社，1998年，第24页。

③ 范文澜：《范文澜集·中国经学史的演变》，中国社会科学出版社，2001年，第267页。

④ 蒋国保：《"传"：儒家经典诠释的最初体式》，《中国社会科学报》2011年4月12日第6版。

诠释经典的著作也转而成为经典，如十三经中《周易》《春秋左传》《春秋公羊传》《春秋谷梁传》《礼记》《尔雅》等原本都属于诠释著作。

传统上，我们认为对古文献的注释和阐释是一个接近原始意义的过程，虽然其中有些阐释、注释可能是错的，但我们最后总能找到准确的注释。我们认为，这是一个过于乐观和自欺欺人的观念。逻辑上讲，越接近古文献形成时代的人都不能确定文献的原始意义，我们越远离古文献形成时代的人又怎么能肯定自己的解释就是原始本意呢？

世上本没有什么真正的"原教旨主义"，每一部经典在不同时代，通过不同的解读与阐释，形成符合时代认知和需要的"文本"，使之焕发出新的价值。每一次注释都是注释者本人及其时代观念的反映，都是一次重新诠释与解读，虽然这种重新解读的形式或是表现为以追求原始含义为号召，以训诂考据为形式的古文经学派，或是表现为以义理阐释为标榜，以微言大义为形式的今文经学派。两者虽然有所不同，但本质上都不过是"借古人之杯酒，浇自己之块垒"而已。

中国学术史上的今文经学、古文经学两大学派，或重义理阐释，或重训诂考据，表面上均以寻求经之"原旨""本意"为口号，实际上都是希望通过对经书的不同解读与阐释来表达自己的理解、观念与思想。"五经注我"或"我注五经"，途径不同，目标一致。当义理阐释发挥过度时则强调训诂考据，当训诂考据流于细末时则回归义理阐释，两者相辅相成，构成中国传统学术和观念创新的一体两面。因此，今古文经学派均是不同时代的不同人在皇权专制和儒家独尊的政治与思想双重控制之下利用经典拥护或反对当代权威，借由选经、注经和解经，以"旧瓶装新酒"的方式表达自己的观念、思想和政治理想的形式，董仲舒、刘歆、郑玄、朱熹、戴震、康有为等无不如此。只不过有些表现得更隐晦、更学术化，有些更直白、张扬而已，如戴震与康有为之间的差异，很少有纯学术性的注经、考释。

在戴震、章学诚等看来，考据是阐释义理的手段和工具，是在当时特定思想高压环境下表达思想的特殊方式。章太炎说：乾嘉朴学的典范是"训诂明而后义理明"，"以声韵得训诂，以训诂析章句，以章句辨名物，以名物明义理"[①]。清代考据学派的代表人物戴震说："有义理之学，有文章之学，有考核之学。义理者，文章、考核之源也。熟乎义理，而后能考核，能文章。"[②]学术界认为，戴震对义理和考据关系的认识有一转变过程，即由早期主张的"由训诂而推求义理"到后期的"执义理而后能考核"。综其一生思想所看，他一直视义理之学为本，视考据之学为治学的手段和方

---

① 章太炎讲演，曹聚仁记录：《国学概论》，巴蜀书社，1987年，第17—21页。
② 段玉裁：《戴东原集序》，《戴震全书》（卷六），黄山书社，1995年。

法①。所以，余英时说："东原之学是'由训诂以究性理'。用托尔斯泰的比喻来说，在东原的整个学问系统中，考证只是'花朵'，义理才是'根本'。"②

然而，在考据学兴盛起来后，一些二三流学者以手段为目的，津津于名物词句的考据、争论，为考据而考据并自视为"科学"，乐此不疲，忘记了考据的本来目的在于推求义理，实乃舍本逐末，忘记治学的最终目的也。章学诚说："近日考订之学，正患不求其义，而执行迹之末，铢黍较量，小有异同，即嚣然纷争，而不知古人之真，不在是也。"③曾国藩说："自考据家之道既昌，说经者专宗汉儒，厌薄宋世义理心性等语，甚者诋毁洛闽，披索疵瑕，枝之搜而忘其本，逐之流而遗其源。临文则繁征博引，考一字，辨一物，累数千万言不能休，名曰汉学。前者自矜创获，后者附和偏诐而不知返。君子病之。"（见曾国藩《重刻茗柯文编序》）

"传述和解释往往不乏创见，但解释者相信这些都是经典所蕴含的丰富内容。在经典权威占据主导地位的传统社会中，这是一种常态，儒学家总是不断通过经典诠释的方式来提出自己的见解和思想。""典籍不断被阅读、引用和注解，也就是典籍不断地被赋予意义、价值和权威的过程。"④儒家思想以这种"我注五经"或"五经注我"的形式不断发展、演变，战国八家、董仲舒的"天人感应说"、朱熹的"理学"、王阳明的"心学"、康有为的"孔子改制考"，近现代的新儒学，等等，都是通过经、传、说、记等形式借对经的注解、诠释来表达自己的思想观念。这种特定社会背景的学术范式与当代强调"标新立异""科学独创""知识产权"的时代氛围下的学术范式虽然表现形式不同，但本质有相似之处。

以《论语》为例，《论语》的传播史也就是被诠释的历史。有学者指出，在《论语》2000多年的诠释史中，一直存在着学者与民间两种诠释方式。学者的诠释总是与王朝政治或社会理想相关联，民间诠释则总是心有所得地借题联想，不忌离题万里。自有《论语》以来，历史中注疏家多达2000家，从汉代郑玄为《论语》做注，到朱熹《四书章句集注》，注疏解读《论语》是历代读书和表达思想的标准功夫。直到近现代，依然有刘宝楠、康有为、胡适、杨伯峻、钱穆等学者的解读。各家注疏议论有相

---

① 王杰：《十八世纪义理之学的确立与建构——以戴震思想为例的个案分析》，《中共中央党校学报》2002年第4期；娄毅：《训诂与义理：中国传统释义学的两难选择——戴震的释义理论及其所反映的问题》，《中国哲学史》2004年第1期。

② 余英时：《论戴震与章学诚》，生活·读书·新知三联书店，2000年，第147、148页。

③ （清）章学诚：《文史通义外篇二·说文字原课本书后》，《文史通义》，古籍出版社，1956年。

④ 王中江：《经典的条件：以早期儒家经典的形成为例》，《经典与解释的张力》，上海三联书店，2003年，第20、25页。

同的，也有非常对立的，其中的区别不仅是对词语理解的变化，更重要的是思想观念上的对立①。直至近年，还有人根据自己的理解，通过文本"重构"来发现文本所蕴含的新意义。例如，按"仁"的核心理念来重新编排《论语》的600多个句子，将原第一篇的《学而》篇变成了原第十二篇颜渊篇第二十二章的"樊迟问仁。子曰：'爱人。'"重编者说："2000多年来，每一代人对《论语》都做出了自己的解读；我希望，《新论语》可以视为我们这代人对《论语》做出自己解读的一种努力。"葛剑雄评其为"不加一字，不减一字，编而不作，《论语》一新"②。

"诗无达诂"体现了文本注释与解读的多样性。例如，朱子对《大学》的解释为"辩名析理"的做法，王阳明的解释以信仰性和实践性为入路，借重践履、体验经典本文的心路历程来赋予文本以新的意涵。又如对于"大学"一词的理解，朱子释"大学"为"所以教人之法"，而与"小学"之教有别者；王阳明则训"大学"为"大人之学"，此"大人"是与"小人"对言的，不以教学而直以"成德"论"大学"③。

在注释过程中，同一概念通过注疏、诠释，往往被赋予不同的意涵，如中国传统经学对"礼""仁""道"等的各种解读与注疏。这正是历史"建构"的特点之一。中国传统学术一般不是通过创造新概念、新理论体系来重建符合时代认知与需要的新史学、新哲学，而是通过对旧概念、旧经典进行新的诠释来表达新思想、新观念。

除了对经典概念、内容的时代性、多元化阐释外，对经典中词语章句的断句、解读也往往因人而异，使经典的注释具有多元性。当然，词语章句的解读往往又与对义理的阐释密切相关。例如，"民可使由之，不可使知之"这句话，一直被翻译为：对于老百姓，只能使他们按照我们的意志去做，不能使他们懂得为什么要这样做。这句话被认为是孔子提倡愚民的理论根据。但这句话也可以这样断句："民可，使由之；不可，使知之。"意思是：如果人民的素质高，就给他们自由宽松的环境；如果人民的素质不高，就要教化他们。这和孔子所倡导的"有教无类"思想相吻合。不同的断句，意思大相径庭。

又如，《论语·八佾》中的"夷狄之有君，不如诸夏之亡也"历来被认为是体现孔子华夷观念的重要言论，但历代对此却有不同的诠释。不同时代的人们根据时代的

① 舒可文：《〈论语〉的杂乱形影：儒家经典兴衰史》，《三联生活周刊》2007年第2期。

② 吴越：《〈论语〉可以这样"重构"？》，《文汇报》2012年6月27日第9版。

③ 冯达文：《从朱子阳明子两家之〈大学〉疏解看中国的解释学》，《经典与解释的张力》，上海三联书店，2003年，第187、188页。

特点和自身的需要，诠释和强调的重点也有所不同[①]。钱穆在《论语新解》中说："本章有两解：一说：夷狄亦有君，不像诸夏竞于僭篡，并君而无之。另一说：夷狄纵有君，不如诸夏之无君。盖孔子所重在礼，礼者，人群社会相交相处所共遵。若依前一说，君臣尤是礼中大节，苟无君，其他更何足论。孔子专据无君一节而谓诸夏不如夷狄。依后说，君臣亦仅礼中之一端，社会可以无君，终不可以无礼。孔子撇开无君一节，谓夷狄终不如诸夏。晋之南渡，北方五胡逞乱。其时学者门第鼎盛，蔑视王室，可谓有无君之意，但必严夷夏之防以自保，故多主后说。宋承晚唐五代藩镇割据之积弊，非唱尊王之义，则一统局面难保，而夷狄之侵凌可虞，故多主前说。清儒根据孔子《春秋》，于此两说作持平之采择，而亦主后说。"[②]

这类多元性的解读在古代文献的注释中比比皆是。

古代文献的记载内容和相关注释的众说纷纭不仅表现在断句、义理解读等方面，即使在基本的历史事实方面，几千年来也是聚讼不断，难以定论。我们知道，古代文献中关于夏商周三个时代的不同都城的地望，甚至基本的年代框架都存在巨大争议。例如，关于商汤所都的"亳"，就有郑亳说、西亳说、北亳说、杜亳说、内黄说、商州说、汤阴说、幽燕说、博县说、濮阳说、垣亳说、濮亳说、磁县亳、焦作说、大师姑亳说等，其中北亳说又有四说，即薄县说、蒙地说或曰景亳说、河北藁城说、济亳说[③]；在夏商周三代年代框架体系中占据关键点的武王伐纣，即西周王朝建立的年代，两千多年来，中外学者根据自己对文献和西周历法的理解，形成了至少44种关于"武王克商"年的说法，最早的为公元前1130年，最晚的为公元前1018年，前后相差112年[④]。其他关于黄帝、尧、舜、禹的地望、夏商周的相关年代、早夏、先商、早商、先周、夏代都城、商代都城、周代都城的地望，等等，也都是观点各异，莫衷一是。这种历史记载和史家所持观点多元化的现象对于那种追求历史实证化，并试图以文献记载来论定考古发现的性质，同时又借助考古发现来证明古代文献记载为实录的历史学家带来了巨大的选择困难和挑战。实际上，历史文献本身和文献记载与考古发现的关系比我们一般想象的要复杂得多，不仅仅是历史实录与物质化的历史遗存之间的简单对应关系，这其中的许多原理值得我们认真推敲。

---

① 但兴悟：《作为朝贡体系观念基础的华夷之辨与中华意识》，《新亚洲论坛》创刊号（2007—2008年度中国赴韩学者学术论文集），首尔出版社，2008年，第209、210页。

② 钱穆：《论语新解》，生活·读书·新知三联书店，2002年，第43、44页。

③ 刘琼：《商汤都亳研究综述》，《南方文物》2010年第4期。

④ 夏商周断代工程专家组：《夏商周断代工程：1996—2000年阶段成果报告（简本）》，世界图书出版公司，2001年，第38页。

总之，从文本的形成、流变到不同时代不同学者的考据与注释，每个人都在以文本为载体，将自己的观念、立场、目的等注入这一文本之中，赋予文本以新的意义。同样，当代人也在以新的认知体系对古文献进行重新解读。因此，与其强调对文献记载内容的疑古、考据与求真，不如承认古代文献的文本性和其所记载的历史叙述的建构性。

既然古代文献通过历代考据家的辨伪，注释家的不同解读，古今文学派的相互辩难以及清代以来疑古学派的批判，其文本属性已经展现无遗，那么我们为什么还会预设古代文献是历史的实录，基本可信呢？有时甚至有古人"诚不我欺"之感呢？笔者认为，这是因为我们就是在这些历史故事、常识的熏陶下构建出自己的历史认知体系的，它们的许多内容暗合了我们的某些需要、预设和想象。

四、对异域或他者的想象与想象中的异域或他者

在第二章中，我们已经谈到自我文化中心主义是影响文献文本性的因素之一。自我中心和对异域的偏见与想象是人类的一种文化和心理现象，所谓"夜郎自大"就是一种"文化自我中心主义"心态的反映。从中国古代文献中关于周边异域文化的记载也可以明显地看出这种现象。

由于流传下来的中国古代文献都是中原人以汉字撰写的，中国古代文献中一个比较突出的现象就是中原文化中心观及由此带来的中原文化优越论和对周边异域文化的歧视与偏见。在"自我文化中心主义"和中原文化优越论观念的作用下，在"我者"与"他者"的认同区分中，产生一系列的"异域与他者的想象"，进而导致文献中的"想象的异域与他者"。

从中国古代文献记载来看，在先秦时期人的观念中，天下由诸夏与四夷组成，诸夏居中，文化发达，四夷僻处四周蛮荒之地，文化落后。《左传·定公十年》疏云："中国有礼仪之大，故称夏；有服章之美，谓之华。"《说文解字》则将"夏"与中国之"人""民"相联系，"夏，中国之人也"。《尔雅》："夏，大也。"《尚书正义》："华夏，谓中国也。"《史记》卷43《赵世家》所载战国赵公子成说："中国者，盖聪明徇智之所居也，万物财用之所聚也，贤圣之所教也，仁义之所施也，诗书礼乐之所用也，异敏技能之所试也，远方之所观赴也，蛮夷之所义行也。"[1]对周边族群文化则是充满偏见和歧视，如《礼记·王制》所载："凡居民材，必因天地寒

---

① 司马迁：《史记》卷43《赵世家》，中华书局，1959年，第1808页。

暖燥湿，广谷大川异制。民生其间者异俗，刚柔轻重迟速异齐，五味异和，器械异制，衣服异宜。修其教，不易其俗；齐其政，不易其宜。中国戎夷，五方之民，皆有性也，不可推移。东方曰夷，被发文皮，有不火食者矣。南方曰蛮，雕题交趾，有不火食者矣。西方曰戎被发衣皮，有不粒食者矣。北方曰狄，衣羽毛穴居，有不粒食者矣。中国、夷、蛮、戎、狄，皆有安居、和味、宜服、利用、备器，五方之民，言语不通，嗜欲不同。达其志，通其欲，东方曰寄，南方曰象，西方曰狄，北方曰译。"①《国语·周语中》所载："夫戎狄，冒没轻儳，贪而不让，其血气不治，若禽兽焉。"②《淮南子·坠形训》说：东方居民"其人兑形小头，隆鼻大口，……，长大早知而不寿"；南方居民"其人修形兑上，大口决眦，……，早壮而夭"；西方居民"其人面末偻修，……，勇敢不仁"；北方居民"其人翕形短颈，大肩下尻，……，其人蠢愚，禽兽而寿"；中央之地则是"风气之所通，雨露之所会也，其人大面短颐，美须恶肥，……，慧圣而好治"。

中原文化被认为在古代居于优势地位，很大部分原因不是因为它的文化更高明、更优越，而是中原文化掌握话语权，主流历史文献都是中原文化区创作的结果，这些文献一般都有抬高自己、贬低他人的倾向，犹如萨义德所讲的西方中心主义的"东方学"③。

一系列考古学发现证明，各地区古人都创造了自己辉煌灿烂的文化，古代的周边地区文化与中原一样，非常发达，各地都创造了具有自身特色的辉煌文明，如商周时期的四川盆地的巴蜀文化，长江中游的吴城文化，东南的吴越文化，北方的夏家店上、下层文化等。而在更早时期，如北方的红山文化，西北的齐家文化，陕北以石峁、新华等大型遗址为代表的陕北龙山文化，山东的大汶口文化、龙山文化，东南的崧泽文化、良渚文化，南方的石家河文化等，其社会组织、技术发展水平和文化成就与中原地区的同时期文化相似，并不逊色，甚至更高。中国考古学的重要成就之一就是证明了中国传统文献的文本性，文献中的相关记载是具有浓重中原文化优越观的中原知识分子对周边异域和他者族群的想象，充满了偏见。

换个角度看，那些周边文化自己的叙述和文献记载又是如何看待自己和中原的呢？虽然流传下来的这方面的文献很少，但也可见到一鳞半爪，如司马迁所说："吴

---

① 郑氏注，孔颖达疏：《礼记正义》卷12，《十三经注疏》，中华书局，1980年，第2896、2897页。

② 左丘明撰，上海师范大学古籍整理研究所校点：《国语》，上海古籍出版社，2007年，第62页。

③ 〔美〕萨义德著，王宇根译：《东方学》，生活·读书·新知三联书店，1999年；〔美〕爱德华·W·萨义德著，李琨译：《文化与帝国主义》，生活·读书·新知三联书店，2003年。

楚之君自称王，而《春秋》贬之曰子。"从民族学资料看，"综观瑶族不同版本的文书，其叙事有一个共同的特征，即与汉族文本对同一个神话故事叙事中对神犬的'蛮夷化'、'污名化'完全不同，他们对'祖先神犬'采取'英雄化'、'美名化'的叙事，并将这一神话故事视为同一民族的历史族源"[①]。

1899年，以雅德林采夫为首的俄国伊尔库茨克地理学会探险队在蒙古国杭爱山以北发现了《毗伽可汗碑》和《阙特勤碑》，为突厥史研究提供极为重要的资料。

《阙特勤碑》碑圭首上镌刻"故阙特勤之碑"楷书汉字。碑正面及左右侧刻突厥文，背面为中国唐代玄宗皇帝亲书的汉文。汉文碑文为唐玄宗御制御书，字体为隶书，十四行，行卅六字，内容为唐玄宗悼念已故突厥可汗阙特勤的悼文。在碑文中，唐玄宗首先追述了唐与突厥历代的友好关系，强调唐玄宗认突厥可汗为儿子后，双方保持了和平。碑阴侧三面为突厥文，碑文以毗伽可汗的口气而写，内容和汉文却大相径庭。碑文说："汉人的话语始终甜蜜，汉人的物品始终精美。利用甜蜜的话语和精美的物品进行欺骗，汉人便以这种方式令远方的民族接近他们。当一个部落如此接近他们居住之后，汉人便萌生恶意。汉人不让真正聪明的人和真正勇敢的人获得发展。如若有人犯了错误，汉人决不赦免任何他人，从其直系亲属，直到氏族、部落。你们这些突厥人啊，曾因受其甜蜜话语和精美物品之惑，大批人遭到杀害。"[②]

第二节　从文献记载看古人对上古史的建构

历史叙述作为政治和思想宣传的工具非自今日始。由当代的《十送红军》可以推想古代《诗经》中的"雅、颂"和甲骨文的祖先祭祀系统，它们在内容、功能上都很相似，即通过对创业历史的回顾和对创业中伟大人物的歌颂、祭拜，以慎终追远，弘扬丰功伟业，证明权力的合法性，凝聚群体。这类的文本、表演因为强烈的政治功能和目的性，总会对创业的过程、事件和人物进行有目的的选择与放弃、突出与忽视、神话与妖魔化、褒誉与贬低、夸大与缩小、附会与转嫁等方面的加工。

古代文献中的三皇五帝说、禅让说、五德始终说、天命论等，可以说都是为宣扬某种政治理念，证明权力合法性和行为正当性而建构出的历史依据。

---

① 叶舒宪、彭兆荣、纳日碧力戈：《人类学关键词》，广西师范大学出版社，2004年，第93页。

② 参见韩儒林译注：《阙特勤碑文》，《突厥与回纥历史论文选集》，中华书局，1987年；韩儒林：《读阙特勤碑札记》，《突厥与回纥历史论文选集》，中华书局，1987年；耿世民：《古代突厥碑铭研究》，中央民族大学出版社，2005年。

对于战国以前的上古史，诸子百家不同学派已有不同的叙述版本，彼此之间差异很大，甚至互相矛盾。《韩非子·显学》篇说："孔子、墨子俱道尧、舜，而取舍不同，皆自谓真尧、舜，尧、舜不复生，将谁使定儒、墨之诚乎？殷、周七百余岁，虞、夏二千余岁，而不能定儒、墨之真，今乃欲审尧、舜之道于三千岁之前，意者其不可必乎！无参验而必之者，愚也，弗能必而据之者，诬也。故明据先王，必定尧、舜者，非愚则诬也。愚诬之学，杂反之行，明主弗受也。"①一语道破历史学的真谛！也说出了先秦时期上古史叙述建构性的真相。

有学者指出，春秋战国时期，对于三代以上的历史有两种不同的叙述。一种以儒家为代表，他们认为历史证明礼制是社会发展的客观趋势，在论述上古历史时，尽量剔除古圣帝王身上的神话传说，认为尧、舜、禹等都是在人伦道德方面有继承、发展的人。道家则认为礼制是罪恶之源，天道自然才是历史的本质。道家认为越是古远的帝王，越自然无为、适性自足。这两种不同的历史认识与儒、道两家对当时社会的认识和思考相关②。由此可见，以孔子为代表的儒家学派把尧、舜捧成圣人，实际上不过是树立一个儒家社会理想的象征而已。不同学派对上古史有不同的建构，历史无法验证，我们如何判断其真假呢？

即使古代文献中的某些上古历史记载不是著述者有目的的虚构，而是有一定的历史传说的基础，我们也应该看到，"由人类学与口述历史的研究中我们知道，当个人或一群人透过族谱、历史或传说，来叙述与他或他们的起源有关的'过去'时，经常其中所反映的并非完全是历史事实。因此，人类学家以所谓的'虚构性谱系'来形容虚构的亲属关系谱系，以结构性失忆来解释被遗忘的祖先"③。

李旻结合考古新发现，对《禹贡》和夏王朝历史叙述的形成进行了深入分析，提出："先秦文献对夏文明在空间、时间以及技术等方面的描述深受龙山到二里头时代政治、社会与文化变革的影响。考古所见晋南与洛阳盆地所经历的社会兴衰，为古典传统中我们所熟知的唐、夏故事提供了素材。""如果我们不拘泥于史前与历史时代的分野，以及考古与文献间的区隔，把周人对传说时代的回溯，放在周人之前数千年间中国社会所经历的政治与文化变革之中，可以看到龙山时代政治和宗教遗产是三代文明社会记忆与经典发生的重要源泉。""由于不同记忆群体和政治集团的存在，历史在各种叙述持续不断的竞争、协商和相互渗透的过程中被反复书写。""在后代政

---

① （清）王先慎撰，钟哲点校：《新编诸子集成·韩非子集解》卷19，中华书局，2003年，第457页。

② 方光华：《关于中国史学科发展的三点思考》，《中国社会科学报》2011年07月28日第8版。

③ 王明珂：《华夏边缘——历史记忆与族群认同》，社会科学文献出版社，2006年，第53页。

治势力的介入与操控下形成的夏史传说，好比古希腊经过反复书写的羊皮纸写本，积累了不同时代的痕迹。如前所述，作为源出高地的政治势力，周人关于过去千年的历史知识有两个主要来源：一为二里头与商的中原政治传统，特别是殷商王室世袭史官。一为在中原王朝周边平行发展的高地政治传统，为羌人、戎狄等高地记忆群体所承载。随着政治局势的变化，上述两种不同的文化传统，让周人可以依其不同的需求，诠释有关夏王朝的历史遗产。""周天子的权势衰落后，各地诸侯可以利用不同版本的历史传说，来支持其政权的正当性。但是，周代社会中共享的历史传统也约束着篡改历史的空间。"同时，"早期中国对历史叙事的政治性重建伴随着一个遗忘的过程。那些曾经广为流传的、龙山时代之前的政治与宗教传统，经过龙山时代前后的几度巨变，成为零散、扭曲甚至是消失的社会记忆。只有在公元前三千纪晚期之后，文献追述显示出社会记忆与聚落考古的逐渐契合"[①]。

因此，对于古代文献，我们认为不仅仅是辨析真假的问题，更应重视文献的文本性研究，探讨其如何形成，形成时的时代背景，作者的观念、态度、立场，以及文本的演变过程和历代不同学者的诠释与解读的时代背景、目的等。

下面，我们以两个典型例子来看中国古代文献是如何构建人类上古历史叙述体系的，并分析其背后的社会时代背景、原因和目的等，从而使我们对古代文献的文本性有更清楚的认识。正如顾颉刚在《古史辨》册一《自序》中所说：研究"禹"一类记述的流变，史家"不但可以理出那时人的古史观念，并且可以用了那时人的古史观念去看出它的背景，那时的社会制度和思想潮流"[②]。

一、以今论古：五帝谱系和黄帝体系
——古人构建的"大一统"上古史叙述体系

近代以顾颉刚为代表的疑古派指出上古历史叙述是"层累地造成的中国古史"。按照顾颉刚的理解，凝聚于汉代的伪古史系统，大体上是以四大"偶像"为骨干，如作为种族"偶像"的三皇、五帝系统，原为因应战国以降民族混合加速，政治倾向一统的时势而造，是原生各自独立的帝王神灵世系连横合纵的结果；而作为政治"偶像"的《王制》，乃是战国秦汉间儒者托古改制的产儿，至于五德终始、三统循环诸说，一望即知为满足政权更迭频仍的新形势而作；第三个影响深远的"偶像"是道

---

① 李旻：《重返夏墟——社会记忆与经典的发生》，《考古学报》2017年第3期。
② 顾颉刚：《古史辨·自序》（第一册），上海古籍出版社，1982年。

统，乃孟子以后的儒家为自己在伦理界"占地位"而唱出来的；第四个"偶像"是所谓经学，《诗》《书》《礼》《乐》《易》《春秋》本是国君与卿大夫、士的日常应用的东西，成为"经"，乃是战国以下，尤其是汉以后，儒者故作神秘自抬身价的结果①。因此，顾颉刚提出对中国上古史叙述体系要"四个打破"，即：①打破民族出于一元的观念；②打破地域向来一统的观念；③打破古史人化的观念；④打破古史为黄金时代的观念②。

"层累地造成的中国古史"是中国上古史不断被重构并往前推延的过程，四个要打破的对象则是中国古代文献中上古史叙述体系建构性的体现。

如果我们能从文献文本分析的角度，梳理一下文献中三皇五帝谱系和"千古一系"大一统历史叙述体系是如何形成的？又是如何演变的？影响这些上古史叙述体系的时代背景和社会原因是什么？或许我们可以更深刻地认识这些上古史叙述的建构性本质。

据现有资料，商周时期的甲骨文、《诗经》中，主要记载的是对祖先的祭祀活动，基本只有商周王室、贵族直系祖先的简单记载，没有看到三皇五帝的影子。直到西周中晚期，《遂公盨》铭文出现了"大禹治水"和"为政以德"的记载③。

1994年，上海博物馆从香港购回的一批战国时期楚国竹简中有《容成氏》篇，记载了从容成氏等上古帝王开始，依序叙及尧、舜，直到禹、商汤与周文王、武王的谱系。学者考释认为，"讼成氏"即为战国文献《庄子·胠箧》中讲到的上古帝王中的第一人——容成氏④。学者们注意到，《容成氏》所述禹以前上古帝王的次第、出身多与《史记·五帝本纪》那种大一统的五帝系统不同。这不仅说明《容成氏》成文较早，而且大一统的五帝系统并非史实，传承有序的五帝大一统的上古古史系统在战国时期尚未流行。

战国中后期逐渐形成的以《帝系》为代表的世系是当时人对上古历史所做的一种"大一统"体系建构，虽然反映了当时的某种时代需要，但应该说也只是多种历史叙述中的一种。有学者指出："在先秦诸子的这场'以先王注我'的运动中，由巫官文化所积累起来的上古神话传说，遭到全面的曲解和改造。创世神话中的人物，如黄帝、神农等，被改造成具有大善大德的圣人；感生神话中的人物，如契、弃等，被改

① 许冠三：《新史学九十年》，岳麓书社，2003年，第209页。
② 顾颉刚：《答刘、胡两先生书》，《古史辨》（第1册），上海：上海书店，1926年，第99—101页。
③ 李学勤：《遂公盨与大禹治水传说》，《中国社会科学院院报》2003年1月23日第3版。
④ 朱凤瀚：《新发现古文字资料对先秦史研究的推进》，《中国社会科学报》2009年9月24日第5版。

造成商、周王室的始祖。此外，英雄传说中的大禹，也被涂抹得类似于'王者'的形象。至此，上古神话传说，被肢解得面目全非，神和传说中的英雄都成了后世的圣贤和帝王，神话传说中的人物全被编排到帝王的世系、谱系之中，从而形成了三皇五帝的授受系统。"①这是中国历史上的第一次大规模的历史重构运动，目的是满足当时诸子百家表达自己社会理想和政治上追求"一统"的需要。

至汉代，"太史公曰：学者多称五帝，尚矣。然《尚书》独载尧以来；而百家言黄帝，其文不雅驯，荐绅先生难言之。孔子所传《宰予问五帝德》及《帝系姓》，儒者或不传。余尝西至空桐，北过涿鹿，东渐于海，南浮江、淮矣，至长老皆各往往称黄帝、尧、舜之处，风教固殊焉，总之不离古文者近是。予观《春秋》《国语》，其发明《五帝德》《帝系姓》章矣，顾弟弗深考，其所表见皆不虚。《书》缺有间矣，其轶乃时时见于他说。非好学深思，心知其意，固难为浅见寡闻道也。余并论次，择其言尤雅者，故著为本纪书首"②。从太史公的这段话中，我们知道，《史记》中的五帝本纪谱系是司马迁在前人各种叙述的基础上，通过自己的选择取舍而整理建构出来的。

为什么在战国、秦汉会出现黄帝世系这样的大一统体系呢？《淮南子·修务训》说："世俗之人，多尊古而贱今，故为道者必托之于神农、黄帝而后能入说。"③现代学者指出："到了西汉初，华夏及其帝国已稳固形成，这时最完整的黄帝历史也出现在第一部中国典范历史《史记》中——典范历史与典范社会情境同时形成。这也说明为何此后两千年中国人不太怀疑这'历史'，因人们生活在'历史'所规划的世界里。华夏的性质，全然表现在《史记》对黄帝的描述中。我们看看《史记》作者司马迁如何通过黄帝来界定华夏。书中，黄帝是征服者及王朝建立者，他是华夏政治体的始祖；黄帝为尧、舜及夏商周三代帝王家族之祖，这说明黄帝为华夏血缘性族体之祖。《史记》记载黄帝及其后妃臣僚有许多发明，如此黄帝又代表华夏文化体的起始。《史记》还说黄帝曾四方征伐，东至于海，西至崆峒山，南至大江，北逐荤粥，这是表述华夏领域空间的起源。所以说，由《史记》对黄帝的叙述可看出，至少由汉代始华夏便是集政治、族群、文化、领域空间为一身的共同体。这也表现历史记忆珍贵之处——它不一定是历史事实，但以'密码'方式隐藏许多历史事实在其中。"④此

---

① 钱茂伟、王东：《民族精神的华章——史学与传统文化》，国家图书馆出版社，2004年，第42、43页。

② 司马迁著，司马贞索引，张守节正义：《史记·五帝本纪》，中华书局，1982年。

③ 何宁：《淮南子集释》卷19，中华书局，1998年，第1355页。

④ 王明珂：《炎黄子孙是谁？中华民族的历史记忆与民族认同》，http://www.doc88.com/p-7893106923589.html。

分析很有道理。

这种通过构建光荣历史，以确立政治合法性和权力神圣性，满足增强社会成员认同，促进社会凝聚力和动员力的现象在不同民族或社会群体中广泛存在，是自古以来历史学的价值与作用之一。例如，过去朝鲜人相信自己出自"箕子之国"，是箕子把文明带到了朝鲜。但在17世纪中叶以后，随着李朝朝鲜对清朝廷越看越不顺眼，开始出现以"檀君"为祖先的历史叙述体系。其后，随着越来越强调朝鲜民族的独立性和自我文明中心论，檀君的想象日益被放大，而箕子的历史渐渐被遗弃①。

同样，在日本与中国渐渐分离的江户时代，那些要把日本"从中国文化中拯救出来"的日本学者，开始重新构建日本早期历史叙述。从贺茂真渊（1697—1769）抨击中国思想凸显日本之道的《国意考》、本居宣长（1730—1801）重写日本神代史的《直毗灵》，到平田胤笃（1776—1843）追溯日本古道学的《古道大意》，都在把传说当作历史，把神灵当作历史人物，千方百计上推日本"神代史"。如本居宣长维护《古事记》对于日本起源、天照大神以及天皇的传说，把这种"日神精神"看成日本认同的象征，显示出重写日本历史的强烈愿望。到了明治时代，逐渐强盛起来的日本对构造自己的历史系谱更是格外重视，对于"徐福东渡"之类故事，似乎和朝鲜人对"箕子传说"一样耿耿于怀。他们根据《古事记》《日本书纪》传说，说日本元祖天照大神是"生命与光明的最高大神"，从天照大神到神武天皇，经历了百万年之久，而神武天皇是在公元前660年即位的，相当于中国周惠王十七年。明治年间制定的《大日本帝国宪法》第一条就是"大日本帝国乃万世一系天皇统治"，这里所谓的"万世一系"，就是根据《古事记》和《日本书纪》重构的日本历史而来②。

考古学的系列成果彻底改变了这些传统史观和历史叙述体系，使我们认识到这些上古史叙述体系的建构性和相关文献记载的文本性，对"万民一祖、千古一系"的炎黄传说历史体系有了重新认识，改变了中原文化中心论观念，正如张光直所说："今天凡是有史学常识的人，都知道《帝系姓》《晋语》《帝系》《五帝本纪》与《三皇本纪》等古籍所记载的中国古代史是靠不住的，从黄帝到大禹的帝系是伪古史。"③中国文化多元共存的特征日益被认识到，著名考古学家苏秉琦根据考古资料，提出了"满天星斗"论和文化"条块说"，即著名的"文化区系类型"学说④。

①　葛兆光：《祭罢炎黄祭女娲？》，《南方周末》2008年3月27日第D25版。

②　葛兆光：《祭罢炎黄祭女娲？》，《南方周末》2008年3月27日第D25版。

③　张光直：《商周神话之分类》，《中国青铜时代》，生活·读书·新知三联书店，1999年，第358页。

④　苏秉琦：《苏秉琦考古学论述选集》，文物出版社，1984年；苏秉琦、殷玮璋：《关于考古学文化的区系类型问题》，《文物》1981年第5期。

　　考古发现证明中国历史上的文化既是多源的，也是多元的，每个时代每个区域的人民都创造了辉煌灿烂的文化。"多元"走向"一体"，多元文化不断为中国文化大传统的形成与发展做出自己的贡献，与此同时，大传统又对不同区域的文化小传统施加影响，大小传统互动共存①。"无论是从中国考古学资料，还是从世界历史的发展规律来看，中华民族这么一个既有悠久文化传统，又有广大区域和巨大人口，民族成分复杂的结合体绝对不会是万古一系，由一个祖先，一个氏族分化蕃衍而来的。中国考古学文化区系类型研究也显示出中国境内各区域文化均是源远流长，自成系统，自有源头的，而不是源于一个原初文化的。这种'万民一家、千古一系'的思想，对共同祖先和祖先信仰的认同只不过是各原始血缘集团和周边民族在相互交往、融合、同化的过程中，在文化传统、宗教信仰、价值取向等方面取得认同的反映。"②

二、以古说今：禅让制——古人设想的贤人政治制度和理想权力交接模式

　　"禅让制"是中国上古史的另一个重要问题，它不仅涉及尧、舜、禹是否存在的问题，还涉及中国文明何时出现、早期国家制度与王权性质等问题，因此广受学界关注。

　　"禅让制"是何时出现于古代文献中的？为何出现？是历史实录还是古人的想象？为何对禅让制存在广泛的争议？

　　关于"禅让制"，史学界已有大量的研究成果，从文献记载和历代学者的研究来看，对禅让制有完全不同的观点与态度③。

　　早在战国时期，法家书《韩非子·外储说》的记载是："禹爱益而任天下于益；已而以启人为吏。及老，而以启为不足任天下，故传天下于益；而势重尽在启也。已而启与友党攻益而夺之天下。是禹名传天下于益，而实令启自取之也。此禹之不及尧、舜明矣。"④古本《竹书纪年》的记载为："益干启位，启杀之。"儒家书《孟

---

① 徐良高：《中国三代时期的文化大传统与小传统——以神人像类文物所反映的长江流域早期宗教信仰传统为例》，《考古》2014年第9期。

② 徐良高：《中华民族文化源新探》，社会科学文献出版社，1999年，第341、342页。

③ 彭裕商：《禅让说源流及学派兴衰——以竹书〈唐虞之道〉、〈子羔〉、〈容成氏〉为中心》，《历史研究》2009年第3期；彭邦本：《荀子与先秦儒家禅让观的流变》，《赵文化论丛》，河北人民出版社，2006年；彭邦本：《先秦禅让传说新探》，《四川大学》2006年博士学位论文。

④ （清）王先慎集解，姜俊俊校点：《韩非子·外储说》，上海古籍出版社，2015年。

子·万章》的记载则是："禹荐益于天。七年，禹崩。三年之丧毕，益避禹之子于箕山之阴。朝觐讼狱者不之益而之启，曰：'吾君之子也。'讴歌者不讴歌益而讴歌启，曰：'吾君之子也。'"《史记·夏本纪》继承了《孟子》的说法："以天下授益。三年之丧毕，益让帝禹之子启，而辟居箕山之阳。禹子启贤，天下属意焉。及禹崩，虽授益，益之佐禹日浅，天下未洽。故诸侯皆去益而朝启，曰'吾君帝禹之子也。'于是启遂即天子之位，是为夏后帝启。"[①]法家与儒家的书籍对夏初启继承王位这一历史事件的记载有完全不同的两个版本。

在当代历史学界，关于禅让传说，学者多认为起源于儒家或墨家。也有学者认为禅让传说普见于《论语》及战国儒、墨、道、法各派的论著中，应至迟是春秋以来就已流传的古老传说，但无法确论其究竟出于哪一学派。

对于先秦禅让制是否存在，学术界大致有三种观点：一是以顾颉刚等代表的"否定说"，支持《荀子·正论》所说"禅让"之说为"虚言"，《韩非子·显学》篇斥"明举先王，必定尧舜者"是"非愚则诬"。二是以徐中舒等代表的"大体肯定说"。三是王玉哲的"过渡说"，即认为先秦传世文献关于禅让有两种相反的不同记载，皆有几分可靠性和相同的史料价值，说明禅让与篡夺正是部落酋长由"传贤"转为"传子"制之过渡阶段的真实反映。也有学者认为禅让当源自上古时期流行的首长选举制度。

我们认为过于专注于禅让制真假的讨论是忽视了相关记载的文本分析，没有把握这一传说文本的本质与形成原因。从文献文本的形成和古史叙述的建构性角度来看，我们认为，尧、舜、禹是否是真实存在，当时的政治形态如何，我们现在不得而知，但至少考古发现和文字资料都显示在商周时期的政治生活中是不存在禅让制的。如果我们将"继承"与"禅让"的故事放到东周时期诸国并争、政治多元，诸子"百家争鸣"，竞相提出各自的政治制度设计方案并探讨其实施可能性的时代背景下，将"继承"与"禅让"观念回归其政治学研究的本位，可以这么推论："继承"与"禅让"都不过是在西方民主观念与制度引入之前，中国古代思想家对如何解决社会稳定与社会治理公正、有效之间的关系而提出的权力产生、制约和良性交接机制的一种制度设想，是中国古代思想家在家天下社会中如何实现选贤任能、社会良性发展的一种大胆的制度设计。这些思想家以此设想建构了某种上古史叙述，然后又借古喻今，以这种古史来论证自己政治主张的合理性，来源有自而不是凭空臆造。因此，对于上古的尧舜禹"禅让"故事或禹传益的传说，我们似乎不应视为不争的历史事实来做过度的解

---

① （汉）司马迁著，司马贞索引，张守节正义：《史记·夏本纪》，中华书局，1982年。

读。东周时期诸子之书中的许多上古史记载大致都应这么来理解。

这类"托古改制"的戏码在中国历史上常常上演，古代政治家、思想家往往采用"托古改制"的手法，以虚构的或选择性的历史叙述来论述自己的政治理念。

从政治实践来看，禅让制也确实成为王莽代汉、魏晋取代汉魏政权等权力更替合法化的理由。西汉末年的王莽时期，东汉末年至曹魏初期，曹魏末年至西晋初期，都极力宣扬禅让观念和尧、舜、禹禅让历史故事，其目的都不过是为现实政治活动和权力交接寻找历史的理由和理论支持而已，正如曹丕在接受汉献帝禅让后对群臣感叹"舜禹之事，吾知之矣"①。

但到了后期，皇权专制家天下成为唯一的政治体制，禅让制制度设计因为不同于一家一姓父子相传的皇权传承方式和政治理念而成为批判、否定的对象。实际上，如果每个时代真能秉持"天下为公"的理念，通过"禅让"和平地实现选贤任能和权力的平稳过渡与交接，而不是坚持"普天之下，莫非王土，率土之滨，莫非王臣"的"家天下"理念，妄想将自己的皇位与权力"传之二世、三世至于万世，传之无穷"，岂不是社会之福、人民之福？因此，如果客观评价历史上中国人对人类的智慧有何贡献的话，"禅让制"应该算作政治制度设计上的贡献之一。

由此可见，文献中许多古代历史记载之间的矛盾不是史料本身谁对谁错的问题，而是不同作者为服务于自己的观点而对历史的不同建构。

通过前面对中国古代文献的形成、流传以及后世各种注疏演变的梳理、分析，可以得出这样的认识：我们视为史料的各种文献记载都应作为文本而非实录对待，只能将它们视为是各种不同版本的表述的历史，是古人为了各种目的而建构的历史叙述。因此，我们利用这些文献记载来推论考古发现的古代遗存性质，只能是一种解读，利用文献记载和考古资料所做的任何历史研究和叙述都只能是对过去历史的阐释与建构，均非自在历史的再现。对于已经一去不复返的人类历史，我们可以解读与建构，但难以求真与再现。

---

① 见《三国志·魏书二·文帝纪第二》引《魏氏春秋》记载，中华书局，2009年。

第四章 史料之二：作为文本的考古学资料

从本质上讲，考古发掘报告作为史料，与传统文献一样具有文本性，都是文本。

在北京金融街建筑工地上，突然有人挖到个硬物，大家想，在皇城根下，此物一定是宝贝。小心下挖，首先看到个瓷坛顶，众人更加小心地继续下挖，这时露出"北京府"三个字来。有人懂啊——"北京以前叫北京府，那肯定不是近代的了，一定是个古物！"众人更加兴奋了，继续小心地往下挖，终于露出了下半部分字来——"北京腐乳"！

虽然这只是一则幽默故事，但当考古学家面对发现的残砖片瓦、只字片语时，认识未必更高明。人类思想观念与行为的复杂性加上文化背景、自然环境的因素，导致文化遗存面貌的复杂性，相似的文化现象在不同的背景、环境中可能是由不同的观念与行为导致的，同样的观念和行为在不同的背景、环境中也可能产生不同的文化现象。行为考古学的出现与研究目标正是要探索文化现象与行为方式与思想观念的关系，考古学研究是一个逆向的反推过程，即考古学家通过发现的古代遗存等文化现象去研究、推测古人的行为与观念，即所谓"透物见人"。考虑到古代遗存等是受到各种人为和自然因素影响而残存下来的文化现象，同时这些文化遗存的发掘、判断、记录、解读等不可避免地又受到考古学家的主观能动性的影响，通过考古发现的古代遗存现象去研究古人的行为与观念自然不是我们想象的那么简单、直观和一目了然。

近代以来，随着新史学的兴起和疑古学派对古史的批判，中国传统史学和文献的问题被学术界广泛认知。破与立相连，在打破人们对三皇五帝辉煌过去的梦想，批判甚至否定皇权专制社会下旧史学的同时，建立符合当代科学范式的新史学成为当务之急。但这一建设新史学，重构历史叙述的任务仅靠扑朔迷离、广受质疑的古文献资料和旧史学范式引导下的历史叙述所提供的史料难以实现，从西方传入的、在中国新兴起的考古学当仁不让地担起了提供新史料、新视角的重任。从梁启超、王国维到胡适、傅斯年、李济等，都将再现真实的上古史、重建中国古史叙述寄希望于新兴起的考古学，希望以新发现的第一手实物史料来纠正旧史学的问题，保证历史学的科学化、实证化。他们认为，考古发现与研究才是客观的、可信的。傅斯年提出"上穷碧落下黄泉，动手动脚找东西"，"史学就是史料学"①。李玄伯指出："解决古史的唯一方法就是考古学。"②顾颉刚说："古器物学的常识是前几年早应备的，到这时，书籍文献既经整理好，实物方面就更当着手研究。"③1925年，王国维在演讲中说："古来新学问，大都由于新发现。有孔子壁中书出，而后有汉以来古文家之学；有赵宋古器出，而后有宋以来古器物、古文字之学。……然则中国纸上之学问赖于地下之学问者，固不自今日始矣。自汉以来，中国学问上之最大发现有三：一为孔子壁中书；二为汲冢书；三则今之殷虚甲骨文字，敦煌塞上及西域各处之汉晋木简，敦煌千佛洞之六朝及唐人写本书卷，内阁大库之元明以来书籍档册。此四者之一已足当孔壁、汲冢所出，而各地零星发现之金石书籍，于学术之大有关系者，尚不予焉。"④胡适在《自述古史观书》中说："我的古史观是：现在先把古史缩短二三千年，从诗三百篇做起，将来等到金石学、考古学发达上了轨道以后，然后用地底下掘出的史料，慢慢地拉长东周以前的历史。"⑤

　　相对于备受质疑、具有明显文本性的文献史料，考古学发现与研究面对的是物质形态的文化遗存，包括遗迹和遗物。它们以原生形态的方式存在于我们的眼前，似乎未经后人的改造，因此，一般学者认为考古学更具有客观性和科学性。正如英国考古学家皮特·阿科所说："19世纪末20世纪初，正当西方考古学传入中国时，欧洲考古学的重心是对某个区域、某个遗址和某个社会组织进行文化史的重建。这种历史文化考古学的立足点是据于这样一种信念，即考古学是一种'客观的科学'，它所追求的是一种不偏不离的客观的学术性，考古学家要从'实实在在的事实'中去发现'真正发生过的事'。这种倾向是当时欧洲考古学的主要潮流。可以说，直到今天这种倾向仍然存在于欧洲考古学中。中国现代考古学的几位奠基人，包括李济、梁思永、夏鼐等人在20世纪的20和30年代都曾经到美国和英国留学，受到这种西方当时的主要潮流的影响。"⑥。

　　中国考古学近百年的发展，确实也不负众望，成果卓著，已初步构建起一整套考

---

① 傅斯年：《历史语言研究所之工作旨趣》，中央研究院《历史语言研究所集刊》第1本第1分，1928年。
② 李玄伯：《古史问题的唯一解决方法》，《古史辨》（第一册下编），上海古籍出版社，1982年。
③ 顾颉刚：《我的研究古史的计划》，《古史辨》（第一册），上海古籍出版社，1982年。
④ 王国维：《最近二三十年中国新发见之学问》，《王国维学术经典集》，浙江人民出版社，1997年，第175页。
⑤ 胡适：《自述古史观书》，《古史辨》（第一册），上海古籍出版社，1982年，第22页。
⑥ 〔英〕皮特·阿科、汪涛：《世界性语境中的中国考古学之地位》，《全球化背景下考古学新前沿：解读中国古代传统——庆祝北京大学赛克勒考古与艺术博物馆成立十周年国际学术研讨会论文集》，美国赛克勒艺术、科学和人文基金会，2008年，第230页。

古学的古史叙述体系。尽管成绩卓著，但不足也是很明显的。限于考古学发展所处的早期阶段性和满足社会、学界现实需要的急迫性，加之社会环境和学术传统的影响，迄今中国考古学界对考古学的学理思考、讨论非常少，对考古学本身的局限性、主观性、时代性等问题认识不足，关注不够。

考古学资料真的非常客观吗？是自在历史的直接表现吗？我们通过考古资料能再现历史的真实吗？随着中国考古学日益走向成熟，随着研究成果的积累和学术思考与讨论的深入，考古学的局限性和本质特性越来越多地展现在我们的面前，对它的认识也越来越深刻、客观和全面。大家意识到，唯有深入的理论反思和学理思辨，才能推动中国考古学向深度和广度发展。

任何的考古学研究，我们首先应该对以下基本问题有所认识。

第一，考古发现和研究的古代遗存是具有局限性的史料。

首先，考古学的研究对象是侥幸残存下来并被我们发现的古代遗存，大部分遗存没有保存下来，更无缘被我们发现、发掘和研究。人们已经认识到，物质文化仅有某些方面能在考古相关背景中被正常保存下来，而且这种相关性本身也会被地质过程改变或损毁。戴维·克拉克说："考古学是这样一门学科，它的理论和实践是要从残缺不齐的材料中，用间接方法去发现无法观察的人类行为方式"。[①]张忠培说："我们见到的是遗存，是不完整的东西。遗址自不必说，考古学者也难发现一处保存完整的墓地，即使是墓葬，由于深埋，可能保存得好些，但与墓葬有关的当时地面上人们的活动场所，却往往不能被完整地保存下来，甚至被全部毁坏了。所以，考古学也难以见到人们物质活动的全貌。"[②]许多信息已无可挽回地失去了，考古材料至多只能被看作人类行为不完整的记录。

其次，古人的言行、思想观念、态度、情绪等是无法通过遗存直接保存下来并为我们所理解的。限于能力和技术条件，许多古代遗存或遗存背后的古人信息还不能被我们发现、认识和理解。张忠培说："人的活动，不仅限于物质的领域，还存在于广阔的精神世界，诸如礼仪行为以及仅能用语言、文字表达的思想。……考古学只能见到人们表现于物质的活动和能揣测到物质遗存所能体现的人们的关系及其它思想等方面的内容。总之，考古学只能研究历史的一个侧面。"[③]牛津大学的克利斯多夫·霍克斯详细讨论和确立了考古学研究的难度级别，认为从考古材料来研究生产技术比较容

① 〔加〕布鲁斯·特里格著，沈辛成译，陈淳校：《世界考古学展望》，《南方文物》2008年第2期。
② 张忠培：《考古学的局限性》，《中国考古学九十年代的思考》，文物出版社，2005年。
③ 张忠培：《考古学的局限性》，《中国考古学九十年代的思考》，文物出版社，2005年。

易，研究经济形态比较难，研究社会结构和宗教信仰是所有考古研究中最为困难的①。

第二，古代遗存成为史料必须经过考古学家的发现、记录与解读、阐释，因而具有一定的主观性。

任何古代文化遗存虽是客观自在的，但其本身也仅仅是一种自在的存在，与历史学无关。文化遗存自己不会说话，在它们成为我们研究历史的史料时，首先要被考古学家选择、发掘、描述、记录、判断和解读，因而也就具有了某种主观性、时代性。"一些考古学家认为，考古工作可以被分为两个步骤：复原和解释。前者纯粹是描述性的，因而是客观的，后者则依赖于个人的理论观点。另一些考古学家的看法正相反，他们认为：考古学应是问题导向的，调查研究都是为了解决问题，如果离开了人类的文化、历史等问题，考古资料本身就没有任何作用。"②无论哪种观点都肯定了考古学家的核心作用和主观能动性的影响。

除此之外，考古发现的古代遗存都是破碎的、片段的，构建整体历史叙述，再现人类行为过程，解释历史现象背后的原因，需要通过想象、推测来建立碎片之间的关联性和事件之间的因果关系。

以上这两个因素决定考古资料并不像我们自以为的那样直接再现自在的历史真实，而是通过考古学家的发现、选择、记录、判断、价值阐释和关联性的建构，才成为历史研究和表述的史料。考古学资料自身不会说话，而是通过考古学家来展现、陈述古代的历史。因此，我们认为，作为史料的考古资料与传统文献史料本质一样，都具有文本性，进而考古学研究和古史重建也具有时代性、建构性。

下面，我们从考古学的研究对象和研究过程中的各种因素所带来的考古学史料的文本性展开讨论。

第一节　古代文化遗存的形成与留存

人类行为的结果和文化创造是否能保存下来？哪些消失了？哪些可能成为遗存，并被后人发现和研究？这是非常复杂的问题。并不是所有物质文化都能成为文化遗存，并长期保存下来，自古至今的人类活动遗存十之八九已完全消失了，保存下来的只是其中很少的一部分。考古学研究对象——古代文化遗存的形成与留存的特征之一是不完整性。因此，相对于丰富多彩的自在的历史文化来说，保存下来的文化遗存只

---

① 陈淳编著：《考古学理论》，复旦大学出版社，2004年，第111、112页。
② 张光直：《考古学：关于其若干基本概念和理论的再思考》，生活·读书·新知三联书店，2013年，第103页。

是其中极小的一部分，远远不能代表历史的真实过去。历史学的实际是"历史研究不是研究过去，而是研究过去所留于现在的痕迹：如果人们所说、所想、所做，或任何遭遇，没有留下痕迹，等于这些事都没有发生过"①。

导致人类物质文化破坏和消失的因素非常多，既有自然的原因，也有人为的原因；既有有意的行为，也有无意的行为；既有主动行为，也有被动行为。保存环境、人类行为和观念（如不同葬俗）、社会因素（如死者的后代地位变化、观念变化等）、自身的物理化学结构稳定性，等等，太多因素决定物质文化遗存能否保存，保存什么，保存多少等。冈村秀典注意到，殷墟祭祀遗存中猪牲很少见，但早商的偃师商城宫殿区祭祀坑有大量猪牲遗存，甲骨卜辞中也有许多用猪祭祀的相关记载，二者之间不符②。殷墟时期，大部分祭祀的猪牲没有被埋并留下遗存，很可能是在祭祀后被活人消费了，如同后来的祭祖三牲在完成献祭仪式后又多被家人吃掉了，因此很少留下相关遗存。由此可见，遗存的形成是复杂的，被保存下来的遗存只是人类活动的片段，甚至是偏颇的反映。

克拉克在他的《考古学与社会》一书中全面评估了考古材料在研究上的局限性，探讨了考古材料不同的保存程度对于考古学家解读信息的制约。例如，青铜要比铁易于保存下来，骨头要比植物易于保存，金子很难逃过被洗劫的命运。而在气候条件方面，热带雨林地区的考古材料的保存肯定不及寒冷地区和沙漠地区③。另外，如同文献记载一样，权力者、胜利者的遗存总是有更多的机会留存下来，而失败者和芸芸众生的痕迹总是很容易被忽视，甚至被故意抹去。

在中国考古学的发现与研究中，比较典型的是陶器。本来陶器在任何一个社会中都只是文化的一小部分，且主要是日常实用器物。随着历史的发展，越往后，陶器的社会意义越小。可是，为什么考古学发现和研究的很大一部分内容是有关陶器的呢？这是因为陶器的物理特性稳定，使它们容易保存下来，并大量出现在考古学家的发现中，因而成为考古学的主要关注点。"古代遗存中陶器最多，于是陶器成为研究考古学文化特征及其变化和相互影响的最为重要之物。在很长时间内，陶器的分类，即其分型、分式、分期几乎占有考古学研究中至高无上的地位。"④陶器成为考古学的研究基础和中心并不表示考古学家特别钟情于陶器，不过是文化遗存留存的局限性使得考

---

①　杜维运：《史学方法论》，北京大学出版社，2006年，第28、29页。

②　〔日〕冈村秀典：《商代的动物牺牲》，《考古学集刊》（第15集），文物出版社，2004年。

③　陈淳编著：《考古学理论》，复旦大学出版社，2004年，第111页。

④　俞伟超、张爱冰：《考古学新理解论纲》，《中国社会科学》1992年第6期。

古学家不得不如此而已。因此，"在大多数的情况下，自然因素，尤其是人为因素，能对人工制品的成分进行梳理，使保存至今的物质文化的一些部分比其他部分更容易被看见"。"在一次有趣的研究中，魏克斯（M. Vickers）注意到这样一种情形——具有重要性的人工制品的类别，就社会因素而言，可能很少体现在考古记录中的。他发现，古典时期古物中的贵金属器皿，在考古学记录中的体现远较低价值的装饰陶器少很多，因为贵金属易于熔化和再利用。这意味着考古学者在装饰陶器上投放了太多注意力，而同时却忽视了社会中重要的，但又是考古学（几乎）看不到的人工制品的类型。这强调了一个被其他学者根据特例而独立提出的观点：物质文化不能反映物质使用者的文化的复杂性，也就是说，在物质文化与其使用者之间没有必然的联系。"①

一、瞬时性形成的古代遗存材料与再现人类行为
过程目的之间的矛盾

对于人类行为来说，历时相当于一个过程，瞬时相当于这个过程中的剖面。打个比方，人类行为的瞬时与历时的关系犹如电影的每格胶片与整部电影的关系，整部影片由无数张定格化的胶片组成，每格胶片虽与整部电影有关，但不是整部电影，也不能代表整部电影。人的行为过程是无数瞬时行为的叠加，所有瞬时行为按照时间拼接在一起，构成一个完整的历时行为过程，但这一行为过程不是瞬时行为的简单重复，瞬间行为往往各有不同。

从物质文化遗存的形成原理来看，所有的考古学遗存都是瞬间形成的，古代遗存是人类行为活动最后瞬时的定格和后期各种因素持续影响的结果。它虽然是人类某一行为过程的结果，但不能反映遗存形成过程中人们的历时性活动全过程和前因后果。美国考古学家迪布尔注意到：考古发现的石器可能仅代表了被废弃状态的形态，而不一定是它们的原型设计。从考古学背景中发现的石制品在更大程度上表现了一种已失去了使用价值特点的综合形态，而非工匠原来设计的理想特征的反映②。一座废弃的房址，理论上只反映房址废弃被埋那一刻的状态，至于在这个房址在使用期间发生过什么，考古遗存难以回答。而且我们知道当一个建筑废弃时，因为各种原因，房内用品、布局很可能会与它在使用时有很大的差异，且这种差异因人因时而异，并无统一的模式。

---

① 〔英〕肯·达柯著，刘文锁、卓文静译：《理论考古学》，岳麓书社，2005年，第52、53页。
② 陈淳编著：《考古学理论》，复旦大学出版社，2004年，第169页。

也许有人会说，突然降临的灾难下瞬间形成的遗存可以反映当时的日常生活的实际状况，如青海民和喇家齐家文化的灾难遗址[①]。也许如此，但我们认为，这种遗存更多的是反映灾难瞬间人们的行为和当时的生活状况，与丰富多彩的真实生活仍会相去甚远。

考古发现的古代文化遗存是人类行为的瞬间定格，但考古学家希望以瞬间定格留下的遗存去重现古人行为过程，甚至行为背后的古人的动机、思想观念。真正的历史研究想知道当时发生过什么，人类行为是怎样的一个过程，背后的原因是什么，由瞬时性的文化遗存现象去推测历时性的人类行为过程，解读其背后的原因和历史文化意义是复杂的，具有主观性和多元性。

2012年5月，内蒙古自治区赤峰市敖汉旗兴隆沟出土一尊距今5300年的完整的红山文化时期整身陶塑人像（图二），人像的姿势与表情是古人某种行为的瞬时定格，表现了古人的某种行为。古人制作这尊塑像的目的应该是明确的，具有特定的含义。关于这座陶塑人像所反映的古人行为及其历史意义，不同学者做了不同的解读。王仁湘认为其锁骨等细节表现高度写实，"很有可能与一些仪式有关系"；冯时认为，这尊史前陶人的性别是女性，身份是"女祝"，"从其张嘴的造型可见，她正在向神沟通汇报"；王明达认为，史前陶人"是一个进入某种特定状态的人物，他的身份应该是巫，很可能在进行祭祀活动"；范子烨利用当代游牧民族音乐艺术传统作模式，解读认为"陶像的动作和表情"并非"正在用力呼喊的状态"，而是正在纵声高歌的状态，

图二　兴隆沟遗址出土红山文化时期整身陶塑人像

而且，这不是普通的歌唱，而是至今仍然在蒙古高原上流传的呼麦艺术[②]。对这座人像的这种多元解读典型地反映了瞬时性的古代遗存现象与认识与之相关的古人行为过程之间的困难与复杂。陶人像的表情是某种瞬间表情的定格，导致这种表情的人类行为是一个过程，背后动机与原因存在多种可能性。本来，如果要准确读懂这个瞬间表

① 中国社会科学院考古研究所甘青工作队、青海省文物考古研究所：《青海民和县喇家遗址2000年发掘简报》，《考古》2002年第12期。

② 范子烨：《呼麦艺术的鼻祖：对兴隆沟红山文化陶塑人像的音乐学解读》，《中国社会科学报》2012年11月23日第B04版。

情的真正含义，必须将其放到产生这种表情的行为过程中去，放到当时的社会背景中去，但我们能做的却相反，是由这个表情去推测人的行为过程和社会背景。因此，当代学者只能根据各自的认知和想象来建构一个行为过程和社会背景，并据此推测陶塑人像表情的含义和人物身份，进而反证自己所设想的行为过程和社会背景。在这一过程中，不同的人因知识背景等方面的不同，必然做出不同的推测与解读。

从遗存形成的瞬时性来看，同一个聚落内的不同遗存之间，一个区域聚落群的不同聚落之间，我们划分为同一期，视为同时存在的遗存可能根本就不是同时共存的关系，而是先后历时的关系，只是我们现在的手段和能力不足以将这种历时性关系区分开来，因此我们不得不假设它们是同时期的，并据此通过分析它们之间的关系来推测当时的人类行为和社会状况。那种一期横跨几十年到几百年（如新石器时代考古学文化的一期往往被认为有几百年，夏商周时期的一期约几十年）的同期遗存更难说是同时共存的。这种将几十年甚至几百年内形成的文化遗存及其所反映的历史事件、人类行为视为同时期发生的预设，实在是一种当代考古学的无奈之举，不代表自在历史的真实。

二、遗存现象背后形成原因的复杂性：以墓葬为例

死亡是人的生理现象，而对死者的处置，如葬礼、葬俗、埋葬方式等则是人的文化现象与社会行为。不像自然现象那样按照一定的规律重复运动，具有文化属性和主观能动性的人的行为及其动因是复杂的。在人类社会中，相似的现象未必有相似的动因，同样的动因也未必产生同样的现象，人类及其行为的复杂性导致我们对它们的认识的多元性。对古代文化遗存的研究同样如此，相似的遗存现象未必反映相似的本质。因此，由古代遗存现象认识其背后的历史本质是复杂的，对其解读也必然是多元的，而且这些解读也仅仅是建立在某种假说基础上的说法而已。我们可以墓葬为例，加以分析。

墓葬是考古发现中最常见的一类古代文化遗存，也是最受考古学家关注和引发公众兴趣的古代遗存，尤其是规模巨大、随葬大量珍宝的高等级大墓。每一次这类大墓的发现都会引起社会的轰动，墓葬的墓主是谁？在历史上做过什么事？对后来有什么影响？墓葬内的随葬品有什么价值？墓地布局反映了怎样的一种社会结构？等等，大家都想知道。

我们对墓葬的研究基本上是秉持"视死如生"的一般性假说为前提，即认为死者的埋葬情况反映了其生前的实际生存状况，墓葬的规模、形制结构，随葬品的多少、

精美程度反映了墓主生前的社会地位高低、财富多少和当时的社会风俗、宗教信仰等，即通过墓葬去认识墓葬主人的身份、地位以及当时的社会环境状况。

我们应该意识到，考古学研究所遵循的这类前提是我们当代主流文化的一般性原则，而古代的每座墓葬都是一个个案，是具体文化背景和具体个人观念、行为的反映，其背后是特定的社会背景、思想观念、宗教信仰和具体个人的目的、欲望、动机、能力等，任何一般性原则只是一种假设前提，建立在这种假设前提下的研究只是当代研究者的阐释与推测，不等于自在历史的再现。

大量的事实告诉我们，"视死如生"的原则也仅仅是一种预设假说，死后埋葬的墓葬状态与墓主生前的真实生活可能有关，但未必完全对应，有各种各样的因素会影响墓主人死后墓葬的面貌，造成墓葬呈现的状态与墓主人生前实际生活状况存在差异。而这种差异，考古学家往往难以发现。

对当代社会的许多研究都显示，葬礼、墓葬并不完全是墓主身份地位的体现，造成墓葬、葬礼规格与死者身份差异的因素很多[1]。葬礼和墓葬是由活着的人来操办的，而影响操办者的因素是复杂的，既有死者本身的地位、声望、经济实力因素，也有环境条件、风俗习惯因素，还有操办者的个人条件、动机与思想观念等因素。墓葬所反映的等级秩序和权力关系虽然以日常生活的模式为蓝本，但葬礼所举行的地方，同时也是人与人之间关系再确认的场所。葬礼的一项重要社会功能就是为活着的社会成员提供一个调整原有的社会关系的机会[2]。

有学者说："以往的考古研究过多强调随葬品直接反映了死者的社会、政治和经济地位；随葬品是死者生前所拥有的，因此这些随葬品的类别、多寡直接代表了死者生前的财富、权力和地位。这样的直接等同，是基于以经济利益为基础的人和物的关系，尤其是通过商品所体现的人和物的关系，来假设和认识古代社会丧葬礼俗和制度以及所反映的社会组织。"但丧葬是人类生活中一项很重要的社会实践和礼仪活动，与死者直接或间接关联的群体、个人通过各种方式参与丧葬活动，包括参加丧宴、进行礼物的馈赠和交换等。通过丧葬，生者之间的关系能够得到调整、转变，新的社会秩序和等级得以建立。丧葬活动不只是为了死者，更是为了生者的需要。毫无疑问，墓葬中的很多随葬品是死者生前拥有的和使用过的物品，但是部分甚至许多随葬品很

---

① Aubrey Cannon, The Historical Dimension in Mortuary Expressions of Status and Sentiment, *Current Anthropology*, Vol.30, No. 4, 1989, pp. 437-447.

② Ian Hodder, Theoretical Archaeology: a Reactionary View, Symbolic and Structural Archaeology, Ian Hodder eds. Cambridge: Cambridge University Press, 1982.

可能是送葬人馈赠的丧葬礼物，还有可能是专门为死者丧葬制造的器物[1]。"我们不能简单将墓葬中随葬品视为死者生前生命的镜子，其种类和数量直接反映了死者生前的物质财富、社会地位、权力，也不能视随葬品只是对于死者生前社会关系象征性的表征，因为两者均假设所有随葬品都是死者生前实际拥有的或者是应该拥有的，而实际上很多随葬品更可能是送葬人馈赠和交换的物品。"[2]

有学者尖锐地指出："中国式葬礼的本质却在于——葬礼的主角从来就不是死者，它更侧重表达生者的财富、地位及奢侈程度，唯有如此，死者的面子才能保存，生者的美名才得以传扬。孝已经脱离了亲情行为，它是一种事关子孙功业的表达方式。"[3]实际上，古今皆是如此，中国所谓"厚养薄葬"还是"薄养厚葬"的争论，本质上是子孙本位还是死者本位的问题。

因此，随葬品与墓葬之间的关系不是那么简单，从西周早期墓葬青铜器铭文所显示的铜器来源复杂性可证墓葬随葬品来源的复杂性，其未必都是墓主人自有的，甚至与墓主自身关系不大[4]。青铜器的流通在商周时期非常复杂，战争劫掠、婚姻陪嫁、赏赐馈赠、葬礼献祭等都会导致青铜器的流动。另外，父子之间也会因为继承、献祭等原因产生铜器跨代使用情况。因此，铜器的作器者、使用者、铭文中的人与墓葬主人不一定是同一个人。以此类推，墓葬中随葬的陶器、玉器等其他随葬品是否也存在同类现象？这就造成了以随葬品研究墓葬性质、等级和墓主身份、等级、财富等的复杂性和不确定性。这一现象也告诉我们，仅凭少量的、偶然的、片段的考古发现，如一两件铜器铭文或只言片语的文字资料来推断墓葬、整个墓地或遗存的性质是要非常慎重的。

从随葬品的用途与含义来看，随葬器物也未必等同于日常生活中的同类型器物，随葬品往往是基于某种信仰和观念而经过专门选择的，具有特殊而明确的目的，可能与死者的日常生活有关，但也可能存在区别。同样的器物在不同的情境中完全可能具有不同的意义。

段祺瑞死后，1936年11月国民政府颁令以元首礼国葬段祺瑞。其长子段宏业认为

---

① 荆志淳、唐际根、何毓灵等：《商代用玉的物质性》，《殷墟与商文化——殷墟科学发掘80周年纪念文集》，科学出版社，2011年，第88、89页。

② 荆志淳、唐际根、何毓灵等：《商代用玉的物质性》，《殷墟与商文化——殷墟科学发掘80周年纪念文集》，科学出版社，2011年，第89页。

③ 曹寇：《中国式葬礼的主角从来不是死者》，凤凰网·《洞见》2015年4月5日第141期，http://culture.ifeng.com/insight/special/zangli/。

④ 见张懋镕所著《古文字与青铜器论集》（第四辑）中多篇论文的分析研究，科学出版社，2014年。

"老爷子一生事业在北方"，力主在北京安葬。当年12月，他的灵柩被送到北京西山卧佛寺后殿浮厝。因为墓地一直成问题，先是转移到北京北郊清河镇附近，直到1963年才安葬于香山附近的万安公墓。段祺瑞的墓守着几平方米的一个角落，墓碑正面是章士钊所题写的"合肥段公芝泉之墓"，背面刻着他的遗训——"八勿"。而他当年通缉过的李大钊亦在此公墓内，有一个2200平方米的陵园[①]。

中国北方一些地区曾流行配阴婚的风俗，阴亲主要是办给活人看的，是男性死者家族财富实力的展示，这类合葬墓如何能反映出死者生前的社会关系和社会地位呢[②]？以此为例来反思考古学家对古代各种合葬墓的研究，我们如何能探明它们的形成原因，并据此来发现墓葬所反映的墓主生前真实状况？由此可见古代遗存形成的复杂性和我们对它们解读的相对性。

在中国的考古学研究中，常有人提出葬俗更具有持久性，更能作为区分不同族属的标准的观点，并以此为假说前提进行相关考古学研究。从墓葬现象背后原因的复杂性角度来看，这也只是一个在特定文化中可能成立的假说，未经验证，不具有普适性和必然性。例如，清初满族人死后都是火葬，入关早期的顺治死后仍是按照满族的习俗先火葬，然后再埋入孝陵的。大清朝第一个没有实行死后火葬的皇帝后妃是寿康太妃，她是第一个被土葬的后妃。她的园寝位于清福陵的西北面，建于康熙初年。康熙以后的帝、后都改为土葬。

另外，思想观念、文化传统的不同，社会环境的变化也会影响墓葬的形态面貌，如汉代盛行厚葬之风，墓葬内随葬品就丰富，宋代盛行火葬之风与薄葬，随葬品就少。穆斯林的丧葬习俗一般不陪葬随葬品。中国前驻印度大使袁南生说：印度有慈善文化，讲究普度众生，人死之后，就烧成灰，扔到河里去了，没有大的墓葬，所以在印度的考古，不像我们总是挖墓[③]。藏族风俗对死者的处理方式包括火葬、天葬、水葬、土葬等不同方式，高僧等有地位的人实行火葬，没有遗存留下，天葬、水葬一般也不会留下什么遗存，而留下遗存，如土葬的墓葬则往往是贫民或病人的埋葬方式。仅由墓葬遗存，我们很难正确地了解西藏社会的结构状况。以上这些因素都会导致墓葬遗存现象难以反映出墓主人地位的高低和财富的多少。伊恩·霍德说，墓葬和社会之间的关系完全取决于对死亡的态度，不同的文化有不同的态度。"皮尔森（Pearson，1982）通过对剑桥的现代和近代埋葬活动的研究，非常精彩地提出无法证

---

① 施雨华：《来处与归处》，《南方人物周刊》2011年第10期。

② 王佩：《阴亲：山寨版的大阅兵》，南方周末，2011年2月25日，http://www.infzm.com/content/55713。

③ 袁南生：《感受印度》，中国社会科学出版社，2007年。

明墓葬和人类之间的文化转型关系。即使在今天高度复杂化的剑桥社会中，死者的埋葬方式仍然可能会采用较为'平等主义'的方式。"①因为有历史文献和当代的人类学调查，我们知道这些墓葬现象背后的观念因素和不同墓葬现象所展示的墓主生前真实社会生活状况。设想一下，如果没有这些调查和文献记载，我们会得出怎样的解读呢？又如何来判断这些解读的真假对错呢？

以墓葬遗存为例，我们可以看到古代遗存形成原因的复杂性。究其原因，实因为人的思想、行为的复杂性，因此，忽视复杂人性和文化多元的任何假说立论、研究结论都是简单化的。认为这种简单化的结论就是历史的真实面目，不过是无知的自以为是罢了。

除了文化遗存形成原因具有复杂性，遗存形成后，在漫长的历史长河中，也会因各种因素的影响而产生种种的变化。因此，考古发掘的遗存不一定就是遗存形成时人类行为的反映，还可能掺杂了后来不同时期人类行为和自然因素的影响。我们在以古代文化遗存为依据来研究历史时，也必须考虑到这类后期因素的干扰。

许多遗存形态可能与遗存的本主关系不太密切，反而与影响遗存的后人关系更密切，后人的活动造成遗存的现状。"遗址形成过程研究概念认为，一处考古遗址是由人类文化的和自然动力过程共同塑造的。自遗址形成阶段开始，文化动力和非文化动力就持续地对文化材料产生影响，它们决定了文化遗存保存下来的条件和机会，并直接影响到考古学家对它们解读和复原。遗址形成过程，特别是遗址废弃后的扰动会导致考古记录呈现一种被扭曲的人类行为和社会活动图像，造成我们了解和重建过去的偏差。由于考古遗址的改造和扰动不存在有没有问题，而是程度大小的问题，所以，绝大部分的考古记录向我们展示的并非是一种凝固的远古社会形态，而是受到破坏后的扰动状态。"②

一个遗存被晚期扰动，它所反映的只是扰动时的状态。例如，宾福德调查发现，由于因纽特人认为大规模屠宰留下的大量兽骨和鹿角散布在周围会堵塞道路，容易引起事故。"因此，在非狩猎驯鹿的季节，他们就把这些关键的、经常使用遗址中的兽骨收集起来焚烧掉。那些只针对特殊情况使用的遗址，或者和正常使用活动不相干的遗址不用这种方法清理。"③如以此为标准，则古代遗存集中的地方不一定就是古人活动频繁地区，而遗存少，甚至没有的地方也未必就不重要。

---

① 伊恩·霍德、司格特·哈特森著，徐坚译：《阅读过去》，岳麓书社，2005年，第2、3页。

② 陈淳编著：《考古学理论》，复旦大学出版社，2004年，第202、203页。

③ 〔美〕路易斯·宾福德著，陈胜前译：《追寻人类的过去：解释考古材料》，上海三联书店，2009年，第190页。

　　"我们今天见到的遗址中的现象以及各种物质的相伴关系，其实并不是它们原来的实际状况。它们自人类在此栖居开始，到我们将它们发掘出来为止，一直处于各种动力的扰动或改造过程之中。所以，它们已经和原来的状况有了很大的变化。如果，单单按照目前的状态来进行人类行为的复原，可能会产生很大的问题。"[①]以孢粉分析的具体案例来说，"我国遗址的堆积，是靠破坏下层生土或原先的文化层而形成的，这样，就把含在生土中的或先前文化堆积中的孢粉带到其时的堆积中来，还有蚂蚁、蚯蚓及老鼠等动物的活动，可能将晚期层位的孢粉带到早期层位中去或反之。这样，我们实难从人工活动的文化层等单位中采集到只属所研究时期的孢粉。能否从所研究时期的自然形成的地层中采集到其时其地的孢粉呢？这也十分困难。其一，我们所研究的时期，年代不长。年代不久，自然形成的地层较薄，在目前的技术条件下，这样的地层难以确定；其二，还有个孢粉飘移问题。孢粉飘移，不仅飘移其时远在外地的孢粉，还会飘移来其时外地人翻到表土层中而属早期地层的孢粉。这给了解具体地点的植物环境带来的困难是不言而喻的"。"如此说来，考古学要确切、全面地了解处在特定的人文和自然环境中的空间，实在很难。"[②]

　　有鉴于此，埋藏学研究被提出，目的就是要研究遗址形成背后的人类行为，把影响遗址和文化遗存堆积的各种自然因素和人为因素区分开来，从而能比较客观地了解古人类的活动与行为方式。理想很丰满，但现实很骨感，能否达到目的，恐怕要打一个大大的问号。

　　享有"万园之园"美誉的圆明园，有著名景群上百处，乾隆皇帝曾评价圆明园说："实天宝地灵之区，帝王豫游之地，无以逾此。"清朝数代帝王历经150余年，精心修建了这座集中西建筑风格于一体的皇家园林，但如今，人们只能凭想象和清代的图画来欣赏百余年前圆明园的风貌。1860年，英法联军劫掠圆明园，将这座皇家园林焚毁。1900年八国联军入侵北京，八旗兵丁、土匪地痞趁火打劫，把园内残存和陆续基本修复的共约近百座建筑物拆抢一空，使圆明园的建筑和古树名木遭到彻底毁灭。其后，圆明园的遗物又长期遭到官僚、军阀、奸商巧取豪夺，乃至政府当局的有组织地损毁。北洋政府的权贵纷纷从圆明园内运走石雕、太湖石等，以修其园宅。据圆明园管理处的一项初步统计结果，目前流散在国内的圆明园文物约有500件，即使在苏州拙政园，也有一些圆明园文物。园址沦为农田、村庄后，当地村民又在此修建房屋、道路、水田池塘等，其面貌被彻底改变。

① 陈淳编著：《考古学理论》，复旦大学出版社，2004年，第201页。
② 张忠培：《考古学的局限性》，《中国考古学九十年代的思考》，文物出版社，2005年。

后来成立了圆明园遗址公园，对相关环境进行整治，重修了一些建筑、道路、河湖水系。但我们要说，即使本着保持原貌的指导思想，应该说也是对圆明园的当代重构，充满了当代人的观念、目的、设计风格、建筑材料和人文景观，此圆明园已非彼圆明园，已非清代皇家园林了。所谓历史的复原也大致如此吧①。

圆明园遗址就是在这一历史过程中形成并持续变化，从来没有定格于某一时间。如果我们仅仅依据现存的园址内各类遗存，而没有清代的图文记录，有多少把握能再现当时的辉煌？以此为例，可见任何以为可以从历经千百年后的遗存面貌复原千百年前的历史场景的观念都是值得怀疑的，我们只能将之视为一种考古学的乐观和假说而已。

总之，"考古学资料可以被用来代表过去，但并不能向我们介绍未被变更的过去的原貌"②。有太多的因素影响着古代遗存，但我们的考古学往往忽视这些因素，或对这些因素的研究无能为力。正是由于形成的文化遗存现象背后的原因具有复杂性，由现象推测古人的行为方式与动机，即由物及人的研究必然是复杂的，因人而异，因而也是多元的。

第二节　考古材料的发现、发掘与记录

文化遗存形成过程研究（或曰埋藏学）探讨什么样的人类行为、观念可能造成什么样的文化遗存现象，而考古学则是从文化遗存现象去反推人类的行为、观念。从人类的行为、观念到遗存现象是复杂的，从遗存现象反推其背后的人类行为、观念，即"透物见人"更是一个复杂的过程，许多因素，尤其是考古学家的主观能动性在其中发挥着重要的影响作用。

一、古代遗存的选择性发掘

历史由无数个生活面和时间段构成，历史学家只能选择一个或几个他认为有价值、有兴趣的面或片段来研究，同样，考古发掘和研究也是如此。从理论上讲，所有古代文化遗存都是考古学的研究对象，都是史料，但实际上并不是所有的古代文化遗存都会成为我们的研究资料，成为史料。古代遗存的保存和我们的发现都是有条件的、有限的，挂一漏万，说有容易说无难。

---

① 参见王丹：《北京地区的遗址公园建设》，《文化遗产研究》（第1辑），科学出版社，2010年。
② 〔英〕肯·达柯著，刘文锁、卓文静译：《理论考古学》，岳麓书社，2005年，第47页。

也有学者认为，我们选择的这一小部分遗存作为样本，可以反映当时历史文化的全貌，如俞伟超所提到的全息论①。我们认为，这只是一种美好的假说。如果这一假说真的成立，人类文化的丰富多彩性也就不存在了，大量的考古发掘和历史研究都不必要了。

从选择的角度讲，考古学研究首先要面对价值判断问题，不同的人有不同的价值判断与选择。只有那些被研究者认为重要的、有价值的古代文化遗存才有可能成为考古发掘与研究的对象，最终成为一种史料。在这一取舍过程中，选择者的观念意识和社会环境中广泛存在的各种权力因素就会发挥影响。克罗齐说："只有现在生活中的兴趣才能使人去研究过去的事实。"布鲁斯·崔格尔说："搜集什么资料和用什么办法搜集取决于考古学家认为什么是重要的，什么材料能反映他的理论判断。这导致了资料搜集和阐释之间存在互补关系，而两者又都受到社会的影响。"②

选择性意味着考古学家的主观影响。"考古学家认识到，考古遗存是在不同背景中被制造、使用和废弃的，它们被保留在考古记录中的机会并不均等。考古遗址会受到以后自然和人为动力的扰动与破坏，而考古信息的提炼取决于考古学家本人的知识结构、兴趣以及他所拥有的资源和能力。"③胡适提出的"大胆地假设，小心地求证"中"假设"指的就是一种问题意识、预设目标。同样，考古学发掘与研究中所强调的"课题意识"也是一种预设问题与目标。

那么，我们是否可以排除这种预设呢？可以说，如果没有"课题意识"，情况会更糟糕。没有关注就不会有发现问题和解决问题的意识和努力，结果只能是更多信息的流逝和更多的混乱。丹尼尔说："如果对研究的问题没有认真的了解，发掘者是不可能解决这些问题的，甚至可以说连正确的观察都不可能做到，尽管有良好的愿望也是枉然。研究赶不上发掘的步伐，发掘者就好比实验离开了科学家，他胡乱收集一些材料，可能漏掉了许多关键的东西。什么材料重要并如何加以收集，取决于考古学家的知识水准。没有历史观念，没有解决问题的观念，考古学只能又回到单纯收集古物的水平，考古学永远存在出现新古物学的危险。"④"没有任何问题指导的考古发掘，因为发掘者根本不知道哪些现象和材料对了解社会演变至关重要，除了收集一些显眼的器物之外，不会记录和收集许多具有潜在价值的重要证据，所以这样的发掘结

---

① 俞伟超：《考古学新理解论纲》，《中国社会科学》1992年第6期。
② 布鲁斯·崔格尔著，徐坚译：《考古学思想史》，岳麓书社，2008年，第12页。
③ 陈淳编著：《考古学理论》，复旦大学出版社，2004年，第138页。
④ 陈淳编著：《考古学理论》，复旦大学出版社，2004年，第116页。

果，对任何研究都毫无用处。由问题出发的考古发掘无论在发掘上，还是在证据的采集上都是有步骤、有目的的操作，它是为了检验某种设想或理论而进行的严密检验过程。"①

社会政治环境对考古学研究对象的选择同样影响巨大，如在中东、北非地区，阿拉伯和伊斯兰国家的考古学对前穆斯林时期的考古遗存没有什么兴趣，古埃及法老遗产的价值被贬低到仅是旅游资源的地步。以色列考古学受到犹太复国主义的推动，被用来增强民族意识和确认以色列移民与上帝赋予他们祖先土地之间的关系，导致考古学研究具有很大的选择性，主要关注这一地区犹太人定居和文化发展的历史，对基督教和伊斯兰阶段的考古学则不感兴趣②。

认识到考古学中的选择性，也就理解了典型遗址和标本的代表性都是由研究者根据自己的问题和观念而选择和赋予的。

在那些被选择的为数有限的考古发掘中，虽然从理论上讲，我们应该发现、获取和记录古代遗存所包含的一切古代历史信息，但具有实际工作经验的考古学家大概没有一个人敢宣称他做到了这点。这并不是一个有无责任心和工作认真与否的问题，而是技术局限和人的认知局限所决定的，正如科林·伦福儒所说："我们会毁掉许多考古证据，而只记录那些在我们看来是重要的并有能力发表的资料。"③

考古学技术手段在不断进步，认知水平在不断提高，研究视野在不断开阔，从考古发掘中获得的历史信息也越来越多，越来越丰富，如研究手段从地层学、类型学到日益丰富的多学科手段，关注对象从分期断代、区系类型到社会组织、精神文化，研究对象从直观的物质文化到间接的人类行为和思想观念。从这一不断发展的过程来看，我们的研究成果和认识都是具有阶段性的，只能是阶段性成果。每一次考古发现和认识都不是终极成果，考古学是一门不断发展、不断拓展的学科。

二、对古代遗存的判断与描述

我们一般假设考古学家在发掘现场对古代遗存现象的判断是绝对客观而准确的，所有考古学家对同一现象的判断与描述是一致的，呈现了历史的本来面目。即使存在

---

① 陈淳编著：《考古学理论》，复旦大学出版社，2004年，第263页。

② 陈淳：《考古学史首先是思想观念的发展史——布鲁斯·特里格〈考古学思想史〉第二版读后感》，《南方文物》2009年第1期。

③ 〔英〕科林·伦福儒、〔英〕保罗·巴恩著，中国社会科学院考古研究所译：《考古学：理论、方法与实践》，文物出版社，2004年，第539页。

个别误判，后期研究也可以发现并予以纠正。

那么，发掘者对考古发掘遗存现象的判断与描述是否就是客观的，不存在个人主观因素的影响呢？

根据心理学的相关研究，人对现象的观察会受到多种因素影响而造成感觉差异。同样，发掘者对古代遗存现象的观察与判断也会受到各种因素的影响，不同的发掘者对同一遗存现象的判断往往存在差异，从地层的划分到遗迹单位边界的确定，从层位关系的判断到遗存间共存关系的推定，都具有一定的个人主观性。

中国考古学实践中的多个案例告诉我们，这是田野考古工作中确实存在的现象。那些因各种原因而被多次重复发掘的古代遗存，每次的发掘结果和相关认识基本都各有不同，相互存在差异。例如，偃师商城西Ⅱ城门发掘，第一次发掘，断定为马道、门道、墓地等；第二次发掘马道被断定为小城城墙；第三次发掘，发现上下两层城门。每次发掘，对遗存的认识都有不同。殷墟西区是从1969年至1985年底配合安钢扩建发掘的，共发掘1800余座墓葬，即我们通常所说的"殷墟西区墓地"。近几年来，在原殷墟西区墓地的范围内进行的小规模发掘中，不断发现建筑遗存和其他生活遗迹，有的建筑基址的规模还相当可观。如2003年3月—2004年6月配合安钢扩建项目对原殷墟西区北部相距不远的孝民屯遗址的发掘，清理墓葬1177座、近百座半地穴式建筑基址和大量铸铜遗存，改变了学术界对殷墟西区的传统观点①。对各种遗存之间关系的判断同样具有考古学家的一定的主观色彩。从登封王城岗二次发掘中大城的发现到二里头二号宫殿基址两次不同发掘的不同认识，再到偃师商城西Ⅱ城门的几次发掘的不同认识，再到安阳西区的前后勘探发掘的不同结果，再到两次发掘唐长安城大明宫含元殿龙尾道有无的不同结论，这些例子都说明考古学家对同一遗存的重复发掘往往带来了不同的认识，考古学的发掘和认识是阶段性成果，考古发掘也是某种文本创作，难有最后的定稿。

我们对于这种现象的一般认识是一个纠错的过程，后一次的发掘纠正了前一次发掘的错误。这种现象当然有纠错的一面，但我们也应意识到其中也有前后不同的发掘者因个人主观认知差异等因素而产生的对现象认识与判断不同的一面，每一次考古发掘成果都是受到发掘者主观意志影响的阶段性认识。我们的历史研究与重建也正是建立在这种阶段性的成果基础上的，因此，每一个研究结论都是阶段性的阐释与认识。

发掘者除了在现象判断上的主观性外，对考古现象的描述也是具有某种主观性和个人性，并非绝对客观的陈述。伊恩·霍德说："所有描述都包括了理论、意义、主

---

① 岳洪彬、何毓灵：《新世纪殷墟考古的新进展》，《中国文物报》2004年10月15日第7版。

体、通则化和史学想象。"①在对考古发现的遗物、遗迹等遗存的记录中，考古学家按自己的认知和表述方式进行描述。不仅不同的发掘者对同一遗存现象观察、描述存在差异，即使同一个人也会因情势的不同而描述不同，甚至有个别发掘者会因自己观点的改变而有意无意地改写发掘记录和报告。

我们可以说，任何考古遗存的发掘、判断与描述、记录都是一种文本的创造过程，每一位发掘者都在其中有意无意地施加了自己的影响。

三、考古地层学与器物类型学的本质

考古地层学和类型学是考古学家创造出来用于定义古代文化遗存时代，确定遗存关系，归纳、描述古代遗存的工具。

关于考古地层学，肯·达柯说："地层学也是理论。地层不能为它们本身贴上'早'或'晚'这种标签，更不用说'罗马'或'中世纪'——它们是我们所做的解释，而它们和所有有必要做出的解释一样，都必须在一个理论框架中得出。在这里的框架是'地层学'。"②一语揭示了地层学的本质——地层学通过我们关于古史分期、断代理论框架而解释断代、定年的意义。

关于器物类型学，俞伟超说："分类工作本身是一种主体观念的设置，是一个心理过程，而任何心理过程都不能完全等同实在本身。换言之，分类是以概念来框定事物性质的，而概念却只是思维的表达，它可以反映客体的一部分形态，但无法提供客体的全部真实形态，因而其属性只是思维的自身形式。""所以，分类是一种思维过程的表现，应当承认其主观性和任意性，但又不能把它看作类乎耍杂技技巧。"③张光直说："将考古遗迹聚集起来进行分类，不是因为它们的确具有某种内在的共同特征，而是因为考古学家确信它们代表了古代人类某类相似的行为或思想，这样一来，这种考古分类的结果及其在时间和空间上的排列组合就具有了某种文化意义并成为文化史的一个构成部分。"④"在讨论特定器物的功能之前，我们常常会设计器物的分类……然而，在设计这些分类时，考古学家会自然而然地将意义带入其中。只要它们有哪怕很少的一点和我们现今的语言和认知编码相符合的地方，分类方法就不可避免

---

① 伊恩·霍德、司格特·哈特森著，徐坚译：《阅读过去》，岳麓书社，2005年，第164页。
② 肯·达柯著，刘文锁、卓文静译：《理论考古学》，岳麓书社，2005年，第74页。
③ 俞伟超、张爱冰：《考古学新理解论纲》，《中国社会科学》1992年第6期。
④ 张光直：《考古学：关于其若干基本概念和理论的再思考》，生活·读书·新知三联书店，2013年，第6页。

地带有当代的秩序感（而这和过去的意义和秩序的理念相距甚远）。"①肯·达柯说："如果我们决定为了自己的目的建立一个分类，我们就必须决定希望分类回答什么问题，或者我们是否寻求一个通用的、有用的分类。我们对什么进行分类由分类的动机决定，因为，必须从大量的可能特性中选择分类的依据。相反地，当我们根据相应于我们旨在回答的问题的同一方式进行分类时，我们所分类的可能会被我们如何从事分类所影响。""毫不奇怪，后过程主义者普遍认为分类总是主观的和与背景有关的。他们认为分类仅仅反映观测者或分类者的关心点和需要。"②即对器物类型的划分具有主观性，因人、因时、因需要而定，缺乏客观、统一的标准。器物的分类标准往往是因研究者的预设目的而定的，或以器形，或以花纹装饰，或以口沿形态，或以材质，或以有无腿、足，等等。例如，一件青铜器，在器物形态学研究中它的形制特征被特别强调，在政治制度研究中，它的组合和背景会受到特别强调，而在宗教信仰和古人观念的研究中，它的花纹结构和意义又可能受到特别关注。同一器物因不同的标准可以归入不同的分类体系中，被解读出不同的文化意义，不同的器物也会因某种标准而被纳入同一分类体系中，被解读出相同的文化意义。

　　对器物的分型、分式，尤其是早晚演变序列的类型学研究，一个个作为个体、独立存在的器物之间的关系，尤其是早晚演变关系是通过我们人为设定的分类标准和假定的演变特征而建构出来的。在这种建构中，层位关系只是提供一种旁证。甚至在极端的情况下，为了证明自己的观点而对陶器过度分期，夸大某些局部特征的变化及其历史意义，如在夏商分界和亳都定性讨论中所表现出来的过度强调陶鬲的细微变化那样。

　　总之，考古学家对古代遗存的分类是基于当代的分类，是为了满足他个人的目的的分类，包含了他个人的主观判断，与制造、使用这些遗存的古人的分类、称呼、功能、叙述是否一致，是否反映的是古人的观念、认知，我们无从得知，也无法验证。从经验来讲，两者之间可能相距很远，因为古人对陶器的分类和在实际使用用途上是根据他们自己的环境和具体需要来确定的，而我们对这些器物的分类和用途认定是根据我们自己的经验、知识和目的而推测出来的。当代的许多例证也告诉我们，在不同环境、不同生产生活方式、不同文化背景下，形制相似的器物可能有不同的名称、用途和分类属性。

　　况且，即使是同一器物，在不同的情境中承担的角色和发挥的作用也是不一样

---

① 〔英〕伊恩·霍德、〔英〕司格特·哈特森著，徐坚译：《阅读过去》，岳麓书社，2005年，第23页。

② 〔英〕肯·达柯著，刘文锁、卓文静译：《理论考古学》，岳麓书社，2005年，第88、93页。

的，正如一个人在不同的环境中承担着不同的角色。如一件陶器在日常生活中是日用器，而在祭祖活动中就是一件祭器，活人用时是日用器，但作为随葬品就又多了一种冥器的含义。许多容器既能装水，也能装酒或粮食、油类等。真实的历史中只有一个个具体的作用和意义，要具体问题具体分析。但我们的分类、描述与判断都是概括性的。这种概括使我们远离了自在的历史真实。

四、关于古代遗存历时性与共时性的判断

所谓共时态，是指处于同一时间范围、互相关联成为一个有机整体的事物；所谓历时态，指在时间上前后相继的一些事物[①]。

考古发现的古代文化遗存首先是一个个独立的遗迹或遗物。这些独立的遗迹、遗物之间必须建立起某种关联性，即共时性的空间关系和历时性的时间关系，这些考古发现才能成为有意义的史料，否则，对我们来说只是一堆没有意义的存在。这种关联性的建立是由发掘者、研究者依赖于自己的经验与一般知识而做出的判断。

虽然建立在考古地层学与类型学基础上的考古学分期断代为我们提供了判断遗存之间共时性和历时性的方法，但这种方法具有很大的相对性。如果我们仔细推敲，就会发现，被划在同期的遗存未必同时，而前后期的遗存也未必不同时。例如，财产的继承会导致不同时期的遗物同时被使用，并出现于同一座墓葬中，晋侯墓地中就出现不同代晋侯铜器共存于一个墓葬中的现象。以中国社会科学院考古研究所旧址（位于北京市王府井大街27号院）的建筑群为例，可以很直观地说明这个问题。如果我们以2000年为基点，建筑群包括了清代四合院建筑、民国时期建筑、五六十年代建筑、七十年代防震棚、八九十年代建筑，等等。后期建筑既会部分破坏前期建筑，也会与前期建筑同时使用，不同时期、不同风格的建筑形成一组各有功用的建筑群。

对于夏商周三代及更早时期来说，考古学文化的每期动辄几十年，乃至数百年。每一期内，无论是人口，还是人类活动的各种遗存都发生了一次甚至多次的代际更替或废旧建新，同期遗存之间必然存在复杂的历时关系，但我们的当代考古学研究一般无法区分出这种同期内的代际更替，不得不将每期遗存假设为共时关系。有学者指出："（考古学）难以准确地确定遗存的时空。""依据考古学分期和碳-14测年，可认为半坡文化各期的平均年代约为250年左右。依此，假如我们在一条河流沿岸调查出同属一期的若干处半坡文化遗址，能否视为同时的？答案则是同期不假，同时未必。

---

① 王传超：《共时的与历时的科学史》，《中国社会科学报》2010年4月22日第11版。

比如说，其中的几个居址是这期前100年内存在的，另一些居址则只存在于250年内的中间50年，再有一些居址则存在于这最后的100年，如此等等。我们如不估计到这些情况，认定它们都是同时的并进而研讨半坡文化聚落布局这类问题，所得出的认识就会偏离实际情况。"①

　　除了分期的准确性问题外，特定区域古代聚落遗址分布形态形成原因的复杂性也会导致同一期的遗存未必是同时使用的，甚至同一年的遗址也未必同时使用。从宾福德关于当代狩猎采集者居住地的空间关系调查材料看，各种遗存的空间关系及其与人类行为之间的关系是非常复杂的。又如，在赞比亚北部班巴的农业人口以土地的肥力来决定居址的位置。他们对自己的环境有非常细致的了解，将自己的耕地肥沃程度定出等级，根据土壤的不同特点来种植不同的庄稼。土地有不同的休耕时间，庄稼有不同的生长季节，这些因素决定了班巴部落定期移动他们的居址和选择不同的位置。同样，在墨西哥的特化坎河谷，史前的狩猎采集者在雨季集中在大型的营地里，而在旱季食物短缺的几个月里分散到广阔的区域中生存，他们建立很小的居址，以家庭为单位活动②。

　　所有这些原因都为我们从聚落群分布现象分析当时的人口数量、分布特征及社会组织等带来了不确定性。由此可见，我们在将考古发现的各类遗存联系起来，构成一种关联性，以及由这种关联性来推测古人的行为和当时的社会状况时，必然包含我们自己的主观判断与选择。

　　宾福德正是意识到遗存之间空间关系的复杂性以及考古学家在这种关联性建立、背后人类行为推测及文化背景重建方面的主观性、随意性，才提出"中程理论"，希望通过有依据的、可验证的当代人类学模式去判断、认识古代文化遗存间的时空关系，并推测其背后的人类行为。宾福德认为只有这样才能解决考古学研究中的主观性与随意性，实现考古学的科学化。

　　我们认为，他确实看到了考古学研究中存在的问题，"中程理论"也不失为一种方法，是规避考古学阐释的随意性，合理认识古代遗存共时性与历时性，推测其背后人类行为、观念的一种科学思路。但考虑到古今文化的差异性和多样性，来自当代人类学的认知也只是解读考古发现、建构古史叙述的模式之一，并不能避免考古学判断与研究中的主观性问题，更没有实现考古学的实证科学化。况且，这种思路在考古学研究的实践中可操作性并不强。

① 张忠培：《考古学的局限性》，《中国考古学九十年代的思考》，文物出版社，2005年。
② 陈淳编著：《考古学理论》，复旦大学出版社，2004年，第180、181页。

五、关于古代遗迹、遗物的命名与功能推断

《论语·子路》记载："名不正，则言不顺；言不顺，则事不成。"《庄子·则阳》云："有名有实，是物之居；无名无实，在物之虚。""名者，实之宾也。"《荀子·正名》强调"制名以指实"，实同则名同，实异则名异。考古发现的遗迹与遗物在被描述、记录和作为史料使用时，首先必须要为它们定名，确定其功能和性质。分析这一定名与定性过程，我们会发现其不可避免地受到研究者认知的影响。

关于文物的定名原则，尤其是青铜器，学界一般认为有三条：①有自名的器物要依自名定名；②依据史籍著录做出命名，如古代青铜器的定名多是宋代金石学家依据文献著录做出的；③既无自名，又缺乏史籍著录者，可根据其造型、用途予以定名[①]。

因为考古发现的古代遗迹、遗物远超以上范围，所以考古学界对遗迹遗物的定名要更复杂，其中大部分都是当代人根据自己的经验、想象和当代知识来命名的，如钵、碗、罐、瓮等，我们并不知道使用它们的古人如何称呼它们。即使少部分有文献的记载或自名铭文者，如青铜鬲、甗、盂等，但这类文献记载和自名铭文是否带有普遍性，往往也不能肯定，因为在铜器的自名铭文中，我们发现存在同类器物名称不同的现象。除此之外，即使铜器有自名，但是否适用于相似的陶器也是一个无法证明的问题。

对于更远古时期的遗物，考古学界只能根据我们的当代认知和个人经验来定名，因为我们根本不可能知道旧石器时代的人如何称呼各种石器，也不可能知道新石器时代的人如何称呼各种工具、陶器等。正如李济先生所说："譬如新石器时代的陶器，谁也没法子可以找得出来那革衣石斧之民叫它们什么。""两条路都不能走的时候，我们只有用普通名称定了。好在名者，实之宾也，最要紧的还是看这实物的背景。"[②]这一点，我们容易理解。

对于考古发现的遗迹、遗物，如石器、陶器是如何被古人使用的，即其功能与性质的认定，同样依赖我们的经验、想象和当代知识来推测，而这种推测往往是过于简单化的。我们知道，同一物品在不同环境中或不同的人手中可能承担着不同的角色，发挥不同的功用，正如同一个人于不同环境中呈现出不同的面目，扮演着不同的角色。例如，罐既可以装酒，也可以装水，还可以装食品、祭品等，要视具体情况而定，它应该不会如我们所假定的那么简单化、专门化。即使我们通过一些科技手段可

---

① 张懋镕：《关于青铜器定名的几点思考》，《文博》2008年第5期。
② 李济：《殷商陶器初论》，《安阳发掘报告》（第一期），1929年，第51页。

以检测出某些器物标本内装了什么，从理论上讲，这也只是这些器物被埋时的用途，未必具有普遍性，并不足以证明关于这类器物性质与功能的总体性、概括性推论的正确性。也有学者通过研究石器发现，遗物的形制与功能之间未必有确定的对应关系，"人们从实践中发现，工具的形状和用途之间并没有刻板和机械的相伴关系。这是因为许多石器是多功能的，一件石器会因环境和目标的不同而有不同的用途，而另一方面许多不作任何成型加工的普通石片常常被直接拿来使用。因此，用简单的形态分类探讨石器的功能和文化性质显然不够全面"[1]。

当然一些学者会说，关于史前石器、陶器的定名与功能研究确是如此，但对于有文献记载和自名铭文的青铜器则完全不同。由于青铜器的特殊性，历史文献中往往对它们的名称和功用有记载，而且青铜器上往往还有自名铭文，因此，我们对青铜器的命名和功用、性质的认定可以反映历史的真实。那么，实际情况究竟如何呢？

在夏商周三代自名铭文青铜器中，有同器形而名不同者，即相似的器物而自名不同，如周代的浅盘高圈足铜器，有自名为"簋"者，如扶风五郡村出土的"伯湄父簋"、卫姒簋等；有自名为"豆"者，如周生豆、黄君孟夫人豆等；还有自名"铺"者，如微伯兴铺[2]。有同名而器形不同者，如在商周考古中常见的簋，虽都称为"簋"，但形制差异极大，如上面所讲的浅盘高圈足簋与商末西周早期常见的青铜质和陶制敞口低圈足碗形簋、敛口带盖圈足附三足瓦纹簋（如师酉簋）差异巨大。如果不是因为都有"簋"的自名，我们仅仅根据器形等很难将它们归入同一种器物，并推断其功用相同。这类名称混乱、功能复杂的现象在青铜器中多见，兵器及主要铜礼容器如鼎、盆、敦等上都有反映[3]。

青铜器中的宋代定名有时也与自名不同。例如，现在考古界通称的"觚"乃是宋代人所定之名，是否即为古籍中的"觚"，无由证明，因为出土的这类商周青铜器中从来就没有一件自名为"觚"者。流传的西周青铜酒器有自名为"同"的，即考古界通常称为"觚"的酒器。由此可知，此类青铜酒器本名应当叫作"同"。至于古文献中的"觚"到底是什么样的器物有待进一步研究[4]。

---

[1]　陈淳编著：《考古学理论》，复旦大学出版社，2004年，第175页。

[2]　张懋镕：《关于青铜器定名的几点思考》，《文博》2008年第5期。

[3]　赵平安：《从语源学的角度看东周时期鼎的一类别名》，《考古》2008年第12期；彭裕商：《东周青铜盆、盏、敦研究》，《考古学报》2008年第2期；俞伟超、高明：《周代用鼎制度研究》，《先秦两汉考古学论集》，文物出版社，1985年。

[4]　吴镇烽：《内史亳丰同的初步研究》，《考古与文物》2010年第2期；王占奎：《读金随札——内史亳同》，《考古与文物》2010年第2期。

　　总之，古代器物的自名和我们对它的命名往往不同，名称不同，对它们的功能和意义的认识也会不同。

　　我们曾以尊——这类器物大家既耳熟能详，具有代表性，又被学术界认为其命名具有科学性——的命名和功能的认定过程作为研究对象来探讨这一问题[①]。

　　通过对"尊"类器物命名与功能研究的演变历程的梳理，可以看出，尊类器物的定名及其功能、性质的界定、确认过程经历了由大共名青铜礼器泛称到小共名酒器泛称再到某类酒器专称的过程，词性由形容词演变为名词，尊类器物由某类铜器演变为包括陶器和铜器，涵盖不同时代、不同地域多个考古学文化的多种形制的器物。可以说，当代我们关于尊类器物的定名和功能、性质的认知是层累地积成的结果，是后人的命名与推想，并非实证的结论和历史的真实，犹如顾颉刚关于中国古史形成过程的著名论点——层累地积成的中国古史观一样。

　　从尊类器物命名和性质界定这一典型个案可以清楚地看出中国考古学界关于古代遗物命名、分类与定性研究中所蕴含的强烈时代性与主观性。仅这一点就可反映考古学本质上是考古学家通过古代遗物对过去历史所做的一种解读与建构，是一种具有当代性的描述与解释体系。

　　不同地域、不同文化传统、不同环境下的同类器物可能有不同的用途，不同类型的器物也可能有同样的功能。即使在同一文化，甚至同一家庭中，同样器物在不同场合可能有不同的用途和功能，不同类型器物也可能担任同样的角色。如一件鼎既可以煮肉，也可以作盛放牺牲的容器，还可以放在宗庙内作为等级、地位象征品——礼器。同样，一件陶罐既可以盛水，也可以盛汤或酒，甚至放粮食等。因此，自在的历史只有具体场合、具体时间、具体器物的具体功用，但我们的历史阐释与研究不得不将它们统一化、概念化、标准化。

　　除了遗物，我们对于遗迹的定名和定性分析同样如此。例如，灰坑是一个考古学家最常用的概念，也是考古发掘中最常见的一类遗存。实际上，"灰坑"是考古学家对遗址中内含陶片、灰土、动植物遗骸等文化堆积的坑状遗迹的统称，包括了形状各异、填充物各异、年代不同、功能不同、形成原因不同的一大类遗迹。如果没有对每一座具体灰坑的年代、性质、形成过程及其与周边遗存的关系等方面的具体认识，而是笼统地将灰坑的某种性质、作用来定性某一座或某一类考古发现的灰坑，然后将这种考古学资料作为史料来使用，其科学性是值得怀疑的。

　　对于以上所分析的考古学现象，有学者将它们视为考古学的局限性，我们则认为

① 徐良高：《尊"性"大"名"——以"尊"为例看考古遗物的命名与定性研究》，《南方文物》2015年第1期。

这不是考古学的局限性问题，而是考古学乃至历史学的本质特性。文化遗存是片段的、瞬时的、简单而直观的，即静态的，而人的真实社会和生活却是丰富多彩的、复杂多变的，即动态的。由物见人，即由遗存重现古史，并非我们想象的那么简单、直接。

自在的历史是复杂的、具体的和动态的，而我们对历史的分类、定性与陈述只能是概括的、简化的和有选择性的。历史是由鲜活的一个个人和具体的一个个人类行为构成的，但为了表述的需要，我们不得不抽象化为某个概念化的时段、群体等，在这一过程中，历史被简化、被重构。同样，考古学遗存是由一个个古人的具体行为产生的遗迹、遗物构成的，并受到后来多种埋藏环境因素的影响，这些遗迹遗物的形态只反映其具体的形成状态和古人的具体行为过程。具体案例只代表具体行为，但我们的研究往往不得不用一般性原则来解读这些具体行为、用途所产生的现象，并以这种解读作为史料来构建历史叙述。任何由遗存去认知历史都只是解读与建构而已。

第三节　对古代遗存的解读和作为史料的利用

一、考古学离不开解读与阐释

考古发现是基础，研究阐释是灵魂，考古学离不开考古学家的解读与阐释。"为了寻求纯粹的科学性而不对考古学现象作出解释的考古学家事实上是不存在的。因为如果不准备作出解释，考古学家将不知道什么现象需要记录，什么需要告诉别人。"[1]"资料仅构成它本身的存在信息，它们本身不是考古学证据。它们只有被解释的框架采用时才能成为证据。""除实证主义者（认为证明解释是可能的）以外，其他学者认为，考古分析的结果不是与具体资料一样的'事实'，它们是资料的解释，或是在某些方面与资料相关的解释。""（但）许多考古学者未能区分这简单但又至关重要的区别。"[2]

仅仅止于描述的古代文化遗存资料并不能直接被史学研究所使用。如果我们不理解文化遗存性质及其背后的人类行为、社会组织与思想观念，考古材料对于我们认识过去、重构历史叙述就不会有太大的意义。考古发现要成为有价值的史料，首先，它们要能被置于特定的时空框架之内，即对它们的年代和文化归属有说法。其次，这些

---

① 俞伟超、张爱冰：《考古学新理解论纲》，《中国社会科学》1992年第6期。

② 〔英〕肯·达柯著，刘文锁、卓文静译：《理论考古学》，岳麓书社，2005年，第41页。

古代文化遗存要被解读和阐释,对其性质和蕴含的历史、文化意义要有说法。一个个古代遗迹,一件件古代遗物,一段段文献记载,一片片甲骨文、金文、简册的只字片语,如果只是孤立地存在着,并没有史料意义,只有被考古学家、历史学家置于一个时空框架之中,通过解读和阐释,赋予其某种性质与历史意义,然后才能被用来建构一段历史叙述,才能发挥其史料价值。正如罗伯特·沙雷尔所说:"考古学家可以直接观察遗存的形式和空间(例如一个物体的大小、形状及其所在位置),但是其功能和时间只能进行推论,如某物用于何目的,它是什么年代的。一旦确立了这些相关因素后,考古学家就可以以此为证据来推想过去的人类行为并重建当时的人类社会。"①肯·达柯也说:"考古学不能脱离与分析有关的一套概念而独立存在,因为物质资料须在我们利用其撰写历史之前得到解释。如果没有这样的概念,过去所保存下来的实物就无法告诉我们任何超出其自身存在之外的情况。"②马修·约翰逊说:"(考古学)解释(interpretation)指根据对遗存进行的分析和综合推论遗存的意义。与任何其他学科一样,考古学研究的最终的目的是解释和理解,试图回答诸如过去发生了什么、什么时候发生的、在哪里发生的、怎样发生的和为什么会发生等问题。"③

考古遗存的功能、性质以及现象间关系的阐释离不开考古学家的解读、判断和推论。作为一门学科的考古学与一般文物收藏的区别主要是考古学家运用解释性理论模式来处理古代遗存,赋予其价值与意义,并试图用它们去建构古代的历史过程。正如马修·约翰逊所说:"能够让我们这些考古学家与盲目的古旧物品收集者区别开的是我们拥有将那些事实翻译成对过去富有含义的解释的整套规则。它使得这些解释对于我们这些考古学家以及(希望是)对于普通听众来说都是'有意义的'。"④

在考古学发展的早期阶段,经验主义占据主导地位,事实被认为是自言的——"让陶罐自己说话"。但"从20世纪中叶开始,许多具有超前意识的学者开始打破沉闷的器物和文化的罗列与描述,转向文化功能、生态系统和人类行为的探索。以柴尔德、斯图尔特、克拉克和泰勒等为代表的一批考古学家不再满足于考古学的历史编年和器物分析,试图从有限的物质文化来提炼更多的有关人类社会的信息,这是考古学从描述性学科走向探索性科学的重要一步,也是考古学研究日益深化的重要一步。考

---

① 〔美〕罗伯特·沙雷尔、温迪·阿什莫尔著,余西云等译:《考古学——发现我们的过去》(第三版),世纪出版集团上海人民出版社,2009年,第21页。

② 〔英〕肯·达柯著,刘文锁、卓文静译:《理论考古学·中文版序》,岳麓书社,2005年。

③ 〔美〕罗伯特·沙雷尔、温迪·阿什莫尔著,余西云等译:《考古学——发现我们的过去》(第三版),世纪出版集团上海人民出版社,2009年,第342页。

④ 〔英〕马修·约翰逊著,魏峻译:《考古学理论导论》,岳麓书社,2005年,第8页。

古学家认识到，考古学研究不仅是发掘地下的材料，将它们按照年代学的框架予以罗列和描述，而且还应当利用这些材料来解释并复原过去的社会和人类的生活"[①]。因此，陈淳说："读完这本《考古学思想史》，使人深刻认识到，我们从考古发现探索过去，发现和材料固然重要，但更重要的是我们如何来观察和研究这些材料。"[②]

考古发现固然重要，但对学科发展来说，理论突破和研究创新才是"王道"。考古学科不仅是一门以发现为王的学科，对发现的解读与阐释同等重要。虽然每项重大发现总能调动史学界的积极性，激发观众对远古的好奇、热情和对神秘古人的想象，引起社会的广泛关注，但只有理论才能指导发现工作，引领学科发展方向，理论与阐释赋予这些发现以意义与价值，使这些发现成为我们理解与认知古人及其社会的史料，构成我们认知体系的一部分。正如克拉克所说，纯器物类型的分析和描述对于了解人类生存与适应没有什么帮助。器物分析应当转向阐释他们的社会经济意义，以充分了解它们在人类生活中发挥的不同功能。

二、考古学文化的分期断代

年代学是历史学的基础，分期断代是考古学文化研究的基础工作，但我们应该认识到考古学文化的分期断代具有在客观资料基础上的主观建构性。

首先，考古学文化前后期别之间的文化遗存并不存在截然不同的差异，前后期别之间一般都有强烈的文化连续性，研究者要主观地设定一些标准将它们区分开来。这些标准既可能是陶器群的变化，也可能是某些陶器的器形、纹饰，甚至某些部位形态的差异。

其次，以某些标准，如器物特征、遗存形态划分开来的前后期遗存之间理想状态是各自存在于自己的期段内，早晚期的遗存之间完全不共存。但实际情况是，同一期遗存未必共存，而前后期遗存之间也未必就不共存，正如前面我们以中国社会科学院考古研究所院旧址内建筑为例所展现的实际情况的复杂性。

最后，考古学文化各期绝对年代的推断除了参照^{14}C测年数据（具有相对性和误差）、文献记载的年代等方法外，就是假设每期的时段是相等的，即文化的发展是匀速的，隔一个固定时期，文化面貌就会发生变化，体现在考古学物质文化遗存上，即

---

① 陈淳编著：《考古学理论》，复旦大学出版社，2004年，第116页。

② 陈淳：《考古学史首先是思想观念的发展史——布鲁斯·特里格〈考古学思想史〉第二版读后感》，《南方文物》2009年第1期。

各期陶器等遗物的形制变化。总年代数除以期别数就可以得出每期的年代。如"二里头类型文化一至四期的年代大约相当于公元前1900—前1500年，共计为400年。按平均年数计算，二里头四期文化各占约100年"①。这种古代文化匀速变化的假设是否能够成立，未经验证，迄今也无法验证。如果我们以清代至近现代中国社会文化变化的经验来看，一个稳定的社会与一个剧变的社会，一个封闭社会和一个面对外来文化巨大冲击的开放社会的文化面貌变化的速度是不同的。前者是长时段的缓慢变化，后者是短时间内的急剧变化。只要我们承认柴尔德所提出的新石器时代革命、城市革命等人类发展史上一些关键点的转折性剧烈变化的存在，那么历史匀速变化的假设就是不能成立的。考古学文化每期大约相当于多少年的推测只能是一种值得怀疑的假设。

此外，这种文化匀速变化的假设中又包含着一种非匀速的假设，即在考古学文化分期研究中，新石器时代每期文化数百年，而夏商周三代时期每期文化数十至近百年，似乎不同时代的文化变化的速率又不相同。这种矛盾的假设既反映出分期断代研究中的局限性和建构性，也反映了考古学文化年代学尚缺乏严格的学理讨论。

我们以因有王年、王名等年代内容铭文而断代相对较为准确的西周时期青铜器形态变化来看，其特征变化的不均衡性显示出物质文化的演变并不是匀速的。据研究，"由于器物种类的不同，族属的不同，影响到形制、纹饰、铭文演进速度的不同"。西周早期铜器总的来说是商末铜器风格的延展，具有周人特点的全新的风格要等到穆王时才确立。西周早期早段铜器与晚段铜器面貌相近，变化节奏慢，专家在区分上存在巨大分歧。昭穆铜器的差别明显，变化节奏快，诸家分歧较小。中期偏晚之后，青铜器的变化速度又明显减缓，分期断代又出现大的争议。"即便在同一件青铜器上，其形状、纹饰、铭文的演进速度也不是同步的。或者形制变化较快，而纹饰相对滞后，或者形制变化较慢，而铭文字形书体演进很快。"②又比如，美国考古学家马丁等对美国西南部的陶器分析也发现，器物形制和种类的采纳速率在时空上并不一致，如果对演变的速率和演变差异的频率不了解的话，在利用器物特征的出现频率来对遗址断代时就会出现明显的错误。因此，有些考古学家指出，许多被认为长期利用的遗址实际上栖居的长度要比想象中短得多。有一些被考古学家判断属于同一时期的遗址其实并不是被同时利用的③。

---

① 赵芝荃：《关于二里头文化类型与分期的问题》，《中国考古学研究》（二），科学出版社，1986年。

② 张懋镕：《西周青铜器断代两系说刍议》，《考古学报》2005年第1期；张懋镕：《试论西周青铜器演变的非均衡性问题》，《考古学报》2008年第3期。

③ 陈淳编著：《考古学理论》，复旦大学出版社，2004年，第172、173页。

我们可以推测，物质文化面貌变化所反映的考古学文化各期的跨度很可能有长有短，有时候，物质文化在一个长时期内保持基本不变，有时候受到某些因素的影响，在短期内发生巨大变化，这可能才是自在历史的实际过程。在强调各期的文化差异所代表的时间长短外，我们更应探讨这种文化面貌变化的背后事件、原因和机制。

除此之外，学者的观点不仅会影响他对遗址的描述，也会影响他对年代的推断，如有学者在比较二里头遗址考古资料与夏商文化研究的关系时所注意到的："没有证据表明1号基址在第二期后即告废毁。对二里头衰落时间的认识上的变化，取决于发掘者夏商分界观的改变，考古材料则被用来对应文献中所记载的王朝世系。"①

三、考古学文化区系类型的划分

考古发现的大量遗物、遗迹和遗址以自然状态散布于各处，考古学家必须要将它们串联起来，构成相互关联的整体，才能展示出古代社会文化的面貌。每一个研究者都会根据自己对考古发现的古代遗迹遗物的观察，结合自己的认知、思考和选择，判断出遗迹遗物之间的某些联系，构建出自己心目中的关联体。每一个文化遗存则在这一个个关联体中获得其价值，或被赋予某种意义。同一批遗存，不同的考古学家建构的关联体之间可能相似，也可能不同。考古学文化区系类型就是考古学家建构出来的这样关联体系。

采用不同的标准，可以建构出不同的关联体，这种关联体又被赋予不同的历史、文化意义。不过，我们要特别强调，考古学家赋予考古学文化的意义未必是其本来的历史文化意义，如以陶器形制、组合为标准所划分的考古学文化未必是许多考古学家所定性的政治共同体或民族认同体②。以三代考古为例，以陶器为标准，我们可以划分出诸多的区域考古学文化或文化类型，而如果以青铜礼器为标准，我们可以发现当时存在一个更大范围的"青铜礼器文化圈"，这一青铜礼器文化圈包括了诸多以陶器为标准划分的考古学文化及文化类型③。这些时空框架既具有客观性，也具有主观性，是研究者在考古学资料基础上选择某些标准建构的时空框架体系。这类框架体系到底反映了怎样的历史面貌和文化含义，见仁见智。

---

① 许宏、刘莉：《关于二里头遗址的反思》，《文物》2008年第1期。

② 徐良高：《文化理论视野下的考古学文化及其阐释（上、下）》，《南方文物》2019年第2、3期。

③ 徐良高：《文化因素定性分析及商代"青铜礼器文化圈"研究》，《中国商文化国际学术讨论会论文集》，中国大百科全书出版社，1999年。

四、对考古发现的解读与阐释

（一）考古学解读与阐释的主观性与时代性

美国学者戴维·利文斯通·史密斯给我们讲了这样一个故事：假设有一个叫作"桑歌"的星球，星球上有一位银河间的考古学家叫"莎拉"，她正在一个过去曾有人居住的偏远星球发掘，那个星球叫作"地球"。不幸的是，核爆炸毁灭了地球上的人类，没有留下任何文字记录。莎拉发现一个奇怪的金属盒子，正面有个透明窗口，背面接上了电线。这个东西我们地球人一看就知道是微波炉，但是桑歌星球上没有这种东西，他们根本不用吃东西，他们的营养来源于气体，经由类似肺的结构来吸收，因此，他们没有煮食的概念。另外，他们也不用电线来传电。莎拉该如何研究这个物品呢[①]？

根据我们现在的考古学做法，她可以去分析这个盒子的形状和成分，测量体积、重量和容量，并研究是如何组装的，但对它的功能、社会作用等还是不知道。她一般只能根据自己的经验和认知来推测和猜想，即解读与阐释，而这种解读是建立在彼此文化同质的假设之上的。我们的考古学研究也正是这么做的。

美国著名人类学家格尔茨说，在解释中我们无法重铸别人的精神世界或经历别人的经历，只能通过别人在构筑世界及阐释现实时所用的概念和符号去理解他们。人类学家不追求将自己转变为当地人，也不去刻意地模仿。人类学家追求的是与研究对象的交流和交谈，了解当地人的生活经验、文化符号和价值观念，把他们的行为置于他们自身的日常状态中，使他们的行为不再晦涩难解。因此，从根本上说，人类学的解释是一种"文化转译"工作，是人类学家和当地人共同参与对世界的解释。人类学家把当地人的思维和语言，转换成人类学的学术思维和语言，使一个文化系统的意义在另一个文化系统中得到充分的表达[②]。

研究同时代异文化且可以深入异文化人群之中的人类学如此，通过古代文化遗存研究古人的考古学解释也是如此。如果以人类学的概念来说，考古学的解释也是一种"文化转译"工作，是考古学家和古代遗存共同参与的对古人世界的解释。

考古学的解释受到考古学家的左右与影响。"有必要再次说明的是，考古学家和其他科学家一样有特定的生活工作背景。也就是说，虽然彻底的客观性一直是他们的目

① 〔美〕戴维·利文斯通·史密斯著，李怡萍译：《我们为什么说谎》，华东师范大学出版社，2010年，第140、141页。
② 〔美〕克利福德·格尔茨著，韩莉译：《文化的解释》，译林出版社，1999年，第一章。

标，但是所有的科学研究在某种程度上都受文化因素的影响。我们应该时刻意识到潜在的成见，而且应该用批判的眼光评价科学结论。"① "考古学家除在模拟古代工艺技术这种狭窄的范围内还可重新制造一些因果关系以外，并不能重新制造一种因果关系来验证其解释的准确性。所以，考古学在总体上比量子物理学有更多猜测，更依靠直觉帮助，更需要大量的解释；而解释则因解释者的文化价值观和心理倾向具有选择性。"②

考古发现在成为史料的过程中，且不说它如前面所论，在发现、判断、记录与描述等"文本"形成过程中掺入了考古学家的主观性，后期考古学家给考古发现的定年、定性研究和历史价值与意义的阐释过程中，主观性、时代性和个人性同样介入其中。"因为在过去人类行为被阐释之前，考古学家必须在某种理论影响的框架之下确认哪些物质遗存是有效的资料，同时，还要包含至少部分意义上是主观活动的分类。因此，当对物质遗存进行分类或者解释人类行为时，考古学家所处理的材料与兰克学派所提倡的客观事实存在着显著的差异。"③ "人们现在普遍意识到，过去曾以为是客观的考古学阐释至少部分是带有社会或个人偏见的表述。确实，过去总是在不同程度上被用今天的方法和证据加以研究。"④ "采纳何种理论立场和接受对某种观察的解释，明显受到考古学家个人信仰的影响。其中有一些，如我们之前所述，只不过是每个考古学家的个人特点，其他则反映了民族、阶级或性别的不同兴趣。"⑤ "整个世界中，对考古学资料的阐释都受到特定的社会、经济和政治条件，以及个人或者集体通过将自我目标表述为利他目标而提升自身利益的倾向的影响。……考古学阐释直接受到性别偏见、族群关怀、对研究和发表的政治控制、考古活动的经济资助、研究者的代沟矛盾以及具有人格魅力的考古学家的影响。社会通过物理科学、生物科学和社会科学提供的各种分析模式以及尚未显得过时的考古学阐释，对考古学施加了间接的影响。"⑥

（二）考古学解读与阐释的多元性与相对性

对历史阐释权和陈述权的垄断是专制权力所希望和孜孜以求的，在当代民主与开放的社会，历史阐释权和陈述权不再是少数人的特权，不同人、不同群体对历史都可

① 〔美〕罗伯特·沙雷尔、温迪·阿什莫尔著，余西云等译：《考古学——发现我们的过去》（第三版），世纪出版集团上海人民出版社，2009年，第21页。
② 俞伟超、张爱冰：《考古学新理解论纲》，《中国社会科学》1992年第6期。
③ 〔加〕布鲁斯·崔格尔著，徐坚译：《考古学思想史》，岳麓书社，2008年，第322页。
④ 〔加〕布鲁斯·特里格著，沈辛成译，陈淳校：《世界考古学展望》，《南方文物》2008年第2期。
⑤ 〔加〕布鲁斯·特里格著，沈辛成译，陈淳校：《世界考古学展望》，《南方文物》2008年第2期。
⑥ 转引自〔加〕布鲁斯·崔格尔著，徐坚译：《考古学思想史》，岳麓书社，2008年，第319、320页。

以有自己的解读与陈述，人人都是他自己的历史学家。

历史解读与阐释的个人主观性、时代性决定了解读与阐释的多元性与相对性。伊恩·霍德说："如果物质文化是一种'文本'，那么就存在着多种读法。""每个人都可以创造出针对某个特定事物的文本解释，这种解释不存在对错。它们都是对同一个文本在不同的文本情境和社会情境下做出的解释。……每个人都在制造自己的文本意义，作为对社会斗争的回应。"[①]

对于同一个古代遗存，关于其性质，不同的人往往有不同的解释，阐释的多元是考古学研究的基本特征，正如20世纪前期荷兰历史学家盖尔（Pieter Geyl，1887—1966）所讲的："历史是一场无休止的辩论。"布鲁斯·特里格说："高级理论从极端的唯心论到各种互相对立的唯物论，尽管前者的范畴近来趋于被松散地系统构建起来，后者则包括历史唯物论、文化唯物论、经济决定论、生态决定论、技术决定论。大多数考古学家倾向于根据常识选择一些理论并加以折中组合，而不是采纳有关人类行为的某种特定观点。""只要人类社会仍然存在民族、阶级和性别等令人不快的差别，对考古记录的解释就不会有根本和持久的共识。""可以肯定，每个考古学家得出的对过去的个性化阐释反映了他们对生活的个人兴趣及看法。然而，西方考古学就总体而言看来是与中产阶级偏爱的变化相关，因为这些变化反映了他们经济和政治实力的总体兴衰、短期的乐观和悲观态度、以及特定的国家利益。"[②]"不同的人所理解的过去的含义是不同的。对一个印度人来说，如何看待莫卧儿时期的大型纪念物取决于他是印度教徒还是穆斯林信徒，而一个欧洲人观察这些建筑的角度又与印度本地人不同。同样，一位澳大利亚土著会对在Mungo湖遗址发现的古人类化石或Kakadu国家公园的古代岩画与澳洲白人有完全不同的理解。不同的族群对过去的解释常引出根植于悠久文化源头的不同概念，其久远往往超出考古学的研究范围。"[③]"对墨西哥湾阿兹特克晚期时代高质量陶器的出现频率增加的解释上，出现了截然对立的两种意见。有人认为这是国家对经济控制的证据，也有人认为这是自由市场经济的成功表现。"[④]

具体到中国的考古学实践，比如，对于出土于周原遗址凤雏乙组高等级建筑基址上2座灰坑废弃物中的甲骨的形成原因、性质和来源，学术界一直有多种观点：关于建

① 〔英〕伊恩·霍德、〔英〕司格特·哈特森著，徐坚译：《阅读过去》，岳麓书社，2005年，第177页。

② 〔加〕布鲁斯·特里格著，沈辛成译，陈淳校：《世界考古学展望》，《南方文物》2008年第2期。

③ 〔英〕科林·伦福儒、〔英〕保罗·巴恩著，中国社会科学院考古研究所译：《考古学：理论、方法与实践》，文物出版社，2004年，第539页。

④ 〔加〕布鲁斯·崔格尔著，徐坚译：《考古学思想史》，岳麓书社，2008年，第329页。

筑基址的年代有先周时期说和西周时期说；关于含甲骨灰坑与建筑基址的关系有相关说和无关说，前者认为它是本组建筑功能的组成部分——龟室，后者认为它是建筑基址废弃后形成的，与建筑功能无关；关于含甲骨灰坑的性质有藏龟甲专用说和一般垃圾坑说；关于甲骨的主人有商人说和周人说；关于甲骨的来源有周岐本地说和从商都带来说，后者又分商人带来说和周人带来说，我们提出殷商遗民在周原制作的观点；甲骨内容有一体说和祭祀、记事两分说；等等。以上这些方面既不相同有密切关联，比如，考古遗存之间的关系、遗存的形成时间、原因往往非常复杂，难以确知，但遗存之间的关系、形成时间和原因等与遗存性质的界定又密切相关①。

又如，关于古代"俯身葬"现象，中国的考古学界存在的不同解释中，从阶级分析的角度，有人认为"俯身葬是奴隶特有葬式"②，"俯身葬和仰身葬的人必定是有区别的，而这种区别应当从他们的阶级出身去寻找，如果仰身葬的人是自由人或贵族，那么这些俯身葬的人应当是奴隶或近似奴隶的人"③。从男女性别角色的角度，有人则提出："俯身葬为男性（即夫），仰身为女性（即妻）。并葬双方一般男性墓穴较浅，女性墓穴较深，也可以说是男阳女阴，且男左女右，两个墓穴紧并。这一男一女（夫妻），一上一下（即一阳一阴），上俯下仰，头向相同的并葬形式，反映了夫妻生前性生活的最一般形式。"④

总之，我们的各种观点都是"一种解释"，而不是"最终的实证结论"。我们的结论不过是基于相关理论模式而对考古发现所做的解读和对相关历史过程的建构，但我们往往将这些解读与建构当作基于史料的实证结论，而对多元观点无处不在的现实及隐含其中的学理和逻辑问题所体现的历史学本质特性视而不见。

（三）考古学解读与阐释中的随意与过度现象

考古学离不开解释，且随意或过度解释常常相伴而生。这种随意或过度解读虽然满足了我们对历史的想象，但超出了考古资料所能提供的必要信息支撑和严谨的学术研究所应具有的逻辑合理性。

例如，关于牛河梁红山文化"女神庙"的研究，本来考古发掘仅限于局部清理，

---

① 徐良高：《"殷材周用"与周原凤雏甲骨性质初识》，《殷墟与商文化——殷墟科学发掘80周年纪念文集》，科学出版社，2011年。
② 郭宝钧：《1950年春殷墟发掘报告》，《考古学报》第五册，1951年。
③ 赵光贤：《关于俯身葬问题的一点意见》，《考古通讯》1956年第6期。
④ 孟宪武：《谈殷墟俯身葬》，《中原文物》1992年第3期。

许多部分并未清理①。但发掘主持人认为："不过这些初步试掘的材料连同牛河梁、东山嘴遗址与女神像一起出土的祭坛、积石冢等遗迹，已具备了对红山文化的祭祀内容做较为全面分析的条件了。"②有学者指出，无论如何，对一个堆满建筑构件、泥塑造像和祭器碎片的"大连坑"，"只作过表层和小范围的试掘"，就可以区分出主室、侧室和前后室，确认属"结构较复杂"的多室建筑址，确认"这是一个围绕主神、众神并列的多室布局的神殿址，神殿中以各种动物塑像为陪衬，陈设造型考究的祭器"③，未免有过度解释之嫌④。而且我们还看到对这一遗迹解读与想象的不断推衍，诸如：牛河梁女神庙所具有的围绕主神的群神崇拜，也已表明当时已进入祖先崇拜的高级阶段；既然祭祀偶像具有祖先崇拜的意义，那么，这座女神庙就已具宗庙性质，或可称为宗庙雏形；女神庙的这种主次分明、左右对称、前后呼应的复杂结构和布局，其规模和等级都远非史前时期一般居住址单间、双间甚至多间房屋所能相比，而是已开后世殿堂和宗庙布局的先河，正如《礼记·曲礼下》所记之"君子将营宫室，宗庙为先，厩库为次，居室为后"；"'共祖'之说，是对牛河梁女神庙的精确定位，暗示着她在中华民族文化与文明起源中具有更深的含义"⑤；等等。想象不断升级，神性也不断升华。更有当代艺术家们据此构想出"女神庙"的复原方案，创作出红山文化女神像。

同样，将陶器中某些器物形态甚至某些部位的变化作为朝代、政权更替的标志，将以陶器为标准划分的考古学文化解读为国家政治体或民族认同体也是过度阐释⑥。

除了解读的随意和过度现象外，在考古学研究中还存在解读模式与解读对象之间关系不明、陷于自我循环论证怪圈的现象。这种自我循环论证的现象在中国原史时期的历史学、考古学研究中特别突出，表现为：以文献记载说明考古发现的年代、性质等，反过来又以考古发现证明文献记载的可信性。根据这种所谓的双重证据，我们可以走出疑古时代，进入信古时代。实际上，我们只是借用古代文献的相关记载作为模式来解读某一古代遗存的年代与性质，是一种对考古发现的解读而已。这种解读结论怎么能又反过来作为论证古代文献记载具有准确性、客观性，即信史的证据呢？

---

① 辽宁省文物考古研究所：《牛河梁——红山文化遗址发掘报告（1983—2003年度）》（上、中、下），文物出版社，2012年。

② 郭大顺：《龙出辽河源》，百花文艺出版社，2001年，第88页。

③ 孙守道、郭大顺：《牛河梁红山文化女神头像的发现与研究》，《文物》1986年第8期。

④ 许宏：《围观"女神庙"》，http://blog.sina.com.cn/s/blog_5729cae10100ixgb.html。

⑤ 郭大顺：《龙出辽河源》，百花文艺出版社，2001年，第91—94页。

⑥ 徐良高：《文化理论视野下的考古学文化及其阐释（上、下）》，《南方文物》2019年第2、3期。

　　例如，史学界借助于文献中的商汤都"亳"的记载来解释偃师商城遗址与郑州商城遗址的年代与性质。由于文献记载中关于夏商更替、商王朝早期定都、迁都等情况有不同的记载以及不同学者对这些记载的不同理解与选择，偃师商城和郑州商城为汤都"亳"说只是其中的一种解读而已，同时存在的还有其他各种观点，如"桐宫说""嚣都说""商代中期都城说"等。鉴于不同观点众说纷纭，我们如何能以偃师商城、郑州商城的发现来证明相关汤都西亳的文献记载的准确性呢？这类现象在我们的夏商周三代历史学、考古学研究中广泛存在，如关于夏的研究、关于先周的研究，等等。

　　等而下之者，还有以晚期地名来附会早期文献记载，并以此来解读考古发现，然后再以考古发现证明相关文献记载准确性的。例如，将"石羊沟"说成是"尸乡沟"，并与《汉书·地理志》中河南郡偃师下班固所注"尸乡，殷汤所都"相联系，进而证明偃师商城就是殷汤所都的"亳"①。"发掘者证史心切，而将当地老乡所言'石羊沟'解译为发音相似的'尸乡沟'，遂成就了考古学史上的一段轶事。"同样"考登封王城岗，当地小地名原为'望城岗'（望其旁之东周阳城，或有当地人云应为望登封县城），何尝不是发掘者望夏禹王所都阳城心切，而迳以'王城岗'称之。"②

　　考古发现影响相关地名与文献的解释，地名与文献记载又反过来影响相关古代遗址性质的解读，同样是循环论证。这类现象在当代中国常常见到，考古发现及其解读引导相关地名、传说的重新解释，而重新解释后的地名、传说又强化了重构后的当地历史记忆与文化认同。有学者敏锐地指出："具有讽刺意味的是，虽然今天许多名人故里的景观式重建被认为是在制造'伪古迹'或'伪历史'，但有充分的理由相信，这种'伪历史'终将被并入历史，并成为后人探寻历史真实的新佐证。这就像我们可以通过明代的碑刻来推论庄周故里的所在，后世人也必然会根据今天的'伪古迹'来加固他们关于'历史真实'的论证。"③古代的许多历史记载和古迹传说也当作如是观。

　　考古发掘报告也是一种文本。

　　田野考古的最终成果就是被视为历史研究资料的考古发掘报告。许多人都想当然地认为考古发掘报告是对考古发掘的古代文化遗存现象的全面、客观的描述和介绍，是自在历史的真实、直接记录与反映。通过前面对考古工作各环节的分析，我们认为考古

---

① 黄石林、赵芝荃：《偃师商城的发现及其意义》，《光明日报》1984年4月4日。

② 许宏：《为什么不能叫"尸乡沟商城"》，《中国社会科学报》2010年6月15日。

③ 刘成纪：《文化遗产之争与中国史学的观念变革》，《探索与争鸣》2010年第9期。

发掘报告未必如大家所想象或假设的那样客观、真实，而是发掘者、撰写者著述的一种历史记录。如果传统古代文献是文本的话，那么，考古发掘报告也是一种文本。

　　从古代文化遗存的形成、留存到被发现、发掘、观察、判断、描述、记录与解读，每个环节都不可避免地受到人的主观能动性的影响，作为最终的成果体现，考古报告必然具有文本性。田野发掘过程和考古发掘报告的编写过程就是文本的创建过程。"文本对于不同的人可能会有不同的含义，同时不同的人会以不同的方式阅读文本。"①

　　考古学所提供的史料虽然有其不同于传统文献史料的独特面貌和形态，考古发掘报告也与传统文献记载的内容与形式有诸多的不同，但从本质上讲，作为史料，考古发掘报告与传统文献记载有一致之处，都是自在历史客体与表述历史主体，即历史的观察者、发掘者、记录者和撰述者之间互动的产物，都具有文本性，都是文本。

第四节　甲骨文、金文、简册与墓志的文本性

　　考古出土的甲骨文、金文等文字资料因为是当时的文字记载，没有被后人篡改过，因而普遍被认为是最可信的第一手史料，具有无可置疑的真实性、客观性。

　　我们认为甲骨文、金文等文字资料虽然具有某种档案性质，但也是一种文本，是人类特定目的和行为的产物，受到人的主观意志的影响，只不过它们是与历史事件基本同时代的文本，是最早的文本而已。

　　首先，甲骨文、青铜器铭文是有明确目的性的文字记录，是由掌控话语权的人控制，为满足特定政治目的和个人需要而出现的，不是为了客观真实地记录历史。

　　甲骨文主要是一种宗教性质的文字记录，主要是商王等上层贵族祭祀祖先、卜问诸事吉凶的记录，内容简单，具有极大片面性。至于它是否完整地记录了商王的所有占卜内容，我们是否能发现商王的全部卜辞，答案是几乎不可能。对于占卜结果的应验情况是否也得到了全面、真实的反映，学术界也存在很大的怀疑。

　　至于青铜器铭文，某种意义上与墓志铭性质上有相似性，其历史价值并不高于一般文献记载，甚至可能更低。《礼记·祭统》说："夫鼎有铭。铭者，自名也。自名以称扬其先祖之美，而明著之后世者也。为先祖者莫不有美焉，莫不有恶焉，铭之义，称美而不称恶，此孝子孝孙之心也，唯贤者能之。铭者，论撰其先祖之有德善、

---

① 〔英〕马修·约翰逊著，魏峻译：《考古学理论导论》，岳麓书社，2005年，第109页。

功烈、勋劳、庆赏、声名，列于天下而酌之祭器，自成其名焉，以祀其先祖者也。"
即金文铭刻要隐恶扬美，为尊者讳。《文心雕龙·铭箴》："盖臧武仲之论铭也，
曰：'天子令德，诸侯计功，大夫称伐。'夏铸九牧之金鼎，周勒肃慎之楛矢，'令
德'之事也；吕望铭功于昆吾，仲山镂绩于庸器，'计功'之义也；魏颗纪勋于景
钟，孔悝表勤于卫鼎，'称伐'之类也。"①大意是，鲁国的臧武仲论铭曾说："写铭
文，对天子应以颂扬其美德为主，对诸侯应以肯定其功绩为主，对大夫则只能称赞其
征伐的劳苦。"如夏代帝王有德，九州的首领便送上金属，铸成金鼎；周代帝王为了
传示其美德于后代，便在肃慎国送来的箭上雕刻铭文。这些是颂扬美德的例子。吕望
辅助周武王的功绩，曾用金属铸成铭文；仲山甫辅佐周宣王的功绩，也曾刻在周代的
记功器上。东周时期犹如此，晋国魏颗的战功，曾刻在晋国的景公钟上；卫国孔悝祖
先勤于国事的功劳，曾记在孔悝的《鼎铭》中。

当代学者对西周青铜器铭文也有相似的看法，如研究中国西周史的美国学者夏含
夷说："治西周史的学者也不应过于轻信，对铜器铭文记载的史事之可信性不加分
析，便用来重新论述西周时代的历史演变，骤然地形成新的史观。我们须知，尽管这
种新史料未经后人删改润饰，可是对史事也并非都是客观公允的加以记载，因而不能
看待为档案或客观史事。"②"举一个简单的例子，史墙盘铭文虽然赞美周昭王谓：
'宏鲁昭王，广（惩）楚荆，佳寏南行'，意思是说他广泛地征伐了楚荆。众所周
知，昭王伐楚荆之时，'丧六师于汉'而自降。仅从盘铭就无法尽知这个非常重要的
历史事件。再举一个例子，宣王时代有四篇长篇铭文记录周师与猃狁的战役［即兮甲
盘、虢季子白盘、多友盘和不（期女）簋］，无一不记周师的胜利。如果仅仅信从这
些第一手文件来理解西周晚年的历史，就很难预知，不久之后猃狁（注：即猃狁，犬
戎之别名）会杀死周幽王而覆灭宗周。"③

罗泰在分析青铜器铭文后，提出：由于铭文铸造于宗教场合中用来同祖先神灵交
流的礼器上，"青铜器铭文应该被看作一种本质上的宗教文献"④。"铜器铭文并不
是精确的历史记录（偶尔是的话，不过碰巧如此），它们主要还是礼仪活动遗留下来
的产物。""铜器铭文并不能告诉我们事情的全貌，而只反映周代贵族'理想化的自

---

① 刘勰著，周振甫注：《文心雕龙注释》，人民文学出版社，1981年，第116页。

② 夏含夷：《古史异观》，上海古籍出版社，2005年，第206页。

③ 夏含夷：《古史异观》，上海古籍出版社，2005年，第213、214页。

④ Falkenhausen, Lothar von (罗泰), "Issues in Western Zhou Studies: A Review Article," Early China 18 (1993), 139—
226.

我'。"①他认为，铭文可以分成两部分，前半部分为受命者朝见天子典礼的记录，包括时间、地点、出席人物以及赏赐的礼品等，可称为"功劳的记录"。后半部分记录的是受命者纪念其祖先，向之祈求福禄，可称其为"嘏辞"。因为青铜器是为了祭祀祖先而铸造的，所以嘏辞才是铭文的核心部分。功劳记录的那一部分是次要的，甚至完全是可以缺少的部分，并且功劳的记录往往是虚假的，不可以作为历史资料。在讨论2003年陕西眉县杨家村出土的逨盘时，罗泰指出，其铭文内容的相当一部分都是凭空伪造的，无论是关于周王还是单氏家族的祖先的叙述，都不一定可靠。他的观点获得不少西方汉学家的认同。

李峰认为："作为当代的史料，金文仅允许我们从其作铭者的眼中来接触西周的现实，而作铭者的视野不可避免地受制于其所生活的社会背景。因此，即便金文内容是作铭者意图的真实写照，其间也不可避免地存有偏见。"②

其次，除了制器者的主观意识、目的和偏见等因素的影响外，铭文内容本身也会因为种种失误而存在明显的错误，如晋侯墓地M8出土的晋侯苏钟铭文中二月既望癸卯与二月既死霸壬寅之间在历日上就存在显见的矛盾和错误。这种错误，少数情况下，能被我们发现，但在多数情况下，并不能被我们发现。即使我们对有些内容有怀疑，也总是因为铭文被认为是最重要的第一手原始记录而难以获得学术界的普遍承认，因为大家一般认为，对于这类第一手原始记录，轻易不能怀疑或改动。

再次，除了甲骨文、金文本身的文本特性外，后代学者对甲骨文、金文内容断句与释读的歧义性也导致这些原始资料作为史料的文本性。不同的人有不同的断向与释读，众说纷纭，莫衷一是，各取所需，犹如对文学作品文本的阅读——"一千个读者眼中就会有一千个哈姆雷特"。

对甲骨文、金文本身的释读，如断句的差异、同一字符的不同隶定与解读等因素都会导致对铭文的多元解读，比如不同学者对克罍、克盉铭文的断句不同导致对内容，甚至M1193号墓主身份的不同认定。

最后，对甲骨文、金文出土背景的不同认识也会影响到对铭文内容的释读，如出土甲骨文和青铜铭文的埋藏遗存的形成原因（如是墓葬、专门窖穴，还是扔废弃物的垃圾坑），遗存与文字内容的关系，遗存主人（如墓主、甲骨坑主人）与文字内容的关系（直接关系；间接关系；还是仅仅属于战利品，如周初墓葬多见的商代族徽铭文），等等。

---

① 罗泰：《西周铜器铭文的性质》，《考古学研究》（六），科学出版社，2006年，第353、355页。
② 李峰著，徐峰译：《西周的灭亡——中国早期国家的地理和政治危机·绪论》，上海古籍出版社，2007年，第14页。

除了甲骨文、金文外，考古出土的古代简册书籍、墓志铭也都存在同样的文本性，只不过它们是早期文本而已，正如研究出土文书的杜勇所指出的："传世文献遇到的问题，出土文献亦不能免。譬如，《尚书》头三篇即《尧典》、《皋陶谟》、《禹贡》不宜说成是尧舜时代的著作，那么，来自地下的战国竹简本诸如《尹诰》、《说命》、《保训》、《耆夜》等，是否就可以不加论证地视为商周时期的作品呢？如果不是，它们又是如何形成的？"①

在中国，有"死者为大"的传统，为死者所作的墓志铭基本上是隐恶扬美，称颂有加，这样的墓志铭有多大的可信性？这方面的代表性例证当数有"谀墓"之名的"文起八代之衰"的韩愈。他写《平淮西碑》，将功劳记在大将韩弘身上，而对主将李愬却轻描淡写。为此，韩弘大喜过望，当即拿出500匹绢相赠。

第五节　自然科学、现代科技手段与考古学关系的审视

2013年度"搞笑诺贝尔奖"在美国哈佛大学揭晓，包括医学、心理、考古等奖项。其中，布赖恩·克兰德尔和彼得·斯塔尔以自己做实验品，获得"考古学奖"。两人不经咀嚼，吞下半熟的鼩鼱，通过研究自己的排泄物，了解人体消化系统如何"处理"食物中的骨头。并与古人排泄物对比，探究古人吃什么、在哪里吃②。

也许很多人觉得很搞笑，其实，他们是严肃的研究，是"均变论"的践行者，尝试以自己的亲身试验所获得的知识来作为理论模式去阐释古代遗存现象。

在信息泛滥、科学崇拜的当代社会，大家不仅希望将历史学科学化，努力使历史学变为一门实证科学，而且还将各种现代自然科学概念、理论和现代科技手段尽可能地引入历史学之中，并想当然地认为这种做法是历史学科学化的保证，可以实现史学研究的科学、客观与公正。实际上，我们也将这种应用视为历史学实现科学化的表现。科学似乎有了"点石成金"的作用，只要与科学挂上钩，沾上边，就具有了天然的客观性，确保了研究结论的正确性。

关于自然科学对历史学的影响，王学典总结主要表现在五个层次上③。

---

① 杜勇：《出土文献研究应注意三个问题》，《中国社会科学报》2014年10月22日第A06版。
② 胡轩逸：《搞笑诺尔：科学也欢乐》，《光明日报》2013年10月8日第12版。
③ 王学典主编：《史学引论》，北京大学出版社，2008年，第339、340页。

第一是内容层次，历史学家更加重视科学技术在历史上的地位，一方面，科学技术的发展在通史编纂中占有越来越大的比重，出现各种科技史的研究与写作；另一方面，历史解释也越来越多地考虑科学技术的因素，科学技术被作为基本的生产力来看待。

第二是工具层次，自然科学成果为历史学研究提供了有效的技术手段，如现代信息技术对收集、整理、分析古代历史信息的巨大作用，考古学田野工作中，历史地理信息系统的建立与应用等。

第三是方法层次，直接或间接借用自然科学方法研究历史，如引进数学模型和统计方法而形成的"计量史学"。

第四是概念层次，用自然科学的概念概括历史现象，如科学史家库恩的"范式"概念被用于说明思想史、史学史中的变革，能力获取与人类社会的演变等理论。

第五是思维层次，主要表现在自然科学对历史哲学和历史观念的冲击上，如量子力学引起对世界持续性的冲击，海森伯的"测不准原理"否定了机械的因果律，迫使历史学家去重新思考历史规律问题，等等。

他的总结已经非常到位。

与传统历史学相比，考古学与自然科学和现代科技手段的关系更为密切。当今考古学的发展趋势之一是自然科学的多学科成果和现代科技手段被越来越多地采用，并被寄予再现真实历史的厚望。从某种意义上可以说，多学科的应用成为考古学中一种政治正确的象征，自然科学思维和现代科技手段的大量使用被想当然地认为将提高考古学科的科技含量，最终实现考古学的科学化。

那么自然科学、现代科技手段与历史学，尤其是考古学之间到底是一种怎样的关系？自然科学思维方式和大量的现代科技手段在考古学中的应用到底能发挥多大的作用？是否能改变考古学的史学属性？这是一个值得深入思考的问题，是科学地认识自然科学与现代科技手段在考古学中的地位，处理好它们之间关系，理性地评判相关成果的理论前提。下面，我们将展开讨论。

一、自然科学与现代科技在考古学中的价值

考古学大量引进多学科手段，走与自然科学相结合的道路是当下的潮流和今后的方向，也被认为是社会科学与自然科学结合的典范。大量现代科技手段和方法被引入考古学发掘与研究之中，如遥感勘探技术、地理信息系统、^{14}C等测年技术、各种理化成分分析手段、各类数据采集、统计与分析技术、地质学、动物学、植物学、病理分析、DNA检测等现代生物学分析手段、各种生态环境研究的思路与方法，等等，作为

考古学学科分支的科技考古日益兴盛[①]。有学者总结道："科技考古大致包含了以下的内容，即依据考古学的研究思路，借用自然科学相关学科的方法与技术，对考古遗址进行勘探，对遗址所在的区域进行调查和采样，对多样遗迹和遗物进行鉴定、测试和分析，对各类与考古研究相关的资料进行定量统计，从而在一定程度上认识遗址或遗迹的空间信息、遗存的绝对年代、自然环境特征、人类自身与体质相关的特征、人类的多种生存活动以及生产和社会行为特征，进一步拓宽考古学研究的视角与领域，提升考古学研究的效率、深度与精度，获取更多、更丰富的古代信息等。"[②]

首先，我们必须肯定自然科学和现代科技对考古学具有重要的价值，多学科与考古学的结合正成为考古学发展的一种趋势和必然方向。具体来说，自然科学与现代科技在考古学中的价值表现在以下几个方面。

第一，提供了我们发现更多古代文化遗存和从这些文化遗存中获取更多历史信息的手段。凭借这些新方法、新手段，我们可以获得远超传统历史文献记载和一般考古发掘所能获得的大量古代历史信息，如古人的生存环境条件、资源状况、饮食状况、绝对年代推断，等等。

第二，拓展了考古学的研究领域，提供了发现问题、观察问题、思考问题的新视角、新资料，填补了传统考古学的诸多空白或无法开展研究的领域，例如人地关系研究、古代工艺技术史研究、人口的迁徙与物品、技术的交流、普通民众的生活状态、动植物的驯化与利用，等等。

第三，提供了我们解读考古发现，阐释古代文化遗存现象和人类行为的理论模式，如利用现代相关手工业工艺知识研究古代手工业遗存，探讨古人的技术成就；用现代生态学原理去探讨考古发现中所蕴含的人与环境关系信息；以现代动植物学知识去研究古代文化遗存中的动植物遗存，进而探讨古人的动物驯化与植物栽培行为及其对人类社会的影响，等等。

第四，多学科结合所得出的结论对考古发现和研究来说，本质上只是一种解读与解释，虽然这种解读与解释不具有排他性、唯一性，但多学科研究可以帮助我们排除那些不合理的解释，即发挥"证伪的作用"，如实验考古学。

第五，现代科技手段提供了高效且便捷的方法与手段，使我们能更有效且直观地观察、记录、整理、分析、展示考古发现，提升我们对古代遗存描述与分析的精确度，改变传统考古学中描述的过度主观性、模糊性。

---

① 中国社会科学院考古研究所：《科技考古的方法与应用》，文物出版社，2012年。

② 中国社会科学院考古研究所：《科技考古的方法与应用·前言》，文物出版社，2012年，第1页。

虽然自然科学的多学科和现代科技手段对考古学有巨大的作用，但我们认为它们对于考古学来说，仍是居于辅助作用的地位，不能改变考古学的研究主体内容——人类文化，更不会改变考古学作为历史学科的根本属性。下面，我们从几个方面对此展开讨论。

二、"均变论"前提的适用性讨论

科技考古学家说："考古学的研究对象是古代的物质遗存。研究对象的这种物质性特征是我们能够在考古学中应用科技考古的关键。科技考古涉及的自然科学学科主要包括物理学、化学、生物学、地球科学、数学等基础学科。这些学科探讨的是特定物质的形态、结构、性质、运动规律及空间形式和数量关系，其系统的科学原理、严谨的科学方法及大量的研究成果充分证明了他们各自的科学性。我们现在把这些基础学科的相关方法和技术与考古学进行有机结合，通过地球科学的方法探讨当时的自然环境，借鉴生物学的研究全面探究古代的人、动物和植物，运用物理学和化学的方法探讨遗物的年代、成分和结构，借助数学的方法对各种资料和测试、鉴定结果进行统计分析。同时，我们对各种研究的设计及结果都要进行考古学的思考。"[1]

这段话说得非常准确，科技考古的前提假设就是"均变论"[2]，正如著名科技考古学家袁靖所说："论及在考古学中应用科技考古的可行性，首先要提到的是科技考古秉承'将今论古'的原则。这个原则来自地质学家提出的'均变论'。'均变论'认为，地球的变化是古今一致的，地球过去的变化只能通过现今的侵蚀、沉积、火山作用等物理和化学过程来认识。推而广之，也可以这样认为，自然界的物质形态、结构、性质和运动规律从古至今都是相同的。通过对现在的研究，就掌握了一把认识过去的钥匙。"[3]

实际上，实证主义考古学也是以"均变论"和"进化论"为假说前提的，即人类文化单线进化，有规律可循，古今人类文化相通，我们以当代的经验、认知就可以再现古代文化遗存背后的古人行为与动机。

对于自然现象和被认为没有文化，只凭生物本能生存的研究对象，如动物（实际上，最新研究显示，许多动物也有某种主动适应行为，即文化现象）来说，"均变

---

① 中国社会科学院考古研究所：《科技考古的方法与应用·前言》，文物出版社，2012年，第2、3页。
② "均变论"由英国地质学家查尔斯·赖尔在19世纪30年代提出，他在《地质学原理》中提出古今地质过程完全一致的原则。见莱伊尔著，徐韦曼译：《地质学原理》（第一册），科学出版社，1959年。
③ 中国社会科学院考古研究所：《科技考古的方法与应用·前言》，文物出版社，2012年，第2页。

论"假设也许可以成立，因为自然现象被认为是遵循一定规律不断简单重复运行的，因而自然科学所提出的理论可以重复实验而获得验证。同样，对于自然现象史的研究，今天的科学认知可以作为我们解释过去相关现象运动与变化的模式和理论依据。

对于人类来说，人类是具有文化属性和生物属性双重属性的物种。对于研究文化属性的人，包括研究其文化演变史的历史学来说，"均变论"假说就未必适用了。对此，我们在第一章已经详细讨论。

那么，对于研究生物属性的人类来说，以及对于具有很强自然科学色彩的科技考古来说，均变论的适用情况又如何呢？

应该说，对于研究作为生物体的人来说，"均变论"假说有其适用性。例如，体质人类学中，我们可以用今天的病理学知识去研究考古发现的古人骨骼上的各种痕迹现象，进而推论古人的生产生活状况。

对于科技考古来说，如果研究只限于考古发现的各种属于自然现象的古代遗存，如古动物、古植物、古环境研究、各种工艺技术研究等，应该说，"均变论"假设前提有其适用性。

不过，对这些古代遗存的研究如果仅仅局限于其本身的话，虽然也有一定的史学价值，但与人类历史关系不大，对认识人类历史的演变意义也不大，不是科技考古的初衷和最终目标。科技考古作为广义历史学一部分的考古学的分支，虽然其研究对象是过去的自然现象，研究手段基本采用自然科学手段，但本质上仍是历史学，是研究与人互动、密切相关的各种动植物和自然现象，同样具有历史学的属性。

首先，科技考古的研究对象是古人及其活动留下的文化遗存，是人类行为的结果，属于人类文化的一部分；其次，科技考古研究对象与作为背景的相关人类文化遗存关系密切，对科技考古数据的解释离不开特定的人类社会历史背景和相关的人类行为遗存背景的解释；最后，科技考古的目的是研究古人的行为、文化及其演变。总之，离开了人类历史研究，科技考古也就失去了其基本价值。

只要将动植物或自然现象与古人联系起来，将它们视为人类行为的结果，即作为人的文化现象来研究，就具有了某种文化属性，必然具有人类文化的复杂性，从而使"均变论"假说前提在科技考古中的适用性受到很大影响而具有相对性和局限性。例如，古代灰坑内出土的小米和猪头骨，属于什么物种，是家养的还是野生的，这些属于小米与猪本身的问题，相对简单，运用当代相关植物与动物学知识就可以回答这些问题。一旦如果将这些小米和猪头骨遗物与人类的行为和动机联系起来，试图解答以下问题：是什么原因造成这些小米和猪头骨出现在这个灰坑中？出小米与猪头骨灰坑的性质与形成原因是什么？它与周围灰坑、墓葬、房址等遗存是一种什么关系？这些现象反映了古人怎样的行为与观念？谁栽培了这些小米或饲养了这些猪？它们是如何被栽培或饲养的？谁消费了这些小米与猪肉？为了什么目的？社区或家庭是如何组织生产与食物分配的？等等，问题马上就变得复杂起来了。由此可见，遗存现象一旦与人类行为联系起来，涉及遗存背后的人及其行为、动机，问题就复杂起来了，而这又恰恰是科技考古和考古学研究真正关心和需要解决的问题。

因此，我们要清醒地认识到："均变论"前提只能是一种简单的假说，其适用范围是有限的和相对的。

三、多学科手段与成果的阶段性和相对性

如同考古发现与认识都是阶段性成果一样，多学科及其应用也具有阶段性。各门学科和现代科技都处在日新月异的发展之中，新的技术手段不断代替旧的技术手段，新的理论不断否定旧的理论。表现在多学科在考古学的应用上，就是新的数据不断更新旧的数据，新的观点不断代替旧的观点，我们的所有数据与认识都是阶段性的成果，终极的结论是否会出现，至少我们现在还看不到。

除了自然科学和现代科技手段自身的持续发展外，其他诸多因素也会影响到成果的相对性与阶段性。

首先，样品形成原因与过程的复杂性。样品本身与遗存单位是否同时？是否有早晚期样品的混入？任何样品都是保存于特定环境背景下的某些遗存中，不同埋藏环境和形成原因对样本的保存产生着不同的影响，并最终影响到检测结果的数据。

其次，所有样品都是被选择性发现和提供的，其代表性是被发掘者所赋予的。

再次，在样品的检测过程中，有许多未知的和已知的因素影响到数据结果。例如，同一样品，提取不同的部位，如表皮与内部，用不同的检测方法，检测结果很可能不同。关于宝鸡茹家庄强伯夫妇墓出土的费昂斯珠（即我们称的"料器"），王世雄测定认为其与4件汉代玻璃制品有极其相似的铅同位素比率，结构特征属中国自制[1]。姜中宏等学者测定其表层比值远离埃及等中东地区铅同位素比值，也可以确定其为中国原料的制品[2]。但彭子成等采用电子探针方法对相同标本进行测试，却始终没有发现铅元素的存在[3]。

---

① 王世雄：《陕西西周原始玻璃的鉴定与研究》，《文博》1986年第2期。
② 姜中宏、张勤远：《用铅同位素比值特征研究中国古代铅（钡）玻璃》，《硅酸盐学报》1998年第1期。
③ 彭子成等：《对宝鸡强国墓地出土料器的初步认识》，《宝鸡强国墓地》，文物出版社，1988年。

最后，样品的考古学背景的相对性，如前面所论及的考古学分期、遗存性质的解读、文化背景的建构等。

四、对数据阐释的多元性与复杂性

检测数据不会说话，多学科测试所得到的数据犹如考古发现的古代遗存材料，不会告诉我们相关历史文化信息，必须通过我们的解读，才会被赋予历史文化意义。如果不予以解释，对我们的历史研究来说，它只不过是一堆毫无意义的数据而已。另外，数据的解读又必须与考古发现所提供的背景信息相结合，尤其是与相关考古学、历史学问题相结合，才能被赋予某种价值与意义，如解决了某个历史问题，证明了某种史学观点，推翻了某种史学旧说，等等。数据的解读既离不开研究者，也离不开历史学的相关问题与背景。

自然科学的科技手段和测试数据也许能做到某种程度的客观性，可检验和可重复性，可一旦考虑到测试样品的来源与形成原因的人为性，以及对测试数据解读的主观性，问题就不再那么简单了。解读受到解读者、产生与采集样品的人及其社会环境等各种复杂因素的影响，对数据的解读往往是多元的。米塞斯说："社会科学史的事例表明，即使是面对着'确切'的资料，我们对这些资料的解释也可以是非唯一性的。""社会科学所研究的每个事实和经验都可有无数种解释。""同样的事实，同样的统计数字，可以被用来证实相互矛盾的理论。"[1]所以，奥特加说："以往的自然科学研究采取的是自然主义的路数，它不能揭示人的实质，即人的生活和历史。这个路数在物的方面的研究的成功及其所表现的威力，与它在人的研究方面的失败和无能形成了鲜明的对照。"[2]

具体例证如对扶风上宋北吕周人墓地出土费昂斯的成分分析表明其含有一定量铅的历史文化意义的不同解释，王世雄认为是中国制造的[3]，但美国学者布里尔（Robert H. Brill）则认为，对其中两件标本的铅同位素分析表明，其中一件所含的铅可能来自中国（也可能来自其他地方），另一件中所含的铅很有可能来自埃及，其墓主人或其先人可能是外来的[4]。

---

① 谢立中：《社会科学解释难有唯一性》，《中国社会科学报》2013年3月22日第A08版。

② 何兆武、陈启能：《当代西方史学理论》，上海社会科学出版社，2003年，第288页。

③ 王世雄：《陕西西周原始玻璃的鉴定与研究》，《文博》1986年第2期。

④ Robert H. Brill, Glass and Glassmaking in Ancient China, and Some Other Things from Other Places, the Toledo Conference, 1993.

　　对数据的解释除了存在多元性外，还存在相当的不确定性，如某地遗址样品检测数据所反映的气候与环境特征是当地局部小环境，还是区域大环境？如果长期渐变性的气候波动对人类的影响是一个逐渐显现的过程，那么，人类社会与文化在短期内所发生的剧烈变化是否就是长时段气候波动的结果？这些问题都需要进行深入的分析，而不是通过简单对应就做判断。

　　在考古学研究的实践中，对自然科学的迷信和对各种检测数据的简单化解读却是多学科手段在考古学应用中的常见现象。例如，有学者指出，玉料的来源研究本是一个很困难而且非常复杂的问题，严格而言，只有知道所有可能来源的古原材料产地后，才能通过适当的方法准确地追溯原材料的具体来源。但很多学者对古玉产地的判断，仅仅凭借肉眼的鉴定和后世文献材料记载，并没有进行全面系统的分析，也缺乏完备数据库的支撑。实际上，一般外观特征相似而出自不同产地的软玉多有。有些地质学家也经常仅凭简单的矿物组成来分析、推测古玉产地，而这些所谓的"古玉产地"通常也就是目前已知的几个现代玉产地。现代已知玉矿的产地，并不能代表古玉矿的分布，我们现有的玉材产地的材料，远远不足以建立可用于溯源研究的数据库①。正是这种高精确度基础数据库的缺乏，"和田玉"由过去一般认为的对产于新疆和田地区的优质玉石的专称变成了现在的泛称，即指一切与产于和田的优质玉石外观相似而结构、质地实有差异的玉石，如产于我国青海、俄罗斯的玉石。

　　有学者一针见血地指出："很多文章和书籍，在提到殷墟玉器的原料来源时，都认为它们来自新疆和阗，似乎已是'科学的定论'。……可是事实并非如此。我们认为，殷墟玉器玉材来自'和阗'，只是一个人为造成的'谜团'，而这个'谜团'随着时间的流逝（而不是研究的深入），'可能'就变成了'定论'，'假设'就变成了'事实'。"②本来，我们的历史学研究成果都是各种"可能"和"假设"，但我们把它们当成了"定论"和"事实"！许多历史知识、共识就是这么演变而来的。作为专业研究者，我们对此应有清醒的意识。

　　案例分析：分子生物学能否解决民族或家族溯源问题。

　　迄今为止，在偏重人类生物属性而基本不涉及人类文化现象的有关人类起源与进化的研究方面，自然科学手段尚未能起到一锤定音的作用，如分子生物学家所提出的

① 荆志淳、唐际根、何毓灵等：《商代用玉的物质性》，《殷墟与商文化——殷墟科学发掘80周年纪念文集》，科学出版社，2011年，第109、110页。

② 荆志淳、唐际根、何毓灵等：《商代用玉的物质性》，《殷墟与商文化——殷墟科学发掘80周年纪念文集》，科学出版社，2011年，第111页。

有关现代人类起源的"夏娃理论"，就受到了古人类学界的质疑。在世界学术界，围绕现代人类出自非洲说的"夏娃理论"和杂交进化说的"多地区进化理论"之间出现激烈的论辩。质疑者指出"夏娃理论"不仅实验假设存在的问题，更关键的是，"夏娃理论"与考古发现的古人类化石证据不符[1]。"由于实验数据的唯一性、排他性和诸多假设条件，不同的实验样本往往导致不同甚至相差甚远的结论，对相应实验结论的解读也千差万别。"[2]"越来越多的新化石和遗传学的研究成果告诉我们：现代人和最古人类的起源和进化远比过去所认为的复杂得多。"[3]中国科学院古脊椎动物与古人类研究所研究员高星指出，新发现证据和研究显示现代人与其他化石人类之间存在基因交流和共存现象，同时，由于"夏娃理论"的主要证据来源与论述落脚点是非洲和欧洲、西亚，中国的材料很少被这个假说纳入研究视野，尤其是东方的"早期智人"受到严重忽视，因而带有很大的偏见和局限性。实际上，东亚地区的化石记录表明，现代人在东亚出现的时间早于"出自非洲说"，当地现代人的起源是一个复杂的过程，不可能仅仅是迁徙而来的非洲人种的后裔。近现代东亚人的祖先既包括非洲人，也包括在不同时期进入东亚的其他人群以及更早的东亚人，是"连续进化附带杂交"的结果。他认为，随着研究的深入，尤其是在中国地区古人类研究新材料的发现和新成果的产出，中国乃至东亚将逐渐成为解决现代人起源与演化问题的重点地区。未来，人类起源的相关研究突破乃至重大理论的改写、创新，很可能发生在中国和东亚[4]。

进入人类文化日益发达的新石器时代以后，文化左右了人类的思想观念和行为方式，成为人类生存与发展的基本手段，作为文化属性的人更为突出。分子生物学方法的应用和检测数据的解释都受到人类文化现象的左右，在历史学研究中的作用就更为有限了。

对于当前史学界所热衷的用分子生物学手段进行民族探源和家族血缘溯源研究来说，希望借助基因检测的手段来解决民族、家族的溯源和血统问题的前提是人类生物属性上的血统纯洁性。实际上，人类的各种行为、需要和主观认同变化都会影响到生物性特征遗传的纯洁性，如收养、过继、通奸等行为可能导致生物特性的DNA遗传已变而文化属性上的家族一脉相承，血统不变，而攀附历史上的名人强拉作自己的先祖、赐姓改姓、子随母姓、进入中原的外来人员在融入中华民族过程中改姓汉人姓

① 唐红丽：《非洲"夏娃"是现代人类始祖吗》，《中国社会科学报》2012年12月7日第A04版。

② 唐红丽：《非洲"夏娃"是现代人类始祖吗》，《中国社会科学报》2012年12月7日第A04版。

③ 吴新智：《探秘远古人类》，外语教学与研究出版社，2015年5月。

④ 高星、彭菲、付巧妹、李锋：《中国地区现代人起源问题研究进展》，《中国科学：地球科学》2018年第1期，第30—41页。

氏、宗教信仰的影响等现象则会导致生物属性的DNA遗传是延续的而文化属性方面家族血脉相承关系的主观认同已变。例如，作为东汉末年的大族——曹氏在家族传承上就涉及非血缘因素的影响。根据《三国志·魏书·武帝纪》等有关史料记载，曹操父亲曹嵩是过继给其祖父曹腾的，至于是家族内过继还是外姓过继，没有明确记载，仅注明其"莫能审其生出本末"。而吴人作《曹瞒传》及郭颁《世语》均言："嵩，夏侯氏之子，夏侯惇之叔父。太祖于惇为从父兄弟。"连曹操是本家族内过继，还是外姓过继都无定论，更遑论近两千年以来曹氏家族在亲属传承关系中各种因素对族谱记载的影响。如果我们不能理清、排除这些非遗传因素，我们有何能以今之曹姓DNA特征反推古之曹氏和曹操的DNA特征呢？

据《新闻晚报》2007年2月5日消息，用时两年完成的《中国姓氏统计》调查人群数量将近3亿，基本涵盖全国，找到约4100个姓，而历史上曾出现过的姓达24000多个。也就是说，中国已有2万个姓氏消亡了。项目主持人袁义达认为："从规律上看，小姓消亡，大姓兴盛是明摆的事。南北朝时期，鲜卑族人进入中原后，大量改为汉族的姓，因此许多小姓的数量大大降低，甚至消失。元、清等朝代，大量外族人进入中原，汉化后加入了汉族姓氏队伍。""子随父姓的概念也不是铁定的，不少人接受母亲的姓。"[①]

2009年10月22日《南方都市报》刊登了孔子后裔的一张最具代表性的照片：孔子后裔中有黑人、白人、黄种人。武汉生物制品研究所研究员严家新说："笔者并不否认家谱研究有一定的社会学意义，但作为遗传学家，笔者认为整个社会应当淡化姓氏的观念。社会学界对所谓'姓氏文化'的研究，应立足于'文化'的传承，而不是荒诞的'血统论'暗示。'君子之泽五世而斩'，过了5代以后，后裔与先辈在遗传上的关系就微乎其微了（除了某些单基因决定的遗传病）。所谓传承了80多代的'孔子世家谱'，从遗传学的角度看并无意义，可作为传统家谱的最佳代表进行剖析。"[②]

总之，建立在人类生物属性基础上的DNA测试手段并不能完全解决人类文化现象之一的家族溯源问题。

此外，测试样品的来源和样品主体身份的确定也是一个非常复杂的问题。例如，经过后代盗掘的墓葬，墓葬内的骨架是谁，样品是否被污染，就已经具有了不确定性，河南安阳市安丰乡西高穴村的所谓曹操墓就具有这种不确定性。

另外，正如我们前面强调的人不仅具有生物属性，更具有文化属性，文化属性使

① 龚星、李宁源：《新百家姓统计完成　2万4千个姓氏目前只剩下4千》，《新闻晚报》2007年2月5日第4版。
② 严家新：《遗传学不承认"孔子后裔"》，《环球科学》2009年第3期，第86页。

人类的任何问题都会变得复杂。我们必须弄清楚民族、家族形态是决定于人的生物属性，即血缘，还是也决定于人的文化属性，即文化认同。

分子生物学解决民族溯源问题的前提假说是"民族"是一种客观存在，是由人的生物属性决定的，古今不变，同一民族一定有共同的血缘关系，古今人之间血缘一脉相传，因此，我们可以通过DNA手段检测今人之间、今人与古人之间的血缘联系，进而解决民族认定和民族溯源问题。

根据今天广泛被人们接受的"民族"主观认同论的理论，民族不过是人们的一种主观认同，且处于不断的变动之中。民族是人类的一种文化现象，是基于人类需要而建构的具有时代性的、相对的、不断变化的、没有确定标准的主观认同体，而不是由人类的生物属性决定的，也不是与生俱来的，虽然共同血缘常常被拿来作为培育共同认同的理由。例如，1960年，内蒙古的许多蒙古族家庭收养了来自沪苏浙皖等地的幼小孤儿，这些孤儿成人后也就成为蒙古族，同样，二战时期的许多日本遗孤被中国人收养而成为中国人。吕思勉说，蒙古族乃是室韦、突厥、鞑靼的混合。陈寅恪、钱钟书都强调，中国历史上华夷之辨的标准重在文化而不在种族。陈寅恪认为，所谓胡化和华化的问题，是文化的问题，不是种族的问题。钱钟书认为，华夷之辨在历史上没有确指，其断限在于礼教，而不单指种族[1]。

我们虽然强调民族认同中的共同血缘关系，如所谓"炎黄子孙"的身份，但这实际上是一种历史记忆建构的结果，一种说法而已，并不一定反映出某种生物性质的血缘关系真实存在，区别人类种族的更多的是文化认同。

从人类基因本身来说，美国最早宣布破译人类基因密码的塞莱拉公司负责人万特博士说，基因图谱并未显示"种族"之间有何差异。大多数科学家相信，区别人类种族的那些标准实际上与生物学概念几乎没有什么直接的关系。区别不同种族最常用的特征，如皮肤和眼睛的颜色、鼻子的宽度等，是由相对而言极少数的基因控制。这些基因的变化是为了适应环境所带来的巨大压力。例如，赤道地区的人皮肤黝黑，是为了减少紫外线辐射的伤害；而北方地区的人皮肤白皙，是为了在较弱阳光下人体能产生较多的维生素D[2]。

对中国人的基因研究结果同样如此，"中国实际上并不存在纯种的汉族人，甚至连汉族的概念，在DNA检测下都已经不复存在"。"中国不存在纯种汉族人与长期的

① 刘梦溪：《钱锺书与陈寅恪》，《中华读书报》2015年5月27日第13版。

② 吴苡婷：《中国人从何而来？人类迁移路线图，原来全球人类真相是这样……》，搜狐网，2016年9月3日，http://www.sohu.com/a/113487006_465911。

大规模人种迁移也有关系，在很长的历史时期内，周边少数民族甚至周边国家都在不断与汉族融合。""根据研究，现在的客家人倒是很纯粹的继承了当时中原人的文化传统，比如他们说古语，风俗习惯也有历史痕迹，他们才是真正的中原人，但他们现在只能以少数族群的形式存在了。"①

中国古代文献关注的则主要是家族和家族史的叙述，文献中的族往往是家族或基于共同血缘关系传说的族群，而非当代意义上的民族及民族史。

如果真要强调每个民族体内的成员彼此之间具有血缘的关系，那么，按照生物检测数据而提出的"夏娃"理论假说，现存的所有人类都是几万年前非洲老祖母的后代，彼此之间都存在血缘关系。如此，则作为民族区分标准之一的血缘纽带也就没有意义了。"已有研究证明，如今纠纷不断的以色列人和巴勒斯坦人在7800年前其实共有一个祖先。"②

总之，民族认同与体质差异并不是一致的。后者是天生的生理体质的异同，前者则是主观认同的差异，是文化环境和教育塑造的结果。"民族"归属感和人们的心理认同倾向是人的文化属性的表现，而不是决定于人的生物属性。因此，以DNA检测手段来解决民族源流问题是不可能的，基于人的生物学属性的DNA检测手段解决不了人的文化属性决定的民族归属与溯源问题。况且，人的生物属性也不是我们想象的那么稳定。

罗新深刻地指出了基因分析方法在研究人类家族、民族起源问题时的技术和理论方面的缺陷。他说："古代并没有现代'民族'这样的概念与社会实体，只不过有大致上近似于现代'族群'这样的观念和社会存在。但即使是这样的社会集团，其本质仍是非血缘的，把这样的集团维系在一起的，并不是血亲纽带，而是文化、政治和历史传统，而且所有这样的人群，都处在持续变动的历史过程中。最值得现代研究者警醒的，就是古代族群结构的流动性和族群边界的开放性。""所有古老的缘饰与解说所努力的方向之一，就是把当下人群描述为一个血缘性的集团，用生物学意义上的血亲联系掩饰内在的政治联系。近代以来的民族观念，以及'民族—国家'的政治实践，正是这一历史传统的延伸。""这样的所谓'民族'，只能以政治和文化来定义，如果试图以生物学定义来描述其足以区别于相邻人群的特性，那注定是水中捞月。"③寄希望于利用科技手段通过分析人的生物属性来解决人的文化属性的问题是错

---

① 李宁源：《中国人种迁徙解密：DNA检测下已无纯种汉族人》，《新闻晚报》2007年2月13日第06版。

② 严家新：《姓氏崇拜的遗传学含义》，《南方周末》2011年2月10日第E20版。

③ 罗新：《基因技术应用于历史研究的陷阱与机遇》，《文汇报》2014年11月21日第T07版。

位的，想当然的，也是不可能的。有鉴于此，我们认为基于人类生理特征的DNA手段解决不了作为人类文化现象的家族、民族起源问题，最多不过是提供一种历史说法而已。

另外，我们必须意识到，民族起源研究课题不过是当代民族主义思潮盛行时代背景下的问题，犹如民族发展史不过是民族主义盛行时代背景下重构历史记忆需要的反应。在近代从天下王朝向民族国家转变的世界潮流中，在当代民族主义思潮盛行的语境中，我们的史学研究关注古代族群源流研究，希望将古代族群与当代民族联系起来，进而满足重构民族历史记忆，强化民族认同，主张民族权利的需要。正如王明珂指出的："常常民族溯源研究本身成为一种主观上诠释当前族群状况与反映族群情感的工具。学者以重建'历史'来阐述本民族为何优越，他族为何低劣，以及表达对本民族的期望。"①

我们不知道这个世界上是否存在某支历经几千年，乃至上万年发展仍然保持纯洁血统的族群，这种想象可能只存在于传说中，而未必存在于自在的历史真实过程中。那种自认为自己民族血统纯正，古已有之，源远流长的理念是民族主义历史叙述建构的产物。

总之，虽然分子生物学手段与理论引入考古学研究让我们获得了研究古史的新手段、新视角，提供了许多过去不曾获得的新信息，迫使我们反思过去的各种观点，甚至导致对古史的一些新解读与新建构，但并没有改变历史学的本质特性，实现历史学科的实证化，也不能保证自在历史的真实再现。

五、实验考古学的价值与局限性

自然科学思维在历史学、考古学中应用的典型代表大概要算实验考古学了，因为它具备了假说——实验验证的实证科学的形式，因此，往往被视为考古学实证科学化的证明。我们应该如何看待实验考古学呢？它是否能证明考古学可以成为一门实证科学，为实现史学的科学实证化提供一种路径？

什么是实验考古学？

新考古学认为"实验考古学是用实践、尝试或试验来判断一种有关古代人类行为解释的理论或想法"②，因此，可以被看作中程理论建设的一部分。例如，复制古代石器和陶器以探索古人的制造工艺技术，仿制古代的木筏横渡太平洋以证明富于冒险的

---

① 王明珂：《华夏边缘——历史记忆与族群认同》，社会科学文献出版社，2006年，第43页。
② 陈淳编著：《考古学理论》，复旦大学出版社，2004年，第207页。

秘鲁人曾经从海路到达波利尼西亚，模仿史前的条件用石斧种植古老的农作物以观察这样的经济是否有好的收成，模仿遗址废弃过程的实验和居址破坏与物质材料毁损实验等，都被考古学家用来解决考古遗存形成过程和文化动力问题的研究[①]。

当代考古学者马蒂安对实验考古的定义是："实验考古作为考古学研究的一个分支，是在可控的模拟实验条件下，设计一系列的方法、技术和手段等，重现古代各种物质文化和社会系统的现象，目的是检验或建构考古学研究的可供实物观察的假设，从而为考古学的阐释分析提供数据支持和依据。"不过，他明确指出，实验参数的多变性无法完全掌控，古人在加工一件器物时可能会采用很多灵活的方法，而我们进行模拟实验时，无法将所有的可能参数都进行模拟。因此，即使通过实验我们成功复制了某件器物，也只能说这种方法是这种工具的加工方法之一[②]。他对实验考古学的这种认识是客观、清醒的，实验考古学所证实的可能性并不一定就等于历史的真实，曾经发生的真实历史就是如此。

因此，我们也可以这么看待实验考古学，即实验考古学本质上是以当代的认知、经验去解读、推测古人的认知与行为，即使我们自认为使用的是古代的技术手段、方法和材料，也仍然属于当代的认知。实验考古学只是提供了一种验证某种"历史解释或假说"是否具有可能性的手段，并不能做出具有排他性的真假判断。同一个结果往往会有不同的思路、方法和方案，殊途可以同归，如关于诸葛亮"木牛流马"的不同复原方案。

有学者也注意到，"一般来说实验结果很少能提供结论性的答案，只能为我们对史前的工具或技术提供一些深入的了解，这是因为它无法肯定古人就是以这种特定的方法生产和行事。""民族考古学和实验考古学为考古学家提供考虑的各种可能性，为特定的问题提供各种不同的解释方案，但是它们都不是一种绝对的答案。"[③]

《中国社会科学报》2011年3月1日发表了一组关于张衡制作地动仪以及后人复原张衡所制地动仪的文章，文后的记者手记写道：18世纪以后，仅世人熟知的对张衡地动仪复原的图纸就有十几种。各方在复原中都尽量逼近文献所记载的地动仪原貌。但正如中国社会科学院考古研究所汉唐考古专家卢兆荫所说："张衡地动仪究竟是不是现在复原的这个样子？很难说。因为张衡造好地动仪距今已将近两千年，考古方面也没有发掘出有关张衡地动仪的物质资料。所以，只能说是现代的地震学家根据现代的

① 陈淳编著：《考古学理论》，复旦大学出版社，2004年，第129页。
② 张清俐：《实验考古学搭起古今对话桥梁》，《中国社会科学报》2016年7月13日第1版。
③ 陈淳编著：《考古学理论》，复旦大学出版社，2004年，第207、208页。

地震原理，结合文献记载，有根据地进行复原。但究竟跟实际的张衡地动仪相差多大，也很难说。因为就算原理一样，工艺水平也不一样。谁也不能为张衡地动仪下定论。"今人很难了解张衡关于地动仪的理论以及对地震波在震动方面的认识状态，只能以现在的知识进行复原。关于张衡地动仪的讨论在继续，复原工作也在继续，各种复原模型还将源源不断地出炉①。

实验考古学家虽然不能做到再现真实的历史，但并不能否定其重要性。因为，虽然实验考古学不能肯定什么观点是"对"，但可以发现什么观点是"错"，是不成立的。由此，实验考古学可以推翻过去许多史学的"成见""不疑之论"。例如，2010年12月8日流言终结者录制的《阿基米德的死亡光线4.0》节目中，验证了一个备受争议的古老谜团：希腊科学家和学者阿基米德是否仅用镜子反射太阳光就点燃了入侵的罗马舰队？为了测试这则流言，实验者亚当和杰米动用了前所未有的方式。他们定做了500面镜子，并在一面贴了古铜色的胶带纸。买来一艘救生艇，改装成古罗马船的样子。由麻省理工学院的人扮作500名士兵。结果是无论他们用"铜"镜，还是现代镜，都只能让温度升高，因而无法使船着火。由此否定了"阿基米德仅用镜子反射太阳光就点燃了入侵的罗马舰队"的说法。

不过，我们也要指出，这种除"错"的结论也有其相对性，因为今人做到的，古人未必能做到；今人做不到的，古人未必做不到；你我做不到的，他人未必做不到；现在做不到的，将来未必做不到。随着研究的深入和实验过程的改善，过去因实验而被排除的观点可能又被证明是可行的。据专门研究青铜器铸造的专家刘煜说，我们今天以实验方式仿制不出的青铜器，古人按同样工艺未必做不出，因为今天的实验者与古代工匠在经验积累、操作技巧等方面的差异极可能影响实验的结果。

宾福德说："实验考古学是另一个让现在服务过去的研究方法，其目的是为准确解释考古材料提供佐证。"②宾福德在此使用"佐证"一词非常准确，确实，实验考古学只是提供一种解读考古材料、认识古人行为的参考模式，而不是对某种观点、解释的证实或历史真相的揭示。

历史不可能重演和再现，任何实验考古学都是研究者以自己的想象和当代的知识去推测古代的历史真相，地动仪的复原如此，"木牛流马"的复原如此，实验考古也如此尔。实验考古学不能提供排他性和唯一性的答案，也即不能给我们历史的真相，只能给我们提供某种可能的解释与说法。

---

①　唐红丽：《张衡地动仪探讨促古代科技研究》，《中国社会科学报》2011年3月1日第A02—A04版。

②　〔美〕路易斯·宾福德著，陈胜前译：《追寻人类的过去：解释考古材料》，上海三联书店，2009年。

六、作为研究手段的自然科学和现代科技
与作为研究对象和目的的历史

　　科技考古学家袁靖说："把科技考古各个领域的研究与地球科学、生物学、物理学、化学、数学等纯粹的自然科学研究进行比较,主要有四点共性:一是使用同样的仪器设备;二是依据同样的分析原理;三是运用同样的技术手段;四是对由同样的化学元素和物质结构组成的对象进行分析。主要有两点区别:一是分析的材料在时间上的差异性,前者的材料肯定属于古代,后者的材料则包括现代和古代;二是研究目的的不同,前者主要考虑如何解释古代人类的行为,探讨人类的历史,属于人文科学的范畴,后者则是认识物质的形态、结构、性质和运动规律,完全属于自然科学。"[①]

　　他说得非常到位,正是后两点决定了科技考古和各自然科学学科的不同。自然科学是作为当代人的科学家来研究各种自然现象,包括作为自然现象之一的生物——人,人文社会科学是作为当代人的科学家来研究人类的各种文化现象,包括人的行为、观念、组织等各种人类创造物。作为人文社会科学之一的考古学则是考古学家通过人类物质文化遗存来研究古人及其文化现象。

　　根本上来说,科技考古研究的研究对象不是各种纯自然现象,而是古人的文化现象,是人类留下的物质文化遗存。古人的行为、观念和社会形态决定了这些物质遗存的形态特征。反过来,考古学家又希望通过这些物质形态的文化遗存去认识其背后的古人行为、观念和社会形态。在这一过程中,科技考古提供了自己的独特手段、视角、数据资料和相关解释。

　　自然科学的多学科和现代科技在考古学中的应用本质上是作为一种研究历史的手段,最终目的还是认识人类的过去,即古人及其创造的文化,其最终价值也只有在历史解读与建构中才能得以体现。如果不是为了史学的目标,不放入一定的史学建构和解释框架内,任何自然科学的应用所获取的信息都是没有意义的。

　　虽然自然科学和现代科技手段对考古学的价值不可否认,而且在考古学实践中也被广泛应用,并形成科技考古这类的学科分支,但其自身及其应用的相对性、局限性和服从于历史学本质特性的特征也越来越清晰地表现出来,并渐渐为大家所认知。作为一种应用,它们可以丰富考古学的研究方法与内涵,但不可能超越作为广义历史学一部分的考古学的范畴,更不可能改变考古学的本质特性。正如现代科技检测手段在

---

① 中国社会科学院考古研究所:《科技考古的方法与应用·前言》,文物出版社,2012年,第3页。

法院审判中的应用，各种科技检测所提供的鉴定意见只是证据之一，而不是最终的结论。鉴定意见和其他证据一样，都要经过质证，要与其他证据相一致，构成证据链，才能作为判决依据。鉴定意见是否采信，如何解释，最终由法官决定。同时，对鉴定意见的判断和使用要注意两点：其一，鉴定结论不能因其所具有的科技性而获得预定的证明效力。由于主客观原因的影响和限制，鉴定结论不排除出错的可能，所以还需要对其进行检证。其二，鉴定结论只应回答专业技术问题，不能回答法律问题，正如科技考古检测只回答其本身问题，不能回答人类历史问题。

　　总之，科技手段只是手段，再广泛的应用，再多先进设备的配置，都不能改变考古学作为史学的根本属性。通过大量引入自然科学的思路、理论和手段试图实现历史学、考古学的实证科学化是一种不切实际的期望。科学不是万能的，虽然自然科学手段和思路在历史学科中的应用有其重要价值与意义，但并不能改变历史学作为人文学科的根本属性，不能使历史学成为一门实证科学。历史学、考古学不是非此即彼、对错分明的自然科学，而是多元解读与叙述并存的人文学科！

第五章　历史学家的核心作用与影响

卡尔·贝克尔说："人人都是他自己的历史学家。"

第一节　历史由历史学家记录、阐释与陈述

大量而无序的各类文字资料、各种古代物质遗存只有经过史家的发现、记录、选择、解读、阐释才能成为史料，这些史料只有通过史家的建构才能形成有序的历史叙述。"历史由历史学家记录、阐释与陈述。"这似乎是一句废话，但其实不然。在实证主义史学中，史家是被无视的存在。对于实证主义史学来说，记载历史事实的史料是客观的，它存在于历史学家主观之外并不受其影响。历史学家应该而且可以做到排除"自我"，消灭"自我"，他应该是一件工具，一面镜子，一架客观记录、传递信息的机器。实证主义史家相信史料本身会说话，史学就是史料学，历史学家在史学研究中应该处于"无我"状态，严守中立，正如朗格罗瓦和赛诺波的名言：历史凭史料而自行工作。虽然，有时他们也意识到研究者在历史研究中的影响，但他们认为通过要求研究者保持中立态度，并采取一些科学方法可以消除这种影响。

但越来越多的史学家认识到史学的真相并非如此简单，由自在的历史到表述的历史，历史是由历史学家记录、阐释与陈述的，历史学家的主观能动性在其中发挥了核心作用。无论我们承认或否认，史家都在那里，并试图通过陈述历史来表达自我，影响他人。虽然他往往不直接宣传自己的主张，甚至以客观、旁观者而自诩。

其实，中国史学传统一直重视史家的作用，从刘知几在《史通》中对史学、史家的相关论述，到章学诚在《文史通义》中对史家的史德、史识、史才的论述，都强调了史家对历史著述的影响。章学诚说："义理存乎识，辞章存乎才，征实存乎学。"史家的才、学、识与史著密切相关[①]。虽然，这种史德、史识、史才是以儒家的史观为标准的。

波兰新马克思主义史学家托波尔斯基将历史研究活动分为十二个程序或步骤，即：①研究范围的选择；②问题的陈述；③确定有关问题的资料；④解读以资料为根

---

① 章学诚：《说林》，《文史通义校注》卷四，中华书局，1994年。

据的数据；⑤研究资料的真实性（外考证）；⑥研究资料的可靠性（内考证）；⑦确定资料提供了直接信息的那些事实；⑧确定资料没有提供直接信息（包括证实）的那些事实；⑨因果的解释（包括证实）；⑩确立规律（包括证实）；⑪综合的解说（回答研究的问题）；⑫历史事实的（适当的）评价。在这12个步骤中，只有第⑦项才需要基于史料的知识，第⑤和第⑥项既需要基于史料的知识，又需要不基于史料的知识，其余九项都只需要不基于史料的知识①。我们可以看出，其中第①、②项与现实和个人的价值体系有关，第③—⑥项即史料批判不仅需要基于史料的知识，也需要不基于史料的史家的知识，第⑦、⑧项中历史编纂与历史事实的选择与解释是互动的，史家与诸多当代其他专业研究者一样，存在着普遍的选择性议题和选择性证据现象，有意识的选择与遗忘、忽视。历史记忆具有选择性和重构性，这是人类的特性。第⑨、⑩项中，20世纪西方史学各派是共同的，即要求给予历史现象以解释，做出理论陈述。但不同派别有不同的解释理论，这取决于史家的世界观、人生观等认知体系，如进化论、天命论、目的论、技术工具论、动机论、思想观念论、生态变化论、经济论、功能主义、结构主义、规律论，等等。总之，在所有这些步骤中，历史学家都发挥着主导作用。

美国历史学会主席卡尔·贝克尔说一切历史著述都是主体化的历史。"历史是一种想象的产物，是属于个人所有的一种东西；这种东西使我们每一个普通人从他个人的经验里塑成的，以适应他实际的或情绪上的需要。"鉴于历史学家无法完全认识或根本无法认识历史的真相，因此历史知识只是历史学家表现"自我"的一种重建工作，历史知识与历史真实的关系不能确定。由于历史学家在进行历史研究时会受到其时代观念和个人偏见的影响，因此世界上根本不可能存在客观实在的历史知识，历史学家得到的历史知识便成了适应每个时代的需求和根据历史学家的自我观念而制造出来的东西②。

巴西圣保罗大学的玛丽亚·露西娅·帕拉蕾丝-伯克（Maria Lucia Pallares-Burke）在《新史学：自白与对话》中通过与九位引领新史学运动的史学家的对话，让每一位历史学家说明他们研究方法的合理性，反思自己的思想轨迹。通过对话，历史学家原本可能深藏不露的经历和思想被清晰地展现出来，表明史学家在历史研究和建构中发挥着核心作用③。正是因为史家在历史研究与陈述中的关键作用，所以，有什么样的史

① 朱本源：《历史学的理论与方法》，人民出版社，2007年，第74—78页。

② 〔美〕卡尔·贝克尔：《人人都是他自己的历史学家》，《历史理论与史学理论》，商务印书馆，1999年。

③ 〔英〕玛丽亚·露西娅·帕拉蕾丝-伯克编，彭刚译：《新史学：自白与对话》，北京大学出版社，2006年。

家，就有什么样的历史，史家有多深刻的人生体悟和知识，他的历史认识与研究就有多深刻。

有学者提出，影响史家个人独特的主体意识结构的因素包括：哲学观点（认识主体的世界观、人生观、伦理观、价值观等）、政治立场、知识基础（史学家以往接受全部文化教育所获得的知识的总和）、生活经验、情感以及性格气质。"（这些诸因素）通过相互渗透、相互包容、相互作用形成一个认识结构整体去实现其认识功能的。""由于每个史学家不同的知识基础，独特的生活经历、情感意志、性格气质等心理因素方面的特殊素质，以及由这些诸多特殊的个人因素所渗透其中的哲学观点、政治立场，就使得每个史学家的主体意识结构都显示出鲜明的个性特征。""不同认识主体的主体意识条件，是史学领域百家争鸣的根源。"[①]所以，费弗尔说："没有历史；只有历史学家。"詹姆斯·E.扬说"历史是由一定的具体个人在一定的时间和一定的地点回忆和叙述的，因而历史也是由具体的人创造的一个过程。"[②]西蒙·沙玛说：一条平凡的公理就是所有的历史知识"是被它的叙述者的特点和偏见宿命地限定了"，以至于即使是最有学术性的著作，也必然依赖于"创造性的能力——选择、修剪、编辑、注疏、解释，得出判断"[③]。

还有学者分析道："不论历史学家能够选择和实际选择的史料多么接近真实，多么接近人们的实际经历，他们最终写出来的史书在某些方面肯定有别于真实的历史。"其中的原因有三："（1），历史学家是从杂乱无章的动机中找出一些有意义的范式，并将复杂和混乱的事件条理化与明晰化；（2），历史学家的解释'必须有意识地尊奉社会公认的关于准确性和真实性的强制性标准'；（3），历史学家是在已经知道结果的情况下从事研究工作的，而历史事件的直接参与者是不知道事情的最终结果的。知道结果的历史学家能够赋予某些历史事件一些不为当时人所了解的或当时还不明确的意义，同时也使历史学家拥有了一种宽泛的视角，可以自由跨越时空来清理看似没有关联的不同经历，即历史学家的后见之明影响着历史的书写。"[④]

从人类的认识本身来说，人类认识的形成本身就是主客体相互作用的结果，皮亚杰说："认识既不是起因于一个有自我意识的主体，也不是起因于业已形成的（从主

① 李振宏：《论史家主体意识》，《历史研究》1988年第3期。
② 〔德〕哈拉尔德·韦尔德编，李斌、王立君、白锡堃译：《社会记忆：历史、回忆、传承》，北京大学出版社，2007年，第23页。
③ 〔美〕格特鲁德·希梅尔法布著，余伟译：《新旧历史学》，新星出版社，2007年，第26页。
④ 〔美〕柯文著，杜维东译：《历史三调：作为事件、经历和神话的义和团》，江苏人民出版社，2000年，第2、12页。

体的角度来看），会把自己烙印在主体之上的客体；认识起因于主客体之间的相互作用，这种作用发生在主体和客体之间的中途，因而同时既包含着主体又包含着客体。"①从这个角度讲，史学研究也是主客体相互作用的过程，不仅受到特定时代观念、思维方式、政治环境、社会需要等因素的影响，因而具有时代性，而且受到研究者个人的认知、个性、利益诉求、立场、承担角色等方面因素的影响，因而同时具有个人性。

此外，史学著作往往也是作者个人思想、情感、理想的反映和表达。"借古人之酒杯浇自己之块垒"是历史学家著述历史的常见目的与动力，正如太史公在《史记》附文《报任安书》中所说："盖文王拘而演《周易》，仲尼厄而作《春秋》，屈原放逐，乃赋《离骚》，左丘失明，厥有《国语》，……此人皆意有所郁结，不得通其道，故述往事、思来者。乃如左丘无目，孙子断足，终不可用，退而论书策，以舒其愤，思垂空文以自见。"

作为个人思想、情感、理想的一种表达方式本就是史学著述的作用之一，尤其在思想禁锢甚严、文字狱遍布的专制社会。

我们常常被教导：在研究中要客观公正，尽量避免自己的主观价值判断。当然，我们反对功利性质的以政治立场、意识形态来公然裁量历史、为我所用的庸俗史学研究，甚至赤裸裸地沦为政治的工具，我们在这方面有深刻的教训。但如果我们客观、全面地总结历史教训便会发现，许多历史学的滥用恰恰是打着客观公正的科学旗号，以真相、真理自居来自欺欺人的。如果我们能认清史学的多元性、时代性和相对性本质，也许我们能更理性地看待史学研究成果及其社会作用，回归其学术本位，防止被过度滥用。

第二节　谁是历史学家

正如我们在第一章中所说，史学家在由自在的历史到表述的历史的过程中，发挥着核心的作用，史学家是历史的观察者、记录者、陈述者、研究者、评判者、传播者，同样，在考古学中，作为史料的古代遗存也是由考古学家来选择、发掘、记录、整理与阐释的，考古学家是考古学的核心。那么，哪些人可以称为历史学家呢？

在人们的通常观念中，历史学家似乎是那些以史学为工作的人，是一群皓首穷

① 〔瑞士〕皮亚杰著，王宪钿等译：《发生认识论原理》，商务印书馆，1981年，第一章。

经，埋首于故纸堆中或终日与古人古物打交道而远离现实社会，显得迂腐而呆板的人。实际情况并非如此。

近年来，在中国兴起一股民间写史的热潮。例如，有一位普通的退休老人邹洪安写的一部自传《个人史：草根百姓的一生》，在天涯社区上连载了一小部分，引来近10万点击量，有网友将这部自传与历史教科书相比，说"这部自传不会像历史书那样只有年代，这里有我想要亲近的生活"。湖南常宁一位名叫萧一湘的老人，花16年著成洋洋50万言的民间地方史《天堂脚印》，内容从宋代至1999年，汇总了常宁1000余年来的政治、人文、经济、社会、文化、教育、兵事和掌故。这些所谓"草根"史家既非科班出身，也非以此为职业，也没有接受过历史教育与历史写作的专门培训，却以自己的方式来表达他们所认知的那一段历史[①]。同样，在中国的民间还有大量的中国古代文物与考古学的爱好者，他们往往对古代文化遗产有自己的理解与认知。

这种民间写史、民间收藏的热潮引起了史学界对我们过去忽视的一个重要问题的讨论：谁有权书写历史？

对于"我从哪里来""我是谁"的关注是人类自从有了自我意识，有了文化之后就广泛存在的一种文化现象，是人区别于动物的重要标志之一。远古时代就存在以代代相传、不断扩展、不断重构的口述史来构建社会历史记忆的悠久历史学传统。太史公在《史记·五帝本纪》中说："余尝西至空桐，北过涿鹿，东渐于海，南浮江淮矣，至长老皆各往往称黄帝、尧、舜之处，风教固殊焉，总之不离古文者近是。"章学诚说："有天下之史，有一国之史，有一家之史，有一人之史。传状志状，一人之史也；家乘谱牒，一家之史也；部府州县，一国之史也；综记一朝，天下之史也。"[②]由此可见，虽然历史上统治者和精英阶层垄断着历史的著述权和传播权，但也仅限于官方版的所谓"正史"，人类社会实际存在的历史叙述绝不仅限于此，各种口传历史、传说故事广泛存在于民间之中。

社会发展到民主、平等观念日益深入人心的当代，权力，包括话语权的垄断受到广泛的批判，社会需求与评判标准日益多元化，"谁有权书写历史"更是被明确提出。理论上，人人平等，每个人都值得被记录，每个人也都有记录、著述和评判历史的权力。在网络化自媒体日益发达的今天，公众不再是可以被无视的芸芸众生，而是获得记述历史和被历史记述的机会与权力。在这样的时代背景下，官方或学术界书写历史的传统垄断权受到质疑与挑战，对历史的热爱并通过历史解释与叙述来满足自己

① 范国强：《草根写史——中国史学的另一抹阳光》，《中国社会科学报》2010年1月26日第05版。
② 章学诚：《文史通义·外篇一·州县请立志科议》，《文史通义校注》，中华书局，1994年。

的表达欲望与目的已不再是统治者和少数学者专家的特权。清华大学社会学系教授郭于华说："普通百姓写自传，这本身就是对权利的一种诉求。""这种权利正在得到社会认同，这是整个社会开放和进步的一个标志。""因为在历史面前，人应该是平等的。""是网络开创了关于草根历史的新时代。"①加拿大史学家肯特说："史学家不能因其职业而垄断历史，认为他们最了解历史，最有权讲述历史。实际上，历史的内容远比史学家理解的要多，每个人都有自己熟悉的领域和对这领域的独特理解和感受，所以每个人都能讲述他自己及其时代的历史。"②

现代艺术思想的代表人物杜尚说：艺术为什么要和生活是两样的？人人都是艺术家③。历史学不也应该是这样的吗？历史就在我们每个人的身边和心中，人人都是历史学家，都是历史的记录者、陈述者、传播者，都有自己心中的历史图景和认知，即关于历史的想法和陈述。虽然不同的人关注的对象、内容可能因人而异，对历史的解释也各有不同，有人关注国家、民族的历史，有人关注家族、社区、行业的历史，也有人可能只关注自己及其身边亲人的历史，有的可能更靠谱，有的也许更具有想象和传说色彩。理论上，每个人都有陈述历史的权力和愿望，每种历史陈述都是一种表述，本质上是平等的，只有因掌握话语权的多少不同而导致的主流与非主流、正史与野史、官方历史与民间历史的差异。

专业历史学家往往认为自己关于历史的认识更科学，更接近历史的真实，实际上，也不过是自己对于历史的一种解读与建构而已，只是可能更符合主流的思想观念和历史学范式。从传播学角度讲，即使专家学者的观点更科学、更接近历史的真相，公众也不是完全被动地接受这些观点（但专家往往自以为是地认为是这样），而是主动地参与其中，他们会选择自己认同的历史解读与叙述，并加上自己的判断和理解，形成自己心目中的有关过去的知识和历史记忆，构成自己认知体系的一部分。

因此，本质上，每个人都是历史学家，都有自己心中的关于过去的各种观念、认知等。卡尔·贝克尔在1931年就任美国历史学会主席时，发表了著名的演讲——《人人都是他自己的历史学家》。他说每个"普通人"都有一套与自己经验和需要相符的历史，每个人、每个团体为了自我身份的确认和群体的认同等原因，都会建构具有时代特征的、满足自己需要的、符合自己认知的历史陈述和评价，人人都是自己的历史

---

① 赵涵漠：《草根写史：另一个声部的历史》，《中国青年报》2009年5月20日第4版。

② 刘军：《史学理论、后现代主义和多元文化政策：访加拿大史学家肯特》，《中国社会科学报》2010年1月28日第5版。

③ 〔法〕卡巴内著，王瑞芸译：《杜尚访谈录》，广西师范大学出版社，2001年。

学家①。同样，对于考古学研究来说，"没有任何人可以代替逝者说话，考古学家也不是唯一具有阐释资格的人"②。

20世纪70年代中期在美国史学界兴起的公共史学提出，不仅要让历史回归到公共领域和公众生活中，而且要让"公众"参与到历史的解释中来，赋予他们解释历史和发出声音的机会。公共史学的积极倡导者、纽约州立大学历史系教授迈克·弗莱希认为，公共史学所代表的是一种"重新界定和重新分配智识权威"的运动，它将历史研究和历史传播的权力分散开来，避免其成为"一种仅供掌控权力和等级所使用的工具"。公共史学运动代表了史学界内部的一种反思，一种对传统史学教学方式的挑战，一种对专业史学内涵、方法和功能的质疑③。

实际上，公众对历史的兴趣与关注，参与历史叙述的建构与传播也正是历史学的社会价值的体现，是历史学长盛不衰的原因之所在。正如黄朴民所说："对同样一个历史事件，人们的理解，可以大相径庭；人们的看法，可以仁智互见；人们的分析，可以众说纷纭，从而造就一番新义迭出、异彩纷呈的生动局面。多样性、复杂性、综合性本来就是历史学研究的显著特征，而历史研究者的主观色彩，其实在一定意义上，激发了历史研究的活力，也增添了历史研究的魅力。即给现代受众接受和认知丰富多彩、错综复杂的历史提供了更多的选择，创造了更多的机遇。历史学研究自身，也在这种普遍关注和参与之中，被注入强大的活力，体现出存在的价值，得以生生不息，永葆青春！毕竟，片面的深刻，远远胜于全面的平庸；大众的兴趣，保证了历史学研究的热度。"④

另外，随着政治环境和思想观念的变化，今天的历史研究与撰述已不再是少数专业历史学家的事，而成为不同学科的学者表达自己思想观念的场域，哲学家、文学家、自然科学家、宗教学家等，都在撰写历史著述。例如，心理学家西格蒙德·弗洛伊德所著的《图腾与禁忌》，以精神分析方法来研究原始社会的祭仪、图腾信仰等，属于心理学家书写历史的典型案例。社会学家以现代化理论、依附理论、世界体系理论等解释历史发展过程，从不同的角度分析世界历史的发展脉搏，预测人类社会的发展方向。文学家的历史著述更多，比较著名的有布尔斯廷的《发现者——人类探索世界和自我的历史》《创造者——富于想象力的巨人们的历史》《探索者——人类寻求

---

① 〔美〕卡尔·贝克尔：《人人都是他自己的历史学家》，《历史理论与史学理论》，商务印书馆，1999年。

② 〔英〕伊恩·霍德、〔英〕司格特·哈特森著，徐坚译：《阅读过去》，岳麓书社，2005年，第168页。

③ 王希：《谁拥有历史：美国公共史学的起源、发展与挑战》，《历史研究》2010年第3期。

④ 黄朴民：《大写的历史：被遗忘的历史事件·自序》，浙江文艺出版社，2016年。

理解其世界的历史》等①。

同时，我们也必须认识到，虽然从理论上讲，人人都是史学家，但在人类历史和现实社会中，每个时代、每个社会都会有自己的主流史学和非主流史学之分，前者具有广泛的影响，后者往往被忽视，或限于小范围内传播。虽然主流与非主流有时也会转换，在一个时代或一个文化中的主流历史观念和历史叙述在另一个时代或文化中未必是主流，反之亦然。

哪些史观和历史叙述版本会成为广泛流传的版本，成为一种权威的、主流的陈述，由权力决定。谁掌握了话语权，或被权力所选择，谁就会成为主流和权威。权力（包括政治权力、经济权力、文化宣传权力、思想意识主导权等）越大，权威性就会越高。

谁有权拥有历史？这一问题包括两方面：谁会被历史记录而成为表述历史的一部分？谁有权对历史做出选择、记录、陈述与解释？答案是那些掌握话语权的人。在过去，更多的是那些政治权力掌握者，如帝王将相。主流史学范式因政治、经济力量的支持而掌握了话语权，同时因符合时代主流认知体系和学术范式而被多数人认同，两者相辅相成。在权力的影响下，"人们对往事的记忆尤其是对下层普通人的记忆常常是被淹没、被遮蔽的，这些记忆内容被视作无足轻重，甚至这些当事人自身也时常认为都是些'陈芝麻烂谷子'的事，因而回忆往事毫无意义。这类贬损记忆和自我贬低的原因就在于记忆和历史中的权力关系——历史从来就是统治者的历史、精英的历史、正式的历史和文字的历史，而'底层不能发出声音'，且底层也没有记忆"。"需要我们充分意识到的是，记忆被权力控制，记忆也被权力规训。"②

在大的权力体系中，知识分子对话语权的控制是相对的、有限的，在专制皇权时代，知识分子必须依靠皇权而生存，因此，他的话语权不得不受皇权的制约，为皇权服务。虽然，许多知识分子向往独立性，正如被他们所推崇的"竹林七贤"一样，但也仅仅是想象和自我安慰而已。在近现代，知识分子似乎获得了某种独立性。实际上，知识分子不但会受到政治权力的控制，更受到经济权力的影响。史学研究同样受到权力的操控，常常被工具化，只是表现得或明或暗而已。

进入网络时代，随着话语权的多元化、扁平化，打破了政治权力和精英阶层对话语权的垄断和操控，民众获得越来越多的机会来表达自己对历史的兴趣，展示、传播自己对历史的解读与叙述，历史学的多元性日益彰显。尽管各种网络版历史叙述和道

---

① 陈恒：《应建立反映自身社会形态理论的世界历史编纂体系》，《中国社会科学报》2010年6月15日第4版。
② 郭于华：《社会记忆与人的历史》，《中国社会科学报》2009年8月20日第7版。

听途说的历史故事往往被视为"野史"，与占据主流地位的历史建构与陈述——正史相比，受到贬低，但确是一种真实的存在，并在民间发挥着重要的影响力，大众的许多历史知识往往来源于此。

尽管如此，我们认为，职业化的历史学专业人士毕竟花费了更多时间，掌握着更多信息，遵循了时代的主流学术范式，因此，受过系统学术训练的专业史家无疑更具有代表性，他们在史学研究中怎样发挥自己的主观能动性，将是本章的讨论对象。

所谓专业史家，是指那些经过培训，接受了时代主流史学范式培训，以历史学为职业的人，包括传统历史学家和考古学家。他们往往是历史话语权的掌控者，主导着历史解读与陈述的权力，具有更广泛的影响力。他们通过设定一定的从业门槛，如学历、资质等，建立一套主流的理论、概念体系、方法论和评价体系等，控制会议、媒体、出版业等信息渠道等，来形成某种史学话语权垄断。

第三节　作为社会化的文化人的历史学家

在一个偏僻的大山里，两兄弟大雪天上山砍柴，哥哥说：皇帝砍柴一定用的是金刀吧？弟弟说：哥，你傻呀？这么大雪的天，皇帝才不上山砍柴呢，他正在围着火炉吃烤红薯呢。贫穷限制了想象力！

以己度人，人之常态，我们常常以自己的视角和认知去想象、理解他人，并自以为是，而许多的误解和沟通不畅也正源于彼此之间认知、观念和话语系统的差异。

正如我们在第一章所论述的，人类既是生物的人，也是文化的人。人既是物质性与精神性、抽象性与具体性的统一体，也是共性与个性、稳定性与变化性的统一体。庄子所提出的那种"无用、无己、无我、无功、无名、无心"的至人、神人、圣人的理想境界（见《庄子·养生主》）只能是一种理想，现实中是不存在的。人的生物性属于自然属性，虽有差异，但本质大体一致，而人的文化属性则具有主观能动性和多元性，古今、中外、你我他之间各有不同，彼此之间既有共性，更有差异。

每一个人都是具有文化属性的人，既创造文化，又被文化所左右。文化如何深刻地影响着我们的行为方式和思维习惯呢？我们成长的社会环境、文化背景和所受的教育经历塑造了我们认识、描述世界的概念体系、思维方式和叙述方式。E. 哈奇认为，文化从三个方面决定人类的行为：①人类通过学习获得了那些指导和确定思想与行为的模式；②虽然许多文化成分处于意识知觉的水平以下，但它们仍然决定着个体的思想和行为，语言就是一个典型例子。作为一种文化的支系统，语言决定着听说双方的理解和表达；③文化模式既构造了思想，也构造感知①。

对于我们自己来说，我们不应只作文化自然人，受文化模式左右而不知。我们更要做文化自觉人，通过文化反思、批判认识我们的文化，自觉认识到它对我们的思维、行为方式的影响。但现实中，我们对那些塑造我们的文化因素往往缺乏自觉意识，"不识庐山真面目，只缘身在此山中"，将自己的认知和行为方式视为必然，甚至认为是人类共同的天性，并往往由此出发，将其他文化背景下成长起来的人所具有的不同于我们的观念、思维方式和行为方式视为怪异、不可理喻，甚至落后、野蛮与错误。

人类学家早已指出，人们所认为的现实是由共识决定的，而共识是由社会背景决定的，不同文化中的人会有不同的认知与共识，人类学就是面对不同文化的不同认知与共识，即不同文化对世界的不同描述。用一种文化眼光去评断或解释另一种文化，完全没有意义。要想看到另一种共识中的真相，就必须放弃自我认知的一切，但没人能放弃自己已经接受并相信的描述体系②。

同样，历史学家也是生活于特定的社会与文化背景中的社会化了的具体人，我们所说的"作为文化人的历史学家"不是指历史学家接受了更多的教育，具有比其他人更高的文化素养，而是指历史学家作为一个具体的人，像所有人一样生活于特定社会与文化背景中，受到这一社会、文化环境的影响。虽然历史学家往往追求或自认为处于某种"无我""超然于研究对象"的状态，但所有历史陈述者都是具有特定文化背景的人，他们的认知受到其所处的时代环境、文化背景和教育经历的影响，每个人都会有自己的观念、立场、兴趣、情感和利益考量。这些因素无论是我们已自觉意识到的，还是潜意识地影响着我们而不自知的，不管我们承认还是否认，它们都在那儿，正如罗伯特·沙雷尔所说："（很多学者）认为所有科学家都拥有与生俱来的基于自身文化和个人背景的偏见，这些偏见会影响研究的客观性。"③

影响史家及其研究的因素众多，大致可以分为隐性因素和显性因素两大类。

第一类：隐性影响因素。

隐性因素主要是一些深藏于我们潜意识中的影响因素，是我们的文化环境和所经历的教育对我们认知体系的塑造与影响。

---

① 李宗善：《文化学引论》，西北大学出版社，1996年，第274—282页。

② 〔美〕卡洛斯·卡斯塔尼达著，鲁宓编译：《巫师唐望的教诲》，上海文艺出版社，2010年。

③ 〔美〕罗伯特·沙雷尔、〔美〕温迪·阿什莫尔著，余西云等译：《考古学——发现我们的过去》（第三版），世纪出版集团上海人民出版社，2009年，第19页。

　　心理学家多萝西·罗伊说，我们碰巧注意到的事情其实取决于我们过去的经历，因为几乎没有两个人的经历是完全一样的，因而也没有两个人会以完全一样的方式看世界①。不同的人因为成长的文化背景、个人经历不同，对事物的关注点、理解、评判也会不同。即使同一个人在不同时期、不同年龄阶段，由于经历不同了，人生经验、对人与事的认识与态度也往往不同。这就是一种潜意识认知，但我们往往对此缺乏自觉意识与认知。

　　这种潜意识表现在史学研究中，即历史学家重演前人的思想时，"它并不是消极地委身于别人心灵的魅力，它是一项积极的，因而是批判思维的工作"。"他之重演它，乃是在他自己的知识结构中进行的，因而，重演它也就是批判它并形成自己对它的价值的判断。"②从这个角度讲，一切历史都是思想史。余英时说："尽管你嘴里说要客观，你尽量地希望没有主观。可是，你的教育、你的背景、你的价值观念，无形中都影响到你对于史料的选择，对于问题的提出，甚至于问题的提法。"③

　　对于考古学研究来说，同样如此。"进化考古学的发展，也使我们看到考古学与社会思潮及国际政治的密切关系。所以，考古学家能否真正对考古遗存作出客观的分析、得出科学的结论，并不像许多学者所想象的那么简单，可以做到完全的中立。尽管考古学家屈服于政治压力的现象已不多见，但是他们的结论仍然会受到考古学家所处时代思潮的影响，并不知不觉地被社会的意识形态所左右，尽管他们不承认或没有意识到这点。"④

　　通过比较分析不同历史学著述内容及其作者的个人经历、所处社会、文化背景，这种潜在影响因素会彰显出来。如果我们希望真正读懂一本历史著作，深刻领悟作者的思想，除了阅读著作本身，我们也必须从著述者的角度来进行文本分析，认识到作者的时代、文化背景和潜意识影响，并审视它，认清其所带来的偏见与自以为是。

　　持此之外，毋庸回避，历史学家的性格也会影响到史学的研究与著述，性格的内向或外向、悲观或乐观、内敛或张扬不仅影响到历史学家的兴趣与研究对象的选择，还会影响到他看待历史的态度、视角、观念等。

　　第二类：显性影响因素。

　　显性影响因素是那些我们明确意识到或感受到的影响历史著述的各种因素。这类

①　〔澳〕多萝西·罗伊著，张楠迪扬译：《我们为什么说谎》，中信出版社，2011年，第12页。

②　〔英〕科林伍德著，何兆武、张文杰译：《历史的观念》，中国社会科学出版社，1986年，译序，第26页。

③　余英时：《史学、史家与时代》，《文史传统与文化重建》，生活·读书·新知三联书店，2004年，第121页。

④　陈淳编著：《考古学理论》，复旦大学出版社，2004年，第62页。

因素更为大家所熟知，如权力的左右、利益的诱惑、个人的明确立场与目的等，虽然历史学家总是声称自己要不虚美、不隐恶、不曲笔，摈弃主观的"成见""立场"，让史料自己去说话，但实际上这类影响因素以各种形式广泛存在。

每个史家都是有七情六欲的人，也是有自己的立场、利益诉求和情感好恶的人，没有人是庄子所说的那种餐风饮露、超然物外的圣人。况且，著史本身就是一种参与社会活动、表达个人观点、实现目的的手段。事实上任何一个观察者，都做不到也不必要求自己隐藏乃至完全泯灭对他如实加以叙述的情节中所含有的美丑善恶，以及被这种美丑善恶激发出来的爱憎。在这个意义上，历史研究者在自己书写的叙事中，不需要规避自己针对叙事对象的是非观念和政治立场①。

影响因素的显性与隐性是相对的，常常互相转化。隐性因素被我们明确辨析出来，成为显性因素，如我们在第一章所分析的性别史学的兴起使传统历史叙述中的性别意识和男性霸权由隐性影响因素成为显性影响因素，进而使人们认识到男性霸权、贬低女性的现象在历史文本中大量存在并导致历史记录与叙述的扭曲。

一些史家为了证明自己观点的正确性、真理性，进而推销自己的思想，实现自己的目的，总是宣称自己的观点和叙述是中立、客观、全面而科学的，代表了真理和历史的真相。历史学理论研究，尤其是本体论的讨论，目的之一就是要将影响我们历史解读与建构的各种隐性、显性因素揭示出来，使大家认识到任何史学研究都是建立在一定的假说前提基础上的，所有结论本质上都是一种不可验证的解释，而解释具有主观建构性、相对性和多元性。英国历史哲学家布莱德雷说："根本就不存在没有任何预先判决的历史这样一种东西；真正的区别只在于有的作者有着他的各种预先判断而并不知道它们是什么，并且他们的预先判断可能是错误的；而有的作者则是有意识地根据自己所认为是真理的已知基础而在有意识地发号施令并且在创造。""唯有当历史学警觉到了它的前提假设的时候，它才开始其为批判性的，并且尽可能地保护它自己远离种种虚构的异想天开。"②即我们应该努力从"自然的历史研究"提升为"自觉的历史研究"。

一、历史学家的"认知体系"

有人说一个人挣不到他认知以外的钱，同样，历史学家也看不见他认知以外的历

① 徐萧、王紫汀：《姚大力：朱维铮为什么越到晚年越反对"以史为镜"》，澎湃新闻，2015年9月11日，http://www.thepaper.cn/newsDetail_forward_1374108。
② 〔英〕F. H. 布莱德雷著，何兆武、张丽艳译：《批判历史学的前提假设》，北京大学出版社，2007年，第28页。

史。在历史学研究中，历史学家的认知体系在潜意识中发挥着重要作用，却常常被忽视。"历史学家的理解终究只能是限于他本人的体验与思想的范围之内，他本人所可能思想与理解的经验对象之内，他那历史构图只能限于他的思想水平之上，他表达只能限于他的表现能力之内。读者则是限于以自己所可能的理解和感受去接受（或改造）他的陈述。"①

心理学中的认知或认识（cognition）是指通过形成概念、知觉、判断或想象等心理活动来获取知识的过程，即个体思维进行信息处理的心理功能，认知过程是个体认知活动的信息加工过程。本书所用的"认知体系"概念，是指人类用于描述、记录、观察与解释自然现象及现象间关系、人类自身及其社会、人与自然关系的各种概念和理论体系，是每个人所获得的包括世界观、价值观、人生观在内的所有关于人与世界的概念与知识体系，其中，关于人类与自然发展史的概念和知识是这种认知体系的一部分②。

人类社会的认知体系是复杂而多元的，不同的认知体系各有一套自己的假说前提、对人与自然予以描述的概念体系和解释体系。人类学家研究发现，每个文化都有自己的认知体系，从对生活环境的动植物到生活用品的命名，从思想观念到物品分类，从行为方式到对现象之间关系的解释都有一套自己的概念和体系。阴阳五行、天人感应、万物有灵、西医与中医理论体系、现代科学体系、各种宗教信仰的神学体系、马克思主义等等都是认知体系。我们每个人都在自觉不自觉中受到这些认知体系的影响，它们影响了我们发现问题、分析问题与解决问题的视角与思路等。

同一认知体系内往往有不同的亚体系，如科学认知体系内有各种学科，同一亚体系还有不同的子系统，如同一学科内有不同学派，每个学派有一套自己的描述相关现象的概念体系和解释相关现象关系的解释系统，即相当于西方学术界所谓的"范式"。每一个时代、每一个社会、甚至个人往往是多种认知体系并存，其中某种认知体系占据主导地位。不同时代，主流的认知体系不同，如中世纪的宗教神学体系和近代以来的实证科学体系，而主流的认知体系往往掌握着话语权和政治控制权。人与人之间的认知体系既有共性，又有个性差异。认知体系还具有时代性、区域性，甚至群体差异性。认知体系的复杂性决定人类社会及其文化的丰富多彩和复杂多元。

认知体系的主流与非主流不是永恒不变的，而是随时代变化而改变，一个时代的主流文化和认知体系在另一个时代会成为非主流；一个时代的非主流文化和认知体系

---

① 何兆武：《对历史学的若干反思》，《史学理论读本》，北京大学出版社，2006年，第65页。

② 〔美〕斯滕伯格著，杨炳钧等译：《认知心理学》（第三版），中国轻工业出版社，2000年；〔美〕里德·亨特、亨利·埃利斯：《认知心理学基础》（第七版），人民邮电出版社，2006年。

有时也会成为主流。从中世纪的宗教神学主导的文化和认知体系到今天由科学主导的文化和认知体系就是一个明显的例证。

个人的认知体系既来自学习、交流和传承，也来自个人观察、感受和思考，由个人的经验、观念、常识和由教育学习所得到的各类知识等构成。我们的认知体系并不全部是由真理、正确的知识构成的，而是充满了具有时代性和独特性的知识、观念、信仰，甚至偏见和谬误。人类的认知体系（包括史学）往往不是真假对错的问题，而是各种需要、权力或信仰的问题。

认知体系作为一种思想观念和思维方式决定我们如何看待我们身处的自然世界和人类社会，以及我们与周围环境的关系，进而左右我们的价值判断，最终影响我们的行为方式。如常被华人视为珍品而带到美国的燕窝、鹿茸等，基本都不被允许带进美国。虽然国人视燕窝为高级补品，但美国边检官员认为，这些食品就是鸟类分泌物，很可能带有禽流感病毒。

不同认知体系还会带来不同文化背景下的有关"常识"的差异。例如，神话是古人在他们的认知体系内对自身历史的阐释和建构。以今天的认知体系去看，觉得不可信，甚至荒谬。但在古人观念中大约与我们对当代进化论史学关于人类和自己族群历史过程的叙述的自信应该是一样的吧。同样，在过去，帝王一定是非常人也，因此，汉代刘邦诞生和斩蛇起事的神迹都被认为是当然的、可信的，故被记载于正史之中，包括被认为具有批判精神和理性主义的伟大史学家司马迁的《史记》之中。虽然，从现代人角度看，我们很为刘邦的父亲刘太公不平和悲哀。这类帝王神迹在中国古代正史二十四史中比比皆是，直到当代还有存在①。

按照新西兰的土人的认知体系，酋长具有鬼神的能力，是从其祖先继承来的，凡他所触及的一切东西都不可沾染，人若无意中触动了它，便会死亡。曾有人类学家叙述了这样一件事：一次，一位具有广大神性的高级酋长吃剩下的食物留在路旁，一个健壮的奴隶路过那里，肚子饿了，不问缘由拿了就吃。他正在吃着，旁边一个人见了吓呆了，连忙告诉他说那是酋长吃剩的饭食。"我熟识这个不幸犯了错误的人。他是出名勇敢的人，在本族历次战斗中表现非常突出"，可是"一听到这个不幸的消息，他马上就感到腹内绞肠刮肚似的剧痛不已，到当天太阳快下山的时候便死了。他是个

---

① 凤凰卫视2011年12月20日《凤凰大视野》做了一期节目，主持人卢琛解说道：根据朝鲜官方的宣传资料，金正日诞生之日为1942年2月16日，当天凌晨天空晴朗，抗日游击队密营地的木房以及茂密的森林全部覆盖着银白色的雪，霎时出现两道绚丽斑斓的彩虹和一颗圣星宣告着他的到来，忽又飞来一只喜鹊，一个将来要拯救全人类的领袖金正日诞生了。

结实的人，年轻力壮，假如哪个欧洲自由思想者说此人不是死于酋长的'大普'（神力），人们就会认为这是无知，连这样明白的直接的见证也不能理解"。这并不是唯一的例子[①]。这在我们当代的认知体系里是不可思议的。

不同时代、不同文化、不同人的认知体系差异自然会影响到史学家及其对历史的阐释与建构，持有什么样的认知体系就会得出什么样的历史解释，做出怎样的历史叙述。每位研究者都有自己的立场、世界观和立论前提，无论他是有神论者，或无神论者；是唯物主义者，或唯心主义者；是文化进化论者，或是文化功能主义者和相对主义者。我们的认知体系总是会影响我们的问题设定、观察记录、资料收集及其解读。只不过有些人是自觉地以某种观念为指导，有些人则无意识地受到某些观念影响而不自知。

理论上讲，对于历史学研究来说，我们对古代人类行为的研究本应尊重他们原本的认知体系，在它们自己的认知体系中去重现、理解、判断与评价各种现象和人类行为，即如有学者所提出的："第一，以同期史料为基础，复原不同时期对各种知识（包括技艺、术数、仪式、信仰等）的认识、描述、探索、区分等，勾勒出不同时期知识整体及其各分支的基本面貌；第二，探索不同时期对于各分支知识认同的过程，这种认同包括起源、概念确立、知识分化、系统化、精密化过程，及其对自身历史、知识性质的不断再塑过程，即古人对于某类知识的自足或自洽性的自觉过程；第三，探讨并复原古人创造、累积不同知识、技艺的理论与方法，及其自我解释的变迁，传承与传播的时间或空间过程；第四，探索知识之间的相互关联性，以及知识内部家派的竞争与外部地位的合法性竞争，知识整体趋势及各分支与所处时代的社会关联性（制度、风尚、政治经济、事件等）。""同时，我们不应局限在占据正统地位的知识，还应该包括深入日常生活的、往往带有口耳相传色彩的'工匠'或'神秘'知识体系，乃至并不具备知识资格的部分，如卜筮、巫术；不仅包括传统的医学，还包括祝由、符篆、丹道等；不仅包括谋略、军阵，还包括星占、风水等。"[②]但实际上，这种理想状态是不可能达到的，我们的研究本质上都是以今天的认知体系或想象的古人认知体系去解读、重构和评价古人的文化现象、人类行为及其认知体系。我们不可能真正回到古人的认知体系和生活状态之中，任何关于历史研究的背景都是当代人建构出来的。

同样，我们的判断标准也依赖于我们当代的经验和认知，只有在我们的经验和认

---

① 〔英〕J. G. 弗雷泽著，徐育新、汪培基、张泽石译：《金枝》（上册），商务印书馆，2013年，第345页。

② 潘晟：《重构中国古代知识、思想与信仰的世界》，《中国社会科学报》2014年1月29日第A05版。

知范围内的观点才是可以理解和接受的。

　　我们的认知体系左右我们的历史研究，反过来，我们的历史研究又会影响我们的认知体系，史学所提供的有关人类过去的知识构成我们认知体系的一部分，史学的非科学性与我们认知的非科学性是一致的。

　　我们应该意识到，人类的认知体系并非都是由理性的、真实的和正确的认识和事实构成，而是充满了非理性、想象、偏见、迷信和自以为是。过去如此，现在如此，将来也会如此。这也是我们要始终秉持怀疑精神的原因之一。王国维说："现代知识分子怀疑一切，然而却从不怀疑自己立论的根据。"①打破观念要从认识禁锢与束缚自己的观念与认知体系始，对于历史学、考古学来说，明确认识到自己的立论根据和认知体系的局限性、时代性，打破现有观念与认知体系的禁锢与束缚，才会有所创新。因此，我们对于任何一种史观和历史陈述都要保持怀疑、批判的态度，无论它是以神创或神谕的名义，还是以科学规律与真理的名义出现。

二、价值观、历史观：每个史家都戴着有色眼镜

　　虽然在历史学研究中强调要"价值中立"，不将个人价值观、情感等带入研究之中，但实际上，我们的价值判断无处不在地影响着我们的历史选择与陈述。"菩提本无树，明镜亦非台。本来无一物，何处惹尘埃。"这只不过是一种人生修行的最高理想，并不是现实的普遍存在。况且，如果一个人真到达这种境界，也就"无欲""无为"了，结果也就没有了历史著述的需要与冲动，历史学也就不存在了。有学者尖锐地指出："所有学术讨论中最偏颇的观点往往源自那些公然声称自己的立场是中性的、不含偏见的和无价值倾向的人。"②极力主张排除史学家主观影响的实证主义史学家，如兰克、古朗士等人，其个人研究却明显受到自己价值观的影响③。

　　历史研究首先要面对价值判断和主观选择问题，因为历史由无数个面和时段构成，历史学家只能选择一个他有兴趣的或认为有价值的面或片段来研究。考古发掘和研究也是如此。不同的人有不同的价值观，会做出不同的价值判断，价值判断影响哪些现象、人物进入史家的视野，进而被关注和记录。例如，一个推崇"大一统专制"理念的史家与一位主张"多元平等民主制"的史家，对相关历史的解读、叙述与评价

---

① 转引自余英时：《论文化超越》，《文史传统与文化重建》，生活·读书·新知三联书店，2004年，第509页。
② 〔英〕马修·约翰逊著，魏峻译：《考古学理论导论》，岳麓书社，2005年，第4页。
③ 朱本源：《历史学的理论与方法》，人民出版社，2007年，第436—449页。

必然不同。司马迁主张贤人政治，他在叙述其作史宗旨时就说，他是为功臣世家贤大夫作传记。他对汉武帝崇儒不感兴趣，在《史记》中记载汉武帝崇儒之事就甚少，人们只能从《汉书》中了解汉武帝崇儒的诸多举措。

"历史是由活着的人和为了活着的人而重建的死者的生活。所以，没有哪一种历史叙事是无谓的、无意义的。历史研究者的价值准则决定了哪些史实可以进入历史叙事，哪些人物可以登场，哪些资料可以入选其中。而且，哪些史实可以进入中心位置，受到格外强调，哪些人物应该成为历史叙事的边缘部分，受到特别的蔑视，也大都由价值准则和利害关系来左右。"[①] "历史认识不是体验性的感性认识，而是与价值判断联系在一起的理性认识。就历史学的本质来说，它是一门立足于现实的、关于价值判断的科学。" "历史认识是和价值判断联系在一起的。没有价值判断的历史认识是不完整的历史认识，因为它失去了历史认识基本的和最重要的功能。在历史认识中，只有通过价值判断，才能够使历史认识的主体和客体之间发生密切的联系，并在一定的条件下充分发挥认识主体的主动性、创造性。在历史认识过程中，历史学家的主要任务不是、或不可能是通过对'过去'的描述去说明历史，而是通过认识、分析这样或那样的'过去'的意义，来阐释历史的真谛。前者的描述是一种考实性的认识，在通过描述来回答'是什么'；而后者的阐释，则是在此基础上的价值认识和价值判断，在回答'为什么'。" "历史认识的价值判断虽然是一种历史的判断，但它应该是体现认识主体所生活的时代的社会精神的判断，即是一种历史与现实相结合的判断，不仅有历史感，而且还有时代感。在历史认识中，认识主体正是通过价值判断回答当代社会发展中提出的理论问题和现实问题，也正是从这种意义上把历史认识论和社会认识论联系在一起，无论是一般的社会认识论还是现实的社会认识论。"[②]

在中国的史学传统中，虽然有强调"秉笔直书"的观念，如刘知几在《史通》中的《直书》《曲笔》两篇鲜明地提出坚持直书，反对曲笔，《疑古》《惑经》两篇反对孔子不直书的史法。梁启超主张治思想史务须摒除"正学异端""纯王杂霸""君子小人"等宗派门户之见，治政治史尤须严防主观思想、爱恶及民族偏好的干扰[③]。但实际上，中国史学传统一直在强调价值观的指导作用和对主流价值观，尤其是儒家价值观的弘扬，以儒家价值观和专制王朝价值观对历史事件与人物

---

① 王学典主编：《史学引论》，北京大学出版社，2008年，第11、12页。

② 于沛：《关于历史认识的价值判断》，《历史研究》2008年第1期。

③ 许冠三：《新史学九十年》，岳麓书社，2003年，第3页。

做出评价与褒贬，即所谓"史以载道"。章学诚说："史所贵者，义也；而所具者，事也；所凭者，文也。""载笔之士，有志于《春秋》之业，固将惟义之求；其事与文，所以藉为存义之资也。""史家著述之道，岂可不求义意所归乎！"（见章学诚《文史通义》内篇《史德》《言公》《伸郑》）①其中，"事"大致相应于历史事实，"文"指历史记录及其纂辑成果，"义"即指价值观、人生观、历史观、世界观等史观类指导思想。事、义、文三者相辅相成，史义是史学的核心，要中之要。

本来任何一个自在历史中的现象、事件、人物都是人类历史的一部分，本没有重要程度与价值高下之分，但在陈述的历史中，一些历史人物、事件被选择出来作为主要对象和内容，其他大部分则被忽视。决定这种选择的因素往往不是这些历史事件、人物自身的行为，而是著述者的价值判断与目的，他们被选择出来作为某种需要表达的理想、观念、信仰和希望树立的行为规范的载体、象征与符号。

对于考古学来说，价值观、历史观的影响同样无处不在。在某种意义上，我们说的和做的事情都与政治相关，没有完全中性的考古学②。有学者指出，著名考古学家柴尔德的个人性格、价值观念对他的历史研究产生了重要影响，"在《柴尔德：对与错》中，谢拉特客观地指出了柴尔德的三个盲点。首先，由于家庭的原因，柴尔德对宗教有一种与生俱来的反感，严重忽视了史前宗教的历史作用。其次，他是反战和平主义者，坚信人类应该和谐共处，无视人类史上的战争和冲突。最后，他节俭成性，反对铺张浪费或快乐消费，无视史前奢侈品的交换或贸易，不重视消费的意义"③。"（西方的）马克思主义考古学认为，考古学是一种由社会成员根据他们的价值观建立起来的知识体系。有人声称，考古学从根本上说是一种在国家层次上进行的独特研究领域，只有国家才能支持这项研究，并要求考古学家所创造和控制的过去为现在的利益服务。……马克思主义考古学也试图表明，这门学科的实践如何受制于它所处的社会和经济条件而无法不受价值观的左右。"④

与价值观、世界观密切相关的，直接影响历史学家研究的是其头脑中的历史观。"毫无疑问，没有观点就没有历史：历史和自然科学一样必定是有选择的，否则，历史就由一大堆不相干的乏味材料所塞满。"⑤每项历史学研究都会有自己的或明或暗

---

① 章学诚：《文史通义》，古籍出版社，1956年。
② 〔英〕马修·约翰逊著，魏峻译：《考古学理论导论》，岳麓书社，2005年，第169页。
③ 易华：《谢拉特：青铜时代世界体系的建立者》，《中国社会科学报》2011年12月15日第18版。
④ 陈淳编著：《考古学理论》，复旦大学出版社，2004年，第147页。
⑤ 〔英〕卡尔·波普尔著，杜汝辑、邱仁宗译：《历史决定论的贫困》，华夏出版社，1987年，第119、121页。

的前提假说，就像物理学中的公理，这些假说前提就是史观。典型史观如进化论、循环论（如"天下大势，分久必合，合久必分"说）、神创论、尊古史观（如儒家的大同、小康说，言必称三代）、马克思主义唯物史观、马克斯·韦伯宗教文化史观、儒家的道德史观、当代的生态史观、社会史观、实证史观、建构史观，等等。

关于历史观的分类，班斯在20世纪20年代所作的《历史》一文指出历史学家对于历史有六种基本的观念：一是以历史为记载神圣事迹的；二是以历史为宣示神的意志与目的的；三是以历史为文学的一部分，故历史对于冒险浪漫的事迹，应当尽力发挥；四是以历史为集合的传记的；五是以历史为一种严格的批评的训练的；六是以历史为解释文化各方面的发展的[①]。

不同的历史学家有自己的历史观，不同时代、不同文化也有自己的主流史观，且彼此之间往往不同。比如在欧洲中世纪，"奥古斯丁第一次确定了神学的历史观，并且根据这个历史观建立了基督教的历史编纂学的通史结构。根据这个历史观，人类的历史不是各种偶然事件和个人自由意志的所作所为的混合体，而是在上帝的设计下向着一定的目的和方向推移着"[②]。在神学历史体系下，只有上帝一元观，不会出现民族国家史、区域文化史、社会阶级斗争史等。

达尔文提出进化论以后，进化论史观逐渐占据时代的主流史观位置。进化论指导下的历史叙述成为现代历史学的主流叙述，在关于人类历史上各种文化现象的起源、发展过程、事件因果关系的解释、人物评价等方面进化论与神创论均有不同，人类由猿到人、旧石器时代、新石器时代、文明社会、农业起源、城市革命、文明起源等的说法都是进化论史观指导下的对人类历史的阐释与叙述。

在中国的皇权专制社会中，与政治制度相对应的主流史观是儒家的道德史观、王朝史观、"大一统"史观、"正统论"史观、"尊古"史观等一系列历史观。二十四史基本都是这些史观指导下的历史叙述、解释与评判。

因此，有什么样的历史观，就有什么样的历史叙述与解释，重构历史首先在于创新历史观。

不同的历史观不仅带来不同的历史解释与叙述，即说什么，而且反映谁在掌控历史学的话语权，即谁在说，为谁说。比如针对中国传统的历史观与历史书写和当代应该具有的历史观和历史书写，资中筠指出："两种不同的历史观，归根结底是两种不同的国家观，涉及对政府和政党存在的理由的根本认识。百姓是主人，还是在皇恩浩

① 陈序经：《文化学概观》，中国人民大学出版社，2005年，第101页。
② 朱本源：《历史学的理论与方法》，人民出版社，2007年，第235页。

荡下的臣民，各级政府官员是'食君之禄'，还是纳税人养活？这'谁养活谁'是问题的根本。中国由于皇权制度历史悠久，'祖辈打江山，子孙坐江山、保江山'的观念根深蒂固，而对现代民主、共和制的认识历史较短、远未深入普及，却又经历了以人民的名义行高度集权的历史。现在要把观念扭转到以'民'为目的、政权为手段，十分困难，况且涉及如此巨大而盘根错节的既得利益。但是中华民族毕竟是要汇入人类文明滚滚向前的洪流的。历史，不论是本国的还是他国的，已不是只写给君主看，而是面向大众的。"[1]

三、时代的印迹

克罗齐说"一切历史都是当代史"[2]，一个脱离时代，对其所生活的社会缺乏观察与认知，对人生缺乏思考的史学家，不是一个合格的史学家；一个缺乏时代和人文关怀的历史学家不是一个好的历史学家。"每一时代的历史学家，都是从他所生活的具体时代和具体历史环境中去观察、思考、认识历史，而观察、思考、认识的目的，不在于使自己所生活的那个时代重演历史，而是通过对历史的研究和理解，更清醒地观察、思考、认识今天和未来。"[3] "特别是在转折时代产生的优秀历史著述，往往是历史家在长期现实生活中痛切感受到存在矛盾和问题，以反思历史的形式把它们提到人们面前，并且通过总结经验寻找解决办法，时代精神的灌注才使这些著作历经漫长年代而仍然闪射出光彩。"[4]

没有人能真正自我封闭于象牙塔中，"关在小楼成一统"。一方面每个历史学家都生活在特定的时代、特定的社会文化环境背景下并在自己的研究中受其影响。另一方面，历史学家又通过自己对历史的解读、叙述与评论来影响他人及其所生存的社会文化环境，史家与时代构成互动关系。

余英时说："史学、史家与时代，都有密切的关系，没有一个历史学家可以完全脱离时代。"[5]他以王国维为例，说："又像王国维，他研究甲骨文，与现实好像没有多大关系，可是他的《殷周制度论》，大家要是看过的话，便可看出，这是他在清末

---

① 资中筠：《人民和朝廷哪个是目的？》，《国家人文历史》2014年第4期。

② 〔意〕贝奈戴托·克罗齐著，〔英〕道格拉斯·安斯利英译，傅任敢译：《历史学的理论和实际》，商务印书馆，1982年。

③ 于沛：《关于历史认识的价值判断》，《历史研究》2008年第1期。

④ 陈其泰：《史学与中国文化传统》，书目文献出版社，1992年。

⑤ 余英时：《史学、史家与时代》，《文史传统与文化重建》，生活·读书·新知三联书店，2004年，第122页。

民初之际，在社会大变动之际，他所感受的感觉的一种反应，绝不是与时代没有关系的。他认为殷周制度是中国历史上最大的变化。"①著名历史学家顾颉刚自省自己的学术人生，说："我能承受我的时势，我敢随顺我的个性，我肯不错过我的境遇：由这三者的凑合，所以我会得建立这一种主张。"②葛兆光在阅读《顾颉刚日记》时，看到顾颉刚关于"中国""中华民族"的论述随不同时期中国国内外政治形势变化而变化，以及在这种论述变化中所体现出的浓重的中华民族认同和忧患情节，感叹道："读《顾颉刚日记》，断断续续用了我一个多月的闲暇时间。看完这十几册日记后，记下的竟然是一些颇为悲观的感受。历史学家能抵抗情势变迁的压力吗？历史学家能承受多大的政治压力呢？读《顾颉刚日记》，想起当年傅斯年从国外给他写信，不无嫉妒却是真心赞扬，说顾颉刚在史学上可以'称王'了，但是，就算他真的是中国二十世纪上半叶历史学的'无冕之王'，这个历史学的无冕之王，能摆脱民族、国家的情势变化，保持学术之客观吗？他能遗世独立，凭借学术与政治上的有冕之王抗衡吗？"③

在西方史学界也同样如此。有学者指出，社会环境的发展，特别是政治气候的变化对罗马史学有重要影响④。

对于研究古代人类的考古学家来说，是否就能远离当代社会，不受研究者所处时代的影响呢？并非如此。崔格尔说："不可否定，考古学研究受到不同类型因素的影响。当前最受争议的因素是考古学家生活和工作的社会情境。包括那些倾向于实证主义科学研究的考古学家在内，只有极少数人会否认考古学家所提出的问题至少在一定程度上受社会环境的影响。"⑤中国考古学在这方面有典型的例证。20世纪二三十年代，面对积贫积弱、严重缺乏文化自信和民族自信的近代中国社会，考古学家李济说他的志向就是把中国人的脑袋界定清楚，来与世界人类的脑袋比较一下，寻出他所属的人种在天演路上的阶段，要是有机会，他还想去新疆、青海、西藏，甚至去印度、波斯去刨坟掘基，断碑寻古迹，找出人家不要的古迹来寻绎中国人的原始出来⑥。这不正是近代中国救亡思想的典型表现吗？

著名考古学家张光直说："考古学家不可能不受政治与社会的影响，而仅用一种纯学术的语言来表达自己的观点。最近美国公众非常热衷于恢复殖民时代的纪念物，

---

① 余英时：《史学、史家与时代》，《文史传统与文化重建》，生活·读书·新知三联书店，2004年，第133页。
② 顾颉刚：《古史辨自序》，中华书局，2006年。
③ 葛兆光：《徘徊到纠结——顾颉刚关于"中国"与"中华民族"的历史见解》，《书城》2015年5月号。
④ 施晓静：《鉴往垂训：罗马史家的"经世致用"观》，《中国社会科学报》2014年09月24日第A06版。
⑤ 〔加〕布鲁斯·崔格尔著，徐坚译：《考古学思想史》，岳麓书社，2008年，第9、10页。
⑥ 张光直：《人类学派的古史学家李济先生》，《历史月刊》1988年第9期。

美国人类学界中文化的普世主义大行其道，这与美国在'二战'之后世界舞台上所扮演的角色是不无关系的。考古学的意义是多方面的，然而在选择这些意义时侧重于某些方面，不管是有意无意，理智的或非理智的，都是不无原因的。"[①]因此，"考古学家能否真正对考古遗存作出客观的分析、得出科学的结论，并不像许多学者所想象的那么简单，可以做到完全的中立。尽管考古学家屈服于政治压力的现象已不多见，但是他们的结论仍然会受到考古学家所处时代思潮的影响，并不知不觉地被社会的意识形态所左右，尽管他们不承认或没有意识到这点"[②]。

四、文化背景与史学传统

当实证史学强调史学的科学性时，也意味着强调全世界历史学、考古学研究具有统一性，即具有共同的目的，共同的方法，共同的内容，共同的标准等，但实际情景却是世界各地的历史学、考古学具有明显的地域性，在不同的社会政治、文化背景下，历史学、考古学呈现出多姿多彩、百花齐放的面貌，不同的文化背景形成不同的史学传统。

据研究，在古埃及和美索不达米亚两个古文明中，由于文化观念的差异，历史观念和历史记录就不相同。"埃及人虽然拥有以丰富的所谓'历史铭文'甚至年鉴为形式的历史表达，虽然拥有各种各样的文献和文献汇编，但是却没有任何总结性和回顾性的历史撰写，没有任何对延续时间较长的历史事件的报告。种种迹象表明，埃及人拿过去无所作为。他们不拥有任何语意连接，因而不能把单个事实连接成历史。埃及人的历史发生器有别于美索不达米亚人的历史发生器。""古埃及没有历史，就是说没有历史叙述和历史意识，这似乎同埃及人所构想的时间和认同有关。古埃及人认为必须让时间保持持续不断。他们的这种时间观念是人们所说的轮回时间。轮回时间是一种文化形式，必须通过准确地遵守礼仪仪式和节日庆典规定来制造和保持这种形式。这样思维和行事的人，自然就对历史，对较大的直线进程没有多少意识和理解了。在埃及，坟墓就是历史和直线时间的所在。对埃及人来说，坟墓是能够让他把自己的一生视为一个全过程并对自己的过去进行总结的场所。"[③]

"可是在美索不达米亚，情形却刚好相反。在那里，需要过去的恰恰是国王。他

① 张光直：《考古学：关于其若干基本概念和理论的再思考》，生活·读书·新知三联书店，2013年，第128页。
② 陈淳编著：《考古学理论》，复旦大学出版社，2004年，第62页。
③ 扬·阿斯曼：《古代东方如何沟通历史和代表过去》，《社会记忆：历史、回忆、传承》，北京大学出版社，2007年，第41、42页。

们在为自己的合法性和合理性进行辩护的范围内需要过去，就是说首先是在诸神面前需要过去。""在美索不达米亚有许多国王铭文，它们对国王在位期间的一个较长的统治阶段甚至整个统治时期进行总结，不少铭文甚至追述多位国王治国理政的情况。有一篇铭文以《对阿卡德的诅咒》为题，描写了公元前23至22世纪萨尔贡王朝的兴衰。""在许多情况下，改朝换代都被归咎于'统治者所获罪责'，就连乌尔王国的没落也被同国王苏尔吉斯（Sulgis）的过错联系起来。这种罪责思想，让过去具有了意义，让国王及其统治时期的先后更迭具有了一贯性，让一串串的事件具有了关联性。这里，事件这个概念仍然更多是具有贬义。但它跟埃及人的事件概念的区别是显而易见的。在埃及，事件是混乱和偶然性的明显表现，它没有任何意义。可是在美索不达米亚却相反，事件概念是充满意义的。它明显表现出神的意志，是国王惹得神发怒的。""埃及人关于阴间法庭和不朽的观念，让个人在赋予自己的行为以意义或实现这些行为时，把眼光放在人生的彼岸去了；可是美索不达米亚人在实现自己的行为时，只着眼于人生的此岸，而且还把视野扩展到未来，扩展到不断接替的后人和后世王朝，这样就产生了我们所说的历史。"[①]中国古代祖先崇拜和宗法血缘制度对史学和史官制度产生的作用与美索不达米亚古文明相似[②]。

同样情况也存在于中国古代史学传统和希腊古代史学传统之间。

中国的史学自起源以来，一直与政治和统治者关系密切，为他们服务，受他们控制，皇家垄断了话语权和历史陈述权。在这种情况下，历史怎样写，写什么，都不是史官自身能决定的，而是由统治者的需要决定。真正将历史学的目标定位于"通古今之变"，将人类发展史视为一种客观对象研究其盛衰变化，将历史著述作为一种独立的科学研究成果来对待的情况基本不见。乔治忠说："中国具有官方史学，形成官方私家史学的双轨发展，而西方始终以私家史学为主导，是中西史学最主要的不同之处。""中国古代官方史学与私家史学，是互相矛盾又互动、互补的两条发展轨道。而从总体来看，官方起主导方向的作用。……传统史学处处渗透着以君主为中心的官方立场。""中国官方史学从产生的本源上，就将史学与国家政治紧密地联结一起，史学活动纳入政权建设和运转，历史观念与政治思想融为一体，形成中国古代特有的'政治历史观'，即政治方针、政治见解多从对历史的分析中得出，而且以历史的事

---

① 〔德〕扬·阿斯曼：《古代东方如何沟通历史和代表过去》，《社会记忆：历史、回忆、传承》，北京大学出版社，2007年，第46、47页。

② 徐良高：《中华民族文化源新探》，社科文献出版社，1999年，第十章。

例来论证自己的政治见解，形成政治观点与历史知识的互动与循环。""西方古代几乎皆为私家史学，史学从其体制上并不附庸于国家政治，除非当代史的写作卷入政派斗争，如罗马帝国奥古斯都时期。不同史家见解不同，主要是在文化的、学术的机制中争鸣。尽管对史学宗旨有过形形色色的异说，而总归是记史求真的理念占据主导，强调真实是史学最高原则的论断，气势最为强劲。"① 王赓武说："简单地说，中国的'史'讲究学以致用，目的是治国平天下；西方的'史'讲究求真，从科学的观点出发，重视档案的保存和维护。……中国的'史'也求真，但却是在求用的范围里求真。"②

正是因为这个原因，一方面，中国的传统历史著述高度发达，历史记载不曾间断，每个朝代都将为前代修史作为获得正统和权力合法性的象征。另一方面，这一阶段的历史学沦为政治和儒家弘道的工具，丧失学术独立性，导致传统史著的过度政治化和工具化，经史往往不分，历史文献的客观性受到很大影响。与之相伴的是历史学的作用被夸大，近代今文经学派、新史学和疑古派史学都曾采用传统的史学做法，试图通过对历史的重新阐释与建构来为自己的政治主张宣传、辩解，甚至想以此来进行思想启蒙、改造人的思想、培育具有现代观念的新国民③。

从这方面来看，如果我们接受了中国传统史学具有突出的致用性与政治工具化特点，也必须承认中国传统学术著述同样具有建构性的事实。

与中国传统史学过度政治工具化倾向不同，西方也有自己的史学传统。据考证，西方的"史学"一词，源于古希腊历史学家希罗多德的《历史》这一书名。希腊文"历史"一词，原为调查、研究之意。西方人沿用此字，亦沿袭此意，即视史学为一种研究性的学问④。《中国大百科全书·世界历史卷》总结古代希腊、罗马的史学有以下特点：①把史学看作文学的一个分支，注重文学描写。②古希腊、罗马的历史学家大多只写他们所处时代的当代史。历史学家本人多为军事家或政治家，以其切身经验教育后世。③重视道德训诲。古代希腊、罗马的历史学家著书立说，意在训世，如塔西佗在其所著《罗马编年史》中写道："历史之最高职能在于赏善罚恶。"④除修昔

① 乔治忠：《古代中国官方修史视角下的中外史学比较》，《史学理论研究》2009年第2期。
② 王赓武：《"经"还未定时，"史"的意义在何处？》，澎湃新闻网，2016年9月18日，http://www.thepaper.cn/newsDetail_forward_1530109。
③ 注：当今中国史学界有一种声音，认为在中国，史学地位衰落了，大不如以前了。我们认为，当今中国历史学恰恰是在回归其正常的学术位置——诸人文学科之一。
④ 钱茂伟、王东：《民族精神的华章——史学与传统文化》，北京图书馆出版社，2004年，第9页。

底德外，古代希腊、罗马的历史家都迷信"天命"，认为有一个超自然力量主宰着人世间的一切。在李维的著作中甚至掺染着神话故事。⑤没有统一的纪年标准。①

历史学家施耐德总结说："不同的文化对历史的看法与想法不一样，这是一个极为普遍的情况。……欧洲启蒙前的历史观念，与中国在开始现代化之前对历史的理解也大相径庭。在中国传统文化中，历史这一领域的重要性要远远胜于它在欧洲的地位。当时欧洲对历史的理解基本上是出自一种个人的兴趣与爱好，而不是要为朝廷写历史。因此，历史与哲学、宗教的关系不深，历史更多是写一些哲学家不太关注的问题——因为历史不是普遍的，而是偶然的东西，哲学家认为它不值得一谈，最多只能作为道德的借鉴。""中国很早就把历史视作宇宙架构的反映，史家可以通过历史而观察宇宙以及它所预示的行为标准。史家所肩负的哲学性和宗教性任务，就是透过对历史的研究来观察宇宙，同时他们也以此作为一种对行为的约束，而这种约束有着非常明显的政治作用。""中西的历史态度还是有很明显的区别的。举一个很明显的例子，即中国近代的重要知识分子对历史都十分感兴趣，而在西方的重要知识分子中，只有少数才对历史感兴趣。"②

对历史现象背后的原因的解释，不同史学传统也往往有不同的侧重理由。例如，对于政权的兴亡，西方史学界重视技术、贸易等经济因素的作用，而受儒家思想主导的中国传统史学往往强调个人道德的影响。

通过以上比较，我们可以发现，不同的社会文化背景造就了不同的历史学传统，全世界的历史学并不具有统一性。不同的历史学传统之间的差异也不是谁更先进、更科学、更接近真实的区别，而是其背后的社会文化背景不同和史家立场、目的和认知体系等差异的反映。

相比于具有悠久历史的传统历史学，考古学虽然是一门年轻的史学分支，且更具有国际性，但不同的社会背景和文化传统同样影响着不同地区的考古学形成各自的特色。崔格尔说："许多考古学家注意到考古学阐释的一个基本特点就是区域多样化。戴维·克拉克和里奥·克烈仁都将考古学史看成区域性学派的历史。克拉克指出，直到不久之前，考古学都存在一系列各具特色、相互抵牾的传统，每个传统都有极具区域特色的理论体系和描述、阐释和解释方式。非常清楚，在考古学解释中存在多个区域性传统，这个现象还将延续下去。"③陈淳系统梳理了不同国家的不同考古学发展过

---

① 《中国大百科全书·外国历史卷》，中国大百科全书出版社，1990年，"西方史学史"条，第971、972页。
② 〔德〕施耐德：《在民族国家脉络中看历史记忆》，《中国社会科学报》2011年6月2日第3版。
③ 〔加〕布鲁斯·崔格尔著，徐坚译：《考古学思想史》，岳麓书社，2008年，第7、8页。

程、学术传统和理论现状，分析了社会文化背景与考古学的关系，提出："各种理论对世界各国考古学的影响程度各异，经历了情况各异的发展，对考古实践的影响和推动也各有不同，这取决于各国的学术传统和社会背景。"①例如，"对大多数北美人来说，考古学的姊妹学科是人类学。考古学除了是人类学外，什么也不是。在欧洲，对多数考古学家的民意测验会显示，考古学的姊妹学科是历史学"②。"在美国这样的殖民地国家里，考古学和民族学密切结合到一起，成为人类学研究的重要领域。对于像中国这样史学研究有很深根基的国家，考古学很快就和自己传统的学术领域结合起来，成为广义历史学的组成部分。在苏俄，文化历史考古学在进行了短暂的实践之后，马上被政治所左右而走上了一条迥异的发展道路，成为验证马克思主义社会发展理论的重要手段。从这些国家考古学的发展，我们可以清楚看到社会背景、历史传统和意识形态对考古学发展的巨大作用与影响。"③

如果我们细加分析，美国考古学的强烈人类学倾向是与当代美国作为新兴国家和移民国家，与其前身的印第安人存在文化传统上的断裂和研究者作为古印第安文化的旁观者与审视者的"他者"角色密切相关；而具有强烈历史学倾向的中国、欧洲考古学则与自身具有丰富的历史文献记载、悠久的历史学传统和研究者作为"我者"的强烈文化认同感密切相关。

在中国，传统史学对考古学产生了深远的影响，表现为：与传统的"证经补史"思路结合，证史成为考古学的主要目标；以历史文献记载主导考古的工作方向、发掘目标和古代遗存的解读，如寻找古国、古族、古文化等；历史文献中的古史体系成为考古学文化解读和古史建构的基本体系，如五帝世系、夏商周文化、先商文化、先周文化，等等；考古学被纳入信古—疑古—释古—走出疑古时代这一传统史学发展轨道中，成为其中的补充部分，而不是寻求以考古来独立写史。

除了关注点和研究思路的差异外，不同文化背景的人对同一古代遗存往往也会有不同的理解。"确切地说，不同的人所理解的过去的含义是不同的。对一个印度人来说，如何看待莫卧儿时期的大型纪念物取决于他是印度教徒还是穆斯林信徒，而一个欧洲人观察这些建筑的角度又与印度本地人不同。同样，一位澳洲土著会对在Mungo湖遗址发现的古人类化石或Kakadu国家公园的古代岩画与澳大利亚白人有完全不同的

---

① 陈淳：《考古学理论：回顾与展望》，《中国考古学年鉴·2016》，中国社会科学出版社，2017年，第3—25页。

② 〔英〕马修·约翰逊著，魏峻译：《考古学理论导论》，岳麓书社，2005年，第149页。

③ 陈淳编著：《考古学理论》，复旦大学出版社，2004年，第75页。

理解。不同的族群对过去的解释常引出根植于悠久文化源头的不同概念，其久远往往超出考古学的研究范围。"①

五、"我者"与"他者"心态

美国著名学者爱德华·赛义德（Edward W. Said，1935—2003）在他的名著《东方学》（*Orientalism*，1978）中考察了从18世纪中期至今的西方对于东方的概念和表述的演进，梳理了西方世界中关于"东方"的话语表述，发现了这种"我者"与"他者"态度的差异及由此带来的叙述结果的不同。赛义德指出大量东方学著作呈现出来的东方是西方人为了确认"自我"而构建起来的。他说："东方的贫弱只是验证西方强大神话的工具，与西方对立的东方文化视角的设定，是一种文化霸权的产物，是对西方理性文化的补充。在西方话语看来，东方充满原始的神秘色彩，这正是西方人所没有的、所感兴趣的。于是，这种扭曲被肢解的'想象性东方'，成为验证西方自身的'他者'，并将一种'虚构的东方'形象反过来强加于东方，使东方纳入西方中心的权力结构，从而完成文化语言上被殖民的过程"。他指出产生于18世纪的西方所谓"东方学"或"东方研究"不仅包括了西方对东方在学术上带有倾向的研究，而且包括了西方在客观世界、政治和社会生活、文学作品中对东方所持的根深蒂固的偏见。他认为东方学中的东方只不过是人为建构的实体，是民族幻想、学术想象和权力运作的结果，而不是作为一种历史存在的东方的真实再现②。

这种"我者"或"他者"心态在历史学与考古学中是否存在，并带来研究中的偏见？

对于人类来说，"我者"与"他者"的文化认同心态普遍存在，我们的意识中都有或强或弱的我的历史与他的历史、我家历史与他家历史、本民族史与他民族史、祖国历史与他国历史等的区分，并由此影响到我们以不同视角、立场和态度来研究、评价与叙述相关历史对象。有学者说："对于'异文化'研究者（如研究东方的西方人）来说，最大的陷阱是民族中心主义所造成的文化偏见以及文化差异所导致的超离社会的想象，对于'本文化'研究者来说，潜在的危险在于受我们司空见惯的文化模

---

① 〔英〕科林·伦福儒、〔英〕保罗·巴恩著，中国社会科学院考古研究所译：《考古学：理论、方法与实践》，文物出版社，2004年，第539页。

② 许晓琴：《东方学研究中的权力话语及运作机制——爱德华·赛义德的〈东方学〉（上、下）》，《中国社会科学报》2010年10月19日、2010年10月26日第13版。

式所迷惑以及排他心态所引起的自闭。"①

在传统历史学悠久的地区，当地考古学家常常以"我者"眼光来看待考古发现的古代遗存，将它们视为自己历史的一部分，是自己祖先创造的文化，是自己文化的源头，心里无形中形成一种认同情感。欧洲人会将欧洲史前史看作自己历史的一部分，史前巨石阵文化被英国视为"英国遗产"的象征，中国则是将新石器时代，甚至旧石器时代以来的历史作为中华民族历史的当然组成部分，自认为是炎黄子孙，并根据三皇五帝的传说，利用考古学手段来解决中华文明的起源问题，提出"中国文明是世界上唯一没有中断的文明"等观点。更有甚者，在许多中国人，包括中国历史学者的心中，北京猿人就是中国人的源头。

但这种由自我文化认同感所带来的相关历史观念并不具有绝对的客观、准确性，反而是常常充满偏见和主观性。比如，"中国文明是世界古代文明中唯一延续至今的文明"的论断，就未必准确，我们认为，这一观点是在民族主义盛行的时代背景下，对中国历史文化具有认同的历史学家所构建的当代民族国家中国的国家历史叙述的一种观点，与复杂的历史过程并不完全相符，也不是历史学界的共识。

反之亦然，葛兆光说："海外中国学本质是外国学，……外国学者研究中国，和中国学者研究中国，在背景、问题、方法加上经验和感受的方面，可能是很不一样的，千万不要认为大家研究的是一个相同的中国。外国学者有他的学术史脉络，有他的政治和社会关怀，你不能简单地将中外学者的研究混为一谈。"②"不能要求欧美、日本的学者，像中国大陆学者那样，出于自然的感情和简单的认同，把'中国'当作天经地义的历史论述同一性空间（应当承认，有时候，中国大陆学术界以现代中国的政治领属空间为古代中国来研究历史的习惯，确实是会引起一些问题的），更不能要求他们像中国大陆学者那样，有意识地去建设一个具有政治、文化和传统同一性的中国历史。所以，有人在进行古代中国历史的研究和描述时，就曾经试图以'民族'（如匈奴和汉帝国、蒙古族和汉族、辽夏金和宋帝国）、'东亚'（朝鲜、日本与中国和越南）、'地方'（江南、中原、闽广、川陕甚至各个州府县）以及'宗教'（佛教、回教）等等不同的观察立场，来重新审视和重组古代中国历史。这些研究视角和叙述立场，确实有力地冲击着用现代领土当历史疆域，以政治边界当文化空间来研究中国的传统做法，也改变了过去只有'一个历史'，而且是以'汉族中国'为中

---

① 王铭铭：《社会人类学与中国研究》，生活·读书·新知三联书店，1997年，第1页。

② 朱天元：《葛兆光：徘徊在建构神话与记录史实之间的历史学》，《经济观察报·书评》2017年8月28日。

心的'中国'论述。"①

　　同样，美国考古学家是以一种"他者"的态度来研究美洲古文化，因为这些早期美洲古文化属于印第安人，与后来由欧洲人带来的居于主导地位的欧洲文化没有关系。加拿大人类学家加里·克劳福德说："在东亚和欧洲，从史前到历史时期是延续的。而在美国和加拿大，考古学家大都是欧洲人，我们跟研究对象之间没有个人的联系，所以会以一种比较非个人的视角来看待材料。"②"美国人仍然深信自己的高贵，将印第安土著的文化遗存放在自然博物馆中进行陈列，而不是像欧洲人的文化那样放在历史或艺术博物馆里进行展出。史前考古学的课程也设置在人类学系，而不是放在传统的历史学系中。"③

　　由此可见"我者"与"他者"心态与认同的差异对中国、欧洲与美国考古学的影响。如果我们承认这种影响的存在，就可以理解历史学、考古学阐释与叙述的建构性、多元性，而不是简单地以谁对谁错来判断。也唯有如此，历史学、考古学才能带给我们智慧与启迪。

六、史家的立场、情感与利益诉求

　　经历过"文化大革命"的中国历史学家都有切实的体会，坚持什么立场在那时候是头等大事，一旦某位史学工作者被认为没有坚持"正确的革命立场"就会有大麻烦。虽然这是特殊时代背景下的极端例证，但显示了史家立场对史学研究的影响。我们持有的立场影响我们对历史人物、事件的态度、陈述和评价，以及历史事件背后因果关系的分析，甚至影响到我们所使用的概念和证据的选择。威廉·德雷说："一切历史必然是从当前的立场出发来撰写的"，历史就是"当前被看作是重要的那些东西的历史。"④马克思主义史观强调历史学的阶级性，即历史学家不仅在历史事件的评价方面，而且在历史认识方面，即他的观念形成上受到他的阶级立场的制约。另外，作为历史研究的主要素材（历史文献）都产生在阶级社会中，所以史料本身不能不或多或少地带有记录者的阶级的意识形态的成分⑤。

---

① 葛兆光：《宅兹中国：重建有关"中国"的历史论述》，中华书局，2011年，第5页。

② 黄晓峰、潘艳：《所有博物馆都有政治目的：克劳福德谈考古学中的民族主义》，《东方早报·上海书评》2014年7月20日。

③ 陈淳编著：《考古学理论》，复旦大学出版社，2004年，第56页。

④ 〔美〕威廉·德雷著，王炜、尚新建译：《历史哲学》，生活·读书·新知三联书店，1988年，第72页。

⑤ 朱本源：《历史学的理论与方法》，人民出版社，2007年，第45、46页。

首先，历史学家所使用的概念往往反映出历史学家的立场。

有学者通过比较研究发现，对于20世纪50年代的"朝鲜战争"，中、俄、美、韩、朝鲜这几个当事国的历史教科书对于事件称谓、起因分析、过程描述、战争性质和结果胜败的认定等方面都存在巨大差异①。

在古代文献中，这类对历史事件、族群的不同称谓反映文本创造者及其背后的权力的立场、好恶、目的等现象比比皆是。如孔子所著《春秋》对"弑""狩"等字的刻意使用，表达出明确的政治立场，所谓"一字之贬，严于斧钺；一字之褒，荣于华衮"。清代修《四库全书》时，专门对历史文献中的"戎""狄"之类用词进行大规模修改、删除。

因此，从文献中的用词，可以看到文本创作者的立场、态度等重要历史信息。例如，从不同文献对春秋时期吴国国王称呼的不同，我们可以看到文本背后作者的观念、立场和文化认同的变化。

虽然吴王自认为自己是周人之后，自称"于周室，我为长"（见《春秋·左氏传》中哀公十三年晋、吴黄池之会争盟主记载的杜预注："吴为太伯后，故为长"）。但在《春秋》经与《春秋左氏传》关于吴的记载中，均称吴王为"吴子"，如《春秋左氏传·襄公三年》传：晋侯使荀会逆吴子于淮上，吴子不至。"二十九年，经："阍弑吴子余祭。吴子使札来聘。"定公四年，传："蔡侯、吴子、唐侯伐楚。"这些记载都显示，在《春秋》经传的作者眼中，吴王是与楚王、越王、邾国国君等周边非华夏政权的国王一样，都是蛮夷，皆称"子"，属于"非我华夏之国"，所谓"东夷、北狄、西戎、南蛮，虽大曰子"（见《礼记·曲礼下》）。

到形成于战国时期的《国语》及其后的文献中，吴王已被称为"吴王"，司马迁的《史记》更以"吴太伯世家"来题名吴国历史，并由周太王之子太伯、仲雍奔吴的故事来作为吴国历史的起始，吴为周人太伯、仲雍之后由此成为定论。

我们认为，这种变化反映了不同时期中原人对吴越文化认同观念的演变。早期中原华夏文化并不认同吴为自己的同宗，而视之为蛮夷之国。战国以后，随着中原与江南地区政治、经济、文化的日益密切和融合，中原文化与江南文化的"我者""他者"的认同区分和立场差异渐渐淡化了。经过秦的"天下一统"和各项文化整合措施，兴起于传统吴越淮夷之地的汉朝政权早已将吴越地区文化视为华夏文化的当然构成部分，其曾经的独特文化传统渐渐被选择性遗忘，吴越文化源自中原正统的观念则深入人心，成为当然之论。实际上，近代考古学的兴起，使我们有机会从古代的物质

---

① 《历史教科书中的朝鲜战争》，《文史参考》2010年第12期。

文化遗存中看到从河姆渡文化、马家浜文化、松泽文化到良渚文化、马桥文化、湖熟文化，吴越地区的文化原本是一支不同于中原华夏文化的地域文化，有其独特的文化面貌与传统。

其次，立场影响史料的记录、选择与解读。

有人讲述了这样一个现象：母亲生于农村，在那个大学生稀缺的年代，她考上了重点大学，现在是电力公司的中层管理人员。在她的人际关系图中，有靠在郊区租房度日的，也有腰缠万贯的地产公司老板，在与两者交谈的过程当中，发现一个很有意思的现象，他们对于母亲的工作有着可谓是泾渭分明的看法。"穷人"常用"旱涝保收""轻松""坐着数钱"等词语来形容母亲的工作，"富人"则会用"来之不易""压力大""十分辛苦"等几乎截然相反的词语来描述。而作为她的孩子，经常听她谈起上级的压力与期望，奖惩制度的严格。还有，她的早出晚归，频繁的加班应酬，深知这份所谓"高薪"的工作，其实并不轻松①。

这则短文至少说明三个问题：第一，陈述者的立场、经历、视角不同，感受就会不同，陈述与评价也不同。第二，没有共同的经历、背景就很难做到彼此的真正理解。同代人、身边人尚且如此，跨时代的古今人之间是否更会如此？第三，说明个人的经历、经验对历史研究的重要性，历史研究者与研究对象的相似经历对理解研究对象应该是有帮助的，正如有人所提到的，政治世家出身的陈寅恪能深刻认识唐代政治制度是有原因的。

俗话说"屁股决定脑袋"，即使同一个人，在得意与失意之间，有权与无权之时，争取权力过程中与获得权力之后，初出茅庐之时与历经沧桑之后，因为诉求不同，目标不同，人生经验和认知水平不同，心态转变，立场变化，对历史的关注点、历史事件与人物的解读、评价也往往不同。这种变化是人性的反映，是真实的存在，与科学、真理无关，是我们在追求史学科学化的目标时，不能回避的问题。

在历史学研究中，我们站在不同的立场，是坚持有神论还是无神论，是以普通民众本位为视角还是以君王本位为视角，是从民族国家立场看问题还是从全人类立场看问题，不同的立场影响我们形成不同的历史观，而不同的历史观又影响我们在历史关注点的选择、对历史现象的解读、对历史叙述的建构、对历史事件与人物的评价等各方面，形成不同的历史陈述。加拿大史学家肯特说："两百年前人们认为重要的事件，现在可能不重要了。现代人认为重要的，过去人可能都没有意识到。同时，由于

① 郭纾好：《偏见该如何消除》，《南方周末》2011年9月15日第E29版。

历史学家们的位置不同，这个人认为重要的问题，那个人可能认为不重要。"①

《左传》记载晋灵公被赵穿所杀，但董狐对晋灵公的无道行为不置一词，却记下"赵盾弑其君"五字。在这里，董狐所关心的根本不是忠实记录历史，而是维护君臣统治秩序，体现的是儒家所推崇的"史以载道"的道德史观。中国的传统史学对此却多为肯定、推崇的态度。真不知中国的史学界为何还自信地认为中国古史具有"秉笔直书"的实录精神传统！

关于南宋绍兴十一年（1141）宋金签订的"绍兴和议"，宋人编纂的《建炎以来系年要录》称为"皇朝讲和誓书"，而《金史·宗弼传》却称作"誓表"。在古代，书是一种平等或上对下的文体，而表则为下对上的文体。另外，《金史》中该表开篇有"臣构言"三字，明确无误地显示了南宋史官所讳言的宋高宗赵构向金国奉表称臣的事实，与宋人的隐去不同。《金史·宗弼传》还明确记载了金国派使者册封高宗之事，南宋的史籍中却只字不提，反而记载在绍兴八年（1138）十二月戊午和戊辰，高宗两次强调"朕嗣守太祖、太宗基业，岂可受金人册封"（《建炎以来系年要录》卷124）②。

同样，在西方史学界，"党派偏见、政治或宗教成见、英雄崇拜、野心、民族情绪、种族或民族自傲诱使历史家歪曲或隐藏他们手边的实况。他们并不像科学家那样尊重事实。当真实情况对他不利时，有些历史家甚至于低下到想象出他们的'事实'。他们不这样犯罪时，就用别的方式犯罪：他们往往醉心于推理式的猜测，或略去重要的证据，因为这种证据会打翻他原来的先入之见。这是18世纪史学思想的一个污点"③。这些现象应该不仅仅存在于18世纪。

对考古学来说，考古学的解释同样也会受到研究者立场和当代一般性观念的影响，炊格尔说："可以肯定，每个考古学家得出的对过去的个性化阐释反映了他们对生活的个人兴趣及看法。然而，西方考古学就总体而言看来是与中产阶级偏爱的变化相关，因为这些变化反映了他们经济和政治实力的总体兴衰、短期的乐观和悲观态度、以及特定的国家利益。"④

"在南非，对土著文化的歧视，从围绕对大津巴布韦石砌建筑的争论反映出来。英国金融家希尔斯·罗德斯为了证明欧洲人对南非进行殖民以及开采金矿的正当性，认为这些遗迹是由腓尼基人所造。1891年，在英国皇家地理学会赞助下，古物学家西

① 刘军：《史学理论、后现代主义和多元文化政策：访加拿大史学家肯特》，《中国社会科学报》2010年1月28日第5版。
② 葛剑雄、周筱赟：《历史学是什么》，北京大学出版社，2005年，第229页。
③ 〔美〕J. W.汤普森著，谢德风译：《历史著作史》（第4分册），商务印书馆，1996年，第605、606页。
④ 〔加〕布鲁斯·特里格著，沈辛成译，陈淳校：《世界考古学展望》，《南方文物》2008年第2期。

奥多·本特对这些石砌建筑进行研究。他发现这些建筑的年代不过几百年，可能是由当地的班图人所建，但是他最终还是屈服于社会压力认为，它们可能是一批从阿拉伯来到南非的北方人种所建。""1906年，皮特里的学生戴维·迈克弗进过调查认定，这些石砌建筑属于中世纪，并出自非洲土著之手。1929年，格鲁德·汤普森对该遗址进行了更加仔细的考察。经过详尽的地层学和考古发掘，汤普森认定这些建筑为非洲土著班图人所建。但是，这些研究结论被罗得西亚和南非的白人定居者所拒绝，殖民者和考古学家之间出现了旷日持久的冲突。在巨大的政治压力下，许多考古学家不得不离开南非。直到1980年津巴布韦独立之后，当地的建筑废墟和考古遗存才按照本土的历史来进行重新撰写。"①

最后，历史学家的立场与对历史事件的叙述和历史人物的评价密切相关。

乔布斯是推动人类进步的创新者，还是残酷的剥削者？

2011年10月，世界著名高科技公司苹果的创始人、掌舵者乔布斯因病去世。世界媒体上相关他的报道和评价有两种截然不同的版本。

第一种，歌颂版：他桀骜不驯，他特立独行，他让电脑有了图形，他让手机可以触摸。他改变了世界，推动了全人类向前进了一大步。乔布斯走了，但他的创新精神将永存人世，激励着每一个创新的人！"人们把苹果产品视为一种革命，宣称苹果公司改变的不仅仅是消费者对于现代电子产品的期待，更改变了人类的生活。"②

第二种，批判版：苹果产品成功的秘密，超低成本是关键。苹果赚的是中国廉价劳工的血汗钱。"在苹果公司光鲜的表面背后，隐藏的却是一条交织着劳动汗水与金钱暴利的利益链条。""在这个全球的链条上，有三部分与中国紧密相连：一是40万左右大多出生于1990年以后的年轻中国工人，拿着以当地最低工资标准为基准计酬的底薪，在严格保密的生产线上消耗着他们一生中最为美丽的青春；二是以富士康为代表的组装厂，他们的毛利仅在2%到4%之间；三是以苏州联建科技为代表的零部件供应商，他们的毛利稍高，也只在8%左右。"③

从科技进步和经济发展角度讲，乔布斯为推动人类的发展做出了贡献，但从社会公平和人权平等的角度看呢？两种叙述，两种评判，孰对孰错？就看我们站在什么立场上！不同的人站在不同的立场，对相关史料进行不同的选择与解读，导致不仅历史

---

① 陈淳：《考古学史首先是思想观念的发展史——布鲁斯·特里格〈考古学思想史〉第二版读后感》，《南方文物》2009年第1期。

② Vaclav Smil：《为什么乔布斯不是爱迪生》，豆丁网，http://www.docin.com/p-270886378.html。

③ 李保华、廖杰华：《苹果光鲜背后：交织劳动汗水与金钱暴利利益链条》，《经济观察报》2010年4月10日第4版。

叙述存在差异，而且历史评价也会不同。

同样，关于"鸦片战争"，英国作家洛弗尔比较英文和中文的相关描述，她发现两者几乎在每个点上都存在分歧，两国对于同一历史事件的理解存在巨大的不同①。

从出土文物中也能看到同样现象。例如，近年出土的两方北朝墓志对北魏末年刘灵助起事的描述截然不同，显示出对于同一历史事件与人物，不同人基于不同的立场会做出不同的叙述。《尧峻墓志》载："普太年中，刘助扰攘，游魂幽蓟，私署位号，擅立君臣。君与兄雄，戮力均心，登时擒剿。"而《王基及妻刘氏墓志》则载："魏永安之末，尔朱构乱，仆射刘助建义旗于河北，乃引君车骑府城局参军。然小人道长，助为逆臣所破，君微服潜行，遂归故里，士郡为主簿，□守坟墓。"两方墓志之所以对刘灵助起事持不同态度，与志主身份和墓志撰写年代有关。尧峻参与剿灭刘助，且位高权重，因此，他在对待刘助之事上倾向于国家立场。而王基与尧峻不同，参与了刘灵助起事，因此更加认同这一起事②。两方墓志对刘灵助事件的不同表述，代表了墓主不同的政治立场。

历史学者姜鹏分析了三位伟大的历史学家司马迁、班固和司马光对重要历史人物汉武帝的不同叙述与评价，并分析了隐藏在背后的原因。班固对汉武帝的才华政绩深信不疑，说他雄才大略，简直可以和古代圣王媲美。司马光毫不掩饰地批评汉武帝，说他穷奢极欲，繁刑重敛，信惑神怪，巡游无度，令百姓苦不堪言，简直和秦始皇没什么两样。而和汉武帝生活在同一时代的司马迁，透过字里行间对汉武帝既有肯定也有批评。关于"巫蛊之祸"，司马光说汉武帝是巫蛊之祸的首要责任人，班固却说汉武帝是受人蒙蔽，而司马迁则是欲言又止。

为什么会有这种差异呢？姜鹏认为，究其原因，因为司马迁的《史记》与汉武帝是同时代你中有我我中有你的关系，汉武帝的权力无处不在；对班固来说，《汉书》要证明西汉的正统性，当然汉武帝也是浓墨重彩要书写的一部分；而对生活于一千二百年之后的司马光来说，《资治通鉴》本是为宋神宗编纂的，怎么用《资治通鉴》来影响宋神宗，是他要思考的问题，在他的理念中，民生才是根本，司马光批评汉武帝倾力四夷，目的是提醒宋神宗不要走上这样的老路，因此，汉武帝不过是他用来揭示历史教训的工具③。

---

①　《"它开启了中国的'耻辱世纪'"——英国作家自述〈鸦片战争〉心路历程》，《参考消息》2011年8月1日第5版。

②　杨龙：《墓志揭示北魏刘灵助起事真相》，《中国社会科学报》2016年3月14日第8版。

③　姜鹏：《汉武帝的三张面孔》，华东师范大学出版社，2012年。

　　除了立场，历史学家的个人情感、利益诉求等对史学著述来说，也都是不可否认和回避的影响因素，我们必须正视它们的存在。

　　梁启超曾说："例如王闿运之《湘军志》，在理宜认为第一等史料者也，试读郭嵩焘之《湘军志曾军篇书后》，则知其不实之处甚多。又如吾二十年前所著《戊戌政变记》，后之作清史者记戊戌事，谁不认为可贵之史料？然谓所记悉为信史，吾已不敢自承。何则？感情作用所支配，不免将真迹放大也。"[①]作为近代最具科学素养，极力倡导实证主义新史学的著名历史学家对亲身经历的事件的叙述尚且如此，对回忆录和历史文献的客观性和准确性，我们又有多少自信呢？对建立于这些史料基础上的研究结论的真实性，我们又有几分把握呢？

　　因为据说毛泽东比较欣赏的唐代诗人是"三李"：李白、李贺、李商隐，而对号称"诗圣"的杜甫则不太感兴趣。著名历史学家郭沫若就在自己的《李白与杜甫》一书中，极尽贬损、咒骂、污蔑杜甫之能事，斥责杜甫的地主阶级反动立场，对杜诗不惜罔顾事实，曲解诗意，任意栽赃，全盘否定，如"杜甫的门阀观念""杜甫的阶级意识""杜甫的功名欲望""杜甫的地主生活""杜甫嗜酒终身"等[②]。

　　此外，我们也会因为种种原因，在不知不觉中将谬误和偏见带到我们的叙事之中，正如有人所指出的："西方一些媒体之所以在涉华报道上存在巨大偏见，除政治体制观念上的差异外，一个重要原因就是历史传统与文化差异所导致的西方对东方的顽固成见。"[③]

第四节　权力、话语权与历史著述

　　美国电影《妙想天开》，导演特瑞·吉列姆最初剪辑的版本是142分钟，但美国发行方环球公司将其删减到94分钟，并把吉列姆引以为豪的荒诞、黑色的结尾改成"爱情战胜一切"的大团圆结局。谁拥有最大的话语权，谁便拥有最终剪辑权[④]。这一电影剪辑权的案例形象地表现了史学著作最终文本形成过程中话语权及其背后政治、金钱权力的决定作用，它们就是握着剪刀的手。这一案例也形象地说明"史料自身不会说话"，同样一堆史料，不同的人可以剪辑出完全不同的故事，即不同的历史陈述文本。

① 梁启超：《中国历史研究法》，《梁启超史学论著四种》，岳麓书社，1998年，第200页。
② 黄朴民：《大学者的学术失误》，《中华读书报》2014年3月19日第05版。
③ 高燕燕、杨开新：《岂能用假材料"棒打"中国》，《中国社会科学报》2014年9月17日第A04版。
④ 李婷：《谁的剪刀动了谁的电影》，《文汇报（上海）》2011年7月11日第8版。

　　历史谁在写？写什么？怎么写？是由作者及其背后的权力决定的。哪些历史内容，如事件、人物等被选择为研究对象？如何叙述历史事件，解释历史现象，评价历史人物及其行为？哪些历史叙述、解释与评价会成为某一时期的主流历史叙述版本或官方文本？所有这些都取决于权力，即谁掌握了话语权。历史通过史家的解读与叙述呈现出权力所希望展现的面貌，以满足权力的需要。政治立场与观念决定社会记忆和历史陈述，社会记忆与历史陈述又宣扬了政治理念，证明自己政治诉求的正当性和相关权力的合法性。

　　什么是"权力"？

　　"权力"是一个古老的概念，过去一般都是将"权力"与统治者或社会精英联系起来。后现代思潮兴起，"权力"的概念被高度重视，广泛使用，并被赋予新的含义。法国后现代代表人物福柯认为权力作为人类天性，是一种控制、占有，并以自己为中心统一其他的潜在欲望，权力无所不在[1]。权力不仅指政治、经济权力，也指思想文化权力。政治、经济权力容易理解，包括人类思想文化的知识也是一种权力。福柯认为不存在绝对客观的知识，知识的生产、传播和消费始终与权力纠葛在一起。如果我们承认知识的作用是使人理解现实生活，确定自己在社会中的位置，选择自己的方向，就不能不承认，知识始终与社会、政治、权力融合在一起，纯粹的真理是不存在的，所有知识的目的都在于确证统治结构的合法性[2]。

　　关于权力与史学著述的关系，汤因比说："历史是胜利者的宣传。"[3]胜利者掌控着话语权，历史是由胜利者书写的，历史叙述一般都是以胜利者为中心来展开，以胜利者的视角、价值观、利益和目的为视角、价值判断标准和目的，其中的简单表现就是"成王败寇"。

　　人类对社会记忆的内容具有选择性，也就是说人类有意识地选择了要记忆什么、遗忘什么，记忆与遗忘同样重要。那么，什么原因促使有些记忆被保留而有些记忆被删除？权力无疑是一个重要的因素。在某种意义上，权力操控了社会记忆的内容和社会记忆的方式[4]。"历史本身就是意识形态建构的这一事实，意味它经常被那些受到各种权力关系影响的人重新制作和重新安排。"[5]哈布瓦赫说："过去不是被保留下来的，而是在现在的基础上被重新建构的。"这种历史的"重新建构"依靠社会记忆，

---

① 赵一凡：《福柯：权力与主体》，《文景》2005年总第14期。

② 于秋阳：《从现代性批判到文化帝国主义》，《中国社会科学报》2010年2月9日第13版。

③ 〔英〕汤因比、〔英〕厄本著，王少如、沈晓红译：《汤因比论汤因比》，上海三联书店，1997年。

④ 罗彩娟：《权力与社会记忆》，《中国社会科学报》2009年8月20日第7版。

⑤ 〔英〕凯斯·詹京斯著，贾士衡译：《历史的再思考》，台北麦田出版社，2006年，第106页。

而记忆却是权力和治理的产物，也就是说，决定什么被记住和什么被忘却的是权力。王明珂说："在一个社会中，通常只有部分的人有权力记录与诠释历史。这种历史忽略了许多个人的、社会边缘人群的历史记忆。""无论如何，我们知道的'正史'（典范历史）只是被社会中部分的人或人群所选择、强化、传布的社会记忆。"[①]

权力之所以能够控制社会记忆，是因为"集体记忆可用以重建关于过去的意象，在每一个时代，这个意象都是与社会的主导思想相一致的"[②]。一个社会的集体历史记忆，往往是掌控了话语权的少数人所建构的历史记忆，并通过教育、传颂、仪式、各种节日活动安排等宣传手段传播而成为大多数人的共同历史记忆。

所以，乔治·奥威尔说：历史是什么？历史就像一张不断刮干净重写的羊皮纸，以统治者所希望的样子存在。"谁控制过去就控制了未来；谁控制现在就控制了过去。"[③]实际上就是谁掌握了权力，谁就控制了话语权。谁控制了话语权，谁就控制了历史陈述权！

除了上面所提广泛的权力影响外，作为历史记录者、著述者的知识分子所掌握的话语权对历史著述的影响也是明显的，前文对此多有论述。

有学者指出："对于个人的如烟往事或集体的隐秘历史，知识分子从来都是最主要的记录者和阐释者，但也因此，我们不免习惯性地强调知识分子群体自身的受难史，并以知识分子为中心来保存和构建苦难的全民记忆；我们总是不自觉地以知识分子的受难史，取消了芸芸众生的受难史。""在曾经有过的那种时候，跟那些知识分子一样可怜可笑的普通人，又有多少？连知识分子，连成名成家的知识分子，都如此可怜可笑，更何况那些默默无闻的一介普通百姓呢？只因为他们不是知识分子，没有编写历史的权力，他们就不能将自己的可怜可笑笔之于书；只因为他们不是知识分子，头上没有名流的光环，因此也没有知识分子关怀他们的可怜可笑，为他们留下历史的铭记。于是，无数普通人的可怜可笑，就被我们集体记忆的筛子所遗漏了。所以，我们在编纂精神受难史的时候，必须打破知识分子的视角，而回归普通人的视角。"[④]

当代的知青文学可算是话语权影响的典型例证。在知青文学中，上山下乡的城市知识青年的痛苦经历、巨大牺牲不断被人叙述、研究和传播，引起社会的广泛关注与

---

① 王明珂：《华夏边缘——历史记忆与族群认同》，社会科学文献出版社，2006年，第255、257页。

② 郭于华：《社会记忆与人的历史》，《中国社会科学报》2009年8月20日第7版。

③ 〔英〕乔治·奥威尔著，董乐山译：《1984》，上海译文出版社，2008年，第35页。

④ 胡文辉：《当知识分子成为小丑》，《人文随笔2006·夏之卷》，花城出版社，2006年。

反思，而相对于这些上山下乡的城市知识青年，世代生活于此，老老实实，辛苦耕耘，经历着比这些城市青年更多苦难，承受着更大痛苦的当地农民才是社会的大多数，但他们却成为被忽视，甚至被贬损的人群。为什么会有这样的不公平？不过是因为故事是由上山下乡的城市知识青年来建构和叙述的，他们掌握了话语权，从自己的视角，以自己为中心来叙述这段历史。那些淳朴的村民因为没有话语权而缺席于这些叙述文本之中或仅仅是作为配角和陪衬而出现。

以此视角来观察古代社会，历史文献基本是由少数人记录和陈述的，是话语权垄断的结果，反映了统治者、胜利者和话语权控制者的意志。因此，从这些文本中，我们基本上只能看到他们的身影，广大民众、敌对人物、周边族群一般是被忽视的大多数，即使有所记载，也是因为他们与主角发生关系而被记载，且这种记载往往是简单的、扭曲的、话语权控制者视角的。

从话语权角度，我们也就能够理解为什么中国历史上的太监总是被人鄙视，被视为历史的罪人，朝政的诸恶之源了。因为历代专制王朝政治中，皇帝最信任、易控制的太监集团是皇帝制约、平衡朝堂上士大夫权力的重要力量，因此，太监集团与士大夫之间存在矛盾与斗争，而历史著述之笔却握在士大夫手中，太监在史书中自然就不会有好形象了。

人们常常自我安慰说"历史是公正的"，这也仅仅只是一种自我安慰而已。历史学从来都是权力者的特权和游戏，历史著述中比比皆是的是被扭曲、被无视的人和事，主角从来都是被选择的少数人。鲁迅说，过去的历史向来都是胜利者书写的历史，失败者如果不遭到痛骂，也要湮没无闻。尼采说：历史并非理性的进步，而是权力游戏，其中"一无道德根据"。胜者王侯败者贼，但凡胜者上台，都会编造阐释，历史就是一连串强词夺理的阐释史[①]。是呀，我们可以设想一下，如果由历史上的失败者来书写历史，如项羽来主导楚汉之争的书写，李建成来主导玄武门之变的书写，等等，那么，我们会看到怎样的历史叙述文本？

从历史著述的受众和读者来说，英雄崇拜与对胜利者的羡慕心理使成功者的故事更受欢迎而声播广传。

另一方面，社会权利主体的多元性决定了历史学的多元性，我们所看到的不同历史叙述版本，不同的历史故事讲述，不同的历史事件和人物的评价，其背后的权力主体多元性是重要的影响因素。在当代民主多元的社会中，随着言论自由化、政治组织多元化，话语权也日益多元化，历史阐释与叙述的多元化也必然是史学发展的趋势。

---

① 引自赵一凡：《福柯：权力与主体》，《文景》2005年总第14期。

一、正史与野史、主流与非主流

只要我们稍加调查，随处可见这种现象——对同一段历史，同一古迹，有关它的过程、时代、性质、建造者等往往有不同的故事版本，历史学家、考古学家、民间传说、宗教人士、旅游界等各有自己的说法。虽然学术界认为自己的说法更科学、更靠谱，而且占据官方的权威性地位，但这并不代表学术界的观点就取代了其他的说法，甚至在一般民众心里，其他的历史叙述和说法可能具有更大的认同度和影响力。《三国演义》比《三国志》在民间就传播更广，影响更大。如果文化遗存被认为与某种宗教信仰有关，那么，在信徒的心中，宗教版本的解读与陈述更是具有无上的权威和正确性，甚至成为圣物、神迹和先知或神的象征，具有绝对的真理性，不管我们从当代科学角度看这些故事多么荒谬。因此，在现实社会中，很多时候，历史阐释与叙述和历史真实与否无关，而与需要和信仰有关！我们可能不赞同，但却不得不接受这种现象的客观存在，这就是历史学的多元本质。

理论上，人人都是他自己的历史家，历史的解读、叙述与评价本质上是多元、平等的，现实中却是不同的观点和叙述版本总是被分为正史与野史，主流与非主流，正史与主流往往被视为更具有真实性、正确性，而野史与非主流总是与虚构、谬误相关联。掌握话语霸权者总是以历史真理、真相、真实来自我标榜，并以此为由宣称自己解读与建构的历史叙述是信史、正史，而其他的历史解读、建构与叙述都是伪史、野史，不科学、不真实，以达到宣传自己的观点，维护自己的历史叙述霸权和垄断，进而实现自己的某些目的。

每个时代、每种文化的历史学往往包括多种流派和历史陈述。这些流派和陈述不是平等的和受到同样重视和传播的。决定哪些叙述文本是正史，成为主流版本并流传下去的因素除了记载内容的可信性、合理性之外，还有就是谁主导了话语权。居于主流史学地位的史学是那些符合了时代主流认知，对历史做了符合时代思潮的阐释与解读，满足了特定社会需要，尤其是话语权掌握者需要的史学。比如中世纪的神学史学、中国封建社会的儒家思想指导下的王朝政治史，近代的"科学""民主""民族主义"思想指导下的实证主义新史学。

过去，皇家控制着历史陈述权，官方的历史著述被视为正史。近代以来，实证主义史学获得主导地位，专业史学家团体掌控了历史话语权，因此只有受过科学方法训练的人按照科学方法，以一套科学概念体系撰写的历史著述才被认为是科学的、可信的，才是主流的历史叙述，其他各种关于历史的解释与陈述都是不科学的。受过专业训练或被专门机构认可的史学家被认为拥有正确阐释与陈述历史的能力，其他的史家只是民间的、非主流的爱好者，他们的观点基本是野语妄言，故事演绎，不足为信。

因此，所谓正史就是符合时代主流认知，被官方（或话语权掌控者）认可的一种关于历史人物、事件陈述、解释和评判的著述文本，是掌握话语权的官方版或主流版的历史解读与叙述，是权力与史家共谋的产物。最具有代表性的官方正史当属中国的二十四史，约4000万字，记述内容起于传说中的黄帝，止于明崇祯十七年（1644），跨度长达4000多年。

有学者说："正史、别史、野史、杂史的说法，只有中国才有。在西方，史学一直处于民间位置，是可有可无的学者事业，统治者不是太看重，所以也就无所谓正、别、野、杂的区分。古代中国因为把史学当作'生人之急务，为国之要道'，修史是国家的大事，所以也就有了官修和私修，正规与非正规的区别。"①虽然在其他文化中可能没有明确认定的官方版正史、野史之分，但社会普遍认同中，仍然存在主流历史叙述与非主流历史叙述、官方观点与民间观点的差别，像美国这种言论自由的国家，虽然没有官方教科书，没有标准答案，各种各样的历史叙述都有表达的机会，但仍有主流与非主流、官方与民间之分。以发生在1963年11月22日的肯尼迪遇刺案为例，关于杀手虽然至少流行五种不同的观点，如黑手党说，黑手党与中央情报局结盟刺杀总统说，总统特勤局内奸说，古巴政府指使说，总统遇刺的受益人、当时的副总统林登·约翰逊组织刺杀说等，但负责调查工作的沃伦委员会的结论仍是官方的最终结论——奥斯瓦尔德独自行动，他用一杆枪杀害了总统，而这纯属个人行为，背后没有任何势力，也没有任何主张②。

正史是否更具有准确性？从理论上讲，正史也是一种文本，是文本制造者根据自己的需要创作出来的，反映了他们的观点和需要。例如，2000年来，史书上一直记载的是赵高、胡亥和李斯合谋发动沙丘之变，胡亥非法登上大秦皇帝的宝座，骄奢淫逸，最终把秦王朝送上绝路。但近年湖南益阳兔子山遗址9号古井出土的秦简中发现秦二世胡亥文告、秦朝益阳县公文等。简文内容是秦二世胡亥继位后第一年的第一个月颁布的文件，文中强调了他继位的合法性，以及开展改革以惠民爱吏的意思③。虽然历史不能假设，但如果秦王朝政权不是在二世胡亥手里被推翻，而是传承多代达百年以

---

① 钱茂伟、王东：《民族精神的华章——史学与传统文化》，北京图书馆出版社，2004年，第280、281页。

② 《肯尼迪遇刺四十周年祭》，http://www.southcn.com/news/international/specialreports/kenndy/。

③ 李国斌：《秦二世奉诏登基文告出土揭秘大秦王朝真正掘墓人》，华声在线，2013年11月25日，http://culture.people.com.cn/n/2013/1125/c22219-23641220.html；孙家洲：《兔子山遗址出土〈秦二世元年文书〉与〈史记〉纪事抵牾释解》，《湖南大学学报（社会科学版）》2015年第3期。

上，秦的正史又会怎么记载呢？我们可以想象，大概也是昭示天下，自己的行为和权力地位是"奉天承运"、神圣合法的吧。现在传世文献中关于胡亥篡位的记载总让我们看到汉王朝妖魔化胡亥以证明自己"伐无道"行为的正当性和新朝代替旧朝的必然性，以及告示天下自己继承天命的合法性的某种用心。

　　主流与非主流也不是一成不变的，随着时代和形势的变化，非主流的阐释与陈述可以成为主流的阐释与陈述，主流的阐释与陈述可以成为非主流的。决定这一转变的原因就是时代思潮和话语权者需要的变化。英国曼彻斯特大学学者彼得·奈特（Peter Knight）对美国前总统约翰·肯尼迪遇刺事件进行了系统研究。他发现，在20世纪60年代早期，75%的美国民众信任政府，然而到了20世纪90年代，75%的美国民众不再信任政府。奈特认为，从一定意义上讲，美国人对肯尼迪遇刺事件真相的怀疑，意味着他们已开始不再信任本国的政治精英[①]。

二、中国古代"四大发明"说——话语权角度的审视

　　作为中国人，我们常常引以为傲的中国古代科技成就当首推著名的"四大发明"——印刷术、火药、指南针和造纸术，它们被认为是中华民族对人类的巨大贡献。

　　如果我们认真梳理"四大发明"之说的源流，不难发现它不过是近代西方视角的历史评价，是西方话语霸权的产物。

　　约400年前，英国哲学家弗兰西斯·培根首先指出，印刷术、火药、指南针"这三种发明已经在世界范围内把事物的全部面貌和情况都改变了"。后来，传教士、汉学家艾约瑟在上述三大发明中又加入造纸术。

　　为什么这四项发明被西方学术界所推崇呢？

　　因为这四项发明被西方学术界认为对西方近代文明的产生、社会的近代化和西方文化的全球扩张起到了至关重要的作用。指南针，使远洋航行成为可能。火药，改变了战争方式和力量对比，促使现代采掘工业和军事工业兴起，西方文明因而获得军事优势，战胜其他文明，将自己的政治、经济、文化扩展到其他文明或大陆。中国造纸术造成的纸与以前的羊皮或莎草纸等书写材料相比，平整、光滑、匀称、轻便、便宜，成为西欧文化传播的重要工具。美国学者伊丽莎白·爱森斯坦说：印刷术是欧洲中世纪到近代过渡期最重要的技术发明，是欧洲近代史的推动力之一。由此引发的传

---

① 张梦颖编：《政府公信力持续下降　阴谋论充斥美国文化——学者评析肯尼迪遇刺50周年》，《中国社会科学报》2013年11月25日第A04版。

播革命对欧洲人文主义、文艺复兴、宗教改革、近代科学、启蒙思想、教育平民化、普及化和工业革命，概言之即欧洲近现代的历史产生了重大影响①。

正因为以上四项发明对西方近代文明的重要价值，所以马克思说："火药、指南针、印刷术——这是预告资产阶级社会到来的三大发明。火药把骑士阶层炸得粉碎，指南针打开了世界市场并建立了殖民地，而印刷术变成新教的工具，总的来说，变成科学复兴的手段，变成对精神发展创造必要前提的最强大的杠杆。"②

由此可知，"四大发明"的说法其实是西方人基于自己的历史和立场而对中国古代科技成就所做的历史阐释与评述，是近代西方文化全球扩张下的时代观念和价值观的体现，并不能代表中国历史上的诸多重要科技发明及其对人类文化的最主要贡献。

从中国历史本身来说，能反映中国古代文明创造与贡献的成就远远不止这几项，不同学者从不同角度提出过关于中国古代重大发明的多种观点。世界著名科技史家李约瑟博士曾经列举了中国传入西方的26项技术，认为中国重要的发明技术远不止这四大发明。中国科技史家华觉明认为中国人在历史上至少为人类进步提供了二十四项原创性大发明，即：①粟作和稻作，②蚕桑和丝织，③琢玉，④汉字，⑤木结构营造技艺，⑥青铜冶铸术，⑦十进位值制记数法，⑧以生铁为本的钢铁技术，⑨中式烹调术，⑩中医，⑪髹饰，⑫制瓷，⑬造纸术，⑭漏刻，⑮印刷术，⑯茶的栽培和焙制，⑰指南针，⑱火药，⑲深井开凿技术，⑳水运仪象台，㉑珠算，㉒火箭，㉓曲发酵酿造技术，㉔精耕细作的生态农艺③。2008年，由国家文物局和中国科协联合主办的"奇迹天工——中国古代发明创造文物展"在中国科技馆新馆开展，展览重新定义了中国古代的"四大发明"——丝绸织造术、青铜铸造术、造纸印刷术和瓷器制作术，而非传统的火药、指南针、印刷术和造纸术④。还有中国学者提出汉字、中医、中餐和武术最为集中地体现了中国人特有的思维方式、行为方式和情感方式，因而与指南针、造纸术、活字印刷和火药等科技版的"四大发明"同样重要，可称之为文化版的"四大发明"⑤。

---

① 〔美〕伊丽莎白·爱森斯坦著，何道宽译：《作为变革动因的印刷机：早期近代欧洲的传播与文化变革》，北京大学出版社，2010年。
② 〔德〕卡尔·马克思：《经济学手稿（1861—1863）》，《马克思恩格斯全集》（第47卷），人民出版社，1979年，第427页。
③ 华觉明：《中国历史上的二十四大发明》，《青年文摘（红版）》2008年第12期。
④ 金毅：《中国科技馆展览重新定义四大发明，丝绸等入选》，《钱江晚报（杭州）》2008年7月31日第8版。
⑤ 《汉字、中医、中餐和武术，中国还有人文版"四大发明"——陈炎教授访谈录》，《中国社会科学报》2009年9月17日第2版。

以上这些说法与西方人推崇的"四大发明"说不同，反映了不同学者基于不同的文化背景和立场对历史所做的不同认识与评价。

另外，我们也应该认识到，"四大发明"之说在中国被广为传播和引以为傲，也是近代中国特定社会时代背景的产物。近代中国积贫积弱，缺乏文化自信，需要在优势的西方文化的肯定中找到文化自信，而被西方学术界推崇的中国古代"四大发明"之说正好满足了这种需要，因而被中国社会广为宣传，以证明中华民族同样是一个充满智慧的民族，有资格傲立于世界优秀民族之列。因此，"四大发明"说在中国被推崇不仅是近代西方文化话语霸权的产物，也是民族主义思潮影响史学的一种表现，是近代中国社会语境的产物。

此外，如果从话语权角度审视"四大发明"说及其出现的历史背景，还可以看出，对科技发明的重视是近代科学主义思维主导时代的反映。在过去中国专制王朝的历史话语体系内，科技发明是没有地位的，不被重视与推崇，往往被视为奇技淫巧，难登大雅之堂，甚至成为方术、娱乐的工具，如看风水、炼丹、鞭炮等。

本章我们系统梳理了影响史家著述历史的主要隐性或显性因素。对于这些导致历史著述具有建构性的因素，我们是选择视而不见，并认为我们正走在不断接近自在历史的科学大道上，还是直面它们，做一个自觉的历史研究者，承认所有的历史著述都是史家书写的表述历史？

第六章　几组基本史学范畴与原理的学理讨论

自在的历史是具体的、鲜活的和复杂的，但表述的历史总是概念化的、抽象的和简单的。

当我们讨论历史学的本体论时，必须要面对一些基本的、核心的史学范畴与原理，对这些基本范畴与原理的认识决定我们如何认知历史学的本质特性，如何评判史学研究的成果，以及能否将历史学视为一门实证科学。

第一节　时间与空间

时间与空间是历史学的基本范畴，历史学首先是一门基于时间与空间的学科，是研究在特定时间维度与空间维度内人类及其文化发生、发展与变化的学科。在我们的一般印象中，时间和空间是一种自然现象，是绝对的、客观的，没有什么可讨论的。但如果我们认真推究起来，历史学中的时间和空间并没有这么简单，一方面，我们所采用的时间和空间维度具有客观性；另一方面，也具有主观性，即我们根据自己的需要和研究对象来选择、设定时间维度和空间维度。历史学的时间维度和空间维度一方面取决于我们的主观设定与选择，另一方面又影响到我们对历史的阐释、叙述与评述。

一、时间维度

从马克·布洛赫到费尔南·布罗代尔、米歇尔·伏维尔、雅克·勒高夫，法国年鉴学派的每一代历史学家都特别关注历史的时段问题，他们认为，历史时间具有不统一性，而是按照历史节奏而变化，具有伸缩性。费尔南·布罗代尔认为，社会时间是创造出来的，一旦被创造，既可以帮助我们组织社会现实，同时也制约着社会活动。他说："历史学家肯定拥有一种关于时间的新尺度，按照崭新的方位标及其曲线和节奏定位，使对时间的解释能适应历史的需要。"他认为，历史时间具有不同的节奏和多元性，"历史学中的时间尺度是多样的。根据不同的研究对象，可以发现历史上存在着千年、万年的长周期，也有以时、日为单位的短期节律"。例如，研究政治史与经济社会史就适用不同的时间尺度①。张光直指出，在考古学中，存在两种我们必须加以区分的时间：科学的时间和文化的时间。科学的时间，即对于考古学家或任何受过科学教育的人来说，时间过去是、现在是、将来仍然是包括我们的祖先生活于其中的物理世界的一个维度。文化的时间包括两种：一种是不同文化对时间的理解，另一种是考古学家用来理解和划分考古遗存的时期的方法。在后一种时间中，考古学家通过比较不同的考古遗存形式上的异同来确定它们与科学时间的相对关系，这种时间既不是考古遗存的内在特征，也与史前人类没有任何关系，仅仅是考古学家通过考古遗存而获得的。因此，这后一种时间只有在考古学试图在某个体系内或通过比较不同文化体系来分析考古遗存时，才是有意义的②。

在史学研究中，我们总是根据特定的理论、立场、目的来选择一个时间点或设定一个时间段，不同的历史叙述体系有不同的时间设定和划分体系。例如，从中国政治制度史来说，中国传统的历史表述是按朝代划分，如周、秦、汉、唐、宋、元、明、清等，马克思主义史学的中国历史陈述体系是按照原始社会、奴隶社会、封建社会、半殖民地半封建社会、社会主义社会等阶段来划分历史时段，而我们认为，在国家出现以后，中国经历了血缘宗法制共主国家、皇权专制王朝国家和当代民族国家三个历史阶段。由此可见，不同的历史叙述体系具有不同的历史时间段划分方案。

反过来，在不同的时间维度内，对历史人物、事件的认识与评判也往往不同。同一历史事件、人物放在不同的时间段（如当下、十年后、百年后），在不同的时代背景下，评价往往不同，甚至有从"伟人"到"罪人"的巨大转变，所以才会有"时间说明一切""盖棺才能定论"等说法，虽然"盖棺"也未必就能"定论"。

在具体的历史研究中，不同时间尺度的影响因素常常被我们忽视或有意无意地被混淆，由此影响到我们的研究结论。如历史人物一时一地的言行是否能代表人物的一生和本质？一个历史事件或人物的行为是否代表整个时代、整个社会的状态？长时段自然环境变化与短时段历史事件之间是否有必然的联系？比如，气候、生态环境的变化是一个长时段的、缓慢积累过程，具有长期性、渐变性，对人类的影响也是逐渐显现的，而许多人类社会组织和文化现象的变化则是短期的、剧烈的，如国家的出现、游牧民族的南下等都是一种短时段政治事件，但我们在研究中往往将两者以因果关系

---

① 俞金尧：《历史研究中的时间尺度》，《中国社会科学报》2012年7月18日第A05版。
② 张光直：《考古学：关于其若干基本概念和理论的再思考》，生活·读书·新知三联书店，2013年，第19—21页。

串联起来，这种解释未必经得起逻辑推敲。反之亦然，"以全球气候变暖来说，以一万年的时间尺度进行观察所得出的结论，与以世纪为研究尺度所作出的解释，两者可能是迥然不同的。荷兰人萨洛蒙·克罗宁博格在《人类尺度：一万年后的地球》一书中认为，全球气候变暖与人类的活动没有什么关系。这与上述把气候变暖归因于人类活动的通常看法迥然不同，秘密在于他使用了万年这一时间尺度。他认为，我们一直在用人类的尺度，而不是用大自然自身的尺度衡量大自然，气候变暖不过是大自然长周期循环中出现的'一丝波纹'，与人类本身的活动无关"[1]。

对于考古学研究来说，从时间维度的角度来看，考古学的遗存是瞬间形成的，是古人瞬时行为和此后长期物理化学作用的结果，但我们却希望从这个瞬时行为结果去推测古人的行为过程和思想观念，其结论是否具有准确性？

不仅年鉴学派主张长时段历史研究的有效性，鉴于考古学所面对的古代遗存的片段性和残缺性，考古学家也多主张考古学只适合研究长时段的历史发展模式与变化，不适合研究具体的人与事。但无论是长时段，还是短时段，都是史家个人的设定，不同的史家基于不同的目的、认知等会做出不同的划分与设定。

二、空间维度

同样，历史学中的空间维度一方面有客观标准的支撑，如政治边界、统治区域、文化分布区；另一方面也有史家的主观选择和设定，史家的目的不同，采用的标准不同，空间区划也就不同。张光直说："考古学上的空间既是一个检验性的实体，也是一种对过去的经验实体的重建。"[2]

将具体遗存放在不同的空间维度内，对遗存的性质，甚至结构往往会产生不同的认识。一座墓葬、一个窖藏，是孤立地看，还是与周边同期其他建筑基址、墓葬、灰坑结合起来看，抑或放在整个遗址作为聚落整体的一部分来分析，对其性质和意义的认识可能会相差甚大。

尤其值得注意的是，在考古学研究中，我们常常见到因研究者目的的不同，选择不同的标准，做出不同的空间划分，得出不同的历史阐释。例如，在夏商周考古中，以青铜礼器为标准，我们可以看到一个大范围的"青铜礼器文化圈"的存在，而以日用品的陶器来划分，仅在这个"青铜礼器文化圈"中就可以划分出多个不同的文化区

---

① 俞金尧：《历史研究中的时间尺度》，《中国社会科学报》2012年7月18日第A05版。
② 张光直：《考古学：关于其若干基本概念和理论的再思考》，生活·读书·新知三联书店，2013年，第15页。

来，青铜礼器文化圈与陶器文化圈之间范围差别很大①。结合器物的功能和性质，我们认为这种以不同标准所划定的文化圈应该代表着不同的历史意义，前者可能代表宗教信仰和政治制度的共同认同，而后者则反映的是区域文化传统、环境和日常生活方式的差异，两者具有不同的历史意义，应该区别对待。那种将主要以日用品——陶器为标准划分出来的考古学文化与主要以特定象征物品来体现的国家政治体、族群认同体或共同宗教信仰体混同起来，将考古学文化视为民族认同体或国家政治体，在学理和逻辑上存在问题，难以成立②。

第二节　距离与真实的悖论

此处的距离是指历史记录者、叙述者与记录、叙述的对象——自在的历史之间的时间和空间距离。

关于唐朝永泰公主的死因，有两种不同的史料记载。

1960年出土的《永泰公主墓志铭》记载："自蛟丧雄愕，鸾愁孤影，槐火未移，柏舟空泛。"隐喻武延基（武则天之侄孙）被杀后，永泰公主为他守寡而孤独地生活着，并未同时被害。墓志铭又说："（永泰公主）珠胎毁月，怨十里之无香，琼萼调春，忿双童之秘药。女娥□曲，重碧烟而忽去。弄玉萧声，入彩云而不返。呜呼哀哉！以大足元年九月四日薨，春秋十有七。"意思是永泰公主是因怀孕患病致死。但据《新唐书》《旧唐书》《资治通鉴》记载，永泰公主与其夫武延基及其兄懿德太子李重润等，由于不满武则天男宠张易之、张昌宗兄弟的胡作非为，私下议论，触怒武则天，招致了杀身之祸，于大足元年（701）九月壬申被逼令自杀③。

从两种版本的形成背景看，墓志铭离事件近，明显受到当时执掌朝政的武则天威权的左右。《旧唐书》《新唐书》成书晚于武则天，其记载虽离事件较远，受武则天威权的影响也少，但受到对武则天篡权有看法的李氏皇权的影响大。两种说法孰对孰错？我们应该相信哪一个呢？

俗话说"耳听为虚，眼见为实"，但俗话又说"当局者迷，旁观者清"，在距离

① 徐良高：《文化因素定性分析与商代"青铜礼器文化圈"研究》，《中国商文化国际学术讨论会论文集》，中国大百科全书出版社，1998年。

② 徐良高：《文化理论视野下的考古学文化及其阐释（上、下）》，《南方文物》2019年第2、3期。

③ 陕西省文物管理委员会：《唐永泰公主墓发掘简报》，《文物》1964年第1期；武伯纶：《唐永泰公主墓志铭》，《文物》1963年第1期；曾立人：《关于永泰公主之死》，《人文杂志》1980年第5期。

远近与历史记述的可信性与真实性之间的关系上，我们的认识存在着矛盾与悖论。

一种观点认为越接近观察、记录和叙述对象就越能发现历史的真相，记录真实的历史。实证主义史学家兰克说："最接近事件的证人是最好的证人"，"（兰克在历史学研究中）要求严格利用同时代的资料，即利用事件当事人或与当事人有过来往的人的文件和通讯"。尽管他也注意到人的主观因素的影响，提出使用这些史料时要研究每一文件的作者的人格、倾向性、活动和机遇，以便尽可能确定他所记录的事件的"人格差律"[①]。朱学勤说，后代人写历史，史料占有比我们强，冷静客观也比我们强，但有一条致命短肋：离这个时代过远，已感觉不到这个时代的精神氛围，没有现场感。只根据书面史料写出来的东西，哪怕再丰富，"纸上得来终觉浅"，首先就是"隔"，会发生另一种主观，另一种扭曲[②]。

但并不是所有人都赞同这一观点，另一种观点认为离自在历史中的人物、事件越近的观察者、记录者和叙述者越容易受到个人视角、情感、立场、利益、幸存者偏差、外在权力控制等因素的影响，因此与观察、记录对象之间保持一定的时空距离可以使记录者、叙述者能做出更加客观、公正、全面的记录与陈述，甚至有中国史家断言，50年内的历史不能写，不可写。"从史书编纂的角度来看，易代修史有益于客观、真实地记述和评价历史，为信史流传提供了一定的保障。元代史学家陶宗仪在《南村辍耕录》中指出：'世隔而后其议公，事久而后其论定。故前代之史，必修于异代之君子，以其议公而其论定也。'……史书是记述既往事实的载体，在时间、空间上与现实的政治有距离，也要求尽可能与现实的政治保持一定的距离，方能不受其左右和影响。否则，史家耽于主观，易于徇情瞻私，善恶褒贬就难免有所局限，甚至会因避免触及时讳而违心曲笔，导致秽史流传。另外，历史事件与历史人物都需要经过时间的沉淀、空间的凝固，否则，细节未全面伸展，矛盾无法充分展示，史家很难观察清楚，分析确切。""易代修史利用时间与空间的分隔在一定程度上实现了史事与现实政治的分离，用时间距离去冷却主观情绪造成的失误判断，用空间距离去避免现实政治的种种纷扰，以此确保历史记述能信而有征。"[③]

以上两种观点之间无疑存在矛盾，是一对悖论。

在当代，本来我们有更严谨的科学思维，更客观中立的科学态度，更科学的多样

---

① 朱本源：《历史学的理论与方法》，人民出版社，2007年，第440、441页。
② 朱学勤：《"托克维尔线"——朱学勤谈《旧制度与大革命》之二》，光明网，2013年1月6日，http://www.21ccom.net/articles/read/article_2012122773851.html。
③ 阚红柳：《易代修史信而有征》，《中国社会科学报》2011年5月19日第8版。

化手段与方法，更多样丰富的史料，我们本应该自信比过去任何时代都能接近甚至发现过去历史的真实和发展规律，但我们往往又认为越接近自在历史的陈述越具有真实性，越能揭示历史的真实，即古人的记述更接近历史的真实。可是，如果我们肯定古人的记录，认为越接近自在历史的人的记述越可信，我们又有什么理由一代代来重写历史或自认为纠正了前人的错误？这种矛盾同样反映了一种距离与真实的悖论和矛盾。

如何看待这种矛盾与悖论？

我们认为，这种矛盾与悖论源于否定史家的影响和对于史学的一种错误认知——历史学的本质是求真。

首先，如果说所谓"与历史事件保持一定距离的观察和记录才是客观真实的"，是对历史记录受到记录者立场、观念、认知、特定政治文化背景、个人目的等因素影响的肯定，那么，保持了一定距离的记述者对相关事件的记录、陈述就不受自己的立场、观念、认知、特定政治文化背景、个人目的等因素的影响吗？就能更客观吗？其次，作为一个远离历史事件的旁观者和陈述者，一方面，他可能受到各种利益、情感、立场等因素的直接影响会小一些，他的记述相对客观和中立；但另一方面，他也不可避免地失去了对事件当事人和那个时代背景的感同身受和亲身体会，以及对事件的直接观察，他只能从他的时代、立场和认知体系去考察、陈述这个历史事件，历史事件在他的陈述中具有了他的时代性和个性。

清初"明史"修编就是一个实例。有学者研究清初的"明史"修编，发现"清初形成了一个修纂和研究'明史'的热潮。在这次热潮中。出现了大批官修和私修的明史著作，体裁体例丰富多彩，也形成了一个比较大的史家群体。这个群体构成复杂、志趣迥异，既有不忘故国、不与新政权合作的抗争型史家，也有积极或被迫参与新政权的合作型史家，还有在新旧政权之间摇摆的游离型史家。而他们的政治立场和文化立场往往会通过修史旨趣、史料采择、历史评价等影响到其明史编纂活动，尤其反映在对明清易代这一事件的认识和评论上[①]。

只要我们跳出"真假判断"的实证主义史学思维的误区，从史学的建构本质来看待这一问题，其中的矛盾和悖论就不复存在了。因为从历史学的建构性来说，距离的远近不能决定陈述的真假对错，每一个陈述都是一种文本，是文本制造者所建构的一种历史叙述，历史解读与叙述是多元的，不同的叙述文本之间是平等的，不是简单的真假对错之别。历史建构说解决了"越远越接近历史真相说"与"越近越接近历史真相说"之间的矛盾。

---

① 尤学工：《"明史"修纂群体与清初文化秩序》，《中国社会科学报》2011年2月10日第8版。

　　以对五四运动的记述与解读为例，我们可以更具体地理解这种历史记述的建构性、多元性。五四运动无疑是近代中国历史上的一件重要历史事件，自五四运动发生以来，不同的政治派别对于这一历史事件的描述、解释和评价总难达成一致。每个运动参与者对于五四运动的认知、感受、记忆、解释和评价也各不相同。有学者分析《民国时期名人谈五四：历史记忆与历史解释（1919—1949）》一书所收文章发现，文章作者可以分为三类人——即当事人、当时人和后来人。他们对五四运动这起事件的历史记忆和解释各不相同。一般来讲，五四运动的当事人——尤其核心参与者（如傅斯年、罗家伦、周炳琳、许德珩等）对于这一历史事件的感受虽然更为真切、直接，但每个个体对于同一事件的感受、认识、记忆、解释往往也不完全一样，而且每个个体的感知范围毕竟有限，因此直接参与者有时也难免发生"不识庐山真面目，只缘身在此山中"的解释困境。而在这一事件或运动持续过程中，还有一些人（当时人）虽然没有直接参与进来，但是或多或少地会对此事件产生一定的感受，进而形成记忆。相比之下，他们对于该事件的感知、记忆或解释，可能会有"旁观者清"的优势，但也未必尽然，因为他们对事件的真相毕竟缺少直接的经验。后来人对于该事件的叙述和解释，一方面，因为时间的沉淀，可能会超越"当下"的局限，更能认识其真相，了解其历史意义和影响。另一方面，因为缺乏切近的知觉经验，又不得不依赖当事人、当时人的记忆和解释，所以，在"后来人"的身上，他们对于事件的记忆和解释，自然又不可避免地受到前面二者的影响。加之不同人对于同一事件的记忆和解释可能存在不同，即便一个人在不同时期对于同一事件的记忆和解释也可能发生分歧，由此导致"后来人"在叙述和解释这一历史事件时，完全是一个"众说纷纭"的史料集合①。

　　这个典型例证说明距离历史事件、人物的时空远近不是决定历史记录与叙述真假对错的决定性因素，所有的历史记录与叙述都是解读与建构，解读与建构是多元的，所谓"历史真相"就在每个人的认同与需要之中。

第三节　个人与群体，具体与一般，个别与整体

　　在历史学中，个人与群体、具体与一般的关系一直是一个被广为忽视，且难以处理但又绝不能回避的基本学理问题之一。

---

① 孙家红：《五四：历史记忆与历史解释之间》，《中国社会科学学报》2011年7月12日第19版。

　　在近代以来的史学研究、陈述中，我们往往以虚拟化的群体和概括性的概念，如某某阶级、农民、奴隶主、奴隶、某某考古学文化等为社会单位来叙述历史，分析社会结构、思想观念、行为方式等。实际上，自在的历史并不存在这样一个具有明确自我意识和内在一致性，具有行动能力并产生了行为后果的群体或组织。现实社会是由一个个具体的个人构成的，历史是由一个个具有个性的人创造的，是由丰富精彩的具体事件、行为构成的。许多群体概念是由于历史叙述与研究的需要而被建构出来的。

　　除了现实中并不存在而被历史学家想象出的各种群体分类概念，现实社会中的一些政治体或认同体，如国家、民族，在某种意义上也是被建构出来的，由少数人操控和代表的。这类抽象的人群概念往往是少数人为某种目的，用来强化群体认同的口号以及鼓动与组织大众的工具，现实社会中的一个个具体的个人通过教育、宣传等形成对这类虚拟群体的想象与认同。这类群体认同也满足了人类作为社会性动物的群体归属感的心理需要。

　　这些建构出来的概念，脱离了自在的历史，遮蔽了自在历史中的鲜活的人及其具体的行为，现实社会中的人与事被使用者有意无意地用这些概念简单地、强制地、甚至错误地归类，被赋予某些理念、立场和目的等，以满足自己的需要。

　　史学无法记录、研究历史上的每一个具体的个人及其具体的行为，只能抽象概括出来一个时间段内几组群体来研究当时的思想观念、行为方式、事件活动及相互关系。我们以群体性概念来代替、涵盖每一个具体的个人，以概括性的，往往也是人为假设的群体性格、观念、诉求、行为等来代替一个个鲜活的、具有个性的个体的性格、观念和行为等，具体的个人及其行为在历史叙述中被遮蔽。

　　因此，以各类抽象群体为概念和对象的宏大历史叙事是一种不见具体人的叙事，这类宏大历史叙事导致对具体人及其行为、思想的忽视。实际的历史绝不是那么黑白分明的，无产阶级革命的参加者不都是无产者，农民起义的参加者也未必都是农民，美国的废奴运动主要是白人在做，不是黑人在做。他们为什么要闹革命，发动废奴运动？各色人物因为各种原因，怀揣各种目的参加到这种历史事件之中，他们都是具有鲜明个性和个人目的的一个个具体的人。对全球的知识界、思想界产生了重要影响的法国20世纪60年代知识分子代表之一的克里斯蒂娃说："我这个人的观念不是团体性的，所以对我来说，我不知道什么是六〇一代的作为一个群体的知识分子。在我看来，所谓团体都是由个人组成的。每个人有自己的思想、自己的作品、自己的哲学、自己的美学。不存在作为群体的知识分子，每个人都首先是一个个体，不能代表别人。所以媒体上出现作为一个政治运动的知识分子群体，我对此说不出什么。"①又如，清代闹漕中的官、绅、民三者之间的关系，缙绅为了私利，可与地方官勾结，共同鱼肉百姓；亦可与百姓结成联盟，共同抗击官府。地方官亦是如此。也就是说，三方均可能根据自己的不同目的，因形势而改变自己的行为与策略，选择不同的同盟关系，并没有那么截然分明的群体归属②。

与之相关的另一种表现就是以偏概全，以个案代表一般，群体中的大多数人被个别人的言行所代表。我们往往选择某个个人的具体的言行、思想观念，赋予其典型意义，作为某个群体的代表，来代表、概括某种群体的特征或本质，以证明、强化自己的某些观点。我们还常常将一个人的某个具体言行作为判断、论证其品行的证据，正所谓："周公恐惧流言日，王莽谦恭未篡时。向使当初身便死，一生真伪复谁知？"

在具体的历史研究中，也常常见到这类以偏概全现象，如"一些论著在仅仅利用局部司法档案的基础上，却得出'清代司法或民国司法如何'之类的宏大判断，不免存在以偏概全的逻辑漏洞。例如，一些论著运用乾嘉时期《巴县档案》的一些案例，就概括出清代州县司法的所谓特征。殊不知，正如日本学者夫马进在《中国诉讼社会史概论》一文中所说，不同时期的《巴县档案》反映的司法运作情况常常存在很大差异。例如，同治年间《巴县档案》所展示的审判方式，与咸丰以前的情况相比有很大变化。"③

这类证据的使用实质上是以个人主观选择的个别代表全体，以片段代表整体。从这种角度看，史学研究中不仅要言必有据，而且还要问证据是什么？有多大代表性？如何被选择？证据的语境和背景是什么？

历史人物的任何言行都是具体环境背景和语境中的具体言行，并不能简单地视为历史人物的一般性行为、观念和性格等的反映，但我们却常常如此立论。例如，"唯女子与小人难养也，近之则不逊，远之则怨"（见《论语·阳货》）。这句话本是孔子在特定环境下针对特定人、事的评述。据《史记·孔子世家》记述，孔子卫国之行，"居卫月余，灵公与夫人同车，宦者雍渠参乘出，使孔子为次乘，招摇市过之。孔子曰：'吾未见好德如好色者也。'于是丑之，去卫"。这段记载的意思是孔子受卫国国君的邀请来到卫国，然而孔子发现人家根本不是真正支持他来这里教化卫国民

---

① 〔法〕朱莉娅·克里斯蒂娃、李纯一：《法国巴黎第七大学教授朱莉娅·克里斯蒂娃：在欧洲，身份不是崇拜对象，而是问题》，《文汇报》2012年12月3日第00A版。

② 肖丽红：《闹漕与清代地方社会秩序》，《中国社会科学报》2010年10月14日第7版。

③ 尤陈俊：《司法档案研究不能以偏概全》，《中国社会科学报》2015年1月19日第A06版。

众，而是拿他的身份来炫耀自己，抬高自己而已，尤其是卫灵公的夫人，更是公开炫耀。孔子很不满，于是就离开了卫国。离开之后，他想起卫灵公夫人那种仗着得宠，骄横跋扈，乱政扰民的情形，不禁感叹道："唯女子与小人难养也！近之则不逊，远之则怨。"但后来这句话被广泛视为孔子关于女子与小人的一般性观点。

由上可见，史学家将自在历史转化为陈述历史的过程，既包括选择性，也包括概括性。概括性忽略了具体人的个性差异及其具体行为观念的个案性与复杂性，个人及其具体行为在历史叙述中往往被忽略。选择性则是以个别人的某些言行来证明一种整体的状况，往往以偏概全，以一些事件作为核心展开叙述，同时，不得不将大量的历史事件、人物及其言行简单化、概念化和抽象化，甚至忽略掉，以一般性原则来定性他们的思想观念、行为方式等。大单元、长时段的宏大历史叙述难以表达人们的具体经历及其喜怒哀乐。在历史学的陈述和研究中，具有独特性和特殊性的一个个具体的人和鲜活的事件被归入研究者所预设与概括的抽象的群体或历史时段中，不再是具体的、鲜活的、复杂的自在的历史。

不同的研究者由于目的、标准不同，建构的这类群体概念往往也不同，甚至同一概念被不同的使用者赋予了不同的内涵，所以，我们常常发现史学讨论表面是同一问题，实际上是各自在不同概念内涵体系下的各自表述。

抽象化、概念化的另一个影响就是带来历史研究与叙述的脸谱化、简单化，将各种不同的事件、人物看作一个群体，为了将其作为讨论的对象而给他们贴上过于泛化的标签，将少数不同寻常的个体行为扩大到整个群体，如阶级斗争理论中的资产阶级、工人阶级、地主阶级，当代的"80后"、"剩女"、"剩男"、官员、商人、医生、城管等概念。

这类具体与一般、个别与整体的问题在考古学中同样存在。

对于考古发现的古代遗存来说，从理论上讲，每一处遗迹，每一件文物都是唯一的，每一个遗存都是一个独立现象，其形成都是一个独立的事件，背后是具体的人及其具体想法、行为，只能反映历史上曾经发生的具体事件。但这种具体的、个案性的历史真实过程，我们难以获知。我们只能将它们归于一类作概括性、普适性的解读，并将这种解读作为古代文化的一种现象在历史建构与陈述中加以引用。这些具体的遗存一经我们整理、归类和解读，就成为具有概括性和群体性的文化现象，而遗存背后的真实历史中的具体人和事不再被关注、被研究。

例如，对于古代墓葬，同一时代、同一类型特征的墓葬和不同类型、不同大小的墓葬之间，我们往往以同一种理论去解读，如墓葬规模、随葬品多少反映墓主人财富的多少、身份地位的高低，等等。实际上，每座墓葬都是具体观念与行为的产物，如许多研究都显示，葬礼、墓葬并不完全是死者身份地位的体现，造成墓葬大小、葬礼规格与死者身份差异的因素很多[①]。因为葬礼和墓葬是由活着的人为了自己的目的来操办的，影响操办者的因素是复杂的，既有死者本身的地位、声望、经济实力因素，也有环境条件、风俗习惯因素，还有操办者的个人条件、动机与思想观念等因素。因此，每一座墓葬都是一个个案，要具体对象具体分析，任何笼统的概括性结论都是危险的。

　　同样，对于出土遗迹、遗物来说，考古学家面对成千上万的各种遗迹和大量的遗物，尤其是陶器、陶片，不可能每片陶片都描述、都研究，不得不使用类型学的方法，设定特定标准，进行型式划分和归类，将海量的遗迹、遗物归入若干类型中，选择我们认为最具有典型性的每一类型标本进行描述。另外，考古学家所划分的考古学文化区系类型，将一定区域内某时间段的古代遗存归入某一考古学文化或文化类型中，并选择若干遗址和遗存作为典型代表。这种类型划分和文化归纳的过程就是以抽象的概念代替一件件具体的遗物，一个个具体的遗迹，一处处独立的遗址及在这些遗物、遗迹和遗址背后鲜活的个人及其具体的行为的过程。在这一过程中，既有物质文化遗存确实存在一定异同的客观依据，也有研究者的研究目的考量、标准的主观设定和研究者的观察与判断等，考古类型学研究方法和考古学文化区系类型划分具有建构性。

　　在考古学研究实践中，一方面，我们常常以一般对待具体，如对于考古发现的一个罐，我们常常以对罐的一般功能的认知去确定这件埋藏在特定的环境中、发挥着某种具体功用的罐的性质。另一方面，我们又常常以具体对待一般。例如，我们发现一件埋藏在特定环境中的罐内盛装着酒，显示这件罐在埋藏时的具体功用为酒器，于是我们常常反过来以这件罐的具体功用来推定同类罐的一般性功能——酒器。实际上，同类器物，甚至同一器物在不同的具体环境中完全可能承担着不同的功用，如用作装水的水器，用作装油或粟米的容器，用作腌菜的器皿，等等。

　　从遗物的功能与文化性质的解读角度看，器物的一般性功用与具体遗存背景下的具体用途也未必一致，但我们一般都是以它的一般性功用去解读具体遗存中遗物的历史文化意义，考古学研究往往也是以此为立论前提的。实际上，每件出土遗物都是具体背景条件下的具体功能的使用，依据一般性原则去推测某件遗物埋藏时的具体功能只是我们的一种推测而已。

---

① Aubrey Cannon, The Historical Dimension in Mortuary Expressions of Status and Sentiment, Current Anthropology, Vol.30, No.4, 1989, pp.437-447.

第四节　史学研究中的计量及其数据解读

由于上面所述史学研究中存在的具体与一般、个人与群体、个别与整体之间的矛盾与问题，历史学经常被人诟病的地方之一就是描述性的定性分析方法。这种方法用一种模糊的语言来解释历史，史家往往随意选取一些史料来证明自己的观点，常常以个别案例代表整体，以个人，甚至是个人的个别言行来代表某个群体或时代，从一个具体的例证推出一个普遍性的结论。在考古学研究中也广泛存在同样的问题，尤其是考古类型学。

针对这个问题，史学界意识到引入量化研究方法的必要性，由此，计量史学流派出现并受到重视。

计量史学大约萌芽于19世纪末，其背景是统计学的出现和统计学在经济学中的应用。年鉴学派已开始强调计量史学，试图纠正历史学研究中的描述性语言、例证法论证和解释性说明所带来的非科学性，提高历史学研究的科学性和准确性。年鉴学派学者拉杜里说："只有计量化的史学才是科学的史学。"[1]

计量史学真正发展和形成一个学派是在20世纪50—70年代的美国，并风靡欧美各国，后来又波及了整个世界史学界。随着科学技术手段的发展，统计学、数学、电子计算机不断被运用到历史学领域[2]。计量史学的应用范围也从经济史和人口史扩大到政治史、社会史、文化史、科技史等各个方面，形成了以计量研究为基础的一系列新的历史分支学科。历史计量研究的方法也日趋复杂，从一般的描述性统计过渡到相关分析、回归方程、趋势推论、意义度量、线型规划、动态数列、超几何分布、投入产出分析、因子分析、马尔科夫链等数学模型、模糊数学，还有博弈论和对策论、曲线拓扑理论，等等。

关于计量史学对历史学发展的价值，有学者认为：首先，计量史学促使历史研究走向精密化。其次，计量史学使许多传统的看法得到检验和修正。再次，计量史学加深了历史学家对历史的认识，避免了解释的简单化、公式化。最后，计量史学开辟了新的研究领域，由于采用了计量分析，历史学家更多地把目光转向下层人民群众，转向人类的

---

[1]　转引自姚蒙：《法国当代史学主流——从年鉴派到新史学》，远流出版公司（台湾），1988年，第128页。

[2]　〔英〕罗德里克·弗拉特：《历史学家的计量法导论》，《现代西方史学流派文选》，上海人民出版社，1982年。

物质生活和生产，转向家庭史、妇女史、社区史、人口史、城市史等专门史[1]。

　　虽然计量史学在多方面推动了历史学的发展，但认真推究起来，我们认为，计量史学并不能从根本上改变历史学的本质特性，使历史学成为一门精确化的实证科学。因为在计量手段的应用过程中，标准与分类的设定、样品的发现与选择、数据的获取等方面的人为因素都会对计量应用和数据的科学性、准确性产生影响，更重要的是计量数据必须被置于历史背景中予以解释，被赋予某些历史意义，犹如多学科手段在考古学中的应用一样，否则计量数据就失去其价值而不能成为历史研究与叙述的一部分。最终，计量史学仍是解释性学科——历史学的一部分。

　　我们常常被玄之又玄的数字所迷惑、欺骗和愚弄，忘记了这些数字是被人按照一定目的统计出来的，是通过人的解释而被赋予意义的。统计数据看似精确、严谨、科学，但统计学家告诉我们，计量统计并不如我们想象中那样科学、严谨，实际上存在诸多的不确定性。

　　统计的陷阱在哪里呢？

　　美国统计专家达莱尔·哈夫分析了影响统计数据的诸多因素，如统计所依赖的条件、样本选择的内在偏差、平均数的精心挑选、数据披露的不完全、毫无意义的工作、一维图形的滥用、资料的不完全匹配、相关关系的误解、对统计的操纵等[2]。因此，他提醒我们：当你面对统计数据时，先要问自己5个问题：谁说的？他是如何知道的？遗漏了什么？是否有人偷换了概念？这个资料有意义么？

　　对于计量史学来说，王学典总结有五点局限：第一，计量史学具有一定的适用范围，它所涉及历史现象中量的方面，只是从数量关系上帮助揭示事物的性质，并不能代替全部历史研究。比如精神的东西就很难用数量关系来精确地加以概括。另外，计量化的方法在解答"什么"和"如何"的问题上经常取得成功，但在解答"为什么"的问题上就不那么得心应手。第二，历史学家经过多年的反思后认识到，无论采用什么样的方法，研究结果终究还是要靠语言和叙事结构表达出来，叙事永远是历史学的立足之本。第三，计量史学面临一些尚未解决的理论和技术问题，如如何检验研究过程问题。第四，史家的倾向性决定选择标准与数据结果。以不同理论为指导的历史学家，会从不同的角度选取自己所需要的史料，计算机对此毫无办法。第五，面对计算结果，不同的历史学家往往会有不同的解释[3]。

---

① 王学典主编：《史学引论》，北京大学出版社，2008年，第340—344页。

② 〔美〕达莱尔·哈夫著，廖颖林译：《统计数字会撒谎》，中国城市出版社，2009年。

③ 王学典主编：《史学引论》，北京大学出版社，2008年，第344—346页。

系统分析计量史学的科学性，主要存在以下问题。

第一，统计数据的来源问题。

回到人类过去进行直接调查已不可能，而作为文本的文献记载，正如前面的分析，并不能保证客观、全面。由于史料的文本性和选择性，我们恐怕很难保证根据文献所得到的统计数据的准确性，况且，这种准确性如何，我们还无法验证。

第二，统计目的与样本选择的影响。

研究者的数据统计是为特定目的而设计的，预设目的影响到数据的采集，即关注什么，忽略什么。

1948年的美国总统竞选主要在时任总统、民主党人哈里·S. 杜鲁门（Harry S. Truman）与共和党人托马斯·杜威（Thomas Dewey）之间进行的。对大多数政治观察家来说，杜鲁门是在进行一场没有胜利希望的游戏。美国最著名的几家民意调查机构《读者文摘》《纽约时报》及乔治·盖洛普和埃尔莫·罗普都预言杜威会在大选中获胜。11月1日的《华盛顿邮报》写道："盖洛普预测杜威将获49.5%的选票，杜鲁门将获44.5%。"《生活》杂志刊登杜威照片，文字说明是："下任总统乘渡船行进在旧金山湾宽阔的水面上。"

但选举的最后计票结果却是杜鲁门获24 105 812张选民票，约占总票数的49.5%，303张选举人票；杜威获21 970 065张选民票，约占总票数的45.1%，189张选举人票。选举后的第二天，新闻界和盖洛普等的民调成了笑柄：杜鲁门手举印有"杜威击败杜鲁门"大幅通栏标题的《芝加哥每日论坛报》返回华盛顿。

选举之后，美国社会科学评议会（The Social Science Research Council）成立了专门委员会以调查统计错误的原因。他们发现问题主要在于：爱表达意见的知识分子喜欢杜威，喜欢杜鲁门的却是沉默的大多数；民意调查者调查时不自觉地选择了愿意接受调查和爱表达意见的人，并且假设大量尚未做出决定的人会按照已经做出决定的人的模式去投票；民意调查机构的分析员主观地对结果进行了有利于杜威的"更正"；挑选受访者的方法使得访员可以将选择性偏见带到样本中来，加大了调查的误差。正是由于盖洛普方法的内在局限性，更由于其方法背后的理论假定和价值观的影响，使得1948年前后民调机构获取的所谓"民意"与公众投票行动所呈现的"民意"出现了巨大误差[1]。

另外，不同的选择范围、不同的标准产生不同的统计数据。例如，2014年2月18

---

[1]　张健：《"科学民调"隐含悖论　现代民意调查方法1948年遭遇首次"滑铁卢"》，《中国社会科学报》2015年4月22日B02版。

日，英国经济政策研究中心官网刊登世界银行发展研究小组经济学家凯瑟琳·碧格等撰写的文章称，目前全球饥饿人口测算的准确度有待提高，不同测量方法所得出的结果大相径庭。联合国粮农组织使用的是将国家的食物平衡表（反映一定时期一个国家食物供给的综合情况）与入户调查相结合的"自上而下"调查方法。然而由于入户调查所设置的测量方法不同，结果会有很大差异。为了验证这一点，研究人员将坦桑尼亚168个社区的3524户家庭进行分组，不同的组别设置了不同的测量周期（从7天到1个月）、不同的摄入食物种类详细程度（从17种到58种）、不同的数据采集方法（被调查人做准确日常记录或者仅凭记忆）。通过1年的跟踪实验，研究人员发现，不同组别所测算出的平均每人每天的卡路里摄入量从1793到2677不等，饥饿人口所占比例从19%到68%不等，差异巨大。如果将该实验的结果应用于整个撒哈拉以南非洲地区，饥饿人口数量的误差值将上亿[1]。

第三，人类社会的许多方面无法进行计量统计，如人的心理和思想，而这些因素在历史中往往发挥着巨大的作用。

俞伟超说："计量方法的优点是在研究分析对象的数量形式时，能排斥直观性、经验性和由此发生的随意性，但不能弥补资料的欠缺和解释的不足；许多不能以计量来表示其特征和价值的人类活动，也不能依靠计量技术来了解。"[2]社会学家潘绥铭说："一切试图用自然科学或者数字化来了解人类及其社会的尝试，不是都必然失败，而是都无法否定人类的'主体建构'的重要性；结果都必然是把真实的生活给削足适履了。"[3]

第四，对统计数据的多元解读。

对于计量史学来说，关键的问题还有对数据的解读。在解读过程中，研究者的目的、立场与历史认知等必然会潜在地发挥影响。正因为如此，对数据的解读往往是多元的。例如，根据库兹涅茨提供的数据资料，有经济学家认为，在1919年至1935年，美国居民的消费支出和投资支出两者在国民收入中份额的年度变化同GDP增长率之间都存在高度的相关性，而后者与消费支出份额年度变动的相关性要高于与资本形成份额变动状况之间的相关性，似乎表明总产出的波动在相对更大的程度上是由消费支出的变化所决定的。可是面对同样的数据资料，汉森却做出了一种完全不同的解释，他

---

① 张尼：《世行经济学家建议用相对统一的标准测算全球饥饿人口》，《中国社会科学报》2014年2月26日A01版。

② 俞伟超、张爱冰：《考古学新理解论纲》，《中国社会科学》1992年第6期。

③ 潘绥铭：《批判"大数据崇拜"》，社会学视野网，2015年10月17日，http://www.sociologyol.org/yanjiubankuai/tuijianyuedu/tuijianyueduliebiao/2015-10-17/20743.html。

认为投资需求变化往往先于消费支出变化是上述差异的主要原因，从而库兹涅茨数据成为"投资不足论"的有力证据[①]。当代社会研究尚且如此，何况一去不复返的古代社会呢？

另外，许多所谓统计数据对提升历史研究的科学性没有什么实际意义，甚至可能成为谬论的帮凶，如忽视人均数的国家GDP总量数据、各种所谓的平均数据，犹如网上流传的段子："村里有个杨百万，其他个个穷光蛋，要是算起平均数，人人都是万元户。"

总之，计量史学对于提升史学的科学化并没有想象中那么有效，所以，1962年，美国历史学会主席Carl Bridenbaugh在演讲中说："优秀的历史学家，不会屈从于社会科学家那一套不讲人情味的方法，也不会去崇拜那位混账女神：计量方法。"[②]

在考古学中，也有人强烈主张要将考古学的资料描述和研究计量化，并认为这样可以提高考古学的科学性、准确性。不可否认，考古资料的计量化可以部分改变考古学研究中的主观随意性和模糊性，但其作用是相对的和有限的。正如前面所分析的，首先，考古遗存的留存本身就是残缺不全的，不平衡的，对于统计对象与区域的选择也会影响到统计数据的结果。例如，尼古拉斯·大卫（Nicholas David）通过研究西非富拉尼（Fulani）人的院落，统计日常生活所需的各种陶器，发现那些容易破损的陶器类型必定替换得更频繁，因而在考古发现的陶器组合中也占更大比重。由此可以得出结论：陶器的器类（间接地反映了它的用途）可以准确地解释出来，但不同种类陶器的出现频率并不能作为各种活动（烹饪、储藏等）相对比重的直接证据[③]。其次，考古遗存的发现与发掘具有偶然性和选择性。再次，对考古遗存进行量化的标准是人为的、有目的的设定，如对成千上万陶片统计之前，必须要设定陶质、陶色、纹饰等的分类标准，对器物要按一定的标准划分出类型，选出典型器物。类型划分和样本选择既有客观异同标准的存在，更有人为设定因素的影响。在这一过程中，人的主观意识和目的发挥着重要的指导作用，不同的统计者统计结果往往不同。最后，统计数据出来后，如何对数据进行解读，赋予统计数据以历史意义？不同的人常常会有不同的解读，这与解读者的目的、知识结构和相关历史认知等密切相关。

---

① 谢立中：《社会科学解释难有唯一性》，《中国社会科学报》2013年3月22日08版。
② 王建华等译：《历史的大变异》，《现代史学的挑战——美国历史协会主席演说集，1961—1988》，上海人民出版社，1990年。
③ 〔美〕罗伯特·沙雷尔、温迪·阿什莫尔著，余西云等译：《考古学——发现我们的过去》（第三版），世纪出版集团上海人民出版社，2009年，第352—353页。

第五节　历史中的表象与本质

从心理学测试图（图三）中可以知道，我们所看到的表象常常误导我们。

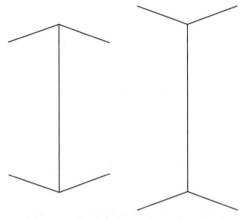

据美国《洛杉矶时报》2月21日报道，21岁的加拿大华裔女大学生蓝可儿离奇命丧洛杉矶塞西尔酒店楼顶储水箱中，震惊世界。关于她的死亡原因，警方的结论是自杀，但许多人并不认同这一说法。从公布的蓝可儿最后在酒店电梯内的录像看，她行为举止怪异，将电梯楼层按钮全部按下，反复进出电梯挥手仿佛与人沟通，又缩在电梯角落试图

图三　哪条直线更长？其实它们一样长

躲避什么。这些奇怪的表象背后是怎样的真相？不同的人给出了不同的解释①。

（1）与亲密男子开玩笑说。蓝可儿愉快地进了电梯，淘气地按了各楼层的按钮，准备有人进去。等了一会儿，这人没进来，她先躲在电梯角落想要吓吓对方，之后又跳了出去，从她有些娇嗔的状况来看，对方极可能是与她关系亲密的男子。至于电梯门为何一直没关？是因为这名男子一直在外面按着开关，蓝可儿因此摊开双臂表示不满，最后她改变搭电梯的计划，便跟着男子走了，因为男子没按电梯了，所以电梯开始正常运作。

（2）有人跟踪，发现危险说。蓝可儿进入电梯前，就发现有人跟踪她。所以进电梯把每一层都按了，以便掩人耳目让来人不知道她要到哪一层。她一直探头往外看，是想确定跟踪的人有没有过来。至于她贴身藏在角落，则是怕跟踪者一眼就看穿电梯里有人。蓝可儿发现电梯一直不运作，就走出去看，还自言自语地抱怨，她的夸张动作是宣泄情绪。而最后再没出现在监控画面里，才是出事的开端。

（3）夸张动作为引人注意说。蓝可儿手舞足蹈、动作夸张，其实是为了给破案者讯息，让外界注意到这段录像。她走路姿势怪异，是心里害怕、腿部无力。她躲在角落，是想侧身从楼层按键的反光留意电梯外面。她跳出去和喊叫，是想为自己壮胆。后来她身躯扭曲，是因为察觉躲不过危险而彻底绝望。

---

① 《"华裔诡异女生"死亡细节曝光：凶手或仍在酒店》，搜狐网，2013年2月22日，http://news.sohu.com/20130222/n366695594.shtml。

同样的画面引出不同的真相推测，警方的认定某种意义上也只是一种官方的说法而已。

蓝可儿案件发生在现代，有相关现场侦查信息、诸多视频线索以及各方面的证据，但尚难以得到公认的本质——事件的真相，何况在遥远过去发生的历史事件？

表象是简单的，而表象背后的真相和人却是复杂的。我们所看到的表象与背后的本质之间往往不是我们所想象的那种简单对应关系，透过表象看到本质并不那么容易，但我们却常常自以为是，自信透过表面现象看到了本质。现实社会如此，我们的历史学研究也同样如此。

首先，在史料中，我们所看到的现象未必是事件的真相。由于各种因素的作用，历史文献中的现象往往是扭曲的，甚至是虚假的历史面目，是话语权掌控者希望呈现的历史面目。

作为具有复杂人性的人类，有意无意制造、展示各种假象进行欺骗，以达到自己的目的是人类常见的行为之一，由此造成现象与本质之间的错位。

据报道，卡扎菲的父亲在相当长的时间里身居贫民窟，卡扎菲表示其父亲要等到所有人都有了适当的住房，才会有像样的住所。这类卡扎菲"廉洁"的桥段有很多。但真相却是：美国冻结了卡扎菲家族300亿美元财产，英国冻结了200亿英镑，有人估计其整个家族的财产高达1500亿美元[1]。这类当权者自导自演的闹剧在人类历史上绝不会是少数，我们怎么能自信地认为凭借掌控话语权者主导的文献记载就能直接看到历史的真相呢？

其次，即使是同一历史现象，不同的史家也会有不同的解读，对现象背后的本质得出不同的认识。这也正是历史学研究中不同观点争论不休的原因。

2015年9月3日，纪念人民抗日战争暨世界反法西斯战争胜利70周年大阅兵中，习近平主席检阅部队。从电视画面看，习近平主席在阅兵车上向官兵左手敬礼，对此，有网友解释称，左手行军礼，叫制式回礼，是非现役军人检阅部队的标准敬礼姿势，"没有穿军装，不能对军人用右手敬礼"。另有网友认为这源于中国古代的礼仪和军事制度，并引经据典解读这一"左手礼"寓意深刻——《道德经》云："吉事尚左，凶事尚右。君子居则贵左，用兵则贵右。"左为阳右为阴，左手敬礼表示不尚武力。但最终，人民日报给出了事情的权威说法——其实只是镜头角度误区，真实情况是，习近平主席在向三军将士招手致意[2]。

---

[1]　王年华：《卡扎菲的"人民划分论"》，《南方人物周刊》2011年第10期。

[2]　《党报：习近平左手敬礼实为向官兵招手致意》，《福州晚报》2015年09月04日第A4版：大阅兵。

我们看到的历史现象都是特定文化背景中的具体行为,历史上的相似现象未必因为同样的原因,同样的原因也未必导致相似的现象出现。例如,考古发现的每一处墓葬的形成过程和原因都是个案,有其具体的背景、原因,如死者的观念、信仰、社会地位、死因、现实条件,死者亲属的观念、目的、信仰、社会地位、现实条件,以及当时的社会、文化背景等。但我们没有办法对每座墓葬进行这样具体的个案研究,只能依据一般性原则对它们做研究,并得出我们的认识。

历史研究中,我们常常采用跨文化、跨时代的类比方法,如路易斯·宾福德所提出的"中程理论"主张用当代人类学知识作为模式去解释几千年、上万年以前人类活动所形成的古代遗存现象。这种不管古今时代跨度和不同文化背景的类比也只能是一种对古代遗存性质的解读而已。

所有这些类比、认识都只是对遗存现象的解读,不同的人常常有不同的解读。

第六节 历史研究中的因果关系推论

一、历史的必然性与偶然性

胡适的日记里记载了这么一件小事:他家订了《字林西报》,一般7点以前送到。一天,已经8点半了,还没有见到《字林西报》。他设想了三种可能:①送报的人遗漏了;②报费满期了;③今日本无报。他认为第三种可能性最大,因为《字林西报》是英国报,可能循例放"银行假期"。他又细检日历和大字典,"银行假期"果然在八月第一个星期一,而昨日正是八月第一个星期一。于是,"昨日放假,今日无报"的假设可以证实了。但中午时,仆人王妈把《字林西报》送上楼了。原来,送报人把报纸隔着篱笆抛进来,落在小树底下,家里人都没有看见。于是,一个非常合理的解释被推翻了!这虽然是一件小事,但对胡适所主张的"大胆假设小心求证"的历史学研究法,却很有借鉴价值,所以他把它记在日记里"以自警"[1]。

这件事情给我们的启示是:任何历史因果的分析都是研究者根据自己所掌握的各种信息而做出的解释与推测而已。胡适所记之事还可以事后验证,而对于已过去的历史来说,我们的解释与推测既无法重复,也无法验证。特定的原因必然产生特定的结果是规律,而由结果反推原因是解释。历史学研究由已知的历史现象探索其背后的原

---

① 张书克:《送报事件使胡适自警》,《中国社会科学报》2009年7月28日第11版。

因是推测与解释，如果我们将这种推测和解释视为历史的真相或历史发展的规律是很危险的。

人是具有主观能动性的动物，人性是复杂的，由人类所创造的历史也是复杂的。人类历史的发展也许存在某种必然性，但同样充满偶然性与随机性。历史事件之间的因果关系也总是那么复杂而难以捉摸，许多微不足道的事最后演变成重大事件，许多明显处于边缘的人物以全然不可预知的方式变成了中心人物，不起眼的一个小动作却能引起一连串的巨大反应，我们对此难以把握，"蝴蝶效应"理论是对此的最好说明①。我们的世界与人生具有高度的不确定性，没有人能确知自己的明天会发生什么。量子力学理论告诉我们，因果关系只能在概率统计的层面上才有意义，决定论由此受到致命一击。

虽然我们难以否认历史中的随机性和偶然性，但寻求确定性的思维习惯深深地植根于我们的文化与心理之中，使我们不能接受这种随机性、偶然性。心理学家指出："线性的因果关系是如此深地植根于我们的文化之中，以至于阻碍了我们对世界中随机性与偶然性的理解，甚至认识。""某随机或偶然事件的原因未知，会造成很大的不确定性，以至于我们有可能接受最荒谬的解释，如神的意志，神秘力量、外星人，等等。"②实际上，我们认为"一切历史都是有规律可循的"，偶然现象的背后有必然性。我们总是试图将历史条理化，寻找其中的规律，建构出一种脉络清晰，因果关系明确的人类发展史叙述与解释体系。由胜利者所主导的历史叙述也在不断强化那种历史必然性与规律性。如果我们深入思考，就会发现这种胜利者的"历史必然论"，不过是用结果来推导原因，不容置疑的"必然论"只是胜利者的狂妄，是为了满足说明自身行为、权利和地位合法性的需要。

人类社会中的因果关系常常难以明确区分，甚至彼此之间是互相作用的。是腐败导致国家官僚组织涣散，还是国家官僚组织涣散导致腐败的不可控制，最后彼此互动导致一个政权或王朝的灭亡？是自然灾害导致某种文明的崩溃，还是文明的衰落导致人类社会应对自然灾害能力的下降，进而引起文明的崩溃？

另外，许多我们常识中认为有必然因果关系的事件之间未必存在因果关系。事物之间有些是因果关系，有些仅是相关关系而已，相关关系包括了因果关系，但绝不只是因

---

① 注："蝴蝶效应"理论指出"一只南美洲亚马孙河流域热带雨林中的蝴蝶，偶尔扇动几下翅膀，可以在两周以后引起美国得克萨斯州的一场龙卷风。"其原因就是蝴蝶扇动翅膀的运动，导致其身边的空气系统发生变化，并产生微弱的气流，而微弱的气流的产生又会引起四周空气或其他系统产生相应的变化，由此引起一个连锁反应，最终导致其他系统的巨大变化。

② 〔澳〕多萝西·罗伊著，张楠迪扬译：《我们为什么说谎》，中信出版社，2011年，第27页。

果关系。由于事物之间的复杂性和认知能力的有限性，我们很容易把相关关系看成因果关系。如你每次感冒都喝板蓝根，十天就好，太多次毫无例外的证据令你相信板蓝根对治愈你的感冒很有效。其实你错了，感冒是自愈性疾病，你喝不喝板蓝根，十天左右都会好的。喝板蓝根和感冒病愈，只是时间先后相关，并不是因果关系。从这一点看，气候变化与文明起源、国家出现的关系更应该理解为相关关系，而不是直接的因果关系。

试图将历史学"自然科学化"，寻找人类社会的"规律""公理"等想法，都是建立在将人类及其社会视为一种自然现象的设定之上的，但人及其社会不同于自然现象。米塞斯说：由于任何一种社会现象都是各种因素复杂作用的结果，社会科学难以像自然科学那样利用实验的方法将可能导致事物发生变化的各种因素分离出来单独进行观察，因而也就很难单纯以经验事实为依据来为"任何一种结果找到其充分的原因"①。

美国历史学家杜兰特夫妇花50年时间，完成一部1500万字的《世界文明史》。回首多年的研究，杜兰特夫妇的心得是："绝大部分历史是猜测，其余的部分则是偏见。""历史嘲笑一切试图将其纳入理论范式和逻辑规范的做法。"②历史中事件之间的因果关系是极为复杂的，任何试图以一个或几个因素来解释整个人类社会的发展动力或各地各种各样的历史事件的因果关系都是值得怀疑的。历史学解释无论说得如何"头头是道"，理由充分，都是"事后诸葛亮"。

也许有人会抬出偶然性与必然性的辩证关系来说偶然中有必然，我们认为，这种辩证说不过是捣糨糊，等于什么也没说。

当然，我们相信任何历史现象背后都有特定的原因，任何人类行为都有其背后的动机，某些历史现象之间存在关联。我们也希望能发现这些原因、动机和关联，但我们也应该注意到：历史学家所指出的原因、动机与关联是历史的真相，还是历史学家的解释？

二、因果关系推论的多元性

除了人类历史本身的复杂性外，史家对于历史中因果关系的解释也是多元而复杂的。米塞斯说："同样的事实，同样的统计数字，可以被用来证实相互矛盾的理论。"在社会科学研究中，对社会现象的因果解释很难具有唯一的"正确性"③。

不同立场、不同认知体系、不同目的，采用不同的理论和指导思想，不同史家对

①　谢立中：《社会科学解释难有唯一性》，《中国社会科学报》2013年3月22日第8版。

②　〔美〕威尔·杜兰特、阿里尔·杜兰特著，倪玉平、张闶译：《历史的教训》，四川人民出版社中国方正出版社，2015年。

③　谢立中：《社会科学解释难有唯一性》，《中国社会科学报》2013年3月22日第8版。

历史现象有不同的解释，提出不同的原因与动力。进化论、神创论、阶级斗争理论、生态理论、儒家道德观，不同理论对历史现象背后的原因各有不同的解释。

例如，对于王朝衰败原因的探讨，在皇权专制和儒家思想、天人感应观念主导的时代，著述史书的目的是提供统治者"资治通鉴"，统治者的个人作用和道德人格被认为是王朝兴衰的关键，因此，那时候的史书多从统治者个人的道德、行为和政治制度设计上找原因，即使注意到有自然灾害因素的影响现象，也是放在"天人感应"的儒家道德体系内去使用。在强调阶级斗争的年代，阶级斗争成为解释历史发展的关键，历史学家用土地兼并、阶级矛盾激化等理论去解释王朝的兴衰。在当代，环境因素、体制因素则被视为诸多文明、国家消亡崩溃的原因。如果我们借鉴世界学术界对不同古代文明崩溃研究的理论，还可以从更多的角度分析不同文明、不同王朝灭亡的原因，如战争与外敌入侵，政治体系失序，如子系统间关系失调、调节应对功能失效、中心与边缘关系破坏等，资源开发与国家兴亡关系，生态、气候变化与王朝兴衰关系，人口增减、自然灾祸，如干旱、水灾、地震等、流行性疫病等在王朝衰败中发挥了作用，或是多种因素的叠加，等等[1]。

三、历史学中因果关系推论的不可重复性与不可验证性

自然科学对于现象之间关联性的建立，即因果关系的解释必须可以重复，可以验证，才能被学界所承认，可重复的科学实验是唯一的验证手段。即便如此，这些理论仍被认为只是一种假说，很可能会被新的理论和实验修正或否定。

人类历史是不可重复，无法验证的，历史学研究中，各种现象之间关联性的建立，即历史事件之间因果关系的分析是史家基于相关信息和个人认知而作的阐释与推论，既无法重复，也不能验证，至多不过做到自圆其说而已。

通过以上逻辑分析和学理检讨，我们可以看到历史学的这些基本范畴和原理有其自身特色，决定了历史学本质上是一门解释性的人文学科，而不是实证科学。

---

[1]　徐良高：《文明崩溃理论与中国古代文化衰变现象研究》，《中国历史文物》2010年第2期。

第七章 历史学中的解读与建构

> 生活不是我们活过的日子，而是我们记住的日子，我们为了讲述而在记忆中
> 重现的日子。——加西亚·马尔克斯[①]

盲人摸象的寓言故事[②]，大家都耳熟能详。当我们嘲笑这些盲人的偏见与固执己见时，我们是不是就比他们更高明？未必！我们的史学研究也像盲人摸象，不过是由局部、具体去推演整体，由现象去推测本质，但我们却常常自以为发现了历史真相。如果我们不能正视自己的历史研究与陈述的相对性、时代性和多元性，总是自以为发现了历史真相或真理，那么，我们与那些盲人不过是五十步与一百步的关系而已。

如何认识历史学家的观点与陈述？首先当从历史学家如何通过史料和考古发现的古代物质文化遗存来书写历史，即通过史家、史料与历史阐释和叙述三者之间的互动，从自在的历史到表述的历史的方法与过程谈起。

实证主义历史学认为史料是客观的存在，是自在的历史的真实记录，史料自己会说话，通过史料的积累和拼合就可以再现历史的真面目，即自在的历史，史家是超然事外的存在，是可以摒除的影响因素。但前面我们已经讨论了从自在历史到表述历史过程中的史家的关键作用与影响，史家是通过史料来说自己想说的话。

那么，历史学家是如何通过史料来说出自己想说的话的呢？下面我们来讨论史家是如何进行历史研究与书写的，即史家如何选择研究对象与史料，并通过史料的解读与建构对历史事件、人物做出评判，对历史过程做出陈述的。在这一选择、解读

---

① 〔哥〕加西亚·马尔克斯著，李静译：《活着为了讲述·扉页》，南海出版公司，2016年。

② 注：一次，几个盲人相携来到王宫求见国王，要求亲手摸一摸象，好知道大象究竟是什么样子。国王欣然应允，让人牵来一头大象。大象实在太大了，几个盲人有的摸到了大象的鼻子，有的摸到了大象的耳朵，有的摸到了大象的牙齿，有的碰到了大象的身子，有的触到了大象的腿，还有的抓住了大象的尾巴。过了好一会儿，国王问道："现在你们明白大象是什么样子的了吗？"盲人们齐声回答："明白了！"国王说："那你们都说说看。"摸到象鼻子的人说："大象又粗又长，就像一根管子。"摸到象耳朵的人忙说："不对不对，大象又宽又大又扁，像一把扇子。"摸到象牙的人驳斥说："哪里，大象像一根大萝卜！"摸到象身的人也说："大象明明又厚又大，就像一堵墙一样嘛。"摸到象腿的人也发表意见道："我认为大象就像一根柱子。"最后，抓到象尾巴的人慢条斯理地说："你们都错了！依我看，大象又细又长，活像一条绳子。"盲人们谁也不服谁，都认为自己摸到的部分就是大象的样子，彼此就这样争论不休。

与建构过程中，各种主客观因素发挥了怎样的影响，并使历史阐释与叙述具有怎样的属性？

第一节　历史学中的解读、建构与评价

一、"解读"及其多元性

一张照片挂在美术馆的正门口。

一位地质学家翻过来、倒过去看了半天，说"太平洋板块漂移。"

一位天文学家说："宇宙大爆炸，星座错位。"

一位厨子说："像我铺子里烤煳了的芝麻烧饼。"

两天后，谜底挂出来了——放大了 10 万倍的香港小姐的脸。

同一张照片，不同的人因其立场、经验、认知的不同而给出了不同的解读。

同样，在历史学中，同一历史现象，同一古代遗存，同一历史人物，历史学家往往存在不同的解读，历史学就是无休止的辩论。

什么是"解读"？

"解读"的本义包括阅读、分析研究、理解、体会和解释[①]，解读对象既可以是人物、事件，也可以是文本。

本书所讲的"解读"主要意思是阐释，是指史学家利用某些方法和理论模式，遵循特定学术范式对古代遗存、历史事件、历史人物言行等现象进行的分析与解释。在解读中，研究者将研究对象置于特定背景和关联体系中推测其年代、性质和功能，赋予其特定的历史价值和文化意义。

解读是史学家面对文献史料和考古遗存现象的首要任务，只有通过解读，即确定文献史料和古代遗存现象的时代、性质和文化意义等，这些文献史料和考古发现才能成为我们构建历史叙述的有用材料。

也许有人提出既然解读具有主观性和多元性，考古学研究中总是充满了互相矛盾的观点，争论不休，那么，我们对考古发现是否可以只进行描述、记录，而不解读，以保证学术的客观性、中立性？

这种态度能保证考古学的科学性吗？不能，这不过是一种掩耳盗铃式的自欺欺人。

---

① 注：解释是对历史现象背后原因的分析与推测，也是一种解读，同样具有多元性。

首先，正如前面我们所论，考古现象的判断和描述并不能独立于研究者之外。其次，虽然我们不能对考古发现做过度解读和阐释，但正如科林·伦福儒所说："寻找考古材料的意义始终是考古学中最基本的挑战。"① 德国历史学家约昂·吕森说："仅仅学习历史事实是没有意义的，历史永远是阐释的结果。"② 任何考古发现只有通过解读被赋予一定的历史意义，才有其史学价值和意义，否则永远只是一堆与史学研究无关的材料，构不成我们史学的一部分。

"解读"具有多元性。

同一历史现象，同一古代遗存，不同的研究者，对其时代、性质、文化意义、与其他现象的关系等的解读与判断往往不同。即使同一个人，不同时期对同一史料也可能有不同的解读。虽然解读者在解读过程中加入了自己的思想、目的和理解，但却总是自认为自己在还原历史的真相。例如，对于近代左翼作家萧红与萧军的爱情故事，李多钰说："革命家看到了出走与自由，保守派看到了出走后并不美妙的结局，道学家看到禁忌，风俗家看到八卦，女权主义者看到了娜拉们不可救药的性别依赖，男权主义者看到了女人被解放后的可怕后果。"③

哪种解读会成为主流解读取决于谁掌握了话语权，而我们选择相信哪种解读则取决于我们自己的认知与判断。

在考古学中，对同一遗存的年代、性质及其历史文化意义存在不同的解读是常态，

图四　角度不一样，青蛙其实也可以成为白马

---

① 〔美〕路易斯·宾福德著，陈胜前译：《追寻人类的过去：解释考古材料》，上海三联书店，2009 年，第 1 页。
② 刘潇潇：《正视历史　迎接人类共同的未来——访德国历史学家约昂·吕森教授》，《中国社会科学报》2013 年 5 月 29 日第 A04 版。
③ 李多钰：《民国新女性陷阱里的萧红》，《现代青年（细节版）》2014 年第 10 期。

有共识者反而少之又少，更不要说最终的正确答案了。马修·约翰逊说："不存在对文本的'最终'诠释——每一代人，甚至每个人，都有着对莎士比亚剧本的新颖解释，并且每种解释都有其有效性。同样，在任何意义上都不存在对文本的'正确的'或者'错误的'解读。……与此相似，陶器的设计或葬仪的含义都无法最终确定，没有什么'正确的'或者'错误的'解读。……因此，后过程主义者鼓励进行多种解释的试验，并且否定了提出能解释'所有事情'的最终结论的必要性。"① 同样，"就结构考古学研究的现状来看，无论是早期还是较新的研究实例对史前文化内在规则与含义的分析和解释都没有摆脱推测的成分，考古学家还没有办法确定我们的判断和推测是否符合古代人类真实的思维规则。由于我们无法验证这些看不见的规则，因此也就无法确认我们提出的假设和推断是否准确，因此结构考古学分析表现为一种多元和复杂的阐释体系的取向，而不是追求终极和单一的解释形式"②。总之，考古学家阐释考古资料的过程就是不断与考古材料对话的过程。

我们可以以学术界对河南临汝阎村出土夹砂红陶缸上著名的"鹳鱼石斧图"的含义的解读为例，看看考古学解读的多元性。

1978年，河南临汝县阎村出土一件仰韶文化彩陶缸，其腹部彩绘鹳鱼石斧图③。关于这幅彩陶绘画的性质，有学者认为画有鹳鱼石斧图的陶缸是一个部落酋长——多半是建立联盟有功的第一任酋长的瓮棺，并认为：这两种动物应该都是氏族的图腾，白鹳是死者本人所属氏族的图腾，鲢鱼则是敌对联盟中支配氏族的图腾。这位酋长生前必定是英武善战的，他曾高举那作为权力标志的大石斧，率领白鹳氏族和本联盟的人民，同鲢鱼氏族进行殊死的战斗，取得了决定性的胜利。为了强调这场战斗的组织者和领导者的作用，加强描绘了最能代表其身份和权威的大石斧，从而给我们留下了这样一幅具有历史意义的图画④。

主张生殖崇拜说的学者则认为图画中鸟、鱼为男性、女性象征，鹳鱼石斧图中，鹳衔鱼是象征男女性结合，石斧是男性的象征，石斧柄上画一个"X"，意思是"五"，是初民表达男女交媾能多多生子的愿望。鸟鱼结合纹，或鸟啄鱼纹，实为男女性结合的象征，是先民祈求人口繁盛的表现⑤。鸟鱼结合纹可理解为"两图腾氏族外婚制的

① 〔英〕马修·约翰逊著，魏峻译：《考古学理论导论》，岳麓书社，2005年，第110页。

② 陈淳编著：《考古学理论》，复旦大学出版社，2004年，第145页。

③ 临汝县文化馆：《临汝阎村新石器时代遗址调查报告》，《中原文物》1981年第1期；张绍文：《原始艺术的瑰宝——记仰韶文化彩陶〈国宝鹳鱼石斧图彩陶缸〉》，《中原文物》1981年第1期。

④ 严文明：《〈鹳鱼石斧图〉跋》，《文物》1981年第12期。

⑤ 赵国华：《生殖崇拜文化论》，中国社会科学出版社，1990年，第257—265页。

标记。"

此外，还有其他的一些不同说法。

这种多元解读共存现象在考古学研究中无处不在。例如，有关山西曲沃北赵晋侯墓地的研究，无论是对墓地的性质，还是墓主人的名字、身份、墓主之间的排序，以及文献记载与考古发现之间的关系，铭文中的年代推算，等等，几乎所有问题，都存在不同的观点①。

历史解读为什么多元？解读的多元性是由史家的主观能动性和复杂性决定的，美国历史哲学家沃尔什（W. H. Walsh）曾总结出其中的四大类原因：第一类，出于本人好恶的不同，如对于一个人或某类人或崇拜或反感，撰述与评价自然会截然不同；第二类，出于偏见；第三类，出于所持历史解释理论的差异，如是持马克思主义史观还是持其他某种史观，史观不同，对历史的关注点、解释也会不同；第四类，基于不同的道德信念、人性概念或曰"世界观"，如以基督教信仰作为前提的历史解释与以理性主义作为前提的历史解释必然不同②。

二、"建构"及其多元性

什么是建构？

"建构"一词借用自建筑学，现主要应用于文学批评和社会科学分析上。本书中的"建构"一词是指史家采用某种理论模式，遵循特定学术范式，对史料及其相关解读进行分析、选择与整合，建立起现象之间的关联，形成某个历史事件过程或历史片断的整体性复原陈述，并说明其前因后果。历史建构的表现形式就是历史叙述，不同的人对历史有不同的建构，形成不同的历史叙述，每一种历史叙述都是表述的历史。

我们可以设想，过去曾经有一座巨大宏伟的建筑，有庄严的造型、精美的装饰、复杂的结构，各色人等活动其中，各种事件也发生在其中。随着时光的流逝，这座建筑被废弃了，倒塌了。许多代之后，人们已经不记得它的模样，甚至不知道它的存在，更遑论在其中活动过的人、发生的事件。突然，有一天，一批人来到这里，对它产生了兴趣。他们发现了一些残砖断瓦和地下基址、残垣断壁，于是充满希望地去寻找有关它的点点滴滴的信息，希望再现它的原貌，发现它是如何建造，结构如何，有何价值，如何运行，为何废弃等各方面的答案，甚至雄心勃勃地想重现曾经发生于其中的各种

---

① 徐天进：《晋侯墓地的发现与研究现状》，《古代文明研究通讯》2000年第7期。
② 朱本源：《历史学的理论与方法》，人民出版社，2007年，第16、17页。

事件和活动于其中的各色人等，看看他们的行为、观念和当时的社会、文化面貌。

　　我们能办到吗？难！我们只能凭借所能发现的残砖断瓦等各种片段信息，加上自己的知识与想象来重新"建构"这座建筑，解读其历史文化意义，推测发生于其中的事件和活动于其中的人及其观念与社会。

　　历史叙述的构建既不是自在历史的直接再现，也不是虚构，凭空杜撰，而是史料与史家互动的产物，是史家基于史料对自在历史的建构。正如皮亚杰所强调，认识的建构是主客体相互作用的结果，他说："认识既不是起因于一个有自我意识的主体，也不是起因于业已形成的（从主体的角度来看），会把自己烙印在主体之上的客体；认识起因于主客体之间的相互作用，这种作用发生在主体和客体之间的中途，因而同时既包含着主体又包含着客体。"[①]

　　虽然历史学建构是史料与史家的互动，要遵循一定的学术规范，有理有据，但史料、学术规范和有理有据只说明建构的合理性和时代性，而不是再现历史真相、真理的保证。

　　与传统实证史学相比，解读与建构强调人（包括历史创造者和历史撰述者）的关键作用，关注人的主观能动性的影响。虽然我们的历史解读与叙述本是我们心中的古人所思、所想、所为，但我们常常认为是古人所思、所想、所为的自然呈现，即所谓"史料自己会说话"。

　　与建构相对的是解构，有建构就有解构，重构是在对旧体系的解构基础上进行的重新建构。历史叙述通过建构—解构—重构不断变化，没有终极版本的历史叙述。历史记忆也在这一过程中被不断创造、修改、传播与传承，以满足不断变化的时代需要和不同史家的个人需要，并成为我们知识的一部分。

　　历史叙述的表现形式有多种，既有各种内容和各种版本的民间历史传说，也有不同体例的历史著述。中国传统的历史著述形式和体例有纪传体、断代体、纪事本末体、通鉴体、学案体、地方志等叙述体系，当代的历史著述形式既有所谓的大历史叙述，如世界史、国家史、民族史等，也有各种专题史，如各种文化史、各种行业史、个人传记、环境史、移民史，等等。

　　历史建构包括多个层次：从最基本的个人行为之间、具体事件之间的关系到某个历史片断的重建，以及区域史、国家史、世界史、人类史的构建；从考古学的具体遗存现象之间（如遗物之间、遗迹之间、遗物与遗迹之间、不同遗存早晚之间）关系，到遗址之间关系的构建，即从聚落布局研究到聚落群研究，再到考古学文化的划分，以及考古学文化区系类型的构建，等等。

---

① 〔瑞士〕皮亚杰著，王宪钿等译：《发生认识论原理》，商务印书馆，1981 年，第一章。

历史建构具有多元性。

一个历史现象、一处历史遗迹、一件历史遗物、一个纹饰图案，不同的人可以有不同的解读；同样的一组史料，不同的人也会讲出不同的历史故事。历史叙述的建构是多元的，不同人因理论、观念、立场、目的的不同而建构出不同的历史陈述。"历史人类学所寻找的'事实'，宛若建构其叙事大厦的'材料'，选择什么样的'事实'取决于要建造一个什么样的大厦。它的设计、样式、时代风格、兴趣爱好……哪怕对于同样的历史事实，当它们在不同设计师的建筑蓝图里都变得不一样，因为建筑'结构'是不一样的。"[1] 所以，胡适说："总而言之，实在是我们自己改造过的实在。这个实在里面含有无数人造的分子。实在是一个很服从的女孩子，他百依百顺地由我们替他涂抹起来，装扮起来。"[2]

从口耳相传的早期神话传说历史叙述到后来的以文字记述的文献历史叙述体系，从人类学家的古史叙述体系，如摩尔根提出的蒙昧时代、野蛮时代和文明时代发展阶段说到近代考古学兴起后形成的一套旧石器时代、新石器时代、青铜时代、早期铁器时代的历史叙述体系，从传统历史文献的王朝叙述体系到马克思主义史学的原始社会、奴隶社会、封建社会到资本主义社会、社会主义社会的人类历史发展阶段说，以及当代考古学所提出的考古学文化区系类型体系，都是我们建构的不同历史叙述体系，它们彼此之间各有不同，又互相影响。

在中国的历史学发展史上，多元化的古史叙述体系建构也是明显的现象。

春秋战国时期，诸子百家不同学派借用历史故事来宣传、阐述自己的政治主张成为一种通行的做法，由此产生了各种版本的历史叙述，而司马迁的《史记》在相关史料基础上又对古代历史叙述做了自己的建构。例如，儒家认为历史证明礼制是社会发展的客观趋势，在叙述上古历史时，就尽量剔除古圣帝王身上的神话传说，认为尧、舜、禹等都是在人伦道德方面有继承、发展的人。道家认为礼制是罪恶之源，天道自然才是历史的本质，于是，道家就认为越是古远的帝王，越自然无为、适性自足。这两种不同的历史认识与叙述，恰恰与儒、道两家对当时中国文化发展的认识和思考相关。儒家认为人性中仁爱、正义、秩序和理性的力量是历史发展的动力，而道家认为历史发展的动力是自然界在无为中实现完美和谐的神秘力量。由此也可见时代主题推

---

[1]　叶舒宪、彭兆荣、纳日碧力戈：《人类学关键词》，广西师范大学出版社，2004年，第104页。

[2]　胡适：《实验主义》，《胡适文集》（2），北京大学出版社，1998年，第208—248页；谢泳：《历史是个任人打扮的小姑娘？胡适没说过此话》，人民网，2004年2月9日，http://culture.people.com.cn/GB/1088/2328149.tml。

进历史认识的深入展开，导致历史认识的多样性，而历史认识又深化了对时代主题的观察[1]。

有学者指出："在先秦诸子的这场'以先王注我'的运动中，由巫官文化所积累起来的上古神话传说，遭到全面的曲解和改造。创世神话中的人物，如黄帝、神农等，被改造成具有大善大德的圣人；感生神话中的人物，如契、弃等，被改造成商、周王室的始祖。此外，英雄传说中的大禹，也被涂抹得类似于'王者'的形象。至此，上古神话传说，被肢解得面目全非，神和传说中的英雄都成了后世的圣贤和帝王，神话传说中的人物全被编排到帝王的世系、谱系之中，从而形成了三皇五帝的授受系统。"[2]

又如，关于启继承禹位，法家书《韩非子·外储说》："禹爱益，而任天下于益；已而以启人为吏。及老，而以启为不足任天下，故传天下于益；而势重尽在启也。已而启与友党攻益而夺之天下。是禹名传天下于益，而实令启自取之也。此禹之不及尧舜明矣。"[3]古本《竹书纪年》载："益干启位，启杀之。"儒家书《孟子·万章》的记载则是："禹荐益于天。七年，禹崩。三年之丧毕，益避禹之子于箕山之阴。朝觐讼狱者，不之益而之启，曰：'吾君之子也。'讴歌者不讴歌益，而讴歌启，曰：'吾君之子也。'"[4]而《史记·夏本纪》则完全继承了《孟子》的儒学思想，也把益启之争说成是益的自愿推让："益让帝禹之子启，而避居箕山之阳。"两者建构了不同版本的大禹与夏王朝建立的历史故事。

可以说，春秋战国时期是中国历史上的第一次大规模的历史重构时期，目的是满足当时诸子百家表达自己政治理念和社会理想的需要。

东周以后，不同时代对上古史也都有自己的解读与建构。例如，随着中原王朝统治区的扩大，许多中原古史的传说人物活动地点也随之被附会到周边地区，如"黄帝迹"和"禹迹"的相关传说，因为现代所流传的许多"黄帝迹"和"禹迹"的地点本是很晚，甚至秦汉政治控制力才达到的统治区。

从古史叙述的建构性角度看，文献中的许多古史记载的矛盾不是史料本身谁对谁错的问题，而是不同作者对历史的不同建构，由此也可见古代文献的文本性。当我们在认真、严肃地寻找三皇五帝的种种记载，相信文献记载的可信性并将它们与考古发现结合起来，自认为已经再现古史真相时，殊不知关于他们的文献记载，不过是由古

---

[1] 方光华：《关于中国史学科发展的三点思考》，《中国社会科学报》2011 年 7 月 28 日第 8 版。

[2] 钱茂伟、王东：《民族精神的华章——史学与传统文化》，北京图书馆出版社，2004 年，第 42、43 页。

[3] （清）王先慎撰，钟哲点校：《新编诸子集成·韩非子集解》卷 19，中华书局，2003 年，第 351 页。

[4] （清）阮元校刻：《十三经注疏》之《孟子注疏》，中华书局，1980 年，第 2737、2738 页。

人建构出来以借古喻今，论证自己的政治主张，宣扬自己的政治理念的上古史叙述。

　　不同建构的历史叙述之间也会因权力作用又有主流与非主流、官方与民间之分，如官方的正史与民间的野史。不同时代，主流的历史叙述往往也不相同，如传统的帝王将相史、中世纪的神学史、近代以来的科学进化观历史叙述、民族国家史、中国的马克思主义史观的历史解读与叙述，等等。

　　既然历史叙述的建构是多元的，那么，历史到底是个什么样子呢？历史就是我们所认为的那个样子！它总是被描述成我们所想象的那个样子。"在这种意义上，也可以说根本就无所谓'还历史以其本来的面貌'。我们所知道的历史只可能是经过历史学家转手所重塑的历史，而不可能是所谓历史的本来面貌。"①

三、史料、解读与建构的关系

　　史料、解读与建构三者之间相辅相成，没有史料就没有解读和建构，史料只有通过史家的建构才能形成有序的历史叙述，没有解读和建构，史料就没有意义和价值。历史建构建立在史料与解读基础之上，建构又会影响到我们对史料的选择和解读。不同的解读帮助建构不同的历史陈述，而不同理论指导下的历史建构又影响到史学家对同一史料、历史现象的不同解读。新理论、新模式带来对旧史料的新解读、新选择、对历史事件与人物的新评价和历史叙述的新建构。

　　一方面，新史料带来对历史的新认识、新叙述，史料的新发现无疑是推动史学发展的重要原因之一，正如王国维所说："古来新学问之起，大都由于新发现。有孔子壁中书出，而后有汉以来古文家之学；有赵宋古器出，而后有宋以来古器物、古文字之学。"② 近代敦煌文书、大量考古发现的古代遗存、甲骨简册，对于中国历史学的发展都起到了非常重要的作用。所以，傅斯年提出"史学就是史料学""上穷碧落下黄泉，动手动脚找东西"等观点，有其合理性。另一方面，新、旧史料只有经过史学家的解读，被置于历史叙述的建构中才会发挥其作用，体现其价值。

　　如果以建造房子来比喻历史叙述的建构，那么，史料犹如水泥、砖块、石头、木材等建材，社会大众或权力者等需求方和出资方犹如业主，史学家就是建筑师，而各种版本的历史陈述就是一座座建成的建筑。建材只是原材料，只有经过建筑师的设计、选择、加工和整合，按照一定的设计方案构建成各种风格的建筑，才能发挥建材的作

---

① 朱本源：《历史学的理论与方法·何兆武〈序〉一》，人民出版社，2007年，第2页。
② 王国维：《最近二三十年中国新发现之学问》，《王国维文集》（第四卷），中国文史出版社，1997年，第33页。

用，满足业主的不同需求。在这一过程中，建筑师既要遵循一定的规则，也要充分利用自己的经验、知识，发挥自己的想象力、创造力。历史著述也是如此，史料经过史家按照一定的理念和理论建构成历史陈述，即形成某种史学著述，才能在社会上传播。

四、历史学的解读与建构离不开想象

1820 年 2 月，在爱琴海的米罗斯岛上，一个农夫发现了著名的爱神维纳斯雕塑。出土时，维纳斯雕像就缺了双臂，几百年来，无数艺术家和学者对这双残臂做出种种的猜测，提出许多修复方案：或左手持苹果、搁在台座上，右手挽住下滑的腰布；或双手拿着胜利花环；或右手捧鸽子，左手持苹果，并放在台座上让它啄食；或右手抓住将要滑落的腰布，左手握着一束头发，正待入浴；或与战神站在一起，右手握着他的右腕，左手搭在他的肩上；等等，但没有一种方案被大家一致认同，最终，大家认为保持断臂反而是最完美的形象！

我们在观看魔术表演时，魔术师只让我们看到了他的部分动作，诱导我们按照日常惯性思维去想象他的下一步动作，而他则以我们所忽视的动作呈现给我们一个意想不到的结果，带给我们惊奇。从某种意义上讲，史学与魔术有相似之处——我们对历史的认知往往来自"我们所看到的现象片段加上个人的主观判断、推测"，理想与现实，想象与真实纠缠在一起，难以区分。对于魔术表演，对于历史学研究，我们看到的其实都是一个个片断，但我们却认为自己看到的是整个过程，并信以为真。两者的差别不过是：魔术表演中，魔术师故意向观众展示他想让观众关注的一个个片断，有意隐藏了不想让观众看到的部分（而关键恰在这一部分），他通过各种手段诱导观众误认为他们看到了事情运行的全过程。史学研究中，史家所面对的只有一个个事件或人物言行的某些片断和剪影，但史家通过自己的主观拼装、缀合，自认为他掌握了历史的真实进程、事件全貌和人物的思想行为。

有人说历史的真实存在于细节之中，但细节往往不可知，需要凭借想象来填补。许多史学家都强调想象力在史学研究中的重要性，如早期的尼布尔提出当文献不足征时，应用想象去填补史料的不足，以进行历史的综合[1]。科林伍德说："历史学家必须运用他的想象，这是常谈。""历史想象力严格说来并不是装饰性的而是结构性的。"[2]麦考莱说："一个完美的历史学家必须具有足够的想象力，才能使他的叙述既生动又

① 朱本源：《历史学的理论与方法》，人民出版社，2007 年，第 435 页。
② 〔英〕科林伍德著，张文杰、何兆武译：《历史的观念》，商务印书馆，1998 年，第 273 页。

感人。"①德国历史学家蒙森说："在探索真理方面，历史学家像科学家一样受制于同样严格的规划。他必须利用一切经验调查的方法，必须搜集一切可以得到的证据并且比较和批判他的一切原始资料。他不能遗忘或忽视任何重要的事实。然而，最终的决定性的步骤总是一种创造性想象力的活动"，是"对实在的真相的想象力"。"真正的历史综合或概括所依赖的，正是对事物之经验实在的敏锐感受力与自由的想象力天赋的结合。"②

在历史学中，史家用点点滴滴、片段零碎的实物遗存和文献记载去建构一段历史、一个历史事件或某些历史人物的行为过程，历史叙述需要说明事实或现象之间联系，只有简单的事实陈述或现象罗列不足以构成真正的历史叙述。我们所能得到的历史信息往往都是碎片化的、片段的，我们如何弥补史料的不足，将碎片化的史料整合起来，建构成一个具有历史意义的整体？史家怎样利用、处理史料，建立起它们之间的联系和因果关系？这些都需要想象力。

想象力恐怕是人类所特有的一种天赋，爱因斯坦说，想象力比知识更重要。许多专家指出当代中国教育的主要问题就是应试教育抑制了学生的好奇心、想象力和批判性思维能力。

史料永远是有限的，没有想象力是无法开展历史建构和撰述的。胡适说："做历史有两方面，一方面是科学——严格的评判史料，一方面是艺术——大胆的想象力。史料总不会齐全，往往有一段，无一段，又有一段。那没有史料的一段空缺，就不得不靠着史家的想象

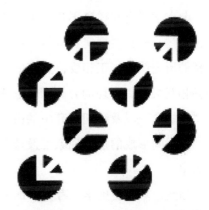

图五　图中其实并不存在一个完整的正方形图案，但我们认为确实看到了正方形图形，这就是想象力的作用

力来填补了。有时史料虽可靠，而史料所含的意义往往不显露，这时候也须靠史家的想象力来解释。整理史料固重要，解释（interprete）史料也极为重要。中国止有史料——无数史料——而无历史，正因为史家缺欠解释的能力。""史料所含的意义往往不显露，这时候也须靠史家的想象力来解释。"③胡适的《说儒》就是靠想象力来填补证

①　麦考莱：《论历史》，《历史理论与史学理论》，商务印书馆，1999年，第260页。

②　〔德〕恩斯特·卡西尔：《人论》，上海译文出版社，1985年，第258页。

③　见《胡适日记·一九二一年八月十三日》，《胡适日记全集》，联经出版社，2004年。

据的不足①。

对于史料学派代表人物傅斯年来说，余英时通过分析他的《性命古训辨证》，发现他并非"一分证据说一分话"，其实大量运用了想象力，最显著的例证是他在书中讲"天"，包含了颇多推测性质。余英时认为，若非如此，傅斯年绝无法写出那样深具丰富想象力的书②。

中国史学名著《史记》，虽然班固在《汉书·司马迁传》中说："自刘向扬雄，博极群书，皆称迁有良史之材，服其善序事理，辨而不华，质而不俚，其文直，其事核，不虚美，不隐恶，故谓之实录。"但我们也不能否定其中司马迁想象力的作用，钱学森说："西汉的司马迁撰写《史记》时，其实那些过去的历史，他并没有亲自经历过，却写得那么有声有色，简直是一段历史一部戏。由此，你可看到太史公有多么丰富的想象力！"③《史记》对许多历史事件的生动描述大约多来自司马迁的想象，甚至有人说《史记》也是文学作品，所以，鲁迅称赞《史记》为"史家之绝唱，无韵之离骚"。

考古学研究同样离不开想象，科林·伦福儒说："考古学的任务不是单纯地'拼合过去'——只要把实物材料一挖出来，就像拼图一样不费什么心血就可以拼成一幅完整的历史图卷。正相反，真正的工作是一种挑战，一种持续的挑战，把考古材料以一种相互关联、合理的方式缀合起来，从中寻找意义和进行解释。"④这里的"考古材料的缀合"以及我们研究中的由典型遗存及其特征推及整个文化特征，甚至时代特征，由瞬间形成的遗存现象推及遗存形成原因及其背后人的行为过程，等等，都离不开想象。

当然，对于历史学、考古学的解读与建构来说，虽然包含着史家的想象和推测，但这种想象与推测是基于史料、科学知识和个人经验与常识的合理想象，不是天马行空式的空想。

五、历史学的评价及其多元性

老师在课堂上讲了两则故事，要求全班同学举手表决自己是站在丈夫一方还是妻

---

① 余英时：《学术思想史的创建及流变——从胡适与傅斯年说起》，《文史传统与文化重建》，生活·读书·新知三联书店，2004 年，第 426 页。

② 余英时：《学术思想史的创建及流变——从胡适与傅斯年说起》，《文史传统与文化重建》，生活·读书·新知三联书店，2004 年，第 426 页。

③ 钱学敏：《钱学森谈科学与艺术》，《民主与科学百期文萃》，学苑出版社，2005 年，第 190 页。

④ 〔美〕路易斯·宾福德著，陈胜前译：《追寻人类的过去：解释考古材料》，上海三联书店，2009 年，第 1 页。

子那一方。

第一个故事：丈夫为了让妻子儿女生活得更好，常年在外奔波，因为他聪明又为人诚实，生意做得风生水起，更难得的是他与那些暴发户不同，从不胡来，自己省吃俭用，把挣到的钱都寄给了妻子。然而不久他却听说自己的妻子红杏出墙，甚至把他辛辛苦苦挣到的钱贴给了那个男子。自己的父亲也因为阻挠他们约会被打伤，丈夫非常气愤……

举手表决的结果是，全班 18 位男士都站在丈夫那一方；18 位女同学中的 10 位站在丈夫这一方，3 位弃权，只有 5 位站在妻子那一方，其中站在妻子那一方的 5 位同学中有 4 位特别声明，并不赞成女人出轨尤其是把丈夫挣来的钱贴补给情人，只是很同情她常年独守空房又要承担教育子女的重担，还要承受公婆的故意刁难。

第二个故事，也是关于情感的：一位长相秀丽多才多艺的女子，因为父亲生病举目无亲，为了给父亲看病委身于一位家境殷实的男子。但两人差异太大，丈夫是典型的商人，眼里除了赚钱还是赚钱，长年累月很难回来一趟，即使两人独处一室也经常是他说她听，他熟悉的她不关心，她感兴趣的他不关心。更让她生气的是他认为钱就是爱，给了钱他的任务就结束了，甚至在洞房花烛夜他都是霸王硬上弓。

女子的邻居，一位落魄书生，没什么营生本领，生活很是落魄，她时常接济他。书生虽说一事无成，但懂情趣更懂女人心，一来二去他们就好上了。第一次出轨时她才突然觉得什么叫女人，以前真是白活了。当然他们只能偷偷摸摸约会，一来怕外界非议，二来怕公公婆婆发现。但纸包不住火，一次他们约会时被公公堵了正着，女子为了让情人走脱失手伤了公公，事后很是内疚。丈夫听说后不分青红皂白把她痛打了一顿……

这次全班 18 位男同学只有 7 位站在丈夫那一边，1 位弃权，10 位同学同情妻子；18 位女生全体站在妻子那一方，其中还有 5 位心直口快的女同学特别声明，出轨是对丈夫的惩罚，应该多给他戴绿帽子，然后到法院起诉离婚平分财产①。

两则故事其实是同一个故事，讲述者的不同立场、视角影响到他的讲述内容、态度和讲述方式，而讲述态度、内容和方式又带来听众的不同评价。

历史评价是对历史事件、人物所做的价值评判。对历史人物、事件的品评是历史撰述的重要部分，体现了撰述者的态度、立场、观点，彰显了著述的目的，典型代表如司马迁的《史记》，在每篇本纪、世家或列传的结尾都有"太史公曰"的评论部分。

历史评价具有多元性。

---

① 高玉元：《被悄悄偷换的概念》，《北京青年报》2009 年 12 月 3 日第 C1 版。

历史评价具有多元性，因人而异，因时而异。没有绝对客观、中立的评价、评论，任何评论都受到评论者的文化背景、观念、动机、目的的影响，都是以评论者自己的价值观、世界观和人生观为坐标，只有一种评价的所谓盖棺定论不过是话语权垄断的表现而已。同一历史事件或人物，在不同时代、不同背景，具有不同见识，持有不同立场，怀揣不同动机，采用不同标准的史家笔下，历史评判是不一样的，具有多元性。那种相信历史事件和人物可做简单的对错好坏判断的人要么是幼稚，要么是被洗脑。

历史评价中普遍存在以当代的、史家自己的价值观、世界观和人生观作为评判标准的现象，比如，用男女平等观评判历史上的男尊女卑观念，用民族平等观评判历史上的民族歧视观念和行为，用平等、自由价值观歌颂历史上反抗暴政的行为和人物，等等。因此，历史评价具有时代性和主观性。

人们常说"盖棺定论"，似乎史学对历史上的人和事可以给出最终大家都同意的结论和历史评价。实际上并非如此，常常是棺能盖而论难定，除非是不再被关注的人与事。例如，对于中国历史上的诸多著名人物，如商纣王、孔子、秦始皇、曹操，等等，都存在彼此不同，甚至完全相反的评价，这一时期被肯定，被推崇，另一个时期又被否定，被贬损；某一场合被否定，另一场合又被肯定；被这个论者所肯定的又被另一个论者所否定，就看评述者的观念、立场与目的。

例如，商纣王，司马迁在《史记·殷本纪》中说商纣王近女色，喜淫声，不敬鬼神，荒于国政，耽于饮酒，杀害忠臣。但子贡早在儒家经典《论语》第十九章《子张篇》里却说："纣之不善，不如是之甚也。是以君子恶居下流，后世言恶则必稽焉。"意思是说，纣王的不好并不像后世所说的那么严重。孟子在怀疑灭商伐纣的周武王"仁义"之说时感慨道："尽信书，则不如无书。吾于《武成》，取二三策而已矣。仁人无敌于天下，以至仁伐至不仁，而何其血流漂杵也。"

郭沫若也提出纣王的四条功绩：①废除了奴隶殉葬制，解放了奴隶；②征服了东夷，免除了东夷对殷造成的祸患；③殷人南下，带去了中原的先进文化，促进了南北文化的交流与发展；④殷纣王是统一中国的第一人。而且强调殷纣王的功劳远远超过了周武王，武王代纣是"殷人鹊巢周鸠居"[1]。

从这一点来看，唐高宗乾陵墓前所立的武则天"无字碑"[2]倒不失为一种象征——

---

[1]　张志君：《颠覆历史：中国历史上的49个谜》，中国传媒大学出版社，2007年。

[2]　唐高宗乾陵墓前立有两块高大的石碑，西面是"述圣记碑"，由武则天撰文、唐中宗书写，8000余字的碑文主要是歌颂唐高宗的功绩。东面是武则天的"无字碑"，碑由一块巨石雕成。根据乾陵建筑对称布局的特点，"无字碑"与"述圣记碑"显然是在高宗去世时由武则天同时主持竖立的，为自己预先准备的"功德碑"，但这块"功德碑"却没有刻上任何文字内容。（转下页）

每个人心中自有自己的历史评判，与其自我吹捧，不如不著一语，千秋功过任由他人评说吧！

对于历史事件的评价同样因人而异，因时而异，具有多元性、主观性和时代性。例如，对于五四运动，"不同的政治派别，不同的思想学术流派，乃至每一个人，出于不同的立场，或由于不同的认识，对五四运动的阐释和评价也大相径庭"[①]。"八十五年来，围绕五四运动的争论从来没有停止。守旧派抨击它数典忘祖，毁灭传统文化，使中国不再像中国；极左派则利用其激进的口号，鼓吹平均主义的小农式乌托邦；狭隘民族主义者把'五四'的爱国主义解释为盲目排外，特别是反对西方资本主义的一切；还有一些人则把中国随后多年的一些斯大林主义的经济体制归咎于五四运动后期思想之迅速向左转。"过去需要鼓吹激进主义，就说辛亥革命不够激进不够"彻底"；现在提倡渐进改革，就说辛亥时代本来可以搞君主立宪和平改良，都怪革命派乃至立宪派无事生非瞎捣乱[②]。

在考古学中同样存在评价多元化现象，同一文化遗存，研究者视角、观念不同，对相关古代遗存的历史文化意义的评价也常常不同。

自媒体广泛存在的网络时代，为话语权相对平等化和不同观点的公平表达提供了平台和便利条件，一元权力中心对不同思想的表达和历史书写的控制被大大削弱。由此，我们可以更真实、更全面地看到人类立场、思想、观点、叙述与评价的多元现象。上网的人都会看到这样一种现象：无论任何事件或言行，网友们都会有不同的观察视角、看法和评论，虽然彼此之间有主流与非主流的差别，许多观点在我们的意料之外，但又有其合理性。正是因为网络媒体的开放性、多元化和平等性，消解了传统媒体的话语权垄断，使我们有机会直接感受到这个世界上人类立场、观点、思维方式的多元性。历史学面貌本来也应如此，但过去因为话语权的论断，多元观点、评价被抑制了、遮蔽了。

（接上页）后人对她给自己立的这块无字碑产生了种种联想：有人说，这是武则天表示自己功高德大无须说；还有人认为是她自知罪孽深重不便说；第三种说法是武则天临终时曾说过"功过由后人评述，不必自撰"的遗言。近来更有人提出，唐定陵、桥陵等也有无字碑，因为唐代社会崇尚清淡高雅，武则天生前就十分注重利用社会风尚来抬高自己的地位，死后在陵前立无字碑，以达"不著一字，尽得风流"之目的，真可谓此碑无字胜有字了。还有一种看法，就是碑上的文字被唐玄宗令人磨了，目的是彻底消除武周政权给李唐政权带来的耻辱。当然也不排除"无字碑"是武则天死后的继位者——他的儿子唐中宗李显复杂心态和左右为难的形势的产物，历史本来面目已难以获知。

① 杨琥编：《民国时期名人谈五四：历史记忆与历史解释（1919—1949）·序》，海峡出版发行集团、福建教育出版社，2011年。

② 顾肃：《民主主义、科学理性与自由精神——纪念五四运动八十五周年》，《民主与科学》2004年第2期。

由于专制权力垄断了历史话语权，多元历史叙述和评价被遮蔽，我们一般只能看到存在于官方正史中的某种历史陈述与记录，一种版本、一个声音、一种评价。权力总是以历史真实、真相的名义将自己对历史的叙述、解读与评价树立为唯一正确的叙述、解读与评价，但我们应该认识到，它们只是反映官方的立场、价值标准和历史定性，为了满足专制权力的目的和需要，并不代表真实的历史或者客观的历史评判。每一种历史评价都是基于或明或暗的特定理论背景、立场、认知和目的，那些号称客观、中立、公正评价历史人物和事件的人不过是在自欺欺人而已。

第二节　解读与建构的时代性

新史料、新理论、新范式、新需要都可能带来对历史现象的新解读和历史叙述的新构建。

1917 年意大利学者克罗齐提出著名命题——一切真历史都是当代史，我们总是以现实生活为坐标来衡量和观察历史①。没有人能超越时代，有什么样的时代，有什么样的文化，就会有什么样的历史叙述。

历史学的时代性具体表现在我们对历史的解读和建构与时代背景之间存在互动关系，历史学的解读与建构受时代需要、时代思潮与认知体系的左右，反过来，历史的解读与建构又影响时代的观念、行为与认知体系。胡适说："大凡一种学说，决不是劈空从天上掉下来的。我们如果能仔细研究，定可寻出那种学说有许多前因，有许多后果。……要不懂他的前因，便不能懂得他的真意义。要不懂他的后果，便不能明白他在历史上的位置。这个前因，所含不止一事。第一是那时代政治社会的状态。第二是那时代的思想潮流。这两种前因、时势和思潮，很难分别。因为这两事又是互相为因果的。有时是先有那时势，才生出那思潮来；有了那种思潮，时势受了思潮的影响，一定有大变动。所以时势生思潮，思潮又生时势，时势又生新思潮。"②余英时说："又像王国维，他研究甲骨文，与现实好像没有多大关系，可是他的《殷周制度论》，大家要是看过的话，便可看出，这是他在清末民初之际，在社会大变动之际，他所感受的感觉的一种反应，绝不是与时代没有关系的。他认为殷周制度是中国历史上最大的变化。"③"我们承认，有些所谓历史考证的工作，其具体结论的正

---

① 〔意〕克罗齐著，田时纲译：《历史学的理论和历史》，中国社会科学出版社，2005 年，第 6 页。
② 胡适：《中国古代哲学史》，《胡适文集》（六），北京大学出版社，1998 年，第 185 页。
③ 余英时：《史学、史家与时代》，《文史传统与文化重建》，生活·读书·新知三联书店，2004 年，第 133 页。

确与否的确是不受时代影响的，如名物制度、训诂校勘、地理沿革、人物生卒种种方面的具体问题，一旦获得了正解，便再也不会随着时代而变更。但是这一类的考证虽然都涉及史学家所必备的基本事实，却不足以当'历史事实'之称，因为这些基本事实只不过给历史提供了一套外在的架构，它们本身并没有内在的意义，即不能说明历史的变化。""今天的史学家一方面要用最严格的实证方法来建立史实，另一方面则要通过现代各种学科的最新成果和时代的眼光来'疏通'史实与史实之间的关系。"①

缺乏时代意识和人文关怀的历史学家不是一个好的历史学家。那些自以为超脱于时代环境的纯历史学家只是自欺欺人，缺乏自觉意识和自我反思而已。一个对时代没有感知的人，不能与其所处社会互动的史学家如何能写出具有社会影响力的历史著述呢？史学在与现实的互动中获得其存在的意义，自限于象牙塔的学问又有多大的价值呢？

当然，时代意识不等于简单地奉迎权力与迎合大众，与时代互动不是媚俗，更不是取悦权力，成为权力的奴仆，而应该是史家"独立的意志与自由的精神"的表现，是对历史与现实独立思考和真知灼见的表达。

同样，考古学的发展也和特定的社会背景和社会思潮密切相关，对考古材料的阐述折射出当时的政治取向和社会价值观，并影响到考古学的实践与发展。布鲁斯·崔格尔的名著《考古学思想史》专门探讨了不同时期、不同国家的社会环境、文化背景和时代思潮与考古学发展（包括考古发现、研究方法、目标和考古学阐释等方面）之间的密切关系，这也是本书被学术界所推崇的重要原因。他说："社会流行的看法是将考古学视为一门与当代社会的需求和关怀毫不相干的冷僻学问。……但是，近两百年来对考古发现的广泛应用的关注已经否定了这种看法。"②"阅读《思想史》不仅可以了解人类了解自己历史的过程，也可以深刻体会到人类自身观念对这门学科发展的制约和推动。在这门学科酝酿和发展的过程充满了宗教信仰的钳制、文艺复兴的洗礼、启蒙运动的熏陶、进化论思想的引导、种族主义思潮的逆流、民族主义浪潮的推动、以及实证主义和相对主义的碰撞。"③

① 余英时：《中国史学的现阶段：反省与展望》，《文史传统与文化重建》，生活·读书·新知三联书店，2004年，第364、365页。
② 〔加〕布鲁斯·崔格尔著，徐坚译：《考古学思想史·中文版序》，岳麓书社，2008年，第2、3页。
③ 陈淳：《考古学史首先是思想观念的发展史——布鲁斯·特里格〈考古学思想史〉第二版读后感》，《南方文物》2009年第1期。

　　历史学的解读、建构与评价除了时代性，还有特定的文化性、地域性，某地史学界热烈讨论的问题，其他地方的史学家可能很少关注，如中华人民共和国史学界围绕中国古代史从原始社会到资本主义社会的分期问题、中国封建土地所有制问题、农民战争问题、中国资本主义萌芽问题、汉民族形成问题等基本理论问题，即所谓"五朵金花"及相关问题所展开的讨论和争鸣。

　　有学者注意到中日韩三国学者研究世界古代史的异同，"从大的方面看，由于近代以来不论主动还是被动，三国都受到了西方文明的强烈影响，因此当大学制度设立时，西洋史、世界史自然就成了历史系的必修课程。然而，在具体的研究重点和兴趣上，三国都注意与本国的历史实际相结合。如第二次世界大战后日本要清除旧天皇体制和法西斯主义的影响，建立西方式的民主制度，因而学者们对欧洲民主制的源头——古希腊史，特别是古典时期雅典的历史尤为重视。反之，罗马史则一度受到冷落，除了罗马法的研究外，其他方面似乎乏善可陈。韩国也是如此。第二次世界大战后，韩国走上独立建国之路，希望学习西方文明，借鉴其历史经验，开启政治民主化进程，希腊的民主制问题也成为学者们关注的热点之一。后来韩国学者对罗马史研究的重视，原因似乎也与时局有关。韩国罗马史专家许胜一从 20 世纪 60 年代起开始研究罗马的格拉古兄弟改革。起因就是 1961 年'5·16'朴正熙军事政变之后所引发的大米危机。联想到中国世界古代史学界的几次大转向，也都与现实变化相联系，如关于亚细亚生产方式、奴隶制或奴隶社会、希腊城邦制、雅典民主政治、希腊化、古代文明或文化的关系研究等。"[1]

　　历史学问题、概念、理论范式、史料、话语权、需要与目的等的时代性与地域性决定了历史学所具有的时代性与地域性特征。

一、问题与时代

　　确定自己的研究问题是史学研究的第一步，胡适的"大胆假说，小心求证"之说中，"假说"指的就是提出问题，即问题意识。美国学者费希尔认为："史学是一个解决问题的学科。某个人（或任何人）若提出一个关于过去事件的无预定答案的问题，并按照解释范式的形式来安排挑选出来的事实，以回答这个问题，他就是一个历史学家。"[2]

---

[1]　杨巨平：《日韩中三国世界古代史研究之比较》，《中国社会科学报》2009 年 11 月 12 日第 5 版。
[2]　李剑鸣：《历史学家的修养和技艺》，上海三联书店，2007 年，第 249 页。

年鉴学派代表人物费弗尔说：“确切地说，提出问题是所有历史研究的开始和终结，没有问题，便没有历史……提出问题和形成假设，这两个程序构成了所有现代科学工作的基础。”“过去的‘复活’是通过提问——回答的方式获取的。没有谁可以坐下来观察资料，他们必须要被带入到提问的行为中：为什么有人要建一个这样的建筑？这条壕沟的形成的意图是什么？等等。”[1]不是由史料决定研究对象、问题和理论认识，而是由理论和问题决定去寻找什么史料。“科林伍德指出，探索过去不只取决于探方里出些什么东西，也取决于我们想解决什么问题，对于询问不同问题的人来说，出土东西的含义各不相同，对于没有想法的人来说可能只是东西本身或什么都不是。”[2]

马克思说：“问题是时代的格言，是表现时代自己内心状态的最实际的呼声。”[3]时代的问题需要历史学家予以回应并提供历史借鉴。“历史学的生命力在于时代和社会发展对它的需求，以及它如何回应时代和社会的呼唤。”[4]作为生活于特定时代与社会环境中的史家选择关注的主题与问题既受到个人的价值判断的影响，也受到社会环境和时代认知的影响，史学问题往往是对时代问题的直接的或间接的反映与回应。不同的时代有不同的问题，不同的人关心不同的问题，它们都会反映在历史学的问题意识中。

文化是人类应对挑战和压力，满足自身需要的一种主动适应方式，作为文化现象之一的历史学，也必然对时代的挑战与压力有所反应，表现为问题和关注主题的时代性。不同时代、不同社会文化背景，面对的问题和挑战不同，社会需要也会不同，反映在历史学上，其关注点自然也会有差异。

专制王朝的帝王将相史，中世纪的神学历史，近代社会的民族国家史，进化论思想下的人类起源问题、畜牧业起源、农业起源、人类生产技术的演变、家庭形态演变、社会复杂化过程、国家形态的演变等相关人类文化的方方面面，近代中国的思想启蒙和古史重建与疑古学派和新史学出现，1949 年后的马列主义史学，近代工业革命与生产力，即生产工具与技术发展决定论，当代严重的环境问题与新考古学的生态影响论

---

① 伊恩·霍德、司格特·哈特森著，徐坚译：《阅读过去》，岳麓书社，2005 年，第 127 页。

② 陈淳：《考古研究的哲学思考》，《中国文物报》2006 年 8 月 11 日第 7 版。

③ 《马克思恩格斯全集》（第 1 卷），人民出版社，1995 年，第 203 页。

④ 于沛：《关于历史认识的价值判断》，《历史研究》2008 年第 1 期。

和环境史 ① 的兴起，全球化时代的全球史 ② 写作潮流，当代中国流行的各种对传统历史叙述的解构与重构等，无不是时代问题和主题在历史学上的反应。在大一统的皇权专制王朝时代，会有王朝创建史、祖先创业史、帝王将相史等，但很难想象会有我们今天热衷的国家起源（而非王朝起源）、民族起源、文明探源等史学话题。同样，在神创论或英雄创世论的时代，神或英雄创造了一切，我们也很难想象有各种事物演变史的叙述。

20 世纪 60 年代，一部分西方激进史学家提出"自下而上的史学"的口号，号召彻底摆脱传统史学只注重社会上层人物的那种精英历史观，而要求重视下层平民群众的历史作用并撰写有关他们的历史。由此，劳工史、美国黑人史、妇女史、儿童史、家庭史、人口史、城市史、地方社区史、心态史，乃至性史等研究蓬勃发展起来。这些无疑是在民主时代才会出现的史学问题和研究主题。

柴尔德曾表明写作《欧洲文明的曙光》的目的就是了解欧洲文明的特质，确定导致工业革命的独立精神和发明精神的渊源 ③。余英时说，陈寅恪一生的学术研究与现实密切相关，他自称"喜谈中古以降民族文化之史"，研究中古以降汉族与其他异族交往的历史，以及外国文化（如佛教）传入中国后所产生的后果，希望从中获得历史的教训。他正是希望通过研究民族文化交流史来解答现实中国的文化转型问题 ④。于沛认为，20 世纪中国史学发展的基本特点在于，中国史学的发展是和中国社会的发展紧紧地联系在一起的。历史学不回避中国社会发展中提出的重大理论问题和实践问题，努力做到理论与实践、历史与现实的结合，使自己随着时代的发展而发展，随着社会的

---

① 注：1955 年，美国学者 J. H. 斯图尔德最早提出了文化生态学的概念，指出它主要是"从人类生存的整个自然环境和社会环境中的各种因素交互作用研究文化产生、发展、变异规律的一种学说。""文化生态学是就一个社会适应其环境的过程进行研究。它的主要问题是要确定这些适应是否引起内部的社会变迁或进化变革。"强调人类文化创造与自然、人文环境的适应关系。见朱利安·H. 斯图尔特著，潘艳、陈洪波译：《文化生态学》，《南方文物》2007 年第 2 期。

　　环境史（对生态的关注，将生态作为一种社会发展变化的动力）试图构建一种自然史与社会发展史相关联的新的历史叙述模式。环境史的叙述对象是在时间流变中存在着的人与自然关系。环境史的叙述带有强烈的忧患意识，并含有重估人类行为的重大寓意。其目的之一，是为了促使人们更好地关心被叙述的对象。虽然传统历史学也涉及环境的变迁、人与环境的互动等相关问题研究，但对环境问题如此重视则是近年的事。环境史的出现反映了当代严峻的环境危机问题和人们的强烈的环境意识。见田丰、李旭明主编：《环境史：从人与自然的关系叙述历史·王利华序》，商务印书馆，2011 年。

② 注：即相对于以往在一个国家或地区的时间、空间尺度下研究历史，"全球史"是在"全球"的时间、空间尺度下考察和研究历史。

③ 〔英〕伊恩·霍德、〔英〕司格特·哈特森著，徐坚译：《阅读过去》，岳麓书社，2005 年，第 119 页。

④ 余英时：《陈寅恪的学术精神和晚年心境》，《明报月刊》（香港）1983 年 1 月号。

进步而进步^①。

除了问题与主题的时代性，时代认知、时代话语体系也影响史学的解读、建构与话语体系，即"对问题的回答既取决于所能获取的资料，也取决于历史影像，而历史影像又深受我们对现代社会的知识和理解所影响"^②。

总之，史学从来不是"自在小楼成一统"的象牙塔学问，时代需要带动史学的发展，史学话语与时代话语密切相关，与时代的紧密联系是史学保持旺盛生命力的重要源泉。

一切生物，包括我们人类都是善忘的生物，否则我们将会因背负太多的记忆而无法适应变化以生存与发展，但人类又是一种具有历史意识和历史兴趣的高级动物。人类通过对历史的选择性记忆和时代性重构来满足自己的各种现实需要。

二、概念的时代性

我们所使用的概念和词汇的内涵具有明显的时代性，历史学所使用的概念也同样具有时代性。

历史研究与陈述离不开概念，而概念及概念的内涵往往具有特定的时代性与文化性。"在从原始狩猎—采集社会到现代城市公民的每一个历史阶段，人类的发展都是一种文化的发展。我们周围的世界从来没有呈现出它的本来面目，我们只能通过我们的概念和先入之见看到它。这些概念和先入之见过去和现在始终受到文化的制约。"^③

概念的演变反映了时代观念和认知的变化，每个时代都有一套自己的概念体系，每个时代的史家就是用这套概念体系去解读、建构历史，做出自己的历史陈述，以满足自己和时代的需求。不同时代之间的概念体系往往差异很大，由此导致表述内容的时代性。爱德华·卡尔说："历史学家是属于他本人的时代的，而且由于人类生存的条件使他不得不属于这一时代。他所用的那些词汇——如民主、帝国、战争、革命，等等——都有当前流行的内在含义，而他是不可能使这些词汇脱离它们的含义的。"^④也因此"历史学家在采用一些概念来考察往昔社会时，他们的用法常常是非历史的，

① 于沛：《20世纪中国史学：特点和趋势》，《学海》2001年第4期。
② 〔英〕伊恩·霍德、〔英〕司格特·哈特森著，徐坚译：《阅读过去》，岳麓书社，2005年，第127页。
③ 〔美〕欧文·拉兹洛编辑，戴侃、辛未译：《多种文化的星球——联合国教科文组织国际专家小组的报告》，社会科学文献出版社，2001年，第211页。
④ 〔英〕爱德华·卡尔著，吴柱存译：《历史学家和历史学家的事实》，《史学理论读本》，北京大学出版社，2006年，第49页。

或是去历史化的，因此他们会经常犯时代误置的错误"①。克罗齐说："一眼就可以看清楚，古代历史编纂学是适合于古人关于国家、宗教、伦理以及整个现实界的概念的；中世纪的历史编纂学适合基督教的神学和伦理学；19 世纪前半叶的历史编纂学适合于唯心主义的和浪漫主义的哲学；19 世纪后半叶的则适合自然主义的和实证主义的哲学。"② 胡适所提倡的"历史眼光"也认为："研究古人思想，在取用史料时，必须注意'一个时代有一个时代的文字、术语'，'一个时代有一个时代的文体，一个人也有一个人的文体'，以及'一个时代有一个时代的问题，即有那个时代的思想'。"③

近年来，在史学界兴起概念史的研究热潮④，专门对概念及其内涵的出现、演变及其与时代背景的关系进行研究，为我们认识历史研究和书写方式带来了很大启示。

一些中国学者也开始关注到这一现象。金观涛、刘青峰以"中国近现代思想史专业数据库"为基础，选择了流行于近现代中国的关键词，如科学、民主、权利、社会、公理、经济、革命等，考察了这些词汇所代表或体现的观念如何起源、演变，乃至最后的整合与结果⑤。我们从中可以看到这种古今概念的异同及其内涵的演变。

在当代中国关于历史的叙述中，大量"词汇"概念都是当代的创造，或是对旧词汇进行"旧瓶装新酒"式内容改造，被赋予了时代性的新含义，例如，我们最常使用的，也是最重要的一些词汇概念，如"国家""革命""文明""民族""阶级""封建""民主"，甚至"中国"，等等。即使王国维在《殷周制度论》中所使用的"制度""政治""文化""都邑""团体"等也都是新名词和新概念⑥。又如，在梁启超1902 年发表的《新史学》一文中，"国民""国家""社会"等概念居于核心地位，

① 〔法〕布迪厄、〔美〕华康德著，李猛、李康译，邓正来校：《实践与反思：反思社会学导引》，中央编译出版社，2004 年，第 131 页。
② 朱本源：《历史学的理论与方法》，人民出版社，2007 年，第 154 页。
③ 许冠三：《新史学九十年》，岳麓书社，2003 年，第 164、165 页。
④ 剑桥学派的代表人物昆廷·斯金纳和德国的莱因哈德·考泽莱克开创了概念史研究。概念史研究，通过研究概念在时间和空间中的移动、接受、转移和扩散，来讨论影响和形成概念的要素是什么、概念的含义和这一含义的变化，揭示概念如何成为社会和政治生活的核心，以及新的概念如何取代旧的概念。"概念史"关于"概念"的第一项研究预设是强调"概念"的历史性、偶在性和易变性。在概念史研究中，不再进行词源学研究，考察某个词汇的演变，而是更多地将语义学作为重要工具，研究一个特定概念在不同时间和不同空间里的不同含义。见张君荣、李宏图、周保巍：《概念史：观照现实的思想史研究》，《中国社会科学报》2015 年 6 月 3 日 A04 版。
⑤ 金观涛、刘青峰：《观念史研究：中国现代重要政治术语的形成》，法律出版社，2009 年。
⑥ 张广达：《王国维在清末民初中国学术转型中的贡献》，《史家、史学与现代学术》，广西师范大学出版社，2008 年，第 49 页。

它们是一组与传统观念完全不同的概念，是新时代政治理念的表达。金观涛说："我们认为，下列观念是中国现代政治思想的最基本要素，它们包括：科学、民主、真理、进步、社会、权利、个人、经济、民族、世界、国家、阶级、革命、改良、立宪等。""我们研究过的若干中国当代重要政治观念的形成，几乎都经历了'选择性吸收'、'学习'、'创造性重构'三个阶段。"[①]

同一概念在不同时代，通过"偷梁换柱"的办法被赋予不同的意涵，是历史"解读"的特点之一。中国传统学术一般不是通过创造新概念来重建符合时代认知与需要的新理论，而是通过对旧概念、旧经典进行新的诠释来表达新思想、新观念，即所谓"我注五经""五经注我"。学者通过注疏、诠释，为某一概念赋予新的意涵，用以表达自己的思想观念。典型例证如中国传统经学对"礼""仁""道"等重要概念的各种解读与注疏。

下面试以"文明""封建"等为例，来看看概念如何通过解读被赋予时代性内涵。

"文明"是近代西方文化构建的一个概念，有学者指出："文明分类是西方人的学术建构"，"文明只是近代以来欧洲人在认识世界、诠释世界历史时创造出来的概念"。

15世纪末叶新航路开辟以后，欧洲人"发现"了一个全新的"世界"，他们开始按照自己的构想描述这个世界。欧洲人对世界的认识与其对世界的征服同步，所以他们对世界历史的解释也充斥着征服者的优越感。他们以世界的"主导者"和"先进文明"自居，将其扩张行为美化为"传播文化"，进而为整个世界的发展趋势勾画了一个"主导—传播"模式，即欧洲人将先进文化向其他落后地区逐渐传播的模式。欧洲人将人类群体根据其价值观念的不同划分为不同的"文明"，把自己称为人类社会进化方向的代表，是古代民族中唯一通过自然进化步入近代社会的优秀人种。由此，"文明分类说"出现。"文明分类说"的实质是在彰显西方文明，这也是"文化自我中心主义"的表现。

汤因比将有史以来曾经存在过的和现存的人类社会分为26种文明。20世纪初期的美国大中学校普遍开设"西方文明史"课程，作为学生了解"美国以外的世界"的唯一一门历史课程。20世纪中叶以后，随着现代化比较研究的开展，西方学者从欧美国家率先实现现代化的事实出发，用"反推"的思维方式，苦心孤诣地从西方文明中挖掘"现代化元素"，结果使得各种文明的"对比度"更加鲜明[②]。

关于"封建"的概念，西周时期的"封建"是天子将统治区划出若干区域，即"国"，

---

① 金观涛、刘青峰：《观念史研究——中国现代重要政治术语的形成》，法律出版社，2011年，第5、11页。
② 刘新成：《"文明的冲突"与和谐世界》，《中国社会科学报》2010年1月14日第7版。

将国内的土地和人民分封给某个贵族，由他们世袭，成为一个个诸侯。这些诸侯既服从周天子的领导，奉周天子为天下共主，又具有很大的独立性和治理权，拥有军队、土地和人民。同样，诸侯再将"国"的一部分土地和人民分封给手下的卿大夫。前者叫"封土建国"，后者叫"封土立家"，合起来简称"封建"，这样的制度，就叫"封建制"。秦汉以后，进入以皇权为核心的中央集权制与官员任命制地域组织——郡县制相结合的专制帝国时代，不再"封土建国"，甚至忌讳分封，以防地方坐大，威胁皇权，这种制度应称为"皇权专制"。但为了符合马克思主义史观关于人类社会发展经历原始社会、奴隶社会、封建社会、资本主义社会和社会主义社会五阶段理论，学术界常常将秦汉以后的社会称为"封建社会"。实际上，此"封建"非彼"封建"也。

有学者指出："将秦至清的社会形态归入'封建'，最显在的误处在于，使'封建'概念被泛化，既违背了'封建'的汉语本义（土地由封赐而来、不得转让买卖，政权分散、诸侯林立），同本义指示的方向恰相悖反；又脱离了'封建'的西义，与相对译的英语词 feudalism 涵义（封土封臣、采邑领主、人身依附、超经济剥夺、农奴制）大异其趣。故泛化'封建'（将君主集权的官僚政治和土地可以买卖的地主经济称之'封建'）实在是在历史向度上无依凭、空间向度上无借鉴的生造概念。"[1]

其他如"经济""民主""科学"等概念莫不是经过这种改造，被赋予当代内涵而为我所用的。因此，有学者指出："今天，中国人熟悉的表达西方现代观念的词汇，大多是新文化运动时期对西方相应现代观念重构的结果，这些政治术语至今仍在使用；但其中不少词汇的中文原意，则被完全忘却了。今天还有多少人知道'民主'在中文里本指皇帝，'主权'是指皇帝的权力，'科学'本意是科举学校的简称呢？只有去查汉语大辞典才能发现：'经济'本是儒家经世济民之才能，而'革命'是指改朝换代，'个人'则指你所爱的人！"[2]

同样，"民族""中国""文化"[3]这些历史学、考古学最重要的基本概念，古今内涵也不同。当代经常使用的"民族"、民族国家的"国家""中国"等概念都是全球各地民族主义和民族国家兴起的时代背景下建构出来的概念，与中国传统文献中的概念内涵、外延相比，都发生了根本性变化，属典型的"旧瓶装新酒"。

古今有些概念词同未必意同，我们必须注意到它们之间的内涵差异。我们以今天的概念体系去解读、建构古史时，很容易将这些古代概念与当代概念等同起来，错误

---

① 冯天瑜：《略议中国前近代社会形态》，《江海学刊》2011 年第 3 期。
② 金观涛、刘青峰：《观念史研究——中国现代重要政治术语的形成》，法律出版社，2011 年，第 14 页。
③ 黄兴涛：《文化史的追寻：以近世中国为视域》，中国人民大学出版社，2011 年。

地将当代概念的内涵移植到古代同名概念中，并视若至宝，以证其由来已久，古已有之。殊不知，两者之间名同而实异，内涵差异甚大，我们不能简单地将它们画等号。例如，古代的"中国"基本是一个地理、文化中心的概念，不是主权国家政体的"中国"概念，古之"中国"非今之"中国"。同样，古代文献中的"族"概念与今天的"民族"概念也不能画等号。

对于考古学来说，考古学家对古代各种遗存，如灰坑、窖藏、祭坛、宫殿等遗迹与尊、罐、钵、碗等器物的命名及其性质的推定与前面所说的"概念"相似，都是当代学术界的约定俗成或推测，并不是历史的真实。正如我们通过考古学界对"尊"类器物命名研究所展示出来的结论："由尊类器物命名和性质界定这一典型个案可以清楚地看出中国考古学界关于古代遗物命名、分类与定性研究中所蕴含的强烈时代性与主观性。从这一点就可以看出，考古学本质上是考古学家通过古代遗物对过去历史所作的一种解读与建构，是一种具有时代性的描述与解释体系。真实的历史已成为远离我们的自在过去，一去不复返了，我们既不能重来与再现，也难以实证。"[①]

今天我们以尊、罐、灰坑、窖藏、某某考古学文化等名称去称呼古代遗存，以原始社会、奴隶社会、封建社会、旧石器时代、新时期时代、氏族、部落等概念去描述古代社会时，我们是在以当代的概念去解读考古发现和历史现象，重构古代历史叙述，概念体系的时代性使我们所构建的历史叙述具有时代性。

另外，概念还常常反映特定的立场与观念。

我们所使用的概念不仅具有时代性，还常常蕴含着使用者的立场和价值判断。例如，在古代社会表达"死"的意思的词就有皇上的驾崩、晏驾、大行，下边皇子、皇孙、王爷、嫔妃的"薨"；一般官员和百姓的死亡称"卒""殁""殂""千古""殒命""捐生""就木""溘逝""作古""弃世""故""终"；长辈去世称"百年""见背"；佛道徒之死称"涅槃""圆寂""坐化""羽化""示寂""仙游""登仙""升天""仙逝"等，不同用词表现了其背后的时代特征、文化背景和人物的不同身份地位。又如，明清两代官方称教门为"邪教"，当教门、拳会将斗争锋芒转向"灭洋"时被官方称之为"义民"，而西方侵略者则斥之为"拳匪"[②]。

有学者指出，中国关于美国的"国务卿""白宫""总统"一类词汇的翻译反映了中国文化传统和清末民初专制社会时代背景下中国人的思想观念，给人的感觉是：

---

① 徐良高：《尊"性"大"名"——以"尊"为例看考古遗物的命名与定性研究》，《南方文物》2015年第1期。

② 童力、李潇潇：《义和团研究面临重要变化——访中国义和团研究会顾问、山东大学终身教授路遥》，《中国社会科学报》2010年12月7日第2版。

民主国家的领导人同帝王一样，有宫殿，有"爱卿"，可以"总而统之"，没有反映出美国社会与文化自身关于这些名称概念的本质。如果要准确地体现美国民主、法制的精神内核，应将"国务卿"改译为"国务部长"或者"国务书记""国务秘书"，将"白宫"改译为"白屋"或者"白房""白宅""白厦"，将"州"改译为"成员国"或者"邦国"，将"总统""校长"改译为"主持人"[①]。

三、史学范式的时代性与多元性

科学史家托马斯·库恩在《科学革命的结构》中提出著名的"范式（paradigms）"概念，认为范式是一种对本体论、认识论和方法论的基本承诺，是科学家集团所共同接受的一组假说、理论、准则和方法的总和，这些东西在心理上形成科学家的共同信念。范式的特点是：①范式在一定程度内具有公认性；②范式是一个由基本定律、理论、应用以及相关的仪器设备等构成的一个整体，它的存在给科学家提供了一个研究纲领；③范式还为科学研究提供了可模仿的成功的先例。简单说，范式就是某一个历史时期为大部分学术共同体成员所广泛承认的问题、方向、方法、手段、过程、标准等。范式的突破导致科学革命，从而使科学获得一个全新的面貌[②]。

历史学的解读与建构同样是遵循特定的范式，采用特定的史观与理论。关于范式在史学中的作用与转换，马修·约翰逊指出：①构建有效的"事实"和"观察"要依赖于流行的范式。换句话说，什么是相关证据，什么要被排除，部分依赖于人们最初的范式假设。因此，事实总是由理论决定的。②在推动和塑造范式转换的过程中扮演着关键角色的是社会和政治的影响力，而并非无偏见的科学探索[③]。

范式具有明显的阶段性，在现有理论无法解释新现象时，人们就会创造出新理论、新解释，即范式转换，新范式代替旧范式。

从学术范式的角度讲，每种范式都有自己特定的概念体系和理论解释体系，不同的范式包括不同的概念体系和理论解释体系。史学中的范式也是多元的，史学的概念和理论也具有多元性、阶段性和相对性。这种多元性、阶段性和相对性带来历史解读与建构的多元性、阶段性和相对性。采用不同的范式，我们对同一段历史、同一批史料会做出不同的解读，建构出不同的历史叙述，讲出不同的历史故事。

---

① 刘大生：《美国法律词汇汉译过程中的文化扭曲》，豆丁网，http://www.docin.com/p-798514481.html。
② 〔美〕托马斯·库恩著，金吾伦、胡新和译：《科学革命的结构》，北京大学出版社，2003年。
③ 马修·约翰逊著，魏峻译：《考古学理论导论》，岳麓书社，2005年，第46页。

　　每个时代、每个学者往往都认为自己的史观和历史解释体系才是正确的，自己采用的范式再现了自在的历史，揭示了历史的真相。中世纪的神学历史学家认为神创史观是唯一正确的史观和解释历史发展的理论，近代实证主义史学认为只有实证主义史观才是科学的史观，是正确的历史学范式，是通向历史真相的唯一道路，马克思主义史学家认为马克思主义史观是唯一正确的史观和解释历史发展的理论。实际上，从历史学的发展历程看，每一种史观和范式都是它们那个时代人们需要与认知的产物，具有时代性和相对性，并不具有绝对的正确性、真理性。

　　有中国学者从范式转换角度对中国历史上的儒家经学演变史进行过讨论，从中可以看出范式转换所带来的儒家经学演变的阶段性与时代性①。有学者概括西方历史学在不同时代的不同主流，从中也可以大致窥见西方历史学范式与历史学阐释的阶段性②。

---

① 注：先秦孔子整理"六经"，将《诗》《书》《礼》《乐》《易》《春秋》作为儒家经学整理、解释的主要文本和教育学生的基本教材。他强调："述而不作，信而好古"，期待以"六经"所传载的礼乐制度、周公之道，在春秋"礼崩乐坏"之世，重建社会秩序。汉代，儒学成为官学，人们对其经典解释活动的权威性提出了系统化与制度化的要求，创造出"阐释"与"训诂"的研究范式，开创今文经学与古文经学的传统。魏晋时期，儒家经学受玄学影响，形成了以经典为依托的，注重经义之学，方法与本体合一的文本解释模式，"阐释""训诂"得到契合。入宋之后，"疑经"风盛，《论语》《孟子》《大学》《中庸》等成为儒家经学新的解释中心，"诠释"的研究范式日渐形成。"诠释"具有形上依据——"理"，它与圣人之言、圣人之意三位一体。"理"的出现，让儒家经学拥有了与道家"道本论"，佛家"心性本体论"抗衡的解释本体形上依据，这对儒家经典权威性的重建起到了基石性的作用。朱熹贴近文本，将客观理性赋予经典解释之中，其最终的目的是道德的践行；陆九渊强调向内反省式的心道合一，在"心"之大前提下，仍不乏对经典的"理"之说明。明代王阳明"致良知"学说提出后，"诠释"范式的发展达极致。然而，解释者的主观性得到充分彰显的同时，经典自身的被尊崇性却受到抑制。空谈"心性"、阐明"义理"，让文本自身越来越不受重视，经典解释活动面临着事实上的消亡。以戴震为首的清代"朴学"家对"诠释"方法提出了严厉批评，认为立说须有证据，观点要从史料中归纳出来，文字的训诂不能随意杜撰。"朴学"家重构了"考据"的研究范式，以"返归本经"替代了阐发"道德性理""学者须疑"的文本解读方式。它遵循"求是"的实证学风和治学精神，与重抽象思辨、创新发挥的"诠释"有着明显不同。"考据"紧扣文本，或以今词释古词，或以本名释异名。在它的影响下，经典解释不再纠缠于形上、形下之争，转而尝试将发掘经学的思想性与社会制度、行为文化相结合，尤其是触发了中国早期的语言哲学，使经典的语言解释自然拥有了追求形上"道"的意蕴。

　　从"述而不作"到朴学"考据"，儒家经学完成了近代之前的不同研究范式的转换。儒家典籍体例中出现了经、传、记、注疏（含笺注、义疏）、考据、集注、校注、评注等不断创新的形式。通过对经典的解释来建构哲学体系，并由新的哲学体系重新解释经典，成为儒家经学最大的学术特色。见康宇：《范式转换与儒家经学史变迁》，《中国社会科学报》2011年5月10日第8版。

② 注：古希腊、罗马时期以国际的和社会的历史编纂学为主导，神学的历史编纂学在中世纪占绝对的主导地位，文艺复兴时期兴起人文主义史学，至近代，实证主义史学、年鉴学派史学、马克思主义史学成为主流，当代又兴起后现代主义史学。见朱本源：《历史学的理论与方法》，人民出版社，2007年。

如果我们从范式的视角，以建构历史学观念来分析"层累地积成的中国古史"现象，应该说"层累地积成了中国古代历史"的观点只是揭示了古代中国古史叙述不断演变的这一表象，其本质则是古代不同时期不同个人所撰述的古史叙述，都是具有时代性和个人性的古史建构。古史叙述的层累地积成的过程不是从真实的历史到虚构的历史的演绎过程，而是不同时代不同撰述者对上古史的不同建构，体现出有关上古时期的表述历史的演变过程。因此，我们与其徒劳地试图通过考据之法抽丝剥茧式地寻找最早的真实历史内核，不如放弃对最早的真实历史内核的寻找，转而研究不同时代、不同作者是如何在前人基础上重新建构新的历史陈述版本的，其历史背景和影响因素是什么，产生了怎样的历史影响。

在一个社会、一个时期，多元范式之间往往有主导性范式与非主导性范式的区别，彼此之间存在竞争性。决定哪一种范式获得主导地位的力量往往是权力。

总结以上分析，我们可以看到，首先，问题、概念、理论、范式和方法的时代性决定了历史学的解读与建构具有时代性；其次，社会、文化背景影响到史学的关注问题、所采用的概念、理论和范式，又使历史学的解读与建构具有某种区域性；最后，考虑到历史学家在史学中的关键作用，历史学的解读与建构还具有一定的个人主观性。因此，对于历史学来说，我们与其人云亦云地宣称"求真与再现"的理想，不如实事求是地承认其"解读与建构"的本质。

四、典型案例：国家博物馆展陈史——官方版历史阐释与叙述体系的时代变迁

博物馆的历史展陈是历史解读与建构的一种表现形式，也是一种历史叙述方式，不同的历史展陈就是不同的历史叙述体系。策划者、设计者通过展品的选择、布置、解释与说明来与展品互动，呈现出自己心中想象并希望传达给观众的某一时期、某一区域、某一文化的历史面貌。观众也不是完全被动的接受者，在参观过程中，展品所蕴含的历史信息、策划者与设计者所传达的信息与自己的理解、感受相结合，形成自己的某种历史印象，即建构出自己的历史想象与记忆。

国家博物馆关于国家历史的通史陈展，从某种意义上可以定义为官方版历史叙述，是构建国家历史记忆的重要历史教育活动之一。本尼迪克特·安德森说："民族历史的叙述是建构民族想象不可或缺的一环。"① "博物馆和博物馆化的想象具有深刻的政

---

① 〔美〕本尼迪克特·安德森著，吴叡人译：《想象的共同体：民族主义的起源与散布·导读》，上海世纪出版集团，2005年，第12页。

治性。"① 从中国国家博物馆有关中国历史陈展的演变，我们可以直观地看到历史学解读、建构与时代背景的密切关系，虽然由于中国近现代特殊的社会环境，这种表现过于直接与夸张②。

中国国家博物馆坐落于天安门广场东侧，与它遥遥对望的是人民大会堂，颇符合中国传统都城"左祖右社"的都城规划理念。

在 20 世纪 50 年代中苏友好的时代背景下，历史博物馆最初的陈列设计，主要参照苏联博物馆陈列体系化的基本方法，同时又吸取了 20 世纪 30 年代苏联对陈列中的庸俗社会学倾向的批判，以实物为主。

1959 年，根据"突出红线、大事不漏、增强气势、缩短展线"（注："红线"指的就是毛泽东思想）十六字建馆方针修改了历史博物馆的"中国通史陈列"。为突出"一条红线"，主要方法就是把之前的王朝体系全部打乱，以农民起义结构连接整个展览。

20 世纪 60—70 年代，博物馆的历史陈列也随着政治形势的变化而不断变化。

1979 年 10 月 1 日，中国革命历史博物馆的基本陈列修改后重新开放，《人民日报》《光明日报》等均以显著标题做了报道。报道说，新的陈列内容体现了实事求是传统，突破禁区，按历史本来面目反映党史。

20 世纪 80 年代中期开始，全国的博物馆进入现代化的改革，一直持续到 20 世纪 90 年代中期。在进行文物大征集的同时，改革的重点就是反对教科书化，实现博物馆化。"历史博物馆主要是恢复王朝体系，减少了农民起义的分量。……内容上，也从以政治为主，扩大到经济、文化层面。"

1983 年，两馆重新分开，恢复中国历史博物馆和中国革命博物馆的独立建制。随后，历史博物馆对中国通史陈列进行修改，"主要消除'文革'极左的影响"。

1998 年，随着改革开放的深入，"国家领导人出访国外，感觉博物馆都是有历史有艺术的，是综合性的博物馆。如果我们还叫历史馆，还叫革命馆，可能就与现在中国的形象不符。比如说原来我们的古代通史系列，就主要突出阶级斗争、农民起义，那是当时政治需要的。而如今我们是开放的中国，是走向世界的中国。所以党中央国务院决定在两馆基础上，扩建并改名为国家博物馆。这不是一个简单的更名，而是一个历史性的飞跃，也是我们国家对博物馆一个里程碑式的认识"。国家博物馆原馆长吕章申如此解释中央提出建立国家博物馆的初衷。2003 年 2 月 28 日，中国国家博物馆

① 〔美〕本尼迪克特·安德森著，吴叡人译：《想象的共同体：民族主义的起源与散布》，上海世纪出版集团，2005 年，第 167 页。
② 李光敏：《中国国家博物馆政治史》，《凤凰周刊》2010 年第 18 期总 367 期·鲜时事。

正式挂牌成立，取代之前的中国历史博物馆、革命博物馆，行使国家博物馆的职能。与前身"革博""历博"侧重展示历史，以农民起义、阶级斗争为主线的通史陈列不同，未来的国家博物馆将以展示历史与艺术并重，真正与世界接轨。

第三节　中国史学三阶段：先秦史学—专制王朝史学—当代民族国家史学

从中国历史学的发展历程，也可以清楚地看到史学与时代之间的互动关系，不同时代的历史学呈现出明显不同的面貌，具有明显的时代性。这种时代性反过来又彰显了史学的本质属性。

作为时代背景的中国政治制度演变历经三大阶段。

关于中国历史上政治制度的演变，影响最大的看法有两种：一种观点是传统的王朝循环论，即一个王朝崩溃了，另一个王朝兴起了，每个王朝历经兴起、盛世、衰败、崩溃几个阶段。皇帝换了一家又一家，中国还是那个中国，文化还是那个文化，历史在循环往复中前行。另一种观点是根据马克思主义史观而提出的五阶段说，即中国历史上的政治形态经历了原始社会、奴隶社会、封建社会、资本主义社会不同阶段，现在处于社会主义社会阶段。后一种观点曾是中国史学界讨论最热烈的问题，学术界争论不休，莫衷一是。

对于这两种观点，我们都不完全认同。我们认为，第一种观点忽视了文化的变化，将历史过程简单化了，与我们所看到的文化在历史上不断变化的历史现象不符；后一种观点所使用的理论模式是否是一个适合中国历史实际的理想框架，能否解释复杂的中国历史现象，也还值得讨论。

我们认为，在中国历史上，自国家出现以来，政治制度演变大致经历了三个基本阶段：神权时代的血缘宗法共主制国家—皇权专制时代的王朝国家—当代民权时代的民族国家。

随着每一个新时代的到来，满足新时代需要的新文化大量出现。旧时代的文化大量被淘汰或成为"文化遗产"供人观赏与怀古。旧文化如果要成为新时代文化的一部分，也必须经过重新的阐释，以赋予满足新时代需的新内涵。当然，阶段之间的文化转变并不是在各方面都是整齐划一的替代与变化，而是既有创新也有传承，比如，血缘组织直到近代还一直在中国社会中扮演着重要角色，宗法制度在家族组织中长期发挥着一定的作用，汉初也曾出现分封现象的反复，当代中国也还残留有诸多皇权专制时期的思想观念、行为方式，等等，历史学也是如此。

作为人类文化现象之一的历史学与时代的变化保持着密切的呼应关系：神权时代有神权时代的游戏规则，也有神权时代的历史学，具体来说，甲骨文、古文献中的祭祀谱系、各种起源神话传说体系类的历史叙述与宗法政治、祖先崇拜的时代背景密切相关；皇权专制时代有皇权专制时代的游戏规则，也有皇权专制时代的历史学，具体来说，《史记》《汉书》等二十四史与《资治通鉴》等的历史叙述与皇权专制王朝、儒学独尊的时代背景密切相关；民族国家时代有民族国家时代的游戏规则，也有民族国家时代的历史学，具体来说，"国族通史"、社会通史、文化通史等历史叙述与全球化背景下民族主义和民族国家的兴起以及科学主义盛行的时代背景密切相关。简而言之，与三个历史阶段相对应的历史学大约可以以祖先神本宗族历史学、君本王朝历史学和民本民族国家历史学概括之。

在三大历史阶段的演变过程中，春秋、战国和近现代是两个关键的转变时期，其中，春秋、战国的东周时期是第一阶段向第二阶段转变的关键时期，近现代是第二阶段向第三阶段转变的关键时期，都属于历史上的剧变时期，或曰质变期。按照汤因比的挑战与应战理论，由于社会处于根本性的转型时期，各种社会的混乱与困惑、文化的传承与创新、理论设计与实践尝试、文化冲突与磨合等纷纷出现，社会政治、经济、文化上表现为剧烈动荡、百家争鸣、文化繁荣。

在这两个历史转变时期，不同学派的思想观念为历史新阐释与新建构提供了多元化的新史观、新理论、新模式，各个学派的社会制度探索与设计理念也纷纷从历史阐释与叙述中寻求历史依据和理论支持，社会的需要、相对自由的社会环境和百花齐放百家争鸣的学术氛围带来历史学的繁荣和多元历史阐释与叙述的出现。

一、商周时期的宗法制时代史学

商周时期，尤其是西周时期，政治体制表现为宗法制国家，基本特征包括：以祖先崇拜为主导意识形态，权力大小、地位高低来自与祖先血缘关系的远近；家国同构，血缘组织是社会的基本组织，政治、经济、文化活动以血缘组织为基础来展开，血缘关系是纽带；政治体制上，某种意义是王族天下，王是大宗、天下中心的象征、所有诸侯国的共主，各级贵族权利世袭，世卿世禄，通过宗法制度维系政权的统一，确定彼此的等级、权利与义务。傅斯年说："殷周之世，在统治者阶级中，家即是国，国即是家。""战国初年，乃中国社会自'家国'入'官国'之时期，顾亭林所谓一大变者也。前此家国非二事也。"①

如果我们理解了商周时期的这种社会背景，我们对这一时期的文化遗存现象及其性质也就有了更合理的理解与阐释。例如，三代时期为什么都城和各种政治活动以宗庙为核心，与祖先崇拜和宗法制度密切相关的青铜礼乐器和玉器为什么高度发达，大型家族墓地为什么广泛存在，为什么说甲骨文中的"众人"、古文献中的"国人"是血缘组织成员而不是奴隶，等等。

同样，理解了商周社会也就理解了当时的文献记载文本——迄今所知中国最早的历史记录与叙述。从甲骨文、青铜器铭文内容和《诗经》《楚辞》等记载来看，甲骨文中的商代周祭体系和商王谱系都是基于对历代先公先王的频繁的循环祭祀。青铜礼器上的铭文记载是"夫鼎有铭。铭者自名也，自名以称扬其先祖之美而明著之后世者也。为先祖者莫不有美焉，莫不有恶焉，铭之义，称美而不称恶，此孝子孝孙之心也，唯贤者能之。铭者论撰其先祖之有德善、功烈、勋劳、庆赏、声名，列于天下而酌之祭器，自成其名焉，以祀其先祖者也"（见《礼记·祭统》）。《诗经》保存了大量的周代贵族祭祀祖先的材料，主要用于祭祀中的吟唱歌颂。例如，《诗经·大雅》中的《生民》是赞美周始祖后稷，并以后稷配天，《公刘》是赞美周先祖公刘迁豳、《緜》是赞美太王（古公亶父）迁岐，《文王》是赞美文王图商，《皇矣》是赞美文王伐密、伐崇，《思齐》是赞美文王母大妊（王季妃），兼及祖母太姜（太王妃）、妻大姒，《大明》是赞美武王伐纣，《下武》是赞美文王、武王之德。这些诗全是在宗庙之上祭祀各位祖先所唱之歌。其他与祖先祭祀有关的诗还有《既醉》《凫鹥》《假（嘉）乐》《棫朴》《旱麓》《泂酌》等。除了以上周王室的祭祖歌外，各诸侯国也有自己的祭祖歌，如《鲁颂·閟宫》中追述了姜原、后稷、大王、文王、武王、成王、周公、鲁公伯禽等鲁国的直系祖先，《商颂》是宋襄公所作，因宋是商末王子微之后，故《商颂》中追述了简狄、契、成汤、武丁等祖先。因此，"从《诗经》看，在许多典礼中，以祀祖的典礼最为重要"②。

所有这些历史记录与叙述主要是以祖先世系和祖先功业为核心，重在歌颂、祭祀祖先神祇，目的是证明家族的伟大、传承有序，自己的权力来源有自，具有神圣的合法性，同时强化家族成员认同和向心力。它们与当时的社会背景相呼应，呈现了中国早期表述历史的基本面貌和史学特征。

① 傅斯年：《论所谓五等爵》，《国立中央研究院历史语言研究所集刊》第二本第一分册，1930年。
② 孙作云：《诗经与周代社会研究》，中华书局，1966年，第155页。

二、皇权专制时代的王朝史学

秦汉至明清，虽然每个朝代的政治体制各有特色，但总的来说都属于皇权专制的王朝国家时期，基本特征包括：以君权神授和家天下为主导意识形态，皇权专制与郡县制、官员任命制相辅相成；"普天之下莫非王土，率土之滨莫非王臣"，国家为一家一姓所有，缺乏当代民族国家所强调的公民意识和自由、平等、共创、共有、共享的理念；强调忠君爱民；祖先崇拜与祭祀大大弱化，祭祀天地的郊祭、封禅大典成为国家主要宗教活动，与之相关的是天坛、地坛、圜丘等一系列礼仪建筑遗迹，皇家宗庙不再占据中心位置，象征财富和权力的物品代替象征等级和地位的礼器成为墓葬的主要随葬品；地缘组织超越血缘组织成为主要社会政治组织，社会基本经济活动以家庭为单位，个人和家庭成为各种活动的主体；各级官员由皇帝任命，理论上只对皇帝一人负责；思想上推行独尊儒家以统一全民意识；经济上，实行重要资源的国家垄断，以控制国计民生。

与这一时代背景相对应，历史记述的核心由商周时期的祖先转向现实世界的帝王将相，由宗庙祭祀活动转向朝堂政事活动，历史叙事文本也从祭祀吟唱变为专门记述。中国的传统历史著述，无论是纪传体，还是通鉴体、三通体，都是政治史，是为少数统治者服务的，而不以大众为服务对象。我们可以看到，"过去有很长一段时期，史学工作者，着重在少数上层人物的作为，尤其是统治阶层的行为，于是史家以政治史为主体，思想史方面也往往限于有大影响力的思想家"①。"'二十四史'则都是对'王朝体系'的说明，是贯彻王朝观点的叙事，它所叙述的事实都是被王朝观点所认可的事实。"②"为了突出传主的官场生涯，传文往往在以下几个方面大费笔墨：其一，详细罗列传主的官职任命与升迁；其二，铺陈传主在职期间的主要政治建树；其三，时常引用传主的各种上书或给皇帝的奏章。""至于他们的社会身份、个人性格以及官场以外的其他生活经历，传文中却完全空白。"③

由于史学的强烈政治性和致用性，中国传统史书中传主及书写内容基本都与政治关系密切，所以给人的印象是中国史书特别爱写宫廷斗争，而对经济和社会的大局描写不够。

---

①　许倬云：《许倬云自选集》，上海教育出版社，2002 年，第 375 页。

②　王学典主编：《史学引论》，北京大学出版社，2008 年，第 93 页。

③　钱茂伟、王东：《民族精神的华章——史学与传统文化》，北京图书馆出版社，2004 年，第 190 页。

这种以皇权为中心的政治史叙述的指导思想和理论是受皇权推崇而居独尊地位的儒家思想。钱穆说："中国二千年来之人才几于皆儒教之人才，故二千年来之历史亦不啻儒术之历史，二千年来之文化亦不啻儒术之文化也。"[①] 专制皇权时代的史书编写和史学理论的讨论，如三通（即杜佑《通典》、郑樵《通志》、马端临《文献通考》）和章学诚、司马迁、司马光等对历史学的议论，均是以儒家史观为指导思想。

与这一时代背景和指导思想相应的独特史观包括道德史观、尊古史观、循环史观、"大一统"史观和"正统"史观等。

（一）道 德 史 观

中国传统史观认为史学具有记录历史事实和维系人伦价值的双重职能，故道德评判在史书中占有重要地位，历史因果关系的分析中常见以君主的"有德""失德"来解释王朝的兴衰，如《尚书·召诰》所云："我不可不监于有夏，亦不可不监于有殷。……惟不敬厥德，乃早坠厥命。"即认为夏商因失德而亡。

孔子的春秋笔法开创了中国"以史弘道""经世致用"的先例，对后世史学产生了巨大影响。史学主要不是为了客观真实地记录史实，探讨事件背后的原因，而是作为褒贬人物、传播儒家道德观的教化工具和统治者的纪念碑。历史学在中国的传统社会中受到如此关注，也与此密不可分。

在中国传统史学著作中充斥着儒家道德观，影响到史料的选择、编纂，人物、事件的褒贬，行为是非的评判等。有学者总结说："在中国人的意识世界中，史学不仅是一门关于事实的学问，而且还是一门关于价值的学问。""为了达到'切人事'而'资质'的目的，中国史学在长期的发展过程中，始终以道德批判的立场来裁量历史人物。"[②] "历代的正统论者，都毫无例外地以原始儒家中的道德伦理来作为立论的标准。……这一切都使得中国传统史学在历史观方面，包含着浓厚的道德成分，即把原始儒家所倡导的一些抽象的道德原则，看成是历史发展的最重要、最根本的动力，从而阻碍了人们对道德之外的历史事物的探索、理解和把握。"[③] 例如，个人德行与王朝兴衰被认为是密切相关的，成功的统治者往往被描述为德行高尚的人，而失败者一般都是道德败坏，其他因素，如经济失调、社会结构扭曲、自然灾害、疾病流行等要么被忽视，要么通

① 崔述著，顾颉刚编订：《崔东壁遗书·附录·钱穆序》，上海古籍出版社，1986年。
② 钱茂伟、王东：《民族精神的华章——史学与传统文化》，北京图书馆出版社，2004年，第94、95页。
③ 钱茂伟、王东：《民族精神的华章——史学与传统文化》，北京图书馆出版社，2004年，第143页。

过"天人感应"的解释与统治者的德行联系起来[①]。司马迁对于历史上的王朝也总要想方设法找出其祖上积德的证据，如殷王朝先祖契佐禹治水有功；姬周之先祖弃发明农业，造福民众；秦祖大费"与禹平水土"；等等。

道德史观的问题浅析如下。

过度的道德史观导致历史叙述与分析的简单化、公式化、脸谱化，混淆了公与私、道德与制度，混淆了是非善恶。政治家因私德不谨而被认为一定是贪官、酷吏。其实，稍加思考，即可发现，贪官、酷吏的出现与人的德行有关系，但更取决于制度的设计，即权力是否受到了有效的制约与监督。总结中国的历史经验，我们还是宁愿相信制度的制约力量而不是道德的自我约束。制度不改，谁掌权都一样，君子执政，转眼便是小人。有人感叹："对道德与制度的混淆，可谓吾国的一大沉疴，导致我们的制度建设，屡入误区而不自知。"[②]诚如此也。这也是中国传统历史学的问题之所在：重在个人的道德评判，很少做制度、文化上的反思与批判，中国历史也在一个个朝代的盛衰循环中踏步不前。

在道德史观的支配下，中国传统历史陈述总是美化成功者的德行，将之视为成功的原因，夸大、贬损失败者的道德品质，将之视为失败的根源，而缺乏客观、全面的考察与分析。

互联网上流传的一个小问答足可以说明中国传统道德史观的片面性与主观性。

问题是这样的：现在要选举一名领袖，而你这一票很关键，下面是关于3个候选人的一些事实。

候选人A：跟一些不诚实的政客有往来，而且会星象占卜学。他有婚外情，是个老烟枪，每天喝8到10杯的马丁尼。

候选人B：他过去有过2次被解雇的记录，睡觉睡到中午才起来，大学时吸鸦片，而且每天傍晚会喝一大夸特威士忌。

候选人C：他是一位受勋的战争英雄，素食主义者，不抽烟，只偶尔喝一点啤酒。从没有发生婚外情。

请问你会选择谁？

候选人A是富兰克林·罗斯福，候选人B是温斯顿·丘吉尔，候选人C是亚道夫·希特勒。

---

① 徐良高：《商周灭亡原因辨析》，《21世纪中国考古学与世界考古学》，中国社会科学出版社，2002年。

② 羽戈：《中国逻辑不是逻辑，而是逻辑的天敌》，搜狐网，2018年6月26日，http://www.sohu.com/a/237785947_783663。

在中国史学史上，少数具有独立思想的学者也对道德史观提出过质疑，如东汉的王充在《论衡》中，对书上所载尧舜辛苦，累得像人干；桀纣荒淫，肥肉垂下一尺多长；尧舜俭朴，"茅茨不剪"；纣王奢靡，"酒池肉林"等说法提出了质疑。

（二）尊古史观与历史循环论

崇古尚古、以今喻古是诸子百家的一个重要特征，孔子自称"述而不作，信而好古"，很多儒家学者言必称尧舜，认为三皇五帝时期是最理想的黄金时代，相信"世愈古而治愈盛"，所谓"非先王之法服不敢服，非先王之法言不敢言，非先王之德行不敢行"。

崇古尚古思想体现在史观中就是尊古史观与历史循环论。

与当代的进化论截然相反，尊古史观认为时代越古社会越好，正如《礼记·礼运》所记，尧舜禹的上古三代是大同世界，"大道之行也，天下为公。选贤与能，讲信修睦，故人不独亲其亲，不独子其子，使老有所终，壮有所用，幼有所长，矜寡孤独废疾者，皆有所养。男有分，女有归。货，恶其弃于地也，不必藏于己；力，恶其不出于身也，不必为己。是故，谋闭而不兴，盗窃乱贼而不作，故外户而不闭，是谓大同"。夏启开始至西周，社会沦为小康社会，"今大道既隐，天下为家，各亲其亲，各子其子，货力为己，大人世及以为礼。城郭沟池以为固，礼义以为纪；以正君臣，以笃父子，以睦兄弟，以和夫妇，以设制度，以立田里，以贤勇知，以功为己。故谋用是作，而兵由此起。禹汤文武成王周公，由此其选也。此六君子者，未有不谨于礼者也。以著其义，以考其信，著有过，刑仁讲让，示民有常。如有不由此者，在埶者去，众以为殃，是谓小康"①。到了东周时期，社会更是沦为连小康都不如的时代了，人心不古，世风日下。

由"尊古史观"推演出崇古尊祖，"古人高于今人""前辈不可超越""祖宗之法不可变"，师父肯定比徒弟厉害，师爷又肯定比师父厉害，先圣之言论、著述被奉为"经"，后人只能信奉，不可置疑、批驳。胡应麟说："宋世书千卷，不能当唐世百；唐世书千卷，不能当六朝十；六朝书千卷，不能当三代一，难易之辨也。然今世书万卷，亦不能当宋千。"②就是这种观念的典型反映。

与尊古史观相关联的是历史循环论，《孟子·滕文公下》说："天下之生久矣，

---

① 郑氏注，孔颖达疏：《礼记正义》卷12，《十三经注疏》，中华书局，1980年，第1414页。
② （明）胡应麟：《少室山房笔丛》卷4《经籍会通》，上海书店出版社，2009年，第40页。

一治一乱。"太史公司马迁说：三王之道若循环，一治一乱。一治一乱，一盛一衰，分久必合，合久必分。干春松说：中国传统的王朝历史记录所体现的是一种"治乱循环"，其背后的"时间"并非单向的进步，而是"时间"的周而复始的循环往复；决定兴亡的并非生产方式的进步与否，而是天命的流转①。

从全球人类文化角度看，尊古史观和历史循环论并不是中国传统史学所独有。荷马史诗和《旧约》的伊甸园神话都暗示了人性从天真无邪到堕落的必然性，也是一种复古史观的表现。"在希腊、埃及等等，一再重复着古代流行的见解，人是在退化，而不是越来越改善。"②古希腊的柏拉图则是一位历史循环论者，他认为国家的变化从君主政体，历经暴君政体、贵族政体、寡头政体、民主政体到暴民政体，循环往复。因此，"进步的观念，大致的说，是近代的观念。柏利（J. B. Bury）在其《进步的观念》里，指出进步的观念，是与希腊人、罗马人的循环与退化的观念不能相容，中世纪的神意说，也与进步说相抵触"③。

（三）"大一统"史观

"大一统"史观是专制王朝时期史学的另一重要观念，所谓"普天之下莫非王土，率土之滨莫非王臣"，天下只能有一个政权，一个权力中心——皇帝专制的王朝。

"大一统"观念的产生最早可以追溯到战国中后期，当时形成的以《帝系》为代表的三皇五帝世系是古人对上古历史所做的大一统历史叙述体系的构建，反映了当时的一种希望结束诸国纷争的政治理念。秦汉以后，随着"大一统"政治体制和儒家独尊地位的确立，整合此前的不同古史叙述体系而形成的大一统古史叙述体系渐渐成为官方的、主流的历史叙述。《史记》中可见系统的黄帝世系神话传说历史叙述体系。

在"大一统"的史观中，天下一统的王朝才是盛世，多元政权并存的所谓"分裂时期"则是乱世，即"所谓分权或自治导致分裂，分裂产生战争，战争破坏国家统一，祸害人民；集权、统一意味和平稳定，安定团结带来经济发展，人民安居乐业的思维模式始终是中国人不可动摇的政治理念"④。圣君雄主和广大民众的最大政治理想就是要实现"天

---

① 干春松：《中国近代思维方式转换的五个问题》，《中国社会科学报》2010年5月11日第6版。
② 〔法〕保尔·拉法格著，王子野译：《思想起源论》，生活·读书·新知三联书店，2004年，第11页。
③ 陈序经：《文化学概观》，中国人民大学出版社，2005年，第288页。
④ 王健：《西周政治地理结构研究》，中州古籍出版社，2004年，第7页。

下一统"，即使像宋代这样经济、科技有巨大发展，人们生活水平和自由度有很大提高的朝代，由于与宋辽金等政权并立，未能完成天下一统，也不被认为是一个成功的王朝，而是一个积弱的朝代。这种史观缺乏多元共存、权力制衡的观念和思维习惯，由此导致中国文化中"大一统"必须实现，"天下分治"终将结束的当然之论和普遍意识。

　　"大一统"观念是传统王朝史学的价值标准和叙述基调，我们潜移默化受其影响而不自知，我们观念中根深蒂固的"大一统"的观念当是所处文化环境影响和历史教育的结果。古希腊历史、近现代欧洲政治格局和当代国际社会现实，尤其是 2014 年 9 月 18 日苏格兰关于是否独立的公投，都让我们认识到"大一统"不是历史的必然，也不是国家的理所当然的形式和国家政体的唯一选择。

　　那么，多国并存、竞争的政治格局与大一统政治格局到底谁更好呢？

　　受一元史观和"大一统"观念等的影响，传统上我们过多强调了多元竞争带来的"乱"，而忽视了竞争带来的活力与文化创新。如多国共存的春秋战国时期恰恰是中国历史上经济飞速发展、社会充满活力、文化成就斐然的时期，分布在各地的不同国家的经济呈竞争性发展状态。秦汉以后的统一王朝时期，天下相对安定，垄断权力的中心，如王朝都城，财富虽然非常突出，但从各地均衡发展角度看，往往不及东周时期。"大一统"虽然可以维持社会安定，但缺乏"多元包容，自由竞争"的社会环境和及时有效地发现问题、解决问题的纠错机制，社会问题日积月累，最终物极必反，爆发各种起义，带来巨大破坏。可惜，"秦人不暇自哀，而后人哀之；后人哀之而不鉴之，亦使后人而复哀后人也"（见杜牧《阿房宫赋》），中国历史不断循环。如何避免这种"一统就死一放即乱"的历史难题，解决好社会和谐与个人自由，政治稳定与文化创新的问题？ 1945 年，毛泽东在与黄炎培谈及如何跳出"其兴也勃焉其亡也忽焉"的历史周期规律时，给出了答案："我们已经找到新路，我们能跳出这个周期规律。这条新路就是民主。"[①]

（四）"正统"史观

　　有道德史观、"大一统"观念，有"天无二日民无二主"的皇权专制理念和以皇权为中心的一个中心、一条主线的历史叙述体系，必然会导致"正统"史观的出现，即建构历史叙述、解读历史现象、评价历史人物时，必须要做出谁是正统，谁是僭越，

---

① 转引自陈舟、沈晓阳：《跳出历史的周期率》，中原农民出版社，1993 年，第 211、212 页。

谁是好人，谁是坏人的区分，由此，"正统"史观成为中国传统史学的一个重要现象，也是中国史学传统的一个突出特征，谁是正统的观点也反映出史家的立场与观点。梁启超说："中国史家之谬，未有过于论正统者也。"他在1902年发表的《新史学》中，将正统论当作中国旧史学最荒谬的观念予以攻击，说："成即为王，败则为寇，此真持正统之史家所奉为月旦法门者。"①

饶宗颐的《中国史学上之正统论》一书对中国史学传统中正统论的起源、各种观点、意义等做了全面梳理②。"（他认为）正统观念的产生与中国特殊的文化形态密切相关。西方早期城邦民主政治和多元化文化观念，以及中世纪以来长期的封建分裂局面，使西方没有形成如东方这般强烈的正统观念。西方'历史之父'希罗多德在叙述希腊本土历史的同时，还描述了西亚、北非、黑海及地中海沿岸近二十个国家和地区的民族生活图景，'虽然盛赞希腊文化，但也尊重蛮族的文化'。东方的中国，则很早便形成了统一的华夏民族、中原政权和宗法制度，滋生了'华夷之辨'、'大一统'和'家天下'观念；加之'男耕女织'的自然经济形态导致'男主外女主内'的分工形式和男尊女卑思想，从而氤氲化生了以尊王攘夷、强化血胤和排斥女主为特征的'正统'观念。正统观念或明或暗地存在于上古历史中，经过早期历史学家如《春秋》作者（一般认为是孔子）的借鉴和整理，成为正统理论，再经理学盛行的北宋时代的史学家（如欧阳修）的发展和完善，而成为有体系的历史观念和史学理论。正统论主要是针对历史上政权传承、篡断、并存等问题所作的评价，在选择词汇时，使用了农业历法中的'正闰'、音乐乐律中的'天统'和阴阳五行说（'五德终始'）的'运统'等，在史学应用中形成了'本纪（'本'就是'统'）'、'载记'和'统纪之学'等概念。正统理论既是史学家在处理历史问题时所形成的观念和理论，反过来又对现实政治和未来历史产生深刻而深远的影响。改朝换代者惮于史家'使乱臣贼子惧'的褒贬史法，一般都要考虑'得国之正'（如举行'禅让'等），从沙漠入主中原的游牧政权也处心积虑地制造天命已归的舆论。正如张方平《南北正统论》所说：'夫帝王之作也，必膺受图，改正易号，定制度以大一统，推历数以叙五运，所以应天休命，与民更始。'"③

关于"正统"观念对传统中国史学的影响，有学者指出："正统观念是中国传

---

①　梁启超：《论正统》，《梁启超史学论著四种》，岳麓书社，1998年，第262、266页。

②　饶宗颐：《中国史学上之正统论》，上海远东出版社，1996年。

③　谢贵安：《饶宗颐对史学正统论研究的学术贡献——〈中国史学上之正统论〉发微》，《史学理论研究》2005年第2期。

统史学中最深层的历史观念之一，对中国史学的内容和形式诸方面，均有着深刻的影响。作为一种普遍的历史观念，正统史观直接左右着史家作史的动机、史料取舍的标准、史事褒贬的态度和洞察历史的见识，制约着史学的社会功能，从而也就在很大的程度上影响着史学发展的趋向和态势。""在众多政权并立的情况下，一旦确立了正统所在，则史笔的中心必落在书正统一端，而对与正统相对的'闰统'、'窃统'和'变统'等，则草草了之，一笔带过。如陈寿《三国志》之于魏，沈约《宋书》之于刘宋。""由于受正统之论中夷夏之辨的影响，史家每每于史书之中很少记载少数民族的历史。"[①]

收藏于苏州碑刻博物馆的南宋《帝王绍运图》碑文是正统观的典型反映。

《帝王绍运图》碑文作者为南宋嘉王府翊善黄裳。世系图刻有我国自黄帝至宋理宗这段历史中的帝王世系，共计195君。图表以朝代更替为主要框架，每个朝代的国君依在位先后次序从左到右排列。汉族政权朝代列于图表正中央，如夏、商、周、秦、汉、三国、晋、隋、唐与五代的梁、唐、晋、汉、周以及北宋等。从主要朝代中分离出来的国家或地区，则按时间顺序列于该朝代的两侧，如周代（东周）的"春秋十二国"和"秦六国"。汉族与少数民族各自为政的朝代（非大一统朝代）也位于两侧，如南北朝（南朝的宋、齐、梁、陈；北朝的后魏、东魏、西魏、北齐、北周）。对于少数民族独掌政权的国家也做如此安排，如历史上的五胡十六国。虽是汉族朝代的"五代十国"，但由于"非正统之故"，作者特意在图表左侧注明"五代（十国）僭伪"等字样。黄裳认为大一统的汉族政权具有绝对的正统地位，少数民族政权绝对不能拥有正统地位，故他在图中将五胡十六国政权斥为"夷狄游处中国"的非正统政权[②]。

正是受到特定时代背景及其相应史观的影响，中国皇权专制王朝时代的史学形成自己的特征与问题，梁启超说中国传统史学有四弊，即"一曰知有朝廷而不知有国家。吾党常言，二十四史非史也，二十四姓之家谱而已"。"二曰知有个人而不知有群体。……中国之史，……质而言之，则合无数之墓志铭而成者耳。夫所贵乎史者，贵其能叙一群人相交涉相竞争相团结之道，能述一群人所以休养生息同体进化之状，使后之读者爱其群、善其群之心，油然生焉。今史家多于鲫鱼，而未闻有一人之眼光能见及此者。""三曰知有陈迹而不知有今务。凡著书贵宗旨，作史者将为若干之陈死人作纪念碑耶？为若干之过去事作歌舞剧耶？殆非也。……凡病根所从起，实由认历史为朝廷所专有物，

---

① 钱茂伟、王东：《民族精神的华章——史学与传统文化》，北京图书馆出版社，2004年，第121、139、140页。

② 侯德仁：《"帝王绍运图"碑的史学价值》，《中国社会科学报》2009年9月17日第5版。

舍朝廷外无可记载故也。"　"四曰知有事实而不知有理想。……史之精神为何？曰理想是已。……今中国之史，则呆然曰：某日有甲事，某日有乙事。……是中国之史，非益民智之具，而耗民智之具也"。由此四弊复生二病，即"其一，能铺叙而不能别裁。……往往有读尽一卷，而无一语有入脑之价值者。""其二，能因袭而不能创作。……中国数千年，惟有政治史，而其他一无所闻。"[①]

提倡新史学的梁任公果然是眼光独到！以上四点点出了皇权专制王朝史学与当代民族国家史学的根本区别。

为了建设新史学，首先要否定旧史学及其史观，梁启超对旧史学有一系列的批判，疑古学派顾颉刚也提出要打破传统史学中的四项基本非信史观念——民族出于一元观念、地域向来一统观念、古史人化观念、古史为黄金世界观念[②]，即打破传统史学的"大一统"史观、正统观和尊古史观等。

三、近现代民族国家时代的科学史学

自清末民初以后，中国进入全球化背景下的民族国家阶段，受到世界大势的影响，中国从传统的"天下中心"体系进入当代的世界国际体系中，中国不再自认为是天下的地理、文化中心，而自定位为国际体系中诸多彼此平等的民族国家之一。当代民族国家与过去皇权专制王朝有根本性区别，强调人民权力和人人生而平等，以民主和科学为主导意识形态，国家为人民所共有、共享，管理者权力来自人民的授予和委托，个人是社会政治、经济、文化等各种活动的主体，以法治为基础，法律面前人人平等，经济上以全球市场、分工合作、集约化生产等为基本方式，等等。

科学成为时代主导性的认知体系，科学、民主、进化论、民族主义和民族国家、文化、社会、制度等成为历史学主导性主题与概念。

对于近现代中国历史学来说，西方民主与科学思潮的传入，反专制、反旧传统运动以及民族主义思潮下的民族国家独立运动，是时代的背景和语境。变传统史学为科学史学，变专制王朝政治史为民族国家政治、经济、文化史，变少数人的历史学为多数人的历史学，将中国历史学融入世界历史学体系之中，是时代的要求。

为了实现史学实证科学化，满足建构民族国家历史记忆和与世界史学一致的话语体系的需要，以梁启超等一大批史学家为代表的近代中国史学界发起了"新史学"运动，

---

①　梁启超：《新史学》，《梁启超史学论著四种》，岳麓书社，1998年，第241—247页。

②　顾颉刚：《答刘胡两先生书》，《古史辨》（第1册），上海书店，1926年，第99—101页。

目的是改造旧史学，建设与新时代相适应的新史学体系。"新史学"的核心是历史学的实证主义科学化和民族国家历史叙述的重构。通过疑古和各种新史观指导下的中国历史叙述体系的重构，新史学迅速兴起，新的历史解读与建构取代旧的历史解读与建构成为主流，并影响到我们每一个人。

与传统皇权专制时代的王朝史学相比，当代历史学在关注点、视角、方法、史料记录与收集、陈述方式、概念体系、理论体系、服务对象等方面都发生了根本变化。"百年以来，特别是民国以来，不但中国史的研究重点已与以往的史学传统大异其趣，而且史学上的基本概念和语言也发生了革命性的变化。"[1] 戴逸把 20 世纪中国史学的成就和特点概括为：第一，进化史观风行。第二，唯物史观的广泛传播，并在历史学界确立了主导地位。第三，理性精神的发扬。第四，开放历史观的确立。第五，研究内容的拓展和丰富。第六，爱国主义传统的发扬[2]。赵世瑜认为，20 世纪中国史学给人印象深刻的是史学研究范式的转换，即从传统的政治史范式向经济史、社会史范史转变，从自上而下看历史发展到自下而上看历史，再发展到整合的历史观[3]。侯云灏认为，总结 20 世纪中国史学思潮，可以得出三点基本认识：第一，社会思潮对史学思潮有直接的影响。第二，20 世纪中国史学表现为两大趋势：一是科学主义趋势，一是人文主义趋势。第三，鸦片战争以来，外国各种思潮蜂拥而入，经过时间的筛汰，出现了重新组合[4]。

从史学本体论的角度讲，我们认为，中国近现代历史学的时代特征大致可以概括为民族主义的民族国家史构建和实证主义的史学科学化追求。

（一）民族国家史的构建

近代民族国家历史的建构是世界普遍现象，是全球一体化过程中各地区民族主义思潮兴起在历史学上的必然反应，每一个民族国家都将建构自己民族国家的历史记忆作为历史学的主要任务。"研究者早已指出，民族主义与近代民族国家在起源意义上是互为因果的，而近代制度化和专业化的历史学，也与近代民族国家几乎同时发生和发展起来，这就注定了历史学不仅以民族国家为中心来构建其基本骨架，而且也主动

① 余英时：《关于中国历史特质的一些看法》，《文史传统与文化重建》，生活·读书·新知三联书店，2004 年，第 381 页。

② 马宝珠等：《20 世纪中国历史学》，《光明日报》1998 年 1 月 20 日。

③ 李晓英：《21 世纪中国史学学术研讨会纪要》，《史学月刊》2001 年第 4 期。

④ 侯云灏：《20 世纪中国史学思潮研究及相关问题》，《史林》2002 年第 1 期。

服务于民族国家体系下的国际国内社会发展与政治建设。民族主义史学是近代民族主义的重要组成部分。"①有学者指出："（汤姆森提出的石器、铜器与铁器时代）三期论产生的一个社会背景是丹麦民族主义情绪的高涨。丹麦考古学家琼斯·沃尔塞认为，法国大革命与19世纪初丹麦史前考古学的兴起有着密切的关系。丹麦人是在一场巨大的民族灾难之后开始深究自己的历史的，他们想从这种探索中为自己汲取民族精神的力量，希望从自己逝去的历史中发现一种辉煌的全新纪元。""为了唤起民众和增强民族的凝聚力，丹麦知识分子开始关注自己民族的光荣历史，而不是皇室的历史。"②历史科学在普鲁士一问世就"有意地协助构建民族认同"，"极为频繁地利用学术来使民族主义意图合法化"③。日本历史学界以神道教神话确定了天皇和日本人的神圣血统，朝鲜历史书则写着人类起源于朝鲜半岛④，等等。因此，"谈到历史记忆问题，现代史家就必须把自己放在一个民族国家的脉络中去看。每个民族都需要自己的历史，现在的史家都很重视民族史，它是为自己国家服务的，这在全世界都一样"⑤。

在中国，由于传统的中华文化优越论心理和被西方列强欺凌的巨大反差，民族主义思潮与意识更为强烈。"在中国近现代历史上，'民族主义'一直是主流话语之一，现代民族意识是中国现代主体建构中的一种公约数，'民族主义'深刻地影响了我们社会生活的方方面面。百年的中国历史离不开在'民族主义'视角下的观照和反思。"⑥

在这样的时代呼唤下，从梁启超的"新史学"到郭沫若、范文澜、钱穆等的中国通史撰写，再到李济等寻找中国民族文化的起源，再到近年的夏商周断代工程、中华文明探源研究，等等，无不受到民族主义思潮的强烈影响。它们的目的都是希望通过中国民族国家历史的重构来重新定义民族国家的"中国"和"中华民族"，确立其在世界的地位，重建中华民族的发展史，重构国人的历史记忆，鼓舞民族精神，培养历史认同，增强向心力和凝聚力，进而追求民族独立与复兴，适应由民族国家所构成的国际新体系。

19世纪末20世纪初，受民族主义思潮和民族国家观念，以及进化论思想的影响，

① 罗新：《超越民族主义的国家史学》，《文化纵横》2015年8月刊。
② 陈淳编著：《考古学理论》，复旦大学出版社，2004年，第31页。
③ 王晴佳、〔美〕格奥尔格·G.伊格尔斯、李扬眉：《历史的重构与史学的转折——一个跨文化的考察》，《文史哲》2004年第6期。
④ 见《中国留学生朝鲜见闻：坐地铁只要人民币两分钱》，《南方周末》2012年1月12日第A4版。
⑤ 〔德〕施耐德：《在民族国家脉络中看历史记忆》，《中国社会科学报》2011年6月2日第3版。
⑥ 王光：《民族国家叙事下的现当代文学》，《中国社会科学报》2011年5月3日第8版。

梁启超、章太炎等最早呼吁"史学革命"，提出传统历史学从内容到形式都需要变革。在从"天下"到"国"的过渡，即从文化至上的、以中国为中心的天下观念向中国民族主义的过渡中，梁启超占了主要地位。他发表于1902年的《新史学》，代表了民族主义史学的形成和中国史学的彻底变革。"梁启超要求史界革命，史界革命的目的是要把史料和对史料的解说结合在一起，以提供行动指南和唤起爱国主义意识。"他认为："不对史学进行革命，史学便没有能力促进中国民众的民族意识和保证中国的续存。"①

以梁启超为代表的"新史学"派试图通过重建中国历史的叙述体系来建构中国民族国家观念。他呼吁撰写符合新时代，培养新国民的新民族国家史叙述，在《中国历史研究法》一书中，他提出："今欲成一适合现代中国人所需要之中国史，其重要项目，例如：中华民族是否中国之原住民？抑移住民？中华民族由几许民族混合而成？其混合醇化之迹何如？中华民族最初之活动，以中国何部分之地为本据？何时代发展至某部分，何时代又发展至某部分？最近是否仍进行发展，抑已停顿？……举要言之，则中国史之主的如下：第一，说明中国民族成立发展之迹，而推求其所以能保存盛大之故，且察其有无衰败之征。第二，说明历史上曾活动于中国境内者几何族，我族与他族调和冲突之迹何如？其所产结果何如？第三，说明中国民族所产文化，以何为基本，其与世界他部分文化相互之影响何如？第四，说明中国民族在人类全体上之位置及其特性，与其将来对于全人类所应负之责任。遵斯轨也，庶可语于史也。"②顾颉刚在《禹贡》发刊词中说："这数十年中，我们受帝国主义者的压迫真够受了，因此，民族意识激发得非常高。在这种意识之下，大家希望有一部《中国通史》出来，好看看我们民族的成分究竟怎样，到底有哪些地方是应当归我们的。"③

夏曾佑、钱穆、郭沫若、范文澜、翦伯赞等近代著名历史学家都有民族国家通史的写作实践。中国考古学的奠基人之一李济也曾说他的志向是：把中国人的脑袋界定清楚，来与世界人类的脑袋比较一下，寻出他所属的人种在天演路上的阶段出来，要是有机会，他还想去新疆、青海、西藏，甚至印度、波斯去刨坟掘墓，断碑寻古迹，找出人家不要的古迹来寻绎中国人的原始出来④。"历史语言研究所之著名历史、考古与民族学者之学术名著，如傅斯年之《夷夏东西说》、芮逸夫《中国民族之构成》、

---

① 关山、〔德〕施耐德、李貌华：《真理与历史——傅斯年、陈寅恪的史学思想与民族认同》，社会科学文献出版社，2008年，第66—67页。

② 梁启超：《中国历史研究法》，《梁启超史学论著四种》，岳麓书社，1998年，第110—112页。

③ 顾颉刚、谭其骧主编：《禹贡》第1卷第1期，中华书局，2010年。

④ 张光直：《人类学派的古史学家李济先生》，《历史月刊》1988年第9期。

以及李济《中国文明的开始》，由某一角度，多少都反映着'科学的研究方法'与'国族主义'结合。借着这些著作，也强化了中国国族内涵及其内部区分。"[1] 即使如顾颉刚，"与梁启超、胡适一类'学术与政治之间'的学者对比，顾颉刚无疑是一位纯学人。但他是有政治关怀和牵引的，……以民族前途为忧，生民休戚为念，……想写一部说明中国前途'终究是有望的'通史"[2]。

蒙文通的《周秦民族史》、傅斯年的《夷夏东西说》和徐旭生的《中国古史的传说时代》，都对中国上古的族团进行了研究。蒙书、傅书写于抗战前，徐书写于抗战中。为什么他们都关注这一问题呢？李零说："上述族团说各有偏重，但时代背景相同。时局危机让他们不由自主联想到历史上的夷狄交侵、不绝如缕。民族问题和地理问题不光是历史问题，也是现实问题。"[3]

近年来，夏商周断代工程、中华文明探源工程的课题提出和得到支持无疑也都有民族主义和民族国家背景因素的影响，也是历史学时代性的必然结果。在相关立项和结项报告中对此都有清晰的表述[4]。

有海外学者指责中国的夏商周断代工程是民族主义工程、政治工程。实际上，如果我们从当今世界由民族国家构成的时代背景和历史学的时代性角度看，课题受民族主义思潮影响本是正常现象，没有什么可指责的。中国史学界也不必刻意回避，过于强调课题的客观与中立既忽视了历史学的本质特性，也显得越抹越黑。

（二）民族主义史学的吊诡

硬币都有两面，我们也不可忽视民族主义历史学在构建民族国家历史记忆，培养民族认同和国家意识的同时，也带来诸多矛盾与问题。

首先，表现在国内与国际不同场域双重标准的矛盾。当代民族国家在构建自己的历史叙述时不得不面临双重标准及其带来的矛盾：在国际上，要强调自己与其他民族国家在历史上的文化差异与斗争，强调自己的民族独立性、国家主权、悠久的国家历史和文化贡献；与此同时，针对国内的多民族共存现象，又要强调多民族之间的共同历史记忆、和谐发展的经历和文化的融合，弱化彼此之间历史上的文化差异与斗争。正因为如此，

---

[1] 王明珂：《华夏边缘——历史记忆与族群认同》，社会科学文献出版社，2006年，第213页。

[2] 许冠三：《新史学九十年》，岳麓书社，2003年，第190页。

[3] 李零：《帝系、族姓的历史还原——读徐旭生〈中国古史的传说时代〉》，《文史》2017年第3辑·总第120辑。

[4] 夏商周断代工程专家组：《夏商周断代工程1996—2000年阶段性成果报告》，世界图书出版公司，2000年，第1页。

所以"高举民族主义大旗的土耳其政府，在处理（国内的）拉孜人问题时，只好采取双重标准"①。同样，那些谋求独立的族群在其内部也面临相似的悖论。

其次，民族主义史学带来有意无意的偏见，在培养民族认同、自信，强化民族凝聚力的同时，往往导致唯我独尊和排他主义思想。

罗新说："民族主义史学是近代民族主义的重要组成部分。忠诚于民族主义，以本民族为中心，是民族主义史学的基本立场。""在民族主义史学的历史叙述中，本民族总是最优秀最伟大，德性品质最好，总有许多个第一，对其他民族有功无过，本民族的历史总是最为悠久，要么是不断胜利、不断成长的历史，要么是曾经伟大、中间经历磨难、终于走向民族复兴的历史。这样的历史，本质上是一部一边倒的比较史，而本民族之外的那些比较对象，通常都是缺席的，都隐没在不言而喻之中。为了服务于民族国家的领土主张，民族主义史学都会把现有国土说成自古以来的合法领土，而且还会强调历史上失去的领土，把领土争议中的他国说成理亏的一方。对历史上国家之间的复杂关系，民族主义史学总是把本民族描绘成和平主义者、助人为乐者、输出文化和财富者，并刻意强调受侵略、受凌辱的经历。民族主义史学不仅要激起读者对本民族（本国）的骄傲，还要激起读者对他民族（他国）的隔膜、敌意、甚至仇恨。"②

二战前，纳粹德国充分利用了民族主义思潮来为自己的政治服务。他们制造了有关日耳曼人的历史、民族和国家的种种神话，声称世界历史中只有金发碧眼的雅利安人是高贵的，其中日耳曼人又最高贵，世界历史是由雅利安人创造的，人类的科学文化都是由日耳曼人创造的。人类历史就是一部优劣种族间血统对血统、种族对种族的斗争史，当代日耳曼人是最优秀的人种，是被上苍赋予"主宰权力"的高等民族，理所当然地"应该主宰世界"。德国史前学者古斯塔夫·科斯纳（Gustav Kossinna，1858—1931）用考古资料臆造了一个富有种族主义倾向的理论，他热衷于证明德意志民族的优越性，他的史前史理论将每个重要的历史事件都认为起源于德国，随后才传播到周围的"低等"民族。阿道夫·希特勒将这种观点写入了《我的奋斗》，成为德意志种族优越论的理论依据③。同样，当时的日本军国主义也积极鼓吹大和民族优越论，为自己侵略扩张和主宰亚洲的政治目的服务。

---

① 罗新：《超越民族主义的国家史观》，《文化纵横》2015 年 8 月号。

② 罗新：《超越民族主义的国家史观》，《文化纵横》2015 年 8 月号。

③ 〔美〕罗伯特·沙雷尔、温迪·阿什莫尔著，余西云等译：《考古学——发现我们的过去》（第三版），世纪出版集团上海人民出版社，2009 年，第 16 页。

　　最后，民族主义思想带来对历史现象或史料的误读或过度解读，因为民族主义史学总想证明本民族历史悠久，在历史上曾经极伟大，对人类文化做出过重要贡献。

　　自 19 世纪末至 20 世纪初，兴起纪年改革的热议，尤以孔子纪年与黄帝纪年最为倡行。学术界公认最早倡行黄帝纪年者为刘师培，他在 1903 年正式发表了《黄帝纪年论》。他认为，康有为倡孔子纪年，是以"保教为口实"，而他倡行黄帝纪年，是以"保种为宗旨"。他的观点，得到了社会积极的响应，一时以黄帝纪年为热潮，章太炎、宋教仁等人以及《江苏》《民报》等刊物，也都改行黄帝纪年。辛亥革命之后，孙中山就任临时大总统的第二天（1912 年 1 月 2 日），通令各省的电文中云："中华民国改用阳历，以黄帝纪年四千六百九年十一月十三日为中华民国元旦。"由此，黄帝纪年在辛亥革命之初达到高潮[1]。

　　这些做法并不是有什么可靠的历史依据，黄帝本身是否存在，其事迹能否说清，都是无解的历史之谜。实际上，有学者认为黄帝是晚清以来的重新发现，是在需要重建"世界之中国"的时候，汉族中国人从古代典籍中生生寻找出来的一个扑朔迷离的传说人物，知识界之所以要把他奉为中华共同"始祖"，很大程度上是用它当民族和国家认同的象征[2]。

　　葛兆光说："东亚三国，在需要民族认同的时候对历史的追溯和神化，就好像是你方唱罢我登场，都希望说自己的历史长，自己的文明好，而且都要想方设法证明它是来历久远的'自主产品'，并不是别人祖先下的'蛋'。"[3]

　　狭隘的民族主义史学的极端发展表现为"崖山之后已无中国，明亡之后再无华夏"这类历史观点的出现。

　　当代中国考古学研究中，过于专注考古学文化的民族归属认定、民族起源问题的研究并无限上溯其源头的学术思路无疑也是当代民族主义时代意识和语境的反映。我们将自己国内的一切古人及其文化都视为我们的祖先及其创造的文化，只属于我们，甚至心中将北京猿人视为中国人的祖先并为此而骄傲[4]，都是过度民族主义的表现。实际上，这些古人及其创造的文化属于整个人类进化史和人类文化发展史的一部分，具有世界的学术意义是无疑的，但与当代的我们及我们的文化之间是一种什么关系，很

---

① 张新斌：《百余年来"黄帝纪年"倡行的两次高潮及意义》，《中国社会科学报》2011 年 4 月 28 日第 8 版。

② 葛兆光：《祭罢炎黄祭女娲？》，《南方周末》2008 年 3 月 27 日 D25 版。

③ 葛兆光：《祭罢炎黄祭女娲？》，《南方周末》2008 年 3 月 27 日 D25 版。

④ 实际上，北京猿人和我们现代人之间没有任何关系。在生物学分类上，北京猿人属于直立人，我们现代人属于智人，是人属之下的两个不同人种，两者之间存在生殖隔离。

难说清。

对中国文化本土说、西来说的过度关注与解读也是当代中国史学界民族主义情感与旨趣的反映。对人类社会的每种文化现象进行研究，发现其起源、演变过程、多样性特征及其在人类历史中的作用，探讨历史上不同族群之间的文化传播与交流，无疑是历史学的重要内容，但一定要强调哪个民族国家拥有最早发明权，却是近代民族主义思维的产物，具有某种民族国家的政治目的。从人类发展史上讲，只要是促进人类福祉的发明创造都是有意义的，都是人类的骄傲，过度强调是哪个民族的贡献，是狭隘的。

（三）史学科学化浪潮

近现代中国史学界积极倡导建立科学的史学，史学科学化是新史学的基本诉求和奋斗目标之一。许冠三研究中国近代以来的中国历史学学术史，将近代中国主要历史学者分为新史学开启者（如梁启超、张荫麟等）、考证学派（以王国维、陈垣为代表）、方法学派（以胡适、顾颉刚为代表）、史料学派（以傅斯年、陈寅恪为代表）、史观学派（以李大钊、朱谦之、常乃惠、雷海宗、郭沫若、翦伯赞、范文澜为代表）、史建学派（以殷海光、许冠三为代表）。他指出，近代中国史学"其一，所有新史学流派'莫不因应于西潮的冲击而生，或以洋为师，或以洋为鉴，……或挟洋自重。虽然，各家所揭新义最终亦莫不力求融会中西，贯通新旧'。其二，从新会梁氏倡'历史科学'或'科学的历史'起，'历史研究科学化'始终是新义例的中心关注。……历来的巨子，无论是胡适、顾颉刚、傅斯年、王国维或陈垣，甚至李大钊，'莫不以提高史学的科学质素为职志，尽管'科学化'的内容和准则恒因别派而异，且与时俱变'。由七十年代起直至如今，'史学科学化'或'史学现代化'，几乎已成了台湾海峡两岸新锐学人的'共识'，而'走科际整合的路'，特别是采借社会或行为科学概念与手段的呼声，在本土史学界所起的共鸣，更是与时俱增"[①]。

对于近代中国最重要历史学研究机构——中央研究院历史语言研究所及其创始人傅斯年，有学者中肯地评述道："作为五四运动中的重要人物，傅斯年具有非常明显的实证主义科学取向。他认为历史是由地理——气候这样的事实所决定，与自然科学中的规律类似。他并用此观点来解释中华民族的形成。""傅斯年同时又怀有民族主义诉求，希望中国列居世界民族国家之中平等的一员，因此便与他自己的方法论预设

---

① 许冠三：《新史学九十年》，岳麓书社，2003年，第543页。

相矛盾，一次又一次被卷入民族主义的政治行动之中。"[①]

　　追求史学科学化的一个重要表现就是以进化论来解释历史的变化，以进化的阶段论来建构历史的发展过程。历史学的目标往往被确定为如同自然科学的物理学、化学那样，要寻求历史发展背后的某些规律或决定性力量，进而指导中国社会的发展方向。梁启超提出新史学的目标是通过"叙述人群进化之现象而求得其公理公例者也"。在中国后来居主导地位的马克思主义史观也是一种典型的进化论历史观[②]。

　　可以说，进化论对中国历史学的影响是根本性的，进化论改变了皇权专制时代的"尊古"史观和循环史观，指导了中国历史阐释与叙述的彻底重构，重塑了中国历史的陈述与评价体系，人类社会越来越好的观念深入人心。

　　新史学改变了传统的以帝王将相为中心的历史叙述体系和道德史观，对各种历史文化现象的专门研究，人类社会发生的变化及其原因的探讨、对社会生活中的各种历史事件、各类人物做多视角的研究和评判等成为史学的内容。这种转变与西方史学界的变化相似，"从20世纪开始，政治史在（西方）历史学中的特殊地位似乎日渐衰落"[③]。政治史、权力人物回归到一种适当位置，作为历史学内容之一而被关注，被研究，甚至被较多地关注，但不再占据垄断性的中心位置。新的政治史更"致力于结构、社会分析、符号学和权力研究"[④]。

　　另外，在近现代史学科学化的过程中，形成不同于传统史学的新范式，包括一大批新主题、新概念、新方法、新理论，以及新学科，如考古学等。

---

① 〔德〕施耐德：《调和历史与民族——历史性、民族个别性以及普遍性问题》，《国际社会科学杂志（中文版）》2009年第2期。

② 注：在中国当代占主导地位的马克思主义唯物史观同样属于近代科学化新史学范式的一部分。中国历史叙述由过去的封建王朝的帝王将相史范式到近代以来的民族国家的社会史、文化史范式的转换，马克思主义史学在其中扮演了重要的角色，发挥了重要的作用。马克思主义史观本质上是世界主义的，是反民族主义的。马克思主义唯物史观强调人类历史发展的普世性和一致性，寻求人类历史发展的普遍规律和根本动力。历史发展的动力是生产力决定生产关系、经济基础决定上层建筑、阶级斗争等。人类社会发展道路由原始社会历经奴隶社会、封建社会、资本主义社会、社会主义社会，最终到达世界大同的共产主义社会，全世界无产阶级联合起来。但在近代风起云涌的民族主义思潮和民族国家独立运动的时代背景下，各国的马克思主义政党都将马克思主义史观同本地的民族主义思想结合起来，即马克思主义基本原理与自己国家的具体实践相结合，构建出一种马克思主义史观的民族国家历史叙述和阐释，以满足自己的政治需要。

③ 〔法〕勒高夫著，李霞、张正萍译：《政治史还是历史学的骨干吗？》，《史学理论读本》，北京大学出版社，2006年，第345页。

④ 〔法〕勒高夫著，李霞、张正萍译：《政治史还是历史学的骨干吗？》，《史学理论读本》，北京大学出版社，2006年，第354页。

　　虽然近代中国史学界也曾试图借传统的"大一统"观念下的炎黄血缘谱系模式重构汉、满、蒙、回、藏等多民族一家共祖的中华民族和民族国家中国的历史叙述体系，以满足维护祖国统一，强化共同历史记忆，培养国家、民族和文化上的心理认同的需要，如说满族之祖源肃慎为黄帝孙"殷"的后代，蒙古族之祖源匈奴为黄帝之后"淳维"的子孙，回族出于安息，安息为黄帝之孙"安"在西方所建之国，藏族出于西羌，黄帝之裔"休"是西方诸羌之祖，等等，大家都是黄帝子孙。但由于科学已是当代的主导认知体系和思维方式，传统的构建模式已不适合近现代的历史建构，以科学的方式、概念和解释体系来重构符合当代需要的历史叙述，成为必然。我们所看到的当代中国历史叙述基本都是采用文献历史学、考古学、语言学、民族学、体质学等方面的资料、观点，从文化、体质、语言等多方面阐述历史上不同文化、族群之间的密切关系和分化、融合过程，构建出中华民族多元一体的历史发展脉络体系，进而说明当代中国民族国家出现和中华民族存在的必然性、合理性。

　　从民族主义民族国家史构建和科学主义实证史学诉求的时代背景和学术潮流角度来分析新中国考古学奠基人夏鼐关于考古学及考古学文化的定义，我们不仅可以更深刻地理解他对考古学及考古学文化的认识，而且更能清楚地看出他的认识同样是时代的产物。

　　夏鼐将考古学定义为："考古学属于人文科学的领域，是历史科学的重要组成部分，其任务在于根据古代人类通过各种活动遗留下来的实物，以研究人类古代社会的历史。""考古学是根据古代人类通过各种活动遗留下来的实物以研究人类古代社会历史的一门科学。""作为一门历史科学，考古学的研究不应限于对古代遗迹、遗物的描述和分类；也不应限于鉴定遗迹、遗物的年代和判断它们的用途与制造方法。考古学研究的最终目标在于阐明存在于历史发展过程中的规律，而马克思列宁主义的历史唯物论便是指导研究这种规律的理论基础。"[1] 关于考古学文化，他认为，考古学文化是"表示在考古学遗迹中（尤其是原始社会的遗迹中），所观察到的共同体"[2]，他特别强调考古学文化是一个族的共同体[3]。

　　可以看出，夏鼐的考古学和考古学文化的定义是他所处时代背景和语境的典型产物，在他的定义中，他将考古学定位于"研究人类古代社会历史的一门科学"，将考古学研究的最终目标确定为"阐明存在于历史发展过程中的规律"，将指导考古学研

---

[1]　夏鼐、王仲殊：《考古学》，《中国大百科全书·考古学卷》，中国大百科出版社，1986年，第3页。

[2]　夏鼐：《关于考古学上文化的定名问题》，《考古》1959年第4期。

[3]　夏鼐：《再论考古学上文化的定名问题》，《夏鼐文集》（上册），社会科学文献出版社，2009年，第359—366页。

究的理论确定为"马克思列宁主义的历史唯物论"，强调"考古学文化是一个族的共同体"，所有这些都显示出在近现代中国的特定时代背景下，他所受到的民族主义思潮和科学主义实证史学的影响。

现在，我们需要扪心自问的是：自在的历史能够再现吗？历史规律真的存在吗？考古学文化是族的共同体吗？历史学是一门科学，还是一门人文学科？对于历史的阐释与建构是否需要不同的理论指导？今天看来，这些问题都很有讨论的必要。

由近现代中国史学的科学化追求与民族国家史建构这两个特点，可见史学与时代的密切互动关系。岂有独立于时代之外的史学，象牙塔的学问不过是少数人的自娱自乐而已！

第八章　解读与建构的理论模式

史家借助理论模式阐释历史现象，构建历史叙述。

历史学的解读与建构离不开特定的理论模式，理论模式是沟通自在的历史与表述的历史的桥梁，新考古学派代表人物路易斯·宾福德称之为"中程理论"。史家借助特定的理论模式对文献史料、历史遗存等所呈现的历史现象予以解读，并在特定理论指导下以史料为依托构建历史叙述，即撰述表述的历史。这些理论模式包括发挥指导作用的史观和用以解读具体历史现象的理论模式。

第一节　发挥指导作用的史观

什么是"史观"？

史观是左右史家提出问题和选择研究对象与史料，影响史家阐释历史现象和建构历史叙述的指导思想与理论。不管研究者是否有明确的自觉意识，承认或否认，史家的研究都受到特定史观的影响，每项史学研究都有自己的前提假说，或曰指导思想。不同的史家因为指导史观和理论的不同，关注不同的历史对象，即使面对同样的史料、历史现象或历史人物，也会给出不同的历史解读与阐释，构建出不同的历史叙述，做出不同的历史评价。即使强调史料重要性的历史学家也离不开史观、理论的指导，正如有学者所指出的："陈寅恪颇以富有'通识'自诩。细考其中古史述作，他经常用来理解、统御并解说往事的'通识'，不外是种族与文化、家族和门第、或'社会阶级'。"[1]这就是他的史观的表现。

清人黄宗羲说："大凡学有宗旨，是其人之得力处，亦是学者之入门处。"[2]翦伯赞说："史料是重要的，但更重要的是理论。不用正确的理论来分析研究，史料等于废物。""'理论预设'在历史解释中起着至关重要的作用。面对同样的史实、过程和问题，持有不同'理论预设'的史学家可能会给你展布不同的历史情景。这里所谓的'理论

---

① 许冠三：《新史学九十年》，岳麓书社，2003 年，第 230 页。
② 黄宗羲：《明儒学案·发凡》，中华书局，1985 年，第 14 页。

预设'，就是通常所说的历史观，也就是'唯物史观'、'唯心史观'、'正统史观'、'英雄史观'之类。"① 瞿林东说："就历史学来说，从孔子在事、文、义中最重视'义'，到章学诚以重视'史意'自况；从梁启超强调进化论的重要性，认为'苟无哲学之理想者，必不能为良史'，到李大钊指出'唯物史观在现代史学上的价值'，尽管时代不同，历史撰述的内容有很大变化，但史学家重视思想、理论的传统却贯穿古今。"② 卡尔·波普尔说："毫无疑问，没有观点就没有历史：历史和自然科学一样必定是有选择的，否则，历史就由一大堆不相干的乏味材料所塞满。"③ 新观念、新材料的出现都可能导致对旧史学体系的不满和怀疑，引起史学界的反思、批判和新体系的出现。

此外，除了什么样的材料产生什么样的观点，也可能是什么样的思想引导我们发现什么样的材料。例如，20 世纪 50 年代，民族调查与识别中，根据斯大林民族理论，可以发现各民族的特征，民族是稳定的，可辨识的。而王明珂根据新的民族定义——主观认同与边缘理论，在羌族地区的调查，又能发现支持自己观点的材料，证明民族认同是主观的、相对的和变化的。

对于史观理论，并不是每位史家都有自觉的意识，卡尔·波普尔说："我们常常不知道我们事实上是运用假说或理论，以致我们错误地把理论模式看作具体事物。这种错误实在是太普遍了。"④ 王国维说现代知识分子怀疑一切，然而却从不怀疑自己立论的根据⑤。对待史观理论，我们应该如卡尔·波普尔所说："（历史研究中）采取某个观点是必然的，坦率地说出这个观点，并且永远认识到，这是许多观点中之一。"⑥

史观理论从哪里来？

亨普尔说："科学的假设和理论不是从被观察到的事实中引申出来的，而是发明出来说明事实的。"⑦ 史观理论是通过我们的人生经验、所受教育与专业训练以及个人思考而获得并植根于我们的思维之中，既受到我们的世界观、价值观和人生观的左右，也受到外在环境的影响。不同的人由于其所处环境、个人经历和所受教育的不同而持有不同的史观，史观是多元的。

作为史观的理论既具有时代性，也具有多元性，如进化论与神创论，尊古史观与

① 王学典主编：《史学引论》，北京大学出版社，2008 年，第 253 页。

② 瞿林东：《关于当代中国史学话语体系建构的几个问题》，《中国社会科学》2011 年第 2 期。

③ 〔英〕卡尔·波普尔著，杜汝辑、邱仁宗译：《历史决定论的贫困》，华夏出版社，1987 年，第 119 页。

④ 〔英〕卡尔·波普尔著，杜汝辑、邱仁宗译：《历史决定论的贫困》，华夏出版社，1987 年，第 108 页。

⑤ 转引自余英时：《论文化超越》，《文史传统与文化重建》，生活·读书·新知三联书店，2004 年，第 509 页。

⑥ 〔英〕卡尔·波普尔著，杜汝辑、邱仁宗译：《历史决定论的贫困》，华夏出版社，1987 年，第 121 页。

⑦ 〔美〕卡尔·G·亨普尔著，张华夏译：《自然科学的哲学》，中国人民大学出版社，2006 年，第 15 页。

循环史观，单线进化论与多线进化论，均变论与突变论，可知论与不可知论，人类历史是否存在规律，史学的本质是求真抑或建构，等等，彼此不同。"我们在解释人类一切行为方面几乎都会发现或微妙或激烈的不同，没有任何证据显示其中的一种理论比另外的更有优势。"[1]

不同史观带来历史研究关注点、内容、概念体系、原因分析、对历史人物与事件的评价等的不同，导致对历史的不同解读与建构，产生不同的历史叙述体系，形成不同的学派。比如，神创论与进化论是两种不同的史观，君权神授观指导下的历史写作与进化论指导下的历史写作，史家对人类历史和各种文化现象的起源、发展过程、历史因果关系、人物评价等方面必然不同。前者偏重对各类神异现象和神话的记述，对历史现象的解释多在于上天、神鬼的意志，如西方基督教的人类起源说、原罪说，中国的盘古开天辟地说、女娲造人说、三皇五帝创造人类文化说，等等。又如，儒家史观的史学以统治者为核心，君权神授，天人感应，强调统治者的德行与王朝兴衰的关系，儒家的许多观念，如仁、德行、天人感应等贯穿于历史解释之中，政权兴衰基本归于统治者个人德行的好坏，而对整体结构本身的问题分析以及环境、技术、经济等因素的作用基本忽视。进化论史观下的史学则重在人类及其文化的记述及其历史演进，对历史现象的解释重在各种自然、人文原因。只有属于进化论史观的马克思主义唯物史观才会建构出人类历史发展的原始社会、奴隶社会、封建社会、资本主义社会、社会主义与共产主义社会等五阶段说，生产力决定生产关系，经济基础决定上层建筑等成为解释历史发展与演进的理论。有什么样的指导思想就有什么样的历史叙事，许冠三的《新史学九十年》系统地展示了近代中国史学界各派因不同史观、主张等所撰述的不同中国历史叙事与阐释[2]。其中，民族主义史观指导下构建出民族主义的历史叙述，马克思史观指导下构建出马克思主义的历史叙述，这两种历史叙述是近代中国历史学的主流历史叙事。

在同一时代的多元史观中，同样存在主导性史观与非主导性史观之分。主导性史观地位的确立与特定的社会背景、文化传统、时代认知体系和政治权力密切相关。主导性史观占据着时代话语霸权的地位，如中国专制王朝时期的儒家史观、欧洲中世纪基督教社会的"神创论"史观[3]。当代中国的主导性史观非马克思主义史观莫属。

---

[1] 〔加〕布鲁斯·崔格尔著，徐坚译：《考古学思想史》，岳麓书社，2008 年，第 338 页。

[2] 许冠三：《新史学九十年》，岳麓书社，2003 年。

[3] "神创论"认为：①世界的年龄十分年轻，最多不过 8000 年。犹太教将上帝创世的时间定在公元前 3700 年。到 17 世纪时，根据圣经谱系的推断，被教皇厄谢尔定在公元前 4004 年。②人类的智慧源自上帝，随着人类扩散到世界各地，由于无法持续受到教义智慧的灌输，在各方面都处于持续的退化和堕落过程中。③世界的历史是单一事件的延续和重复，这些事件都是由上帝安排好的。在上帝的意志之下，世间的万事以一种固定和循环的方式延续。见陈淳编著：《考古学理论》，复旦大学出版社，2004 年，第 18 页。

不同时代的主导性史观也往往不同，史观的变化带来历史学的变化，这也是历史学时代性的表现。无论是欧洲，还是中国，近代历史学发生巨大变化的根本性原因之一就是史观的变化，即进化论代替神创论，进步史观代替倒退史观成为主流的史观。拉法格说："在希腊、埃及等等，一再重复着古代流行的见解，人是在退化，而不是越来越改善。""关于人能改善和能达到社会进步的思想只是在十八世纪才产生，那时资产阶级正开始接近政权。"[①] 著名文化学家陈序经说："进步的观念，大致的说，是近代的观念。柏利（J. B. Bury）在其《进步的观念》里，指出进步的观念，是与希腊人、罗马人的循环与退化的观念不能相容，中世纪的神意说，也与进步说相抵触。"[②]

只有以进化论史观来指导历史叙述体系的建构，人类及其文化的演进才会被看作一个渐进的发展过程，人类由猿到人，再经旧石器时代、新石器时代到文明社会，人类社会越来越好。在这一进化发展过程中，有一些人类文化发生飞跃性变化的关键时期，即所谓"革命"。由此，对于人类历史发展过程及关键时期重大"革命"现象的研究成为历史学的重要内容，比如英国著名考古学家柴尔德提出的"新石器革命""农业起源""城市革命"等概念以及近年来成为中国考古学界热点的"中华文明起源"研究。这些新的史学观点、说法又构成我们当代知识的一个重要组成部分，反过来促进进化论思想的进一步巩固与传播，两者相辅相成。

实际上，我们必须认识到，进化论史观也仅仅是当代存在的诸多史观理论之一，是主导性史观理论而已。它既不是人类的共识，也不是无可置疑的真理，其自身也在不断发展变化之中。据2006年的一期《科学》杂志调查显示，支持和反对"人类从其他物种演变而来"的美国人大概各占40%[③]。除了坚持神创论的宗教人士，一些生物学家也认为他们所掌握的事实不适用进化模式。比如澳大利亚分子生物学家米歇尔·登顿在《危机中的进化论》一书中引用许多学者的论述和观点对进化论提出了质疑[④]。

第二节 考古学解读与建构的主要理论模式及其来源

前面，我们引用了一个叫"莎拉"的考古学家到一个被毁灭的星球研究一件未知

---

① 〔法〕保尔·拉法格著，王子野译：《思想起源论》，生活·读书·新知三联书店，2004年，第11页。

② 陈序经：《文化学概观》，中国人民大学出版社，2005年，第288页。

③ 张增一：《创世纪与进化论的世纪之争》，中山大学出版社，2006年；高博：《进化论在美国的百年之争》，《科技日报》2009年2月8日。

④ 胡牛：《〈危机中的进化论〉评介》，《化石》1988年第4期。

发现品的故事。那么，莎拉该如何研究这个物品呢？

她可以去分析形状、结构和成分，测量体积、重量和容量，研究它是如何组装的，但对它的功能、社会作用等还是不知道，她只能根据自己的经验和认知来推测和猜想。

考古学研究正是如此，考古发现的古代遗存本身不会说话，考古学家通过考古资料来说自己的话。路易斯·宾福德说："考古学面临的挑战是如何把现在对静态实物材料的观察逐字逐句地翻译成动态的过去生活，以及了解这些材料形成并保存到现在的历史条件。大部分考古学家感到这个挑战相当艰巨，难以克服，因为它要求我们更好地理解我们自己和物质世界的关系。"[①]

考古学家通过解读考古发现的古代遗存所蕴含的历史信息，如年代、性质、历史文化意义等，推测其背后的历史故事，这就是考古学阐释。

考古学家借助理论模式对考古发现予以解读和阐释。那么，什么是模式？

模式是沟通当代陈述的历史与已经发生的，一去不复返的自在历史之间的桥梁和工具，是沟通当代的研究者与研究对象——古代遗存之间的理论假说，是研究者用以解读考古发现的古代遗存、文献记载的历史现象，构建历史叙述的各种理论与知识，也就是路易斯·宾福德所谓的"中程理论"。理论模式本质上是当代的认知，是研究者的经验、知识等。路易斯·宾福德说："考古记录是现时的现象，我们进行的观察不是'历史'的陈述。我们需要这些保存着人类过去历史的遗址；但是，同样地，我们也需要理论工具赋予我们发现的实物以意义。我们需要准确地鉴定它们，认清过去行为的关系背景，我们需要研究，而考古材料本身不能做这种研究。这也就是说，如果我们要想搞清楚静态和动态事物之间的关系，那么我们必须同时观察这两个方面的内容；而我们能够观察动态过程的地方只能是现时的世界，即此时此地。"[②]他主张我们应该有意识地提出明晰的"中程理论"，将静态的现代和动态的古代联系起来[③]。

模式的使用是以今释古，是当代人以今天的经验、知识对古人及其行为所产生的各种文化遗存和历史现象所做的解读与阐释，这是考古学、历史学研究的本质特性。不同的人，经历、立场、视角、观念不同，使用的指导思想、叙述框架和解读模式不同，所做出的历史解读和叙述也就不同。

对于同一研究对象，不同的学者往往采用不同的理论模式，带来不同的历史解读

① 〔美〕路易斯·宾福德著，陈胜前译：《追寻人类的过去：解释考古材料》，上海三联书店，2009年，第2、5、6页。

② 〔美〕路易斯·宾福德著，陈胜前译：《追寻人类的过去：解释考古材料》，上海三联书店，2009年，第5、6页。

③ 〔英〕马修·约翰逊著，魏峻译：《考古学理论导论》，岳麓书社，2005年，第52、53页。

与建构结果。对于不同的研究对象，史家所采用的理论模式更是多种多样，如对具体文物、图像、个别历史现象有相应的解读模式，对更大的社会现象、历史事件甚至政治体制也会有相应的分析理论，对构建通史、断代史的叙述更会有相应的理论体系指导。模式是多元的。

为了不同的研究目的，研究者也会采用不同的理论模式，比如，考古学文化的区系类型体系是考古学家基于古代物质文化遗存特征的异同，建构出的符合考古学的一种历史叙述体系。但对于我们来说，这种仅限于物质形态描述的叙述体系，是远远不能满足我们认识古人及其文化的目的，考古学家还需要借用其他模式，如历史文献记载或人类学理论对考古发现的物质形态的文化遗存和考古学文化区系类型进行解读，由物见人，推测其背后的人及其文化，如古人的行为、观念、社会组织形态等，讲出一个个精彩的历史故事。

另外，由于受到学术传统、研究对象和史料条件等因素的影响，我们对不同模式的使用也有一定的偏向性，如美国考古学和世界各地史前考古学普遍的人类学倾向，中国历史时期考古学的"证经补史"文献史学倾向。正如布鲁斯·崔格尔所说："古典考古学、埃及学和亚述学对在历史框架中研究古文字和艺术史具有强烈的认同感。而中世纪考古学则发展成为作为文献记录研究的补充的对物质遗存的观察。旧石器时代考古学与历史地理学和古生态学并驾齐驱，并与它们保持了密切联系，而对史前时期晚段的研究则常常需要结合语言学、民俗学、体质人类学和比较民族学等众多领域的资料。"①

在此，我们要特别强调，依据理论模式对遗存现象所做的解读与建构不是自在历史的再现，不等同于历史的本来面目、唯一真相，而仅仅是研究者的阐释。因为无法检验与验证，也就难以做出真假对错的判断，我们所能做的只是在当代认知体系和主流学术范式内对这些解读与建构做出是否具有合理性的判断。对此，我们将于第九章专门展开讨论。

追根究底，概括来说，历史学、考古学研究中有意或无意地使用的理论模式大致来源于以下几个方面。下面，我们分别予以详细讨论。

一、以今释古——当代的经验与常识

《三国志·孔融传》载：曹操灭袁绍，以绍子袁熙妻甄宓赐子曹丕。孔融云："即

---

① 〔加〕布鲁斯·崔格尔著，徐坚译：《考古学思想史》，岳麓书社，2008年，第9页。

武王伐纣以妲己赐周公。"操惊，问出于何典，融答："以今度之，想当然耳。"当然，这是孔融在嘲弄曹操。

狄尔泰说，科学与历史学等人文学科不同，前者是从外面来解释，后者是从内部来理解；从事自然科学研究的学者使用的是因果关系词汇，而人文学科学者则用"经验"来说话①。我们常常拿自己的经验和常识来揣度我们面对的人和事，我们也往往根据自己的经验和常识来对历史现象做自己的理解。斯波尔丁（Spaulding A. C.）视科学与史学之间的主要区别，在于后者依赖于常识性解释②。伊恩·霍德说："我们通过立足于自身日常生活实践了解其他人、其他文化和其他时代。生活本身就是历史诠释学的基础和条件。我们按照自己在自身文化或其他文化中成长的方式去理解过去。"③英国历史学家布莱德雷说："历史学的推论，其基础就在于历史学家本人的经验与他所研究的过去二者之间的类比。"④马修·约翰逊说："类比就是运用从某一情境（在此状况中通常是现在）中提取的信息去解释发现于另一情境（在此状况中是过去）中的资料。""无论哪种理论流派的考古学家都运用类比将现在和过去联系。我们经常假设过去的事物近似于现在的事物。"⑤

什么是常识？

殷海光说：常识是"历史中我们共同经验的部分"，"常识是未经精炼的知识，……里面有可靠部分，也有不可靠部分"⑥。他肯定历史解释往往诉诸常识。

常识是我们认知体系中的重要组成部分。经验与常识，我们可能不承认，但我们的许多研究确确实实是建立在我们的经验和常识上的。

我们个人的经历有多丰富，社会认识和人生体悟有多深刻，我们对古人的解读就会有多深入。世事洞明皆学问，人情练达即文章。一个对自我及其所处社会没有深刻认知的人又如何能理解古人的观念、行为及其社会呢？我们只有了解当代人，才可能对古人有相对合理的理解，古人云不知古何以知今，同样，不知今何以知古？俞伟超说："只有理解当代，才能理解古代。现代社会是理解古代社会的一把钥匙。"⑦如果

---

① 〔英〕彼得·伯克著，姚朋、周玉鹏、胡秋红、吴修申译，刘北成修订：《历史学与社会理论》，上海人民出版社，2010年，第7页。

② 转引自〔加〕布鲁斯·G.特里格著，陈淳译：《时间与传统》，中国人民大学出版社，2011年，第25页。

③ 〔英〕伊恩·霍德、〔英〕司格特·哈特森著，徐坚译：《阅读过去》，岳麓书社，2005年，第146页。

④ 〔英〕F. H.布莱德雷著，何兆武、张丽艳译：《批判历史学的前提假设》，北京大学出版社，2007年，第20页。

⑤ 〔英〕马修·约翰逊著，魏峻译：《考古学理论导论》，岳麓书社，2005年，第50页。

⑥ 许冠三：《新史学九十年》，岳麓书社，2003年，第506页。

⑦ 张爱冰：《考古学是什么——俞伟超先生访谈录》，《东南文化》1990年第3期。

我们总是强调历史研究要与社会隔绝，自认为越远离现实越客观、越科学——实际上，我们根本做不到，这不过是掩耳盗铃而已——我们的成果只能是书生之见，可能合乎逻辑，但却远离历史实际。

个人经验和常识也是考古学研究中常常用到的模式，不管我们对此是否有明确的意识。有学者指出："如果说传统考古学完全缺乏对材料的阐释也不尽然，面对发现的各种遗存与遗迹，考古学家也经常作出自己的判断与解释，但是这种判断和解释大都建立在学者个人的经验和常识性判断的基础之上，带有相当多的猜测成分。"[①] "极简主义者运用的'常识'是普遍法则，或至少是一般化，也就是过程主义者所说的'中程理论'。"[②]

现象学考古学提出以"同感"的方式来解决我们与研究对象之间的差距问题，即假设现代人与古代人在感受与体验上具有一致性，有共同的人类经验。通过这种一致性和共同经验，考古学家就可以通过古代遗存把过去和现在、我们和留下古代遗存的古人联系起来[③]。我们可以通过发掘，通过研究博物馆的器物，通过访问古迹体验历史的遗留[④]。基于同理，有中国学者提出人性相通的假说，即假定古人与今人之间都是人，彼此之间人性相通，有相同的思维方式和行为模式，"假定我们现在喜欢的东西，当年的人也是喜欢的；现在我们需要的东西，当年的人也是需要的；现在我们感到生气的东西，当年的人也是生气的"。因此，理解是研究历史的根本方法，"理解就是将心比心，是感情的交融，理解是没有办法用逻辑和抽象的概念去表述的"。"将心比心做到极致的人就是好的历史学家。"[⑤] 这些所谓"同感""人性相同"本质上不过都是我们基于自己的感受、经验和常识去理解古人，解读古人遗留的历史现象。

我们普遍认为古代建筑的壮美程度、墓葬规模大小、随葬品的多少与权力大小、地位高低、财富多少密切相关，墓室大、随葬品多而精美的墓主就是富人或高等级的人，穷人或低等级人的墓葬应该是小墓，没有或仅有少量的粗劣随葬品；随葬刀、戈等兵器的墓主人是男性，随葬装饰品、化妆用品的墓葬主人一般是女性，等等。所有这些判断都来自我们当代的社会常识和日常经验。对于古代大多数器物、工具的用途和性质的推测也多来自我们当代的经验和知识。

---

① 陈淳编著：《考古学理论·前言》，复旦大学出版社，2004年，第3页。
② 〔英〕肯·达柯著，刘文锁、卓文静译：《理论考古学》，岳麓书社，2005年，第68页。
③ 〔英〕科林·伦福儒、〔英〕保罗·巴恩主编，陈胜前译：《考古学：关键概念》，中国人民大学出版社，2012年。
④ 〔英〕科林·伦福儒、〔英〕保罗·巴恩主编，陈胜前译：《考古学：关键概念》，中国人民大学出版社，2012年。
⑤ 陈春声：《人性相通——史学的特质与境界》，百度文库，2015年7月7日，https://wenku.baidu.com/view/69f30c2ab0717fd5360cdc9d.html。

　　还有学者针对考古中常见的"居住区是以氏族集结的小区为基础,'大房子'作为中心来组织的,这座大房子是氏族部落的公共建筑"的说法,分析道:为什么会有公共建筑的概念? 因为现代人类需要公共建筑,如开会的会堂。我们假定古人也要开会,也需要找一个地方开会,因为怕下雨,所以需要一个大屋子用来开会。由此,考古学家看到一个大的公共空间,就认为是一个大房子,"部落的会议、宗教活动等也在此举行"。同样,常见的"壕沟为聚落的防护设施"之说,也是因为我们现在挖一个城壕做防护,并认为古代也应该如此。又如,"再结合对墓葬区、陶窑区布局分析,可以看出半坡氏族聚落无论其总体,还是分区,其布局都是有一定章法的。这种章法正是原始社会人们按照当时社会生产与社会意识的要求经营聚落生活的规划概念的反映"。这里的社会形态、社会生产、社会意识、部落生活、规划概念,都是现代人的概念和经验,我们将它们直接搬到 6000 年前连文字都没有的古人身上[①]。

　　不同的经验和常识会带来不同的历史解读与认识,如对于古代长条形土墩遗迹的性质,生活在洪水易发地区的人与其他地区的人的生活经验与常识不同,对它们的解读往往也不同,由此产生防洪堤说与防卫性城墙说的不同解读。

二、以古释古——历史文献记载

　　在第一章,我们就文献史学与考古学的关系做了全方位的讨论,本节我们专门讨论作为解读与建构模式的文献记载。

　　古代文献的各种记载是我们解读考古发现的另一类模式来源,是许多考古学研究不可忽视,甚至主要依赖的解读与建构模式,尤其是存在大量文献的历史时期,尽管这些文献记载本身具有文本性。宾福德曾强调从文本证据产生出中程理论的可能性。马修·约翰逊说:"历史考古学试图把文献作为中程资料的一种形式。"[②]肯·达柯说:"在与考古学资料的解释逻辑的关系中,文本、地图发挥着与人类学描述或自然科学法则一样的作用。"[③]杜正胜也说:"史学家若善于利用古典文献作线索,解读新出的材料,也许可能建构古代社会史的新面貌。"[④]

　　在中国考古学的研究实践中,用《禹贡》"九州"概念解读龙山时代的各区域考

---

① 陈春声:《人性相通——史学的特质与境界》,百度文库,2015 年 7 月 7 日,https://wenku.baidu.com/view/69f30c2ab0717fd5360cdc9d.html。

② 〔英〕马修·约翰逊著,魏峻译:《考古学理论导论》,岳麓书社,2005 年,第 156 页。

③ 〔英〕肯·达柯著,刘文锁、卓文静译:《理论考古学》,岳麓书社,2005 年,第 62 页。

④ 杜正胜:《考古学与中国古代史研究——一个方法学的探讨》,《考古》1992 年第 4 期。

古学文化[①]，用"夏人""夏朝"解读河南龙山文化、二里头文化的性质，以商周王朝看待二里冈文化、殷墟文化、丰镐遗址等，都是典型的以传统的文献记载作为模式和框架去解读考古发现，赋予其意义，进而建构古史叙述的研究实例。三代时期，考古发现的青铜器，如鼎、簋、瓿、爵等被视为礼器，鼎、簋、瓿、爵的有无、多少被视为墓主人等级、地位高低的象征，也与古文献的相关记载密切相关。各种考古遗存的黄帝说[②]也不过是一种以文献记载来解读考古发现的古代遗存的性质和意义的尝试。

　　同样，对更早期的良渚文化玉璧、玉琮的定名及其功能、性质的研究，除个别观点来自人类学知识外，大多数学者也是利用了两周以后的文献记载。其中，琮的名称源于《白虎通·文质篇》的"圆中牙身方外曰琮"，玉璧的名称源于《尔雅·释器》的"肉倍好，谓之璧"。关于玉璧的功能，有祭器、礼器、佩系、衡、辟邪、防尸腐、财富等多种说法。关于玉琮的用途，有礼地、发兵、享后和夫人、敛尸、财富、象征地母的女阴、以琮为宗庙内盛"且"（男性生殖器的象征）的石函、神祇或祖先的象征等各种观点。它们大多也来自古代文献的记载，如《周礼·春官·大宗伯》记载的"以玉作器，以礼天地四方，以苍璧礼天，以黄琮礼地"，等等。

　　有时候，考古发现的古代遗物上带有文字资料，并与文献记载有对应的关系，两者的契合极大地提高了我们对相关考古发现的解读的合理性与可信性。例如，通过将湖北随州叶家山西周墓地出土青铜器上"（曾）侯""（曾）侯谏"铭文，与文献中的相关记载联系起来，推定这一墓地是西周时期曾国国君曾侯家族墓地。20世纪90年代，北京房山琉璃河西周墓地发掘所出青铜器铭文多见器主人受到"匽（燕）侯"赏赐，所出盾饰上有"匽侯"之称，特别是M1193大墓中出土带长篇铭文的克罍、克盉，记载了封大保（召公）之子克于匽（燕）的史事，这与传统文献中周初召公分封于燕、燕位于今天北京一带的记载相对应，以文献记载结合铭文内容，我们将北京房山区琉璃河遗址解读为西周早期的燕国都邑，琉璃河西周遗址的历史意义得以阐释和显现。

　　此外，甲骨文、金文的文字辨认与意义释读也需要借助文献中的晚期汉字字形、字义的记载，如《说文解字》所提供的字形特征、字义演变轨迹。从理论上讲，这也是一种利用晚期文献作为模式对考古发现的早期文化遗存的解读。

---

① 邵望平：《禹贡"九州"的考古学研究》，《考古学文化论集》（2），文物出版社，1989年。
② 目前全国范围内作为"考古遗址"而由考古学者明确联系为"黄帝故址"且其历史时间大体相当（距今5000—5500年）者有河南灵宝市西坡遗址、辽宁西部牛河梁坛庙冢遗址、陕西高陵杨官寨遗址、石峁古城等。见胡义成：《西安是"黄帝故都"吗？——对三处考古学"黄帝故址"的比较》，《中国社会科学报》2012年8月13日第A04版。

从历史叙述的建构来说，考古学的历史叙述有时也需要历史文献记载所提供的时空体系。对于缺乏文字史料的史前时期，我们都是用考古学文化时空框架体系或人类学中相关人类社会早期发展阶段的理论来建构历史叙述。进入历史时期后，来自文献记载的历史时空框架成为我们解读考古学文化时空框架体系的性质或将考古发现纳入传统历史叙述体系的基本模式，如先商文化、先周文化、夏商周考古、秦汉考古，等等。

文献模式的借用是多元的，不同学者对文献记载的不同理解与选择，所持的不同态度，以及采用标准、使用方式上的差异，都会带来对考古发现的不同认识和对历史叙述的不同建构，导致解读与建构的多元化。

试以中外学者关于考古学文化与文献记载的"夏"之间关系的争论为例。

首先，何为夏文化？

国内史学界一般相信文献记载，认同在商朝之前肯定有一个夏王朝存在，但在国外学者中，许多人并不认为夏是一个真实存在过的王朝，他们认为夏只是一个后人有目的的虚构，一个传说而已。

这两种截然不同的态度必然导致对考古学发现的不同解读。前者认为一定有某种考古学文化是夏文化，后者则认为没有一种考古学文化可以被确定为夏文化。

其次，即使在承认夏王朝存在的共同前提下，哪些考古发现的遗迹、遗址等遗存，即哪些考古学文化是夏人或夏朝的文化遗存呢？不同的学者也有不同的认识。

最早将考古发现的遗存与文献中的夏联系起来的是徐仲舒，他在 1931 年发表的《再论小屯与仰韶》一文中，以仰韶文化的分布与文献上所记载"虞夏民族分布的区域"有重合，仰韶文化又早于殷墟文化为据，率先提出仰韶文化可能即夏文化的观点[1]。

后来，范文澜在他的《中国通史简编》中将山东龙山文化考证为夏文化，因为山东龙山文化在年代上和文献记载的夏王朝存在的年代接近，山东龙山文化流行的黑陶与文献记载的夏人尚黑相符[2]。

20 世纪 50 年代在郑州发现介于河南龙山文化和郑州二里冈期商文化之间的洛达庙类型文化遗存，1958 年，李学勤提出洛达庙类型遗存"早于二里冈下层，最可能是夏代的"[3]。

1959 年，徐旭生率队赴豫西、晋南调查夏墟，发现二里头遗址，自此，二里头遗

① 徐仲舒：《再论小屯与仰韶》，《安阳发掘报告》（第三册），中央研究院历史语言研究所，1931 年。
② 范文澜：《中国通史简编》（第一编），人民出版社，1953 年。
③ 李学勤：《近年考古发现与中国早期奴隶制社会》，《新建设》1958 年第 8 期。

址及其所代表的二里头文化和 1977 年开始发掘的登封王城岗龙山文化城址被解读为夏文化的主要考古遗存。

此后，许多学者围绕文献中的"夏"与考古发现的河南龙山文化、二里头文化的关系展开了热烈的讨论，提出了各种观点，比如邹衡论证了郑州商城为汤都亳，推定二里头文化各期皆为夏文化，其长篇论文《试论夏文化》从年代、地域、文化特征、夷、夏、商关系及社会发展水平诸方面对二里头文化即夏文化做了全面、系统的论证[1]。河南龙山文化晚期和二里头文化被解读为文献中的夏王朝与夏文化渐渐获得多数学者的认同。

但随着山西襄汾陶寺遗址的一系列重大发现，又有人主张晋南的陶寺文化为夏文化，如王克林、刘起釪等学者，还有人主张豫东濮阳至鲁西一带的龙山文化晚期遗址为夏初的都邑遗址[2]。

概而观之，迄今为止，在考古学文化与文献中的夏文化的对应问题上，存在不下十种不同意见。可谓是"上古历史古人撰，信仰容易实证难。各种阐释与建构，历史真相难定谳"。

从解读模式与解读对象的关系看，考古发现并没有证实历史文献的相关记载，历史文献的相关记载不过是为考古发现的解读提供了一种模式而已，而且是多元模式之一。

以上是同一文献记载用于不同考古发现所产生的多元解读结果。即使相同的文献记载被不同的考古学家用于阐释同一批考古发现材料，也会出现不同的观点与认识，呈现出多元解读现象。如文献中的夏商王朝分界与考古学的二里头文化、二里冈文化的分期对应与划分问题，学者之间就存在巨大的争议，有主张二里头文化一、二期之间为夏商分界说的，有主张二里头文化二、三期之间为夏商分界说的，有主张二里头文化三、四期之间为夏商分界说的，有主张二里头文化四期早、晚段之间为夏商分界说的，也有主张二里头文化与二里冈文化之间为夏商分界说的，等等。

三、以它释古——人类学概念与理论

面对没有文献记载的史前古代文化遗存，研究怎么开展？面对传统文献记载未涉

① 邹衡：《关于探索夏代文化的途径》，《河南文博通讯》1978 年第 1 期；邹衡：《试论夏文化》，《夏商周考古学论文集》，文物出版社，1980 年。
② 王震中：《三十年来我国的夏商史研究》，《中国史研究动态》2009 年第 5 期。

及的诸多历史时期的文化遗存,研究又怎么开展? 如何解读这些考古发现的文化意义,赋予其历史价值? 人类学为我们提供了重要的理论模式。人类学是贡献考古学研究模式的大户,尤其是对于没有文献记载的史前时代,几乎完全依赖人类学的概念与理论来解读史前考古发现,建构史前历史叙述。

布鲁斯·崔格尔说:"在整个发展过程中,考古学不是与历史学就是与人类学关系密切。传统上,如果考古学家们研究自身祖先的物质遗存或者文献资料足够充分,考古学与历史学的关系就更加密切;在研究旧石器时代或者年代稍晚近,但技术原始的文化时,考古学家们往往不相信这些文化与自己的社会有密切的联系,此时考古学就接近于人类学。"[1] 罗伯特·沙雷尔说:"在缺乏文献记载的情况下或史前时代,历史文献不能提供直接的信息,就必须依靠类比进行推论。""类比是描述(发生了什么,什么时候发生的和在哪里发生的)和解释(怎样发生及为什么发生)古代历史的基础。""因为无法直接观察到古代的人类行为,考古学家必须依靠类比来解释遗存的行为意义。"类比区分为特定类比与普遍类比,"特定类比指一种特定文化传统内的特定比较;而普遍类比则以均变论(所有人类行为都是由同样的需求满足决定的)为基础,在不同文化之间进行的普遍比较"。"考古学类比的来源有历史学、民族志、民族考古学和考古实验。""历史时期的考古学常常可以利用文献确定遗存的性质并进行解释。在原史时期,后世的文献有时折射出早期的信息,可以用来支持考古的解释。"[2] 路易斯·宾福德和伊恩·霍德也都认为人类学提供了关于物质文化与考古学重建之间的详细关系的直接信息来源。马修·约翰逊说:"我们观察一系列活动模式或者动态机制与它们在考古上所见形态之间明确、可靠、可测量的联系的惟一门径存在于现代。""因此,我们必须考察当代民族志,以寻找出明确的中程理论之源。"[3]

古人云"礼失求诸野",今人讲考古学的人类学倾向,意思大致相同。无论是后过程考古学、象征考古学、结构考古学、马克思主义考古学还是认知考古学,都重视借助人类学概念和理论来认识史前社会。

将人类学的概念、理论引入古史研究的做法很早,如关于国家起源研究中大量使用的人类学概念与理论。尤其是经恩格斯对摩尔根人类学理论的引用而成为马克思主义史学理论重要组成部分的人类学理论,成了中国史学研究的指导思想,正如沈长云

---

[1] 〔加〕布鲁斯·崔格尔著,徐坚译:《考古学思想史》,岳麓书社,2008 年,第 313 页。

[2] 〔美〕罗伯特·沙雷尔、〔美〕温迪·阿什莫尔著,余西云等译:《考古学——发现我们的过去》(第三版),世纪出版集团上海人民出版社,2009 年,第 346—357 页。

[3] 〔英〕马修·约翰逊著,魏峻译:《考古学理论导论》,岳麓书社,2005 年,第 53 页。

所说："我国学者对于我国国家起源与形成问题所采取的一套理论主要来自恩格斯的《家庭、私有制和国家的起源》。众所周知，恩格斯这部著作有关国家起源与形成的基本观点及论证材料又大多来自与马克思、恩格斯同时期的美国人类学家摩尔根的研究成果，《起源》的副标题即是《就路易斯·亨·摩尔根的研究成果而作》。"[①]

先秦史学者杨希枚倡导用人类学方法来研究中国古史，许进雄将人类学与古文字学结合起来进行研究[②]，谢维扬借鉴人类学亲属关系理论从世系入手研究周代家庭[③]，李衡眉借鉴民族学的两合氏族婚姻理论研究周代的昭穆制度[④]，等等，都是人类学理论模式在史学研究中应用的典型案例。

中国考古学研究中广泛存在着将人类学概念与理论引入自己的研究，作为解读考古发现，建构古史叙述模式的现象，人类学概念与理论成为中国考古学的重要理论模式来源。摩尔根在《古代社会》中提出的人类社会"群婚—母系社会—父系社会"，"氏族—胞族—部落—部落联盟—早期国家"，从"蒙昧社会"经"野蛮社会"到"文明国家"的发展阶段假说，20世纪50年代，美国人类学家Elman Service提出的人类早期社会经历过"游团"（mobile hunter-gatherer groups或者bands）、"部落"（tribes）[即平等社会（segmentary societies）]、"酋邦"（chiefdom）和"早期国家"（early states）的发展阶段说，以及图腾、图腾柱、生殖崇拜等概念与理论都是由人类学提出而被考古学借用作为解读考古资料，描述和重构早期人类社会的基本概念和理论模式。因此，"那种通常所持有的观点，即认为将考古学定义作人类学是'新考古学'观点，实际是错误的。考古学的人类学定义有其渊源，远较20世纪60年代的'新考古学'为早"[⑤]。张忠培对元君庙墓地的研究就是一个利用人类学理论解读考古发现的典型案例[⑥]。

其他如利用中国少数民族或国外人类学的有关制陶工艺、建筑技术、村落布局等知识研究相关古代遗存，分析古代聚落布局，研究这些遗存所反映的古人工艺技术、社会组织结构等，也都是利用人类学概念与理论作为模式对考古发现的解读与阐释。

在我们利用人类学概念与理论研究古史和考古发现时，我们也必须意识到，人类

---

① 沈长云：《酋邦、早期国家与中国古代国家起源及形成问题》，《史学月刊》2006年第1期。

② 许进雄：《中国古代社会——文字与人类学的透视》，台湾商务印书馆，1995年。

③ 谢维扬：《周代家庭研究》，中国社会科学出版社，1993年。

④ 李衡眉：《昭穆制度研究》，齐鲁书社，1996年。

⑤ 〔英〕肯·达柯著，刘文锁、卓文静译：《理论考古学》，岳麓书社，2005年，第20页。

⑥ 北京大学历史系考古教研室：《元君庙仰韶墓地》，文物出版社，1983年。

学理论模式的应用是以当代知识去阐释古代现象，其前提是单线进化论理论假说，即预设所有地区的人类文化都是采取同样的适应方式，遵循某种共同规律，沿着特定道路单线进化的，近现代某些所谓落后族群的文化是人类早期文化的孑遗，与考古学遗存所反映的早期人类文化基本相似，因此，两者之间可以互相参照、借鉴。

那种如新考古学所认为的"中程理论"可以实现考古学研究的科学化，保证研究结论能揭示历史真相的观点的前提就是这种人类社会的单线进化论和各地区、各族群的文明具有同质性，遵循共同的社会发展规律与道路。

如果我们认为利用人类学知识去研究考古发现的古代遗存是一种实证方法而不是解读模式与解读对象的关系，那么，我们的意识中实际上是接受了单线进化论的假说，认为文化有发达与落后之分，当代一些地区的传统工艺技术、生产生活方式等文化形态不是一种多元而独特的文化创造，而是人类同样经历的古代文化的遗留，只不过我们早已进步了，放弃了落后文化，而他们还使用着，所以，他们的当代文化可以帮助我们去认识我们的过去文化，复原古代文化。

但如果我们认为人类文化是多元的，不同地区、不同族群有不同的发展道路、文化选择和文化形态，所有文化都是平等的，那么人类学理论只能是我们解读考古发现、建构过去历史所借助的模式之一而已，并不是再现历史真实，发现历史真相的科学手段。

四、其他学科理论与研究成果

除了以上来自日常经验、常识、文献记载和人类学的理论模式外，由于考古学、历史学研究本身涉及人类文化的方方面面，从理论上讲，当代研究人类及其行为的方方面面的学科，如社会学、政治学、经济学、天文学、物理学等学科的概念和理论都可以借用为我们研究古代人类相关方面的概念和理论模式，历史学、考古学是具有广泛包容性的开放性学科，对各种知识、理论都是开放的。有学者指出："史学本身生长不出太多可以用于分析的理论和概念，学习和借用其他社会科学的理论，既是史家理论修养养成的必经之路，也是历史研究不可缺少的取径。"[1] 布鲁斯·G. 特里格说："尤其在最近，史前考古学的发展已经表现出以这样日益增长的兴趣为特点，即明确采用从其他社会科学借鉴来的模式，以及坚决采用那些能够通过进一步检验而证明可靠的理论。"[2] 实际上，不仅史前考古学如此，整个考古学、历史学都是如此，"历史学借

---

[1] 黄旦：《历史学的想象力：在事与叙之间》，《史学月刊》2011 年第 2 期。
[2] 〔加〕布鲁斯·G. 特里格著，陈淳译：《时间与传统》，中国人民大学出版社，2011 年，第 27 页。

鉴社会学的理论方法是社会史学者的共识。""20 世纪历史学的进步，很大程度上体现在历史学向其他人文社会科学的借鉴并与之融合。"① "历史学与社会学的跨科际交流还使社会学的概念源源不断地进入历史学领域。除了传统的'阶级'、'资本主义'、'封建主义'等概念外，历史学家新近使用的社会学名词有'社会角色'、'社会身份'、'社会认同'、'社会流动'、'社会控制'、'公共领域'、'社区'、'中心与边缘'、'权力'等。"②

沃勒斯坦的核心——外围世界体系理论在史前考古和历史考古中被广泛运用，尤其是在古典世界的研究里，成为历史学中有影响力的理论模式③。路易斯·宾福德说："我们几乎所有关于为什么复杂政治系统能够形成的理论都来自于贴着各种标签的经济哲学。我们循规蹈矩地把对现代社会运作的分析用于解释过去的文化系统。"④

其他学科有新的理论出现，历史学研究中往往也会随之有新的解释，如基因理论、文化生态理论的应用，等等。各门学科也从历史学的研究中发现自身的历史。

具体到单个考古遗存的研究，如对周原凤雏西周建筑基址的研究，研究者依据古代文献记载、类似人类学模式的当代民居知识、当代建筑学理论等不同的模式，提出不同的建筑复原方案⑤。科技考古也往往是在均变论假说前提下，以当代的相关工艺知识、动物学与植物学知识等作为理解古代工艺和动植物的理论模式。

如果借用宾福德的"中程理论"概念来说明考古学解读与建构中的理论模式的话，那么，"中程理论的形成却包括了运用来自于不同社会背景的各种概念"，甚至如威廉·拉什耶（William Rathje）的垃圾研究项目，运用考古学分析技术，研究亚利桑那州图森市现代社会中使用和处置各种资源的变化模式，以此为考古学从古代遗迹复原人类行为的研究提供了解读模式⑥。

此外，考古学本身也会为考古学研究提供某些模式，如某些考古发现与研究成果被考古学家作为解读另一些考古发现的性质与意义的模式。马王堆汉墓帛画上有一带角的神像，边上标注"太一"的文字，研究者认为这是汉代南方宗教信仰中太一神的

① 常建华：《社会生活的历史学——中国社会史研究新探》，北京师范大学出版社，2004 年，第 21、116 页。
② 王学典主编：《史学引论》，北京大学出版社，2008 年，第 333 页。
③ 〔英〕肯·达柯著，刘文锁、卓文静译：《理论考古学》，岳麓书社，2005 年，第 137 页。
④ 〔美〕路易斯·宾福德著，陈胜前译：《追寻人类的过去：解释考古材料》，上海三联书店，2009 年，第 231 页。
⑤ 杨鸿勋：《西周岐邑建筑遗址初步考察》，《文物》1981 年第 3 期；傅熹年：《陕西岐山凤雏西周建筑遗址初探——周原西周建筑遗址研究之一》，《文物》1981 年第 1 期。
⑥ 〔加〕布鲁斯·崔格尔著，徐坚译：《考古学思想史》，岳麓书社，2008 年，第 309、312 页。

形象①。在研究更早期的青铜器纹饰的文化寓意时，借用这一观点去解读商周青铜器上的带角人形造像的宗教含义，可以推论出这类带角人形造像可能反映了商周时期南方巫神的形象。还有人利用三星堆持璋人造像来解读二里头玉璋的功能——用于祭祀场合的礼器②。张光直关于中国古代青铜器上兽面纹为古代巫师通天之"蹻"的解读无疑受到印第安文化中萨满教信仰的启发。

当然，我们也必须意识到，这种解读同样也仅仅是一种解读而已，不是确凿无疑的定论。同一类器物在不同的文化背景下，甚至在不同的具体环境中也可能扮演着不同的角色，发挥着不同的功能，如日本古代的铜镜、铜剑、铜矛或来自或仿自中国，但在日本弥生、古坟时代的功能和社会意义与它们在中国古代社会中所发挥的功能和社会意义完全不同，前者发挥的主要是祭祀、礼仪等象征功能，而后者主要发挥着实用功能。同样，在西亚、北非、欧洲广大地区作为"恶眼意识"③的产物，起辟邪作用④的蜻蜓眼式玻璃珠⑤，在传入中国后，则主要被视为具有异域风情的精美装饰品⑥。

还有一些极端者用外星人和外星文明来解读我们所不了解的古代文明中的神秘遗存，如有人提出外星人创造了玛雅文明，帕伦克玛雅大墓石棺上的神秘浮雕图像是一个外星人驾驶飞行器的形象，秘鲁著名的神秘纳斯卡巨画（Nazca lines）中鸟、鲸鱼、蜘蛛以及其他动物的形象是外星人的杰作，等等。虽然这些解释超乎我们的一般常识和当代认知，不太靠谱，但我们也必须承认它们也是利用外星人、外星文明等说法对古代文化遗存现象所做的一种解读。

我们也要承认，在考古学、历史学的研究实践中，史家对各种解读模式的应用往往不是那么截然分明，而是常常互相交叉、混合使用。另外，我们还常常将解读的多元模式与解读对象统统都视作古史证据，而且是多重证据，如所谓的二重证据说、三重证据说。

---

① 周世荣：《马王堆汉墓的"神祇图"帛画》，《考古》1990 年第 10 期；李零：《马王堆汉墓"神祇图"应属辟兵图》，《考古》1991 年第 10 期。

② 许宏：《最早的中国》，科学出版社，2009 年。

③ 注：人们相信，某些人的眼中充满邪恶力量，能够杀死生命，摧毁物体。

④ 注：佩戴适当的护符，可以吸收恶眼的第一次注视的强大力量，使人能够承受后面渐弱的攻击。

⑤ Troben Sodem, the Traditional Use of Magic Glass Beads in the Islamic World, Glass Beads, Cultural History, Technology, Experiment and Analogy, Proceedings of the 16-018 October 1992 at the Historical-archaeological Experimental Center in Lejre, Denmark, Edited by Marianne Rasmussen, U Ⅱ a Lund Hansen and U Ⅰ f Nasman, Printed in Denmark by BB Grafic, Allingeabro, 1995.

⑥ 安家瑶：《镶嵌玻璃珠的传入及发展》，《十世纪前的丝绸之路和东西文化交流》，世界出版社，1996 年，第 351—367 页。

如同多元史观一样，理论模式及其使用也具有多元性、相对性。理论模式的多元带来历史解读与建构的多元，对于同一考古发现或历史现象，采用不同的理论模式，就会得出不同的历史学解读，对于我们习以为常的观点与认识，换一个角度，换一种理论模式，很可能就会产生令人耳目一新的新观点、新认识。

我们还是以"鹳鱼石斧图"为例。

假设我们是一般观众，对史学知识和人类学知识知之甚少，那么我们从我们的日常经验和一般常识来判断，很可能认为这就是一副现实物品、动物的写实画，以满足当时人的审美需要。这种判断在博物馆的许多观众中可能不是少数。

当我们受过人类学训练或获得过这方面的知识，从人类学的理论和例证中，我们可能会借鉴图腾说。有学者认为画有鹳鱼石斧图的陶缸是一个部落酋长——多半是建立联盟有功的第一任酋长的瓮棺，并认为：在酋长的瓮棺上画一只白鹳衔一尾鱼，绝不单是为了好看，也不是为给酋长在天国玩赏。这两种动物应该都是氏族的图腾，白鹳是死者本人所属氏族的图腾，鲢鱼则是敌对联盟中支配氏族的图腾。这位酋长生前必定是英武善战的，他曾高举那作为权力标志的大石斧，率领白鹳氏族和本联盟的人民，同鲢鱼氏族进行殊死的战斗，取得了决定性的胜利。为了强调这场战斗的组织者和领导者的作用，特别描绘了最能代表其身份和权威的大石斧，从而给我们留下了这样一幅具有历史意义的图画。然而，基于同样理由，鸟鱼纹结合的图案也被理解为"两图腾氏族外婚制的标记"[1]。当借鉴历史文献记载和前人的研究，并结合相关人类学理论，又产生生殖崇拜说。生殖崇拜说认为图画中鸟、鱼为男性、女性象征，"鹳鱼石斧图"中，鹳衔鱼是象征男女性结合，石斧是男性的象征，石斧柄上画一个"X"，意思是"五"，是初民表达男女交媾能多多生男子的愿望。鸟鱼结合纹，或鸟啄鱼纹，实为男女性结合的象征，是先民祈求人口繁盛的表现[2]。

从这个案例中，我们也可以看出，考古发现的古代遗存，如一件文物、一幅图画，自身并不能告诉我们它的任何意义和背后制作者的思想，是我们这些当代人根据自己的经验、知识去解读它，赋予它含义，并由此推论其制作者的思想观念。我们的这种解读可能是历史的真实，也可能不是，对于已经一去不复返的历史来说，既不能重复，也无法验证，只是一种阐释而已。

传统历史学研究采用不同的模式同样也会带来不同的历史解读与建构，如史学界关于商周政体的研究。不同的学者分别利用来自先秦文献记载、对古希腊等其他古文

---

① 严文明：《〈鹳鱼石斧图〉跋》，《文物》1981年第12期。

② 赵国华：《生殖崇拜文化论》，中国社会科学出版社，1990年，第257—265页。

明的研究成果如城邦制、贵族民主制、共主制等观点、晚期历史现象如北魏早期拓跋氏氏族制度[①]、人类学理论如氏族、酋邦理论等不同的模式对商周社会的一些现象进行不同的解读，对商周政体做出了不同的阐释，由此，有关夏商周国家政体，学者提出了君主专制国家说[②]、带有贵族共和色彩的贵族专制政体说[③]、方国或城邦制国家联盟的政治共同体说[④]、共主制封建城邦[⑤]、商代前期是酋邦制国家后期是初级王朝国家说[⑥]等不同观点。

多元的理论模式在历史学、考古学中并不是被平等地对待的，在不同的时代与文化背景中，有些理论模式居于主导地位，如在具有丰富的历史文献资源，能够提供我们解读考古发现，建构历史叙述的传统史学发达地区和历史时期，考古学研究就会倾向于文献模式，即考古学的历史学倾向，如中国、欧洲、两河地区、古埃及的历史时期考古学；而缺乏文献资源的史前时期或某些古文化，考古学家不得不大量借助于人类学所提供的模式来解读考古发现，建构历史叙述，即形成考古学的人类学倾向，如中国、欧洲等地的史前时期考古，欧洲人殖民以前时期的美国考古学研究。当然，各种模式的使用也不是绝对的，排他的，在中国历史时期考古研究中，也常常引用人类学的理论、概念，以弥补文献记载之不足和视角的局限，而美洲印第安古文明的许多考古发现的研究也离不开早期欧洲殖民者、传教士的观察、记录，这也是为学界所熟知的。

我们只有形成对理论模式的自觉意识，认识到模式的多元性，对理论模式的使用持开放的态度，才能对历史现象和考古发现做出创新性解读，同时理解并包容不同理论模式下的不同历史阐释和历史叙述，防止以"历史真相"名义所掩盖的非此即彼的自以为是和唯我独尊。

（一）从模式与解读多元性角度看外国学者的中国史学研究

随着民主时代的到来和全球化进程的快速发展，传统的垄断性的一元化历史学被

---

① 李亚农：《周族的氏族制与拓跋族的前封建制》，华东人民出版社，1954年。

② 詹子庆：《古代中国城市国家制度问题浅议》，《人文杂志1982年增刊·先秦史论文集》；赵锡元：《中国古代社会的特点和国家的形成问题》，《殷都学刊》1984年第2、3期。

③ 徐鸿修：《周代贵族专制政体中的原始民主遗存》，《中国社会科学》1981年第2期。

④ 张秉楠：《商周政体研究》，辽宁人民出版社，1987年；日知：《从孔孟书中所反映的古代中国城市国家制度》，《历史研究》1980年第3期；日知：《从〈春秋〉称人之例再论亚洲古代民主政治》，《历史研究》1981年第3期。

⑤ 杜正胜：《关于周代国家形态的蠡测——"封建城邦"说刍议》，《史语所集刊》1969年第58本第3册。

⑥ 转引自 The Late Shang: When、Where、What, Origins of Chinese Civilization, Edited by David N Keightley University of California Press。

渐渐打破，不同立场、不同文化背景下的各种历史解读与叙述相遇，使史学界意识到历史解读与叙述并不是只有一种模式，一个版本，而是具有丰富多彩的多元面貌。在这种背景下，我们如何看待外国人的中国历史研究？

中国学术界对外国人研究中国史往往持两种态度：一种观点认为外国人对于中国文化来说是"他者"，"他者"一方面会更客观、公正，"旁观者清"；但另一方面，由于是"他者"，缺乏对中国文化的"我者"体悟，往往难以掌握中国悠久的文化和丰富的文献、领会中国文化的精髓和奥妙。另一种观点认为"外来的和尚好念经"，"他者"更客观，由于受到近代以来西方话语霸权的影响，甚至盲目崇拜西方，认为西方学者的观点更科学，更正确。

应该如何看待这一问题？

首先，我们要认识到历史学与其他自然科学的学科差异。自然科学有全世界科学界共同关注的问题，共同遵循的学术规范，共同的研究对象——被认为遵循一定规律运行的自然现象。而作为人文学科的历史学科与自然科学有一些根本的差异：第一，历史学科的研究对象是具有主观能动性的、复杂的人及其创造的文化；第二，不同文化背景的历史学有不同的研究传统和基础，如中国考古学所面对的历史悠久、积淀丰厚的文献史学传统，美国考古学界所面对的人类学传统，中国学者研究中国历史的"我者"心态，美国学者研究早期印第安文化的"他者"心态，等等；第三，不同国家、不同地区面对的现实问题不同，反映在历史学上，关注的重点也会不同，一个封闭的欠发达国家的史学与一个开放的发达国家的史学所关注的重点往往有区别，一个专制国家与一个民主国家的历史学重点和陈述方式也必然不同，虽然随着全球化的发展，历史学的交流和趋同会越来越明显，但作为人文科学的历史学的多元化仍然是其特色之一；第四，不同国家掌握话语权的集团构成、诉求不同影响到历史学的研究与叙述。总之，作为人文学科的历史学在不同文化背景下具有各自的本土性，这是由各自不同的文化传统、现实问题与需要、基础条件和研究对象——特定人群及思想观念等所决定的。

外国史学家以"他者"眼光、旁观者的视角研究中国古史，中国史学家则是以"我者"眼光、文化认同者的视角来研究自己祖先创造的历史，两者视角不同、出发点不同、立场与态度也有差异。研究本文化历史的"我者"一方面具有积淀深厚，熟悉本文化历史并更能体悟许多文化现象背后的观念，但另一方面也往往会囿于定式思维和固有模式，"久处鲍鱼之肆而不闻其臭"，对其中的缺陷和问题难以自知，缺乏审视与评判思维。本文化研究者认为理所当然的事情，异文化研究者未必接受，如夏王朝是否存在的问题。具有异文化背景的外国学者恰恰可以带来"他者"立场的新思维、新模式，提供对历史解读与建构的新理论模式、新视角，促使"我者"的自我反思，避免"不识庐山真面目，只缘身在此山中"的认知陷阱，突破传统解读模式。例如，马克思主义史学理论在中国古史研究中的广泛影响，虽然有其政治背景，但我们不可否认它在改变中国传统史学，推动新史学思潮在中国史学界的全面传播发挥了巨大作用。

张光直说："讲中国学问没有中国训练讲不深入，但讲中国学问没有世界眼光也如坐井观天，永远讲不开敞，也就讲不彻底。"[1]美国亚利桑那州立大学田浩（Hoyt Tillman）教授在《我的思想史研究》一文中谈到作为老外在研究中国文化和中国历史的优势和好处时说："老外有一个好处，可以从外面的角度来看一个传统。一个在传统中长大的人，研究这个传统，很容易觉得这样子的演变、发展是自然的，不必解释……从外面看，可以看出一些新的立场或是问题。"加拿大不列颠哥伦比亚大学卜正民（Timothy Brook）教授在其主编的六卷本《哈佛中国史》总序中提出一个问题：既然我不是中国人，那当一名中国历史学家到底有什么意义？他引用了朱维铮教授的一段话："你想象中国是一个仅有一扇窗户的房间。我坐在房间里面，屋里的一切都在我的目光之中。而你在房间外头，只能透过窗户看见屋里的景象。我可以告诉你屋内的每一个细节，但无法告诉你房间所处的位置。这一点只有你才能告诉我。这就是为什么中国历史研究需要外国学者。"这些说法既形象，又富于启示[2]。

基于以上原因，对待国外学者的研究成果和观点，我们的态度是既不简单地否定，也不莫名地崇拜。我们应该将它们看作不同文化背景的研究者的不同解读与建构，而不是以自己的思维方式和标准来判断他们观点的对与错，评价他们研究的深与浅，更不能简单地认为他们不懂中国文化，缺乏中国历史的知识素养，以"他们不懂中国文献"来简单否定。平心静气地认真对待外国人关于中国历史的研究成果，他们的研究对我们来说，提供了一种"他者"的新视角，即另一文化、社会背景的研究者对中国历史解读与建构的立场、心态、观念和思路，提供了多元化的历史解读与叙述，提供了中国学者自我反思的镜鉴和参照，促使我们认识到自己的惯性思维和深受自身文化潜意识影响而不自觉、不自知的"我者"视角的局限和偏见，开阔视野，活跃思维，克服"井底之蛙""夜郎自大""自说自话"的学术研究之疾，促进学术的繁荣，真正实现"百

① 张光直：《中国青铜时代·前言》，生活·读书·新知三联书店，1999年，第3页。

② 转引自邓小南：《研究中国历史，为什么需要外国学者的参与？》，澎湃新闻网，2016年12月15日，http://www.thepaper.cn/newsDetail_forward_1580036。

花齐放、百家争鸣"的理想。李零说："汉学（Sinology），本义是中国学。中国只有一个，但研究中国者，看法未必相同。不一样没关系，重要的是，我们是不是想了解对方，了解彼此的差异到底在哪里。我相信，自外观之有自外观之的好处，自内观之有自内观之的好处，尺有所短，寸有所长，取长补短，才有比较完整的认识。"①这是比较中肯的观点。

当然，在吸收与借鉴国外研究成果的时候，中国历史学也要注意西方的话语霸权与学术体系垄断问题，避免成为西方学术霸权的附庸或应声虫。中国历史学应该在与国际学界平等对话的基础上，在融入世界学术体系过程中来建构自己的多元化的本土化历史学体系，并成为世界历史学体系和人类文化发展史的有机组成部分，为世界学术和世界史的书写提供新史料、新观点、新理论与新叙述体系。既发现本土性，又追求国际化，将是中国历史学、考古学的发展方向。

另外，通过比较中外学者有关中国历史的研究，我们不仅要发现谁的理念更合理，手段更科学，更应该寻找这种不同背后的原因，认识到文化背景、社会环境、研究者立场、认知体系等对史学研究的影响。在比较中，我们可以更清楚地看出中国传统史学研究与历史叙述只不过是其中的一种范式而已，是特定文化背景和社会环境的产物。所谓"实录精神"与"追求历史的真实"可以是历史学的理想目标和追求，但不是历史学的本质与现实。

（二）考古学既不是历史学也不是人类学，考古学就是考古学

基于解读、建构理论模式与对象之间关系的原理，我们来简单讨论一下考古学到底是属于传统历史学，还是属于人类学，即考古学应该走传统历史学道路，还是走人类学道路的问题。

20 世纪 60 年代，兴起于美国，以路易斯·宾福德为代表的新考古学派认为传统的作为历史学的考古学缺乏科学性，他们提出要将考古学转变为作为人类学的考古学，以实现考古学的科学化，使其成为一门符合科学规范的学科②。

作为广义历史学一部分的考古学到底是传统的历史学还是现代的人类学？

我们的回答是：都不是，考古学就是考古学。从考古学研究中的解读模式与解读对象的关系来看，历史文献记载、人类学概念与理论等都是考古学家借用来解读考古

---

① 李零：《"学无古今中外"是我的一个梦》，人民政协网，2015 年 2 月 2 日，http://www.rmzxb.com.cn/rwsh/jjd/ 2015/02/02/441633.shtml。

② 〔英〕戴维·克拉克著，陈铁梅译：《考古学纯洁性的丧失》，《考古学文化》（2），文物出版社，1989 年。

发现的古代遗存，构建古史叙述的模式，是工具与手段，它们并没有改变考古学的基本特性，即通过考古发现的古代物质遗存来研究古人及其文化。考古学虽然属于广义的历史学的一部分，但考古学就是考古学，既不是传统意义上的历史学，也不是人类学，正如伊恩·霍德所说："考古学既不是历史学也不是人类学，它就是考古学。"① 考古学是一门开放的学科，它会利用一切手段与方法去获取尽量多的历史信息，吸收一切理论去帮助我们解读各种考古发现，建构多元的古史叙述，传统文献记载和人类学理论只是用来解读史料、建构古史的模式来源之一而已。

无论是主张人类学方向的考古学，还是坚持传统历史学方向的考古学，都将考古学视为一门实证科学，认为历史真相可以寻得，只要我们方法科学，就能发现历史真相，接近自在的历史。而我们认为考古学就是考古学，历史文献记载或人类学理论都是解读考古发现的不同模式、建构历史过程的框架，它们虽然有助于考古发现与研究的拓展和深入，提升相关历史问题解读和建构的合理性，但不能证明考古学研究的科学性，保证历史再现的真实性。

第三节　对文献记载与考古发现关系的再审视

从前面提出的考古学研究中解读与建构的模式与对象关系这一新视角来重新审视传统历史学、考古学观念中关于夏商周三代历史研究中文献记载与考古发现的关系，我们就会产生诸多不同于传统观点的新认识，尤其是对被众人奉为圭臬的所谓"二重证据法""三重证据法"。这种新认识将进一步促使我们去反思历史学、考古学的本质特性，颠覆我们对历史学、考古学的传统认知。

一、实证抑或解读：三代考古中的文献与考古关系辨析

三代考古学研究中，从作为解读与建构模式的传统文献记载与作为解读对象的考古发现之间的关系来重新审视夏商周考古的相关研究，就会产生诸多不同于传统观念的新认识。这些新认识将进一步促使我们去反思历史学、考古学的本质特性，颠覆我们对历史学、考古学的传统认知。

多数中国学者认为用考古发现证明文献记载的真实性，修正其中的错误，补充文献记载的不足，完善这段历史叙述是三代考古学的目标。这种"证经补史"式的思维

---

① 〔英〕伊恩·霍德、〔英〕司格特·哈特森著，徐坚译：《阅读过去》，岳麓书社，2005年，第206页。

方式在中国三代以后的考古学研究中占据着绝对主导的地位。这也就是所谓的作为传统历史学的考古学。

我们认为，造成这一倾向与思维方式的原因，大致有以下几个方面：首先，中国有丰富文献记载和强大的历史学传统，我们不可能对这些文献记载和历史学传统视而不见或一概否定。其次，中国考古学是近代历史学中疑古思潮的产物，因此，证史、补史成为考古学的主要学术目标。最后，发达的、占据学术主流地位的考据学传统，包括考据学的方法、思路等对中国考古学研究的目标、思路等有巨大的影响，证经、补史而非建立独立的历史阐释与叙述体系的思路影响到中国考古学的工作目标和思路。

传统史学的倾向对中国三代考古学的定位与发展产生了深远的影响，主要表现为：首先，"证经补史"以考古发现证明文献记载的可信，成为考古学的主要目标。其次，以历史文献记载主导考古发掘与研究，如寻找文献中的古国、古族、古文化，将大型遗址与文献记载的古都结合，以古国、古族和四夷等来命名考古学文化，重视建筑、青铜器的礼制研究，将考古学分期与王系记载相结合，等等。历史文献的古史体系成为解读考古学文化和建构古史的基本体系，如三皇五帝世系、夏商周王朝体系、先商文化、先周文化，等等，进而演绎出中国历史学的信古—疑古—释古—走出疑古时代发展阶段说。

从这个角度讲，关于二里头文化是否是夏文化的讨论就是传统"证经补史"思维的表现。有学者指出："仅以文献记载与考古材料简单的时空对证即可框定夏文化的思维定式的存在。在这一思维模式中，参与讨论的学者基本上不用'可能'、'很可能'一类相对稳妥、留有余地的字眼，而更偏爱'当然只能'、'肯定'、'无疑'一类自信感较强的、排他性的措辞。"[1] 因此，中国学术界一般对于关于夏王朝是否存在的讨论持一种匪夷所思、不值一驳的态度。明明古代文献记得清清楚楚，考古发现又有以高等级大型聚落二里头遗址为中心的二里头文化的存在，且二里头文化所在地域、时代与文献记载多有契合之处，等等。如此给力的证据，夏王朝的存在还用怀疑吗？

不过，如果我们仔细推敲"二里头文化就是夏文化，证明了夏文化存在"的观点，就会发现它并不是板上钉钉的历史真实，只不过是一种中国史学界的主流史学观点，本质上是以文献记载为模式对二里头遗址性质的一种解读与阐释而已。

首先，"从逻辑上看，我们并不能仅由时间与空间的大致吻合，就必然地推导出二里头文化肯定就是夏王朝时期、分布于夏王朝中心区域的、以夏族为主体的人们共同体的文化遗存"。就目前的发现与研究现状而言，还不能用"夏文化"这一复合性

① 许宏：《略论二里头时代》，《2004年安阳殷商文明国际学术研讨会论文集》，社会科学文献出版社，2004年。

的概念来取代作为考古学文化的"二里头文化"这一考古学概念[①]。

其次，传统文献史学关于"夏"之所在本有豫西说、晋南说和豫东鲁西说，目前的考古发现也很难确定，推除了晋南说、豫东鲁西说[②]。

最后，在相关研究中，我们可以发现，过早的文献导向与过多的文献介入，使夏商周三代考古学失去其独立性和中立性，造成文献与考古之间斩不断理还乱的现状。相关考古学文化的命名、分期也因受文献记载的影响而带有某种先入为主的观念。美国学者罗伯特·L.杜朴敏锐地观察到二里头文化的是否存在受到学者头脑中是否存在"夏王朝"观念的影响，他说："分期与文化渊源问题是不可分割的。二里头一至四期应严格地视作一个文化的不同年代阶段，还是其中的几期确实与其他文化连为一体。许多河南学者将二里头三、四期与郑州、安阳已知的商文化相联系，而视之为'早商'遗存。这些文化遗存构成了一个序列：安阳的遗址肯定与晚商的诸王有关；郑州发现的二里岗期被证明是早于安阳文化遗存的阶段；二里头晚期遗存则被视为早于二里岗的阶段。""同样的问题存在于二里头文化的开始阶段。其最早的几期能否与河南龙山文化晚期紧密相连？几处经过充分研究的遗址表明河南龙山文化晚期与二里头文化一、二期是前后相连的。这在密县新砦和临汝煤山表现得最清楚。如果这个典型遗址的各期被分别归入河南龙山文化晚期和早商文化，那么'二里头文化'自己也就消失了！对这些问题的看法，在很大程度上取决于观察者所站的高度。河南田野考古学家的眼光肯定与国外的评论家不同。"[③]

对于中国考古学的文献史学导向的弊端，陈淳总结道："一方面，史学导向使得很多考古工作者完全从史籍中去寻找研究对象和目标，而且将印证史籍看作是最有成就感的工作，或将考古学材料简单地与历史文献对号入座，考古学在人类行为和社会演变方面的研究潜力无形中受到了很大的限制。另一方面，受历史学的价值判断影响，考古学既难以独立发展和更新学科自身的理论方法，也缺乏吸收国际学术最新进展的积极性。"[④]科林·伦福儒也说："我认为过分地倚重纸上材料对于中国考古学来说并不是什么优势。""文字固然相当重要，但是如果认为考古学是用来证实或补充文献

---

① 许宏：《略论二里头时代》，《2004 年安阳殷商文明国际学术研讨会论文集》，社会科学文献出版社，2004 年。

② 沈长云：《夏代起源于古河、济之间》，《历史评论》2020 年第 4 期。

③ 〔美〕罗伯特·L.杜朴著，张良仁译，张立东校：《二里头遗址与夏文化探索》，《夏文化论集》，文物出版社，2002 年，第 566 页。

④ 陈淳：《考古学史首先是思想观念的发展史——布鲁斯·特里格〈考古学思想史〉第二版读后感》，《南方文物》2009 年第 1 期。

记载的话，仅仅作为次要的、辅助的地位，我要说不是这样的，考古学有其独立性。"①

设想一下，如果没有夏商周历史文献记载，我们会利用考古发现讲述一个怎样的历史故事？有相关文献记载，我们所讲的故事又是怎样的？两种会一致吗？

我们常常自认为是以客观的态度来研究考古发现，宣称考古学研究是独立的，考古发现证明了三代相关记载的真实性。但受教育、环境的影响，几乎每个中国学者心中都有挥之不去的由文献记载所构建的古史观念与意识，如夏商周王朝体系框架的预设。我们以文献记载来指导我们的考古工作，解读我们的考古发现，然后又以考古发现证明文献记载的真实性、准确性，彼此之间其实是一种斩不断理还乱的循环论证关系，并由此导致无尽的学术争论。

是啊，考古学家大概都希望以考古发现为中心来书写这一段历史的新版本，但不可否认的是，我们又几乎没有可能摆脱传统文献记载的影响，最终，还是文献史指导下的夏商周考古学，包括"夏商周考古学"这个名字就是来自于文献历史。

那么，我们应该如何正确地对待文献记载与考古发现之间的关系呢？

我们应该首先明确地将考古发现同文献记载严格区分开来，考古的归考古，文献的归文献，以避免互相影响。对于所谓的三代考古来说，首先建立从公元前三千纪到秦统一之间的考古学文化的时空框架体系，如二里头文化、二里冈文化、殷墟文化、丰镐文化等，然后，学者根据自己的研究来处理考古学文化时空框架体系与文献记载的夏商周王朝体系的关系，做出自己的解读，构建自己的关于这一时期的历史叙述体系。

文献记载与来自人类学等学科的理论模式一样，均是解读考古现象、构建古代历史叙述的理论模式，而不是为考古发现定性的唯一依据。从逻辑上看，文献记载与考古发现之间不是互证关系，而是解读模式与被解读对象的关系，考古学家借用文献的相关记载作为模式来解释其所发现的古代遗存的性质与意义，如借用文献中某种有关夏王朝的记载来推测二里头遗址的性质，我们不能以此解读结论又去反证相关文献记载的真实性、准确性。

要想发挥考古学的优势，书写不同于传统文献历史体系的古史叙述，即以考古学重写先秦史，首先要认清束缚我们的传统史学思维，打开我们的思想观念，突破传统历史叙述体系。我们既要受益于古代文献，但又不能受限于古代文献记载和传统的历史叙述。我们不能局限于文献记载，受文献的左右，应该持开放的心态，广泛吸收各

① 陈诗悦：《如果只是通过文字来了解中国，至少会错过一半的故事——伦福儒专访》，澎湃新闻网，2015 年 12 月 30 日。http://www.thepaper.cn/newsDetail_forward_1414796。

种学科的理论和视角来解读考古发现。如果过于坚持文献史学方向和传统的"证经补史"思维方式，只会限制我们的思路和视野，进而损害对考古发现解读的多样性和发挥考古学的优势与特长。

通过以上的讨论，我们知道考古发现与文献记载的关系，本质是考古学家利用了文献记载来解读其发现的意义和价值，文献记载是考古学家解读考古发现的模式之一，但我们往往将这种关系定义为考古发现证明了文献记载的真实性，由此陷入以后世文献记载来解读考古发现，又以考古发现来证明文献记载的可信性的循环论证的怪圈。比如考古学界关于夏王朝与二里头遗址关系的争论，基本上都是首先以文献记载中的"夏"来解读二里头遗址的性质，将二里头遗址定性为夏都城，然后又反过来，以这种解读结果——夏都二里头遗址的存在来证明历史文献中关于"夏王朝"的记载的真实可信性，进而认为要从"疑古"走向"释古"与"信古"。有学者将这一现象视为"考古材料与文献材料之间是一种互相验证的关系"，是原史时期[①]历史研究方法之一。笔者不敢苟同，我们认为这一思路的本质是循环论证，并影响到考古学文化阐释的科学性。它们看起来像是论证，但实际上却是把要论证的结论当成了前提。我们应该认清两者之间的关系！

从逻辑上讲，文献记载的本身有待证明，利用文献记载等各种模式对考古现象的性质与意义所做的阐释也只是某种解读，而不是科学的实证，这些解读不能视作历史证据，更不能又用来反证文献记载的可信性。

考古学文化的解读与历史叙述体系的建构应该是开放的、多元的，除了来自传统文献的夏商周王朝体系，还应该有多视角、多层面的解读与建构。仍以二里头文化的研究与阐释为例，我们除了以文献记载作为模式的传统解读外，也可以采用不同的理论模式对二里头文化做出新的解读，这种解读的探索对我们突破旧的思维方式、理论框架，打破思维定式，促进史学创新具有重要的意义。比如国际著名汉学家艾兰（Sarah Allen）教授避开中国传统文献的夏、商概念和框架体系，引用"文化霸权"和"文化表象"等概念对二里头文化做了新的解读：二里头遗址的重要性在于它最早使用青铜

---

① 注：广义上讲，原史时期（protohistory）是指介于史前时代和历史时代之间的历史时期。Christopher Hawkes 认为"原史"的概念是相对于文献丰富的历史，这一时期已经有一些文书记录，但是这些记录只是一些片断，涉及社会非常少的方面。中国学者一般将中国历史上的夏商周三代划归原史时期。相关定义参见 Hawkes. Christopher, "Archaeological Theory and Method: Some Suggestions from the Old World", American Anthropologist 56: 155-168, 1954; 刘文锁：《论史前、原史及历史时期的概念》，《华夏考古》1998 年第 3 期；钱耀鹏：《中国原史时代论纲》，《文博》2002 年第 2 期；李学勤：《西周文明论集·序》，朝华出版社，2004 年；吴晓筠：《中国的"原史时代"》，《华夏考古》2005 年第 1 期。

铸造礼器。结合二里头时代的文化内涵，可知礼制应初步形成于二里头文化时代，当时，"文化表象"和"文化霸权"很可能已经存在。这种精英文化（elite culture）最早形成于公元前二千纪早期，并以河南偃师二里头为中心，在商代末叶以前确立了在中国大陆的文化霸权。这种"文化霸权"的具体表现为青铜礼器及相关事物，如青铜仪仗兵器、特定类型的玉器、依据甲骨裂兆等。"文化表象"和"文化霸权"也表现在二里头文化、二里岗文化、殷墟晚商文化和周文化的关系上，二里头文化、二里岗文化、殷墟晚商文化和周文化在礼器上表现出极强的传承性。由此，从"精英文化"和"文化表象"的角度讲，延续发展的中华古代文明，正是发端于二里头时代所开创的礼制文化[①]。这种解读避开了考古学文化是夏人还是商人，是夏王朝还是商王朝，是夏文化还是商文化的无尽争论，对我们认识从河南龙山文化、二里头文化、二里岗文化、殷墟文化到周文化的中国古代文化传统的形成、核心特征、历史传承与演变等都有很大的启示意义。

实际上，考古发现与研究显示，二里头遗址和二里头文化在东亚地区的文明形成与发展中占据了关键性地位，奠定了中国独特的礼乐文化传统的基础，在人类文明史上具有世界性标志意义，尽管它是否是文献记载中的"夏"在学术界存在巨大争议。正因为如此，才引起了国内外史学界的高度关注。我们对二里头遗址和二里头文化应该开展扎实的田野工作，并展开全方位的考古学研究与阐释，而不是将主要目标集中于它是否是文献记载中的"夏"，并为之争论不休。

认识到文献只是解读模式的来源之一，文献与考古的关系是一种解读模式与被解读对象的关系，我们就可以利用各种模式对考古发现作多元化的解读，才能突破文献的限制，拓宽视野，解放思想，大胆想象，多学科实现真正的结合，进而活跃中国考古学与历史学研究。

总之，从文献记载与考古发现之间的关系来说，考古与文献的关系是定位于"证经补史"还是定位于"以经释古"，即以文献记载作为释读考古发现的模式之一，两者之间有着本质的不同。前者是文献中心，后者是考古中心；前者的本质是追求一元、求真，后者的本质是强调多元、开放；前者视文献为实录，后者视文献为"文本"。

此外，我们利用文献记载作为模式来解读考古发现的历史意义时，必须具有逻辑的合理性，即两者在时空、性质和文化内涵上存在对应性，"将文献记载的逻辑关系

---

① 彭小军：《艾兰：二里头与中华文明的形成：一种新的范式》，《中国社会科学院院报》2007 年 12 月 4 日第 2 版。

与考古存在背景关系（包括时空、文化性质、聚落结构等关系）作总体地、有机地对应，以求取两者之间更为紧密的逻辑关系"[1]。其中，我们应该特别强调文化遗存及其文化意义的同质性，不能赋予某些文化遗存其所不具有的文化意义来解说其历史价值，进而引申出一系列的结论。例如，哪些考古学文化遗存可以作为象征，来代表政治共同体的认同？哪些考古学遗存可以作为族群认同的象征，视作区分不同族群的标志？我们的许多考古学文化遗存可能更多的是与古人的日常生产、生活和特定环境相关，而与政治共同体或族群认同体的象征关系不大，如作为日用品的陶器。选择不同的古代遗存作为标准，可以划分出不同的考古学文化，如果我们将主要以陶器为标准所划分的考古学文化等同于某种政治体或族群，就存在学理、逻辑上的问题，正如有人所指出的，一个考古学文化可能包括不同的政治体，一个政治体也可能包括不同的区域文化[2]。当代考古学界那种将以物质文化遗存，尤其是主要以陶器特征为标准的考古学文化与具有制度文化层面、思想观念和主观认同层面为基本特征的政体、族群作简单的对应，是很值得商榷的，更不能导出考古发现证明文献记载可靠的结论[3]。

最后，我们还要特别强调，文献记载在被作为模式使用时，应首先将之视为"文本"来审视和批判，认清其时代性、建构性和流传过程中的诠释和再诠释过程。科林·伦福儒说："我对文献资料固然很重视，但是书写是经常被扭曲的，它们是由那些希望表述自己观点的人写成，它们由希望证明自己合法的权力者写成的。"[4] 如果我们不能认清文献的"文本"特性，文献记载就会误导我们。

当然，我们也必须承认，来自同一文化区域，距离遗存形成时代更近的文献记载，即使具有文本性，但还是提供了更可信的解读模式和相关背景（context），因而更具有权威性。

二、"二重证据法"之检讨：二重证据抑或 解读模式与解读对象关系

讨论作为解读模式的文献记载与作为解读对象的考古发现之间的关系，我们自然

---

[1] 何驽：《文献考古方法论刍议》，《华夏考古》2002 年第 1 期。

[2] 徐良高：《中国三代时期的文化大传统与小传统——以神人像类文物所反映的长江流域早期宗教信仰传统为例》，《考古》2014 年第 9 期。

[3] 徐良高：《文化理论视野下的考古学文化及其阐释（上、下）》，《南方文物》2019 年第 2、3 期。

[4] 陈诗悦：《如果只是通过文字来了解中国，至少会错过一半的故事——伦福儒专访》，澎湃新闻网，2015 年 12 月 30 日，http://www.thepaper.cn/newsDetail_forward_1414796。

不能回避"二重证据法"或"三重证据法"这类被史学界奉为圭臬的方法与理念。它被视为实现古史研究实证科学化的黄金法则。

王国维的《殷卜辞中所见先公先王考》和《殷卜辞中所见先公先王续考》[①]发表后，轰动学术界，被认为是开启甲骨学研究的"脉络或途径"以及"研究商代历史最有贡献的著作"，"不仅为王国维一生学问中最大的成功，亦为近代学术史上的一大盛事"[②]。王国维自称他的考证方法为"二重证据法"，即以"地下之新材料"补正"纸上之材料"。他还把这一方法应用于考证商周金文、敦煌遗书和汉晋木简等方面。王氏的"二重证据法"本是指地下出土文字资料与传世文献记载之间的互证，但后来地下文字资料被扩展到地下一切出土实物资料。陈寅恪总结王氏之学为"一曰取地下之实物与纸上之异文相互释证，二曰取异族之故书与吾国之旧籍互相补正，三曰取外来之观念与国有之资料相互参政"。他说王氏用的实是"三重证据法"[③]。自此以后，二重证据法被中国史学界奉为不二法门。[④]

在王国维学说的基础上，许多历史学者将更多的其他学科成果引入古史的研究中，衍生出三重证据说、四重证据说。如王煦华提出顾颉刚用的是"三重论证"的观点，他在为顾颉刚《秦汉的方士与儒生》一书所作的导读中说："所以顾先生的疑古辨伪用的是三重论证：历来相传的古书上的记载，考古发掘的实物材料和民俗学的材料，比王国维又多了一重。因此他的疑古辨伪是既大胆又严谨的。"[⑤]徐中舒说："我研究古文字和先秦史，常以考古资料与文献相结合，再参以边地后进民族的历史和现况进行互证。由于观察思考方面较广，易得其实。"[⑥]有学者据此说徐中舒提出了"古史三重证"[⑦]。苏秉琦也说："实现考古、历史与民族三学科的结合，定将大大提高认识过去和预见未来的能力。这无疑是三个学科的共同责任。"[⑧]

多重证据说成为近代中国新史学发展的标志性新方法、新思维，似乎不同学科的内容就是不同的证据，这类证据越多重，越能找到历史的真面目，历史学也就实现了

① 王国维：《观堂集林》，中华书局，1959年。
② 陈清泉、苏双碧、李桂海等：《中国史学家评传》（下册），中州古籍出版社，1985年，第1220页。
③ 陈寅恪：《王静安先生遗书序》，《金明馆丛稿二编》，上海古籍出版社，1980年，第219页。
④ 我们认为，虽然有西方实证主义史学的影响因素，但"二重证据法"的提出明显还是传统证经补史的考据学思路的产物。当然，中国传统考据学与近代实证主义史学有相似之处。有关这一点，已有梁启超等多位学者论及。
⑤ 王煦华：《秦汉的方士与儒生·导读》，上海古籍出版社，1998年，第5、6页。
⑥ 《徐中舒历史论文选辑·前言》，中华书局，1998年。
⑦ 周书灿：《谁是"古史三重证"的提出者》，《中国社会科学报》2010年2月11日第4版。
⑧ 苏秉琦主编：《考古学文化论集（一）·序》，文物出版社，1987年。

实证科学化。

　　我们应该肯定"二重证据法"或"三重证据法"是近代史学科学化的重大发明，也是考古学兴起后的必然结果，在中国史学从传统历史学转向现代史学的过程中发挥了重要作用，如改变了传统的王朝政治史视角和思维方式，大大拓展了史料的范围与内涵，纠正了传统文献史料中的诸多问题，等等。在近代中国社会背景下，文献历史学、考古学、人类学等多学科成果相结合在追求史学的实证化，重构民族主义的中国古史叙述体系以满足时代的需要上确实发挥了重要的历史作用。

　　但从学理上来反思这一史学研究方法，如果我们一定要认为"二重证据法"或"三重证据法"是史学科学化的重要保证和不二法则，中国历史学从此就走向了实证科学的道路，进而走出"疑古"，实现"信古"，即再现历史真实①，可能就过于自信和不识历史学的真面目了。

　　针对"二重证据法"的问题，乔治忠指出：王国维提出的"二重证据法"主要依托于他利用甲骨文字对商代诸王世系的考订，在方法论上根本算不得"二重证据法"。因为他实际运用的乃是甲骨片上的文字记录，既然是文字记载，就与古籍记载实际属于同一性质，不过更加可信而已。因此，王国维之"二重证据"，如果参照他的史学实践予以准确地解读，应当是"纸上之文字材料"与"地下之新文字材料"，它们都是文字史料。后来中国史学界对"二重证据法"不断推崇和发挥，将它引入考古学领域，将器物、遗迹等与古籍文献的记载对接，结果导致研究方法和结论上复杂而严重的混乱。用"二重证据法"令考古来印证古籍，不仅穿凿附会，而且挑挑拣拣、各取所需，还常常会想不周到，顾此失彼。这样搞出的古史新证，鲜不成为秽史。所以，他认为"二重证据法"的滥用，正是一种将考古学装入古籍记载框架的错误方法，应当及早摒弃。以考古发掘的实物、实迹，经科学的分析，摆脱种种纠缠，独立地重建中国远古文明发展的历史，是当今历史科学之要务②。

　　日本学者西山尚志以卡尔·波普尔的批判性合理主义为基础，对"二重证据法"也进行重新审视，他认为"二重证据法"无法被证伪，在逻辑上也有问题。二重证据法所导出的结论总是正确的（即不可证伪的），所以二重证据法是"非科学"的理论③。

---

① 李学勤：《走出疑古时代》，长春出版社，2007年，第10页。
② 乔治忠：《王国维"二重证据法"蕴义与影响的再审视》，《南开学报（哲学社会科学版）》2010年第4期。
③ 〔日〕西山尚志：《我们应该如何运用出土文献？——王国维"二重证据法"的不可证伪性》，《文史哲》2016年第4期。

这些对"二重证据法"学理与滥用的批评皆有其合理性，但我们认为尚未触及问题的本质。

所谓"二重证据"本应该首先是每种证据都是客观真实和各自独立成立的。对于历史学来说，二重证据法的假说前提应是：一方面，来自文献记载的证据具有无可争议的真实性；另一方面，考古发现的古代遗存也具有自显的真实而准确的年代与性质认定，无须借助文献记载来推定其年代和解读其性质。唯有如此，文献记载与考古发现才是彼此独立的具有科学性的证据，这两种证据在相应的历史年代、地域与文化属性等方面的契合就构成了二重证据。

在近代实证史学向现代，甚至后现代史学转变的时代思潮下，我们来重新思考多重证据说，深入思辨其中的学理、逻辑，我们可以发现，文献记载、人类学知识与考古发现之间虽然确实存在密切关系，但文献记载、人类学相关知识与考古发现之间不是平行互证的多重证据关系，而是解读、建构模式与解读、建构对象之间的关系。地下证据与地上证据之间、文献记载与考古发现之间，表面上似乎是相互独立的，但实际上往往是相互依存的循环论证关系——文献记载阐释了某考古发现的性质与时代，然后又以该断代与阐释的考古发现来反证文献记载的可信性，彼此之间根本不是相互独立的二重证据，而是"互证""共谋"。其他的所谓三重证据、四重证据，本质上也是如此。

在历史学研究中，我们常常见到这种现象，即当代相关理论假说先被用于解读古代文献记载与考古发现等史料，并建构出某种古史陈述版本；反过来，我们又用这种历史陈述来证明、支持当代的相关理论观点的合理性。

首先，考古发现的物质形态的古代遗存虽然是客观存在，但它们自己不会说话，必须通过考古学家的解读，确定其年代，推测其性质和社会意义，然后才能在重构古史中发挥作用，成为史学研究中的史料。在有文献记载的时期，文献记载无疑为我们解读这些考古发现提供了重要的一类理论模式，正如前文所举各种例证。

其次，甲骨文、金文等地下出土文字资料与流传下来的文献记载之间的关系也是解读对象与解读模式的关系，即通过文献的相关记载去研究甲骨文、金文的意义与性质，解读其中的历史信息。例如，晋侯墓地出土的青铜器铭文中有许多晋侯的名字。这些名字的含义是什么？蕴含什么样的历史信息？我们必须借助《史记·晋世家》等相关文献记载中西周历代晋侯的名字来解读。

除此之外，考古发现的文字资料往往只字片语，本身意义不明，只有通过文献将它们相互串联起来并与文献中的相关历史事件、人物联系起来，才能赋予其意义和价值，如凤雏甲骨中祭祀"成唐"的卜辞被解读为成汤就具有了特定的历史学价值，由此引申出更多的相关历史解读与想象。这本质上是一种解读和建构，而与"二重证据法"无关。

最后，当代人类学知识也被考古学家拿来作为解读考古发现历史意义的理论模式，尤其是对于缺少文献记载的史前时期考古学，几乎完全依赖人类学的相关知识，甚至由此引出"考古学到底是人类学还是历史学"的争论。这类人类学理论的应用，考古学家实际上是在潜意识中接受了人类文化单线进化论的假说前提，而没有考虑到这些人类学理论是否具有普适性。如果考虑到人类文化的多元性、复杂性、变化性，文化现象、物质遗存的相似性并不一定代表其背后的本质和人类行为、观念的一致性。因此，人类学知识也只是一种供我们解读相关遗存、现象，重构古史叙述的模式，以及支持我们解释的某种理由，而不是发现历史真相的证据。

总之，二重证据法或三重证据法本质上是历史学家利用历史文献记载、人类学知识作为模式来解读某些考古发现，建构某种历史叙述的研究方法，是历史学家利用多种资料来支持自己提出的解释与假说，而不是这些不同方面资料证明了历史学家所提观点的正确性，即揭示了历史的真相。

如果考虑到文献的文本性，即文献记载及各种注释形成过程中人为因素的影响，问题就更复杂了。

从文献的文本性来讲，所有文献都是文本，都受话语权的左右和作者主观性的影响，不同时代的文献反映的是不同时代或不同作者对历史的解读与建构，彼此一样，都具有文本性，越早的文献记载也未必越具有准确性。比如，古代《诗经》中的"雅、颂"、甲骨文的祖先祭祀系统都是通过创业历史的回顾和对创业中伟大人物的歌颂、祭拜，以弘扬丰功伟业，证明权力的合法性，凝聚群体，保持传统。这类的文本、表演因为强烈的政治功能和目的性，必然会对创业的过程、事件和人物进行有目的的选择与放弃、突出与忽视、神话与妖魔化、褒誉与贬低、夸大与缩小、附会与转嫁等方面的加工，并非完全客观的历史实录。

西山尚志说，"二重证据法"存在的问题：①没有设想出土文献的记载有"伪"；②没有考虑出土文献与传世文献的记载不一致的场合；③即使出土文献与传世文献的内容一致也不能"全为实录"①。我们认为，他触及了问题的要害。无论是考古发现的文字记录，还是流传数千年的文献记载，都是一种文本，均具有作者的建构性。例如，甲骨文的商王世系是商王室认定的商王世系和正统，本身是否具有神话附会的部分？甲骨文的商代王系，就像《诗经》《左传》等书中相关先公先王丰功伟绩的记载，首

---

① 〔日〕西山尚志：《我们应该如何运用出土文献？——王国维"二重证据法"的不可证伪性》，《文史哲》2016 年第 4 期。

先是一种商、周王室官方的口传历史，是商王室建构的自我发展、走向辉煌的历史，不过是当时的官方历史陈述而已，是历史陈述文本之一，并不天然具有不可置疑的真实性。正如我们所知道的，后代编修家谱广泛存在对自己家族来源的神话和附会，如李唐王室对老子李聃的附会。

从出土文字记载与传世文献的关系来看，它们彼此之间有时也是一种早期文本和晚期文本之间的关系，即相同的历史记载，甲骨文、金文的记载是早期文本，文献记载是流传下来的晚期文本。例如，在西周遂公盨铭文中已有大禹治水的记载，有关大禹治水的记载也多次出现在晚期文献中，遂公盨铭文与后来的文献记载属于有关大禹治水传说的早晚文本。这些文献只是证明关于大禹治水的传说在西周时已经存在，流传有自，历史悠久，但并不能通过这类所谓的"二重证据"证明大禹治水就是信史。杜勇说："关于竹书内容的真伪问题，首先需要在认识上走出一个误区，即不能因为清华简是出土文献，就认为它所记录的一切都可信为真。其实出土文献与传世文献一样，其真实程度和史料价值如何也是需要认真加以鉴别的。文字的错讹自不必说，而史事的可靠与否尤须分辨。如果认为凡出土文献其史料价值都高于传世文献，可以照单全收，或者遇到史事与传世文献相异或矛盾之处，即以出土文献为依归，这都不是科学的态度。譬如，《尚书》头三篇即《尧典》《皋陶谟》《禹贡》不好说成是尧舜时代的著作，那么，来自地下的战国竹简本《尹诰》《说命》《耆夜》《保训》诸篇，是否就可以不加论证地视为商周时期的作品呢？如果作品的制作年代与它所反映的史事年代存在相当距离，又当如何评估其史料价值呢？"[1] 因此，即使地下出土文字资料与流传千年的文献记载一致，也不等于历史真相的再现，只不过是说明后世文本流传有序，较好地保存了原初文本的面貌而已。况且大部分早期历史陈述版本在流传过程中因为语言、文本的变化都发生了很大的变化，如晋侯墓地出土青铜器铭文中各代晋侯的名字与文献，如《史记·晋史家》的记载差别很大，几乎无法互相对应。

当然，较早期的文本，在时间上与历史上发生的真实事件更接近，能更直接地反映那个时代作者的立场、观念、认知和目的。后来的流传文献或后世假托前世的文献离它们记录的历史更远一点，是一种反映这些文本创作者和他所处时代关于古代历史的立场、观念、认知和目的等。两者谁更接近历史的真实？有人说"最接近事件的证人是最好的证人"，但也有人说"当局者迷，旁观者清"，谁更有理？也许，我们将早期文本与晚期文本都视为史家建构的历史叙述文本更合理。

文献和训诂研究中的"互证"和"越早越可信"原则是否能保证历史文献的真实

---

① 杜勇：《清华简与古史探赜·绪论》，科学出版社，2018年，第3页。

性与客观性呢？答案是否定的。

首先，多条记载互见并不能证明所记内容为"真"，因为有很多种原因导致同一内容的多处记载，如传抄、引用等。在真假对错判断上，一条记载与多处记载是平等的。例如，以商代晚期都城——殷墟为例，多条文献记载都不在安阳一带，而记载其在安阳洹水南的仅有一条晚期文献——《史记·项羽本纪》"项羽乃与期洹水南殷虚上"。裴骃集解："《汲冢》曰：'殷虚南去邺三十里'是旧殷虚，然则朝歌非盘庚所迁者。"

其次，关于"越早越可信"的原则也是一种未经学理检讨的想当然。

正如前面所述，关于"疑古"与"走出疑古"、"多重证据"、考古新发现等与再现历史真实之间的关系，都是假设这些越早的史料越能反映真实客观的历史。如此，发现并判断历史的真相就变成一件简单的事情——以最早的史料为准。历史学研究也就变成了一件简单的事情——努力发现最早的史料即可。岂不知，无论多早的记载与历史遗存，哪怕是与历史事件同时代的文献记载与遗存也是一种文本，都具有创作者和记录者的主观性，同时对这些文本和历史遗存的解读又具有时代性和个性。

从这些意义上讲，只有不同时代、不同史家对历史的解读与建构，我们不可能再现自在的历史，也无法验证各种关于历史的研究、论述、陈述与复原是否是历史的真相。

不过，从另一个角度看，如果我们能通过比较纸上文字和地下文字之异同，研究记载同一历史事件的不同文本的流传、变化状况，分析其背后的原因，在学术上倒是很有价值。正如有学者提出的："出土文献往往能够提供比传世文献形成时间更早、形式和内容更加原始的文本，因而可以印证和发展史料批判的方法。""史料批判将历史文本看作有目的、有倾向'书写'的结果，过去直接从史料得出的一些'史实'，随着史料文本的解构一起遭受质疑乃至否定；在完成文本解构之后，再重构史料与史实的关系，即通过研究史料的形成与结构，分析作者意图以及写作背后的权力投射。"[①]

例如，还是关于夏禹的传说，受周人天命观及重德思想的影响，在《诗》《书》《遂公盨》等西周文献中，夏禹神话的主要内容是"平水土、名山川"。春秋时期思想文化的发展表现为世俗的政治理性、道德理性与以神灵祭祀为核心的宗教意识的抗衡，以及神本信仰和人本理性的紧张，体现着人文精神的跃动。受此影响，夏禹的神格逐渐向人格转变。《左传》《国语》《秦公敦》《齐侯钟》等记载了此阶段的夏禹神话。此时，"九州"观念的出现、"禹画九州"的神话、春秋贵"让"与禅让传说的兴起、禹会诸侯传说等，成为夏禹神话新的内容。战国中后期百家争鸣，多元并起，夏禹神话也多元并起，以《山海经》、《楚辞》、诸子文献、郭店楚简与上博简等战国竹书

---

① 陈叶军：《出土文献与传世文献互为补益》，《中国社会科学报》2014 年 8 月 20 日第 A02 版。

为中心的文献记载，体现了夏禹神话丰富多彩的人文面貌。同时，夏禹神话开始向次生态演变，出现系统化、政治化、历史化、哲理化倾向，如夏禹谱系的形成，禹的德政传说，尧、舜、禹成为君臣关系，禹的征伐传说等就是很好的例子。秦汉时期，夏禹神话存在多态性。汉代是夏禹神话传播的黄金时期，也是夏禹神话的基本定型阶段，大禹传说逐步定型与统一，大禹传说的真实成分越来越少。汉代夏禹神话不仅文献记载丰富，而且载体形式多样，特别是汉代的画像石，让夏禹神话以图像的形式栩栩如生地呈现在人们面前[①]。

第四节　模式的相对性分析

关于史学解读与建构理论模式的相对性，我们可以从模式本身和模式适用性两个方面来讨论。

一、模式自身正确性的相对性

在史学研究中，我们借用来作为解读考古发现与历史现象，建构古史叙述的理论模式本身并不是绝对正确的真理，其正确性与可信度都具有相对性。

第一，常识与经验不是科学真理。

常识与经验构成我们认知体系的重要组成部分，是我们判断和行动的基本依据。我们对常识一般都很自信，"这是常识"，"按照常识，我们认为怎样怎样"成为我们的口头禅。但这些常识就绝对正确吗？是经过检验的科学知识吗？有统计数据的支撑吗？不是，常识未必就是正确的知识，我们头脑中的大量"常识"是似是而非和靠不住的，往往是口口相传的经验或个人的体验，或者是有条件成立的，而且常常具有时代性，还会受到我们所处文化背景的影响。

许多常识、经验未经或经不起科学实验的检验。在 Discovery 探索频道播出的美国科普电视节目《探索·流言终结者》通过科学实验对我们日常生活中的大量常识进行了验证，结果发现许多常识是经不起检验的，有些常识则是有条件成立的，不具有普适性。例如，流沙真的能够把人吸入无底洞吗？否。一枪能把人打飞吗？否。酒后用冰水激脸可以解酒吗？否。红布惹怒公牛？否。如此等等。甚至许多流言经过多次实验，

---

① 周书灿：《大禹传说的流变与整合》，《文史》2011 年第 1 辑；杨栋：《史实推动夏禹神话创生演变》，《中国社会科学报》2014 年 1 月 10 日第 A08 版。

反复被否定或肯定,如下雨时走路淋到的雨会比跑步的人少吗?原结果是"流言破解",旧案新解则是"流言证实"。用子弹射击油箱会引发爆炸吗?原结果是"流言破解",旧案新解则是"流言证实"。

著名的"黑天鹅事件"理论告诉我们:你不知道的事比你知道的事要多得多,我们的常识往往是有局限性的阶段性认识。但人类总是过度相信经验,而不知道一只黑天鹅的出现就足以颠覆常识。

因此,我们的经验和常识往往不可靠,常常欺骗我们,英国著名物理学家史蒂芬·威廉·霍金说:"我们一世为人被教导很多常识,但常识往往只是偏见的代名词。"科学的进步往往就是打破常识的结果,如哥白尼的日心说推翻了传统的地心说,伽利略在历史上首次提出并证明了同物质同形状的两个质量不同的物体下降速度一样快的理论,推翻了亚里士多德"物体下落的快慢不一样,下落速度和它的重量成正比,物体越重,下落的速度越快"的学说和一般人的常识。"科学不是别的,它实在是违反常识的一种思路,是对司空见惯的事物投以新的一瞥。"①

从个人感受和经验来说,但凡有一点社会阅历的人都深知人性的复杂,对于同一现象、同一事物,不同的人之间往往会有不同的看法与感受。同时代人尚且如此,何况不同时代、不同文化背景的今人与古人之间。那种以为所有人对于同一件文物,同一处遗迹,都具有一致的感受和看法的想法,只是一种想象的假说而已。

第二,古代文献的文本性带来相对性。

文献作为文本,其本身在形成与流传过程中充斥着各种偏见、选择性记录、以讹传讹、编造杜撰、权力操控、自以为是和过度的诠释与演绎,等等,对于这些,我们在第二、三章已经予以了充分的讨论,在此不再赘述。

以这些具有明显文本性的文献记载作为模式,来解读考古发现,必然带来解读的相对性,我们又怎么能肯定我们的结论再现了历史的真相?

例如,考古学家用于解读龙山时代考古学文化区系类型的"九州",在文献中就有不同的记载,其中《禹贡》记载为"冀、豫、雍、扬、兖、徐、梁、青、荆九州",《尔雅·释地》有幽、营而无青、梁,《周礼·夏官·职方氏》有幽、并而无徐、梁,《吕氏春秋·有始览·有始》有幽无梁。至于《禹贡》所记载的"九州"等内容,有学者认为:"《禹贡》是一份宗教篇章,也是一份对政治空间蓝图的系统表述。它阐述的是一种辐辏结构的王权理想——政治秩序应当如此,而并非对社会现实的历史性描述。"②

---

① 赵鑫珊:《科学、艺术、哲学断想》,生活·读书·新知三联书店,1986年,第66页。
② 李旻:《重返夏墟——社会记忆与经典的发生》,《考古学报》2017年第3期。

　　同样，关于文献记载中的"夏"，首先，夏是否存在，夏的历史到底是怎么一回事，就存在巨大争论。顾颉刚提出禹的历史记载是层累地形成的；陈梦家以地理、继统法、帝王名等几项标准为根据，提出夏世全由商世分出的观点，否定夏代的存在[①]；杨宽认为"夏史传说之由周人辗转演变造成"，即否定夏的存在，认为夏的传说是周人逐步捏造出来的[②]。再就夏代都城的所在地和夏人的活动中心地域而言，夏代早期的都城和夏代早期的活动中心地区，目前至少有"豫西"说、"晋南"说和"豫东鲁西"说几种不同的说法，难有定论。所以有学者总结道："既然什么是夏民族，我们都弄不清楚，那么将夏文化定义为'夏王朝时期夏民族的文化'，显然容易令人困惑。"[③]文献记载的"夏"是否存在，活动于何处，内涵和外延是什么，都有巨大的争议，以"夏"来推测二里头遗址及二里头文化的性质和历史意义，怎么可能是证实了"夏"的存在呢？将二里头遗址与二里头文化推测为夏都和夏文化，只能说是我们选择相关文献记载作为模式对考古发现的古代遗存所做的一种解读而已，是对考古学文化的一种阐释。但这种阐释是否过于简单，在学理上是否成立，逻辑上是否合理，都很值得深入讨论。

　　第三，每一种科学理论都是阶段性认识。

　　人类学也好，其他各门学科也好，它们所使用的概念与提出的理论，都是学者的建构，既不具有绝对的客观性和正确性，也不是终极的定论，而是随着学科的发展不断被更新。当我们选择了某种理论，也就同时选择了蕴含其中的假设与偏见，正如古斯塔夫·勒庞在《乌合之众：大众心理学研究》前言中所写："属于某个学派，必然会相信它的偏见和先入为主的意见。"[④]

　　从学科概念与理论变化的角度看，每一门学科都在随范式的变化而不断提出新的概念和理论。比如，"作为原始社会假说三大支柱之一的图腾论，20世纪以来在中国学界传播，如今已非常流行。而亚当·库伯却尖锐地指出这种理论是19世纪末早期人类学家在不完整地占有资料的情况下编造出来的，在20世纪初已经被否定了。""而在我国，早已过时的图腾论仍然在理论界和文史研究中扮演着显赫的角色。这种理论滞后的时间差就是因为我们对西方人类学新进展知之甚少。古典进化论派的观点通过马列著作而广泛传播，至今在中国学术中仍然有着决定性的影响。"[⑤]又如，

---

①　陈梦家：《商代的神话与巫术》，《燕京学报》（第二十辑），1935年，第491—494页。

②　杨宽：《说夏》，《中国上古史导论》，上海人民出版社，2016年。

③　王震中：《夏史和夏文化研究的魅力与困惑》，《中国社会科学报》2009年9月24日第5版。

④　〔法〕古斯塔夫·勒庞著，冯克利译：《乌合之众：大众心理学研究》，中央编译出版社，1998年。

⑤　叶舒宪、彭兆荣、纳日碧力戈：《人类学关键词》，广西师范大学出版社，2004年，第53页。

过去，我们普遍认为人类早期社会经历了从母系社会到父系社会的发展过程，我们也是以这种理论来解释半坡、姜寨、元君庙等古代聚落遗址和墓葬，并构建中国新石器时代社会发展史叙述的。但民族志调查显示，多数传统社会采用父系制（即实行从夫居，并按父系组成血缘群体），并不存在社会结构越简单原始越可能采用母系制的倾向，像澳大利亚和新几内亚土著的社会形态相当原始，而且与主要文明长期隔绝，但都采用父系制。新的压倒性证据显示，在直到现代之前的整个人类历史上，父系制始终是主流和常态，母系制只是特殊条件下的例外。父系制的历史甚至可以追溯到人类与黑猩猩的共同祖先，因为黑猩猩、倭黑猩猩乃至亲缘更远的大猩猩，都是从夫居的。除了民族志材料，对晚期南猿和尼安德特人的化石同位素分析也显示，这两个社会很可能都是从夫居的。因此，没有证据表明人类早期曾有过一个普遍采用母系制的阶段。

二、模式适用性的相对性

作家刘震云记载了这么一件亲身经历，对我们思考这个问题很有启示。

1993 年，有两个德国朋友随他回河南老家，与他外祖母有一番对话。那年他的外祖母九十三岁。两个德国朋友一个叫阿克曼，一个叫威兹珀。外祖母问阿克曼："你住在德国什么地方？"阿克曼："德国北方。"外祖母又问威兹珀："你呢？"威兹珀："南方。"外祖母以他们村庄间的距离丈量后，感到奇怪："那你们是怎么认识的？"阿克曼非常幽默："赶集。"外祖母明白了。接着又提出一个政治问题："德国搞没搞'文化大革命'？"两个德国朋友摇了摇头。外祖母："毛主席让搞，你们为什么不搞？"阿克曼又幽默地答：德国人比较笨，毛主席说的湖南话，他们没听懂。外祖母想，没听懂就算了。又问："德国每个人划多少地呀？"阿克曼虽然精通中文，但弄不清"亩"和"分"的区别，答："姥姥，八分。"外祖母大惊，从椅子上站起来，拄着拐棍，着急地说："孩子，你这么高的个头儿（阿克曼身高两米），怕是吃不饱。"阿克曼想了想，自己每天也能吃饱，接着意识到自己答错了，忙纠正："姥姥，不是八分，是八亩。"外祖母松了口气，接着又发愁："一人八亩地，活儿有些重呀，你媳妇儿肯定受累了。"分别的时候，两个德国朋友拉着他外祖母的手，有些不舍①。

当今全球化时代，不同社会环境、不同文化背景的人们之间尚难互相真正理解，

① 刘震云：《俺村、中国和欧洲》，《散文选刊》2010 年第 8 期。

何况今人与古人之间。可以推想，贯通古今，实现对古人世界的真正了解有多难！我们如何可以自信地认为凭借只字片语、残砖片瓦就可以理解古人，再现古人的真实世界呢？一切历史都是当代史，我们所理解、所陈述的历史是我们认知体系内的历史，并不是自在历史的本来面目。

除了模式本身正确性的相对性，模式的应用也要考虑到适用性的相对性问题，即各种基于当代认知的模式是不是在古今不同文化中都具有普适性？

模式应用的普适性前提设定是实证主义史学，包括新考古学的基本前提，即不同文化、不同时期的人类思想和行为都遵循同样的模式，因此借用基于当代认知的模式，可以读出古代物质遗存和历史现象背后的人类同样行为方式和思想观念，即历史真相。但如果我们仔细分析其中的学理与逻辑，就会发现这种前提设定是值得怀疑的，甚至是不成立的。同样模式在不同时代、不同文化背景中的适应性只具有相对性。

第一，人类经验与常识的适用性问题。

前文我们记述了在丰镐遗址工地上发生的一件事：老王做饭与小王风格不同，前者刀功粗糙，口味较重，后者刀功较好，口味清淡。一天早餐，大家一致结论是小王做的，因为菜切得细，口味清淡，符合小王的做菜风格。结果一问，大家都错了，早餐是老王做的。原来，前天晚上，老王听到大家对饭菜的议论和口味偏好，主动作了改变，有意识地将菜切细了，口味放清淡了。

这一例证生动地告诉我们：经验并不总是靠得住的，推论只能是推论，不一定是真相。

从经验和常识的适用性来说，经验和常识的正确与否常常是具体的、有条件的，在特定时空、文化背景条件下正确的常识、经验，在另一个背景条件下可能就不成立。比如，我们一般的常识是晴天要比雨天暖和，但加拿大温哥华的冬季，雨天反而比晴天温暖些。

心理学中有一种"心理预设"之说，这是一种存在于人心里的潜在预设，影响到人的思维方式，如定势思维、定型思维等。定势思维是用已有的知识经验来看待其他问题的一种心理反应倾向，也叫思维定式或心向。心理定式效应常常会导致偏见和成见，阻碍我们正确地认知他人。定型思维是指在人们头脑中存在的关于某一类人、事的固定形象，定型是人们以往经验的反映。我们头脑中的定型思维多得数不胜数，不同年龄、不同职业、不同社会地位、不同籍贯、不同民族、不同性别的人，在人们头脑中都有一个固定形象，如知识分子是戴着眼镜、面色苍白的"白面书生"形象，农民是粗手大脚、质朴安分的形象，山东人常被认为豪爽正直且能吃苦耐劳，等等。

我们常常会自觉不自觉地根据自己的定势思维、定型思维去分析研究对象，但每个人、每个言行都是具体的、独特的，相似的言行未必蕴含相似的文化意义。以我们的经验和印象为依据去认识具体的、独特的、千差万别的古人及其行为方式，只能是我们自己的分析与判断，未必是古人及其行为的真面目。

从常识的角度看，人类的常识也不是共通的，不同时代、不同文化可能有不同的常识，我们的常识未必是他人的常识。那种认为基于自己的经验和常识而做出的推测是正确的结论，其前提条件是建立在古今文化彼此具有同质性的假设之上，忽视了文化的差异和多元。

人类学研究显示，"对我们来说是'常识'的东西，对于'他们'来说或许并非常识。然而不同文化中的常识可能是不同的，如对阿桑达人（Azande）来说，当发生某些不幸的事情时，去巫医或者占卜者那儿并弄清到底谁应该对隐藏其后的巫术负责是一种常识。""'民族中心论'认为自己文化的价值观和态度是常态的和普遍的原则。例如，假设巫术信仰是'缺乏理性的'就是一种民族中心论，因为它假设了西方的逻辑是惟一的理性形式。"[1]同样，秦汉时期，天人感应和神仙世界的存在是大家普遍接受的常识，所以才有从秦始皇到汉武帝对长生不老药的不懈寻求，魏晋士人中盛行的炼丹服药风气，汉代墓葬、画像砖、铜镜等遗迹遗物上关于天上人间、东王公、西王母等的描绘，就连《史记》中也记载了高祖斩蛇、各种天启异象，这说明司马迁也是部分相信的。

中西医属于两种不同的认知体系，为中国传统文化和西方文化带来不同的常识。如按照中医"食物相克"的理论，"猪肉菱角若共食，肚子疼痛不好受；牛肉栗子一起吃，食后就会发呕吐"是流传甚广的民间谚语。但按照现代科学实验的结果，食物相克的说法是不成立的[2]。中国人的大人经常不让小孩喝冷水，原因是怕"闹肚子"，女人生理期、"坐月子"期间更是不能接触凉水，这在中国民间都是基本的常识。但美国人任何时候都喝冰水，无论天热还是天冷。美国小孩发烧了，父母或医生会扒光孩子的衣服，甚至在孩子身上涂酒精，加快散热。可是中国父母会给孩子穿更多的衣服，防止进一步"着凉"。这些都是文化不同、常识也不同的表现，进而导致行为的差异。

同一事物在不同文化中的象征含义和观念表达不同，这也属于常识的差异。例如，

---

① 〔英〕马修·约翰逊著，魏峻译：《考古学理论导论》，岳麓书社，2005年，第90、91页。

② 李金金：《科学实验推翻食物相克说》，《北京青年报》2010年1月18日第C4版。

在中国传统文化中，以红色象征喜庆，以白色象征哀丧之事，所以结婚主红色调，丧葬主黑白色调，这是中国文化的常识。西方文化则不同，以白象征纯洁，婚礼以白色调为主，这是西方文化的常识。

不同社会背景，常识往往也不同，而我们常常发生张冠李戴的理解错误。我们曾经批判资本家宁将剩余牛奶倒掉也不给穷人的现象，将之作为资本家贪婪成性，不顾穷人死活的典型例证，暴露了资本主义的邪恶本质。贫困时期的中国人非常能接受这种解读，认为这就是暴殄天物，富人不顾穷人的死活。但改革开放后，我们有了相似的经历，出现了同样的现象，我们终于明白，农场主倒掉牛奶的原因是多种多样的，既可能是农场主生产了过剩的牛奶，超过社会总需求，没有市场或市场奶价低得不足以抵消相关牛奶的加工、运输费用，因此不得不倒掉牛奶，农场主也承受了巨大损失；也可能是因为牛奶的使用日期和品质有严格规定，过期牛奶必须倒掉。原因是多种多样的，要具体问题具体分析。过去我们的理解和批判是简单化的，甚至是错误的，是基于阶级斗争立场的偏见、误解。

公元前 638 年，春秋之时，宋楚泓水之战，宋襄公不乘楚军半渡而击，直到楚军"鼓而成列"才开战，结果被楚军打败，自己重伤。后人多讥笑宋襄公的迂而蠢，岂不知春秋之前的战争主要是贵族之间的战争，是要遵循一定的礼仪规矩的。宋襄公只不过是遵循了当时社会的一般游戏规则而已。后人已不知道这些游戏规则的存在，只以自己的常识与行为标准来看待宋襄公的行为，讥笑其迂蠢，正如《淮南子·氾论训》所说："古之伐国，不杀黄口，不获二毛，于古为义，于今为笑。古之所以为荣者，今之所以为辱也。古之所以为治者，今之所以为乱也。"[1]

即使个人之间的经验与常识也是有差异的，我的常识与经验也未必是你的或他的常识与经验。甚至一个人对人生、人性、社会、文化的观念也会随时间而有所不同。同一个人，在不同年龄段因为经历不同，对许多事情的理解也会不同。正如网络上流传的一段感悟，"十年以前一个会写诗的学长与我促膝谈心，告诉我文学是一个好东西；十年以后做了老板的他又与我促膝谈心，告诉我钱是一个好东西。""十年以前，别人告诉我一个故事，我假装不信，其实是相信的；十年以后，别人告诉我一个故事，我假装相信，其实是不信的。"这种不同的领悟也会被我们有意无意地带入我们的历史观察与研究中。这就是人性的复杂。

1973 年 8 月 23 日，两名有前科的罪犯 Jan Erik Olsson 与 Clark Olofsson，在意图抢劫瑞典首都斯德哥尔摩市内最大的一家银行失败后，挟持了四位银行职员，在警方

---

[1]　何宁：《淮南子集释》，中华书局，1998 年。

与歹徒僵持了 130 个小时之后，因歹徒放弃而结束。事件之后，受害者并没有我们想象的那样痛恨罪犯，事件发生几个月后，四名遭受挟持的银行职员，仍然对绑架他们的人显露出怜悯的情感，对歹徒没有伤害表达感激，他们拒绝在法院指控这些绑匪，甚至还为绑匪筹措法律辩护的资金，而对警察却采取敌对态度。人质中的一名女职员 Christian 甚至还爱上了劫匪 Olofsson，并与他在服刑期间订婚。这就是心理学上所称的"斯德哥尔摩综合征"。研究者发现这种综合征的例子见诸不同的人中，从集中营的囚犯、战俘、受虐妇女与乱伦的受害者，都可能出现斯德哥尔摩综合征。

实际上，静心细想，每个人的行为，每种文化的行为方式都有其背后的道理和逻辑，我们视为奇怪荒诞的那些行为，往往不过是因为我们不了解行为者的观念与逻辑，而以我们自己的观念与逻辑去看待那些行为而已。

此外，不同时代，常识也会有变化。例如，今日中国学习西方，婚礼形式发生变化，白色婚纱也大量出现在婚礼上。

总之，今天的经验未必适用于古人，今天的常识也只是当代的常识，未必是古人的常识。那种认为以今人经验、常识可以判断古人行为与观念，获得历史真相的想法的前提是假说古人与今人"人同此心，心同此理"，古今人在生理、心理和文化上具有同质性，正如前文所提到的陈春声所主张的"人性相通"。应该说，这是一个大胆的，同时也是想当然的假说。人类学的大量案例证明，不同文化背景的人的观念有巨大差异，即文化的多元性。即使按照进化论观点和马克思主义人类社会发展五阶段说，人类社会也是不断进化与演变的，古今不同。按照列维—斯特劳斯的原始思维说和孔德的三阶段说，人类认识从神学阶段，经过形而上学阶段到当代的实证科学阶段，不同时期人的思维方式不同，古今人类在思维、观念和认知上有巨大差异。恩格斯说："每一个时代的理论思维，从而我们时代的理论思维，都是一种历史的产物，在不同的时代具有非常不同的形式，并因而具有非常不同的内容。"[①] 当代人也普遍认为，当代科学认知体系与古代巫术、神学体系对世界各类自然现象的解释有着巨大的差异。在这种情况下，我们如何从当代的认知走入古人的精神世界，与之心灵相通，再现他们的真实世界呢？我们所能做的对古人的认识只能是基于当代认知的一种想象和阐释。

既然经验、常识的适用性是相对的，那么建立在研究者的经验与常识之上的阐释也必然是相对的，研究者的阐释未必是历史真相的再现。

历史学或考古学研究实践中，我们往往以自己的认知去想象古代的历史应该如何，但真实的历史可能并不像我们所想象的。比如，在研究商周王朝兴起过程中的都城迁

① 《马克思恩格斯全集》（第 20 卷），人民出版社，1979 年，第 382 页。

徙时，我们想当然地认为文献记载的每一处商周政治中心都应该是一个大型遗址，一定包括精美的奢侈品、礼器、高等级的建筑和墓葬等，似乎这应该是一个常识。如果考古没有发现这些遗存，就不能认定其政治中心的性质。但历史的实际情况可能要复杂得多，如中国共产党取得全国政权之前的多个政治中心，如瑞金、延安和西柏坡，其规模、建筑形制和各类用品似都不能以一般的都城来衡量，甚至连当时的一般中、小城市都比不上，但它们在中国共产党历史上的政治地位和作为政治中心的作用是毋庸置疑的，在中国共产党党史的陈述中占有核心地位。

总之，不同时代、不同社会、不同文化，甚至不同的个人，有不同的认知、经验和常识。我们虽然希望，但无法真正了解古人的认知、经验以及当时的常识，我们所能做的，只是以自己的认知、经验和常识去阐释古代遗存和文献记载，进而理解、想象古人的行为方式、思想观念等。

第二，文献记载的适用性讨论。

对文献记载模式的适用性来说，同样存在相对性问题，包括文献记载与考古发现是否相符，内涵是否对应等问题。例如，文献记载的严格礼仪、礼器器用制度与考古发现的实际情况之间存在巨大差异，周代青铜礼器数量与组合、墓道有无及多少等与墓主人身份、等级之间难以发现明确、清晰的对应关系。

从文化内涵的对应性来说，以《尚书·禹贡》的"九州"模式来阐释中国古代的考古学文化性质虽然不失为一种有启示性的解读，但文献中的"九州"概念强调的更多是政治区划和地理自然环境差异，而考古学文化更强调的是物质形态，尤其是陶器的差异，虽然陶器的形制组合与文化传统、特定的自然环境有一定的关系，但两者之间恐怕不能画等号。同样的问题也存在于以朝代、国家或民族去阐释考古学文化的性质上，我们后文对此有专门分析。

除了内涵是否对应的问题，我们所利用的文献记载的形成时代往往晚于解读的对象——考古遗存。这种以晚期文献记载去阐释早期的历史现象、文化遗存，当然更具有相对性。例如，利用三代甚至更晚的历史文献，如《周礼》《仪礼》《礼记》《左传》《国语》《说文解字》等的相关记载去命名、理解更早的文化现象，以东周和汉代文献记载命名新时期时代的玉器，如琮、璧并解读它们的功能、性质，都是典型例证。

逻辑上，距良渚文化两千多年的东周、汉代文献记载只反映东周、汉代人的观念和对上古历史的认知，是否能反映良渚文化时代的情况，要打一个大大的问号。况且良渚文化与两周文化之间差别巨大，如琮在良渚文化中占有特殊地位，但到商周时期已很少见了，也不占有良渚文化那样的特殊地位，战国以后基本不见。璧在商周时期少见，战国、秦汉时期成为有特殊意义的器物，具有某种象征意义。在琮、璧这一几千年的起落盛衰过程中，其功能和被赋予的价值和意义是否发生了变化？至少从出土环境看，有所不同。那么，我们以后世文献记载去解读早期文化遗存的功能和社会价值，是否只能视作一种解读，而未必是历史的真实？况且，我们也无从验证这种解读的对错与否。

因此，我们只能将这些文献记载视为一种解读考古发现的模式，不能作为确认古代遗存性质的证据对待。

此外，且不说文献在流传和历代诠释过程中的变化和理解的多元性，即使从这些古代文献的性质来说，它们也不过是古人创作的文本和对古史的建构。虽然我们认为它们可能记载了更真实的历史，但从建构性的角度讲，也很难证明这些文献记载更接近历史的真相，正如我们在"真实与距离的悖论"中所讨论的那样。

第三，人类学理论模式的适用性。

借用人类学概念与理论模式来研究考古发现，同样存在适用性的相对性问题，因为人类学概念与理论模式在考古学中应用的前提是建立在古今文化同质论和单线进化论的假说基础上的。

新考古学的"中程理论"的前提假设有两点：①单线进化论，即人类所有人群遵循相同的发展道路演进，当代某些落后人群的观念、行为与古人的观念、行为相似，是古代文化的孑遗。②不接受文化多元论和文化功能主义观点，因为文化功能主义认为文化是一种适应方式，生活于不同环境的人群创造不同的适应方式，即文化是多元的、平等的，彼此之间缺乏可比性。"摩尔根也是基于文化进化理论而阐述人类起源的单一性，阐述人类在相同发展阶段上的欲望的类似性和精神面貌的一致性，因而文化及社会也就被认为应划分为发展阶段，并可被排列在同质的、单一的连续线上受到观察和分析，于是，认识人类已逝的远古生活可以在现存落后居民的生活中得到启示。"[1]同样，"把土著文化的过去看成和现在没有什么区别，使得考古学家可以用现在所见的民族学材料来解释考古现象。这构成了美国考古学的一种特有的研究方法——'直接历史学法'（direct historic research），即用直观的民族学资料来帮助对考古发现的研究"。"世界各地土著文化的原始性是一种文化发展长期停滞不前的结果，于是现代的土著文化可以被等同于史前文化。比如 20 世纪初，欧洲旧石器时代的文化仍被等同于澳洲土著和塔斯马尼亚的土著文化。"[2]

---

① 俞伟超、张爱冰：《考古学新理解论纲》，《中国社会科学》1992 年第 6 期。

② 陈淳编著：《考古学理论》，复旦大学出版社，2004 年，第 55、61 页。

但单线进化论被认为是西方文化近代全球扩张、西方文化中心主义与文化霸权以及种族歧视的产物，多元进化论的出现已经颠覆了单线进化论假说。

那种认为将人类学理论应用于考古学研究中就能保证考古学解释的科学化，使考古学成为一门实证科学的想法，是将自然科学中的"均变论"、进化论思路应用到解读古代人类社会、文化现象上，而忽略了其中的相对性，包括人的主观能动性和文化的多元、传承、传播、积累与变化的复杂性。

均变论也许适用于自然科学的研究，但不适用于人类社会和文化的研究。从文化适应论角度讲，任何一种文化创造都是对特定环境的适应，对传统的继承与改造，环境、传统不同，文化的形式也不同，文化是多元的。一个文化体的经验、认知体系和行为模式未必等同于另一文化体。德国学者弗兰兹·博厄斯反对文化进化的观点，认为每一种民族文化都是独特的，它们是特定历史条件和地理背景的产物，所以对它们的研究必须着眼于其自身的物质环境和周边文化。这种文化相对论的观点否定存在普遍的标准来比较不同文化之间发展程度的差异，认为每一种生活方式都是独特的。博厄斯认为，不同文化之间的差异只能叫作不同，既无所谓简单和复杂的区别，也无所谓落后和进步之分。那种直线进化论的发展阶段说都是以自我为中心的虚构，事实上并不存在各民族所必然经历的相同进化阶段，文化发展并不会千篇一律都走同一条路径，各民族走的是互不相同的小道。文化发展的方向完全取决于它自身的特点和外来的影响[①]。"人类行为并不是如此具有规律性，以至于无法在二、三个民族志个案研究基础上建立空间行为的通则性总结，即使这些研究非常细致。……在假定人类行为的特别形式的普遍适应性上，需要保持非常警惕的态度。"[②]

"理查德·波兹（Richard Potts）等人提出不管是特定的民族志类比还是行为研究都不能形成适合最早人类祖先的文化遗存的解释模式，因为我们不可能假设他们有现代人同样的认知能力。""很难用处在北极圈的因纽特文化来复原欧洲处在温带的旧石器时代社会。运用因纽特人对极地环境适应的资料来复原最后冰期结束前的欧洲北部沿海地区的生活要更合理一些，因为这个地区当时也是极地环境。假设特定文化适应特定的自然和社会环境，相似的自然资源（水、土壤、猎物等）条件就会提供差不多的机遇和限制。""民族志的整体质量也参差不齐。虽然其中总会有一些对考古研究有用的信息，但因为民族学家总是从自己的理论取向出发来进行研究，所以他们收

---

① 陈淳编著：《考古学理论》，复旦大学出版社，2004年，第69、70页。

② 〔加〕布鲁斯·崔格尔著，徐坚译：《考古学思想史》，岳麓书社，2008年，第329页。

集的资料常常并不能完全揭示行为与遗存的关系，也就不太适合考古的类比。"①

中国也有学者指出："在历史学研究中借鉴人类学成果是有条件的，人类学成果对于历史学研究而言其意义也是有一定局限性的。其中很重要的原因是：虽然人类学成果的全部基础是来自对田野调查对象的观察，由此形成的资料也因而具有特别的说服力和证据质量，但是，在这些资料与历史学面对的特定个案之间的关系毕竟不是自明的，而每个特定人群的社会政治生活情形包括可能有的国家形成的具体过程实际上也是不可能完全雷同的，所以尽管人类学成果对于历史学个案研究有重要参考价值，但是人类学概念对于历史学个案的适用性是需要证明的，同时这些概念或理论模型并不能直接代替在特定个案中对特定国家进程所有表现及细节的描述。尽管人类学以田野为基础提供了有价值的新型资料，但在人类学成果中对这些资料的描述和解释仍然是与每个学者自身的选择有关的，所以人类学成果本身并不能简单地看做是一种事实性的依据。"②

从以上理论认识看，人类学所提供的概念与理论只能是一种解读模式和构建上古史的参照体系。

另外，从逻辑上讲，在我们的类比研究中所考虑的族群的连续性、环境的可比性和文化面貌的相似性都不过是采用模式是否合理的前提条件，而不是我们的解读再现古人真实世界的保证。

运用其他学科理论来研究古人也存在同样的相对性，比如经济史学家卡尔·波拉尼认为人类社会中有三套主要的交换模式：互惠式、再分配式和市场式。市场式交换根据供需量所定出的价格来交换物品，再分配式是物品从下向上转移到行政中心，然后再由上往下分配给消费者，互惠式交换既不经由市场，也不通过行政的阶序制度。他认为当代经济学的基本模型、稀缺性、分配、极大化等概念只适用于市场交换的体系。基于这样的立场来谈论部落经济等于是用基于市场的概念来套在完全不同种类的社会制度上。因此，他主张应该有一套建立在不同生计手段的组织模式与交换模式之上的比较经济学。他说："认为'原始社会'的生产主要是为了满足生计需要的看法显然太简单了。如果要理解生产，包括其动机和结果，必须探讨一个社会的价值体系。……特罗布里恩德人在早期殖民地时代被白人招募去泻湖中采珍珠，他们的行为使白人大惑不解：他们只愿意用漂亮的珍珠来交换传统礼仪性的货品，而不愿意用珍珠换钱；农忙时，他们也不愿意潜水采珍珠；即使珍珠的价钱比鱼贵十倍到二十倍，他们还是

---

① 〔美〕罗伯特·沙雷尔、〔美〕温迪·阿什莫尔著，余西云等译：《考古学——发现我们的过去》（第三版），
　　世纪出版集团上海人民出版社，2009 年，第 350、348、351 页。

② 谢维扬：《人类学方法——作用与局限性》，《中国社会科学报》2011 年 8 月 16 日第 5 版。

宁可打鱼而不愿采珠。通俗文献中关于土著民族'懒惰'的说法并不确切，读者不应该把这种'懒惰'当作是缺乏进取心的表现，他们只是追求与我们不同的价值和目标而已。"①

视死如生还是生死有别? 以墓葬研究为例,我们可以看到考古学解读模式的相对性。

目前中国考古学的墓葬研究基本是以"视死如生"为假说前提,笔者的相关研究也曾经以此为前提②。如果认真分析起来,"墓葬客观真实地反映死者生前状况"之说只是一种假说,其普适性值得推敲,因为墓葬不仅反映死者生前的地位、也反映活着的人的财富与地位,还体现活人对死者的态度与关系,同时反映整个社会的宗教信仰观念。

正如我们在第四章中遗存形成原因部分所讨论的,影响墓葬埋葬状态的因素很多,如丧葬风俗、社会观念、宗教信仰、家族状况、个人身份地位、经济状况、亲属关系状况、子女的心理、生存状况,等等。具体来说:首先,死者丧仪、埋葬活动是由活人操办的,墓葬同时反映活人的目的、地位、经济实力等;其次,丧仪习俗的影响,如馈赠、奉献等,与死者生前的实际使用状况无关;最后,不同文化习俗和社会环境的影响,如是否放随葬品、随葬明器还是实用器、厚葬还是薄葬、丧葬方式等都会影响到随葬品的多寡和墓葬的大小。这些因素都会影响我们从墓葬遗存现象对墓主人生前真实状况的判断与分析。

试以藏族的葬俗为例,过去藏人对死者的处理方式包括火葬、天葬、水葬、土葬等不同方式,高僧等有地位的人实行火葬,都没有遗存留下,天葬、水葬一般也不会留下什么遗存,而留下遗存的,如土葬墓则往往是贫民或病人的埋葬方式。如果我们仅通过墓葬遗存,就很难正确地了解西藏社会的真实社会结构状况。

同样,20世纪80年代,Michael Parker Pearson根据Ian Hodder提出的葬礼与社会组织结构和身份地位等级关系的理论,对剑桥附近的近现代墓葬进行了研究。通过研究,Pearson发现,20世纪,在英国,葬礼的投入和墓主生前的社会地位没有明显的关联,一些收入较低的社会成员有时反而会使用较为昂贵的吉卜赛式墓碑作为装饰。墓葬的划分也不是依据收入或社会地位,而是主要根据墓主生前的职业。他将这种情况与19世纪维多利亚时代的墓葬对比,发现一个十分有趣的现象。在19世纪,人们在葬礼上的花费更大,当时人对墓葬的观念也与今天不同,墓地常常是家族举办重要庆祝活动的场所。19世纪与20世纪的葬俗差异来源于文化中对死亡的观念,以及社会经济对人

---

① 〔美〕基辛著,北晨编译:《当代文化人类学概要》,浙江人民出版社,1986年,第172—176页。

② 在《中华民族文化源新探》一书中,我们也曾经以"视死如生"原则作为中国古代社会分析的假说前提。

们埋葬方式的影响[①]。

这两个例证都是由当代现实社会中的人的行为、观念去探讨墓葬遗存现象形成的复杂性，考古学研究则是由墓葬遗存现象反推古代现实社会及古人行为、观念等，鉴于其中的各种复杂因素，面对保存下来的古代物质文化遗存，我们在对古代墓葬分析时，实际上都是"窥一斑而想象全豹"，只能去推测当时现实社会的真实面貌。因此，对于自己的研究结论的科学性、真实性，我们应该秉持更加谨慎、客观的态度，清醒地意识到由墓葬去构建古人的社会组织结构等只是一种推测和阐释而已。

概而言之，既然我们已经认识到考古学研究中所使用模式及其适用性的相对性，我们对考古学研究应该秉持的正确态度就应该是正视我们认知中的偏见、局限性及其影响的存在，承认我们的所有研究结论都具有相对性、当代性和主观性，它们都只是我们对古代遗存的一种解读，对古史的一种建构，是基于我们当代经验和认知体系的阐释与建构，而不是历史真理、真相的再现。

---

① Michael Parker Pearson, Mortuary Practices, Society and Ideology: an Ethnoarchaeological Study, Symbolic and Structural Archaeology, Ian Hodder eds, Cambridge: Cambridge University Press, 1982. pp.99-114.

第九章　历史学中的判断、选择与检验

我们无法检验历史学解读与建构的真假对错，但我们可以判断它们是否合理。

第一节　真假对错判断的困境

笔者常常在想，当我们自认为论述得头头是道，并为发现了历史真相而洋洋自得时，假如我们回到那个历史时代，看看当时的真实情况，问问古人的想法，实际上很可能是"失之千里"。好在我们反正也回不去！

对于历史学中无处不在、争论不休的多元化史学观点，或曰对历史现象的不同解读与历史叙述的不同建构，我们每一个人都要面对判断与选择的问题，即我们认为哪种说法是对的？哪种陈述更靠谱？我们为什么选择相信这些说法而不是那些说法？我们如何看待自己的判断与选择？

我们的教育经历和实证主义史观都告诉我们，历史学的目的是求真，求真就必须做出真假对错的绝对判断，即各种历史解读与建构中只有一种是正确的，是历史的真相。人们只应该承认、选择那些反映历史真相的观点与叙述，其他的说法都是谬论，应该毫不犹豫地被摒弃。在历史学家的眼里，这唯一正确的历史真相往往就是自己的观点与看法，历史应该就是自己所说的那样。

不过，根据我们前面的分析，历史学解读与建构的多元性才是历史学的本质特性。从历史学多元性的观点看，多元观点中的有些观点可能比其他观点更接近自在的历史，甚至就是历史的真实，但即使如此，因为历史的不可重复性和无法验证性，我们也无法对它们做出真假对错的绝对判断。我们所能做的只是在时代和个人认知范围内，根据是否符合自己的经验、常识，是否合乎逻辑，是否言之有据，是否言之成理等，做出判断与选择。在这一判断与选择过程中，不同的人会因为不同的认知体系、经验、常识、立场与目的等而对各种观点或说法做出不同的判断与选择。一个人认为合理的说法，另一个人未必赞同，历史学中的判断与选择同样是多元的，这是由历史学的本质特性决定的。

我们必须承认这样一种现象的存在，即我们接受某些史学观点，认同某种历史叙述，往往不是因为它们被证实是正确的，甚至不是基于逻辑推理合理性的判断，而是基于我们的经验、教育。在很多情况下，我们选择相信、接受某种历史观点、说法与评价[①]，甚至主要是因为它满足了自己某些心理的或现实的、明确的或隐晦的需要。在这种情况下，哪些历史观点与说法被认为是历史的真相，哪些不是，更不是基于科学论证和逻辑分析，而是一种信仰，是基于我们的认同与需要。很多情况下，历史本身是怎样的并不重要，重要的是我们认为历史是怎样的。

历史学如何进行判断与选择？一些学理性问题必须予以深入分析。

一、我们能对多元的史学解读与建构做出真假对错的判断吗

据报道，几年前，在北京翰海拍卖公司举办的油画雕塑拍卖会上，一幅署名为吴冠中的《池塘》油画以 253 万元被拍出。此画还出现在 20 世纪 80 年代安徽人民美术出版社出的目录中。然而，2008 年 7 月，吴冠中本人看了该画后在画框上亲笔写下了"这画非我所作，系伪作"。

于是，这幅油画的购买者将委托人和北京翰海拍卖公司告到法院，以《池塘》是假画，翰海公司和委托人在明知是假的情况下拍卖作品，北京翰海公司拍卖前所作免责声明应当无效为由，要求判令撤销相关拍卖合同、返还拍卖款及佣金等。然而，在庭审中，对于画作者吴冠中的鉴定意见，北京翰海公司坚称："我们不认可吴冠中的鉴定。我们认为，让画家本人来鉴定其作品的真伪，存在很多弊端，也不符合规定。吴冠中在本案中不能既充当证人，又充当鉴定人，如果吴冠中是证人，他需要出庭作证；如果作为鉴定人，则吴冠中需要有相应的鉴定资质。书画的鉴定，主观性很强，弹性很大，画家不能既当运动员又当裁判员。"

最终，北京市第一中级人民法院于 2008 年 12 月 15 日上午做出一审宣判，驳回了购买者的诉讼请求。

遭遇类似尴尬的画家不止吴冠中一人。几年前，画家史国良在某拍卖公司的拍卖预展现场发现了六七幅署自己名的画，当即向现场工作人员指出，这些画全是假画，要求撤拍。主办方不仅不撤拍，事后还振振有词地说："一幅画到底是不是真迹，不应该由画家本人说了算，而应该由鉴定家说了算。活动组委会已特地请专家对这些画进行了鉴定，专家认为是真迹才上拍的。"当时有人士就说：一个在世画家作品的真伪，

---

① 注：在我们的史学研究中，把他人的观点或陈述当作史实或立论基础的现象比比皆是。

他自己说了竟不算，反倒由别人拍板钉钉，实乃咄咄怪事[①]。

这是对我们认识历史学研究成果如何判断真假对错非常有启示的案例。按常理，画家对于自己作品的真假当然应该是最能做出权威性判断的人，我们应该相信画家，就如同我们相信历史事件的直接参与者和现场见证者的陈述一样。但仔细想想，我们确实又不能排除画家因个人的好恶、情感、利益得失考量、记忆能力衰退等原因以及各种外在因素影响而做出错误判断的可能性，就如同我们在第二章所讨论的历史文献的文本性那样。

对于历史学来说，已经发生的自在的历史肯定具有唯一的真，但一旦脱离自在历史本身成为表述的历史，历史事件的叙述者、记录者和研究者就会受到各种心理、环境因素的影响，根据自己的认知、立场、观念甚至利益考量做出自己的判断、选择和陈述。这些判断、选择和陈述常常因人而异，各有不同，甚至互相矛盾。

本来，面对多元的历史解读与叙述，科学的做法应该是首先对各种观点持怀疑的态度，通过质疑、反复验证，判断和选择出与自在历史一致的观点与叙述，即历史的真相。遗憾的是，历史学的本质属性决定了自在的历史一去不复返，历史不能重复，有关历史的观点、陈述无法验证。在这种情况下，对不同史学观点和历史叙述做出真假对错的判断就成为一件不可能的事情，除非我们可以穿越回过去。要想让每一个人都相信、接受某种观点与叙述更是难上加难！

我们也常听到"新发现的史料再一次证明了某某观点的正确性"的说法，并以此证明历史学观点是可以验证的。我们如何解释这种现象呢？从范式理论的角度讲，新发现史料没有推翻已有的某种解释理论和观点，这种理论很好地解释了新发现的史料，并不能证明现在的这种理论和观点揭示了历史真相，只能说明该理论范式仍然具有足够强的解释力。况且，史学研究中的理论与史料是互动的，因为现有理论解释体系来自特定史料的分析、总结，新出现的同类史料当然会符合、支持现有理论解释体系。一旦新发现的史料推翻了现有的理论体系，就意味着旧理论、旧范式的放弃和新理论、新范式的提出要求。历史学正是在这种理论、范式的变化中不断发展，没有终极的理论、范式。

在历史学研究中，我们最终获得的不过是解读、阐释和建构，而不是能检验的科学定论。历史学本质上是一门解释性学科。在史学研究中，理论假说与史料之间构成互证关系，理论假说指导史料的寻找、选择与解读，而史料反过来又支持或修正理论

假说的预设。正如伊恩·霍德所说："用资料检验理论的想法是对考古学解释的不精确的描述，因为在某种程度上，理论和资料相互依赖。资料需要在一定理论中被认知，因此它们不可能构成对理论的'独立'检验。"① 因此，对于历史学的解读、阐释与建构，我们难以做出真假的判断。

我们用某些观念和认知去建构古史，然后又用建构的历史来证明这些观念和认知的合理性、正确性，正如权力者以自己的思想去建构古史陈述，然后又用这种历史陈述来证明自己思想与行为的合理性和权力的合法性。

我们知道，每种宗教都是一种难以验证但却可以自圆其说的解释体系，我们对这类解释体系的接受实际上是依赖信仰而不是经过验证后的真假对错判断。应该说，历史学往往也是如此。真正能保证历史学学科科学性的只能是承认多元，鼓励反思、质疑与批判，而不是借科学实证之名行"独尊"之实。

二、我们如何做出判断与选择，客观性与正确性如何

在历史学研究实践和史学知识的传播中，史家和公众面对史料和各种不同观点、说法，通常是如何做出自己的判断与选择的呢？

我们一般主要依赖自己的经验与常识。布拉德雷说，我们能相信那些只与我们自己的经验中所知道的事情有类似情况的过去的事情。"历史的事实已经消逝了，不可能再有同样的事实来证明。史料中的事实究竟是否是真实的事实，最后还得诉之于经验。"② 同时，我们也应该承认，史家在选择史料和观点时，虽然常常以自己的经验、认知等为主要的判断依据，但也不排除史料和某些观点因支持了自己的观点而被肯定和选择。

不过，对于经验与常识，正如我们前文的分析，它们并不足以支持我们对有关过去的论述作真假对错的判断。比如，在 17 世纪的欧洲，巫术盛行，在保留下来的汗牛充栋的巫术文献中，充满了各种关于认真观察、宣誓证词直到实验报告的文献。恩格斯说："证明神灵存在的并不是那种先验的必然性，而是华莱士先生、克鲁克斯先生之流的经验的观察。"③

另外，我们也必须承认，在史学研究实践和历史知识的传播过程中，判断与选择

---

① 〔英〕伊恩·霍德、〔英〕司格特·哈特森著，徐坚译：《阅读过去》，岳麓书社，2005 年，第 169 页。
② 朱本源：《历史学的理论与方法》，人民出版社，2007 年，第 167 页。
③ 恩格斯：《神灵世界中的自然研究》，《马克思恩格斯文集》（第 9 卷），人民出版社，2009 年，第 451 页。

并不都是基于理性的、科学的分析，影响史料与观点判断与选择的重要因素还有各种心理的或现实的、明确的或隐晦的需要，虽然我们不愿承认，但确是真实的存在。

首先，是否符合引用者的需要。

我们在历史学研究中往往会通过有利于自己预设的史料选择来论证自己所提出的观点。历史书中的每个例子，即所谓证据都是经过作者精心挑选的个案，被赋予某类文化现象或特征的代表性，以说明作者提出的观点。

虽然史料的选择性使用满足了引用者的需要，但却可能远离了历史的本意与真实。例如，大家往往引用"天才就是 99% 的汗水＋1% 的灵感"来说明努力的重要性，却忘了爱迪生的原话是"天才是 1% 的灵感加 99% 的汗水，但那 1% 的灵感是最重要的，甚至比 99% 的汗水都重要"。佛罗里达大学的研究结果显示，67% 的人趋向于只接受支持自己观点的信息，33% 的人能接受与自身观点相反的想法，后者的比例不及前者的一半。而在政治、宗教和民族价值观等方面，人们更难接受异己的新观点[1]。

同样，某些历史学解释、叙述被接受、传播，往往不是因为它找到了真理，发现了真相，而是因为它感受到了时代的脉搏，与时代重大问题与关注点有关，满足了公众的关切与需要。一个历史学观点说法被大家接受，靠的是共鸣，而未必是理性的说服。另外，是否有新意，是否让人"耳目一新"以满足我们的好奇心、求知欲也可能是原因之一。

其次，是否符合权力者（此处权力者是一个广义的概念）的需要，话语权往往发挥着重要的作用。

1940 年，日本学者津田左右吉写《日本上代史的研究》《古事记与日本书纪的研究》等著作，指出应神天皇、仁德天皇以后时代的历史，是层层积累"制造"出来的，很多年代并没有根据，所谓"神代史是在国家组织整顿之后，试图在思想上论证国家合法性和合理性，而精心编织起来的神话"，"与其说是历史的记录，不如说是思想的构成"。他被日本右翼攻击，被安上了"不敬罪"，他的著作被禁止发行，而他本人也被迫从早稻田大学辞职。因为当时正好是日本民族主义以及军国主义甚嚣尘上的时代。在这个时代，日本由于战争，亟须民族凝聚力与动员力，那些上古神话正好支持了所谓培养"国民精神"的需要，本来取向不一的神道教、儒家、佛教、天主教在这种民族主义大潮中，结成了"精神报国大同盟"，而津田左右吉的历史伪造说是一种不协调声音，所以右翼分子对这个本来也相当大日本主义的津田左右吉坚决抨击和抵制。

---

[1]　《研究证明人类倾向于排斥异己观点》，《参考消息》2009 年 7 月 8 日第 7 版。

　　吊诡的是，津田的一些思路原本来自他的私淑先生、东京大学教授白鸟库吉。白鸟写《关于尚书的高等研究》质疑中国传说中的帝王尧舜禹，写《檀君考》对朝鲜流传的早期神话加以批判。在他笔下，中国和朝鲜的"五千年文明和历史"都被解构了，他的这些观点受到当时日本社会的推崇。白鸟成了国师级的人物大红大紫，而津田亦步亦趋把这种历史方法挪用到日本的时候，却得了个"不敬"的罪名，被反复追究责任。明治时的白鸟演的是喜剧，而昭和时的津田演的却是悲剧，为什么呢？因为，在日本明治时代重塑历史的潮流中，白鸟库吉有探求历史真实的历史学学术基础，更有明治时代日本社会瓦解中国和朝鲜早期传说，凸显日本文化自主渊源的需要①。

　　历史记忆本身是一种选择性记忆，一些历史人物的言行、历史事件和研究成果被选择，其中有些还被选择成为一个时代的主流历史叙述内容，但更多的历史人物、事件和观点被遗忘、被无视。表面上看，我们都是选择我们认为真实的记载和正确的观点，但认真推究起来，影响选择的因素不仅仅是选择者对选择对象的真实性、准确性的判断，还有它们是否能满足选择者的需要。

　　除了各种需要的影响，我们的判断和选择也受到权威的影响，权威的观点常常被我们视为事实，并作为我们判断、选择和进一步论证其他观点的依据。有哲学家指出，我们对绝大多数知识和意见的判断与接受都是基于诉诸权威，这些权威既包括科学家、政治人物、老师或家长，也包括那些我们认为特别聪明的"人"，而不是自我思考或实证的结论。"我国考古界在评估一种观点的可信度时，常以学者的地位、经验和资历作为仲裁依据，这样得出的结论虽然都被冠以科学的名义，但是显然有悖于科学的本意。"②

三、"老吏断狱"式历史研究法能否还原历史真相

　　面对历史学中无处不在的真假难辨困境，有史家提出非采用"老吏断狱"式的研究方法不足以揭示历史的真相。"老吏断狱式"治史方法被许多史家奉为发现历史真相的法宝。

　　清初的史学家潘耒把"作史"与"治狱"并举，新史学代表人物梁启超说："治史者谓宜常以老吏断狱之态临之，对于所受理之案牍，断不能率尔轻信。"③胡适认为，

① 葛兆光：《祭罢炎黄祭女娲？》，《南方周末》2008年3月27日D25版。
② 陈淳编著：《考古学理论·前言》，复旦大学出版社，2004年，第5页。
③ 梁启超：《中国历史研究法》，《梁启超史学论著四种》，岳麓书社，1998年，第200页。

考证学者常用的名词，如"证据""佐证""佐验""勘验""推勘""比勘""质证""断案""案验"都是法官听讼常用的名词，反映出考证学与刑名讼狱的历史关系，而官司的"审问"与考证的方法没有分别，考证之风大概是从刑名之学而来的[①]。后世史家也多主张以"老吏断狱"式研究法来揭示历史的真相，如张荫麟于1929年发表的《伪古文尚书案之反控与再鞫》一文，即以法官断狱，原告被告双方律师辩驳之形式来写作。蒙元史家翁独健提出"治史如断狱，先要弄清史实，然后才能分清是非，还历史以本来面目"，他主张要用刑事诉讼的方法去研究历史[②]。

由此可见，"老吏断狱"式研究法被实证史学家们推崇为发现历史真相，再现历史真实的最理想方法。

我们认为，如果以"老吏断狱"来形容慎重、严谨的治史态度甚为合理，但如果认为以"老吏断狱"方式治史就能探究到历史真相，则值得商榷。对于这一历史研究方法，我们不能仅仅停留在简单赞同的层次上，而应进行深度的学理分析，从理论和逻辑上看看，它是否真能帮助历史学走出真假对错判断的困境，再现历史的真相。

让我们首先以比"老吏断狱"更为科学、严谨的当代法庭审案为对象，对"法庭审案"规则及其在揭示案件真相方面的真实效果做一个基本的梳理，然后将历史学研究与之比较，看看"老吏断狱"式的历史研究法是否真能帮助历史学实现再现历史的目的。

当代法院庭审程序一般包括开庭准备、法庭调查、法庭辩论、评议与宣判五个阶段。

第一，开庭准备：包括：①在正式开庭前3日，把开庭时间、地点通知当事人和其他诉讼参与人。②公开审查的案件应当公告当事人姓名、案由和开庭时间。③对不通晓当事人语言文字的诉讼参与人，要提供翻译。④查明当事人及其他诉讼参与人是否到庭，宣布法庭纪律。⑤由审判长核对当事人，宣布审判员、书记员名单，告知当事人有关的诉讼权利义务，询问当事人是否申请回避。⑥宣布案由。

第二，法庭调查：主要任务是听取双方当事人的陈述，审查核实各种证据，全面查清案情。调查遵守下列顺序：①由原告先口头陈述事实或宣读上诉状，说明具体事实、请求和理由。②被告口头陈述或宣读答辩状，对原告所述事实或请求提出异议或者反驳，讲明具体请求和理由。③第三人陈述或答辩，有独立请求权的第三人陈述诉讼请求和理由；无独立请求权的第三人针对原告、被告的陈述，提出承认或者否认意见。④原告、

①　张世明：《"治史如断狱"——历史考据学与律学渊源的知识史考察》，《光明日报》2015年3月25日第14版。
②　张世明：《"治史如断狱"——历史考据学与律学渊源的知识史考察》，《光明日报》2015年3月25日第14版。

被告对第三人的陈述进行答辩。⑤审判长或独任审判员归纳争议焦点或法庭调查重点，并征求当事人的意见。⑥原告出示证据，被告质证；被告出示证据，原告质证。⑦原、被告对第三人出示的证据质证，第三人对原被告出示的证据质证。⑧审判人员出示法庭调查收集的证据，询问鉴定人、宣读鉴定结论、宣读勘验笔录等；原告、被告、第三人质证。

调查阶段，经审判长许可，当事人可以向证人发问，当事人也可以互相发问。经过法庭调查，审判人员认为事实已经清楚，证据已收集齐全并得到质证后，即可结束法庭调查，进入法庭辩论阶段。

第三，法庭辩论：主要任务是通过辩论分清是非责任。当事人、第三人及其诉讼代理人，在审判人员的主持下，对已经经过法庭调查的事实和证据，应该如何适用法律问题等阐明自己的观点，互相辩论，并向法庭提出结论性意见。

第四，评议：主要任务是由合议庭成员就案件的审理情况即案件是否查清，证据是否充分确凿，是非是否分明，应如何适用法律等问题进行评判、议论。合议庭评议案件秘密进行，对评议结论实行少数服从多数的原则。评议过程制作成笔录，由合议庭成员签名，对评议中的不同意见如实记录，归入档案。

第五，将合议庭评议结果制作成法律文书并择日宣判。

整个庭审的目的就是要充分体现公平正义，给涉案各方平等的陈述机会，尽力还原事件的真相，以事实为依据，以法律为准绳，做出公正的判决。为了保证还原事件真相，实现公平正义，法定程序必须遵守。

现在，我们来比照法院庭审的程序与目的，看看史学研究是否能像法庭审案那样保证程序正义，给予各方平等的陈述机会和权力，进而实现还原历史真相的目的。

通过比较，我们会发现，历史学研究虽然期望以"法庭问案"的方式寻求历史的真相，但历史学研究的实际情况却与之相去甚远，史学的研究条件和史学的本质特性决定了它根本达不到这种理想。

首先，庭审程序制定的前提是承认原被告两方陈述都会受到其个人目的、视角、立场、利益诉求和倾向性的影响，很可能并不客观准确，程序的设定就是要规避个人独占话语权，保证各方都有平等的陈述权力和机会，以使事件的过程通过不同的陈述尽可能地全方位展现，以便他人能尽可能了解和还原事件的真相，并做出客观公正的判断。但历史的记载，即史料恰恰基本是不平等的陈述，往往是话语权操控者主导的单方面陈述，在历史学的研究中，失败者、弱势者往往缺位，没有陈述的机会与权力。

其次，当代的法庭审案要求重物证，轻口供，因为影响口供准确性的各种主客观因素太多。此外，证据还要形成证据链。反观历史学研究，文献记载在某种意义上都属于口供性质，受到各种主客观因素的影响，包括史家本身的影响，正如相对主义历史学家卡尔·贝克尔所说，寻找历史事实，记录历史事实都需要历史学家主观性的参与，历史事实是历史学家的创造，在创造过程中，历史学家的个人经历参与其中。此外，历史学家的个人经历还是评判材料的最终法庭[①]。

也许有人会提出考古发现的古代遗存应该属于物证，具有客观性。实际上，首先，人类活动的各种物质遗存保留下来并成为考古发现的古代文化遗存的机会并不是均等的。其次，考古发现成为物证的条件是必须通过考古学家的选择性发现、对遗存间关系的主观判断和对古代遗存的意义所做的当代性解读，而这一选择、判断与解读过程使考古发现在成为史料的同时失去其客观性而具有了某种文本性、当代性。

况且，就当代庭审本身来说，为了保证公平正义所规定的严格程序并不能保证一定会还原事件的真相，更何况历史学是研究已经一去不复返的人类的遥远过去呢。

首先是证人证词问题，虽然法庭强调了与当事双方没有利益关联的第三方证人证词，但第三方证人证词也是具有复杂人性和局限性的个人陈述，有可能会受各种主客观原因影响而与事实不符。

1946年8月，远东军事法庭开庭审理二战的日本战犯，溥仪作为重要证人出庭。由于担心自己可能因负责而受到惩罚，他对自己在伪满时期的所作所为，都说是被动的。他回忆说：布累尼克律师大概看出了这种战术的效用，也许是太控制不住自己，所以，后来他竟对我更直接地咆哮起来："你把一切罪行都推到日本人身上，可是你也是一名战犯，你知道中国也要审判利敌行为的人吗？"这正是我最最担心的，正是我掩盖某些真相的根本原因。但是我越是担心，越把那一部分掩盖得严密，或者歪曲得不像样儿。同时，我越是觉得没办法应付他的追问，反而越是有了办法，这就是万变不离其宗，说什么我也是那几句：不知道，记不得，记不得，不知道[②]！

历史学存在同样的现象。历史学对问题研究要求"持之有据"，"句句皆有出处"，这些证据犹如当事人或第三方的证词，表面看材料充分，有理有据，实际上，"持之有据""句句皆有出处"并不能保证你的结论就是历史的真相。前人留下的各种史料是前人根据自己的思想观念、个人理解、目的和需要而选择、记录、编撰、注释与解读，甚至创造的。

---

① 〔美〕卡尔·贝克尔著，马万利译：《人人都是他自己的历史学家：论历史与政治》，北京大学出版社，2013年。
② 爱新觉罗·溥仪：《我的前半生》（全本），群众出版社，2007年，第七章。

其次是陪审团与法官的评判与判断问题。有各种因素会影响到陪审团的评判、法官的判断和法律条文的适用。法官和陪审团在听取各方的陈述后，要根据自己的经验、认知来做出判断。在这一过程中，法官和陪审团成员的个人价值观、世界观、文化背景、立场，甚至情感等因素都会影响到他的判断，乃至最后的判决结果。不同文化背景、不同立场，对事实的认定和是非判断差异巨大，如在美国，陪审团和法官的出身种族往往成为陪审团成员选择的重要考量因素，而公众质疑某些案件判决结果的原因也往往基于法官和陪审团成员是否具有种族偏见。社区协警齐默尔曼枪杀非洲裔青年特雷翁·马丁后被判无罪案件就是一个典型例证[1]。更遑论，政治上常见的利用案件审判来栽赃对手，消灭异己而故意制造的冤假错案。

总之，法庭庭审所做出的判决，所认定的事件过程和当事人对错，某种意义上讲只是法官和陪审团的判断，未必就是事件的真相。正因为如此，古今中外才会有许多冤假错案的发生，如 2010 年轰动全国的佘祥林案[2]。

历史学研究中的史家和读者的角色，在某种意义上说，相当于法庭上的法官和陪审团成员角色。历史学家对问题和材料也是有选择性和自我判断的。虽然许多学者主张对史料要"不厌其详，不厌其繁"，但有过实际研究经验的研究者都会知道史料常常浩如烟海，且往往互相矛盾。在这种情况下，每个史家都必须做出自己的判断和选择。在这一判断与选择过程中，史家不可避免地发挥着主导作用，史家通过史料来说自己想说的话，而不是"史料通过史家之口来说话"。即使对于同样的史料，不同的史家往往也会有不同的理解和使用。

概而言之，从法庭审案角度看，虽然法院审理案件本当查明案情并做出公正的判决，但应当查明与实际上能否查明，应该公正判决与能否做出公正判决往往是两回事。当代法庭审案尚且如此，何况面对一去不复返的已成为过去的历史呢！历史学家往往以旁观者兼法官而自许，自认为能超然事外，做出绝对无我的、客观的判断，发现历史规律，但通过以上分析，我们不禁要问：历史学家真的能做到吗？

综合以上分析，我们认为，对于历史学研究结论或成果，难以做出真假对错的判断。但面对各种各样观点与陈述，我们又必须做出判断与选择，历史学家引用他人的观点或史料时，要做出选择；作为读者，对于众多的史学观点与说法，也要做出自己的判断——哪些是可信的，哪些是不可信的。那么，我们是如何做出自己的判断与选择的呢？

---

① 温宪、缪政军：《种族问题严重撕裂美国》，《人民日报》2013 年 7 月 24 日第 3 版。
② 见《湖北佘祥林案始末》，《新京报》2010 年 5 月 11 日。

第二节 判断历史学解读与建构合理性的几个标准

从某种意义上讲，历史学的解读与建构就是讲故事，讲符合时代认知、满足时代需要的历史故事。"然而，要说出有效的故事，其实并不容易。难点不在于讲故事，而在于要让人相信。"[①] 虽然我们无法验证我们所建构的历史故事、所做的历史阐释的真假对错，但我们的解读与建构不是天马行空，任意想象，必须具有合理性，能够让人相信。这也是历史学研究与文学创作的区别。

那么，我们如何做出具有合理性的历史解读与建构？面对不同版本的历史阐释与历史叙述，如何判断其中的优劣？哪种历史阐释和叙述更具有合理性？更能让人相信？我们认为，至少应该遵循几个标准。

一、必要而充分的史料支撑

解读与建构合理性的保证首先是有必要的史料支持，即所谓"持之有据"，不能凭空想象。历史学解读与建构不是向壁虚构，任意发挥，解读与建构的过程是研究者或陈述者在史料基础上的选择、分析、想象、推理，并加以条理化的过程。

二、符合常识、经验等个人认知和时代主流认知

我们的常识、经验等认知既是解读与建构历史的模式的主要来源，也是我们判断有关历史解读与建构合理性的依据和标准的来源。以当代的常识、经验和认知体系作为判断和选择的依据，在我们的研究中最常使用。我们对史学研究成果的判断首先往往是潜意识地感到它是否符合自己心目中的图景。这种心中的图景就是由我们的经验、教育和认知体系决定的。一般来说，超出我们的经验和知识体系的观点往往不能被我们理解和接受。我们赞同某种历史观点或陈述，并不都是因为我们对它进行了严格的全方位的思考、论证，而是因为它符合我们的认知体系中的某些预设模式，与我们产生了共鸣。这些预设模式来自我们的教育和社会环境。

《史记·周本纪》中记载周始祖后稷的诞生神话：他的母亲姜嫄有一次到野外去，看到地上有一个巨人的足印，心里很喜欢，就踩上去了，结果身体产生很强烈的感觉，

---

① 〔以色列〕尤瓦尔·赫拉利著，林俊宏译：《人类简史——从动物到上帝》，中信出版社，2014年，第二章。

就怀孕了，后来生了后稷。从文献记载来看，古代几乎每一个朝代、每一个民族的始祖的诞生，都有一个非性交而生的离奇故事。例如，中国古代哲学家老子，据说是一颗流星自天而降，他的母亲有感而孕，生下了他。秦始祖大业也是他的母亲吞食了"玄鸟之卵"怀孕而生的。刘邦的诞生也被认为是他的母亲遇龙受孕而生的，并被记载于《史记》之中。

这类伟人诞生神话在古今中外文献中常常见到，但为什么我们不相信这些历史记载为真呢？因为它们违背了我们的当代经验、常识和时代认知体系。古人又为什么相信这些传说，并记载于史书之上呢？因为它们符合古人观念中的常识、认知体系和神化政治人物的现实需要。在当代，我们的历史学陈述与解释要符合科学体系，在中世纪，符合神创观念可能是重要因素之一。

通过历代考据家的辨伪，注释家的不同解读，古今文学派的相互辩难以及清代以来疑古学派的批判，古代文献记载的文本性早已经展现无遗，但我们为什么还会预设古代文献是历史的实录，基本可信呢？有时甚至有古人"诚不我欺"之感呢？我想，其背后的原因应该就是我们是在这些历史故事、常识的熏陶下形成自己的认知体系的，它们的许多内容暗合了我们的某些需要、预设和想象。这也帮助我们理解"为什么中国学者更容易就中国历史的某些问题达成一致，而中外学者之间却往往分歧甚大"这一现象。例如，关于夏王朝是否存在，哪些遗址属于夏文化等等问题的讨论，因为中国学者之间在认知体系中有更多的共同历史预设。因此，"最终要依靠一种信仰行为：我们了解的过去就是我们所认为的真实的过去，其依据是我们的理解以及保存的文献"[①]。

从另一方面看，正是因为常识、经验和认知体系的时代性、相对性，我们据之以对有关历史学观点所做的判断也只能是对相关解读与建构是否具有合理性的判断，而不是真假对错的判断。

三、逻辑的自洽与情境的和谐

逻辑的自洽与情境的和谐是指我们的解释必须与其他相关信息、观点之间的协调，不能自相矛盾，自己的观点之间要能自圆其说。伊恩·霍德说："我们对历史意义的重建根植在与可认知的资料保持一致和和谐的论点基础之上。""如果我们采用统一与和谐的标准判断理论的话，就可以保持重建过去的严谨性。所谓统一，指的是论点

---

① 马鲁：《法国史学对史学理论的贡献》，上海社会科学出版社，1992年，第74页。

内部的统一，而和谐指的是在理解和已知证据之间的和谐。"①

关公战秦琼的相声为什么可笑？因为这种历史叙述不符合中国历史中三国与隋唐关系的一般认知，是一种时空错乱，不合逻辑的历史陈述。

中国考古学界在夏商周以后的考古学研究中，文献历史学倾向居于主导地位，那么，在利用历史文献记载解读考古发现，构建历史叙述时，如何做到逻辑的自洽与情境的和谐呢？

首先，要考虑到文献记载本身的可信性问题。正如冯时所说："对于为什么不能说它（引者注：指陶寺新石器时代遗址）是尧都，因为所谓尧舜，包括更早的颛顼、黄帝等人物是否确有其人，本身在史学界还是一个没有解决的问题。这一点可以用史料来证明。两周的金文资料表明，至少春秋早期的人们还不知道夏禹以上到底是谁，今天看到的西周金文，有关禹治水的说法是'天命禹'，禹以上就是天，帝系最早只追溯到禹，禹再往上，不得而知。春秋中期的人们才开始慢慢形成了禹以上的帝系史观，比如'颛顼'的说法。而尧舜的观念，到战国时期才彻底地明朗化，所以中国古代史观是有一个变化过程的。""我们可以看《尚书·尧典》，《尚书》是一篇早期文献，开篇讲神话，《尧典》里的帝尧就是天神。仅凭这些文献，我看不出它与陶寺文化有什么联系。对于考古学研究，用这样的文献去对证现有的考古材料，就把它说成帝尧，甚至把陶寺遗址坐实为尧都，这个问题我觉得应该格外慎重。"②

不仅关于尧舜的记载如此，古代文献中的大量古史记载向来都是众说纷纭，莫衷一是。

其次，文献所记载内容的时空框架与考古学文化的时空框架应该相符，如文献记载的夏商王朝、早期周人所处时空、文化特征与特定区域的考古学文化时空、文化特征应该能相互对应，这些都是前提。只有这些前提成立，才有可能做出某种考古学文化是历史文献中的某王朝、某政体、某族群文化这种较合理的解读。虽然文献记载对象的时空分布往往有不同的说法，后人的注释和史学界的观点也是众说纷纭，而考古学文化的分期断代和文化划分也往往存在不同观点，但在我们自己的叙述体系内的各种史料、解读观点之间应该是自洽的，即自圆其说。

最后，学理上是否具有逻辑上的一致性、自洽性。比如，对于我们最常见的考古学文化的民族说、部落说、国家政治体说等不同阐释。从合理性判断来说，首先，应该有学理上的逻辑分析，民族何时出现？民族是什么？陶器能否反映民族认同？哪

① 〔英〕伊恩·霍德、〔英〕司格特·哈特森著，徐坚译：《阅读过去》，岳麓书社，2005年，第128、169页。
② 慧月：《冯时访谈：陶寺遗址——真实的王朝》，中国考古网，2010年9月19日。

些物质形态的文化遗存是民族认同的体现与象征？哪些不是？政治体有哪些种类？考古学文化能否与政治体画等号？同一个考古学文化是否可能包括不同政治体？一个政治体是否也可能包含不同的区域文化？哪种政治体制会形成哪些独特的物质文化遗存？哪些物质文化遗存是政治体的象征？如此等等。其次，解读的结论应基于解读模式与解读对象之间内涵上的对应性和同质性，即考古学发现中，哪些因素属于反映政治体制的遗存，哪些属于反映民族认同的文化遗存，不能想当然，张冠李戴。考古学文化性质的解读应有足以支撑它的学理基础，并经得起逻辑思辨和学术质疑。

我们要特别注意，自洽（或曰自圆其说）本质上是多种史料、解读在特定认知体系和同一学术范式内的逻辑一致性，不自相矛盾，属表述历史方面的问题，与自在历史的是否真实再现无关。在一个范式内的自圆其说放到另一个范式内未必就能自圆其说，如神创论范式下的历史解释与叙述就无法与进化论范式下的历史解释与叙述做到逻辑自洽。

另外，历史研究中的逻辑自洽是研究者、陈述者自己的"逻辑自洽"，不自相矛盾，并不代表自在历史中事件之间或人类思想与行为之间的本来逻辑关系。我们的逻辑未必是古人的逻辑，但我们习惯于"以己度人"。根据文化多元性原则，不同的文化有不同的观念，比如对人与自然的关系、人际关系等的不同认识，由此产生不同的行为方式。从我们的观念和文化背景来看很荒谬的言行对另一个文化的人来说未必不符合逻辑，不具有合理性和必然性。比如，有些部落人吃祖先或者敌人的肉，在他们的观念中，是想借此继承祖先的美德、力量及驱逐敌人的力量，而当代文明人却搬出当代道德观念谴责同类相食的行为。因此，对于历史的研究，我们需要的是理解而不是简单的肯定或否定。

关于情境分析法。

新版话剧《推销员之死》中，老推销员威利·洛曼死了，葬礼上只有零星几个人来为他送最后一程，尽管他曾坚信所有认识的人都会乐于到他墓前献上一朵花。

舞台上，一束追光下，他的太太琳达仰天大恸："我们自由了！"她拿着威利·洛曼用主动死亡换来的保险公司赔付，刚刚还完了房子分期付款的最后一笔。观众席上爆发热烈的掌声，演出结束，甚至有观众抱怨：关于"房事"的批判为何一笔带过，不更多更狠一点！

然而在 20 世纪 80 年代，当阿瑟·米勒将他的成名作《推销员之死》带到北京，在首都剧场首演时，他最担心的却是："我怎能指望把中国人记忆里本不存在的一种生活认识创造在舞台上？"那时的中国，商业文明已消失了 30 年，"保险"与"推销员"都是需要注解的新名词。当《推销员之死》第一次出现在中国观众面前时，人们却百思不得其解：什么是分期付款？为什么一个挣扎痛苦如威利·洛曼的失败者，会住别墅、开汽车？一个人为了钱不择手段，那么他算不算死有余辜？新华社的报道从一个侧面反映出当时人们对这部戏的理解程度，它这样写："《推销员之死》批判了资本主义的垄断。"

但到了今天的中国，绝不会再有人说看不懂，因为我们大部分人都是威利·洛曼[①]。

由此例可见，理解一件事情，对情境（即 context）的掌握多么重要！

同样的现象、事物，在不同时期、不同文化环境中可能有不同的功能、含义和价值。情境分析法就是将研究对象放到它所处的特定环境中去分析、理解，或曰设身处地地去思考问题。解读历史现象或古代文化遗存离不开它所处的文化、社会背景。

关于情境考古学，伊恩·霍德说："首先将自身放置在情境资料中，通过自身的知识去激活过去的思想。……这是一种实践体验，而不是抽象玄想。……过去是通过思维而重新复活的一种体验。""考古学家在不同场合下使用'情境'一词，其共同点是在一个特定的环境或环境群中各种客体之间的联系和交互作用。""在情境之中，器物通过和共存的其他器物的关系和对比获取象征意义。脱离情境的客体是不可读的。"[②] 中国考古学家定义为："考古学研究中的所谓情境分析，就是观察考古遗存的出土环境，利用考古遗存间的种种共存关系，发现遗存联系形式的必然性，从而得出遗存性质与功能的认识，并进而重建历史。"[③]

同样现象，如三代时期的非墓葬埋藏青铜器现象，中原地区的郑州商城、安阳殷墟、关中的周原遗址、丰镐遗址与南方，如湖南、湖北、江西、安徽等地的埋藏地点环境、器物种类、当时的社会文化背景等方面不同，反映其形成原因、社会功能和历史意义也不同。我们必须结合埋藏情境的分析，对其性质的阐释才会更合理、科学[④]。

情境分析法不仅是获得更多信息，对研究对象做出合理解读的方法，也是对研究成果是否具有合理性进行判断的一种方法。

---

① 张莹莹、喻盈：《谁杀死了那个美国人——29 年后，我们终于看懂了〈推销员之死〉》，《看天下》2012 年第 12 期。

② 〔英〕伊恩·霍德、〔英〕司格特·哈特森著，徐坚译：《阅读过去》，岳麓书社，2005 年，第 126、148、161 页。

③ 许永杰：《中国考古学研究中的情境分析》，《考古与文物》2011 年第 1 期。

④ 〔日〕吉野彩美：《中日早期非墓葬出土青铜器现象比较研究》，《三代考古》（五），科学出版社，2013 年。

考古遗存中的一个个具体的遗迹单位和遗物，彼此之间存在着广泛联系，如遗物与遗物、遗物与遗迹、遗迹与遗迹、遗迹与地层、遗存与遗址、遗址与遗址之间都存在着某种关联。各种现象之间构成一个有机的遗址或聚落群整体。历史人物、事件之间的关系也是如此。对每一个历史现象的解读、研究结论都要将它放到所处的环境背景中去理解和解读，要考虑到相关现象的记载、解读，彼此之间是否逻辑自洽，能自圆其说？只有满足了这些条件的历史解读才是合理的解读。

例如，德尼肯把墨西哥帕伦克（Palenque）玛雅遗址大墓中石棺盖上的雕刻图案解释为操控火箭的古代宇航员形象，明显是与当时的情境不和谐的解释。他忽略了所有其他的玛雅艺术和符号证据——服装、数字的位置、树的形象和最终确定雕刻出的人物即埋于石棺中的统治者的象形文字，而将考古资料抽离了其背景环境。

如果我们的解读与相关史料记载和研究论述存在矛盾，要么我们的解读不能成立，要么构成情境的其他认识或史料存在问题，需要重新解释。

情境分析法本质上是各种解读和建构的综合分析方法，以寻求同一时代与文化背景下相关历史学解读与建构之间的和谐和逻辑自洽。

不过，我们也需要明确认识到，情境分析法只是提供一种对解读是否具有合理性的判断方法，而不是进行真假判断的依据。因为，首先，我们要认识到，构成情境的相关历史、考古学背景也是我们的解读与建构。不同时代、不同文化背景的人的认知体系不同，关于古代社会的情境观念也会不同，甚至同一时代的不同学者之间对相关情境的认知也可能不同，并由此导致对同一遗存的不同解读。其次，由于历史解读的多元性，情境的和谐也是相对的、有选择性的。所以，布鲁斯·特里格疑问道："背景论（即 contextualism）是否标志着如它的追随者所坚信的那样，向更真实理解人类行为的进步，或只不过是一种较为极端相对论的新分析方法？"[1]

四、符合时代的主流学术范式

与学术界一般认同的时代主流学术范式是否契合是判断历史解读与建构是否具有合理性的另一标准。在当代科学主义和进化论主导的学术领域，任何神创论的解释或神秘主义的不可知论都被认为是不科学的，也即是不合理的。

不过，对于范式，我们也要重视提出范式理论的科学史家托马斯·库恩所说的，范式具有时代性、相对性，旧范式被新范式取代，范式实现转换。科学的进步就是一

---

① 〔加〕布鲁斯·特里格著，沈辛成译，陈淳校：《世界考古学展望》，《南方文物》2008 年第 2 期。

个假说不断代替另一个假说，一个范式不断代替另一个范式。

五、经得起"反证"的检验

《列子·说符》中"邻人疑斧"寓言说："人有忘斧者，意其邻之子。视其行步，窃斧也；颜色，窃斧也；言语，窃斧也；动作态度，无为而不窃斧也。俄而，掘其谷而得其斧。他日复见其邻人之子，动作态度，无似窃斧者。"大意是：从前有一个人，丢了一把斧子，他以为是邻居的儿子偷走了。于是，他处处注意那个人的一言一行，一举一动，觉得那人无论是走路的样子，还是脸色，抑或是说话的样子，都像是偷斧的人。后来，他找到了斧子，又遇到邻居的儿子，再留心看，觉得他走路的样子、脸色、说话都不像是偷斧的人。

章学诚说史家往往"先立一论，趋史料以就我"。我们在研究中常见那种"越说越像"的现象，人们常犯的错误就是有意无意地忽略对自己的假设不利的证据。这个时候，他人的一个反证就否定了我们自认为言之凿凿、天衣无缝的论证体系和自信满满的结论。

正因为如此，梁启超说，史学理论成立与否，重要的是要经受得住"反证"的检验。卡尔·波普尔说："证伪主义的意义在于，第一，由于它不依赖归纳，不试图从单个观察证实普遍结论，而只需要单个观察否证理论，因而避免了休谟难题，同时试图为科学研究提供一条比证实论更符合逻辑的理论基础、更切实可行的发展线路。第二，不存在终极真理。永远不能说一个理论已被证实，这意味着科学不能故步自封，要不断进步，敞开胸怀接受反驳、否证，随时准备修正甚至放弃错误理论。第三，可证伪性原则试图更加明确经验科学与非科学理论、学说划界的标准。"[1]

卡尔·波普尔认为科学研究本质上不是"证实"，而是"证伪"的过程，通过一个个反证，不断推翻旧的假说，提出新的假说，从而不断出现新的范式。"可以说几乎每一个理论都符合许多事实，这是理论的被确认何以只在于不能发现反驳的事实，而不在于我们能够发现支持的事实的理由之一。""只要较为仔细地考察一下，那些事实正是在它们所要验证的那些理论的指导下选择出来的。""我们必须力图发现理论的缺憾，必须力图证伪它。如果我们尽了一切努力也不能证伪它，我们就可以说它经受了严格的检验。这就是何以不去发现反驳而去发现符合理论的实例没有多大意义之故。因为，如果我们缺乏批判的态度，我们总会发现我们所希望的事情。我们将寻

---

[1] 田野：《可证伪性原则不能作为科学分界的标准（上）》，《中国社会科学报》2010 年 9 月 28 日第 13 版。

求和找寻证实，我们将忽视或无视危及我们心爱理论的情况。在这种情况下，获得看来是支持某个理论的重大证据是太容易了，如果我们采取批判态度的话，这个理论也许本来会被反驳。"①

科学的进步往往是通过证伪否定居主导地位的成说。科学的发展不是证明一个个假说是真理或规律，而是证伪一个个假说，即反证。"正如科学哲学家卡尔·波普强调的，一个好的理论的特征是，它能给出许多在原则上可以被观察否定或证伪的预言。每回观察到与这预言相符的新的实验，则这理论就存活，并且增加了我们对它的信任度；然而若有一个新的观测与之不符，则我们只得抛弃或修正这理论。"② 罗伯特·沙雷尔说："科学方法并非试图去证明某一假说的正确性，相反，检验工作是以其完备的形式力图去测试众多相悖的假说以排除那些明显不正确的假说，目的在于找出某一个假说（或一系列相关假说）与观察现象最相符。""在科学中不存在任何证明，而只有对不充分假说的排除或反证。科学通过反证取得进展，同时对当时最充分的（换句话说就是最有可能正确的）命题加以完善。因为我们知道随着新资料的出现将来会有更新更好的解释提出。所以科学家通常会相互反驳，提出多种可供思考的解释。"③

反证是判断解读与建构是否合理与合乎逻辑的一种重要方法。

常常有人说"新的考古发现再次验证了某种观点，证明其正确性"。实际上，所谓"考古新发现验证了某种观点"本质上不是证实了这个假说，而是说明这个假说到目前为止仍然具有很强的解释力和合理性，有其生命力的，是可以成立的，但并不能证明这一解释就是历史真实。任何假说都必须不断面对新发现、新材料的挑战。一旦旧假说不能解释新发现、新史料，新发现、新史料不能与已有假说构成逻辑上的和谐，即对旧假说与解释构成了挑战与反证，反证的出现破坏了现有解读与建构的合理性。在这种情况下，就需要寻找新的解释模式，提出新的假说，做出更具解释力的新解释，或者对现有解释模式的边界或适应范围提出限定要求，由此，新的学术范式出现，创新由此发生，学术因此而进步和繁荣。

历史学本质上是一门解释性学科，而不是实证科学。以上各项判断标准都不是判

---

① 〔英〕卡尔·波普尔著，杜汝辑、邱仁宗译：《历史决定论的贫困》，华夏出版社，1987年，第88、106、107页。

② 〔英〕史蒂芬·霍金著，许明贤、吴忠超译：《时间简史——从大爆炸到黑洞》，湖南科学技术出版社，2008年，第10页。

③ 〔美〕罗伯特·沙雷尔、〔美〕温迪·阿什莫尔著，余西云等译：《考古学——发现我们的过去》（第三版），世纪出版集团上海人民出版社，2009年，第21页。

断各种表述的历史与自在的历史是否一致，即历史学成果谁真谁假的标准。对于历史学中的不同观点，即多元的解读与叙述，我们所能做的只是对哪种观点更具有合理性做出判断，并据此做出自己的选择。解读与建构是多元的，对解读与建构的判断与选择也是多元的，不同人基于不同的理由可能做出不同的判断与选择。

第十章　历史学及考古学的价值

历史学的源远流长、长盛不衰说明其对于人类有重要的价值与意义。

对于同一个事件，不同的人会持不同的态度，做不同的解读，获得不同的感悟，得到不同的认识，进而导致不同的行为方式与结果。历史学之于人类也大致如此。

自在的历史虽然造就了我们的当下，但对当下的我们已不再产生影响，不再具有价值。对我们真正产生影响的是表述的历史，它构成我们当代文化和日常生活的一部分。前者是一去不复返的过去，逝者已往矣。后者是当下的存在，影响着当下的我们，具有现实的价值与意义。过去的人和事因当代的需要而被选择、被关注、被阐释与被构建，过去因现在而具有意义。历史学的意义不在于重现过去，而在于当代，在于与当代人的互动，进而影响当代的人类行为及社会发展方向。

对意义的确认是我们行动的动力，对于人类来说，历史学的存在都有哪些重要的价值与意义呢？

居于当代中国历史学界主流地位的实证主义史观认为历史学是一门科学，历史学的价值与作用在于帮助我们再现人类的过去，重建人类社会发展过程，发现人类社会的发展规律，并以之指导人类的未来。历史学仿佛若非具有如此高大上的意义就不足以定位其存在的价值，宣示其在当代社会中的地位与重要性[1]。但按照我们前面的分析，历史学不是一门求真的实证科学，不能再现历史的真相，更发现不了历史规律并指导人类的未来发展方向。历史学再现过去，发现规律等的诉求只是一种美好的想象与愿望而已，忽视了人的主观能动性和史家的关键作用，社会现实也否定了规律说和人类未来可预测说。

虽然如此，但不等于说历史学就没有价值，正如艺术不是科学，并不代表艺术对于人类来说就没有价值一样。"非实证科学的"即意味着落后、无用而没有意义，甚至有坏作用的观念是近代泛科学主义思想和科学崇拜观念的一种反映和价值判断。针

---

[1] 注：实际上，由于历史学中关于历史真相与规律的多元观点争论不休以及历史事实与所谓历史规律往往不符的现象广泛存在，再现历史真相，寻找历史规律并以之指导人类未来之说更易导致大家对历史学的价值和意义产生怀疑，历史学无用论也往往由此而生。

对泛科学主义忽视人的作用、目的和主观能动性的问题，后现代主义思潮兴起，后现代思潮强调了人的核心作用与复杂人性的影响。实际上，作为一种自古有之的人类文化现象，历史学在更广泛的范围内满足了我们的需要，塑造着我们的观念，影响着我们的行为。历史学之所以源远流长，长盛不衰，就是因为它对于我们人类来说，具有重要的价值与意义。

随着近代几百年以来社会发展的影响、科学研究的不断深入和各种有关科学、人生、人类社会发展方向等方面深层次哲学问题的讨论和思考，人们认识到人的需要是多方面的，既有理性的，也有感性的，科学既不能代替一切，也不能决定一切，各种艺术活动、宗教信仰等同样是我们人类生活的重要部分。艺术和科学是一个硬币的两面，都追求着深刻性、普遍性和永恒性，满足了我们的需要，因而对于我们富有意义。

历史学作为一种人类创造并伴随着人类的发展而一直存在的文化现象，对于人类来说同样有着重要的价值与意义，这也是历史学伴随人类的存在而存在的原因。指出历史学中的非科学性一面，认清其本质特性，反而能更帮助我们认清其价值和意义，发挥其作用。

我们认为，历史学的价值是多元的，因人因时因地而不同，在不同的人眼中，对历史学价值的关注点与强调的重点也不同。犹如一根竹竿，在一个老人或病人手里可能是拐杖，在家里可能是晾衣竿，在流浪者手里可能是打狗棍，或者有时它可能就是生火的柴火。有时这根竹竿同时扮演着多种角色，发挥着多种作用。总之，在不同的环境中，在不同的人手里，这根竹竿发挥着不同的作用，展现出不同的价值。同样，历史学也会因人的目的与需要不同而扮演着不同的角色，发挥不同的功能，如专制王朝统治者可能更重视历史学的政治功能、教化功能，近代民族国家更重视历史学在建构共同历史记忆，培养民族认同方面的作用，当代知识教育界更强调历史学对科学意识培养和认知体系建构方面的价值，还有许多人可能更愿意从历史著述中找到兴趣的满足与情感的寄托，等等。

甚至同一个人在不同时期，不同环境背景下，对历史学价值的认识与强调重点也可能会有不同，如考证学派的代表人物陈垣的治史旨趣在三十年内有三变：最初专重考证；"九一八"事变后，转而趋向实用之学；1940年起，"颇提倡有意义之史学"，"微言大义"[1]。梁启超对史学的认识也经历了强调"致用"，到强调"为学术而学术"，再到最后的重视"致用"的回归。

---

[1] 许冠三：《新史学九十年》，岳麓书社，2003年，第121、122页。

　　我们说自在的历史是唯一的，但陈述的历史却是多元的，有各种各样的版本。为什么？从某种意义上讲，也是由于不同陈述者对历史学的价值定位不同。

　　关于历史学的价值和意义，古今中外的论述非常多。但凡重视历史的人，皆因为他们对历史学的价值和重要性有自己的认识。

　　中国历史学的"经世致用"传统，强调的是历史学的现实意义和作用。秦汉以降，中国传统社会的主流意识形态，就理论层面而言，主要是借助正统的经学和史学建立起来的，并通过经学和史学得到维护。孔子编著《春秋》的目的是"使乱臣贼子惧"，强调历史著述的"正人心以维护社会秩序"的致用价值。《国语·楚语上》记载，楚庄王时的大夫申叔时对史书等各种著述的社会作用评论道："教之《春秋》，而为之从善而抑恶焉，以戒劝其心；教之《世》，而为之昭明德而废幽昏焉，以休惧其动；教之《诗》，而为之导广显德，以耀明其志；教之《礼》，使知上下之则；教之《乐》，以疏其秽而镇其浮；教之《令》，使访物官；教之《语》，使明其德，而知先王之务用明德于民也；教之《故志》，使知废兴而戒惧焉；教之《训典》，使知族类，行比义焉。"[1] 大意是：教导《春秋》，可以扬善抑恶，劝诫教导人的本心；教导《世》可以彰显德行而摒弃昏昧，用来约束人的行为；教导《诗》可以提升道德修养，使人确定志向；教导《令》，可以使人知道百官的事业；教导《语》，可以使人知道仁德的作用，从而知道上古圣王是如何用仁德治理民众的；教导《故志》，可以使人知道兴废之事而能够警惕自己的行为；教导《训典》，可以使人知道该依靠和信任的人，行事能够符合仁义。这大概算是中国最早的从多个角度讨论史学功能的文献记载了。

　　唐代刘知几说："苟史官不绝，竹帛长存，则其人已亡，杳成空寂，而其事如在，皎同星汉。用使后之学者，坐披囊箧，而神交万古，不出户庭，而穷览千载。见贤而思齐，见不贤而内自省。若乃《春秋》成而逆子惧，南史至而贼臣书。其记事载言也则如彼，其劝善惩恶也又如此。由斯而言，则史之为用，其利甚博，乃生人之急务，为国家之要道。有国有家者，其可缺之哉！"[2] 章学诚说："史学所以经世，固非空言著述也。且如六经，同出于孔子，先儒以为其功莫大于《春秋》，正以切合当时人事耳。后之言著述者，舍今而求古，舍人事而言性天，则吾不得而知之矣。学者不知斯义，不足言史学也。"[3] 所以，他把自己的著作命名为《文史通义》。

---

① （清）徐元诰集解，王树民、沈长云校点：《国语集解》，中华书局，2002年。
② （唐）刘知几著，（清）浦起龙通释：《史通》外篇卷11《史官建置》，上海古籍出版社，2009年，第212页。
③ （清）章学诚著，叶瑛校注：《文史通义校注》，中华书局，1983年，第524页。

近代兴起的实证主义史观认为历史学是一门科学，历史学的价值与作用在于帮助我们再现人类的过去，重建人类社会发展过程，发现人类社会的发展规律，并以之指导人类的未来。新中国考古学的奠基人夏鼐说："考古学研究的最终目标在于阐明存在于历史发展过程中的规律，而马克思列宁主义的历史唯物论便是指导研究这种规律的理论基础。"[1]

王学典总结各种有关历史学价值的说法，概括道："从大方面来说，历史可以提供经验教训，作为国家社会现实活动的借鉴；可以促进国家、民族的认同感，增强凝聚力，激发民族自尊心、自信心；可以作为道德教育的生动范本，提升人们的道德水准。从小方面而言，历史对个人也有多重意义，可以丰富知识、开阔眼界、启迪智慧，如培根所说'读史使人明智'；可以陶冶性情、变化气质、净化心灵，训练洞察力。"[2] 葛剑雄说："我把历史研究的运用即具体目的归纳为三个方面：第一是为其他学科的研究提供规律，第二是用于宣传教育，第三是为解决现实问题提供信息，包括背景、经验等。"[3]

以上大约可以说是从古代到当代中国历史学界关于历史学作用与价值的基本观点。

从近代中国兴起的新史学的社会价值这一具体案例来说，在近代中国社会中，从早期思想启蒙运动中的史学，如梁启超的新史学、顾颉刚的"古史辨"运动，到后来马克思主义史学的兴起，历史学之所以在社会中产生如此重大的影响，都不是因为它们发现了多少历史真相与真理，而是因为它们对皇权专制时代王朝史学的历史解读与叙述进行了彻底的批判，重构了符合当代"科学"与"民主"的时代观念和当代民族国家需要的历史新解读与新叙述，满足了当代社会否定旧制度、旧文化，建设新社会、新文化，推广"科学"与"民主"，改变传统观念，重建中国人的人生观、世界观、民族主义思潮下的民族国家历史记忆，培养民族国家历史认同，强化民族凝聚力，鼓舞革命意志，争取民族独立等的社会需要。这一现象不仅反映历史学建构与社会环境的互动关系，也是历史学社会价值的典型体现。

在西方学术界，对历史学的作用与意义也有广泛而深入的讨论。

德国哲学家尼采说历史以三种方式服务活着的人：他的"行动与斗争"，他的"保守主义与虔敬"以及他的"痛苦和被解救的欲望"。三种用途对应于三种历史："纪念的"，详论过去的伟大；"怀古的"，把个体与比他本人更大的一种"我们"（一

① 夏鼐、王仲殊：《考古学》，《中国大百科全书·考古学卷》，中国大百科出版社，1986 年，第 3 页。
② 王学典主编：《史学引论》，北京大学出版社，2008 年，第 109 页。
③ 葛剑雄、周筱赟：《历史学是什么》，北京大学出版社，2005 年，第 214 页。

座城镇、一个民族或一个文明）联系起来；"批判的"，判断过去，解释什么值得存留，什么不值得。每一个都有着它自己的用途，又都被滥用。纪念的历史，趋向于赞颂一个神话的过去；怀古的历史，趋向于保存一个琐碎的过去；批判的历史，趋向于以一种对批判的过度热心来毁灭过去[①]。

英国学者乔治·屈维廉认为，历史既没有实用价值，也不能得出普遍适用的因果规律，因而历史的价值不同于自然科学，历史学的功用主要在于教育方面——开拓胸襟、消除偏见、激发志气、帮助欣赏文化作品以及凭吊古迹[②]。

马克思主义史观主张历史为现实的政治服务，提出把历史的认识职能和社会职能统一起来，即从历史发展规律的认识中去吸取客观的"历史教训"，以便更好地理解今天及其前景，从而有利于改造旧世界和创造新世界的革命实践[③]。

也许有人会说，历史学对我意义不大，因为我对历史没兴趣，也不会受到历史的影响。实际上，我们每个人都是历史的产物，都是历史的人，历史对我们的影响无处不在。正如前面所说，历史记忆是我们的认知体系中的基本组成部分，人人都是他自己的历史学家。我们所受到的历史教育与影响并不仅仅局限于枯燥的历史课、历史教科书或者具有明显权力话语的正史叙述。我们在成长过程中所接触到的各种信息，所受的各种教育，家庭、同学、朋友聚会中的聊天与叙旧，各种各样的影视、文字作品、不同场合的仪式、活动、旅游，甚至游戏等都在不知不觉中展示某种历史叙述，影响我们的历史记忆，并塑造我们的认知与认同，进而影响着我们的行为——我从哪里来？我是谁？我们的世界是一个怎样的世界？什么是对的？什么是错的？我们应该往哪里走？

下面，我们来具体讨论历史学、考古学对人类的主要价值及其所发挥的核心功能。

一、满足我们的兴趣和好奇心

资中筠记述了这么一件事："有一位美国历史教授讲了一段见闻。他说：问美国学生为什么要学历史，绝大多数的回答就是感兴趣。他问过台湾的学生，得到的回答是，为兴趣而学历史对我们太奢侈，我们是为了救国而学历史；后来他接触到中国大陆的学生，对这个问题的回答竟如出一辙，尽管两岸处于对立状况，各自所谓'救国'

---

① 〔德〕尼采著，陈涛、周辉荣译：《历史的用途与滥用》，上海人民出版社，2000年，第11页。
② 〔英〕乔治·屈维廉：《克莱奥——一位缪斯》，《现代西方史学流派文选》，上海人民出版社，1982年。
③ 朱本源：《历史学的理论与方法》，人民出版社，2007年，第50页。

的含义可能相反。"①

　　中国史学具有强烈的"经世致用"传统，强调资政育人的功能，政治工具化倾向明显。从中国历史学的"经世致用"传统来看，今天我们所强调的"寻找规律，指导未来"，究其实质，也不过是"资治通鉴"类政治目的在当今科学主义时代的另一种具有时代特色的表述而已。

　　西方的历史学传统与我们既有相同之处，也有不同。被西方人称为"历史学之父"的古希腊历史学家希罗多德在其著作《历史》中所用的"历史"一词有"调查""探究"之意。在汤因比看来，理解和解释世界的好奇心刺激着历史学家去研究历史，这是促使历史学家发现和解释的动力②。

　　在"经世致用"的史学传统中，我们贬低甚至否定以满足兴趣与探寻未知作为一门学科的目的和意义。但在本书中，我们首先想肯定与强调的恰是历史学在满足我们的兴趣与好奇心方面的价值，我们认为，满足自己的求知欲、好奇心，探索未知的世界是历史学第一位的价值。

　　人类与一般动物不同的一个重要方面就是人类在满足基本的生存、繁衍需要之外，还有许多形而上的需要和追求，正如心理学家马洛斯所提出的人类五种层次的需要中，除了生存、繁衍的需要，还有更高层次的满足好奇心、自我价值实现等的需要。美国俄亥俄大学的一项研究表明，人类所有的行为都是由15种基本欲望和价值观所控制的，好奇心就是这15种基本欲望和价值观之一③。好奇心决定人类对知识的渴求是不可抗拒的，是人类不断发展，超越其他物种的原因之一。满足好奇心与自我价值实现等人类需求看似没有实际功利用途，实际上却不断促进人类的自我发展、自我超越，是人类超越于一切物种，独步地球的根本动力之所在，尽管与此同时，也往往带来欲望膨胀和人际关系、人与自然关系失衡等巨大负面影响。许多科学成就的取得往往是在兴趣、好奇心的推动下实现的，所谓"兴趣是最好的老师、最大的动力"。

　　古人与今人都对自己、同类甚至身边的一切是怎么来的，充满了好奇，"我从哪里来？要到哪里去？""过去的人什么样？怎么想怎么做？如何相处？跟我们什么关系？""我们是如何成为现在的'我们'的？"我们都想有一个答案。古人更多地用

---

① 资中筠：《人民和朝廷哪个是目的？》，《国家人文历史》2014年第4期。

② 刘远航编译：《汤因比历史哲学》，九州出版社，2010年，第1—5页。

③ 《人的十五种欲望》，《科技潮》2002年第2期。

神话传说、宗教故事来提供答案，而今天的我们希望用科学来寻找答案，考古学、历史学、人类学等由此而兴。虽然，古人与今人所使用的概念、解释体系不同，寻找答案的方法也不同，但目的是一样的。

历史学的价值对许多人来说就在于满足自己的兴趣和对过去的好奇心，以及表达自己的思想观念，体现自我价值。许多考古探险活动，尤其是早期的考古活动主要就是满足人们的好奇心、求知欲。肯·达柯说："从事考古学也许只是因为想了解物质、风景或环境在过去的形态。""人们之所以研究过去的物质文化，可能是因为：相信知识是有价值的，寻找支持宗教、政治或其他（如美学）思想的证据，寻找'起源'，或仅仅是为了娱乐。"[①]

历史学、考古学使我们知道过去曾经发生过什么，人类走过了怎样的历程。关于自然史和人类史上各种自然与文化现象的"起源"和演变过程，以及我们生存的世界是如何形成的，如宇宙的起源、本质、演变过程及其动力，各类自然现象，如山川、海洋等的起源、本质、演变过程及其原因，生命的起源、本质、演变过程及其动力，物种的起源、本质、演变过程及其动力，人类的起源、本质、演变过程及其动力，人类社会及其文化如衣、食、住、行、社会组织、政治制度、思想观念等的起源、本质、演变过程及其动力，等等，都是我们认知体系的重要构成部分，也都是我们特别希望获得的知识。全世界的考古学家都有许多共同的兴趣，他们试图更多了解过去人类是如何生活的，他们的生活方式与我们有何异同，以及他们和我们是如何关联的。考古发现已经极大地改变和深化了我们对过去的认知。

从历史探索和历史叙述中，我们获得一种愉悦。俞伟超说，作为艺术范畴的考古学，其价值的主要方面，在于满足人们那种回忆自己被忘却的天真稚气的童年，奔放热情的青年以及庆功的辉煌、失败的悲壮、丰收的喜悦、祭祀的虔诚等历史情景的天生愿望。由此而得到的当然不仅是心灵的安慰，还会有情感的熏陶，良知的培育，智慧的启迪，勇气的鼓励[②]。是啊，历史学不仅为我们提供有关过去的知识，而且提供给我们艺术的享受、人生的感悟、智慧的启迪，这些都是"无用之用"历史学的价值体现。

从这一方面来反思中国的历史学、考古学，我们是否担负了太多的"致用性"现实政治功能和功利目的？

---

① 〔英〕肯·达柯著，刘文锁、卓文静译：《理论考古学》，岳麓书社，2005年，第32页。
② 俞伟超、张爱冰：《考古学新理解论纲》，《中国社会科学》1992年第6期。

二、价值观、世界观和人生观的塑造

除了满足个人兴趣与好奇心，对史学的现实需要是史学存在的重要原因。塑造我们的价值观、世界观、人生观是史学的重要价值之一。

价值观、人生观、世界观等所构成的认知体系对我们的影响无所不在，它们决定着我们的行为。我们以我们的认知去解读与建构历史，历史解读与建构又反过来影响我们的认知，并进而影响我们的行为。历史学影响人类的发展方向不是因为我们能够通过历史学研究发现人类社会发展规律，并以这一规律指导社会发展方向，而是我们关于历史的认知是我们广义认知体系的一部分，影响到我们的思想观念，进而影响到我们的行为，再通过我们的行为影响到人类社会的发展方向。莫尔内在《写作古代史》中说：过去需要研究，因为人们对过去的认识会影响人们现在的行动，现在的变化也会影响人们对过去的认识，历史学在不断解构过去的过程中，不断塑造着人们的思想和认同，并且通过塑造过去来改造现在，仍然可以说是就历史学科本身性质而非古代史特点的立论[①]。尤瓦尔·赫拉利说："人类几乎从出生到死亡都被种种虚构的故事和概念围绕，让他们以特定的方式思考，以特定的标准行事，想要特定的东西，也遵守特定的规范。就是这样，让数百万计的陌生人能遵照着这种人造而非天生的直觉，合作无间。这种人造的直觉就是'文化'。"[②] 历史学就是人类文化的组成部分。

在历史课堂上，在与人的各种交谈中，在看电影、电视的休闲中，在各种文字作品的阅读中，在一次次的学术讲座上，我们潜移默化地接受着各种历史知识，它们渐渐地形成了我们关于过去的认知，进而影响我们的情感、立场和价值取向，引导我们的行为。比如，"大一统""家天下"的王朝史叙述会培养出人们的等级观念、专制思想和忠臣、愚民；民族主义的国家历史叙述会培养出国家的认同与忠诚，同时也会导致极端的民族主义思想和国家之间的战争；帝王将相的历史叙述会为"官本位""学而优则仕"的社会趋向推波助澜；性别考古学会呼应男女平等的社会运动；等等。从这个意义上讲，历史学影响未来，我们对历史的看法影响了人类社会的未来走向，正如乔治·奥威尔所说："谁控制过去就控制了未来；谁控制现在就控制了过去。"[③]

---

① 晏绍祥：《藏在古代史中的过去和现在》，《中国社会科学报》2010年4月1日第4版。
② 〔以色列〕尤瓦尔·赫拉利著，林俊宏译：《人类简史——从动物到上帝》，中信出版社，2014年，第九章。
③ 〔英〕乔治·奥威尔著，董乐山译：《1984》，上海译文出版社，2008年，第35页。

改变世界首先是要改变人们的观念，历史学比寻找真相更重要的就是塑造人们的观念。历史学的作用之一就是通过不断重构符合时代需要的历史记忆，塑造人们的观念，左右人们的行为，进而影响人类社会的未来。历史学不能预测、指导未来，但可以影响未来。

从神创论到进化论，进化论对人类思想观念和近代世界的影响，无论怎么评价都不过分，不用我们在此置喙。崔格尔说："19世纪后半期，在究竟是进化论还是《创世纪》提供了更可靠的人类起源的说法的争辩中，双方都试图寻找考古学的支持。"①最终，考古学成就对进化论思想的确立与传播做出了巨大贡献，对此俞伟超先生有过精彩论述。就西方而言，是进化论的提出，颠覆了千年以来教会所传播的神创起源理论。考古学诞生之初就被赋予了重大使命，正是对于具有叛逆色彩的进化理念的证明。"从这个角度而言，考古学的诞生肩负了深刻的任务，并造成了广泛的影响，它具有社会意义和宗教意义。……顾颉刚先生疑古观念的提出，震荡了中国人渗入骨髓的史学观念，注重传统的中国人，蓦然之间回首发现传统是不可信的，这和'上帝死了'给西方人带来的震荡一样，让中国人绝望。"②

除了进化论代替神创论这类根本性的世界观、人生观的塑造外，历史学对我们价值观、世界观和人生观的影响一般表现在通过对历史人物及其行为的褒贬来弘扬或贬斥某些价值观、人生观和世界观。俞伟超总结说："一切人文学科，如文学的目的，是改变人们的世界观、社会观、人生观，而考古学与文学、艺术的目的是相一致的。"③余世存说："我们现在怎么认知自己，认识世界，很大程度上，由接受了怎样的历史教育决定。"④历史学帮助我们思考、发现人生的意义，提供行动的动力，进而影响到我们的选择和行为。

对于被价值观、世界观所左右的人类来说，如果没有能说服自己的理由，许多行为是难以做到的，如种族灭绝、战争中的杀人、掠夺等。所以福柯说："记忆是斗争的重要因素之一……谁控制了人们的记忆，谁就控制了人们的行为的脉动……因此，占有记忆，控制它，管理它，是生死攸关的。"⑤

---

① 〔加〕布鲁斯·崔格尔著，徐坚译：《考古学思想史》，岳麓书社，2008年，第3页。

② 丁雨：《考？古？》，《南方文物》2008年第4期。

③ 张爱冰：《考古学是什么——俞伟超先生访谈录》，《东南文化》1990年第3期。

④ 余世存：《活在特定历史观念下，我们未免太局限了》，http://toutiao.com/i6290450987496768002/。

⑤ Michel Foucalt, in "Film and Popular Memory: An Interview with Michel Foucalt," tr. Martin Jordin, Radical Philosophy 11 (Summer 1975): 25, 26; quoted by Alan Megill, "Foucault, Structuralism, and the Ends of History," Journal of Modern History 51 (1979): 500.

2006 年前后，中国历史教育界关于中国历史教科书到底应该怎样编写，是要给中国的下一代继续喂"狼奶"，还是不能再喂"狼奶"的争论①，正是基于历史学"规训"作用而关于通过怎样的历史叙述来培养何种国民的争论。双方虽然观点对立，但都非常重视历史教育在树立人的价值观、世界观和人生观方面的重要作用。"历史教科书具有官方性、权威性、正式性、普及性的特征，它将一个民族的历史记忆深深地嵌入青少年一代的精神世界，因而它是格外重要的'记忆的场所'（sites of memory），是一个民族的'体制化的记忆'（institutionalized memory）。而这种记忆又在很大程度上形塑着新一代公民的认同：我是谁？我与国家或民族（国族）是怎样的关系？作为一个公民，应该如何想、如何做？如何看待与外国（族）的关系？""二战前的德国和日本都是通过强化、夸大甚至伪造受害经历，达到了培养极端民族主义排外、仇外情绪的目的。""二战结束的时候，盟军整肃德、日法西斯主义，对其进行民主化改造的过程中，就对其历史教科书进行审查和干预。""二战后，在盟军最高司令部的监督下，日本新编的历史教科书遵循三个原则：没有任何宣传；没有军国主义、极端民族主义或传播神道教；增加对普通人在经济、发明、学术和艺术方面的成就的论述，只有在天皇有突出的贡献时，才可以提到天皇。从这里可以看到一个民主国家的革命教育与军国主义国家战争教育的区别。"②

同样，控制他人的手段之一就是控制他人的思想，其中就包括他的历史记忆。福柯说：作为游戏，历史无意义，可它隐含强制性规则，其目的是"制定一个方向，让人服从新的意志，投入另一种游戏"③。知识本身就是权力，"由当权者向大众灌输的知识支配着人们的思想，规训着人们的行为，无形中发挥着权力的作用，人们受其摆布而不自知。"④郭于华说："通过焚毁和篡改历史的记录，通过抑制和消除个人的记忆，思想与文化的源泉就被切断了，思想之流趋于枯竭或者只能沿着统治者指定的渠道流淌。"⑤

正是因为意识到历史记忆的重要价值，对历史记忆的垄断与操控成为权力系统极

①　袁伟时：《现代化与历史教科书》，《东方文化》2002 年第 6 期；《学者朱学勤称新历史教科书进步，人吃人史观扭曲》，中国网，2006 年 10 月 16 日，http://www.china.com.cn/education/txt/2006-10/16/content_7243497.htm。

②　〔美〕劳拉·赫茵、马克·塞尔登编，聂露译，尹钛校：《审查历史：日本、德国和美国的公民身份与记忆——〈丛日云·序〉》，社会科学文献出版社，2012 年，第 3—8 页。

③　赵一凡：《福柯：权力与主体》，《文景》2005 年总第 14 期。

④　王学典主编：《史学引论》，北京大学出版社，2008 年，第 364 页。

⑤　郭于华：《社会记忆与人的历史》，《中国社会科学报》2009 年 8 月 20 日第 7 版。

为重视的事情，各种权力人物总是想尽一切办法来控制对历史的解释权与叙述权，对历史现象做出符合自己需要的解读，建构符合自己需要的历史叙述版本。中国历朝历代皇帝之所以都重视正史编纂，这也是原因之一。这类历史叙述除了被这些权力人物用作神化自己，妖魔化对手，为自己行为辩护的手段，也往往被作为一种影响人们思想进而左右人民行为的工具。王阳明说："五经亦只是史，史以明善恶，示训戒。善可为训者，特存其迹以示法；恶可为戒者，存其戒而削其事，以杜奸。"（见王守仁《阳明传习录》上）史以载道，中国传统的二十四史，《春秋》经、传等都是典型的这类性质的史书。各种版本的三国史书也都在宣扬儒家的忠孝节义观念——刘备代表正统，关羽代表忠义，曹操代表反面的奸佞狡诈，等等。这些历史故事深入人心，塑造了一代代中国人的立场、情感、价值观和认知体系，从而对他们的判断、选择和行为产生影响。什么样的历史教育产生什么样的思想观念，我们对这种力量不可视而不见或不以为然。

因为帝王思想深植于中国大众的心里，所以才有一代代农民起义，旧王朝被推翻，但一个个新王朝又翻版重建，个人崇拜、皇帝专制制度一再重演，官本位观念根深蒂固。不能不说这些都与我们的传统正史和各种形式的民间野史的广为传播有密切关系。一个从小浸淫在帝王将相思想文化氛围中的人，无论他多么伟大，他能对民主的精髓有多深的体会？最终往往还是换了个形式的帝王将相传统那一套！

也正是基于对史学作用的这种认识，梁启超极力倡导新史学，希望通过新史学来培养具有现代意识的新国民，进而由新国民来实现中国的现代化。这就是他的新民论核心思想与写作目的。

从这个角度来理解近代中国的新史学，新史学虽以"科学"与"求真"为号召和诉求，但其真正的价值和最终的结果不是获得或接近了过去历史的真相，而是为了满足近代中国社会的需要，对中国历史上的诸多现象做了时代性的新解读，重构了符合时代需要的新叙述。部分先进知识分子以科学、民主、民族主义等理念解构了皇权专制时代的旧史学，重构了开启新时代的新历史，而这些新的历史解读与叙述反过来又促进民族国家、民主、科学观念与思维方式在社会的传播与巩固，重塑了中国近现代社会的主流观念和思维方式，进而影响人们的行为与选择。虽然，在这一新史学范式的确立过程中，旧史观与史学传统仍然随处可见。

近代以来的新史学和重构的民族国家史叙述也确实在培养中国国民的科学与民主意识、民族国家认同、民族主义、爱国主义等方面发挥了巨大作用，帮助中国社会实现了由皇权专制中心的天下王朝帝国观念向当代全球化背景下多元平等的民族国家观念的转变。

新史学与近现代民族国家观念意识之间的互相影响现象是近代世界的潮流。面对全球化时代的到来，史学如何建构适应全球化时代的历史叙述也是一个世界性的重要而迫切的任务。斯坦福大学亚太研究中心（APARC）"被割裂的记忆与和解"课题组通过比较研究的方法分析了中国、韩国、美国、日本等太平洋战争主要当事国的高中历史教科书，他们发现，各国都在通过历史教育来增进国民归属意识。同时，APARC的研究人员认为，在战争问题上彼此相悖的历史记忆阻碍了各国的和解。但是，通向和解之路又是通过认识被割裂的历史记忆来开辟的[①]。不同建构的历史陈述将会对这种由文化引起的冲突的激化或化解起到重要作用，这对未来国家间关系的发展方向将产生不同的影响。

我们既回不到过去，也预测不了未来，但我们可以通过现在来重构过去，影响未来。鉴于历史记忆与现实社会关系如此密切，我们要想开启民智，建设一个科学、民主的社会，就需要认识到历史陈述权利是每个公民应该享有的多种权利之一，需要打破对历史解读与叙述的垄断，鼓励多元史观和历史阐释，提倡质疑、批判的科学精神，反对以自我神化、洗脑愚民为目的的对历史陈述权的垄断，无论这种垄断是以科学实证和历史真相的名义，还是以官方正史的名义。

三、确认自我存在感和自身行为的意义

有笑话说每个保安都是哲学家，他们对每一个人都要问"你是谁？你从哪里来？你要到哪里去？"这些哲学的根本问题。

在中国民间故事中有一个孟婆汤的传说，说的是当一个人死后要转入来世时，走过奈何桥后要喝下孟婆汤，忘记今生今世的所有东西，包括自己是谁，才能转世投胎。

孟婆汤的故事告诉我们，只有忘记过去，才能做一个新人。同样，假如我们能重组一个人的记忆，就创造了一个新人，犹如转世投胎。这说明，回忆与历史记忆帮助我们确认我是谁？从哪里来？与周围环境和其他人是什么关系？我们正是通过对过去的不断回忆来确认自我，强化自我存在感并肯定自我价值。一旦失去了记忆，我们就不再知道自己是谁，从哪里来，到哪里去，即失去了自我的存在感[②]。

---

① 〔美〕丹尼尔·斯奈德：《被割裂的记忆：历史教科书与亚洲的战争》，2017年1月6日，http://www.doc88.com/p-9085603972290.html。

② 人类获取存在感有两种方式：①从时间维度定义自我，通过回顾过去经历。②从空间维度定义自我，通过与身边人和事建立某种关联与互动，如比较、斗争、友谊等来确认自我。两者为自我存在感提供某种证明和参照系。

　　在这方面，失忆症是一种典型的表现。失忆症者因身份意识、记忆和对环境的正常整合功能遭到破坏，因而对生活造成了困扰。莱昂纳多主演的《禁闭岛》正是讲述了这样一个因失忆导致自我身份认同混乱的令人深思的故事：一个受战争后遗症影响的病人因为精神分裂导致自己记忆混乱和人格分裂，自己到底是那个放火烧了自己的家，引起妻子和孩子死亡的 Andrew Laeddis，还是那个执法官 Teddy Daniels？因为不能确认自己是谁，从哪里来，到哪里去，结果带来一系列的乖张行为。由此可见，历史记忆对人类自我的确认多么重要，对人类行为的影响多么大！

　　失忆症的另一个影响是无法设想未来。最近的一份发表在美国国家科学院院刊网上的研究报告表明，海马体受损的遗忘症患者无法想象未来。这是因为当一个正常的人想象未来时，他们会利用其过去的经验，构建一个可能发生的情况。举例来说，一个人在尝试想象将来一次聚会中出现的情景时，会利用过去的经验来帮助构建这次聚会中可能出现的情景。所谓历史的借鉴作用也大致如此。

　　据英国《每日邮报》报道，不管你的寿命多长，你身体的某些部分其实只有几周甚至几天的寿命。这是因为它们在不断进行自我更新。以下就是身体各部位的寿命：肝的寿命5个月，味蕾寿命10天，大脑的寿命和你的寿命相同，心脏寿命20年，肺的寿命2到3周，眼睛的寿命和你的寿命相同，皮肤寿命2到4周，骨骼寿命10年，肠的寿命2到3天，指甲的寿命6到10个月，红细胞寿命4个月，头发的寿命3到6年[1]。从人的身体看，我们可以把身体比作一间巨大的工厂，不断在生产新组件、新细胞，以取代那些损坏或陈旧的组件和细胞。无论醒着睡着，我们都在持续不断地更新皮肤、器官细胞和血液。因此，从生物学意义上讲，5岁的你和50岁的你完全是两个人，只有记忆才能串联起过去的你和现在的你，使你没有割裂感。历史记忆创造了"过渡"，从5岁到10岁，到15岁，再到50岁，你都感觉自己是同一个人。古希腊著名哲学命题说"没有人能先后穿过同一条河"，历史记忆使我们成为一个过去与现在统一的具有完整人生的人！

　　人生也是如此，历史记忆给我们一种真实的存在感，黑格尔说："我们之所以是我们乃是我们有历史。""任何'我'的认同主要来自本人和他人对'我'自身的记忆，凡失忆者即难知'我是谁'或'谁是谁'。""人类各族群的文化认同，也必须将该族群中许多个人的行动连接成一个历时性的整体，方得以凸显。正是历史记忆的维持，让我们确知'我是谁'，以及'谁是谁'。"[2]钱穆说："忘不了的人和事才是我们的

---

① 《人体各器官寿命有多长：肝细胞的寿命仅5个月》，《南国都市报》2009年10月18日第23版。

② 罗志田：《历史的重要》，《南方周末》2010年8月19日第F30版。

真生命。"每个人通过一个个过去片段的回忆、一件件珍藏的或偶遇的旧物件回顾自己的历程,确认自己的一生。"但我们还是不得不认定,尽管回忆能力存在这样那样的问题,它却依然是让人成其为人的东西。若是没有回忆能力,我们就不能构建自我,而且也无法作为个人与他人进行沟通。回忆固然并非总真实,我们却不得不认为我们的回忆是真实的,因为它们是我们赖以汲取经验和建立关系,尤其是赖以绘制自我认同图像的材料。"① 历史学告诉我们是谁,证明我们的存在,寻求我们存在的理由和意义。

我们除了通过历史记忆确认自我的存在,也通过历史记忆获得存在价值的肯定。

人生本身只是一个过程,相对于宇宙的浩瀚无垠与时间无限,个体生命太短暂、太渺小了,所有世俗目标都不过是过眼烟云,没有意义。金钱、权力、成就、爱情,最终都会灰飞烟灭。列夫·托尔斯泰在《我的忏悔》中写道:"迟早疾病和死亡就将降临(它们已经来了)到我的亲人和我自己身上。人死之后除了恶臭和虫子之外什么也剩不下。我的一切成就迟早将被遗忘,无论曾经多么辉煌,我本人也将不存在。"胡适说:"生命本身不过是一件生物学的事实,有什么意义可说? 一个人与一只猪,一只狗,有什么分别? ""生命本没有意义,你要能给它什么意义,他就有什么意义。"②伊格尔顿说:"人生没有既定的意义,这就为每个个体提供了自主创造意义的可能。如果我们的人生有意义,这个意义也是我们努力倾注进去的,而不是与生俱来的。"③

大部分生命物种似乎都不会思考生存的意义问题,只有人类这个物种才会思考人生的意义,为自己的存在及行为寻求自我价值的肯定。也只有人类才会有时因人生的无意义感而困惑、失落,甚至走向自杀,这应该也是人类的高级之处吧。正如《精神心理学》的作者丹尼什指出的:价值感将我们与他人、自然和生活的源泉联系起来,帮助我们超越和拥抱生活。而丧失价值和意义感,则会使人迷恋于过去,困惑于现在,害怕降临之未来。

自古以来,各种宗教信仰和哲学核心问题就是人生的意义是什么的问题,探索人生意义的著述可谓汗牛充栋,许多学科也从各自角度对此进行了深入的探讨,其中历史学即是一种探讨人生意义,试图彰显人生价值,体现个人存在感的重要学科。历史哲学与宗教思考在某些方面有相似性,都是试图去发现世界与人生的本质,发现我们如何通过概念与描述体系来建构一个我们的世界,并在这种建构中界定我们自己——

---

① 〔德〕阿莱达·阿斯曼:《回忆有多真实? 》,《社会记忆:历史、回忆、传承》,北京大学出版社,2007年,第57页。

② 胡适:《人生有何意义》,《人生有何意义》,九州出版社,2013年。

③ 〔英〕特里·伊格尔顿著,朱新伟译:《人生的意义》,译林出版社,2011年,第29页。

我是谁？我从哪里来？要往哪里去？

在历史的叙述中，我们感受到一种切实的存在感，体会到生存的价值和意义。因此，历史学是一门创造、解释我们人生意义的学科，通过对过去历史的叙述来证明我们的存在，彰显我们的价值。彼得·伯克说："历史的另一个用处是告诉人们他们的根、他们和他们的家庭所来自的文化。""研究过去的用处就在于它有助于我们在自己所生活的世界中给自己确定方向。"① 美国历史学家克里斯蒂安认为，如果没有人讲述现代版"创世神话"，那么，学生就无法从整体上把握现实，何况这种神话能够满足世人对归属感的需求；如果缺失这种神话，人们就会感到无所适从。② "人类生存的连续性得以维系，很大程度上有赖于昨日记忆的留存。""通过记忆，将过去的影像与现在的影像拼接在一起，个人才能获得一种确定感。"③

我们从哪里来？我们是谁？我们的过去如何？我们的思想观念、行为方式和身边的一切文化现象是如何产生和演变的，即我们是如何成为现在的我们？将来可能会如何生存与发展？从过去的经历中得到怎样的启示？我们为什么要努力工作？我们存在的意义是什么？历史学为我们提供了答案。

古人以神创论为指导，用神话故事来讲述人类的来源，建构人类过去的历史。到了当代，我们以"科学"的语言，用进化论和其他相关理论来讲述人类的起源和我们创造的历史，并认为古人的神创论历史叙述是不对的，我们的陈述才是科学的，真实的。

另外，我们也应该清醒地认识到：无论我们多么希望历史记载能为我们树碑立传以便永垂不朽，无论我们多么希望发现历史发展的规律，以便让我们获得确定感、掌控性，无论我们多么希望确定历史发展的必然性，以说明我们行为的正当性、神圣性，历史的实际和生活的经验都向我们展现了世事无常、人生短暂、人性复杂、文化多元、社会发展充满或然性和人类行为常常无厘头的真实的另一面。历史叙述不可能全面呈现无序、琐碎、庞杂、冗长以及充斥着偶然性的无意义的自在的历史过程，为了各种目的，历史学家构建了一个有规律的、有序的、脉络清晰的历史发展过程。在这一以特定人群为核心的历史构建中，我们获得了我们从哪里来，到哪里去，我们是谁的说法。我们也在这一建构的历史中发现了我们存在的价值、神圣的使命和奋斗的目标。

---

① 〔英〕玛丽亚·露西娅·帕拉蕾丝—伯克著，彭刚译：《新史学：自白与对话》，北京大学出版社，2006年，第190页。

② 刘耀辉：《大卫·克里斯蒂安：宇宙大爆炸以来的历史书写者》，《中国社会科学报》2013年10月16日第A05版。

③ 王学典主编：《史学引论》，北京大学出版社，2008年，第149页。

不仅对于个人有这样的价值，对于国家、民族或任何其他共同体，历史学都有同样的价值。一个集体、一个民族也需要通过回答我们是谁，我们从哪里来，我们要到哪里去，来确定集体和民族的存在感、认同感和归属感，强化民族向心力、凝聚力。如果构成群体的多数个人的心中对于群体组织不再有存在感，对其价值不再有认同，群体组织也就难以为继了。

树碑立传是追求存在感的一种方式。

"树碑立传"首先是证明传主存在过，有过贡献，以期后人不要忘记的一种手段，后来又渐渐被赋予褒贬、教化的功能。古人所谓"人生自古谁无死，留取丹心照汗青"追求的也是这种存在感和人生价值的肯定。"大丈夫不能流芳百世，亦当遗臭万年"（东晋桓温语）则是追求存在感的一种极端方式。梁启超说："史官之初起，实由古代人主欲纪其盛德大业以昭示子孙，故纪事以宫廷为中心，而主旨在隐恶扬善。……后世奖励虚荣之途术益多，墓志、家传之类，汗牛充栋，其目的不外为子孙者欲表扬其已死的祖先，而最后荣辱，一系于史。驯至帝者以此为驾驭臣僚之一利器。试观明清以来饰终之典，以'宣付史馆立传'为莫大恩荣，至今犹然，则史之作用可推矣。"①兰克说："只有那些被历史记住的人还没有完全逝去。他们的品性和他们的生活就其保留在人们的意识中而言将继续存在。只有随着记忆的消失，真正的死亡才会降临。"②

历史学中的"树碑立传"似乎满足了权力者追求载于史册而永垂不朽的愿望。实际上，这不过是一种自欺欺人、自我安慰和精神寄托而已，是一种"妄"与"执"，许多权力者的传记不过是散见于各处景点的拙劣刻划"××到此一游"而已。

即使能载于史册，被后人关注与研究，也不过是沦为一个符号与工具，是因他者的需要，是话语权力者的选择，并按照自己的视角、观念和需要来记录、陈述或重新诠释。后人对历史对象的选择、解读、评价与陈述，本质上讲述的是自己心目中的某个历史人物，表达的是自己的观念、理想，是"借古人之杯酒浇自己心中之块垒"而已。历史已经一去不复返，尘归尘，土归土，"不朽"只是一个传说！

四、培养群体认同、凝聚力和爱国心

人类是社会性的群体动物，人类的优势之一也在于其群体力量。但维系群体并不

---

① 梁启超：《中国历史研究法》，《梁启超史学论著四种》，岳麓书社，1998年，第137、138页。
② 〔德〕兰克：《论历史科学的特征》，《史学理论读本》，北京大学出版社，2006年，第12页。

是一件简单、轻松的事情。为了整合人际关系，使社会分工、分层合理、合法，进而牢固维系人类社会群体，人类除了借助天然的人性外，还创造了一系列文化，如组织体系、规章制度、风俗习惯、行为规范等来强化群体组织和群体的归属感、凝聚力和向心力，激发群体成员的激情和奉献精神，指引群体的行动方向。这种文化现象既有各种直接的社会组织制度，更有左右人们价值认同和行为方式的各种宗教信仰、思想观念。人类的精力和人类所创造的社会财富除了满足自身的生存与繁衍的直接需要外，很大一部分被用于维系群体、动员群众的活动上，如宣传各种宗教信仰、思想观念，构建、传播各种历史记忆，创造各种抽象的权力、地位、信仰和历史叙述的物化象征，如精美而珍贵的礼器、宏伟的宗教或历史纪念建筑、神圣而神秘的祭祀仪式、宏大而庄重的庆典、会议，等等，某些个人甚至成为维系群体的牺牲品。影响人们社会记忆，进而塑造人们价值观念的历史叙述及其展现就是其中非常重要的一部分。从这一点讲，似乎没有现实意义的历史学恰恰具有重要的社会价值，发挥着重要的现实功能。

历史学通过"讲故事"的方式帮助我们确定自己在社会中的归属和意义，提醒彼此之间的关联性，整合人际关系，将人们从感情与心理上联结在一起。历史记忆影响一个人"我是谁"的自我身份定位与情感认同，带来"我者"与"他者"的区分。记忆与集体的和个体的身份认同密切相关，社会记忆"对自己的过去和对自己所属的大我群体的过去的感知和诠释，乃是个人和集体赖以设计自我认同的出发点，而且也是人们当前——着眼于未来——决定采取何种行动的出发点"①。

历史记忆是加强群体情感，培养群体认同的重要手段。对于民族国家来说，共同的历史记忆就是国家历史，对于个人、家庭和特定共同体来说，历史记忆就是曾经共同经历的某些事件、共同相处过的某些人物。正因为如此，同学聚会中，曾经的在校共同经历，或对某件事件的过程、真相的争论是永恒的话题，在对这些过去经历的回忆中，形成彼此之间的共同历史记忆。历史回忆突出的是彼此之间曾经的密切关系，事件的真相到底如何倒是次要的。对于共同历史的讨论，参与者也不是志在获得一个真相和正确的结论，反倒是不同的叙述版本及其争论更能激发大家的兴趣与热情，强化共同体成员之间的彼此认同心理。

以色列历史学家尤瓦尔·赫拉利说："究竟智人是怎么跨过这个门槛值，最后创造出了有数万居民的城市、有上亿人口的帝国？这里的秘密很可能就在于虚构的故事。

---

① 〔德〕哈拉尔德·韦尔策编，季斌、王立君、白锡堃译：《社会记忆：历史、回忆、传承》，北京大学出版社，2007年，"社会记忆（代序）"第3页。

就算是大批互不相识的人，只要同样相信某个故事，就能共同合作。无论是现代国家、中世纪的教堂、古老的城市，或者古老的部落，任何大规模人类合作的根基，都在于某种只存在于集体想象中的虚构故事。""'虚构'这件事的重点不只在于让人类能够拥有想象，更重要的是可以'一起'想象，编织出种种共同的虚构故事，不管是《圣经》的《创世记》、澳大利亚原住民的'梦世记'（Dreamtime），甚至连现代所谓的国家其实也是种想象。这样的虚构故事赋予智人前所未有的能力，让我们得以集结大批人力、灵活合作。""正由于大规模的人类合作是以虚构的故事作为基础，只要改变所讲的故事，就能改变人类合作的方式。只要在对的情境之下，这些故事就能迅速改变。例如在 1789 年，法国人几乎是在一夕之间，相信的故事就从'天赋君权'转成'人民做主'。"①

在中国历史上血缘家族组织广泛存在的时期，"家谱""族谱"的编修是"合族"的重要手段，即通过认同共同祖先，建立彼此之间的血缘联系，构建共同的历史记忆来强化族群认同和凝聚力。"家庭记忆是一个起合成作用的功能整体，它恰恰是通过杜撰一份共同的回忆清单，来确保'家庭'这个亲密无间的回忆集体的关联和认同的。""我们应把家庭记忆理解为一种功能，它超越家庭成员的个人回忆和过去观念，确保大家一起杜撰出一种集体回忆和集体历史。"②

由于共同历史作为一种集体记忆，可以促进对民族、国家和文化的认同，培养个人对群体的认同感，增强群体凝聚力，激发国民爱国心，每个国家，不同团体都非常重视自己历史的撰述与教育。梁启超说："史学者，学问之最博大而最切要者也，国民之明镜也，爱国心之源泉也。今日欧洲民族主义所以发达，列国所以日进文明，史学之功居其半焉。然则但患其国之无兹学耳，苟其有之，则国民安有不团结，群治安有不进化者。"③乔伊斯·阿普尔比说："个人的记忆在有形与无形的方面维系着个人的认同，借历史保存鲜活的国家记忆也同样赋予一个族群团体的认同，使交往联系变成团结精神，使政府的强制权威成为合法化。"④美国学者麦克尼尔说：19 世纪的历史研究所起的最大作用之一是"为民族主义意识的高涨奠定了基础"⑤。"历史记

---

① 〔以色列〕尤瓦尔·赫拉利著，林俊宏译：《人类简史——从动物到上帝》，中信出版社，2014 年，第二章。
② 〔德〕哈拉尔德·韦尔策：《在谈话中共同制作过去》，《社会记忆：历史、回忆、传承》，北京大学出版社，2007 年，第 108、109 页。
③ 梁启超：《新史学》，《梁启超史学论著四种》，岳麓书社，1998 年，第 241 页。
④ 〔美〕乔伊斯·阿普尔比、〔美〕林恩·亨特、〔美〕玛格丽特·雅各布著，薛绚、刘北成译：《历史的真相》，中央编译出版社，1999 年，第 253 页。
⑤ 〔美〕威廉·哈迪·麦克尼尔著，张卫平等译：《西方文明史纲》，新华出版社，1992 年，第 492 页。

忆构成一个民族精神生命的一部分，享有共同的历史记忆是民族认同的根基。""民族主义者认为历史教育应该服务于培养民族认同和国家意识，强化对国家的自豪感和自信心。"[①] 德国历史学家耶尔恩·吕森说："历史论题是人类生活中极其重要的元素，在历史中，人们形成并且反映了他们与其他人的认同感、归属感，以及与他者的差异。在归属感和差异的宽泛视界中来看待'世界诸文明'，人们才能够谈及'文化认同'。"[②] 葛兆光说每个国家都会为民族自尊和认同构造一个属于自己的历史。"为了证明自己是一个民族一个国家，就必须要有一个悠久的历史"[③]，"世界上任何一个国家和民族都十分重视建构自己的历史记忆。例如，哈萨克斯坦总统纳扎尔巴耶夫1996年在其《独立的五年》一书的'前言'中写道：五年前，1991年12月，我们庄严地宣告哈萨克斯坦的国家独立，一些'必须立即解决的非同寻常的任务之一，就是恢复共和国各民族的历史记忆'。欲之大道，必先为史，是否重视民族的历史记忆，直接关系到国家的兴亡、民族的兴衰。历史记忆和历史记忆的连续性，从来都是民族凝聚的力量。"[④]

不同的历史叙述带来不同的现实效果，一种历史叙述可以强化民族凝聚力和向心力，而另一种历史叙述则很可能解构民族的历史依据，瓦解民族的凝聚力和向心力。

近代中国新史学革命的一个主要目标就是以民族主义思想为指导来构建民族国家的历史叙述，以满足近代作为民族国家的中国急需自己的历史记忆的社会需要。近现代中国的几乎每一位历史学家、考古学家都为此而努力，诸多史学著作和研究课题都围绕这个目的而展开。有关这方面的情况，我们在前面已有论述。

共同历史的讲述既是民族文化的核心，也是民族认同的维系者和捍卫者。"不论对一个民族、国家还是人类社会而言，其连续性之所以得以维系，在很大程度上有赖于历史记忆。""历史的一大价值和功能就是记录、整理和保存民族、国家或人类社会过往的记忆。""作为一种集体记忆，历史是一个民族安身立命、延续和发展的基础，可以促进民族、国家和文化的认同。这主要有以下途径：一是通过回忆光荣、辉煌的历史，来增强民族自豪感；二是通过重温痛苦、屈辱的历史场景，来激励民族自尊心；三是通过追思和赞美历史上的民族英雄，贬斥民族败类，来提升后人的精神品质。"[⑤]

---

① 〔美〕劳拉·赫茵、马克·塞尔登编，聂露译，尹钛校：《审查历史：日本、德国和美国的公民身份与记忆》，社会科学文献出版社，2012年，"丛日云·序"，第2、9页。

② 〔英〕F. H. 布莱德雷著，何兆武、张丽艳译：《批判历史学的前提假设·序一》，北京大学出版社，2007年。

③ 葛兆光：《祭罢炎黄祭女娲？》，《南方周末》2008年3月27日第D25版。

④ 于沛：《历史记忆是鲜活的、开放的民族记忆》，《中国社会科学报》2010年11月2日第1版。

⑤ 高希中：《"书名竹帛"：历史承载民族记忆》，《中国社会科学报》2015年1月26日。

　　作为历史学一部分的考古学在不同国家也被赋予培养国家认同、提高民族自信心和凝聚力的作用。人类学家本尼迪克特·安德森指出："民族历史的叙述是建构民族想象不可或缺的一环。"[①]"博物馆和博物馆化的想象都具有深刻的政治性。"[②]布鲁斯·崔格尔说："考古发现成为争取民族自决权、评判和捍卫民族认同、提倡国家统一、抑制阶级冲突的斗争的一部分。这种类型的考古学在世界各地都深受欢迎。族群和国家都渴望更多地了解他们自身的史前史。这种知识在弘扬集体荣誉感，促进集体稳定上意义重大，同时也有助于经济和政治的发展。对于那些过去深受殖民主义历史学和考古学忽视或者贬低的民族来说尤其重要。"[③]肯·达柯说："考古学在政治上扮演着一个非常有趣的角色，同时考古学研究更多出于政治目的的领域是在发展中国家由本国考古学者开展的后殖民考古学研究。考古学在当代身份的形成和新国家的象征意义中起着重要作用。（如津巴布韦和以色列的考古学）……人们冀望于通过这种方式寻找到共同的遗产，从而提升这个新国家的团结和自信。"[④]"到 20 世纪 60 年代，考古学成为民族独立运动的旗帜和全球民族解放所推崇的时尚。对于新独立的非洲国家来说，考古学的作用可以用赞比亚总统卡翁达的一段话来表达：这就是我们的历史，现在我们能正视其他国家的人民的脸并告诉他们，我们拥有自己的历史和我们深感自豪的民族身份。"[⑤]

　　正是因为共同历史记忆对于维系民族认同的重要性，如果一个民族、一个国家的历史被否定、被抹杀，也就失去作为一个共同体存在的根基。清代著名思想家龚自珍说："灭人之国，必先去其史；隳人之枋，败人之纲纪，必先去其史；绝人之才，湮塞人之教，必先去其史。夷人之祖宗，必先去其史。"[⑥]章太炎说："国之有史久远，则亡灭必难。"（见章太炎《太炎别录》）钱穆说："断断无一国之人相率鄙弃其一国之史，而其国其族犹可以长存于天地之间者。""故欲知其国民对国家有深厚之爱情，必先使其国民对国家以往历史有深厚的认识。"[⑦]

① 〔美〕本尼迪克特·安德森著，吴叡人译：《想象的共同体：民族主义的起源与散布》，上海世纪出版集团，2005 年，第 12 页。

② 〔美〕本尼迪克特·安德森著，吴叡人译：《想象的共同体：民族主义的起源与散布》，上海世纪出版集团，2005 年，"导读"，第 167 页。

③ 〔加〕布鲁斯·崔格尔著，徐坚译：《考古学思想史》，岳麓书社，2008 年，第 173 页。

④ 〔英〕肯·达柯著，刘文锁、卓文静译：《理论考古学》，岳麓书社，2005 年，第 35、36 页。

⑤ 陈淳编著：《考古学理论》，复旦大学出版社，2004 年，第 61、62 页。

⑥ 龚自珍：《古史钩沉论二》，《龚自珍全集》，上海人民出版社，1975 年，第 22 页。

⑦ 钱穆：《国史大纲》，商务印书馆，1994 年，第 3 页。

民族的灭亡往往是体现民族认同的历史记忆及相关象征符号在人们观念中的断裂与消亡。正如当今中美洲的玛雅人后裔，由于欧洲殖民者的文化破坏，他们对远古祖先的历史已经茫然，玛雅象形文字已经无人能够认识，造成了族群认同的断裂。同样，古代两河流域、古埃及文明与后来的伊斯兰文化在历史记忆、文字等方面形成一种断裂，民族文化的认同也就出现一种断裂的感觉。实际上，这种断裂主要还是在大传统上。而"中国文化是保持了延续性的唯一古文明"的观点也主要是来自有文字、儒家礼乐文化等大传统上一脉相承和近代构建的民族国家历史叙述所带来的印象①。

历史叙述对我们的影响多种多样、无处不在。历史以各种形式，如回忆、历史故事、教科书、家谱、史学书籍、论文等叙述文本和节日、纪念日等仪式活动，影响人们，以达到强化群体认同感，增强凝聚力的目的。其中，历史教科书和历史课程教育是官方进行国民认同培养的重要手段，所有国家政府都通过历史教科书的编写来灌输、塑造未来国民应具有的立场、思想和认同，正如斯坦福大学亚太研究中心副主任丹尼尔·施耐德（Daniel Sneider）所说，历史教科书之所以引人关注，是因为它在塑造民族认同感中具有重要作用，影响一个国家对历史的理解②。在所有历史陈述中，专业史家著作只是一部分，虽然专业研究成果也可能是多种形式历史教育与传播的背后支撑力量。

历史记忆是多元的。

记忆形式多种多样，可区分为个人记忆和集体记忆，有意识的回忆和无意识的回忆，精神创伤回忆和日常记忆等③。

不同的共同体，不同的目的，历史记忆也不同，不同的历史记忆之间既可能是和谐的，具有一致性，也可能是相互冲突的，矛盾的。

以民族国家视角建构的历史陈述及其宣传，培养的是民族国家认同；以血缘家族视角建构的历史陈述，如族谱、家谱之类，培养的是血缘家族认同和向心力；以行业角度建构的历史陈述，如木工行业以鲁班为祖师爷、唱戏的奉唐明皇为祖师爷，培养的是行业认同和自豪感；以地域历史故事和历史人物为主的民间传说和方志记载，如吴地与吴文化历史陈述等，培养的是地域文化认同与乡情。"在一个社会中，社会记忆不断被集体创造、修正与遗忘。因此，凝聚一个社会（及各次级社会群体）的'记忆'是一种相当多元的、易变的综合体。"④ 所有这些历史陈述都是由传说、真实的历史和

① 徐良高：《近代民族国家史建构中的"中国文明唯一延续论"》，《中原文化研究》2017 年第 2 期。
② 王晓真：《历史教育与交流增进东北亚战后关系》，《中国社会科学报》2014 年 9 月 1 日第 A03 版。
③ 张侃：《如何以史学为志业？——重读〈历史学家的技艺〉的笔记》，《经典的误读——厦门大学人文经典系列讲座演讲集》（第二辑），厦门大学出版社，2015 年。
④ 王明珂：《华夏边缘——历史记忆与族群认同》，社会科学文献出版社，2006 年，第 253 页。

讲述者、传播者的想象共同建构出来的，并在传播过程中不断被重构。

后期的历史记忆往往利用以前的历史陈述作为史料，对旧的历史陈述进行批判与解构，根据时代的认知和自己的需要，加入新的资料，利用新的概念体系和表述方式，重构符合自己和时代需要的新的历史记忆。这种继承与发展，解构与建构使史学既有传承性，更有时代性，同时也导致不同时代的历史陈述之间似是而非现象。

历史记忆具有建构性。

历史记忆具有明显的构建性，即史家通过对史料的选择性使用和遗忘，对历史现象的阐释、评判，对历史事件的分析和对历史过程的建构，形成一种建构者所期望的历史印象，即历史记忆。历史记忆影响群体认同，群体认同的需要反过来也会影响历史记忆的建构，不同的需要构建出不同的历史记忆，正如乔治·奥威尔在《1984》中所说：过去是可以改变的，因为过去只存在于人们的意识中，而意识是可以控制的。

在历史记忆的建构过程中，为了当代的需要，我们强调某些历史经历，同时忘记某些历史经历，还要重新诠释旧有的历史现象，赋予其符合自我需要的新的内容和意义。为了新的需要，有时还要重新发掘过去被忘记的历史经历、事件和人物。"'欲灭其国，先灭其史'。历史本身客观存在，如何'灭'得了？这里指的不是史实本身，而是历史文本对过去重大事件的说法和解释。更重要的是对史料的取舍。"[1]"族群的'集体性记忆'与'结构性失忆'或'谱系性失忆'都可以理解为'强化某一族群的凝聚力'。所以，族群认同的'历史记忆'其实同时意味着同等意义上的'历史失忆'。"[2]"由人类学与口述历史的研究中我们知道，当个人或一群人透过族谱、历史或传说，来叙述与他或他们的起源有关的'过去'时，经常其中所反映的并非完全是历史事实。因此，人类学家以所谓的'虚构性谱系'来形容虚构的亲属关系谱系，以结构性失忆来解释被遗忘的祖先。""为了适应现实环境的变迁，'起源'经常被遗忘、修正或重新诠释，以改变个人或一个群体的认同，或重新界定当前的族群关系。""世世代代如司马迁与傅斯年等的中国历史学者，在他们的研究中不断强调部分共同记忆，而又重新诠释'过去'以符合本身与当代社会族群生活经验，以此'华夏认同'不断得到新的本质、内涵与边缘。"[3]"当代族群理论告诉我们，一个民族或族群的形成与延续，并非全然是生物性繁殖或文化传播的结果，而更赖于其成员之认同与'异族概念'（族群边缘）

---

① 资中筠：《人民和朝廷哪个是目的？》，《国家人文历史》2014年第4期。
② 叶舒宪、彭兆荣、纳日碧力戈：《人类学关键词》，广西师范大学出版社，2004年，第108页。
③ 王明珂：《华夏边缘——历史记忆与族群认同》，社会科学文献出版社，2006年，第52—54页。

的延续与变迁。以此观点来说'华夏认同'首先出现于黄河流域邦国的上层贵族间，然后逐渐向下层、向四周扩散。在地理上华夏认同向四方的成长扩张，主要透过其边缘人群的认同变化；不断有华夏边缘人群对本地古文明'失忆'，寻得或接受一位华夏圣王祖先作为'起源'，并在历史想象中将此'起源'之前的本地过去'蛮荒化'。在如此的过程中，汉代江南吴地的华夏相信春秋时吴国王室之祖为'周太伯'，本地在太伯来到之前是一片蛮荒，因此对于当地良渚文化以来的精致文明所代表的过去失忆。西方蜀地的华夏，也相信蜀之贵胄为黄帝后裔，遗忘了三星堆文明所代表的本地之过去，或将蜀的过去神话化与蛮荒化。黄帝、大禹或一位商周贵裔不断被攀附而成为一些华夏边缘族群的祖先，华夏边缘（华夏观念中的异族）便在如此的过程中向外迁移，边缘内的'多元'也因此成为'一体'。"①

历史记忆的建构是变化的。

共同体的范围、性质、理念、目的等如果发生了变化，或者出现了新的共同体，与之相关的历史记忆也必须重新阐释与建构，以适应变化了的共同体的需要。适用于"治天下"需要的历史阐释与叙述往往不能满足"打天下"需要的历史阐释与叙述，为清王朝一统天下立下汗马功劳，任太子太保、兵部尚书、清初首位汉人大学士的洪承畴到了乾隆时期却被列为《清史·贰臣传》中贰臣甲等。皇权专制时代的王朝政治史向近代新史学的转变，部分原因也在于此。

五、提供人类行为正当性、合法性与合理性的证明

博世家电的女导购正在试图说服一中年男子买她们品牌的冰箱。

"先生你知道吗，世界上第一台真正意义上的电冰箱就是博世制造的！"

"那又说明什么？"

"第一台哎，冰箱的祖宗嘛！说明我们博世最专业呀！"

"小姑娘你知道蹴鞠吗？"

"知道，古代人踢的足球！"

"所以说啊，祖宗又怎么样，你看中国队现在踢成什么样了！"

从根本上说，历史能证明什么呢？这一问题值得商榷。

心理学研究发现，当我们做出重要决定的时候，我们的思维会本能地找出证据，证明我们做了一件聪明而正确的决定，历史恰恰就提供了这种证据与理由。历史学为

---

① 王明珂：《历史事实、历史记忆与历史心性》，《历史研究》2001 年第 5 期。

人类的行为提供了某些合理性的理由和道德的支持，个人或群体通过对历史的阐释来证明其行为的正当性、正确性。历史既是过去的人和事，也是今天的工具，常常被作为政治宣传与动员的手段，行动的理由，行为的辩护词。历史就像百宝囊或哆啦 A 梦的肚兜，要什么有什么。无论是以神的名义，还是以规律的名义，每个个人、团体都能从中找到自己存在的理由和行为合理性的证明，当然也能找到对手倒行逆施，必然失败的历史依据。无理论的杀人抢劫是人人不齿的犯罪，而有理论的杀人放火往往成了崇高事业，是为伟大理想而战斗。

海登·怀特说："历史不是科学，历史是每一种意识形态争取以科学的名义，把自己对过去和现在的一得之见说成就是现实本身的重要环节。"[①] 吕森说"历史研究的兴趣与功能的关系要服从于集体记忆的政治策略。它使历史学家置身于权利角逐中，使历史学成为所有政府形式合法化或非法化的必要手段。"[②] "在以色列，搞犹太人历史研究的史学家不仅被视为史学匠人，而且还被当作社会指路人。以色列人认为，史学家该把做好下面这件事情当成自己的责任：提供充分证据，从而表明犹太复国主义者对犹太人历史所作的意识形态解释具有历史正确性。"[③] 这种做法对当代中国史学界来说也应该不陌生吧。

历史叙述常常不过是胜利者的辩护词、遮羞布和勋章，历史叙述构成权力、地位与财富合法性的理由之一。历史叙述提供行为、观念、制度合理性的理由，成为权力的背书。以色列历史学家尤瓦尔·赫拉利说："大多数社会政治阶级制度其实都没有逻辑或生物学的基础，不过就是由历史的偶然事件引起，再用虚构的故事延续壮大。这正是历史值得研究的一个很好的理由。"[④] 保罗·康纳顿认为，社会记忆是为支持现存社会合法化而存在的，现存社会合法化决定着社会记忆。福柯、布迪厄、德里达等当代社会理论家，也都支持权力在本质上操纵记忆的观点。福柯在讨论他那无所不包又无处不在的权力时，不止一次地提到记忆对权力的重要意义，指出掌控记忆对权力来说至关重要[⑤]。控制社会记忆的权力关系是有等级的，即等级更高、更强有力的权力对社会记忆的影响就更大。

---

① 徐贲：《走向后现代与后殖民》，中国社会科学出版社，1996 年，第 20 页。

② 〔德〕吕森：《历史秩序的失落》，《历史的话语》，广西师范大学出版社，2002 年，第 76 页。

③ 〔德〕哈拉尔德编，季斌、王立君、白锡堃译：《社会记忆：历史、回忆、传承》，北京大学出版社，2007 年，第 231 页。

④ 〔以色列〕尤瓦尔·赫拉利著，林俊宏译：《人类简史——从动物到上帝》，中信出版社，2014 年，第八章。

⑤ 罗彩娟：《权力与社会记忆》，《中国社会科学报》2009 年 8 月 20 日第 7 版。

人类历史上的祖先崇拜、神创论、天命观、五行五德始终说、今天的所谓历史规律说、"历史的选择"，等等，虽然所用概念不同，解释体系有别，但本质相同，都属于历史决定论，都强调人类历史发展受某种非人类的神秘力量的支配，当下的权力是历史的必然，上天的安排，有其合法性和神圣性。

赛义德说，由单线进化论演绎出的西方文化先进，其他文化落后，现代欧洲人比其他落后民族在文化与智力上都具有优势，土著的消亡是文明发展的必然结果等观念，为西方文化的扩张和霸权独享的合理性提供了理论依据。

人类学研究也表明，统治阶级权威的合法性部分来自自己所构建的，并强加于被统治者的某种意识形态。而对历史做符合自己需要的阐释与叙述，并确定为官方正史正是构建这种意识形态的手段之一。掌握话语权者通过构建符合自己需要的历史陈述来为自己的行为辩护，涂脂抹粉。遍布于世界各地的各种纪念碑、纪念活动，如宗庙、礼器和祭祀活动，其作用就是证明合法性、树碑立传以寻求心理安慰、强化组织的凝聚力和组织内的等级秩序。同时，这些纪念碑及纪念活动也显示"历史是由胜利者书写的""历史陈述是一种选择性记忆"。

从这个角度来看古代文献记载和历史传说就容易理解了。例如，夏商周三代重视祖先祭祀和历史记述，不过是为了在宗法社会中彰显王权的合法性，强化具有共同祖先的贵族之间的认同感和凝聚力。后来的各种历史传说，如吴国王室为周太伯之后说，越王家族为大禹后代说，楚国与秦国王室是帝颛顼后代之说；东北方，商王子箕子奔于朝鲜；东南方，周王子太伯奔于句吴；西南方，楚国将军庄蹻王滇；汉代认为匈奴是大禹的后代；魏晋南北朝时有些人认为鲜卑慕容家族以及统一北方建立北魏之鲜卑拓跋氏，都是黄帝子孙；根据《辽史》的说法，建立大辽的契丹贵族耶律氏也是炎帝之后；等等，所有这些历史叙述无不与寻求对中原文化的认同，进而为入主中原获得合法性和历史依据有关。

同样，我们也应该认识到，中国古代尧舜禹的"禅让"故事首先是诸子各家根据自己的政治理想所构建的历史故事，目的是宣扬自己的政治主张。后来，王莽、曹丕、司马昭等利用这一"禅让"历史故事为自己改朝换代的行为进行舆论宣传和理论准备，为自己的夺权行为辩护，进而证明自己建立新王朝的合法性、正当性。

到了近现代社会，历史学仍然发挥着相似的作用，正如余英时所说："史观学派的史学基本上是负担着支持政治运动的任务的。而史学所能给予任何政治运动的最有力的支持，莫过于宣告这个运动是代表一个不可抗拒的历史潮流（或曰遵循历史发展的规律）。……这和中国历史上的王朝所宣扬的'奉天承运'的天命论，实际上是有着同样的作用的。"① 这类史著汗牛充栋，在此无须多述。

"欲灭其国，先去其史。"中共中央组织部原部长张全景说，从20世纪80年代中期，苏联出现了一股"重新评价历史"的运动，从否定斯大林开始，继而否定列宁，否定苏联社会主义革命和建设的历史，最后否定苏共70年的执政历史。这些历史评述使苏共失去了存在的合法性，终于导致了苏共党亡政息②。中国人民大学原校长李文海说："苏联垮台的原因，学术界从不同角度分析会有不同的意见，但有一点是共同的，那就是因为否定了历史，导致了思想混乱。这种观念成为一种普遍的社会心理，当有人宣布共产党非法时，就没有人站出来维护。"③

除了为权力、行为寻求合法性、合理性支持，历史学及其构建的历史记忆还为诠释或合理化当前的族群认同及与之相对应的资源分配、分享关系提供历史理由。在古代，不同族群的起源神话不仅提供了自己族群来源的解释，而且对自己的生存权利、社会地位和山川土地等所有权提供了理由和合法性证明。当代的历史叙述往往也发挥着相似的作用，在当代有关土地、物权的争端中，历史往往被拿来作为自己拥有合法所有权的依据。这也是民族国家史建构的价值之一。王明珂说："（'根基历史'述事）最终目的在于以'过去'说明'现在'——我们（或他们）为何是同一族群或民族的人，为何我们（或他们）共同拥有（或宣称拥有）这些空间领域及其资源，以及为何我们比他们更有权利拥有与使用这些资源。以此查看世界所有的国家历史或民族历史，我们可以发现它们大多不脱这些根基历史的述事模式。"④

同样，对于考古发现的古代遗存，通过考古学家的阐释，建立其与特定个人或群体的关联性，往往也成为某个国家或群体、社区共同过去的历史见证，进而成为这些个人或群体主张某些权力或证明其行为合法性的依据。

文化遗产成为历史记忆的一部分和民族主义的象征，通过与考古遗存和历史传说的联系来申述、证明自己的某种权力是考古学的现实功用之一。"从埃及、希腊到墨西哥、秘鲁，辉煌的历史都被从某种程度用来证明现在统治的合法性，强化国家伟大、民族认同的意识。""以色列利用考古学作为强化其历史连续性及国家存在合法性的

---

① 余英时：《中国史学的现阶段：反省与展望》，《文史传统与文化重建》，生活·读书·新知三联书店，2004年，第368页。

② 郭光明：《总结国际共运历史经验 坚持中国特色社会主义道路——〈居安思危——苏共亡党二十年的思考〉发布会发言摘要》，《决策与信息（上旬刊）》2011年第6期。

③ 郑巧、陈静：《国史教育有待加强》，《中国社会科学报》2009年10月20日。

④ 王明珂：《历史事实、历史记忆与历史心性》，《历史研究》2001年第5期。

手段。"① 澳大利亚、美国土著人群也常常利用考古发现主张自己的权利。与此同时，也伴随着对考古发现的滥用，导致考古学与民族主义、保守的传统以及威权政府之间的关系纠缠不清②。

不过，历史虽然提供了民族国家合法性和领土要求的依据，但由于历史在长时期发展过程中的变化性和复杂性，也必然带来因对历史的各取所需而产生的无休止的争议。例如，20 世纪 70 年代在希腊境内维尔吉纳发现的，据称属于马其顿王室的黄金盒子，盒盖上有类似太阳或星星的装饰。新生的马其顿社会主义共和国民族众多，宗教信仰也颇为不同。为了树立自己作为一个国家的民族认同，国旗采用了维尔吉纳的古代马其顿王室徽章标志。但马其顿此举遭到希腊的强烈抵制，并迫使马其顿放弃该做法。因为希腊人担心，马其顿此举有可能引起自己境内的民族问题，剥夺希腊作为马其顿继承者的权利。为进一步显示自己作为古代马其顿继承者的地位，1992 年，希腊将北希腊的卡瓦拉机场改名为亚历山大大帝机场③。

我们为了某种目的而建构了历史叙述，然后又以这种历史叙述来实现目的——从历史中获得合法性、合理性的证明。同样，我们以某种思想、理论为指导建构一种历史叙述，然后又以这种历史叙述来证明这种思想、理论的正确性和历史必然性。在这里，历史学不过是为我们的观念提供了一种表达、阐述的场所和支撑的理由。先秦诸子的古史叙述如此，当代的古史叙述也不例外。表面上，历史给权力以合法性、合理性，即理由与依据。本质上则相反，是权力通过构建历史叙述来证明自身的合法性、正当性。不是历史发展的必然性决定了某种力量、政权或某些人物的地位、权力等，而是这些力量、人物影响了历史叙述，进而证明自己的天命或历史的必然性。正如乔治·奥威尔所说："谁控制过去就控制了未来；谁控制现在就控制了过去。"④ 谁控制了话语权，谁就控制了历史陈述，控制现在的人根据其需要建构历史，形塑一个民族的历史记忆，既证明自己的合法性和行为的正当性，又影响人们的行为，进而左右民族的现在和未来。

权力在证明自己行为的合法性、正义性，彰显自己丰功伟业的同时，必然对对手和被自己所取代的时代妖魔化。基本套路就是替天行道，拨乱反正，救民于水火，最终好人消灭了坏蛋，高尚战胜了卑鄙，光明战胜了黑暗，文明取代了野蛮、愚昧，等等。看中国的历史记载，胜利者一般都伟大、贤明，他们创造的时代也都是盛世，而失败

① 〔英〕科林·伦福儒、保罗·巴恩著，中国社会科学院考古研究所译：《考古学：理论、方法与实践》，文物出版社，2004 年，第 540、542 页。

② 参见〔英〕科林·伦福儒、保罗·巴恩主编，陈胜前译：《考古学：关键概念》，中国人民大学出版社，2012 年。

③ 晏绍祥：《藏在古代史中的过去和现在》，《中国社会科学报》2010 年 4 月 1 日第 4 版。

④ 〔英〕乔治·奥威尔著，董乐山译：《1984》，上海译文出版社，2008 年，第 35 页。

者都是道德沦丧的人，时代黑暗，民不聊生，等待伟人——胜利者的拯救。成王败寇，史学常态，历朝历代对前一朝代末期的描述，基本都是这一模式。

任何一方都可以从历史中找到自己所需要的证明，就看你采用什么理论，如何去选择史料，解读历史现象，评述历史人物，构建历史叙述。西方有句谚语："真理在大炮的射程以内！"实际上，历史什么也证明不了，实力才是硬道理，历史不过是给强权和现实行为提供一个理由和说辞而已。

六、资 治 通 鉴

我们做决定时常常依赖自己的经验与教训，而经验与教训既来自个人经历，也学习自前人的历史。从历史中获得借鉴是古今中外历史学家们最常强调的历史学价值。

中国自古以来就重视历史经验的总结，有以史为鉴的传统。《诗经·大雅·荡》说："殷鉴不远，在夏后之世。"《战国策·赵策》说："前事不忘，后事之师。"唐太宗李世民说："夫以铜为镜，可以正衣冠；以古为镜，可以知兴替；以人为镜，可以明得失。"宋代司马光说他著《资治通鉴》的目的就是"鉴于往事，有资于治道"，"专取关国家盛衰，系生民休戚，善可为法，恶可为戒者，为编年一书"，要通过修史"监前代之兴衰，考当今之得失"，"穷探治乱之迹，上助圣明之鉴"。清乾隆皇帝在为重刊《二十一史》作的序中说："史者，辅经以垂训者也。""史以示劝惩，昭法戒。上下数千年治乱安危之故，忠贤奸佞之实，是非得失具可考见。居今而知古，鉴往以察来。"

在西方的史学传统中，历史的借鉴作用同样被强调，罗马历史学家塔西佗说"历史是生活的教师"，英国哲学家佛朗西斯·培根说："读史使人明智。"

考古学同样也可以给我们一种历史的镜鉴，张光直说："文明兴起来了，文明空前地繁荣；文明绝灭了，而绝灭的原因往往正是暴君暴政而非疾病、洪水或干旱之类的灾害，看看在文明鼎盛时期比农舍费工百倍的要塞和城堡，那些取代千百万的平民墓葬位于舞台前列的随葬大量财富甚至仆从的王陵大墓吧。由于考古资料的这种戏剧性特征，考古学家更容易认识到人类历史的愚蠢之处，从更长远的角度理解了人类的优良传统。"[1]

---

[1] 张光直：《考古学：关于其若干基本概念和理论的再思考》，生活·读书·新知三联书店，2013年，第126页。作者按：张光直先生不仅指出了考古学在提供历史借鉴方面的价值，而且还展现了他学术研究中的人文、社会关怀精神。可惜我们大多数考古学家往往沉湎于具体的遗存、问题而忽视了人类历史的整体思考和现实的人文关怀，沦为"技术控"的考古专家。

　　当然，这种历史的镜鉴能否真的起到想象的那种作用，并不是人人皆有信心，唐代杜牧在《阿房宫赋》中感叹道："秦人不暇自哀而后人哀之，后人哀之而不鉴之，亦使后人复哀后人也。"黑格尔说历史能给我们提供的唯一借鉴就是我们从历史中不能得到任何借鉴。他在《历史哲学·序论》中说："人们习惯于把历史上的经验教训介绍给各个君主、各个政治家、各个民族国家。但是，经验和历史所昭示我们的却是各政府和各民族没有从历史方面学到什么，也没有依据历史上演绎出来的法则行事。每个时代都有它特殊的环境，具有一种个别的情况，使它的举动形式不得不由自己来考虑，自己来决定。当重大事件纷扰不定时，一般的笼统的法则毫无裨益，回忆过去的同样情形也是徒劳无功的。"① 鲁滨孙认为，传统史学主张可以从历史中吸取教训，"纯粹是一种幻想。……其所依据的假设是：认为自古至今人类的情况是始终一致不变的，因而它就能提供永久先例的价值。事实上，人类的情况，至少在我们现代，是变化的如此迅速，以致人们如果要想利用过去的经验来解决现代的问题，那时极其危险的。再说我们对于我们所假定的相同的过去情况很难得到十分可靠的材料，以供我们满足当前的需要。由此看来，所谓'历史教导我们'这句廉价的夸张语句就是这种假定的类比，实际上它是经不起我们仔细研究的。"②

　　吕思勉说："历史，究竟是怎样一种学问？研究了它，究竟有什么用处呢？这个问题，在略知学问的人，都会毫不迟疑地作答道：历史是前车之鉴。"但他认为，以史为鉴是一种似是而非的看法。"史事之有记载，亦既数千年矣，岂尝有两事相同者。世之以为相同，皆察之不精，误以不同者为同耳，世事既实不相同，安可执古方以药今病。欧人东来后，中国交涉之所以败坏，正坐此耳。此真不远之鉴也。不宁惟是，世运愈进，则变迁愈速。一切事物，转瞬即非其故，执古方以药今病，在往昔犹可勉强敷衍者，今则不旋踵而败矣。故以史事为前车，实最危险之道也。"③

　　确实如此，"历史的借鉴"有时候不过是为了证明自己的主张而从历史中寻找支持的理由。

　　我们认为，历史经验的借鉴价值一方面应该予以肯定，另一方面也必须注意以下问题。

　　首先，历史经验的借鉴是有条件的、相对的，只有在相似的时代、文化背景条件下，彼此遵循相似的社会游戏规则，具有相似的思维方式与行为方式，前人的经验才有借

① 〔德〕黑格尔著，王造时译：《历史哲学》，上海书店出版社，2001年。
② 〔美〕詹姆斯·哈威·鲁滨孙：《新史学》，商务印书馆，1964年，第15页。
③ 吕思勉：《〈史籍与史学〉补编》，《吕思勉遗文集》（上），华东师范大学出版社，1997年，第278页。

鉴的价值和意义。小农经济的农业社会经验未必适用于市场经济的工商业社会，皇权专制社会的历史经验未必适用于强调自由、民主、平等的当代民族国家社会，虽然彼此之间在文化上有一定的传承性。

在中国两千年封建王朝历史中，文化和政治体制等没有根本的变化，王朝更替不过是一家一姓政权的兴衰更替而已，每个时代都采用相似的政治制度，遵循着基本一致的思想观念和行为方式，尤其是在政治上。在这种背景下，前人的一些经验也许有借鉴的价值，但从现代角度来看，这些所谓传统智慧、政治经验不过是专制社会中，垄断权力之下的苟且生存之术、权斗之术、御民之术、邀宠之术，缺乏现代社会所需要的民主、文明、自由、平等、公正、法治、爱国、科学等思想意识和历史经验。因此，正如有人所说："无论对反腐败而言还是对廉洁文化建设而言，中国历史上的古老经验并无很大价值。这些经验连传统社会的问题都不能解决，又怎么可能解决现代社会的问题呢？现代文明与封建主义集权制度的文明有根本性的断裂。按照恩格斯的说法，中国传统的制度文明是'半文明'，实际上是野蛮。公平政治和廉洁文化与这种旧制度格格不入，它们只伴随现代的自由民主制度。"[1] "传统吏治制度具有的宗法专制特性以及它所造就的'臣民'心态，决定了它不可能为今日的反腐败提供实质性的借鉴。"[2] 更有学者指出："更糟糕的是，太沉迷于中国历史，还会让我们从上到下都潜移默化地陶醉于中国历史中最为核心的东西之一：权谋术。权谋术是贯穿整个中国历史的核心主线，也是最血淋淋的主线。对一个人的自我境界来说，最大的满足可能确实是赢得生杀予夺的权力，并且享受这种权力所带来的快感。但这种对个人的自我实现而言可能是最高的境界，恰恰是对社会和国家的最大伤害。权谋术是人治的核心逻辑，但不是法治的核心逻辑，甚至是法治的阻碍，因为法治的核心要义就是将权谋术的适用范围缩小到最小。而一个没有法治的国家是不可能真正实现现代化的。"[3]

传统历史为当代社会所能提供的借鉴更多的是一种反面教材和认识当代中国社会问题的参照物，不应视之太重。靠二十四史治国或凭"半部论语治天下"的时代已经过去了，当代历史学应该是通过对历史的分析与批判，培养具有独立人格，自由、民主、平等意识和科学批判精神的现代社会公民，而不是一个个工于心计的野心家或满脑子

---

① 尹保云：《中国历史上的反腐经验解决不了现实问题》，http://cul.qq.com/a/20160314/039333.htm。

② 张绪山：《从传统文化借鉴反腐败经验是个假命题》，炎黄春秋网，2006 年 7 月 6 日，http://www.yhcqw.com/16/1879.html。

③ 唐世平：《多了解点世界》，《南风窗》2015 年第 3 期。

"圣君""忠孝"的臣民。新时代应该有新游戏规则，我们希望传统史书中无所不在的"驭民术""权谋术"等历史经验能彻底成为历史，不再被我们津津乐道！

从现实社会看，现代社会所面临的诸多重大问题，如工业化所带来的环境问题，信息化、全球化所带来的人类多元文化共存与冲突问题等，都是前所未有的，具有明显的时代性，人类过去的历史经验又能为我们提供多少有实际价值的借鉴呢？

其次，前人的经验不能照搬，直接套用。

历史不会重复，历史事件也不会重演，历史本身只有具体环境背景下的具体人物和事件，历史现象之间"似是而实非"。时代变了，人的思想观念、行为方式和社会运行模式不同了，过去的经验不能照搬。

相信历史可以直接借鉴的前提假说是相信历史是重复的，历史是按照特定规律自我运行的。这一前提是想当然的，经不起推敲的，如果过去的历史经验真的能直接指导我们的行为，决定我们的未来，或历史按自身规律运行，那么，我们人类的任何创新、对未来的探索与憧憬又有什么意义呢？

有学者以历史案例为证指出"照搬"历史经验之害："三国时期，曹魏政权对同姓诸王防范压制，'不度先王之典，不思屏藩之术，违敦睦之风，背维城之义'，造成'委权异族'而国亡。西晋以此为鉴，分封诸王而各有兵权，却出现'八王之乱'。北宋以唐代藩镇割据为鉴戒，大削武官兵权，改变兵制，却导致军力软弱，屡屡丧权辱国。明朝建文帝以西汉'七国之乱'为鉴戒，力行削藩，则导致'靖难之役'而败亡。可见，'以史为鉴'的尺度极难把握，在古代也并非绝对可以信赖。"[1] 这些历史经验的借鉴都是在皇权专制框架内的调整，或左或右，终不得其解，难以跳出"其兴也勃焉，其亡也忽焉"的历史循环。

七、理解世界、体悟人生的一种方式

吕思勉说："要应付一件事情，必须明白它的性质。明白之后，应付之术，就不求而自得了。而要明白一件事情的性质，又非先知其既往不可。"[2] 学习历史可以活跃思想，开阔视野，拓展思维，提高发现问题、分析问题、解决问题的敏感性、能力与方法，读史使人明智。

循着历史的脉络，从历史的纵深处才能看清事情的本质，对事件、人生皆是如此。

---

[1] 乔治忠：《继承发扬中国史学经世致用优良传统》，《中国社会科学报》2015年1月21日第A05版。

[2] 吕思勉：《中国通史·绪论》，陕西师范大学出版社，2010年。

研究历史是我们理解世界、体悟人生的一种方式。

所谓"历史借鉴"，某种意义上讲，也不过是将前人的经验通过历史教育化为我们认知体系的一部分，我们从历史中学到的最终是分析问题、解决问题的能力和思路，看待问题的深度与高度，以及在遇到相似情况时，作为一种制定策略的参考。"以史为鉴的'史'，不应当再是具体的、随意抽出的史事，而应是深入研究历史得出的学术成果的综合和科学性的历史认识；也不能将'鉴'理解为直观反映影像的镜子，而应当引申为对事物的观察能力、研判能力，避免将具体历史事例作跨时代的简单比附。"①

同时，我们也应该意识到，任何历史经验的总结本质上不过是当代人基于当代需要与认知而对历史所做的分析和得到的认识，不同的人、不同的时代有不同的历史经验总结。例如，关于王朝灭亡的原因，传统上，受儒家思想影响，强调统治者的德行与王朝灭亡的关系，近代社会强调封建制度、阶级关系、土地兼并等与王朝灭亡的关系，现代社会更强调生态环境恶化、资源枯竭、宗教信仰、外来入侵等与王朝兴衰的关系等②。

我们特别要强调的是，多元包容和质疑精神是"历史使人明智"的前提，只有在平等、自由的百家争鸣环境中，从多元化的历史解读与叙述的比较、辩论之中，我们学会多元视角看问题，养成善于思考、勇于怀疑的科学精神和独立判断的能力，即陈寅恪所倡导之"自由的意志，独立的精神"，智慧之门才能得以开启。反思、批判精神是学术之本，是人类社会可持续发展的机制保证。垄断的、一元化的、树碑立传式的历史阐释与叙述，借权力之手所维持的"独尊"，只许信仰与诠释，不容反思、质疑与批判，无论它是以历史真相、历史规律的名义，还是由官方来指定，其目的不过是为了给民众"洗脑"，实现其愚民目标而已，怎么可能实现"历史使人明智"的目标呢？对于历史学来说，审视的眼光比崇拜的态度更重要，这才是真正的科学精神。

历史学如果希望从人类的过去中获得镜鉴，就必须倡导反思与批判的精神，唯有深刻的反思与批判才可能帮助我们深入认识现象背后的本质，也才可能总结出有价值的经验教训。如果我们仅仅是将历史陈述作为一种为政治服务的工具，如通过讲述自己历来的伟大、光荣与正确以显示本民族的辉煌，证明君权神授或历史选择了自己，进而强调自己的合法性，这样的历史研究不会提供任何有价值的借鉴。

---

① 乔治忠：《继承发扬中国史学经世致用优良传统》，《中国社会科学报》2015 年 1 月 21 日第 A05 版。

② 徐良高：《文明崩溃理论与中国古代文化衰变现象研究》，《中国历史文物》2009 年第 4 期。

当代科学教育的目的不仅仅是传授知识，更不应该是为了树立某种信仰或崇拜，而应该是培养独立思考的科学思维方式，教会我们去怀疑与批判；教育不应该是将我们塑造成他人所希望的某种人，而应该是发现自己想成为什么样的人，能成为什么样的人，历史学也不例外。

八、情感与思想的表达工具

南宋诗人陆游在《入蜀记》中记下了这么一件趣事：镇江北固山甘露寺中有一块"狠石"，相传刘备与孙权曾围着这块石头商议如何对付曹操。但每每有游客围着石头抚摩感叹，大谈三国故事时，寺内僧人就会暗自发笑，因为这不过是僧人随意放置的一块充数石头而已。

历史有时就如同这块"狠石"，本身的真假对史家和读者来说既难以确证，也并不重要，大家不过是借历史来表达自己的情感寄托与思想而已。歌以咏志，著述者借历史著述来表达自己的思想和理想，借古人之杯酒浇自己之块垒，是历史学中常见的一种现象，即所谓"以古喻今"者也，尤其是在思想禁锢甚严、文字狱频起的专制社会。即使到了当代，也如萨姆·温伯格所说："我们甚至可以断言，在我们这个后现代时代，排除感情的史学工作简直是令人可疑的。"①

历史著述成为著述者表达自己思想、情感的手段与工具，不同史学著作之间的区别只在于有的著作更明显，作者有意识而为之；有的著作不明显，作者更强调客观性而已。

九、作为一种资源的历史文化遗产

历史与历史文化遗产往往还被视作一种资源来开发、利用，以期带来经济效益。科林·伦福儒说："无论是旅游业还是拍卖行，文化遗产都意味着巨大商机。"②这一点从全国各地历史文化遗产与旅游积极结合的行动中已一目了然，不用多说，甚至出现山东省阳谷县、临清市与安徽黄山市争抢"西门庆故里"的闹剧。

通过以上的解析，我们可以看出，历史学、考古学的价值是多方面的，因人而异的，

---

① 〔美〕萨姆·温伯格：《制造意义：世代之间的回忆是如何形成的？》，《社会记忆：历史、回忆、传承》，北京大学出版社，2007年，第134页。

② 〔英〕科林·伦福儒、〔英〕保罗·巴恩著，中国社会科学院考古研究所译：《考古学：理论、方法与实践》，文物出版社，2004年，第539页。

既可以满足功利性的应用，发挥现实社会作用，也可以满足公众的兴趣，丰富人们的知识，培育人们的价值观、世界观、人生观，影响人们的内心认同，进而对人们的行为和当代社会发挥潜移默化的影响作用。历史学的价值不仅仅在于重现人类的过去，寻找历史规律，更在于与当代人类社会的互动并影响其未来的发展。对历史学非实证科学本质属性的肯定并不贬损历史学的价值，也不会导致虚无主义历史观。我们认为，与其强调历史学不可能实现的目标，如再现历史原貌，发现历史真相与人类社会发展规律，指导人类未来发展方向等，因而导致人们对史学价值的怀疑，还不如指明其真正的本质特性和现实价值，引导人们对历史学、考古学的准确定位与期待。

第十一章　历史学及考古学的后现代审视

历史学、考古学的本质不是求真与再现，而是解读与建构，我们通过对史料的解读与建构不断重构符合我们需要的历史记忆。

第一节　什么是历史学、考古学

一、对历史学、考古学的不同定义

正如在第七章提到的例子，我们对古代历史的研究，犹如对已经毁弃的古代建筑的重建，这一重建的建筑到底是这座古代建筑的真实再现，还是仅仅是我们基于合理想象的一种推测而已？如何看待我们的古史研究成果决定于我们如何认识历史学（包括传统历史学和考古学）的本质特性。

那么，什么是历史学？什么是考古学？

对于人类及其文化的不同假定决定了对史学的不同认知：一种假定是人类是自然界的众多现象之一，其行为遵循一定的原则和规律，人类的思想和行为是可预测的，因此可以将人类及其社会与文化作为众多自然现象之一来研究，发现其中的规律，并利用规律来规划人类的未来。历史学是从人类发展史中寻找发展规律的一门学科。这一思路是近代科学发展取得巨大成就背景下的一种乐观心态的表现，即人类不仅能认识、掌控自然界，还能认识、掌控自己的命运。这是近代实证史学盛行的时代背景。与之相对的另一种假定则认为，人是具有主观能动性的动物，人性是复杂的，人类思想既有理性的一面，也有非理性的一面，其行为既是可预知的，也是不可预知的，人类的文化创造和选择是多种多样的，我们应尊重人类文化的多样性和平等性。近代科学主义和社会发展正是因为忽视了人自身、人的主观能动性和人性的复杂，才导致了人的异化和各种严重的社会危机。不同的学者遵循不同的假定，对历史学和考古学给出了不同的定义。

接受观点受近代以来实证主义思潮影响的历史学家认为历史学是一门求真的实证科学，目的是再现人类的过去，进而发现人类社会的发展规律，并据以指导人类社会的未来。

　　我们知道，19 世纪科学思想界的主导观念认为世界上一切事物、现象的背后都隐藏着物理学和化学定律那样的法则和规律，科学研究的目的就是发现这类法则和规律。接受这种观念的实证主义历史观认为：①历史学与自然科学一样，也必须是严格实证的，首要的工作是确立事实；②在"确定事实"之后，历史学同样"根据归纳法来概括这些事实"以发现规律，即所谓"实证主义的历史编纂学"；③历史学家应深刻认识到研究事物根源的重要性；④"只要有正确的方法，真理就会从中产生，而且准确无误"。因此，与自然科学一样，历史学也是"可以向完全正确的知识前进的"。在这个意义上，"历史简直和一门自然科学同样明确"①。

　　这种观点在西方有许多代表性人物，如 18 世纪法国启蒙运动的伟大历史学家、历史哲学的创始人伏尔泰，他说："历史是关于已认定为真实的事实的叙述，以之与寓言区别开来，寓言是关于不真实的、虚构的事实的叙述。"被称为"科学的史学"的流行于 19 世纪中、后期和 20 世纪初的兰克史学的核心就是用科学的"史料批判"方法确定史料的真实性和可靠性以弄清史料中所记载的历史事实的本来面目。被认为"科学史学"的最后的杰出历史学家英国的伯利（J. B. Bury，1861—1927）说："历史就是科学，恰如其分。"②

　　受到西方实证主义史学思潮的影响，中国近现代的史学主流也是这种实证主义史观。梁启超说："历史者，叙述人群进化之现象而求得其公理公例者也。"③"史者何？记述人类社会赓续活动之体相，校其总成绩，求得其因果关系，以为现代一般人活动之资鉴者也。其专述中国先民之活动，供现代中国国民之资鉴者，则曰中国史。"④史学的目的是求得真事实，予以新意义，予以新价值，供今人活动之资鉴。梁启超直接地点明了近代实证主义新史学的主旨与目标。正如研究近代中国史学史的许冠三所说，从新会梁氏朦胧的"历史科学"和"科学的历史"观念起，新史学发展的主流始终在"科学化"，历来的巨子，莫不以提高历史学的"科学"质素为职志，尽管"科学化"的内容和准则恒因派别而易，且与时俱进。即使史观学派各家试图阐明并持以解释历史变动的原理原则虽彼此不同，但均认定，历史研究须以说明历史演变、文化兴衰为要务，须以寻求社会变革的原动力与常规为主旨，而不是仅仅满足于个别史事的考证与因果连锁的探索⑤。

---

① 王学典主编：《史学引论》，北京大学出版社，2008 年，第 77—81 页。

② 朱本源：《历史学理论与方法》，人民出版社，2007 年，第 3—8 页。

③ 梁启超：《新史学》，《梁启超史学论著四种》，岳麓书社，1998 年，第 251 页。

④ 梁启超：《中国历史研究法》，《梁启超史学论著四种》，岳麓书社，1998 年，第 107 页。

⑤ 许冠三：《新史学九十年》，岳麓书社，2003 年，第 543 页。

1949 年以后，马克思主义史观指导下的中国历史学更是强调史学的科学实证化和寻找人类社会发展规律以指导未来的史学定位。白寿彝主编的《史学概论》说："史学是通过史料研究历史发展过程本身的学科。……史学的任务却是要从历史的遗骸或残迹中去重认那曾经活生生的历史，并以文字为主要手段将它重现出来。"[①]葛懋春主编的《历史科学概论》说："历史学是一门关于人类社会以往运动发展过程的学问。一般地说，它包括对于历史过程的记录、对于历史经验的总结和对于历史规律的探讨。"[②]庞卓恒主编的《史学概论》说："历史学的任务就是通过对历史现象和过程的探寻和描绘，揭示寓于其中的历史规律。所以，一句话，历史学是研究社会历史现象和过程并揭示其内在规律的科学。"[③]蒋大椿说：史学是"一门以科学性为基础的内在地融合了实证性、抽象性、价值性、艺术性的整合学"[④]。葛剑雄等在《历史学是什么》中说："历史研究的基本目的只有一个，就是要在复原历史事实的基础上，探索以往的人类社会发展变化的规律，就像任何一门科学都是为了探索该学科的内在规律一样。"[⑤]

正是在这样一种实证史观主导中国当代史学的时代背景下，历史学是科学吗？这个问题在很多人看来显然是多余的！因为多年以来人们已经形成了一种根深蒂固的思维定式，也许可以称之为唯科学观点，即一切都应该以科学性为其唯一的准则，一切论断都须从科学出发，并且以科学为唯一的归宿。

实证主义史观似乎是对历史学的无可置疑的定论，但结合前面对史学各方面的分析，我们可以看到简单化的、绝对化的实证主义史观导致诸多问题的产生，使我们在史学研究方法、史料应用及成果评价上产生许多偏差和问题。比如以科学方法的名义排斥多元史学模式的应用，对史料做简单的真假对错判断而忽视其文本性和史料形成、记录、传承、释读过程中史家的作用，以科学之名行学术话语霸权和垄断之实，一元性的真理论代替多元性的建构论，等等。

史学到底是不是科学，至少是不是实证科学？历史学能不能成为实证科学？是值得深入讨论的史学本体理论问题。实际上，将历史学定义为一门求真与寻找人类社会发展规律的实证科学，并不是历史理论界的共识，与之不同的另一种观点通过对历史学本身的反思与分析，认为一切历史都是思想史、当代史。

---

① 白寿彝主编：《史学概论》，中国友谊出版公司，2012 年。
② 葛懋春：《历史科学概论》，山东教育出版社，2002 年。
③ 庞卓恒、李学智、吴英：《史学概论》，高等教育出版社，2006 年。
④ 蒋大椿：《当代中国史学思潮与马克思主义历史观的发展》，《历史研究》2001 年第 4 期。
⑤ 葛剑雄、周筱赟著：《历史学是什么》，北京大学出版社，2005 年，第 212 页。

意大利历史哲学家克罗齐（B. Croce, 1866—1952）反对历史是叙述过去事件的本来面目，否定历史是为过去而研究过去。他说：“一切真的历史都是当代的历史。”① 克罗齐认为历史学不是科学，而是艺术。如果说自然科学是通过外部的观察来认识科学现象的，那么，历史学则主要是通过认识主体的内省和体验来认识历史现象。英国历史哲学家科林伍德发挥克罗齐的观点，认为：“一切历史都是思想史，”“一切历史都是在历史家自己的心中重演过去的思想”②。当代英国著名科学哲学家卡尔·波普尔说：“不可能有一部‘表现真正的过去’的历史，只能有各种的历史解释，而且没有一种解释是最后的。因此，每一世代都有权利作出自己的解释。”李凯尔德说，“历史是一门与价值相联系的科学”，而自然科学在价值哲学上完全是守中立的③。法国当代历史哲学家雷蒙·阿隆（Raymond Aron）认为历史科学不再是曾经存在过的东西的完全再现。历史知识考虑的事件是同价值有关或属于“参考”体系的事件，并不具有普遍有效性。历史的记叙随社会的变化而变化，随时代而变化，每一个社会都有它自己的历史。他说：“历史是由活着的人和为了活着的人而重建的死者的生活。它是能思考的、痛苦的、有活动能力的人找到探索过去的现实利益而产生出来的。”④ 奥克肖特也说：“历史中的过去随现在的变化而变化，它有赖于现在”，“历史中的过去根本不是过去”，它是很大一部分的现在⑤。凯利说：“我们从我们自己的视野，以我们自己时代的观点，为我们自己的目的，以我们自己的方法来再现多面的历史。”⑥

法国的亨利—伊雷内·马鲁也反对实证主义历史观，否定所谓“科学的”历史，他认为历史是不同于“精确科学”的人文科学和精神科学。他说，历史是由历史学家的主动性在人类的两个画面——从前的人所生活过的过去和为了有利于人和以后的那些人而展开回复过去的努力的现在——之间建立的关系和联结。真正地存在过的过去，并不是历史，历史学家也并不把重现过去使过去重新复活作为自己的任务。他认为，在某种意义上，历史学家使一些已经成了过去，已经不再存在的事情重新变为现在的存在。但在“过去”成为“历史”，被认为是“历史”或当这个“过去”被作为“现在”

① 〔意〕B·克罗齐著，田时纲译：《一切历史都是当代史》，《世界哲学》2002年第6期。
② 〔英〕科林武德著，张文杰、何兆武译：《历史的观念》，商务印书馆，1998年。
③ 朱本源：《历史学理论与方法》，人民出版社，2007年，第3—8页。
④ 〔法〕雷蒙·阿隆：《历史哲学》，《现代西方史学流派文选》，上海人民出版社，1982年，第97页。
⑤ 〔英〕奥克肖特著，吴玉军译：《经验及其模式》，文津出版社，2005年，第105、108页。
⑥ 〔美〕凯利：《神话历史》，《书写历史》（第一辑），上海三联书店，2003年，第109页。

的时候，就不是它曾经存在过的那个样子的简单重现①。

后现代主义更提出历史知识只是为某些利益而构建起来的意识形态，历史是可确立并强加于群体认同的一连串神话。例如，1985 年，美国学者威廉·H.麦克尼尔在美国历史协会第 100 届年会上发表题为《神话—历史：真理、神话、历史和历史学家》的演讲，提出史学并非一门科学，相反，它是一种以主观阐释和叙述为主的哲学或诗学，历史不是真实的，而是真实与虚构的混合体，因为"所有的人类集团都喜欢被奉承。为了按照某个民族的意愿来描述其历史，历史学家总是处于不断的诱惑之中。结果导致真实与虚假相混，历史中夹杂着意识形态"。他强调：历史叙述只不过是历史事件的阐释，历史的根本属性是神话性——虚构，作为科学的历史并不存在，只有作为阐释学或诗学的历史②。

卡尔曾以《剑桥近代史》前后两版序言的差别来看西方史学界对历史学特性认识的变化及由此导致的史观的不同。1896 年，阿克顿的《剑桥近代史·序言》写道："这是以对绝大多数人有用的方式，把 19 世纪将要遗留给后代的知识详加记载的绝好机会。……根据恰当的分工，我们是能够做到这一点的。我们也是能使国际研究中的最好文献和最成熟的结论深入人心的。在我们这一代还不可能有终极的历史。然而，我们能够抛弃因袭的历史。既然一切情报资料都可能得到，每一问题都有可能加以解决，我们也就能够指出从这一历史过渡到另一历史的道路上，我们已经到达的境地。"但 60 年后，乔治·克拉克教授在他为第二版《剑桥近代史》写的总导论中，对阿克顿及其合作编著者相信有一天终将产生"终极的历史"的乐观史观评论道：后世的历史学家并不向往这么一种前景。他们希望自己的工作一再被后人超过。他们认为过去的知识是通过不止一人的头脑而流传下来的，并且是经由他们"加工处理过"的。因此，这种知识不可能包括一些基本的、与个人无关的、任什么也改变不了的因素。……既然所有的历史判断都牵涉到人和观点，而此人此一观点跟彼人彼一观点又各有千秋，因而便不会有"客观的"历史真实了③。

同样，在中国历史学界，也有学者对居主导地位的科学史观提出反思与批判，何兆武说："历史学家就其本性而言，就不可能是实证主义的（科学的），也不可能是理性主义的（逻辑的）。""而只能是人文主义的。"他认为，历史学是一种人文知识，

---

① 〔法〕亨利—伊雷内·马鲁：《历史如同知识》，《现代西方史学流派文选》，上海人民出版社，1982 年。

② 〔美〕威廉·H.麦克尼尔：《神话—历史：真理、神话、历史和历史学家》，《现代史学的挑战：美国历史协会主席演说集（1961—1988）》，上海人民出版社，1990 年，第 475—488 页。

③ 〔英〕爱德华·霍列特·卡尔著，吴柱存译：《历史是什么？》，商务印书馆，1981 年，第 1、2 页。

而不是自然科学意义上的那种科学。历史学包含着两个层次。第一个层次是对史实的认知，第二个层次是对第一个层次所认定史实的理解和诠释。第一个层次属于自然世界，它是科学的；第二个层次属于人文世界，它是人文的。历史学既是科学，又不是（或不仅仅是）科学[①]。中国文化史家殷海光早期追求“史学科学化”，但到了晚年，他认识到“科学不能无遗地说明历史。事实上，迄今为止，科学还是不能说明历史之充足而又必要条件”[②]。

余英时更大胆地说："20世纪上半叶的中国史学，是以乾嘉考证学和西方兰克以后历史主义的汇流为其最显著的特色。在这个潮流之下，不少史家相信史学可以完全客观化与科学化，最后将达到与物理学、化学、生物学等全无区别的境地。同时，这些史家对于历史事实的认识也在基本上接受了西方实证论的观点。但是，由于最近二十余年来西方历史哲学方面若干突破性的发展，我们可以大胆地说，乾嘉考证和历史主义统治中国史学界的时代是过去了，至少也快要过去了。""本世纪历史哲学发展的结果，已经没有人再相信史学可以成为物理或化学那样的科学了。"[③]

王学典主编的《史学引论》也提出："历史学不是以物质世界为主要研究对象、追求通则或规律的实证科学，而是一门旨在把握或通向人的不确定的心灵世界的诠释学。""历史学不可能是一门科学，尤其不可能是一门自然科学意义上的科学。"[④]

第三种观点希望折中调和以上两种观点，认为历史学既是科学又是艺术，或"一半是科学，一半是艺术"。英国著名哲学家罗素在《论历史》一书中说：历史学"既是科学又是艺术"。有的学者说："从根本上讲，我们有理由像斯图尔特·休斯那样为史学的'中庸特征'，即半是科学半是艺术的性质而感到自豪。"[⑤]

我们赞同第二种观点，即历史学本质是基于当代的、解释性的、具有价值倾向和艺术特性[⑥]的研究人类及其文化发展史的一门学科。从学科分类来说，历史学是一门人

---

① 何兆武：《对历史学的若干反思》，《史学理论读本》，北京大学出版社，2006年，第56—67页。

② 许冠三：《新史学九十年》，岳麓书社，2003年，第465页。

③ 余英时：《论戴震与章学诚》，生活·读书·新知三联书店，2000年，第280页。

④ 王学典主编：《史学引论》，北京大学出版社，2008年，第8、103页。

⑤ 王建华等译：《现代史学的挑战：美国历史协会主席演说集（1961—1988）》，上海人民出版社，1990年，第154页。

⑥ 注：这里的"艺术"指的是历史学解读与建构的个人主观性，而不仅仅是历史著述写作技巧上的艺术性，正如胡适论及历史学本质的艺术性时所说："史学有两方面：一方面是科学的，重在史料的搜集与整理；一方面是艺术的，重在史实的叙述与解释。"而所谓"艺术的"，亦即"大胆的想象力"。见胡适：《介绍几部新出的历史书》，《古史辨》（第2册）；又见《胡适日记》1921年8月13日，中华书局，1985年。

文学科，而不是实证科学^①。

由于自然现象具有广泛的一致性和重复性，因此，世界各国的自然科学研究也具有广泛的共性，包括研究对象、关注点、方法与手段、检验标准等。人及其创造物——社会与文化复杂多样，每个国家，甚至不同文化、不同族群的文化传统、社会问题与需求、个人心理等方面的不同，都会导致彼此的历史学关注度、关注点、解释理论、陈述方式等的差异，历史学更具有地域文化性。从这一意义上讲，历史学也不是实证科学，而是一门人文学科。

另外，将历史学定位为实证科学的观点是建立在假设和信仰基础上，而非科学验证基础之上，如我们相信古人"不欺我"，古人的陈述与记录是客观的、中立的和准确的，或者我们自己的判断是正确的、客观的、没有个人立场和偏向的，等等。

同样，对于作为广义历史学一部分的考古学，如果给予一个泛泛而论的定义，可以说考古学是通过古代人类遗留下来的物质文化遗存研究古代人类历史的一门学科，正如张光直所说："考古学是一门通过古代遗存研究古代文化及文化史的学科。它既包括考古学家对考古遗存的揭示，也包括对认识结果的交流。"^②

如果涉及考古学的具体学科本质和目的，学术界同样存在两种截然不同的认识和定义。

---

① 现代学科分类一般将所有学科分为自然科学、社会科学和人文学科几大类。一般来说，自然科学、社会科学的主要目的是求真，而人文学科的主要目的则是求善求美，培养人的素质和价值观、世界观。两者对人类社会来说，同样是不可或缺的。

今天我们所说的"人文科学"的英文对应词叫作"humanities"。有学者认为"人文科学"（humanities）不属于科学（science），相反，从某种意义上说，它还是与科学相对的东西。从西方古典时代以来，"humanities"主要包括哲学、史学、语言文学、艺术等。humanities 与 science，即人文学科与科学（包括自然科学和社会科学）区别主要有三（见汪信砚：《人文学科与社会科学的分野》，《光明日报》2009 年 6 月 16 日第 11 版）："第一，旨趣不同。一切科学，包括自然科学和社会科学，其目的都是要揭示对象的性质和规律、获取关于对象的尽可能普遍的知识，其所要回答的主要是对象"是什么""怎么样"以及"为什么"等问题。人文学科的根本目的不是要获取关于对象的知识，而是要探寻人的生存及其意义、人的价值及其实现问题，并由此表达某种价值观念和价值理想，从而为人的行为确立某种价值导向，其所要回答的主要是对象"应如何"的问题。可以说，科学是一种纯粹的知识体系，一切科学都是一种"物学"；而人文学科则是建立在一定知识基础上的价值体系，一切人文学科都是一种"人学"。第二，致思方向不同。"抽象化"或"普遍化"与"具体化"或"个别化"，是一切科学（包括自然科学和社会科学）与人文学科在致思方向上的重要区别。第三，思维方式不同。一切科学的思维方式都必然是实证的，与此不同，人文学科的旨趣在于表达一定的价值观念或价值理想，因而它的思维方式不可能是实证的。

② 张光直：《考古学：关于其若干基本概念和理论的再思考》，生活·读书·新知三联书店，2013 年，"前言"，第 1 页。

一种观点将考古学视为一门通过实物遗存研究古代历史的实证科学。中国考古学的奠基人夏鼐将考古学定义为："考古学属于人文科学的领域，是历史科学的重要组成部分，其任务在于根据古代人类通过各种活动遗留下来的实物，以研究人类古代社会的历史。""考古学是根据古代人类通过各种活动遗留下来的实物以研究人类古代社会历史的一门科学。""作为一门历史科学，考古学的研究不应限于对古代遗迹、遗物的描述和分类；也不应限于鉴定遗迹、遗物的年代和判断它们的用途与制造方法。考古学研究的最终目标在于阐明存在于历史发展过程中的规律，而马克思列宁主义的历史唯物论便是指导研究这种规律的理论基础。"[①]

俞伟超认为："作为科学范畴的考古学，最根本的价值应是：了解人类的已往过程，寻找文化进步的本质原因，认清今后前进的方向。其中，透过文化的历史进程来理解今天和预感未来，是考古学得以存在的基点。""考古学的目的就不仅是寻求文化进步的法则，指导我们的未来，还有追忆人类的历史，教育人们的心智。"[②] 张忠培认为："考古学是研究古代遗存及其呈现的时空、差异、矛盾，并据此揭示人们的社会关系和人与自然关系的一种历史科学。"[③]

同样，在欧美考古学界，将考古学视为一门科学或试图将它建设成为一门实证科学，也曾是一种主流的史观，其中尤以新考古学派为代表。

1968年，宾福德夫妇联合编著了一本名为《考古学新视野》的论文集，在其中开宗明义的第一篇文章中，宾福德通过对传统考古学的审视，对新考古学的目标做了全面的阐述，成为新考古学的一篇纲领性文献。宾福德将新考古学的目标概括为三个范畴。第一是复原文化历史，第二是复原人类的生活方式，第三是研究文化的进程。他指出，考古学将研究社会文化系统运转的动力或因果关系作为自己主要的目标。他认为："考古学应当向人类学看齐，为人类社会发展的规律性探索作出贡献，从而使考古学成为一门真正的科学。""新考古学家们要求在考古学里引入更为精密的生态学和进化论方法，采纳演绎性的科学研究方法、建立科学的理论方法体系，以求使考古学从历史学的记叙转向社会科学的规律性总结。"[④]

罗伯特·沙雷尔认为："考古学是一门通过物质遗存研究人类历史的科学，其基本目标是描述考古学遗存的形式，探讨它们在时间和空间上的分布，确定遗存在过去

① 夏鼐主编：《中国大百科全书·考古学卷·考古学》，中国大百科全书出版社，1986年，第2、3页。

② 俞伟超、张爱冰：《考古学新理解论纲》，《中国社会科学》1992年第6期。

③ 张忠培：《考古学的局限性》，《中国考古学九十年代的思考》，文物出版社，2005年。

④ 陈淳编著：《考古学理论》，复旦大学出版社，2004年，第119—125页。

的功能从而复原古代行为，弄清文化发展的过程或确定文化变化的方式和原因，并了解文化在过去发生作用的范围。"[1]

研究考古学思想史的布鲁斯·特里格总结说："欧美的过程论都肯定人类行为规律的重要性，并深信这些行为通则在解释过去时的重要作用。他们还同意，这些规律可以通过对现生社会人类行为的观察来建立，然后被用来解释保存在考古记录中过去人类行为的物质产物。"[2]

另一种观点则不认为考古学是一门实证科学。

随着民族主义和民族国家在全球的兴起和西方霸权的衰落，为西方文化优越论提供理论支持的单线进化论被质疑。在这一背景下，强调以人为核心，尊重人的主观能动性和人类文化的多样性、平等性，反对文化霸权的后现代主义思潮成为世界性思潮。受其影响，历史学科出现了反思过去实证史学的问题，重新认识历史学本质的后现代主义史学理论思潮。在后现代史观中，历史学不再是一门基于人类过去的实证科学，而是一门基于当代目的的建构学科。这一观念在考古学上的反映以后过程主义考古学为代表[3]。

与之同步的是，随着考古学学科的发展和学理探讨的深入，人们也越来越感觉到将考古学定义为一门实证科学而忽视其人文历史学科的本质特征，是有问题的，值得怀疑的。

"在 20 世纪 60—70 年代，将考古学定义为一门科学——甚至是像物理学之类的'硬'科学——的学者发现，他们自身处于一个令人苦恼的境地之中。他们与那时流行的为文化史学者所赏识的考古学定义相冲突：考古学是一门'艺术'，还是一门'人

---

① 〔美〕罗伯特·沙雷尔、〔美〕温迪·阿什莫尔著，余西云等译：《考古学——发现我们的过去》（第三版），世纪出版集团上海人民出版社，2009 年，第 31 页。

② 〔加〕布鲁斯·特里格著，沈辛成译，陈淳校：《世界考古学展望》，《南方文物》2008 年第 2 期。

③ 注：在西方方兴未艾的后现代考古学理论近年来在中国有一些翻译、介绍，如后现代考古学代表人物伊恩·霍德的著作《阅读过去》被翻译成中文出版（《阅读过去》，岳麓书社，2005 年）。本来后现代考古学理论思潮应该给我们带来强烈的刺激和冲击，促使我们审视近百年中国考古学的发展道路，以及包含其中的问题意识、研究方法、思路和理论模式，反思其中的学理问题，突破既定框架和思维定式，进而推动中国考古学的转型和深化。但实际情况却是，后现代思潮在中国考古学界并没有引起足够的重视和反响，殊为可惜。究其原因，我们认为，一方面是由于后现代理论没有与中国历史学、考古学的具体研究实践结合起来以带给人们强烈的冲击和深切的感受，进而促使人们反思、检讨当代中国考古学。另一方面，正如我们在第一章所分析的，由于特定社会政治环境的影响和指导思想的垄断、独尊，同时受中国历史学中的考据学传统和近代居于绝对主导地位的追求史学科学化的新史学影响，中国考古学界对各种不同史观理论的介绍不积极，对相关学理的探讨、反思不重视、不敏感。这些都是影响中国考古学学科创新发展的重要原因。

文科学'？文化史学者极少相信关于解释的普遍法则，他们也不相信由假说到证据的验证（演绎途径）论调。的确，他们赞同基于其特殊性的单个事物的个体化解释，并且使用一种由资料经由'常识'达到解释的方法：一种经验主义的途径。"质疑新考古学实证科学化诉求的后过程主义考古学兴起后，"后过程主义者既摈弃实证主义，又摈弃与其对立的经验主义。……取而代之的是，后过程主义者们在解释时强调个人的或主体的因素，……这一学派假定没有任何假说可以被验证。他们抛弃韩培尔关于科学的构成的观点，而代之以多极主义。一条多极主义途径是将诸多或全部假说视作平等的，或者基本平等的力量。实物的'文本'必须是向众多的'阅读'和'解释'开放。在他们看来，没有必要达成什么结论，因为没有什么是可能的。"[①]

约翰逊概括了"后过程考古学"八个关键方面的思维[②]。

（1）"后过程考古学"拒绝一种科学的实证论和理论与材料分离的做法，认为材料总是承载着理论，我们必须通过理论的迷雾来看待考古材料。

（2）必须研究物质现象内在的含义。当我们在解释一种现象时，考古学家都会赋予其某种含义，并且认为我们所设想的含义和古代生产和使用这些东西的人脑子里的含义相同。

（3）物质在具有不同思想的人群眼里看来是不同的，古代人群对他们的世界和环境的看法和利用与我们的思想和看法并不相同。

（4）我们需要了解过去人群的思想和世界观，这需要一种"移情作用"，从当时者的心理、传统和处境来获得某种现象的解释。

（5）与考古学一般认为难以观察个人行为不同，"后过程考古学"认为个人是考古记录形成的积极参与者。个人并不一定跟着社会规则走，而是社会规则的积极操纵者。因此，我们需要一种实践的理论来了解社会的个别演员如何在他们的实际生活里创造和改造着他们周围的文化。

（6）解读物质文化像是看一本书，读书人的理解可能与写书人的心境不同，一本书对不同人可能意味着不同的东西，不同的人可以以不同的方式阅读同一本书。阅读一本书可能没有最后的结论。同样，一件陶器的设计和一次祭祀活动的解释也没有正确或错误的读法。因此，"后过程考古学"鼓励从事多元的解释，否认得出最终结论的必要性。

（7）我们必须注意相关性（context）或整体背景的研究。一件处于不同相关背景

① 〔英〕肯·达柯著，刘文锁、卓文静译：《理论考古学》，岳麓书社，2005年，第25、26页。
② 转引自陈淳编著：《考古学理论》，复旦大学出版社，2004年，第139、140页。

中的器物代表了其不同的意义，如墓地和遗址中出土的相似石斧其社会含义是不同的。根据石斧所处的不同相关背景，我们可以了解它们在社会中的各种意义，从而可以建立起与石斧共生的整个社会生存网络。

（8）解释过去总是现代的一种政治行为，总有我们自己的政治共鸣。我们的解释是在现在条件下做出的，它必然和现代的政治道德标准和社会价值观交织在一起。

二、历史学与考古学本质上是解释性学科，是对史料与历史现象的解读和历史叙述的建构

那么，历史学与考古学的本质特性是什么呢？这是对历史学的终极追问。如前所述，后现代史观与实证主义史观对此做出了不同的回答——实证主义史观认为是求真与再现，后现代主义史观认为是解读与建构。这是两者之间的根本差异。

实证主义科学观无疑是人类思想发展的重要成果，但随着实证科学取得绝对主导地位，我们也要防止对实证科学的泛化、简单化、绝对化和庸俗化，使实证科学观沦为一种新的迷信。

我们认为历史学与考古学都是解释性学科，史学的本质是对史料和历史现象的解读与历史叙述的建构。在前面各章中，我们从史料的文本性，史家的核心作用，史家与史料的互动，史学立论前提的假说性，历史学问题、概念和历史现象解读与历史叙述建构的多元性、时代性与个人性，历史学研究结论的不可验证性，研究成果合理性判断的相对性以及史学价值的时代性和多元性等多个方面对历史学、考古学进行了全方位的学理剖析与反思。通过对历史学与考古学的全面、系统审视，我们可以重新来认识历史学与考古学的本质特性。我们认为，历史学与考古学本质上都是一门基于特定时代需要，在特定时代认知体系内，由史家在前人研究和特定资料基础上，根据个人认知、经验、兴趣、立场和相关理论对史料进行选择、判断、解读，并建构某种有关过去人类及其文化发展过程的历史叙述的学科。

历史学与考古学是一门重构历史记忆的学科，其本质不是也不能做到对自在历史的求真与再现，而是不断重构满足时代需要的表述的历史。

历史叙述是包括个人记忆和集体记忆的历史记忆，反映当今的社会需要和社会状况[①]。

---

① 〔德〕哈拉尔德编，季斌、王立君、白锡堃译：《社会记忆：历史、回忆、传承》，北京大学出版社，2007年，第140页。

因为时代的需要，我们重构过去。通过对史料的解读与建构，我们不断重构符合时代需要的历史记忆。历史叙述不断被重新建构，过去成为我们定义现在的手段。历史学叙述本质上是人类关于自我及其文化发展历程的解读、建构体系，是一种人类通过叙述自身发展历程，对自己的行为予以解释，并进而确认其存在感与生存意义的行为。正如马克斯·韦伯、人类学家克利福德·格尔茨所说："人是悬在由他自己所编织的意义之网中的动物。"[①] 而历史学就是人类编织意义之网的活动之一。

无论是原始民族深信他们的神话与传说就是他们的"真实来源"，还是我们今天选择相信某种科学的历史，历史学都不是一门可重复与可验证的关于人类过去的真相与真实的学科，而是一门与价值、需要和信仰等密切相关的学科。虽然我们不能再现自在的历史，但我们可以不断重构表述的历史。

一本本有关过去或当代的历史著述都在告诉我们一个历史学的真相：求真与再现是理想，解读与建构才是真实。当我们自认为真理在握，自己的观点就是历史真相时，实际上不过是因为我们站得还不够高，视野还不够广，态度还不够超脱、客观和理性而已！

过去强调历史学的求真属性时，恰恰是在以一个崇高的理想掩盖史学的建构性本质。我们认为，强调历史学的建构性虽然否定了历史学的求真属性，却揭示了史学的真正本质。与其以寻求真相的理由来自欺欺人，不如揭示建构的本质来呈现史学的真面目。从这种意义上讲，那些以历史学实证科学化自诩的观念未必符合科学精神，而那些否认历史学是一门实证科学的观念可能更体现出一种科学精神。

在这里，我们需要强调"历史科学"与"历史科学化"之间的不同。前者强调历史学的本质是一门实证科学，而后者强调历史学要尽量采用现代科技手段和多学科成果，使历史学的研究视野更开阔，论证过程更具有逻辑性，结论更合理，更符合当代人的科学认知，更具有说服力。前者强调的是历史学的本质定位，后者强调的是研究手段，而不涉及历史学的本质。我们虽然不赞同"历史是一门实证科学"的说法，但我们支持"历史科学化"的努力。

具体到广义历史学的分支之一的考古学，我们也必须承认其人文学科的根本属性。考古学是由生活在特定文化、社会背景下，具有主观能动性的考古学家在特定理论指导下，通过对古代遗存的发现、记录与阐释来研究人类及其文化发展史，建构古史叙述，解释历史现象的一门学科。考古学的目的本质上同样是满足当代人和社会的种种需要。

---

① 〔美〕克利福德·格尔茨著，韩莉译：《文化的解释》，译林出版社，1999年，第5页。

在史学研究中，研究者的文化、社会背景和个人因素在研究中必然发生影响，导致问题意识、关注点、概念体系、理论方法和研究思路等的差异，形成不同的历史学风格和学派，如中国考古学的文献学倾向、证经补史的考据学方法与思维方式、强烈的历史认同感的"我者"视角，与美国考古学因以古代印第安人文化为研究对象而形成的人类学倾向与传统、科学实证思维方式和明显的"他者"视角，形成了鲜明的对比。

当我们说历史学不是近现代一般意义上的实证科学时，并不意味着否定其意义和价值。我们认为，这反而能帮助我们更清楚、准确地认识其价值和意义，发挥其作用。"非科学即意味着落后、不好"不过是泛科学主义思想的反映和价值判断而已。

三、建构史观与实证史观的差异

如果说实证主义史观可以简单地称为实证史观的话，那么，后现代主义史观可以简称为建构史观。认真梳理实证史观与建构史观的差异，两者主要在以下几个方面表现出根本性区别。

第一，关于人类文化的认识，实证史观坚持进化论，相信人类所有族群及其文化都沿着一条既定路线，即遵循某种规律进化、发展，人类社会越来越好。在这条文化演进道路上，不同文化之间有先进与落后之分，落后文化应该并终将被先进文化代替。建构史观则认为所有文化现象都是人类基于需要和人性的一种主动适应方式，人类文化创造与选择具有主动性和偶然性，文化是"多元""平等"的。

第二，在自在的历史本身是否可以再现，人类社会发展有无规律的问题上，实证史学将人类及其文化视为自然现象之一，并认为它们如同各种自然现象一样，受某些规律支配。建构史观则认为人类社会及其文化是一种具有主观能动性的存在。实证史学认为自在的历史可以再现，人类历史发展规律可以被我们发现，我们可以根据发现的规律来预测未来，指导人类社会的发展方向。正如有学者所指出的，关于实证主义史学有不同的划分，但有两个基本条件（科林伍德称之为"实证主义纲领"或"实证主义精神"）："一，确定事实，忠实于事实；二，发现事实之间的因果关系，或进一步发现支配因果关系的规律。试图将自然科学思维方式、目标和研究方法引入史学，试图要'史学科学化'。"[1]建构史学则认为历史一去不复返，自在的历史不能重复，

---

[1]　朱本源：《历史学的理论与方法》，人民出版社，2007年，第38页。

历史真相已不可知，人类社会发展是否存在规律值得讨论，未来充满不确定性，难以预测，所有历史叙述都是当代的建构，是为了满足当代人及其社会的需要，史学价值在当代。历史学的本质是阐释与建构，阐释与建构是多元的。

理论上讲，在中国近现代史学界，无论是疑古派，还是信古派、释古派，都是实证史观派[①]。因为有信才有疑，疑信之争的本质是真假对错之争。信古、疑古、释古之争的共同点是都乐观地、坚定地相信历史真相存在于史料中，并最终可寻，只是对哪些是历史真相、什么原因导致文献史料失真争论不休。他们均自信地认为通过一套手段和方法，如考据、考古发现新史料等就可以纠正文献记载之偏差，进而获得历史真相，再现历史真实，甚至找到历史发展规律。但建构史观并不这么想。

第三，对于史学的研究思路与过程的认识，"论由史出"抑或"以论带史"是不同认识。实证史观认为研究过程是"论由史出"，即先有史料，后有观点。建构史观则认为史学的研究过程实际上是"以论带史"，先有研究者的目的、问题、预设的假说前提、史观和理论模式，然后有对研究对象的选择、史料的收集、选择、阐释与建构，通过两者之间的不断互动、修正，最终形成某种观点或叙述。某种意义上，这一过程类似于胡适所讲的"大胆假设，小心求证"。

第四，从研究者的角色与作用来说，实证史观认为史料为客观记录，史料自己会说话，基本无视史家的存在，否认史家的主观能动性及其影响，史家被作为一个纯粹的观察者和绝对客观的记录者，正如法国实证主义史学大师古朗士的名言"历史自己通过历史学家之口来说话"，或如朗格罗瓦和赛诺波所说"历史凭史料而自行工作"。实证史观特别强调史学研究要避免史家的主观影响和价值判断，认为通过某些所谓的科学方法可以剔除、规避史家主观能动性的影响。

无论是传统的思辨历史哲学、实证主义史学还是新考古学，都持一种"二元论"观念，即主张历史研究中主、客体的分离，研究者与研究对象分离，认为历史对象是一种像物理现象一样的一种自然现象，研究者在科研活动中是完全客观和中立的工具，没有个人兴趣、性格、思想观念和判断等。

后现代主义思潮的出现恰恰源于对以上原则的质疑。建构史观强调史家的核心作用，史学因史家而存在，史家在历史观察、记录、史学研究与文本创作中发挥着

---

① 注：1935 年，冯友兰提出"信古、疑古、释古"之说。近年来，有学者提出中国史学界的古史研究经历了信古、疑古、证古、释古四个阶段。"信古派认为凡古书所说皆真，对之并无怀疑；疑古派推翻信古派对于古书之信念，认为古书所载多非可信。"疑古摧毁了古史体系，而证古努力重建古史，释古则被认为是古史研究的新境界，释古派不如信古派之尽信古书，亦非如疑古派之全然推翻古代传说。见刘光胜：《从信古到释古：中国古史研究的基本趋势》，《中国社会科学报》2014 年 12 月 3 日。

核心作用。史家的主观能动性，即他的认知、观念、立场、利益诉求、兴趣等以及隐藏于背后的权力在历史叙述文本的形成过程中发挥着明显的或潜在的影响，史家通过史料来说自己的话。历史著述，即表述的历史是研究者和研究对象，即史家与自在的历史之间互动的产物，不是独立于记录者、研究者，甚至是读者之外的客体。正如有学者所指出的，"不管是兰克学派或当代的实证主义的史学观点，都要求历史家在价值哲学上严守中立，事实上能否做到是另一问题。至于像克罗齐以及受到克罗齐影响的美国的现代主义史学家们则主张：在历史认识中，历史家不可能做到使他的头脑像感光底片一样纯客观地显示出历史事实本身的无可怀疑的含义，也不可能摆脱他的时代的生活兴趣以及民族的、阶级或社会集团的、宗教的、伦理的、美学的、政治的成见"[①]。

第五，从史料角度来说，实证史观认为"历史事实"从外界扑面而来，是独立于观察者、记录者之外的。这种史观设定有关过去的所有记载基本是实录，其中即使有少数的错误，历史学家也可以通过考据、考证等手段辨别、改正或剔除那些问题史料。实证主义史学家不会思考并自问：究竟什么是历史事实？通过历史学家的意识所重构的历史事件与过去真正发生的事件完全符合吗？在历史学家着手研究历史并撰写历史著述时，为什么关注这些问题而不是那些问题？关注这些人与事而不是那些人与事？为什么选择这些史料而不是那些史料呢？这种选择的理由是什么？对最终的结果意味着什么？

建构史学则认为"历史事实"与观察者、记录者和使用者密切相关，是一种互动关系，没有绝对客观、中立的历史事实。任何历史研究，研究者都不能被设定为超越于研究对象之外的审视者、旁观者，一个高居于事实之上的客观中立、无思无欲的"上帝"。史料是史家与自在历史互动的结果，文献记载是人为观察、选择、记录与陈述的结果，受到作者主观能动性及其背后权力的影响，不过是一种文本而已。所有文献记载都应视作一种文本，考古资料同样是文本。伊恩·霍德说："早期历史学家相信可以用文本区分过去人们如何观察他们的世界和他们的世界真正是什么样子的。……近期来，文化历史学家认为，我们不能够从展现世界的文本中得知世界究竟怎样，因为文本本身就是再释。"[②] 作为文本，无论真假，都是不同人对历史的阐释与建构，受到作者的时代背景、认知体系和立场、观念等的影响。文献在流传过程中，会不断被史家选择、修改与诠释，以达到自己对历史再阐释、再建构的目的。

---

① 朱本源：《历史学的理论与方法》，人民出版社，2007年，第46页。
② 〔英〕伊恩·霍德、〔英〕司格特·哈特森著，徐坚译：《阅读过去》，岳麓书社，2005年，第112页。

　　第六,从如何看待史学成果角度来说,两者的区别在于认为史学研究成果到底是"以古识古",还是"以今释古"? 实证史观因为强调史学的客观性,号称"求真",所以自认为自己的研究成果是"真"或"接近真",是复原了历史,再现了古代人类社会,发现了社会发展规律,因"真理在握"而具有唯一性、排他性。建构史观认为任何史学著述过程都是史家与史料互动,进而建构过去历史叙述的过程,史学著述就是这种互动的结果。自在的历史在这一建构过程中成为表述的历史,并不断被创造、修正、传播和传承。因为强调史学的主观性,建构史观认为有关史学研究成果和古史陈述不是历史的再现与复原,而是当代史家的阐释与建构,不同的人有不同的阐释与建构,因人而异,历史阐释与建构具有多元性。正如哈拉尔德·韦尔策所说:"儿孙们要对从父母或祖父母那里听来的故事重新加以编排。他们不仅要以自己的方式解释这些故事,而且往往还要重新塑造、补充甚至改写它们。""家庭成员完全可以在自己的记忆中,拥有自己各自版本的'家庭史'。"① "一个民族有自己的记忆,与其他民族不同,一个民族内部不同群体和个体也有不同的记忆,官方记忆与民间记忆也经常存在差异和对立,这就形成了'有分歧的记忆''选择的传统'。"②

　　不同的人看到不同的真相,美国咨询专家赫克托·麦克唐纳提出"竞争性真相"的概念,即"任何一组事实可以得出不止一个真相","我们的思维模式决定了我们对于事物的看法以及我们选择的行为"。"我们往往更容易接受与我们思维模式相符的真相,抗拒那些与我们内心观点相冲突的真相。"③20世纪前期荷兰历史学家盖尔(Pieter Geyl,1887—1966)说"历史是一场无休止的辩论"。同样,考古学家发现,只要遇到对考古学文化进行定性,分类型或分期时,就一定会有不同意见存在。实证主义史观将这种相持不下的多元解读与建构视为一种困境,并认为这一困境缘于历史学、考古学的局限性,它阻碍我们获得具有唯一性的历史真相。不过建构史观认为,只有当我们将历史学、考古学视为求真的实证学科时,才会产生这种"困境"之感。从建构史观来讲,历史解读与建构的多元共存现象本是历史学、考古学的本来面貌和必然现象,是由史学的本质特性决定的。本来只是我们对历史的解读与建构,为何我们却要自称是历史的真相与真理? 我们一直在按自己的意愿打扮历史这个小姑娘,为

① 〔德〕哈拉尔德·韦尔策:《在谈话中共同制作过去》,《社会记忆:历史、回忆、传承》,北京大学出版社,2007年,第107页。

② 〔美〕劳拉·赫茵、〔美〕马克·塞尔登编,聂露译,尹钛校:《审查历史:日本、德国和美国的公民身份与记忆——〈丛日云·序〉》,社会科学文献出版社,2012年,第2页。

③ 〔英〕郝克托·麦克唐纳著,刘清山译:《后真相时代——当真相被操纵、利用,我们该如何看、如何听、如何思考·前言》,民主与建设出版社,2019年。

何我们却要坚称历史不是任人打扮的小姑娘，或者只是那些与我们不同的观点才是在任意打扮历史这个小姑娘？

即使那些被认为具有普遍认同的共识也往往是相对的，或者说是因为我们对人类文化的多样性和古代文化认识还不够造成的，未必就是历史的唯一真相。例如，关于早期人类社会平等说。人类早期社会，或曰原始社会是平等的吗？这似乎是某些思想家根据自己的理想而想象和建构出来的，并不符合社会性动物的特性。社会化动物为了维持群体生存，必须要有分工和等级。另外，如果我们承认人类是由灵长类动物进化而来的，那么迄今所有研究表明，猴群和猩猩社会都有明确的等级存在。也许只是由于早期人类社会群体小，生产、生活方式简单，当时的等级表现方式和对资源的占有方式没有后来大规模群体社会那么复杂而已。

总之，正如格特鲁德·希梅尔法布所说："现代主义者试图克服'历史'的歧义性，并跨越过去与关于过去的著述之间的鸿沟，相反，后现代主义者坚持历史的根本的、永恒的歧义性，在过去和关于过去的任何著述之间的绝对断裂。现代主义者意识到没有绝对真理，而试图得到最为逼近的真理——适度的、条件性的、试验性的、递增的、最近似的真理——然而后现代主义者把真理的否定看作是对任何种类的或任何程度的真理的解放。现代主义者倾全力避开现时观念，但是后现代主义者快乐地默许了它，宣称'辉格谬论'本身，那种个人能够得到任何重要程度的过去观念的思想，是终极谬论。现代主义者遭遇了挑战，力求尽可能的客观并抑制着主观，而后现代主义者沉湎于主观性，嘲讽着客观性的特殊观念。简言之，鉴于现代主义者容忍了相对主义而且试图限制它、控制它，后现代主义者欢呼并充分利用了它。"[①]

第七，从史学的目的来说，实证史观强调史学的目的在人类过去，号称要复原人类过去，再现历史过程，而避谈史学与时代的互动关系，认为史学研究可以超越时代与环境，史学研究在于用过去的资料复原过去的社会，史学的价值在于认识过去，现实的目的不过是发现人类社会规律以指导未来发展。建构史观则强调史学的目的在当代，史学与时代存在互动关系，史学的目的、理论来源、评判与选择标准均在当代，史学的价值也在于满足当代人的各种需要，如构建符合时代需要的历史记忆。

第八，从对史学学科属性的认识来说，实证史观认为史学研究是建立在客观资料基础和科学实证方法之上的，结论是科学可信的，"实证主义的历史学家们认为以自然科学的基本方法为榜样，历史学最终将成为一门精密的经验科学"[②]。建构史观则认

---

① 〔美〕格特鲁德·希梅尔法布著，余伟译：《新旧历史学》，新星出版社，2007年，第23页。
② 朱本源：《历史学的理论与方法》，人民出版社，2007年，第458页。

为，史学研究是建立在特定假说、经验、常识和其他相关学科的理论基础之上的，结论仅仅是史家的阐释与建构，既可能接近历史真相，甚至就是历史真相，也可能与历史真相相去甚远。但无论是接近真相，还是远离真相，我们都无从验证。历史学不是一门求真的学科，而是一门解释性学科，本质上属于人文学科。

第九，从话语权角度来说，实证史观因为对史家核心作用的无视导致对话语权问题的忽视，更遑论话语权平等问题。因为这种无意识，我们对政治和经济权力借助话语霸权垄断历史话语权的行为缺乏意识。传统史学成为以权力者和社会精英为叙述主体，由精英书写，主要面向统治者和精英阶层的史学，精英的目的、兴趣、思想观念和话语体系主导了历史的陈述、分析和评价。

在实证主义者看来，知识或科学是客观中立、一尘不染的，是独立于社会现实之外的纯洁之物。而后现代主义者认为"知识与权力有关，而在社会组织中，权力最大的人尽其所能散布与其利害相对而言正统的'知识'"[①]。建构史观主张人人都是历史家，每个人都有权力讲述历史，历史不是少数人的特权和奢侈品。虽然在每个时代因为权力、时代主流认知等因素的影响，会有主流与非主流之别，但每一种历史解读与陈述都是平等的。我们可以分析隐藏在各种历史陈述背后的认知体系、理念、目的、文化与时代背景及其问题与局限性，质疑其中的不合理性，但我们不能简单地否定它们或对它们视而不见。人人都拥有解读、阐释历史的权力，每个人都拥有自己的各种历史记忆，人人都是自己的历史学家！

总之，实证史观相信陈述的历史与自在的历史能够达成完全一致，即历史的再现，并为实现这一目标而探索各种手段与方法，同时尝试使用各种办法来证明这种一致性。建构史学不认为陈述的历史与自在的历史能达成完全的一致，陈述的历史本质是陈述者关于历史的解读与建构，而不是自在历史的再现，两者之间是否一致并不重要，也无法验证，历史叙述的意义不在再现真实过去，而在当下的需要。

从传统史学到建构史学的转变意味着历史学由统治者自我宣扬、实施政治控制、左右民众思想和提供治理借鉴的政治工具向培养独立思考、开启民智、满足公众兴趣等需要的公众知识角色的转换。近年来，随着新媒体，尤其是互联网的迅速发展，传统的话语权垄断被打破，越来越多的人开始享有自己本应拥有的话语权，各种形式、各种版本的历史陈述文本和多元化的历史观点与评论涌现于网络之上，并常常引起社会的广泛关注和热烈讨论，历史学越来越走出历史学家的象牙塔，走向大众。

---

① 〔英〕凯斯·詹金斯著，贾士衡译：《历史的再思考》，台北麦田出版社，2006年，第119、120页。

四、历史学与文学的异同

一方面，我们应该承认历史学与文学有相通之处，都是为了表达作者的思想观念，都具有建构性。

法国哲学家利科说：就文学和史学的关系而言，前者也许并不像人们以为的那么假，而后者也未必像我们曾认为的那么真。史学家夏曾佑曾说"小说家即史之别体"[①]。有学者说文学创作是文学家在虚拟故事的外衣下表达对现实社会和时代的感受，历史陈述是历史学家以追求客观真实的名义在历史故事的外衣下表达自己对现实社会和时代的观念、认知[②]。

1973 年，海登·怀特发表《元史学》，系统地论述了历史叙述在"情节化模式""形式化论证""意识形态蕴涵"及修辞学特征方面的文本话语结构，揭示了其与文学叙述文本的内在同构性[③]。

同样，对于考古学来说，"他们（后过程主义学者）把一篇考古学报告或论文看作是一个文本，一件具有其自身时间和写作者特点的作品——就像是一篇小说之类的作品。而且，就包含于其中的假设来说，考古学者的大多数观点都是不可验证的，它们与文学作品具有相同价值"[④]。

另一方面，我们也必须看到历史学与文学之间存在巨大差异。历史学家对历史的阐释与建构是史学家与史料之间的互动，史家是核心，史料是基础，史家要"持之有据"，而不是天马行空地随意想象与发挥。一句话，历史学的阐释与建构是史家在自己的认知范围内，根据史料并遵循一定范式对历史的合理想象与推测。柯林伍德说：小说家只有单纯的一项任务，即构造一幅一贯的有意义的画面。史家要受一些规则的约束，而小说家却不必。这些规则包括，史家的画面必须在具体时空中定位，必须处在各种关系的一致性中，必须有相关的证据作基础[⑤]。

美国学者洛伦茨说："同文学相比，历史的真实性断言始终是它的基本特征。""历史叙事不能像小说那样只是被呈现的，它们也需要经验和逻辑的不断支持才能立

---

① 夏曾佑：《最新中学中国历史教科书》（第1册），商务印书馆，1904年，第244页。
② 傅小平等：《作家写史与现实观照（上、下）》，《文学报》2015年7月30日第18版、8月13日第18版。
③ 周建漳：《当代西方历史哲学一览》，《国际社会科学杂志（中文版）》2009年第1期。
④ 〔英〕肯·达柯著，刘文锁、卓文静译：《理论考古学》，岳麓书社，2005年，第22页。
⑤ 〔英〕柯林武德著，张文杰、何兆武译：《历史的观念》，商务印书馆，1997年，第342、343页。

足。"①李洪岩说：历史学确实从未与文学的思考方式完全分开，但即便是主张历史学作为一门艺术的罗素，也承认"历史必须由忠于事实的企图来支配，不管它在多大程度上可以作为艺术来从事研究"。真正的历史学应该是在文学性与科学性之间寻求平衡，以达到古人所谓"情欲信，辞欲巧"的理想境界②。

总之，历史学研究与历史叙述的建构及文学创作虽然都是个人性创作，但历史研究与叙述建构要遵循一定的学术规范，言之有理，持之有据，无证不立，虽然其中的"理"为当代之理，"据"属文本之据，这种"持之有据"的叙述并不等于自在历史的真实再现。历史学研究与陈述既不是通过史料展示就可以让自在的历史自动呈现的实证科学，也不是研究者可以脱离史料而自由想象的文学艺术创作。

五、认清历史学暨考古学建构性本质的意义

勤于反思的史学家常常困惑于：一方面成千上万的史学家付出艰辛的努力著述了汗牛充栋的史学著作来试图寻找、呈现历史的本来面目和内在动因；另一方面，在历史学实践中，材料越多，研究者越多，著述越多，不同观点就越多，共识就越少。本来我们寄希望于新史料的发现解决相持不下的争论，结果发现的新史料却带来了更多的争论。那么，我们真能得到或者接近历史的真实吗？

针对历史学研究中无休无止的争论，主流的观点认为解决之道在于坚持史学的科学性，在历史研究和书写中保持史家的客观、中立立场，摒弃任何价值判断，避免个人感情、立场的影响，以免历史被史家歪曲和利用。我们认为，这只不过是一种"掩耳盗铃""自欺欺人"的幻想而已。根据前面的讨论可知，史家不可能超然于他们的研究之外，正如他不可能超然于他所处的时代环境与文化背景。那些自认为可以得到历史真实或自我标榜为获得历史真相者要么是无知者无畏，要么是别有用心。

一旦我们认识到史学的建构性本质特性，就会豁然开朗——每个史家的史学研究和著述都是他对历史的解读与建构，具有时代性和个人主观性，因而历史学中的历史解读与建构也必然是多元的，历史总在不断被重写，多元观点的存在及彼此之间的争论不休是历史学的必然表现。对于多元的历史解读与叙述，应该坚持"百花齐放、百家争鸣"的共存原则，反对各种以真相、真理之名行垄断话语权和独尊之实，更反对

① 〔美〕C.洛伦茨著，黄红霞、陈新译：《历史能是真实的吗？叙述主义、实证主义和"隐喻的转向"》，《世界哲学》2002年第2期。
② 李洪岩：《中国古代史学文本的理论与实践》，《文史哲》2006年第5期。

以科学的名义借助行政的力量搞顺我者昌、逆我者亡。学术只有在竞争中才充满活力，我们应该认识并接受多元史观的存在现实，学会倾听、理解和包容不同观点，而不是自认为真理在握，拒绝面对或轻易否定他人的观点，将自己的观点以历史"真理""真相""客观规律"等的名义强加于人。作为具有科学精神的历史学家，对于多元的历史解读与叙述，我们所能做的只是在自己的认知范围内判断哪一种是更为合理的评判与选择，而不是判断哪一种是排他性的唯一历史真实。这才是我们对历史学应该持有的科学态度。

与其号称史学的实证科学性，回避或否认史学研究中的个人主观性、时代性，我们不如承认历史研究与著述的建构性，包容对历史的多元解读与建构。认识到历史学的这一本质特征，我们就能解放思想，打破各种内在与外在的观念禁锢，展开我们想象的翅膀，体会历史学的魅力，享受探索历史的乐趣。只有开放的思维才能带来真正的学术创新。对于不同的观点和理论，我们可以不接受，可以开展严肃的学术讨论与批评，但应该包容它，给予其平等的表达权力和机会，并努力去理解其提出的背景、理论、目的和价值等。

从史学的价值来说，历史学不仅应给人以知识，更应该给人以智慧。知识是别人的说法和思想，不是自己的智慧，一个人知识再多，也不过是古人所谓的"两脚书柜"而已。只有经过自己独立思考并融会贯通的知识才构成自己的思想，成为人生智慧，即独立思考的习惯和自我判断与选择的能力。

如何才能实现"读史使人明智"的理想？

首先，我们应该认识到单一的、垄断的历史叙述不过是一种愚民和思想控制的手段而已，无论它是以真相、真理或规律的名义，还是以上帝或神的名义。钱钟书在《围城》中写道："从前愚民政策是不许人民受教育，现代愚民政策是只许人民受某一种教育。不受教育的人，因为不识字，上人的当，受教育的人，因为识了字，上印刷品的当。"① 资中筠说："蒙蔽历史真相，垄断历史文本，是维持专制统治的重要手段。"② 新自由主义的代表人物弗里德利希·奥古斯特·冯·哈耶克说：极权主义宣传摧毁一切道德的一个重要基础，就是对真理的尊重③。历史被政治利用往往打的就是真相与科学的旗帜，以自己的理论去解读、建构历史并宣称这就是历史真相，然后用这种历史来证明

---

① 钱钟书：《围城》，上海晨光出版公司，1947年，第四章。
② 资中筠：《人民和朝廷哪个是目的？》，《国家人文历史》2014年第4期。
③ 详见〔英〕弗里德利希·奥古斯特·冯·哈耶克著，王明毅、冯兴元等译：《通向奴役之路》，中国社会科学出版社，1997年，第十一章"真理的终结"。

自己是"奉天承运"，自己代表了历史的发展方向。从某种意义上讲，专制主义的观念基础之一就是这种真理观。这种真理观认为这个世界上只有某种思想观念、理论学说和生活方式是正确的，是真理，其他的都是谬误，不应存在。

哪些思想和理论学说能被认定为正确与真理，也与权力密切相关——一方面，真理的确立与解释往往由权力来决定，另一方面，被权力确立与解释的真理又提供了权力合法性和权力者行为合理性的理由。某种观点、理论一旦被政治利用，被权力选择而确定为真理，成为一种最终解释，就异化为权力合法性的理论基础、暴力的辩护词和控制舆论、愚弄人民的理由和工具，不容置疑与讨论。20世纪自由主义代表人物以赛亚·柏林（Isaiah Berlin）指出："在道德、政治、宗教、文化及其终极价值这些重大问题上，恰恰不存在一个唯一正确的答案，硬要在不同答案之间裁判真理与谬误，实际只能是'强权即真理'，而把人类在价值观上的分歧和冲突看成是真理和谬误或善与恶的斗争，正是人间血流成河的根源。"其实质恰恰是以一种价值凌驾于所有其他价值之上，以一种文化主宰了所有其他文化，最终往往是以实现某一最大价值为名义来辩护扼杀其他许多价值，或以某种文化最先进为名义来辩护扼杀其他许多文化[①]。

历史的经验告诉我们，对历史阐释权与真理观的垄断使历史学远离了学术范畴与科学精神，缺乏对多元阐释的包容使历史学失去学术活力与创新能力，使历史学彻彻底底地沦为政治的工具与婢女。

其次，认识到多元共存才是思想自由的基础和"读史使人明智"的保证。"给每一方平等的说话机会"是当代法庭审判和民主社会的基本准则。对于不同的历史建构与叙述，只有多元观点都有表达的空间和机会，才能做到各种不同观点的基本平衡，使读者通过比较阅读做出自己的判断与选择，才能培养独立思考、大胆怀疑的科学精神，破除迷信与盲从，不被话语权力操控者洗脑[②]和愚弄。古人云"兼听则明，偏信则暗"，诺贝尔奖得主阿马蒂亚·森说："考察一个人的创新力与判断力，主要考察他的信息渠道和信息来源的多样性；有无数唯我独尊人，长期生活在单一的信息社会，而且是一种完全被扭曲、被颠倒的信息社会，这是导致他们愚昧且自信的最大原因。"[③]只有开放的思维、多元的观点和平等的学术争鸣，我们的判断和选择才会做到尽可能客观、理性，正如美国俄克拉荷马大学历史系教授本·凯珀尔（Ben Keppel）所说："'美国

---

① 甘阳：《将错就错》，生活·读书·新知三联书店，2002年，第110、111页。

② 从本质上讲，洗脑就是将一种理论灌输到他人头脑中。洗脑的特征之一是排他性，即只认为这种理论是绝对正确的。

③ 〔印〕阿马蒂亚·森著，李风华译：《理性与自由》，中国人民大学出版社，2006年。

历史'科目旨在教给学生对不同证据、不同视角作批判性思考，如果没有这种丰富性，学生学到的就不是智慧的历史。"①

有人说，哲学的最大价值不在于向人们提供一个如小学生所渴望的那种确定的、心满意足的答案，而在于启发你对普通事物做多层次、多角度和种种可能性思考，它使你坐卧不安，辗转反侧。同样，历史学也应如此。历史学的多元与争鸣，未必能使真理越辩越明，但可以破除迷信，使人明智。

虽然，我们总是追求一种确定性，但对于人类社会来说，不确定性是本质，确定性是信仰，人生无常，大约如此。不仅我们的世界充满不确定性，而且我们对这个世界的认知也充满不确定性，正如美国著名理论物理学家理查德·菲利普·费曼（Richard Phillips Feynman）所说："所有的科学知识都是不确定的。"② 我们的认知体系也不是都由正确的、确定的知识或真理构成，实际上，我们的认知体系由许多带有个人偏见、时代局限、道听途说和自以为是的知识构成。我们要承认人类认知的这种局限性，这也正是科学研究能不断进步的原因。以宽容、开放的心态对待不同观点，以认真、怀疑的精神审视每一种思想，既不迷信也不排斥，通过自己的独立思考做出自己的判断和选择。唯一版本历史叙述的问题在于剥夺了人类智慧与思考的源泉和各种选择的可能性。

或许有人会为我们可能被错误观点欺骗、误导而担忧，或许有人为不能向公众传播真理或曰正确的观念而焦虑，但我们更应该害怕的是权力以真理、真相的名义来灌输、指定某些观点与历史叙述，左右我们的历史记忆，来行愚民、思想控制之实。对历史的解读与叙述，对历史的评论不怕偏见与荒谬，怕的是权力以实录、真相的名义只允许一种历史解读、叙述和评论独霸话语权。只要我们允许有多元的解读、叙述与评论存在，使人们认识到任何一种解读、叙述与评论都只是一种说法而已，真理越辩越明，人们可以从这些多元的解读、叙述与评论中通过比较而做出自己的合理判断和理性选择。

也许，揭示历史学的本质特性不是再现历史真相会让我们感到失落，使我们丧失对历史知识的确定感，但相对于对真理的迷信和以"真相"之名而被洗脑、操控的风险，我们宁愿选择一种质疑的精神。科学精神的本质是怀疑，而宗教的本质是信仰。独立思考、质疑精神才是科学精神的精髓和保证。批判性思维是全部科学思想的核心，

---

① 王悠然：《美高中历史课新框架再引争议》，《中国社会科学报》2015年3月6日第A03版。
② 〔美〕理查德·菲利普·费曼著，王文浩译：《费曼演讲录——一个平民科学家的思想》，湖南科学技术出版社，2012年。

理论来自对事实的阐释，又终于被事实所批判。从这种意义上讲，那些以历史学实证科学化自诩的史观未必就是科学的，而那些承认历史学建构性本质的史观可能更具有科学精神。

早在 20 世纪 20 年代，朱光潜总结出中国学术界存在五大通病，即缺乏爱真理精神、缺乏科学批评的精神、缺乏忠诚扎实的精神、缺乏独立创造的精神、缺乏客观实验的精神。其中，对于缺乏科学批评精神，他说："第二个缺点就是武断盲从，无批判的精神，这大概是我国此前学术界'独尊'主义的流毒。武断就是过信自己，盲从就是过信他人。过信自己的固执一种学说，以为这一定是对的，别人与他辩论，他只是老气横秋，充耳不闻。这是对自己无批评的精神。过信他人的总是见风使舵，追赶潮流。这是对他人太无批评的精神。武断和盲从，都因为没有批评的精神，都是学术界的剜心虫。"[1] 应该说，这种缺乏真正的学术批评精神的现象仍存在于当代中国学术界，希望我们的讨论对改善这种状况有所帮助。

我们倡导史学理论思考的目的之一就是要认清历史陈述与书写的建构性和相对性本质，意识到我们的历史认识和我们的其他认知一样，具有时代性，承认我们的任何一种有关历史的观点与叙述，尤其是我们自己的观点与叙述，都是一种解读与建构，而不应自以为是地以我们或我们所认同的某些观点或某种叙述为历史真相和历史再现，并以之来简单粗暴地否定其他观点与叙述。这种理论自觉的意识和理念无论对于历史学科的繁荣，还是对于社会的发展都是非常重要的。

第二节　几个重要史学观念的讨论

一、人类社会演化是否存在规律

"19 世纪是实证主义思潮弥漫的时期，它几乎笼罩了一切学术思想的领域。风气之所及，乃至一切社会科学和人文学术都力争自命为科学。"[2] 受到近代物理学、化学类实证科学巨大发展成就的影响，主流的历史学家认为人类历史也像诸多自然现象一样遵循一定的规律发展演变，他们乐观地相信科学化的历史学可以成为一门像物理学、化学那样的实证科学，历史学研究可以再现人类历史进程，帮助我们发现人类社会的

① 朱光潜：《怎样改造学术界？》，《朱光潜全集》（第八卷），安徽教育出版社，1993 年。原文发表于 1922 年 3 月 30 日、31 日上海《时事新报》。
② 朱本源：《历史学的理论与方法·序一》，人民出版社，2007 年，第 1 页。

发展规律，并利用这些规律指导人类行为，规划人类未来。

过程主义考古学家也相信这种观点。布鲁斯·特里格说，美国过程主义考古学家信奉新进化论，坚信人类行为存在高度的规律性，重视对人类行为的总结，认为那些对当下社会有用的通则最为重要，强调人类行为的预测与解释同等重要[①]。

当然，一些史学理论家并不赞同这种观点，如狄尔泰和克罗齐都认为历史没有什么规律可言[②]，德国的弗里德里希·迈纳克根本否认存在客观的历史规律[③]。波普尔指出亲自然主义的历史主义者的错误就在于：力图发现像牛顿的天体运动规律这样的宏观的"社会运动规律"或像达尔文的生物进化规律那样的宏观社会进化规律。他认为根本不存在这样的社会规律，我们无法预测未来。他说："每一特定的社会事件，社会生活中每一件事，在某种意义上都可以说是新的。……可以设想，通过对社会生活的分析，我们也许能够发现和直观地理解，任何特定的事件如何发生和为什么发生，我们可以清楚地理解它的原因和结果——使它发生的那些力量和它对其他事件的影响。然而，我们发现，我们不能提出普遍规律，不能用普通名词来描述这种因果联系。因为它可能是独一无二的社会现象，而我们所发现的特殊力量则能对这种现象作出正确的解释。这些力量很可能是独一无二的，它们也许在这种特定的社会境况中只出现一次，而不再出现。"[④]

人类社会与文化确实在不断变化，但如何变化，我们难以准确了解，所以我们不能准确预测未来。当我们自认为在历史研究中可以发现人类社会发展的"规律"时，我们表现了人类的"自以为是"和"自高自大"。那些宣称自己的观点是历史真相或规律的人，要么是缺乏科学意识，自认为真理在握；要么怀有某些政治目的，希望别人相信他真理在握。

所谓人类社会发展规律说不过是人类为了满足自我确定感和对社会变化的控制欲，或者证明自己行为合理性而发明的一种说法而已。我们不喜欢神秘莫测，更不愿意承认自己力量有限，总是希望给生活中发生的每个现象找到肯定的解释，希望"一切尽在掌握之中"，但事实上我们的世界与人生具有高度的不确定性，世界远比我们想象中复杂。

---

① 〔加〕布鲁斯·特里格著，沈辛成译，陈淳校：《世界考古学展望》，《南方文物》2008 年第 2 期。

② 〔德〕威廉·狄尔泰：《梦》、〔意〕本纳德多·克罗齐：《历史和编年史》，《现代西方史学流派文选》，上海人民出版社，1982 年。

③ 〔德〕弗里德里希·迈纳克：《1936 年 1 月 23 日在普鲁士科学院发表的纪念演说》，《现代西方史学流派文选》，上海人民出版社，1982 年。

④ 〔英〕卡尔·波普尔著，杜汝辑、邱仁宗译：《历史决定论的贫困》，华夏出版社，1987 年，第 9 页。

　　台湾《商业周刊》2011 年 2 月 20 日一期刊登了耶鲁大学教授罗伯特·席勒的文章《经济预测为何屡屡失准？》，席勒说：金融危机给了那些信奉科学手法、因而过度自信的经济学家一个响亮的耳光，不仅仅是因为专家未能预测危机，更是因为他们所做的模型中，有些甚至推算这场大灾难不可能发生。为什么会这样？因为经济学家在探讨经济领域时，并未将人这个要素充分纳入考虑，而且这个要素不能够被简单地加以数学分析[①]。经济学家到底能干什么呢？有人说经济学家的工作主要是解释曾经发生的经济现象。这一点倒与历史学家相似。

　　人文社会科学中被认为最具有科学性的经济学尚且如此，历史学又如何能够信心满满地认为自己可以发现人类社会的发展规律，进而指导我们未来的发展方向呢？以色列历史学家尤瓦尔·赫拉利说："历史的铁则就是：事后看来无可避免的事，在当时看来总是毫不明显。直到今天，情况仍是如此。""历史就这样从一个岔路走到下一个岔路，选择走某条道路而非另一条的原因总是神秘而不得而知。"[②] 所有历史因果分析都是历史学家事后对历史现象的解释，都是"事后诸葛亮——后见之明"。

　　当然，历史学家可以根据自己对过去历史的总结与分析，提出自己对所谓"历史发展规律"的认识，对未来发展趋势的推测，但我们应该意识到，这种认识与推测仅仅是史家自己的观点和看法而已。那种认为我们可以通过历史研究再现真实的历史并找到历史发展的规律，进而以此规律指导人类社会发展方向和未来的观念，不过是近代实证主义科学观过度自信的表现而已。这种自信表现为自认为可以认知一切、控制一切，不仅是自然现象，也包括人类社会。现在看来，这不过是一种天真的幻想，是对科学的迷信，是将人及其社会等同于一般自然现象而忽视了人性的复杂性和人的主观能动性。经济学家许小年曾批评当下人们"对科学的迷信"，说："对科学的迷信让我们走上了征服自然的道路，对科学的迷信让我们相信可以透彻的认识经济和市场，精确安排复杂经济活动，走上驾驭市场也就是计划经济的道路。对科学的迷信让我们相信能够认识社会发展的必然规律，勾画一张完美的宏图，对社会进行系统设计和大规模的改造。"[③]

　　随着科学至上主义所带来问题的不断出现，学术界对科学成就的全面总结和深入反思以及对实证科学的边界与局限性的认识，科学可以提供一切问题的答案的盲目自

---

① 〔美〕罗伯特·席勒：《经济预测为何屡屡失准？》，《参考消息》2011 年 2 月 24 日第 4 版。

② 〔以色列〕尤瓦尔·赫拉利著，林俊宏译：《人类简史——从动物到上帝》，中信出版社，2014 年，第十三章。

③ 《许小年批驳"对科学的迷信"：自负且狂妄》，新浪财经，2016 年 6 月 5 日，http://finance.sina.com.cn/meeting/2016-06-05/doc-ifxsvenx3301211.shtml。

信和乐观受到质疑，尤其是涉及具有主观能动性的人和极端复杂的人类社会与文化，后现代主义思潮由此而兴起。

后现代主义史观认为人类社会发展没有规律，即使存在规律，我们也难以发现。我们赞同这种观点。

首先，"人类社会规律"之说不仅空泛，而且众说纷纭。不同的学者有不同的历史规律说，尊古史观、循环论史观、宗教神创史观、进化论史观等，各有自己的有关人类社会发展"规律"的说法，莫衷一是。在现实社会中，那些号称历史是按照规律发展的人往往是最积极干预历史发展的人，所谓"历史规律"不过是他们为自己的行为和观点所找的支持理由而已。

新的科学认识也否定了那种万物皆遵循特定规律运行的观念，如量子力学中的测不准现象。"（物理学的）不确定性原理对我们的世界观有非常深远的影响。……不确定性原理使拉普拉斯的科学理论，即一个完全决定论的宇宙模型的梦想寿终正寝。如果人们甚至不能准确地测量宇宙的现在状况，那么就肯定不能准确地预言将来的事件！"[①] 物理学尚且如此，何况复杂的人类社会。

其次，从逻辑上讲，人类社会假如真的有某种规律存在，那么，既然是规律，就是不可改变的，是不以人的意志为转移、不会被人类所影响的。如此一来，人类只能是规律的工具，所能做的就是听其自然，任由摆布。这不符合人具有主观能动性这一特性，也与人类社会发展的实际状况不符。人类社会是在人类的不断自我反思和文化的持续创新、调整中前行的，规律说否定了人的主观能动性，人只能是历史规律的支配者和被动执行者，在规律面前，没有人的地位。

尼采宣称"上帝死了"，规律说让上帝以另一种形式复活。从某种意义上讲，人类社会发展规律之说不过是神创论以科学面貌呈现的另一种翻版而已。规律与上帝、神名称不同，本质一样，都是忽视了人的主观能动性，否认了人的主体地位。

正是基于对人类社会规律论中所蕴含的这种逻辑矛盾的认识，马克思主义史学在强调规律的同时，又强调了人的主观能动性。西方新马克思主义学派更是将主观能动性作为自己对马克思主义思想发展的核心观念。

规律说被一些天真的、理想主义的学者所追捧，更常常被一些野心家所利用，改造为科学主义时代的"君权神授""奉天承运"，作为神化自己，为自己的观念、行为、权力与利益合法性辩护和愚弄民众的所谓科学依据。权力控制者通过科学的形式，

---

① 〔英〕史蒂芬·霍金著，许明贤、吴忠超译：《时间简史——从大爆炸到黑洞》，湖南科学技术出版社，2006年，第54页。

以唯一真理的名义将某些观念、思想、目标奉为最高准则，同时贬低其他观念、思想及相关群体与文化。

历史学的本质特性决定了任何关于历史的认识与陈述都是一种解读与建构，解读与建构是多元的。我们对待历史研究所应坚持的正确态度应该是"百花齐放、百家争鸣"，包容多元。

二、历史学中的共识与争论的中止

俗话说：男子汉大丈夫，宁死不屈；可俗话又说：男子汉大丈夫，能屈能伸！

俗话说：车到山前必有路；可俗话又说：不撞南墙不回头！

俗话说：宁可玉碎，不能瓦全；可俗话又说：留得青山在，不怕没柴烧！

孰对孰错？这个世界上，不同的观点总是在这样无休止的争论中共存！

同样，几乎每一个历史学、考古学问题都存在着不同的观点与争论。荷兰历史学家盖尔（Pieter Geyl）说："历史是一场无休止的辩论。"[①]考古学史家特里格也说："只要人类社会仍然存在民族、阶级和性别等令人不快的差别，对考古记录的解释就不会有根本和持久的共识。"[②]

"无休止的辩论"这一历史学现实给实证史观带来了巨大的困惑和根本性的挑战，因为实证科学史观以追求"唯一性"的历史真相和规律为目的。布鲁斯·特里格说："近些年对考古学统一性的期望与方法论中的广义实证论观念不无关系。人们认为，通过对考古资料进行适当的量化阐释，我们可以接近对历史的客观认识。戴维·克拉克将科学考古学的发展视为地区性学派的终结和世界考古学的起点。""许多考古学家都期望，最终会有一种统一的世界考古学，那将是一门客观的、价值取向自由的学科。对他们而言，达不到这点就意味着未能取得科学实践的一种起码准则。我认为，这是对考古学现状与未来过于简单和错误的看法。"[③]

从建构史观的角度看，多元的解读与建构必然带来无休止的争论，这是历史学的常态，是由历史学的本质属性决定的。

或许有人会提出，虽然在史学界充满着无休止的争论，但毕竟古今处于不同时代和文化背景下的史学家在许多历史问题和叙述上还是存在一致性的。因此，史学界还

① 朱本源：《历史学理论与方法》，人民出版社，2007年，第3页。

② 〔加〕布鲁斯·特里格著，沈辛成译，陈淳校：《世界考古学展望》，《南方文物》2008年第2期。

③ 〔加〕布鲁斯·特里格著，沈辛成译，陈淳校：《世界考古学展望》，《南方文物》2008年第2期。

是有可能通过一点点积累，经过争论达成共识并逐步接近历史的真相。虽然这一过程可能很漫长，很遥远，但我们可以抱着乐观的心态，满怀信心地期待着历史所有真相得以显现，人类历史过程全部呈现，人类社会的发展规律被发现的那一天，即历史学终结的那天。

我们如何看待这种观点与叙述的一致性？我们认为，这种一致性只是一种学术界的"共识"，不是自在历史的呈现和真相被发现的证明。这种共识的出现是因为我们所面对的史料是共同的[①]，同时因为我们具有相通的人性、情感以及在教育、学习和文化传承、交流中所形成的彼此相同的或相似的观念、理论模式和思维方式，即相似的认知体系[②]。这些因素使我们对某些历史现象形成相似的认知与阐释，对某些历史问题具有相同的看法，即达成所谓的"共识"。

此外，很多时候，某些史学研究结论和历史陈述被大家所认同、接受，不是因为它们被验证、被证实了，而是因为它们与我们的认知体系和个人经验相符，或满足了我们的愿望、立场、情感和需要。

我们必须认识到，"共识"不等于真理，或曰历史真相。"千百年来为人们所共同相信的许多历史故事，很大部分并不是真实。简单地把科学性等同于某种普遍的认同，乃是人们认识上的一种偏见。"[③]况且，"共识"常常不具有普世性，此历史时期此文化背景下学术共同体的共识不代表另一历史时期另一文化背景下学术共同体的"共识"，如传统的中国学者一般认为"夏王朝"的存在是不易之论，但西方学者并不认同这种观点，普遍对"夏王朝"的存在持怀疑态度。

更值得注意的是，真正的共识在史学界少之又少，大多数所谓的"共识"不过是羊群效应、从众心理的结果，是话语权掌控者操控、影响的结果。所谓的主流观点不是共识，仅仅是权力的产物，往往与真理、真相无关。例如，对于山西吉县人祖山娲皇宫女娲塑像下发现的遗骨，在吉县召开的相关学术论证会上，23 位专家一致达成可能属于三皇时代的娲皇"遗骨"的"共识"[④]。

---

① 注：如英国考古学家伦福儒和巴恩所说，史籍记载最大的危险在于它会左右我们的思路，不仅为我们设定探索的问题，而且提供问题的答案，并无意中限定我们讨论的概念与术语。见陈淳编著：《考古学理论》，复旦大学出版社，2004 年，第 258 页。

② 注：从这一点就可以理解为什么中国史学界更容易就中国历史上的问题取得共识和一致，而对西方史学界关于中国历史的许多观点甚感奇怪。因为有共同的文化背景、受到统一的历史教育，阅读相似的历史著述，因而具有共同的历史记忆和认同，以及相似的认知体系。而我们与西方史学界之间在文化背景与认同、历史教育与历史记忆等方面则差异甚大，虽然通过交流，这种差异正在被大家意识到。

③ 朱本源：《历史学的理论与方法·序一》，人民出版社，2007 年，第 4 页。

④ 见《疑为三皇时代娲皇遗骨》，网易新闻，http://news.163.com/12/0610/05/83K86OL300014AED.html。

　　从另一方面讲，人文学科学术讨论的目标虽然是希望获得"共识"，但其影响力的实现却不仅仅是通过形成"共识"并公诸社会这条途径，另一条途径恰在于观点的多元共存，通过多元观点的论辩引起社会的关注，刺激人们去反思与创新，形成新的认知体系，进而影响人们的思想观念与行为。"只有那种在家庭里反复讲述并继续得到编织的家庭史，才能作为家庭共同生活史而存在。"[①] 家庭如此，国家也是如此。历史因时代变化和需要而不断被重新阐释与建构，不断被讲述与宣传，不断被研究和争论，这样的历史才具有生命力，历史学也才具有生命力，才能发挥其社会作用。从这一点来说，多元观点的争论比形成共识更重要。

　　最明显的例子莫如新史学兴起以来关于中华民族及其文化的起源、特征、发展史的无休止的争论。民族史构建无疑是当代民族主义时代思潮背景下的重要史学命题，是当代民族国家重构历史记忆的需要。虽然我们对民族概念（主观认同还是客观存在）、起源（一元还是多元，何时、何地、谁是主体等）、多元民族分合关系（多元一体或汉族为主）等问题争论不休，莫衷一是，但这种争论引起了人们的关注与兴趣，强化了共同历史记忆的民族国家认同意识，达到了历史学的时代目的。至于争议是否达成了共识，并不那么重要。

　　最终，无休止的史学争论因何而终止？

　　我们可以看到，绝大多数史学争论的结束不是因为学术界达成了共识，更遑论找到了历史真相，而是因为学术范式变了，时代变了，争论的话题发生了转移，或者仅仅是因为无结果的争论不再引起史学界的兴趣与关注。新的命题提出，新的研究范式出现，新的争论热点出现，旧的争论不再被关注。史学争论不是因问题的解决而结束，而是因时代与学术范式的变化而转换！

三、终极的历史陈述能否出现，历史学是否会终结

　　按照实证史观的逻辑，历史学的研究目标就是不断发现历史的真相，随着史料的发现与积累，自在历史的拼图越来越完整，历史原貌呈现得越来越多，学术界关于历史真相的共识越来越多，表述的历史终将与自在的历史达到完全的一致。最终，我们将真实再现人类自在历史的全部过程，完成人类历史的终极陈述版。至此，历史学完成了它的任务，也就终结了。虽然这一寻找与证实的过程可能非常漫长，但我们一定

---

① 安格拉·开普勒：《个人回忆的社会形式——（家庭）历史的沟通传承》，《社会记忆：历史、回忆、传承》，北京大学出版社，2007年，第101页。

能做到，科学的史学就是实现这一目标的保证。不过，从历史学的实际状况看，情况并非如此。例如，每一次新史料的发现往往给我们带来的不是更多的共识，而是更多的争论，许多原来不认为是问题的问题反而成了问题。这种现象似乎很难理解，但如果我们认识到历史学的解读与建构本质特性，这种史学现象就很容易被理解和接受——随着资料的增加，不同学者从不同视角以不同理论模式进行的解读与建构必然更多元。

尼采说：一切真理皆是阐释，而阐释没完没了，游戏成性。历史学家爱德华·卡尔说："我对'历史是什么？'这个问题的第一个答复便是：历史是历史学家跟他的事实之间相互作用的连续不断的过程，是现在跟过去之间的永无止境的问答交谈。"[1] 詹金斯说："历史本身就是意识形态建构的这一事实，意味它经常被那些受到各种权力关系影响的人重新制作和重新安排。"[2] "由于不同记忆群体和政治集团的存在，历史在各种叙述持续不断的竞争、协商和相互渗透的过程中被反复书写。"[3] 最早版本的历史叙述是一种阐释与建构，后来不断出现的各种不同版本的历史叙述也是阐释与建构，历史就是这样不断地被阐释与重构，无穷无尽。历史也正是在这种不断的阐释与重构中获得其存在价值，永葆青春。所有自称"终极版"的历史都是神话，正如恩格斯在批判杜林的观点时所说："如果在人类发展的某一时期，这种包括世界各种联系——无论是物质的或者是精神的和历史的—的最终完成的体系建立起来了，那么，人的认识的领域就从此完结，而且从社会按照那个体系来安排的时候起，未来的历史的进一步发展就中断了，……这是荒唐的想法，是纯粹的胡说"[4]。

同样，对于考古学来说，"如果物质文化的含义确实如此复杂，那就无法最终同某种终极的'结论'（单一却无所不包的分析）联系起来。因此，不存在对文本的'最终'诠释——每一代人，甚至每个人，都有着对莎士比亚剧本的新颖解释，并且每种解释都有其有效性。同样，在任何意义上都不存在对文本的'正确的'或者'错误的'解读。……与此相似，陶器的设计或葬仪的含义都无法最终确定，没有什么'正确的'或者'错误的'解读。因此，后过程主义者鼓励进行多种解释的试验，并且否定了提出能解释'所有事情'的最终结论的必要性"[5]。

---

① 〔英〕爱德华·卡尔著，吴柱存译：《历史学家和历史学家的事实》，《史学理论读本》，北京大学出版社，2006年，第53页。

② 〔英〕凯斯·詹金斯著，贾士衡译：《历史的再思考》，台北麦田出版社，2006年，第106页。

③ 李旻：《重返夏墟：社会记忆与经典的发生》，《考古学报》2017年第3期。

④ 《马克思恩格斯选集》（第三卷），人民出版社，1995年，第376页。

⑤ 〔英〕马修·约翰逊著，魏峻译：《考古学理论导论》，岳麓书社，2005年，第110页。

某些所谓确定性的历史知识不过是在一定时间内，在特定的认知体系内被认为是合理的因而为多数人所接受的历史阐释、建构与陈述而已。只有相对的确定性，没有永恒的、唯一的、最终版本的历史陈述。假如真有终极版本，对我们来说，就如王小波所说："假设历史上曾有一位大智者，一下发现了一切新奇、一切有趣，发现了终极真理，根绝了一切发现的可能性，我就宁愿到该智者以前的年代去生活。"①

如果我们深入分析，"终极版历史陈述"不可能出现的原因有以下几个方面。

首先，历史学的关注点具有时代性，不同的时代需要和问题焦点影响历史学和历史学家关注对象的选择和提出的问题。"各个时代、各个社会都是按照他自己的需要去理解历史的意义，形成他自己的历史判断。新的时代和社会，会产生新的需要，形成新的价值关系。新的需要和新的价值关系又要求历史学家去重新认识历史。所以历史的意义总是需要不断地加以重新理解，重新评价。"②

对于史家来说，托波尔斯基指出，由于不同的历史家所具有的"不基于史料的知识"的修养是相差很大的，而且这种知识（不管是个人的或历史家共同的）随着时代的进步而积累，所以同一时代的不同历史学家对同样的历史事件的描述和因果的或目的论的解释，往往大异其趣，并且每一个时代都要重写它的历史③。美国历史学家卡尔·贝克也说，历史（即"一度发生过的实实在在的一系列事件"）是从属于历史知识（即"我们所肯定并且保持在记忆中的意识上的一系列事件"）的，而后者又处于不断变动的情况下。所以历史变成"只是我们所知道的历史"，历史的定义"是说过和做过事情的记忆"。因此，历史的客观和过程是不存在的。历史的存在是人类心理、生理过程作用的结果。追求历史事实正确的解释是无用的，因为历史事实本身和对它的解释是随时代不同而改变的④。

其次，理论思潮、认知体系和史家个人思想观念的时代性对历史学阐释、陈述体系的影响，如由中世纪的宗教神创史观到近代的实证史观，由退化论史观到进化论史观，带来了不同的历史学概念、叙述和解释体系。柯文通过研究中国的三种主导范式，证明了"每一世代的史家都得把前一世代史家所写的历史重写一遍"，因为"研究中所遵循的取向，所提出的基本问题主要仍然是由史家的社会文化环境所决定的"⑤。

① 王小波：《思维的乐趣》，中国人民大学出版社，2005年。
② 张耕华：《关于历史认识论的几点思考》，《历史研究》1995年第4期。
③ 朱本源：《历史学的理论与方法》，人民出版社，2007年，第142页。
④ 〔美〕卡尔·贝克：《人人都是他自己的历史学家》，《现代西方史学流派文选》，上海人民出版社，1982年。
⑤ 〔美〕柯文著，林同奇译：《在中国发现历史》，中华书局，2002年，"前言"，第41、48页。

皮亚杰的发生认识论认为新知识的形成就是不断建构的结果，不同时代有不同需要和不同的认知体系，人类的认知不会因达到至真至善境界而无须再反思、质疑、发展、变化。因此，虽然我们很赞赏那种人类终将揭开社会和自然所有秘密，人类的认知终将臻于完美的美好愿景和乐观心态，但对于是否真能实现，深表怀疑。

再次，就历史学本身来说，史学的范式（包括概念、方法与理论体系）都是具有时代性的，没有一种永恒的史学范式。托马斯·库恩说，科学史不是一种简单地通向扩展知识的假设检验成功经历，而是连续的范式之一，每个范式都是考察世界的连续的更好和更精确的方式的变化的一环，没有最好，只有更好，范式的转化带来学术的变化。科学的历程不是我们周围世界的越来越多的知识的平稳积累，而是经由革命性剧变而来的一个接一个的连续范式。有学者从范式转换的角度系统梳理了儒家经学阐释从先秦历经魏晋、两宋、明清，直至近代的变迁史，提出范式的不断转换"让儒家经学乃至儒学在二千余年的历史发展中不乏生命活力"①。

从范式的角度看，历史学、考古学的创新大致分为两种：一种是在既有范式内关于具体历史问题的研究方法、观点的创新，使现有范式更丰满、更完善；另一种是对旧范式解构与创建新范式，通过重新解读旧史料，建构出新的历史陈述。前者是大部分专家学者的工作，后者才是开宗立派的真正"大师"。蒋寅说："大师不光是学问渊博的人，还必须是陈寅恪先生所谓'能开拓学术之区宇，补前修所未逮'，'转移一时之风气，而示来者以轨则'（《王静安先生遗书序》），即开一代学术风气，创立一种学术规范的人，而最根本的是要对民族、人类文化抱有终极关怀的人。""大师之学在知识背后都有宏大的思想背景，博学家之学则惟有知识本身；大师之学有学理贯穿，知识倾向于系统化，博学家之学只有知识积累，或不免流于饾饤；大师之学树立新的学术规范，博学家之学则只能沿袭旧的学术规范。其术业理道之取向，判然两途。"②

当然，任何一种对历史的"重构"创新都是继承中的创新，因此在新的历史建构中，总能看到旧史学的影子。

最后，史料与基础研究成果的阶段性。有人说，任何历史学成果都是阶段性认识，确实如此。同样，史料也是如此。面对无限的历史，任何已发现并可利用的史料——无论是文献还是考古发现——都是有限的、片段的和阶段性的，新的科技手段、新的

---

① 康宇：《范式转换与儒家经学史变迁》，《中国社会科学报》2011 年 5 月 10 日第 8 版。

② 蒋寅：《在学术的边缘上——解构钱钟书的神话》，《学术的年轮》（第三辑），中国文联出版公司，2000 年 3 月。

考古发现会不断带来新的史料，而这些新史料有时丰富了旧史料，有时则颠覆了旧史料。从这一点来说，"史学就是史料学"的观点也有其合理性。

基于以上分析，我们可以推断不会有终极的历史叙述版本，历史学也不会终结，历史总是在不断地被书写。每个时代都有自己对历史的阐释与建构，每个人都有自己心中的历史。美国历史学家格特鲁德·希梅尔法布说："一个世纪前，《美国历史评论》第一期的主打文章向学界宣告：'历史将不再等着写完。每个时代都要求一部从其自身立场——根据它自己的社会条件、它的思想、它的信仰以及它所得到的——出发写成的历史，且由之可为身处其间的人们所理解。'"[①] 余英时说："最后的历史（ultimate history）是不可能的。今天我们认为最合乎标准的历史，过几十年就要大事修改。"[②]

当代性与过去性共同构成历史的基本属性，历史向现实敞开，永远处于一种未完成状态之中。历史学的创新不仅表现为新史料的发现，更表现为新理论的借入和对历史的不断新阐释、新建构、新评价。我们在质疑、批判旧史学建构的种种问题，解构前人的古史体系，并满怀信心地寻找我们自认为的"历史真相"的时候，我们同样也在以自己的时代认知去重构古史，并终将也会被后人所质疑、批判和解构。表述的历史就是这样被一代代解构与建构，没完没了！

从建构史观的角度来看，史学史的书写不能止步于史学实践与成果的罗列与堆砌，也不能限于对历史知识不断积累、扩展过程的介绍，更不应是关于历史学家如何不断补充历史拼图，一步步接近历史真相的过程的描述，而要探讨不同时期、不同史家是如何对历史予以解读、阐释与叙述的，又是如何演变的，分析其背后的时代背景、文化背景和思想观念、理论范式的发展脉络。从这一点讲，历史学与考古学的学术史本质上是思想史，是观念变迁史，正如布鲁斯·崔格尔所撰写的《考古学思想史》[③]。

四、所谓"基础史学"与"应用史学"

葛兆光发现，从中国史学史与世界史学史的历程来看，客观记录史实和建构民族神话，是一个很难解决的冲突。他说："近代学术开始追求客观、准确、中立，可是这个内在的紧张就解决了吗？比如，影响很大的德国兰克以实证史学为后世称道，但是，

---

① 〔美〕格特鲁德·希梅尔法布著，余伟译：《新旧历史学》，新星出版社，2007年，第21页。
② 余英时：《史学、史家与时代》，《文史传统与文化重建》，生活·读书·新知三联书店，2004年，第130页。
③ 〔加〕布鲁斯·崔格尔著，徐坚译：《考古学思想史》，岳麓书社，2008年。

你不觉得兰克也有矛盾吗？他一方面追求客观、中立的史料考证和史料批评，但同时兰克也是一个具有非常强烈的、为民族国家的历史追根溯源使命感的历史学家。所以，历史学这两面，就是接近科学的那面和建立认同或者唤起感情的那一面，冲突始终都在，只不过在不同的时代，二者占的比重不同而已。"[①] 面对这类历史学研究中广泛存在的观点多元化和各种力量影响、操控史学的现实，坚持实证史观的史学家无法回避，那他们又是如何来调和这种理想与现实之间的矛盾的呢？一种区分基础史学与应用史学的二分观点被提了出来。

20 世纪 80 年代，蒋大椿提出历史学可分为基础历史学和应用历史学两大类。他说：凡是根据当前政治和社会的需要，以实现史学社会职能为直接任务和社会现实需要为目的的历史研究及其成果，便是应用历史学；凡是根据历史科学本身的必要，不带史学范围以外的现实目的，而以认识历史为任务的历史研究及其成果，便是基础历史学[②]。有学者对此补充说："从事基础历史学探索的人往往怀抱一种'学术就是学术，其余什么都不是'的信念，全身心地投入到学术研究之中。基础历史学是一种纯正的历史学。基础历史学包括两个层次：一是整理事实、记录，主要完成的是史料学的任务；二是揭示诸历史事实之内的内在联系，尽可能复原历史的本来面目。""应用历史学是指那些带有明确的现实动机，以满足学术之外的需要为宗旨的史学研究活动。它最突出的特征就是实用性和现实性。一般认为，应用史学具有强烈的实践性，使史学渗透到社会生活之中；具有积极的能动性，要求史学家不以认识历史为满足，而以改造现实世界为己任。""历史具有过去和现在双重指向，求真和致用也就成为历史价值的两个基本方面。将历史学区分为基础历史学和应用历史学两个层次，通过专业分工以达到更高层次上的整合，可能是一种化解求真与致用的冲突的富有建设性的方法。"[③]

我们认为，基础史学与应用史学在史学的本质特性上没有什么不同，不存在科学与非科学、客观与非客观的区别。正如我们前面已经全面论述的，历史学研究不是自在历史的再现，难以求真，而是史家的解读与建构，呈现出多元化的历史叙述。同样，按照上面的有关定义，应用史学更不以求真为目的，而是基于基础史学研究成果的各取所需，目的在于直接满足现实社会的多元需要。历史教科书和博物馆陈展都属于典型的应用史学范畴，以它们为例，可以清晰地展现应用史学与基础史学一样所具有的

① 朱天元：《葛兆光：徘徊在建构神话与记录史实之间的历史学》，《经济观察报·书评》2017 年 8 月 28 日。
② 蒋大椿：《基础历史学与应用历史学》，《上海社会科学院学术季刊》1985 年第 1 期。
③ 王学典主编：《史学引论》，北京大学出版社，2008 年，第 139—148 页。

解读与建构性本质。

　　历史教科书和博物馆陈展都是选择某种历史阐释与叙述为蓝本，以教科书和古代遗存陈列展示的形式介绍和呈现这种历史阐释与叙述，以满足政治的和社会公众的需要，普及史学研究成果，发挥史学的宣传与教育功能。

　　从博物馆看，为什么每个国家都把博物馆建设作为重要的文化工作？因为国家博物馆以历史遗物为线索和象征展现了国家历史记忆，是另一种形式的官方正史叙述文本，目的是塑造国民的历史记忆，强化国家自豪感、认同感和民族凝聚力，证明权力的合法性。人类学家加里·克劳福德说："所有博物馆的建立都会具有政治或社会性的目的，无论是地区范围的，还是国家范围的，以帮助人们建立身份认同。"[1]

　　通过殖民和剥夺土著居民而建立起来的新国家——澳大利亚——其国家博物馆是如何建构自己的历史叙述呢？

　　澳大利亚国家历史博物馆将自己的历史画成一棵树，一条线是土著人的历史。五万年前，他们沿着海岸来到了澳大利亚大陆。另外一条线是从古希腊罗马开始，到1720年左右库克船长发现澳大利亚的时候，这两条线索就并起来了。刚开始两方面关系不好，白人猎杀土著人，是冲突期。到1820年左右，澳大利亚当局宣布不许再猎杀土著人，双方开始融合。到第一次世界大战时，澳大利亚人参战，在土耳其的加里利海滩上死了十几万人。这一天被设定为澳大利亚民族形成的日子，澳大利亚土地上的人民不再互相攻击，他们一致对外，有了共同的使命：保卫自己国家，维护世界和平，从此澳大利亚成为一个多元文化的单一民族国家[2]。

　　作为国民教育一部分的历史教科书，无疑是一种官方版的历史阐释与叙述，目的是塑造国民历史记忆，是权力者为了特定目的而向公众灌输并希望公众接受的历史记忆。历史教科书具有官方性、权威性、正式性、普及性的特征，它将一个民族的历史记忆深深地嵌入青少年一代的精神世界。这种记忆在很大程度上形塑着新一代公民的认同：我是谁？我与国家或民族（国族）是怎样的关系？作为一个公民，应该如何想、如何做？如何看待与外国（族）的关系？所以，傅斯年在《闲谈历史教科书》一文中说：编历史教科书大体上等于修史，须谨守三项标准一大原则。标准之一是"把历史知识当作人学"，旨在"借历史说明生命界最近一段的进化论"，增进中小学生对人类和

---

① 黄晓峰、潘艳：《所有博物馆都有政治目的：克劳福德谈考古学中的民族主义》，《东方早报·上海书评》2014年7月20日。

② 张生：《岳飞是英雄，但不是民族英雄》，"凤凰网·历史"，2013年7月24日，http://news.ifeng.com/history/zhongguogudaishi/special/zhangshengtanyuefei/detail_2013_07/24/27868299_4.shtml。

人性的了解。其二，是把历史教科做成公民教科，借历史事件的描述，以提供前进的启示，公德的要求，建国的榜样，以启发国民爱国心、民族向上心、纪律性和不屈性。其三是以历史教科书为民族形成和文化演进的缩影①。

　　不同的政治背景，不同的现实社会需求，不同的思想观念，也会反映在不同的历史教科书编撰上。例如，有人比较台湾与大陆的中学历史教科书，发现彼此之间在中国历史叙述的重点、对历史人物、事件的叙述、定性、评价等方面往往差异巨大②。

　　剑桥大学历史学者诺拉·贝兰德（Nora Berend）认为：“在历史课中明确界定‘我们自己的文化’是一种强加于人的行为，必将疏远一部分同胞，造成人与人之间的隔膜。”“假设每个人都有对历史的个人理解，那么威尔士人、苏格兰人眼中的历史会和英格兰人眼中的历史一样么？比如，从英格兰人的立场出发，爱德华一世是一位出色的君主，而卢埃林·阿普·格鲁菲德则是不折不扣的叛徒。但在威尔士人眼中，爱德华是残暴的征服者，卢埃林则是英雄。同样，威廉·华莱士和罗伯特·布鲁斯在不同人眼中也有不同的形象，这些判断完全取决于学生在哪个地区接受历史教育。”“构建‘单一文化’意味着一种文化和历史阐释的胜出。事实上，任何历史学家都清楚，对于历史的阐释存在太多的可能。在阐释过去的过程中推举出一个‘垄断’的观点，这绝不仅是智力上的博弈，而且是权力的对抗，造成的结果必将是隔膜和冷漠。”③他提出，应以宽广的胸襟看待历史，以培养包容的心态去接纳多元文化。APARC 的研究人员也指出，在战争问题上彼此相悖的历史记忆阻碍了各国之间的和解，通向和解之路首先是通过认识被割裂的历史记忆开辟的。因此，“各个国家去理解本国的记忆和归属意识是如何形成的，这将是重要的第一步”④。

第三节　中国历史学暨考古学未来趋势之蠡测

　　不同的学者从不同的视角对中国历史学与考古学的未来发展趋势发表了不同的看法，其中，2001 年 4 月在《史学月刊》编辑部召开的“21 世纪中国史学学术研讨会”上，

① 许冠三：《新史学九十年》，岳麓书社，2003 年，第 241—243 页。
② 熊守清：《中国大陆与台湾历史教科书的比较》，《中学历史教学参考》2000 年第 3 期；《海峡两岸高中历史教科书之比较》，《中学历史教学参考》2005 年第 6 期。
③ 张哲编译：《剑桥学者称移民破坏“单一文化”说错误》，《中国社会科学报》2012 年 5 月 30 日第 A03 版。
④ 《受害心态妨和解　中日韩弥合历史伤痕》，香港《亚洲周刊》第 44 期，2009 年；又见中国新闻网 2009 年 10 月 30 日，http://www.chinanews.com/hb/news/2009/10-30/1938810.shtml。

与会学者提出 21 世纪中国史学将有四个发展趋势：①史学理论研究将更加受到重视；②史学研究的多元化发展将成为潮流；③中外史学将成互动发展之趋势；④史学研究将越来越向学术化的方向复归[①]。

根据前面对历史学与考古学本质的认识，我们认为中国历史学与考古学的未来发展有如下趋势。

一、全球化时代与全球史观的兴起

近代以来的世界是一个全球化不断深化的世界，人类及其文化共同体的意识越来越深入人心，历史学的变化也与这个时代趋势相呼应。

随着大航海时代的开启，早期的全球化是西方文化主导的全球化，表现在历史学中，就是西方文化霸权下的西方文化中心观全球史的建构。在这种历史叙述中，文化循单线进化，西方文化最先进，代表人类的发展方向，其他地区的文化处于文化演化道路上的相对落后的阶段，只有通过学习西方文化，才能赶上先进文化。从这种意义上讲，马克思主义史观也属于这一类进化论全球史观。因为马克思主义史观认为人类社会发展遵循着从原始社会、奴隶社会、封建社会、资本主义社会，经社会主义社会到共产主义社会的演进规律，它号召全世界无产阶级联合起来，建立一个无阶级、无国家的共产主义社会。马克思主义史学试图打破民族国家的历史学叙述界限，建构一种超越国家、族群的人类普遍史（universe history）和总体史（total history），目的是论证人类发展规律与方向，说明社会主义和共产主义一定会实现的历史必然性。

随着西方霸权的衰落和各地民族独立运动的兴起，民族国家纷纷出现，民族主义思潮影响全世界。为了争取民族国家在世界体系中的平等地位与权力，构建民族国家的历史记忆，培养民族国家的认同感和凝聚力，民族主义观念主导的民族国家历史叙述在世界各国涌现，其中就包括中国近代以来的新史学运动。民族主义史观和史学表现为强烈的对自我民族悠久历史与传统文化的肯定与推崇和对其他民族悠久历史和传统文化，尤其是西方文化的否定与贬低，以及对西方文化话语霸权的批判。

进入 21 世纪，人类进入深度的全球一体化进程，随着科技的进步和不同国家之间人员流动的日益频繁，地球村的感觉越来越强烈，"国外"和"国际"已渐渐让位于"全球"，人们越来越意识到自己是全球人类命运共同体的成员之一。资本、技术、商品、文化、

[①] 李晓英：《21 世纪中国史学学术研讨会纪要》，《史学月刊》2001 年第 4 期。

政治等方面的交流越来越超越民族国家的界限，学者也越来越多地把国家、区域历史、文化置于全球背景中进行考察，尤其是对不同文化之间互动关系的研究。

当代方兴未艾的全球史观正是"全球化进程在史学领域的直接反映"①。超越民族国家意识，关注人类共同发展历程和互动关系的全球史越来越被重视。巴勒克拉夫说：世界史研究的重要特征之一是"建立全球的历史观——即超越民族和地区的界限，理解整个世界的历史观"②。2015 年，国际历史学会在给法国史学家格鲁津斯基颁发"积家历史奖"的颁奖词中说：历史不是明确无疑与单向度的，也不是片面与始终如一的。格鲁津斯基的贡献就是对历史进行"去西方化"，剔除了在我们大家看来使西方如此简单化与强势的谬误。他想使历史全球化，想要从全球范围内来看待世界。考察全球各个地区如何相互接触、彼此面对、相互欣赏，甚或彼此憎恨并相互融合。他能够赋予"融合"与"文化运动"等概念以生命③。

许多历史学家认为从 20 世纪 90 年代起风靡全球的全球史人类历史叙述将取代民族国家的历史叙述而成为历史研究的主流，我们甚为赞同。

全球史观最重要的两个核心是强调历史上不同文化之间的联系和扬弃民族国家本位视角。"在全球史看来，历史从来就是跨地区的，整个世界彼此互动，如果把眼光局限在民族国家的狭小范围内，就看不清历史的整体形象。全球史强调各地区之间的互动和联系，主张跳出民族国家的范围，在全球的视野下观察历史。""通过讲述全球的历史，全球史真诚地否定西方中心论，它认为世界各地发生的事都是平等的，文明没有高下。"④撰写《极简人类史》的克里斯蒂安呼吁：或许我们从各自的国家、民族历史中退后一步，将整个人类历史当成整体来审视，在一定程度上消除人类分歧，把握不同社会的共性，重新评估人类自身的集体行为，并重新定义人类存在的意义与责任，才能更好地理解人类这个物种的特殊性，以及我们在未来几十年中即将面临的挑战。在大历史搭建起的宏观构架中，建立起一种最广泛的人类共同体的认同，或许能引导我们找到通向未来的最好出路⑤。

在欧洲，"欧洲统一的理念、信心和努力，是对近代民族—国家政治实践的一种超越，

---

① 吴晓群：《我们真的需要"全球史观"吗？》，《学术研究》2000 年第 1 期。

② 〔英〕杰弗里·巴勒克拉夫：《当代史学主要趋势》，上海译文出版社，1987 年，第 242 页。

③ 李欣、肖欣：《法国历史学家摘得首个"国际历史学诺贝尔奖"》，中国新闻网 2015 年 08 月 27 日，http://soci.cssn.cn/hqxx/tt/201508/t20150827_2137619_1.shtml。

④ 《兰克传统与 20 世纪"新史学"——钱乘旦教授在上海师范大学的讲演》，《文汇报》2013 年 4 月 1 日第 D 版。

⑤ 〔美〕大卫·克里斯蒂安著，王睿译：《极简人类史》，中信出版社，2016 年。

那么，为这一进程服务的历史学，也应当超越民族—国家时代的民族主义史学"①。"为适应欧洲一体化和全球化时代的需要，德国教科书对历史的阐述不仅是民族主义的，而且是日益超民族主义的。教科书不再强调培养民族优越感和建设统一的民族共同体的目标，也不仅仅致力于促进德国的国家认同和责任，还逐渐提升了地方的和超国家（国族）的认同和责任。对历史的叙述不再局限于德国视角，还特别强调欧洲视角。这就必然贬抑传统的民族主义，伸张国际主义精神。这样做的结果，使三种认同即国家的、地方的和超国家的认同协调并存，相互并不排斥。"②

在中国史学界，早在 1943 年，作为马克思主义史学领军人物之一的翦伯赞在《略论中国史研究》一文中已提出，把中国从其与世界史之关联中截然地划分出来，使之成为一个与世绝缘的孤立的历史单位是不能接受的。他认为，中国史应当作为世界史中的有机一环，"不能划出一条绝对的界限"③。

随着改革开放的深化，中国越来越全面而深入地融入全球化进程中，"人类命运共同体"已经是社会普遍的共识。在这样的时代背景下，反思过度民族主义的历史学研究与历史建构，重构与全球化相适应的历史叙述是时代对历史学的期盼。正如罗新所说："我们现在明确提出要走出民族主义史学，不是因为告别的条件越来越成熟了，事实上民族—国家的国际秩序仍将维持很多很多年，而是因为告别的必要性越来越强烈、越来越紧迫了。"④ 我们要学会以全球人类发展史的眼光和思维去选择、评价、阐释历史事件与人物，寻求历史现象之间的关联，发现历史现象发生的深层次原因。

二、超越民族国家视野与史观

如前文所论，近现代中国史学的主流是科学主义的实证史观和民族主义的民族国家历史叙述建构。随着社会的发展，时代的变化，占据绝对主导地位的这种史观与史学越来越显露出问题。其中的问题之一如张光直先生所说："中国的历史学（包括考古学）一向有孤芳自赏的传统，就是将中国历史的资料和问题的讨论限制在现代中国的地理境界范围之内。其实至少从古史和史前史来说，有许多在中国境内的历史问题，

---

① 罗新：《超越民族主义的国家史学》，《文化纵横》2015 年 8 月刊。

② 〔美〕劳拉·赫茵、〔美〕马克·塞尔登编，聂露译，尹钛校：《审查历史：日本、德国和美国的公民身份与记忆》，丛日云·序，社会科学文献出版社，2012 年，第 10 页。

③ 翦伯赞：《略论中国史研究》，《史学探渊：中国近代史学理论文编》，吉林教育出版社，1991 年，第 856—859 页。

④ 罗新：《超越民族主义的国家史学》，《文化纵横》2015 年 8 月刊。

其意义和它的解决途径是要靠中国境外的资料和研究来做启示、辅导和共同解决的；同时有许多中国境内的资料，其重大意义又不限制在中国境内历史问题的解决。"[①] 葛剑雄说："我们以前在研究中往往过分强调自己中国人的身份，强调中国历史的特殊性，就没有把中国历史放在整个历史时代、整个世界体系中，缺乏全球性的视野，缺乏融会贯通的气势，甚至没有把中国纳入亚洲范围来考察。"[②]

要实现张光直所希望的中国新材料对认识世界历史法则的贡献[③]，首先必须突破民族主义国家史观的限制，将中国古代考古发现和历史研究放到全球人类发展史中去探讨才有可能性。用全球史解释重大历史变迁的模式来考察中国古代社会的发展演变，在多元文明的比较研究中，才能深刻理解中国自身，让我们看清楚许多历史事件的脉络和本质。没有多元史观，就没有史学的繁荣与创新；没有全球眼光，就不能真正理解中国。闭门自封的"中国学派"不过是自欺欺人而已。张光直在夏商周考古学研究中之所以取得突出的成绩，其中非常重要的一个原因就是他从世界史的视野来观察三代的文化与社会演变，在与其他异域文明的比较中探索中国文明的真谛。

现在，越来越多的中国史学家认识到这一点，中外古代文化关系研究、农业文明与游牧文明的互动研究、东亚古代朝贡体系研究等课题越来越受到重视，中国古代文化与中亚、西亚等西方古代文化互动关系探讨也正成为历史学界的热点，大家渐渐地坦然接受中国古代诸多文化现象的出现受到西方文明影响的观点，如小麦的栽培、牛羊的驯化、青铜与铁的冶炼技术、马及马车的出现，等等。2013 年 10 月在西安召开的中国考古学会第十六次年会的主题则是"全球化视野下的古代中国——以周秦汉唐为中心"。

全球史思维也要求我们超越国家、民族的视野与思维局限，关注人类共同的问题，在人类文化史视域内发现问题、观察问题、分析问题，提出解释与叙述，对各种古代文化现象进行跨区域的考察，在全球视野中研究文化现象的源流演变、不同区域文化之间的互动及其对整个人类发展的影响。

过去，由于受到或明显或潜意识的民族主义思潮影响和建构民族国家历史叙述的现实需要，我们强调文化的自我独创性，强调古今民族及其文化的一脉相承、独立发展和对世界的影响与贡献。但在过度民族主义语境的历史叙述中，我们往往忽视，甚至有意识地否定不同文化之间的互相影响，尤其是被外来文化影响的部分。

---

① 张光直：《中国东南海岸考古与南岛语族起源问题》，《南方民族考古》（第一辑），四川大学出版社，1987 年。
② 葛剑雄、周筱赟：《历史学是什么》，北京大学出版社，2005 年，第 169 页。
③ 陈星灿、张光直：《通识、契合、敞开、放松——张光直先生访谈录》，《读书》1994 年第 12 期。

通过新视角、新史料、新研究，我们看到，古代中国同世界的联系比我们想象得还要早，还要密切。中国文化在全球化时代的今天是世界文化共同体的一部分，在过去的历史上同样如此。在现在与过去，中国文化都不是孤独地存在和完全独立地发展，而是与周边的其他文化共存、互动。

三、超越实证史观，接受多元阐释

对史学建构性本质的认知日益清晰，历史书写垄断权的日渐消解，权力的多元化和话语权的扁平化所带来的关注对象的多元化，参与者日益广泛所带来的历史叙述主体和叙述方式多元化，以及社会需要的多元化，研究视角、指导思想、评价体系等从一元到多元，等等，所有这些因素必然导致历史阐释与建构的多元化、去中心化和去权威化。

史学从精英史学到大众史学（包括史家的大众化和关注、记录、研究对象的大众化），历史学由少数人的特权成为大众也可享有的权利，从政治人物与制度为核心的政治史到以民族国家为核心的历史叙述，再到以所有人和各种文化现象为研究对象的社会、文化发展史，所有这些都是史学顺应中国社会向民主化、全球化和多元化发展的表现。

当代全球史观一定程度上改变了 19 世纪以来受西方话语霸权影响的"欧洲中心论"，同样也会消解"中国中心主义"这类的各种各样的自我中心主义，使历史学走向"去中心化的历史学"。超越近代以来盛行的民族国家政治史的历史叙述构建体系，改变传统专制帝国思维的"大一统"观念和中心与边缘、英雄人物与普通民众的划分，淡化主流与非主流、正史与野史之分，从"寻找规律"到"讲好故事"，都将是必然趋势。

总之，对于中国历史学、考古学来说，如果我们不能认清历史学的建构性本质，通过对传统史学的反思与批判摆脱其束缚；如果我们不放弃"一元""独尊"的观念与做法，排斥多元理论和各种史观的平等讨论与争鸣；如果我们不能对历史学、考古学的本体问题进行充分讨论，而陷于传统的考据、修史和阐释某种理论的思维定式；如果我们不能跳出民族主义的思维和民族国家历史视野，建立一种全球史观，将中国历史置于人类发展史和世界文化体系中，作为众多文化中的一支去研究其自身的发展，与其他文化的关系，评价它在人类文化发展史中的位置，那么，中国历史学融入世界史学，在研究人类历史和贡献人类文化建设上就难以展现其应有的重要价值与意义。

四、中国考古学：由"证经补史"到"考古写史"

对于中国考古学来说，除了以上中国历史学发展的共同趋势外，因其特殊性，还有自身特有的发展方向——由"证经补史"①到"考古写史"②。

近代考古学的兴起及其在中国的引进与发展，带来了不同于传统文献史学的全新的、系统的新史料、新视角、新方法、新思维和新认识。如何摆脱传统文献史学所带来的种种局限与束缚，避免被传统文献史学的史观和叙述体系所左右，走出文献导向的证经补史思路和思维方式，发挥考古学的独立性和对传统文献史学的纠错、互补作用？只能以考古学为本位重构中国的古史叙述体系，尤其是秦以前的上古史。

我们知道，史前历史只能依靠考古来写，中国史前史，如旧石器时代、新石器时代历史也都是以考古学发现和研究成果为核心来撰写的，尽管也有学者试图将考古发现纳入三皇五帝的古史传统体系中，但争议巨大，难以令人信服。对于原史时期（即文献中的夏商周时期），中国史学界，包括考古学界的研究与著述一直被传统文献史学的古史体系所束缚，文献史学左右着考古学者的工作思路和对考古发现的解读，中国这一时期的考古学实际上处于"证经补史"的从属地位，考古成果只是文献古史叙述体系的补充和证明，没有发挥出它应有的独立重构古史的地位和作用。"证经补史"思路有意无意地将我们引入古人的思维方式和话语体系之中，抑制了我们的想象力，限制了对考古资料做全新阐释和以考古资料重新认识古代社会的可能性。

鉴于我们前面对传统文献文本性和史学建构性本质的讨论，为了摆脱传统文献史学的限制，避免被其左右，以考古学为本位重构更为合理、全面的中国古史叙述新体系，即考古写史，成为非常必要。我们只有对"证经补史"的史学传统思路和思维方式进行反思，认清它对我们的影响，才能打开视野与思路，开创考古学多元阐释和重构古史的新局面。

近百年的中国考古学成就为考古写史奠定了基础，经过近百年的考古学成果积累，中国考古学已经形成了一个以考古学文化谱系为框架的古史时空框架体系，该体系不同于建立在文献记载和考证基础上的传统古史时空框架体系。

---

① 注：所谓"证经补史"，即以传统文献记载为构建历史叙述的基本史料和主体框架，考古发现与研究围绕历史文献记载的古史体系展开。通过考古发现与研究，证明文献记载之真伪，补充文献记载之不足。

② 注：所谓"考古写史"，即以考古发现与考古学文化为构建古史叙述的基本史料和主体框架，传统文献记载围绕考古学的古史建构体系，用于解读考古发现，补充考古学之不足。

　　中国考古学通过考古发现的大量古代物质文化遗存和多角度的研究远远超越了传统史学的史料内容和研究视野，比如对历史上的诸多重大文化现象展开的深入专题研究，对它们的出现时间、地点、形成机制及其在人类历史上的作用进行的广泛而深入的探讨。人类的起源及早期发展，新石器时代的出现，磨制石器与陶器的起源，农业的起源，家畜驯养的起源，中国古代文明的形成与国家的出现及早期发展，城市的起源与演变、功能与特征，古人衣食住行等物质文化和古人的生活面貌及其演变，古代宗教信仰及其演变，不同时期埋葬制度及其反映的古人对死亡和死者态度，中国范围内不同时期区域文化间的交流和中外文化交流现象及其历史作用，重要古代国族文化，如先商、先周、早期秦楚文化等的源流研究，等等，均取得了丰硕的成果，形成了体系性的认识。

　　中国考古学正在改变传统中国古史的叙述内容、叙述方式和观念，如研究关注点从政治史核心向多层次、全方位的人类文化史转变，历史叙述由以文献为基础的传统王朝体系到同时以考古学文化为基础的全方位文化、社会发展史体系，关注重心由精英历史开始转向大众历史，由以帝王将相和精英文化为核心转向以古人社会、文化为核心，由传统的中原中心论转向多元一体史观，等等。

　　所有这些史料的扩展、视角和思路的转变以及全方位、多层次、多角度的专题研究成果为我们建构不同于传统古史体系的考古本位古史叙述体系提供了可能，奠定了基础。可以说，中国考古学由传统古史体系中的证经补史从属角色向考古写史的核心角色转变的条件已经具备，采用多元化的理论模式对考古发现进行多元阐释，构建考古学本位的中国上古史叙述体系，将是中国上古史研究的发展趋势之一。

　　实际上，一些学者也在不断进行考古写史的尝试，并取得了令人瞩目的成果，如苏秉琦、张光直、严文明诸先生所提出的新石器时代文化圈划分和"交互作用圈"理论、对中国文化"多元一体"发展史的阐释[1]，以及我们提出的三代"青铜礼器文化圈"概念和文化大传统与小传统理论[2] 等，都是从考古学角度所提出的不同于传统文献的上古史叙述新体系。

---

[1]　苏秉琦、殷玮璋：《关于考古学文化的区系类型问题》，《文物》1981 年第 5 期；张光直：《中国相互作用圈与文明的形成》，《中国考古学论文集》，生活·读书·新知三联书店，1999 年；严文明：《中国史前文明的统一性与多样性》，《文物》1987 年第 3 期。

[2]　徐良高：《文化因素定性分析与商代"青铜礼器文化圈"研究》，《中国商文化国际学术讨论会论文集》，中国大百科全书出版社，1999 年；徐良高：《中国三代时期的文化大传统与小传统——以神人像类文物所反映的长江流域早期宗教信仰传统为例》，《考古》2014 年第 9 期。

第十二章　文化理论视野下的考古学文化及其阐释

考古学文化本质上是考古学家提出的用于阐释考古发现，构建历史叙述的概念，是考古学家创造的一种工具。

第一节　什么是"文化"

"文化"在考古学研究中是最常用的一个基本概念，如新石器文化、仰韶文化、龙山文化、二里头文化、夏文化、周文化、礼乐文化、玉文化，等等。广义上讲，考古学就是研究古代人类文化的一门学科，即通过物质形态的人类文化遗存去研究古人的生产技术、生活方式、组织制度和思想观念、宗教信仰等各种文化现象，探讨其起源，构建其演变历史，分析其变化机制。

一、"文化"的定义

"文化"在当今是一个被广泛使用，甚至有人认为已被滥用的名词，似乎什么都可以称"文化"。大的方面有民族文化、中国文化、西方文化、物质文化、精神文化等，具体的有饮食文化、各地层出不穷的各种文化节，等等。它们彼此之间的内涵和外延各有不同，差异很大，人们在使用文化概念时，往往内涵模糊，甚至相互矛盾。所以，有人说，文化是个筐，什么都可以往里装。

那么，"文化"到底是什么？学术界是如何定义"文化"的？有哪些争议？文化的基本特征是什么？

在汉语文献中，"文化"一词最早见于汉代刘向《说苑·指武》："凡武之兴，为不服也，文化不改，然后加诛。"这里"文化"是动词，指的是"文治和教化"，与武力征服相对应。中国早期的"文化"概念有"文野之分"的意思，即以为自己的族群或国家是先进的，为文明开化之人，其他的族群或国家则是野蛮的，所以要以自己的文明去教化那些野蛮民族①。

　　直到 20 世纪初作为外来概念引进之后，汉语中的"文化"概念才变为名词。而作为名词用法的普及和定型化，则是从"五四"时期的"新文化运动"开始的②。

　　美国人类学家 A. L. 克罗伯（A. L. Kroeber）和 C. 克拉克洪（Clyde Kluckhohn）出版《文化，关于概念和定义的检讨》（*Culture, A Critical Review of Concepts and definitions*）一书，曾收集分析过 160 多个由人类学家、社会学家、精神病专家以及其他学者给文化下的定义。另据 20 世纪 80 年代的统计，仅正式的文化定义就有 360 个以上③。台湾学者殷海光曾将所有文化的定义分为记述的、历史的、规范性的、心理的、结构的、发生的六大类④。

　　大致来说，学者关于"文化"的定义可以分为四类。

　　第一类观点将文化定义为人类创造的一切成果，如泰勒（E. B. Tylor）认为文化或文明，就其广泛的民族学意义来说，乃是包括知识、信仰、艺术、道德、法律、习俗和任何人作为一名社会成员而获得的能力和习惯在内的复杂整体⑤。1982 年世界文化大会·墨西哥宣言将"文化"定义为："文化是体现出一个社会或一个社会群体特点的那些精神的、物质的、理智的和情感的特征的完整复合体。文化不仅包括艺术和文学，而且包括生活方式、基本人权、价值体系、传统和信仰。""文化可以被理解为每一个人和每一个共同体独一无二的特征，以及思考和组织生活方式。文化是每一个社会成员虽然没有专门学习但都知晓的知识领域和价值观念。""文化是一个历史过程：人类既是文化的创造者，又是文化的创造物。……文化是人类为了不断满足他们的需要而创造出来的所有社会的和精神的、物质的和技术的价值的精华。"⑥

　　第二类观点将文化理解为人类的能力与手段。人类学的功能学派认为文化是一种满足需要与适应的手段。以马林诺夫斯基为代表的文化功能学派将文化分为物质设备、精神方面、语言、社会组织四大方面，认为文化是一种手段性的现实，文化的存在是为了满足人类的需要，而且创造新的需要。文化给予人类以一种身体器官以外的扩充，

① 陈序经：《文化学概观》，中国人民大学出版社，2005 年，第 16—19 页。
② 蔡俊生、陈荷清、韩林德：《文化论》，人民出版社，2003 年，第 3 页。
③ 蔡俊生、陈荷清、韩林德：《文化论》，人民出版社，2003 年，第 1 页。
④ 殷海光：《中国文化的展望》，上海三联书店，2003 年，第二章。
⑤ 〔英〕爱德华·泰勒著，连树声译：《原始文化——神话、哲学、宗教、语言、艺术和习俗发展之研究》，广西师范大学出版社，2005 年，第一章。
⑥ 〔美〕欧文·拉兹洛编辑，戴侃、辛未译：《多种文化的星球——联合国教科文组织国际专家小组的报告》，社会科学文献出版社，2004 年，第 216、153 页。

一种防御保卫的甲胄，一种躯体上原有设备所完全不能达到的空间中的移动及其速度。文化是人类积累的创造品，可以提高个人的效率和动作的力量，又给人类以很深刻的思想与远大的眼光，同时又使许多个人成为有组织的团体，而使之无止境地继续存在。文化深深地改变了人类的先天赋予①。

第三类观点认为文化属于精神现象。贝克哈特认为，文化是一切精神的发展的总和。人类学家格尔茨认为，文化概念实质上是一个符号学概念，是指从历史沿袭下来的体现于象征符号中的意义模式，是由象征符号体系表达的传承概念体系，人们以此达到沟通、延存和发展他们对生活的知识和态度②。

第四类观点认为文化是人的行为方式及其结果的总和，梁漱溟在《东西方文化及其哲学》中说："文化并非别的，乃是人类生活的样法。"陈序经说："文化既不外是人类适应各种自然现象或自然环境而努力于利用这些自然现象或自然环境的结果，文化也可以说是人类适应时境以满足其生活的努力的结果。"③

以上各类文化定义，是不同学者从不同的研究角度出发，为了解决不同的问题，而提出和使用的，彼此之间虽有差异，但也多有共性。

我们赞同将文化视为人类所创造的一切适应方式，是人类为生存、发展而进行的活动、采取的行为方式及由此而产生的种种结果，文化是人类的主动适应方式。路易斯·宾福德将文化定义为人类超机体的适应方式，动物通过自己的身体调整去适应环境④，人类却通过文化去主动适应⑤。

人类通过文化的创造与调整来快速、主动地适应环境的变化，甚至主动改造环境以满足自己的需要。文化使人类具有学习、反思、批判、创造的能力，使人类超越生理限制。人类与其他物种的根本区别就在于人类有文化，人类是唯一将文化作为工具去主动适应环境的动物，虽然个别动物也会偶尔制造简单的工具去实现自己的目的。

从文化的内涵看，文化包含多个层面。关于文化内涵的分层，学术界有两分说，即分为物质文化和精神文化；有三层次说，即物质、制度、精神三层次；有四层次说，

① 〔英〕马林诺夫斯基著，费孝通等译：《文化论》，中国民间文艺出版社，1987年。

② 〔美〕克利福德·格尔茨著，韩莉译：《文化的解释》，译林出版社，1999年，第一章。

③ 陈序经：《文化学概观》，中国人民大学出版社，2005年，第28页。

④ 注：从野猪到驯化的家猪，猪的形态会发生变化，而从一些太平洋岛屿中家猪逃逸后向野猪形态的回归，如重新生出又长又粗的鬃毛，学会拱土觅食、拾草搭窝、游泳捕鱼，变短的猪鼻子重新变长变硬，头盖骨逐渐返祖，恢复成平滑尖利的铲子形状等，从这些变化可以看到动物如何通过自己身体的调整去适应环境。从这一现象看，动物形态的变化是一种对环境的适应，称之为"演化"比"进化"更合适。

⑤ 〔英〕马修·约翰逊著，魏峻译：《考古学理论导论》，岳麓书社，2005年，第24页。

即物质、制度、风俗习惯、思想与价值。此外，还有六大子系统说，即物质、社会关系、精神、艺术、语言符号、风俗习惯等。美国人类学家摩尔根、克罗伯和怀特都把人类的文化看作三层结构的"蛋糕"，即经济位于最底层，中间是社会结构，上层是意识形态。文化生态学创始人斯图尔特在这块"蛋糕"下又加了一层"生态环境"，并将它看作影响文化演变的重要因素[①]。余英时说："文化变迁可以分成很多层：首先是物质层次，其次是制度层次，再其次是风俗习惯层次，最后是思想与价值层次。大体而言，物质的、有形的变迁较易，无形的、精神的变迁则甚难。"[②]

其中，物质形态文化层是人的物质生产生活活动及其产物的总和，是可感知的、具有物质实体的文化事物；制度文化层由人类在社会实践中建立的各种社会规范构成，包括政治法律制度、社会经济制度、婚姻制度、家庭制度、民族、国家、宗教社团，等等；风俗习惯文化层见之于日常起居之中；精神文化层由人类社会实践和意识活动中经过长期孕育而形成的宗教信仰、价值观念、审美情趣、思维方式等构成。

从"文化"的结构来说，既包括生产生活资料、技术等低层次文化，又包括社会组织、制度等中层次文化和风俗习惯、思想观念、宗教信仰等意识形态上的高层次文化。低层次文化一般是具体的、物质的，主要发挥着以满足人们日常基本需要为主要目的的实用功能，中高层次文化一般都是抽象的，以实现人类维护群体组织和满足精神需求的目的。不同层次的文化之间既有不同，又密切相关，相互作用。技术与器用的背后是制度与观念，技术与器用的变化往往会带来制度、观念的改变，观念、制度的改变也会带来器用、技术的变化，即所谓经济基础决定上层建筑，上层建筑反作用于经济基础。制度与观念之间也存在同样的互相作用关系。

制度、观念层面的文化是抽象的，需要通过物质形态的文化和具体的行为方式来表现，即通过赋予某些物质形态文化和行为以特定的象征意义来表达，展现制度、精神层面的文化[③]。物质形态的器用提供了观念与制度的物质基础，成为服务于观念和制

---

① 陈淳编著：《考古学理论》，复旦大学出版社，2004年，第108页。

② 余英时：《从价值系统看中国文化的现代意义》，《文史传统与文化重建》，生活·读书·新知三联书店，2004年，第489页。

③ 注：所谓"象征"，《辞海》定义是：①用具体事物表示某种抽象概念或思想感情；②文艺创作中的一种表现手法，指通过某一特定的具体形象来暗示另一事物或某种较为普遍的意义，利用象征物与被象征物的内容在特定经验条件下的类似和联系，使后者得到具体直观的表现。象征是人类文化的一种信息传递方式，它通过采取类比联想的思维方式，以某些客观存在或想象中的外在事物以及其他可感知到的东西，来反映特定社会人们的观念意识、心理状态、抽象概念和各种社会文化现象。见瞿明安：《论象征的基本特征》，《民族研究》2007年第5期。（转下页）

度的工具与手段。观念、制度通过选择或创造某些器物作为自己的载体和物化形式，使抽象的观念与人际关系具象化，如宗教通过各种祭祀、祈祷等仪式开展活动，通过艺术作品、礼器等来展现某些信仰、观念。

　　这种使抽象的制度和思想观念、宗教信仰等得以表现、宣传与固化的具象化的物质文化和具体行为，就是社会组织制度、观念与信仰等的物化形式。抽象的观念、制度、等级、信仰等要传播、表达，并被人们接受，就需要这些具体的、可见的物质形象，即象征物。人类利用这些物化象征来规范社会组织，传递力量、权威、等级等信息，也通过物化象征表现自己的精神世界，如艺术、科学、神话、宗教信仰等。物化象征的形式多种多样，但其中与权力、地位、财富相关的象征品往往都是用稀有原料制成，制作精美或体量巨大，工艺复杂，不计成本，充分显示出拥有者控制大量资源和人力的能力。因此，我们可以通过不同的物质文化遗存现象探究其背后的不同制度与思想观念。

　　每一个文化、每一个群体都有自己独特的象征体系来表达、展现自己的组织制度和思想观念层面的文化，正如不同人群说不同的语言，用不同的词语去描述同样的事物或观念。不同文化、不同民族往往在象征体系中表现出很大的差异，这些不同的象征体系不仅是各自群体的文化认同对象，也成为他们彼此互相区分的标准。比如龙，在西方文化中，是代表人类原始的属性，需要用力量或精神去征服它。基督教甚至把龙作为极端

　　（接上页）象征是人类的一种重要文化现象，表现于我们生活的诸多方面。西方学术界提出，人与其他动物的明显区别之一是人类有能力使用"象征"。人类所有的思想和语言都建立在象征基础之上，比如某些图案能让人联想到某些特定的事物、含义，如五星红旗使我们想到中华人民共和国。这是由人们主观地赋予其特定含义，且又被广大人群所普遍接受的。

　　人类使用象征的历史伴随语言使用和工具的生产和设计的出现而出现。旧石器时代晚期，对死人的处理、埋葬及随葬装饰品，已说明人已有对死亡的感受，甚至可能已产生对死后世界的概念及某种宗教仪式的存在。在中国旧石器时代晚期的山顶洞人洞穴中分为上、下二室，其中，下室安放死者。死者身上不仅有钻孔的兽齿、石珠、骨坠等原始人的装饰物，还有劳动用的石器，这表明当时人认为死者有另一个世界，并将继续需要这些物品。尤其特别的是，死者的身边撒有红色的赤铁矿粉，红色一般被认为是血液的颜色，是生命的象征。在欧洲，旧石器时代晚期，有一种人类学家称之为"维纳斯"（古罗马人认为，维纳斯就是司掌爱情的希腊女神阿佛洛狄忒）的小雕像，形象为有着丰满乳房和巨大臀部的女性。人们一般认为她是生育繁衍的象征，很可能就是当时人们心目中的大地之母。

　　正因为象征作为人类文化的一种现象具有如此重要的地位，所以对它的认识是人文学科研究的一个重要内容。不包括对象征文化理解的文化认识是不完整的，没有对象征文化理解的文化解释往往是肤浅的，甚至是错误的。借助象征研究视角，可以帮助我们由表及里完成从现象到本质的认识过程，从而完整地认识文化的含义。

　　对文化体系中象征现象的研究在西方学术界占有重要的地位，但在我国学术界，过去基本被忽视。现在，有少数学者对中国文化中的一些象征现象进行过零星的研究，但对中国历史上的象征文化及其演变尚无系统的研究。

邪恶或魔鬼撒旦的象征。而中国人则一般将龙作为幸福、活力、健康的象征，是国家、民族的象征。又如，基督教的象征"十"字形，在亚述人眼里是天神安努的象征，而中美洲的托尔特克人则将"十"字作为雨神特拉洛克与"草木神"魁扎尔特亚特尔的象征。

对于同一象征体系中的具体象征来说，也会因具体的观念、政治体制、环境等的变化而变化，并在不同时期的不同文化、群体之间互相影响。例如，秦朝根据"阴阳五行"理论而尚黑，但后来的中国文化一般将黑色视为死亡、悲痛与阴间的象征。白色在西方代表纯洁、童贞和超然，在东方传统上则是死亡的象征，丧服一般均为白色，但随着中西文化交流和观念的互相影响，现在白色作为纯洁的象征在东方也渐渐被人所接受。

二、文化的发生、演变与消亡

文化是人类的主动适应方式和社会选择的结果，人类创造文化的动力来自人的内在需要，即人性。

美国社会心理学家亚伯拉罕·马斯洛把人的需求分成生理需求、安全需求、情感与归属需求、尊重需求和自我实现需求五类，依次由较低层次到较高层次（图六），并认为这些需求是激励人行动的主要原因和动力[①]。

美国俄亥俄大学的一项研究也表明，人类所有的行为都是由 15 种基本欲望和价值观所控制的，包括好奇心、食物、荣誉感（道德）、被社会排斥的恐惧、性、体育运动、秩序、独立、复仇、社会交往、家庭、社会声望、厌恶、公民权、力量[②]。

图六　马斯洛"五种需要"理论图示

促使人类进行文化创造的动因除了内在的需要，还有外在的压力与挑战。外在的压力与挑战包括旧文化所产生的问题、内部的紧张、环境变化、外来势力或文化的挑战和刺激，如资源的枯竭、人口的增减、技术的发展，等等。外在的压力与挑战通过内在的需求发挥作用。

---

① 〔美〕弗兰克·戈布尔著，吕明、陈红雯译：《第三思潮：马洛斯心理学》，上海译文出版社，1987 年。

② 《15 种基本欲望支配人的行为》，《河北企业》2005 年第 11 期；人民网，2001 年 6 月 15 日，http://www.china.com.cn/tech/txt/2001-07/02/content_5042445.html。

新需要或新挑战带来新问题、新压力，而现有文化无法满足或回应无力，一批不甘于现状的人开始对现有文化不满意、怀疑，进而进行批判与质疑、剖析，来自其他文化的因素被引进以及自我创新的新思想、新设计的出现，在思想家与实干家进行各种观念、设计的讨论、实际尝试和碰撞之后，结合传统与创新的新文化被社会接受，实现其社会化，新文化形成，由此新文化成为一种文化传统，直至面对更新需要与更新挑战的无力回应，引起更新一轮的文化创新。古代文明的起源、春秋战国时期的诸子百家之说、近代中国的新文化运动，我们都可以这么理解。所谓"多难兴邦"，指的就是挑战越多，应战往往也越有力。

因此，从文化的发生原理来看，文化是不断调整，不断变化的，一成不变的文化只能是一种僵化的文化，终被历史淘汰。从适应环境、满足需要和人类社会发展角度讲，越具有环境适应性，越能满足更多人需要，越能保证人类良性的可持续发展的文化越好，这也是人类的理想和文化创造追寻的目标。

文化发生与变化的基础和条件包括环境资源、认知水平、技术手段和传统继承与文化借鉴等。在文化的创造和社会化选择过程中，时势、传统、自然和人文环境、个人或社会都会发挥作用。文化的发生与选择既包括必然性，也包括偶然性，正如英国学者罗伊·埃伦所说："文化的适应很少是所有可能的解决方案中的最好的一种，而且永远不会是完全理性的。"[1]"尽管发明必须设法生存下来，但并不能保证就受到公平待遇，就能根据功过得到赏罚。他的适应性只是社会信念问题，其本身就要屈从于人们思想中一切不健康的和稀奇古怪的东西。"[2]

任何文化的创新都是有针对性的，但在解决一个主要问题的时候，也在产生新的问题，没有完美的文化创造，也没有一劳永逸的、永恒的文化，正如马克思所说，任何事物本身都包含着自我的否定。"历史上的任何一种体制，在其诞生的一开始就蕴含着自己的反面因素并朝着自己的反面在转化，或者说朝着自我否定的方向在转化，直到终于自己灭亡。"[3]

在文化的反思与创新过程中，一部分先知先觉的、善于思考、不满足于现状的人起到关键的作用。在近代以来，作为文化的思考者、探索者，知识分子在文化创新中扮演着重要的角色。从这一点讲，如果没有创新，人云亦云，或只会为现有文化宣传、

---

[1]　Ellen R. Environment, Subsistence and System: The Ecology of Small-scale Social Formations, Cambridge University Press, 1982.

[2]　〔美〕克拉克·威斯勒著，钱岗南等译：《人与文化》，商务印书馆，2004年，第293页。

[3]　朱本源：《历史学的理论与方法·何兆武〈序〉一》，人民出版社，2007年，第4页。

注释，不能算具有创新性的知识分子，也未尽到知识分子的应尽之责。

　　作为以文化批判和创新为职责的知识分子应该是具有独立人格、自由精神，秉持独立思考、科学怀疑的态度，敢于质疑主流文化和思想、检讨其中的问题，探求新模式、新文化的人。知识分子本质上应是批判者、反思者和未来可能模式的探索者，而不是人云亦云的从众者和权力的奴仆。

　　英国历史学家汤因比认为文明像各种生命一样，会产生、成长，也会衰亡、崩解，文明兴衰的基本原因是挑战和应战。一个文明为了应对挑战，必须创造相应的文化以便有效应战。如果它能够成功地应对挑战，就会成长起来并延续下去；反之，如果不能成功地应对挑战，就会走向衰落和解体[①]。

　　人类所创造的文化并不必然是不断发展和完善的，社会也不必然是不断进步的。世界上一个个曾盛极一时的古代文明都消失在历史的长河中了，埃及、古印度和两河流域的古文明发生了根本的改变，中美洲的玛雅、阿兹特克、印加文明崩溃了，曾经竖起壮观的复活节岛雕像而引起后人无限遐想的文化体不见了。这些现象使我们意识到文化不一定是不断进化的，也可能会倒退、衰败，甚至消亡。因此，文化传统虽然应该得到尊重，但如果文化传统被固化和过于迷信，面对新的挑战不能自我反省、自我批判、及时调整进行有效应战，最终只能导致文化自身的消亡。

　　在西方学术界，对文明崩溃及其原因的研究是文明研究课题的一个重要组成部分。面对一个个神秘消失的古代辉煌文明和当今社会人类面临的种种危机，这是学术界的必然反应和思考。关于文明崩溃到底是特定文化的灭亡，还是一种文化的解构和重组，崩溃的过程如何，崩溃的原因是生态环境的恶化，还是内外诸因素多变量系统的失衡等，学术界均有热烈的讨论[②]。

　　文明崩溃往往表现为大政治体的碎片化和支撑这类政治体的文化传统的中断，中央核心行政机构消失或失去作用，原来的大政治体崩解为诸多小型政治组织，甚至村社自治体，人口减少，政府角色不明显，宗教活动衰减。与大的、中央性政体密切相关的公共设施、作为权力地位标志的纪念碑式建筑和各种精美象征品不再被修建、制造，甚至被破坏、废弃。文化传统的中断包括作为主导地位的政治观念、信仰体系，甚至语言、文字系统的消失，尽管它们对其他文化可能有一些潜在的影响。

---

① 〔英〕阿诺德·约瑟夫·汤因比著，郭小凌、王皖强译：《历史研究》，上海人民出版社，2010年；刘远航编译：《汤因比历史哲学》，九州出版社，2010年，第1—5页。

② The Collapse of Ancient States and Civilisations, Edited by Norman Yoffee and George L.Cowgill, University of Arizona Press Tucson and London, Third Printing 1995; Joseph A. Tainter, The Collapse of Complex Societies, Cambridge University, 1988.

从文化是一种适应方式的角度来看，文明的崩溃也是一种适应方式，是一种文化的应对策略和自我调整，社会由大组织大社会变为分散的小组织。文明的崩溃未必是原有人群全部灭绝了，而是原来的大组织、复杂制度及与之相关的文化消失了，但基本人群仍然存在，甚至保存了诸多原来的文化因素，但已被新主流文化边缘化。"人类历史上也曾有过不少文化不再延续发展，其中停止发展的阶段，也就是历史上文化的崩溃与澌灭。但是，人类子孙繁殖，任何人群在生物学的意义上，未必真正灭绝，只是他们改变了生活的方式，改变了群体的认同，在另一个时空环境下，改组为另一社会，而不再延续其原来继承的整套规范与符号。于是，所谓文化的崩解与澌灭，其实是社会的改组，改组的幅度越大，其原有文化的延续程度也就越小。"①

崩解对一个特定社会组织体来说是一场灾难，是一种崩解和终结，但从人类社会发展历史来看，并不一定是灾难，而是面对危机要求社会组织改变的理性选择，是特定社会的一种调整、再适应和面对挑战的反应。一些古代文明崩溃后未能再度兴起，如玛雅文明。但另一些文明在一次次的崩解、调整后，以既继承又发展的新形式再生，如中国古代一个个旧王朝的崩溃、战乱及随之而来的新王朝的诞生②。

第二节　文化的基本特性

一、文化的多元性

从满足人类生存与发展的生理与心理各层次需要的本质和目标看，不同时代、不同地域的文化是一致的，但由于各个区域群体、不同历史时期人的文化传统、可资利用和能够开发的资源、特定环境、认知体系、能力与技术、个人创造能力、群体互动方式等方面的差异，导致适应方式即不同的文化现象产生，人类文化多种多样，具有多样性和差异性。这种多样性正是人类创造力的反映和源泉，它使我们的社会丰富多彩。

"文化中的意义和习尚是人类根据其生物性的基础创造出来的，可以有无穷的变异，也可以有不断的修正。"③ 比如，人类为了保暖的生物性需要发明了服装，但服装出现以后就成为一种丰富多彩的人类文化现象，而不再仅仅是满足人类保暖的生理性需要，还成为各种象征，以满足人类自尊、彰显自我的需要。不同族群有不同的服饰

---

① 许倬云：《文化与社会崩解的比较》，《中研院史语所集刊》第 64 本第 1 册。

② 徐良高：《文明崩溃理论与中国古代文化衰变现象研究》，《中国历史文物》2009 年第 4 期。

③ 〔美〕基辛著，北晨编译：《当代文化人类学概要》，浙江人民出版社，1986 年。

特色，即所谓的民族服装；不同的服饰还可以用来象征自己的等级、身份，如古代中国严格的服饰制度，不同等级穿着不同服饰，明黄色的龙袍只有皇帝可以穿。

人类不同族群之间在生物性本质上并没有太大的差异，人群之间的差异主要是特定环境和传统下形成的文化差异。从不同文化对待人生的两件大事——繁衍与死亡的方式上，我们就可以看出人类文化的多元性。

世界上存在的对死者遗体的埋葬方式包括土葬、火葬、水葬、天葬、洞葬、树葬、悬棺葬、风葬、木乃伊等许多种，每一种方式都有其背后的原因、理念[①]。

同样，关于人类的婚姻风俗更是五花八门，例如，一夫一妻制、一夫多妻制、一妻多夫制，等等。在东非，若新郎发现新娘不是处女，男方就会"退货"，还要在新娘身上沾满羽毛以示抗议。中美洲奇不查人的风俗恰恰相反，保持贞操的女子不受男人欢迎。在巴利阿里群岛，女子被视为整个部落的财产，在婚礼前夜，新娘应当和所有来宾发生关系。在加纳的某些部落，父亲死后，儿子可以继承父亲的妻子（儿子的生母除外），但要在服丧期满一年之后才能碰她们，这一点在中国古代北方的游牧民族中也常见。

在非洲的克鲁姆部落，第一位妻子顺理成章地成为后娶妻子的管理者，有主管分配家务的权利。有时候"大老婆"会请求丈夫多"纳妾"，以便有更多的人帮自己做家务，把脏活累活推给她们做。在马里亚纳群岛，一个女人通常有 6—10 个丈夫。以 10 天为周期，几位丈夫轮流陪妻子住[②]。

在过去的藏族地区，一夫一妻制、一夫多妻制、一妻多夫制等多种婚姻形式往往共存[③]，天葬、水葬、火葬、土葬等多种处理死者遗体的形式也往往共存。藏族文化从人生的两个重要环节——生死两个方面都代表性地诠释了人类文化多元共存特征。

同样，对于不同文化的差异，中国前驻印度大使袁南生有深刻的观察，他说：从某种意义上来讲，中国文化是入世的文化、世俗文化、乐感文化，重今生而不相信有来生，所以历史学在中国几千年来都是显学，中国人都喜欢青史留名；印度文化是出世的文化、苦感文化，注重来生幸福，宗教文化、神学发达，马克思讲"印度没有历史"，印度的古代朝廷没有司马迁，没有司马光，没有史官记载历史，他们不看重这个；西方是罪感文化，认为人生来有罪，周末就要到教堂去赎罪；伊斯兰国家是圣感文化，

---

① 注：由葬俗的多元性，我们也可以得出如下认识：第一，中国的考古学研究假设葬俗更能代表族属特征是一种想象的假定。第二，葬俗与民族认同关系不确定，因为同一民族内有各种葬俗，葬俗既受传统等因素的影响，也随环境变化而变化。

② 《千奇百怪的婚俗》，《参考消息》2007 年 7 月 1 日第 14 版。

③ 吕昌林：《浅论昌都地区一夫多妻、一妻多夫婚姻陋习的现状、成因及对策》，《西藏研究》1999 年第 4 期。

是一神教，阿拉唯一、阿拉神圣；日本是耻感文化，认为落后可耻、愚昧可耻、肮脏可耻、道歉可耻；非洲是悠感文化，优哉游哉，没有着急的事情，哪怕开追悼会，照样是笑声一片[1]。

在这些不同的行为方式、文化现象背后是不同的社会组织方式、思想观念和宗教信仰，正如著名人类学家列维—斯特劳斯所说，要理解女性割礼、男性割礼以及食人族等种种奇怪、令人诧异的习惯和信仰，就得先去了解它的独特背景[2]。当我们将那些异文化的独特文化现象视为荒诞怪异时，不过是说明我们的无知，对其他文化及其背后的理念与逻辑不了解而已。我们总是喜欢以自己的思想观念和行为模式去贬低、否定其他人、其他文化的思想观念和行为方式，偏见、文化自我中心主义也是人性之一。

人类的成功也在于其文化的主动适应性和多样性，多样性为我们应对各种挑战提供了多样化选择方案和自我调整的可能性。一个缺乏宽容精神和多元文化的社会也必然是一个没有创造力、缺乏想象力的社会。一个民族、一个文化一旦失去了主动的反思、批判精神，自我修正、不断创新的能力和制度，故步自封，拒绝面对随时代发展而不断出现的新问题、新需要，终将被历史淘汰。

二、文化的变化性

文化既然是人类的一种主动适应方式，随着生存环境的变化，文化必然发生适应性变化，文化是不断变化的。

柴尔德说："进化与文化变迁两者，都可以视为对环境的适应。所谓环境，自然系指一个生物所要生活的这个情势：不仅包括气候（热度、寒度、湿度、风力）和山脉、海洋、河流、沼泽之类的地文要点，而且也包括如食物、敌兽之类的因素在内，若在人类，甚至还要包括社会传统、习惯、法律、经济情况和宗教信仰，等等。"[3] 哈拉尔德·米勒说："各种文化总是在不断地交汇前行，它们不断发展，不断改变各自突出的特征——大多数时候，这种变化非常缓慢，但有时也会突飞猛进，产生质的飞跃——我们可以将它们理解为文化的重构和重建，这是一种自我完善的发展过程。"[4] 恩格斯在《反杜

---

[1] 袁南生：《感受印度》，中国社会科学出版社，2006年。

[2] 〔法〕克劳德·列维—斯特劳斯著，廖惠瑛译：《我们都是食人族》，上海人民出版社，2016年。

[3] 〔英〕柴尔德著，周进楷译：《远古文化史》，上海文艺出版社，1990年影印。

[4] 〔德〕哈拉尔德·米勒著，郦红、那滨译：《文明的共存——对塞缪尔·亨廷顿"文明冲突论"的批判》，新华出版社，2003年，第125页。

林论》中说："黑格尔第一次——这是他的伟大功绩——把整个自然的、历史的和精神的世界描写为一个过程，即把它描写为处于不断的运动、变化、转变和发展中，并企图揭示这种运动和发展的内在联系。"①

从我们的个人经验来看，每一代人与他们的父辈、祖辈、儿辈、孙辈都会有思想观念的差异，甚至冲突，即所谓的"代沟"，越是多元文化交汇、互动频繁或社会变革激烈时期，这种代际差异就会越明显。几代人之间尚且如此，何况今人与古人之间！所谓永恒的传统文化不过是一种想象和理想而已。

环境恶化，过度依赖的某些资源的消失或减少，或新技术的开发、引进及新资源的利用，新观念、新制度的传入等因素都可能导致人们生活、生产方式及其相关文化的变化。任何固化的不能适应环境变化的文化都意味着巨大风险，并终将消亡或沦为博物馆内供人怀旧的文化遗产，就像大熊猫的进化过度依赖竹子，一旦竹子开花、大面积减少，大熊猫就会面临灭绝，而作为杂食性的黑熊则能更好地适应各种环境，最终散布到世界许多地区。

此外，不同文化之间的交流、学习也会促使文化产生变化，多元与变化、趋同与变异的人类文化现象在当今全球化趋势与民族主义思潮盛行的时代尤为明显。

文化变化的形式有多种：或以"革命"的名义要求根本性改造，或以修正补充的方式进行"旧瓶装新酒"式的改良。无论内容上"传统"与"创新"孰多孰少，形式上是激烈还是平和，文化的变化都是必然的。

当然，我们也不能否认人类文化具有一定的稳定性、传承性和积累性。马克思说："人们自己创造自己的历史，但是他们并不是随心所欲地创造，并不是在他们选定的条件下创造，而是在直接碰到的，既定的，从过去承继下来的条件下创造。"②文化创造通过一代代人的口传身授和文字等传媒手段，一个个和一代代人的经验和创造被传承下来，记录下来，积累下来，传播开去，成为后人和他人知识的一部分。由于文化的积累性，文化创新呈加速度趋势。

三、文化的变化是进化还是适应？是单线一元还是多线多元？

人类文化的变化是在不断进化，还是在不断退化？这个世界会更好还是更糟？所

---

① 《马克思恩格斯选集》（第3卷），人民出版社，1995年，第736、737页。
② 马克思：《路易·波拿巴的雾月十八日》，《马克思恩格斯选集》（第一卷），人民出版社，1976年，第603页。

有人类文化都是按照某种规律沿着特定路线不断进化？还是人类文化具有多元性，沿着不同的道路演变？不同的人有不同的观点。

正如前面相关章节所述，在古代中国和文艺复兴以前的欧洲，人类及其文化神创论、历史退化论或循环论是人们关于人类起源与发展的主流观点。1859 年，达尔文出版了《物种起源》一书，提出了进化论思想，他的进化论观点动摇了当时的宗教信仰和哲学体系，对社会、学术以及意识形态带来了巨大冲击。"进步的观念，大致的说，是近代的观念。柏利（J. B. Bury）在其《进步的观念》（The Idea of Progress： An Inquiry into Its Origin and Growth， 1920）里，指出进步的观念，是与希腊人、罗马人的循环与退化的观念不能相容，中世纪的神意说，也与进步说相抵触。"[①]

早期的进化论者基本都持单线进化的观点，19 世纪的古典进化论学派，如泰勒、摩尔根、拉伯克、马雷特、麦克伦南、弗雷泽、哈顿、巴霍芬等，均认为，文化进化是由一阶段到另一阶段，由简单到复杂，由低级到高级的直线进化，各民族的发展基本上都经历相同的发展阶段。由于各种原因，不同区域的人类社会处于这条发展道路的不同阶段，其中西方文化代表了人类发展的最高阶段。斯宾塞阐述了所有人类社会从简单状态发展到复杂状态的观点，并且把这点同道德以及人类进步的观念联系起来。在斯宾塞的思想中，"文明的"社会比"野蛮的"社会更道德（实际上，这种欧洲中心主义的论调并不新鲜，中国古代的中原中心主义的论调也是如此——中原华夏礼乐文明优越于周边野蛮的夷狄）。艾尔曼·塞维斯（Elman Service）认为早期人类社会从简单到复杂经历过游团、氏族、酋邦和国家几个阶段，莫顿·弗里德（Morton Fried）则提出人类社会发展经历了平等社会、等级社会、分层社会和国家几个阶段[②]。

以单线进化论观念，人类及其文化沿着一条已经设定好的路线由低级向高级不断进化，越进化越高级，人类社会越来越好。不过，人类社会进化总的看虽然是一个渐进的过程，但在这一发展过程中，又有一些重要阶段，人类社会出现飞跃性变化，即所谓"革命"，如英国考古学家柴尔德提出的"新石器革命""城市革命"等。

进化论与西方文化的全球扩张与殖民的时代背景密切相关，成为西方中心主义和西方话语霸权的理论依据。以进化论为理论指导的考古学和人类学阐释为种族主义者和帝国主义者在全球范围内进行种族灭绝、文化扩张和殖民活动提供了理论依据和思想支柱，即先进的民族与文化取代落后的民族与文化是一种天经地义的事，是人类社

---

① 陈序经：《文化学概观》，中国人民大学出版社，2005 年，第 288 页。

② 〔英〕马修·约翰逊著，魏峻译：《考古学理论导论》，岳麓书社，2005 年，第 141 页。

会发展的必然规律，以此为目的而发动的侵略战争也是顺应历史潮流的正义举动。

按照单线进化论理论，欧洲历史具有普世性，欧洲的发展道路是人类社会的标准模式，只有它是主干、是正常、是典型，其他民族或地区的历史则是例外、是变种、是异常。黑格尔系统地阐述了西欧中心论的思想，他把世界分成新旧两类，把美洲和澳大利亚的历史排除在世界史以外，理由是"新世界里发生的种种，只是旧世界的一种回声，一种外在生活的表现而已"。

进化论的历史学阐释过于简单和狭窄，难以解释文化发展的复杂性和多样性。文化进化论将文化演变看作生物进化的延续，没有意识到文化的适应是具有主观能动性的人的一种主动适应与发展，与生物进化的被动适应与演化是完全不同的过程。"功能主义的创设者马林诺夫斯基和布朗从生物学的启示中，得出了一个与进化论相反的看法：人文现象与生物现象的雷同，不在于它们有高低之别，而在于他们的存在的目的与生物体一样，是为了自身的生存和发展。而欧洲的优势不在于它在进化阶层上的地位，而在于它可以通过实证的科学研究掌握'非西方'的文化特性。功能理论对人类学发展的主要贡献，在于功能主义的兴起在某种程度上导致了进化论思维方式的没落。"① 指出了与以欧洲为中心的文明不同的文化形态，不能被贬低为比欧洲文明低等的文化。

弗兰兹·博厄斯等明确反对文化单线进化的观点，认为直线进化论的发展阶段都是以自我为中心的虚构，事实上并不存在各民族所必然经历的相同进化阶段，文化发展并不会千篇一律都走同一条路径，各民族走的是互不相同的小道②。他认为每一种民族文化都是独特的，"每一个文化集团（族体）都有自己独一无二的历史，这种历史一部分取决于该社会集团特殊的内部发展，一部分取决于它所受到的外部影响"③。每一种文化都是特定历史条件和地理背景的产物，所以以对它们的研究必须着眼于其自身的物质环境和周边文化。这种文化相对论的观点否定存在普遍的标准来比较不同文化之间发展程度的差异，不同文化之间的差异只能叫作不同，既无所谓简单和复杂的区别，也无所谓落后和进步之分。

新进化论代表人物莱斯利·怀特（Leslie A. White）和朱利安·斯图尔德（J. Steward）分别提出"普遍进化论"和"多线进化论"，取代传统的"单线进化论"。

朱利安·斯图尔特抛弃19世纪的进化观，转而注意达尔文的"适应"观。他认为

① 〔英〕安东尼·吉登斯著，李康、李猛译：《社会的构成》，生活·读书·新知三联书店，1998 年，第 341 页。
② 陈淳编著：《考古学理论》，复旦大学出版社，2004 年，第 69、70 页。
③ 蔡俊生、陈荷清、韩林德：《文化论》，人民出版社，2003 年，第 64 页。

不同的环境和技术要求不同的适应，当资源基础或技术发生改变时，文化也会改变。换句话说，文化并不是根据某些内在逻辑而改变的，而是根据环境的改变而改变的。每一个文明都是独一无二的和不可复制的，每一个文明都有自己的道路和特点，假定一个社会必然从一个阶段进入另一个阶段，如从酋邦到国家是错误的。

　　有学者提出，马克思晚年主张的也是一种一元多线历史发展观，"根据马克思的描述，从原始社会转向文明，经历各种不同途径：在南欧产生的是希腊、罗马的奴隶制社会；在此以北的日耳曼人则发展起一种部落型的社会；在亚洲的原始公社既未导致奴隶制，也未导致封建制，而是形成一种独特的亚细亚模式"①。

　　按照文化是人类的主动适应方式的定义，不同文化是不同适应方式的产物，影响不同适应方式的因素包括特定环境、资源条件、文化传统、技术能力和认知水平、个人创造性和选择的偶然性等因素，文化是多元平等的。"多元文化主义认为没有任何一种文化比其他文化更为优秀，也不存在一种超然的标准可以证明这样一种正当性：可以把自己的标准强加于其他文化。多元文化主义的核心承认文化的多样性，承认文化之间的平等和相互影响。""多元文化主义是一种历史观，多元文化主义关注少数民族和弱势群体，强调历史经验的多元性。多元文化主义认为一个国家的历史和传统是多民族的不同经历相互渗透的结果。"②

　　同样，"后现代理论的突出特点是它拒绝那种将自己群体对某个研究主题的观点或特有的偏见强加给他人的文化帝国主义，在于它尊重那些不能被同化到某种同质化的普遍理论中去的差异性和非连续性。容忍差异、关注'他者'是后现代理论的多元主义的基本立场"③。

　　从历史上各种文明体的兴衰崩溃现象中，我们也可以看出，文化并不是总是在进步之中，越来越好。文化是在不断的调整、适应之中，适应得成功就会兴盛，调适得不好就会崩溃。

　　从评价标准来看，文化的优劣，或曰文化满足人类需要的好与坏，往往是相对的，不同的标准有不同的判断结论。是"我者"中心，还是"他者"视角？是以个人为中心还是以群体为中心？是从长时段来看还是从短期来看？标准不同，结论也就不同。例如，从狩猎—采集社会到农业社会，再到工业社会，有证据表明，人类的工作时间

---

① 罗荣渠：《论一元多线历史发展观》，《历史研究》1989 年第 1 期。

② 〔英〕C. W. 沃特森著，叶兴艺译：《多元文化主义》，吉林人民出版社，2005 年，第 1 页。

③ 〔美〕道格拉斯·凯尔纳、〔美〕斯蒂文·贝斯特著，张志斌译：《后现代理论：批评性的质疑》，中央编译出版社，1999 年，第 348 页。

越来越长，而且农业社会的暴力程度远胜狩猎—采集社会，工业社会的杀戮规模与动员水平更是有目共睹。

过去，我们的研究基本是建立在单线进化的理论假说之上的，现在，新的文化适应论、多线进化论等促使我们有必要对已有的诸多研究重新予以审视和批判，由过去的单一史观转向多元史观，由中原文化中心论转向多元文化观。

丽江是一个多民族聚居的地区，除汉族外，全市居住有纳西、彝、傈僳族、普米、傣、苗、回等22个民族，其中少数民族人口占全区总人口的半数以上。丽江市可称为"人类社会发展的活标本"。

由于历史和地理环境等原因，区内各民族社会经济发展极不平衡，到中华人民共和国成立前夕，居住在坝区和河谷区的纳西族、白族、汉族等已有较发达的封建农业，资本主义民族工商业也有了较高的发展水平。而居住在高寒山区、半山区、干热河谷区的彝族、傈僳族、普米族、摩梭人等，仍保留着多种社会形态，如小凉山彝族仍保留着完整的奴隶领主制，泸沽湖畔的摩梭人还保留着原始母系制，金沙江河谷山区部分傈僳族地区还不同程度地保存着生产资料公有，共同生产，平均分配的原始共耕制的残余。可以说在中华人民共和国成立前夕，处在原始社会、奴隶社会、封建社会、资本主义社会等不同社会形态发展阶段的民族，在丽江范围都可以找到。这种在一个地区内多种社会形态并存的状况于世少见，堪称人类历史发展的"活化石"，为研究、整理人类文化遗产提供了活的材料[①]。

以单线进化论和马克思主义史学五阶段论来解释丽江地区的不同民族的状况，就如上文的官方说法，丽江市堪称"人类社会历史发展（阶段）的活化石"。如果以文化适应论和多元文化观来看，不同族群有自己的不同文化，这些不同的文化是特定的文化传统影响和环境适应的结果，都是人类的创造，没有先进与落后、好与坏之分，彼此之间是平等的，应获得同样的尊重。它们所提供的不是研究人类发展历史的"活化石"，而是研究人类多元文化共存发展的活材料。

从20世纪后半叶开始，考古学家也渐渐改变单线进化论的观念和理论模式，如提出早期人类文明的演进未必一定经历渔猎、畜牧和农耕三个阶段，由于环境、气候的变化，在全球游牧地区的人类也曾由农耕或以农为主的混合经济转入游牧经济中；世界不同地区出现的文明是人类适应的一件大事，文明的产生是一种文化现象，是适应的结果，非进化的必然阶段；"文明社会"并不是比其他人类社会更高级的社会，

---

① 《少数民族人口占丽江总人口半数以上》，新浪旅游，2003年8月15日，http://news.gd.sina.com.cn/play/2003-08-15/118176.html。

只不过是人类的一种适应方式；文明的出现与崩溃都是一种适应，无所谓好与坏；等等。

依据单线进化论的理论模式，中国史学界根据传统中国历史文献记载、历史陈述与相关研究，建构了一种中国文化具有独一无二的"延续性"的历史想象。这种观念潜意识地造成对曾经存在的诸多古代文化的"选择性遗忘"，忽视了它们在中国历史上的贡献，以及如何崩溃等问题。随着中国考古学的发展，发现了许多被中国传统文献忽视的古代文化，改变了中国文化一元观和中原文化中心论，这是考古学对中国古史研究的重要贡献。但迄今对古代文明崩溃的研究还未受到足够的重视。因为，按照中国文化延续论的逻辑，既然文化一直延续至今，就不存在崩溃问题，所以，中国人对文明的崩溃研究极少关注，至多是从传统王朝兴衰角度对夏商周诸政权给予一定的关注和研究。

如果我们从文化适应与多元的角度看中国古代文化，中国古代文化是多源与多元的，在历史过程中，由多源、多元渐渐走向"一体"，各区域在历史上都存在过自己的文化传统。随着文化的一体化，有些文化传统发扬光大了，有些则衰亡了，或者沦为地方性次要的文化传统。因此，在中国古代文化研究中，关于文明崩溃的研究同样重要。在中国古代历史中，也确实有许多文明崩溃的案例值得深入探讨，如红山文化、良渚文化、关中地区的龙山文化、山东岳石文化，以及夏商周时期的诸多区域文化，如古巴蜀文化、东夷文化等的消亡现象。它们去哪里了？它们与中原文化的关系如何？它们的兴衰与中原地区文明的发展是否有关？它们的衰亡原因有哪些？给我们哪些启示？这些研究应成为中国史学研究的重要内容[①]。

第三节　"考古学文化"及其阐释

一、"考古学文化"的定义

考古学中使用的"文化"概念非常广泛，在内涵和外延上都很庞杂，并没有一个统一的准则。其中，"考古学文化"是考古学家最常使用的基本概念。

考古学文化是考古学家基于考古发现的物质文化遗存而提出的概念，是考古学家用于阐释考古发现的古代遗存，构建古史叙述的工具，为考古学建构历史叙述提供了

---

① 徐良高：《文明崩溃理论与中国古代文化衰变现象研究》，《中国历史文物》2009 年第 4 期。

基础的时空框架体系。对于缺少文献记载的史前时期,考古学文化提供了构建历史叙述的唯一时空框架体系。对于文献记载问题重重的原史时代,如中国古史的夏商周时期,考古学文化提供了一种不同于文献记载的王朝政体体系的新的时空框架体系。

对于考古学研究来说,考古学文化本质是什么?具有怎样的历史、文化意义?应该做何种阐释?是否可以阐释为某种国家政治体或民族认同体?对于原史时代以后的古史体系的构建来说,考古学文化时空框架与传统文献记载的王朝体系时空框架是否是等同关系?如何处理两者之间的关系?这些问题不仅是夏商周三代考古学与文献历史学整合的关键问题,也是所有古史研究应该认真思考的问题。

考古学界关于"考古学文化"的定义有多种。

肯·达柯说:"文化以两种方式运用于考古学中:第一种,指过去社会的生活方式,或全部机构、社会习俗和信仰;第二种,指一组考古学特征和一群'人'之间的等同,这种方式有时称为'考古学文化'。考古学文化被柴尔德定义为:一组人工制品反复地一起出现于同一类型的居址或同一葬仪的墓葬中。工具、武器、饰物、房屋、葬仪和祭祀物品的任意特性,被假定为凝聚人民的公共社会传统的具体表现。而且,有时我们能发现这些完整的复合体在不断移动,那一定意味着人们的迁移。"[1]

夏鼐认为考古学文化是"表示在考古学遗迹中(尤其是原始社会的遗迹中),所观察到的共同体",他强调命名一个考古学文化必须具备以下三个条件:一种"文化"必须有一群的特征,共同伴出的这一群类型,最好是发现不止一处,我们必须对于这一文化的内容有相当充分的知识[2]。

20世纪80年代,安志敏提出:考古学文化是指"考古发现中可供人们观察到的属于同一时代、分布于共同地区、并且具有共同特征的一群遗存"[3]。

俞伟超认为:"所谓考古学文化,它是一个特定的人类共同体在精神、社会关系、物质生活能力等方面所表现出来的一个综合体,意义极为广泛。"[4]

严文明认为考古学文化是"专指存在于一定时期、一定地域、具有一定特征的实物遗存的总和",考古学文化的构成至少包括聚落形态、墓葬形制、生产工具和武器、生活用具和装饰品、艺术品和宗教用品等五大部分[5]。他主张考古学文化自身可以划分

---

① 肯·达柯著,刘文锁、卓文静译:《理论考古学》,岳麓书社,2005年,第99、100页。

② 夏鼐:《关于考古学上文化的定名问题》,《考古》1959年第4期。

③ 安志敏:《考古学文化》,《中国大百科全书·考古学》,中国大百科全书出版社,1986年,第253、254页。

④ 张爱冰:《考古学是什么——俞伟超先生访谈录》,《东南文化》1990年第3期。

⑤ 严文明:《关于考古学文化的理论》,《走向21世纪的考古学》,三秦出版社,1997年。

出若干层次，假如把文化作为第一层次，其下可以分期，每期又可以分为若干地方类型，这可以算作第二个层次；类型本身也可以分期，每个小期又可以分为小区，这可以算作第三个层次[①]。

张忠培同意夏鼐关于考古学文化的定义，指出考古学文化是具有一定时期、一定范围、一定特征的考古学遗存。他提出命名考古学文化的关键是典型遗存，即①遗存在年代及地域上有一定的规模以及遗存的保存情况较好；②遗存在年代及地域上具有质的稳定性，而不是那些过渡性遗存；③考古工作有一定的质量及规模[②]。

总的来说，至 20 世纪 80 年代中期，中国考古学界已普遍接受了以夏鼐观点为代表的考古学文化的定义。

二、考古学文化的划分标准

如果将文化视为人类所创造的一切适应方式，是人类为生存、发展而进行的活动、采取的行为方式及由此所产生的种种结果，那么，考古发现的古代人类文化遗存只是其中的一部分，是那些侥幸残留下来的部分物质形态的文化遗存，大量非物质形态的文化创造，如组织制度、思想观念、宗教信仰等都没法直接保存下来并呈现于我们面前。当然，其中的部分组织制度、思想观念、宗教信仰等方面的文化创造会蕴含在那些残留的物质形态的文化遗存中，但必须通过考古学家的解读与阐释才能呈现出来。从理论上讲，考古学文化的准确划分应该基于人类创造的全部文化现象，即俞伟超所讲的"一个特定的人类共同体在精神、社会关系、物质生活能力等方面所表现出来的一个综合体，意义极为广泛"。但如前所述，这是不可能做到的。退而求其次，考古学文化的划分至少也应该基于所有残留下来的文化遗存，即严文明先生所讲的"存在于一定时期、一定地域、具有一定特征的实物遗存的总和"。但考古学文化划分与研究的实践告诉我们，也并非如此。

从广义的"文化"定义及内涵视角来检讨具体的"考古学文化"定义及其划分标准，我们可以发现以下几点。

考古学文化的划分依赖特定的标准，选择不同遗物作为标准导致不同的考古学文化划分结果。

虽然从理论上讲，考古学文化的划分应该是基于考古发现的所有古代遗存而总结

---

① 严文明：《新石器时代考古研究的两个问题》，《文物》1985 年第 8 期。
② 张忠培：《研究考古学文化需要探讨的几个问题》，《文物与考古论集》，文物出版社，1986 年。

出的共同特征，但在中国考古学界关于考古学文化划分的实践中，对于旧石器时代，学者主要将石器特征及石器制造技术作为考古学文化体系划分的标准。新石器时代以后，考古学文化划分的基本标准是基于陶器及陶器群的类型学研究，正如张忠培所说："我国考古学界，基本上一致采用陶器这种类型品作为划分考古学文化的标志。""研究考古学文化的分期与类型，在某种意义上说，是探讨作为其标志的陶器在时间及空间上的变异问题。"确定某种遗存是类型还是考古学文化，要"看它们自身陶器的组合的变异程度。变异程度未超出一考古学文化陶器基本组合的范畴，则是这一文化的一种类型；超出了，当另划分一考古学文化"[1]。日本学者大贯静夫也发现，现代中国的多数考古学者主张的每个考古学"文化"的概念，实际上都是以陶器为中心来定义的[2]。

正因为如此，考古学家在探讨古代文化，甚至历史时期的"夏文化""商文化""周文化"时往往都会用大量篇幅来讨论陶器，尤其是炊器——鬲的形制、花纹特色及其演变，并以此为据来讨论族属的流动、文化的传播和国家政权的更替，等等。更有甚者，由于过于倚重陶器而很少考虑居址、葬制、工具、青铜器等因素，甚至出现了一见到几种陶器差异，研究者就命名为一个新考古学文化的现象。

在此，我们要特别提请注意的是，本来石器、陶器只是古人日常生产生活用品中偏重实用功能的一部分物品，考古学家将它们作为考古学文化的划分标准并不是因为它们有什么特别突出的文化意义，如作为族群或政治体的典型物化象征，而是因为它们是考古学最常见的古代遗物。究其原因，首先，它们的物理结构稳定，易于保存下来；其次，它们与古人的日常生产生活密切相关，使用数量大，因而留存下来的遗物多；最后，制作数量大，且因属于实用性质器物而几乎不受政治权力和宗教信仰的左右，因而形制变化快，更具有时间指标的意义。

如果我们采用不同的古代遗物作为标准，就会得出不同的考古学文化划分结果。例如，我们曾经提出一个"青铜礼器文化圈"的概念，即如果以三代时期非常突出的古代遗物——青铜礼器为标准，从基本一致的器形、装饰风格、功能与器物组合的青铜礼器的分布范围来看，可以划分出一个"青铜礼器文化圈"。这一"青铜礼器文化圈"反映了在特定的文化地理区域内某些政治制度、思想观念和宗教信仰的相似性。从二里头文化，到二里冈文化，再到殷墟时期、西周时期，这一"青铜礼器文化圈"不断扩大，从黄河中游伊洛河流域扩展到黄河中下游、长江中下游和长城内外的广大区域。

---

[1]　张忠培：《研究考古学文化需要探讨的几个问题》，《文物与考古论集》，文物出版社，1986年。
[2]　〔日〕大贯静夫：《中国における土器型式の研究史》，《考古学杂志》1997年第4期，第109—124页。

考虑到青铜礼器在三代社会中作为组织制度和思想信仰等礼乐文化的物化象征功能，这一文化圈也可称为"礼乐文化圈"[①]。

从三代时期以陶器为标准划分的考古学文化与以青铜礼器为标准划分的考古学文化的结果异同比较来看，"青铜礼器文化圈"涵盖了多个以陶器为标准划分的考古学文化区系类型。

以学者关于"铜鼓文化圈"性质的研究为例，我们来看看"青铜礼器文化圈"可能具有怎样的文化含义。我们知道，在古代，从中国的南方到东南亚存在一个铜鼓文化圈，有学者研究指出："铜鼓分布地区集中在中国南方和东南亚地区；从古到今中国与东南亚有着与铜鼓密切相关的文化与技术交流；从文献和田野考察来看，历史上这些地区的铜鼓都有相似的社会文化功能；这些地区现今依然存在活态铜鼓文化；这些地区的原住民多数是壮侗（侗台）语族；这些地区的传统生活方式以稻作文化为基础，铜鼓纹饰包涵了许多稻作文化信息；蛙是铜鼓的主要纹饰之一，对蛙的崇拜在民俗中有强烈表现；铜鼓分布地区留下了许多以铜鼓命名的地名。""创造灿烂铜鼓文化的各民族是同一文化圈的兄弟民族，这些民族在两千年的漫长岁月中，通过各种形式的交往以及迁徙、融合，形成种种经济的、文化的关系。铜鼓文化是这些民族最具代表性的共同财富。"[②] 即虽然存在这种铜鼓文化圈，但没有人认为这一铜鼓文化圈代表着一个共同的国家政治体或民族认同体。以此来看，"青铜礼器文化圈"应该反映了一种宗教信仰上的相似性，但应该与国家或民族无等同关系。青铜礼器文化圈犹如此，以陶器为标准划分的考古学文化的性质就更难说了。

从对考古学文化的命名实践来看，我们的原则也并不统一，新石器时代考古学文化都以发掘地点命名，标准是纯粹的陶器特征和陶器群组合。二里头文化以后，出现一种以历史文献中的族属、国家来命名考古学文化的现象，如夏文化、商文化、先周文化等。其标准似乎以考古发现的物质文化遗存为依据，但实际上并不是基于考古资料本身的总结、分析，而是一种先入为主的命名，是"证经补史"思维方式的产物。这种命名法无疑存在问题，即本来文献记载只是我们用来解读考古学文化的一种模式，但在这种命名中，考古发现沦为了文献记载的注脚。

通过以上分析，我们可以看出，"考古学文化"本质上是考古学家创造地对考古发现进行归纳、描述与阐释，并通过考古发现来建构古史叙述的一种概念和工具。考

---

① 徐良高：《文化因素定性分析与商代"青铜礼器文化圈"研究》，《中国商文化国际学术讨论会论文集》，中国大百科全书出版社，1998 年。

② 万辅彬、韦丹芳：《试论铜鼓文化圈》，《广西民族研究》2015 年第 1 期。

古学文化的区系类型和分期是考古学家依据某些文化遗存（主要是陶器）为标准建构的一种历史时空框架体系。它们虽然基于考古发现，但却是考古学家创造的一种具有时代特色的工具，正如赵辉所说："考古学文化概念不同于历史上的民族、国家、朝代，也不同于考古遗物、遗迹、集落等，而是考古学家为把握考古学文化客体历史意义所借助的一个中介。"[①] 总之，考古学文化概念只是一个介于考古学遗存和人们的认识之间的中介，不可避免地带有研究者的主观因素。

　　20 世纪 80 年代以后，西方考古学界出现对考古学文化概念的质疑。英国的 Stephen Shennan 批评柴尔德的考古学文化理论，指出：①用文化来概括考古遗存的空间分布只能是服务于暂时的描述性的目的，但作为分析工具只能导致灾难性的后果；②考古学文化不是一个真实实体，它与族群不是一个对等的概念，因为族群是指一个社群有意识地自我认同；③考古学文化概念从一开始引入考古学中，就带有强烈的政治目的。当代的某些地区的考古学家对考古学文化的建立之所以有兴趣，更多地也是出于政治目的 [②]。

三、不同划分标准反映不同的历史文化意义

　　正如前面所述，以不同的遗存作为标准划分出不同的考古学文化。那么，以不同标准划分出的考古学文化是具有相同的文化意义，还是具有不同的文化意义？

　　要回答这些问题，我们必须首先研究作为划分标准的不同古代遗存的功能与性质是什么？有何不同？在古代社会中是发挥着相同的作用，还是不同的作用？是否具有同样的文化意义？唯有如此深入的研究，我们才可能对以不同标准划分的考古学文化的历史文化意义做出令人信服的合理解答。

　　从理论上讲，考古学文化涵盖考古学家发现的古代人类创造的一切物质形态文化遗存，包括聚落、墓葬、生产工具和武器、生活用具和装饰品、艺术品和宗教用品，等等，即考古学文化包括了低中高所有层次的文化，只不过，组织制度和思想观念层次的文化是通过特定物化象征品表现出来的。在考古发现的各种文化遗迹与遗物中，我们大概都会承认它们在古代社会中具有不同的功能，满足不同的需要，发挥着不同的社会作用，因而具有不同的文化意义和历史价值。有些文化遗存的功能基本是满足人们的日常实用需要，另外一些文化遗存的功能则主要是发挥象征功能。

---

① 赵辉：《关于考古学文化和对考古学文化的研究》，《考古》1993 年第 7 期。
② 焦天龙：《西方考古学文化概念的演变》，《南方文物》2008 年第 3 期。

对于考古学家来说，所面对的物质形态的古代文化遗存，虽然主要是属于日常生产生活和技术层面的文化遗物，但也有许多是属于制度、精神层面的象征用品，两者之间具有不同的性质与功能。通过物质形态的文化遗存去研究古代社会与文化时，我们首先应该研究这些文化遗存的性质与功能，哪些属于日常生产生活、技术层面的文化，几乎不具有制度、精神文化的象征作用？哪些主要是属于制度、精神层面的象征文化遗存？具有怎样的象征意义？具体反映了什么样的社会制度结构和精神文化内容？哪些两者兼而有之？正如有学者所指出的："宾福德提出，应当将人工制品看作是人类不同行为的产物，并进一步确立了技术经济产品、社会结构产品和意识形态产品三类功能范畴，以作为文化分析新的参照体系。宾福德认为，作为技术经济产品物质遗存是人类用来与自然环境起作用的，反映了人类利用的资源和环境条件，它们可以告诉我们当时动植物群的分布及其种类，环境的类型，以及经济的形态和复杂程度。""物质遗存中有一些是代表社会结构的器物，如冠饰和权杖等制品，它们和社会结构的复杂程度相关。这些制品和用于生产目的的制品是完全不同的，它们并不是用来开拓周围的环境，而是在社会内部起一种规范社会地位和人际关系的作用。影响这些制品生产的基本条件也和社会生存的环境条件有所不同，而更加取决于人口的规模、社会群体间的竞争、权势与财产的拥有和分配体制。对社会结构产品的分析应当参照社会结构差异与变化的研究，建立以行为方式为基础的社会结构与类型之间的关系，进而可以研究社会结构演化的问题。""意识形态物品体现了社会的信仰体系，比如图腾、神像、氏族徽号、祭祀、殓葬的象征性物品。它们往往在史前社会中起一种符号的作用。这些器物与社会的内在结构和习俗关系密切，但是和外界的环境适应关系很小。对这些器物的研究，必须从社会的内部去寻找原因而不是从历史学的范畴中去寻找答案。"[1]

对于考古发现的古代文化遗存，我们只有首先进行功能与性质的深入研究，才能对以特定遗存为标准划分的考古学文化的性质和文化意义做出合理的解读。如果不加区分，一概而论，往往只能是张冠李戴，结论经不起推敲，难以令人信服。

以中国夏商周时期考古为例，相对于陶器所偏重的实用性、区域传统特征、工艺技术和环境适应性，青铜礼器[2]无疑具有更复杂的工艺以及独特的功能、性质和文化象

---

[1]　陈淳编著：《考古学理论》，复旦大学出版社，2004年，第122、123页。

[2]　二里头文化晚期开始出现少数仿自陶礼器的铜礼器，如爵、盉等。进入殷商以后，青铜礼器大量出现，品种有鼎、斝、甑、尊、觚、卣、觥、爵、盘、盉、斗、簋、觯、角、瓶、罍、斝、壶、盂、觥、斗等，西周时期的青铜礼器有鼎、簋、爵、斝、觚、鬲、豆、卣、尊、觥、觯、角、壶、饮壶、盉、盘、匜、簠、簠、盂、罍、瓶、斗、杯等。除青铜容器外，还有青铜编钟、铎、铙等礼乐器和钺等礼兵器。

征意义。青铜礼器虽具有实用功能，反映了当时的科技水平，但更重要的价值在于它是当时主导性思想、信仰与社会政治制度的物化象征品。

从考古发现来看，商代青铜礼器以酒器觚、爵的套数的多少作为等级高低的标志。西周时，贵族主要以礼器中的食器的多少作为权力大小及社会等级的标志，在这一点上，古文献记载与考古资料能对应互证①。天子之祭用大牢九鼎配八簋，牲肉包括牛、羊、猪、鱼、腊、肠胃、肤、鲜鱼、鲜腊；诸侯用大牢七鼎配六簋，牲肉包括牛、羊、猪、鱼、腊、肠胃、肤；大夫用少牢五鼎配四簋，牲肉有羊、猪、鱼、腊、肤；士用三鼎配两簋，或一鼎无簋，牲肉有猪、鱼、腊。除了礼容器外，兵器钺象征着征伐杀戮之权，王赐诸侯钺即是授诸侯以军事征伐杀戮之权。

中国古代的青铜礼器属于典型的象征物品，具有以下几个特征：①原料特殊，如铜、玉等，并经过特殊加工，有别于一般日用器皿。②造型精美独特，制造费时而未必实用。③装饰有独特而神秘的纹饰。④晚期礼器上有铭文，内容与政治、宗教关系密切。⑤根据共出情况，一般均出土于中心聚落的大型墓葬或建筑中，伴出器物多而精美，显示为少数人所拥有，是其权力、地位和掌控大量资源的象征。

商周时期的贵族与王朝祖先血缘关系的远近决定着他在祭祀祖先场合中所使用的铜礼器数量的多少、器类组合的不同，也即表示其地位的高低贵贱，换句话说，即占有青铜礼器的多少，成为他们之间政治等级地位的高低和权力大小的标志，正如《公羊·桓公二年传》何休注："礼祭，天子九鼎，诸侯七，卿大夫五，元士三也。"

正因为三代青铜礼器所具有的这种极为明显的政治色彩和意识形态象征工具的性质，故清代著名史学家阮元在《研经室集·卷三·商周铜器说》（上、下）说："器者，所以藏礼，故孔子曰：唯器与名不可以假人。先王之制器也，齐其度量，同其文字，制其尊卑，用之于朝觐燕飨，则见天子之尊，赐命之宠，……用之于祭祀饮射，则见德功之美，勋赏之名，孝子孝孙，永享其祖考而宝用之焉。且天子诸侯卿大夫，非有德位保其富贵，则不能制器。……然则器者，先王所以驯天下尊主敬祖之心，教天下博文习礼之学。……先王使用其才与力与礼与文于器之中，礼明而文达，位定而王尊，愚暴好作乱者鲜矣。"当代史学家侯外庐也说："礼器一源，'礼'，所以指文明社会的中国古代政治制度，'器'则所以藏此制度……"总之，彝器是中国古氏族贵族政治的藏礼工具，和西欧古代的法律性质相近，而内容则以有无氏族的存在为区别。所以在中国古代社会，"毁其宗庙，迁其重器，与'掊其国家'相若"②。

---

① 俞伟超、高明：《周代用鼎制度研究》，《北京大学学报（哲学社会科学版）》1978年第1期—1979年第1期。

② 侯外庐：《中国古代社会史》，生活·读书·新知三联书店，1949年，第187页。

由此可见，青铜礼器是典型的集技术、器用、制度与思想观念于一身的物质文化遗存，具有物质器用（实用器物与先进技术代表）、制度象征（宗法制度中权力与地位象征的礼器）和观念信仰体现（祭祀用品、宗教活动的道具）三种身份和意义，既是技术水平的集中体现，又是社会组织与观念信仰的物化形式。

因此，作为三代社会具有强烈意识形态色彩和政治象征工具性质的文物，青铜礼器不仅是文化传播的见证，也是政治上双方发生关系的见证，还应该是某种共同体人们在思想观念、宗教信仰、文化心理和政治制度上存在认同感和趋同的反映，虽然这种宗教、观念的认同和政治相似性未必能同后代"大一统"的皇权专制政治体制和"独尊儒术"的一元化思想相提并论。三代青铜礼器文化圈尚不能简单等同于某一政治共同体，犹如在古希腊文明和中美洲印第安文明中，虽然存在共同的宗教信仰、神话体系以及与之相关的相似的宗教建筑、礼仪用品和艺术表现主题，但却共存着诸多的独立政治体——国家，甚至这些国家之间的政治体制都有差异，如古希腊的雅典和斯巴达。

与青铜礼器的象征功能和社会作用相比，作为日用品的陶器的功能和社会作用明显地主要还是满足人们的日常生活所需，以实用性为主。

通过以上比较，如果我们认识到陶器与青铜礼器在三代社会中具有如此不同的功能和社会意义，我们是否也应该认识到以陶器为标准划分出来的考古学文化与以青铜礼器为标准划分出来的考古学文化圈是不同的两回事，反映出不同的历史文化意义？

四、考古学文化的两种常见解读——"民族"说与政治体说之检讨

（一）学术界对考古学文化的两种常见解读

"考古学文化"是考古学家建构的一个概念，考古学文化的历史文化意义则是考古学家阐释出来的，考古学界对考古学文化性质的常见阐释有两种观点——民族说与国家政治体说，尤其是对于进入文明社会以后的考古学文化。

"考古学文化"概念一出现，就被许多学者拿来与"民族"联系起来，这一现象与近现代民族主义意识盛行和民族国家兴起的时代背景密切相关。"今天考古学的关键理论问题就是民族认同，更确切地说，就是考古学与构建（或虚构）集体认同的关系问题，这是考古学热衷的一个话题。""纵观考古学史，物质遗存一直被归于历史

上的特定人群，而现代人群渴望寻根，上溯到某个想象的最初源头，这在这门学科的发展过程中一直扮演着重要的角色。就考古学本就是在欧洲民族主义大背景下诞生的学科而言，这种情形并不令人意外，而正是这类证据的物质性看来为集体起源之谜提供了实物与要义。"[①]

20 世纪初，德国考古学家古斯塔夫·科西纳声称，考古学是各种学科中最具有民族性的学科，研究古代德国人的起源应当是考古学最神圣的目标。他出版了一系列著作，强调运用考古材料来激励民族主义精神。在 1911 年出版的《日耳曼人的起源》一书中，他从理论和方法上对"考古学文化"概念进行了论述，他提出"文化群即民族群，文化区即民族区"，因此文化的差异就反映了民族的差异。科西纳声称，在地图上标出的一类器物的分布代表了某一民族群体的分布，而文化的延续反映了民族的延续，于是，考古学就能够根据器物确定的文化单位来追溯民族群体的分布和延续。科西纳的民族主义思想后来被纳粹政权所宣扬，他的史前观成为德国纳粹的官方立场，并成为在第三帝国学校中传授极端民族主义和种族主义课程的基础[②]。

柴尔德提出："文化是一种社会遗产；它对应于享有共同传统、共同社会机构以及共同生活方式的一个社群。这群人可以顺理成章地被称之为某人群……于是，考古学家能够将一种文化对应于那个人群。如果用族群来形容这群人，那么我们可以这样说，史前考古学完全可望建立起一部欧洲的民族史。"[③]

特里格总结说："欧洲人喜欢将考古发现与历史上或想象中的人群，比如伊比利亚人、凯尔特人和条顿人对号入座。而在爱琴海地区，古典考古学强烈的史学取向给许多青铜时代文化武断地贴上诸如米诺斯、迈锡尼或基克拉迪等历史或地理的标签。"[④]

同样，以马克思主义史观为指导思想的苏联考古学家一般也认为"考古学文化"是在不同的族的共同体的形成过程中产生的。在不同的地域内独特地存在着的不同的族的共同体，促使了物质文化上的地方特征的出现[⑤]。

在中国，将考古学文化与民族联系起来同样是普遍现象。夏鼐强调考古学文化是一个族的共同体，他认为作为历史科学的一部分，考古学不仅要研究全人类的社会发展史的共同规律，还要研究各地区各个族的共同体的发展的特殊性。考古学文化的命

---

① 〔英〕希安·琼斯著，陈淳、沈辛成译：《族属的考古——构建古今的身份》，上海古籍出版社，2017 年，第 1 页。

② 陈淳：《考古学史首先是思想观念的发展史——布鲁斯·特里格〈考古学思想史〉第二版读后感》，《南方文物》2009 年第 1 期。

③ 陈淳：《文化与族群——〈族属的考古——构建古今的身份〉译介》，《中国文物报》2016 年 1 月 26 日第 6 版。

④ 〔加〕布鲁斯·G·特里格著，陈淳译：《时间与传统》，中国人民大学出版社，2011 年，第 293 页。

⑤ 《考古学文化——苏联大百科全书选译》，《考古通讯》1956 年第 3 期，第 90 页。

名之所以不得已采用文化特征或发现地点，是因为我们虽知道这文化代表一个族的共同体，但那时没有文字记下它们的族名。族的共同体活动于一定限度的地域内，它的遗迹也将分布于这一地区内的几个地点 [①]。事实上，中国考古学中的"先周文化""先商文化""吴文化""越文化""楚文化"等概念都是具有这种民族共同体含义的考古学文化。

除了将考古学文化视为某种族的共同体，将考古学文化视为某种政治体，甚至国家也是学术界对考古学文化性质的常见解读与阐释。当我们认为二里头文化是夏文化，视二里冈文化为早商文化，将某种考古学文化作为先周文化、先商文化时，或者当我们从考古学文化来探讨古国、方国、帝国的发展历程时，我们都在将相关考古学文化等同为某种国家政治体。实际上，将早期的某些考古学文化解读为国家政治体也是文明探源研究的主要基点。例如，认定良渚文化或红山文化或陶寺文化已经是最早的国家，由此证明国家已经出现，当时的社会已进入文明时代。

希安·琼斯说："对族属的性质，以及物质文化与族群身份认同之间的关系从未有过明确的分析。相反，自 1960 年代后期起，人文科学中对族属的研究和理论探讨一直方兴未艾，这使我们对社会文化差异的认识有了许多重大的改变。但是，这些进展并没有引起考古学家的注意，许多考古学家仍然将根据反复共生的特定物质文化定义的'考古学文化'直接等同于过去的族群。" [②] 她的这种观察同样适用于中国考古学的研究现状。

考古学文化被简单地与国家、民族画等号可以说是中国先秦考古学很值得商榷的核心理论问题之一。考古学研究中，考古学文化与国家、民族之间是怎样的关系，是非常值得仔细推敲和深入思考的问题。

我们认为，将考古学文化简单地与国家、民族画等号的思维方式是传统的文献导向的"证经补史"思路与当代民族国家意识相结合的产物，是考古学文化阐释简单化的表现。因为，首先，受传统证经补史思维方式的影响，学者总是希望将考古发现与文献中的某个族或国家的记载结合起来，以证明古代文献记载的正确性。其次，就历史学的时代建构性来说，对考古学文化作"民族认同体"或"国家政治体"的解读无疑是当代民族主义观念意识的产物，是民族国家时代背景在考古学研究中的反应——

---

① 夏鼐：《关于考古学上文化的定名问题》，《考古》1959 年第 4 期；夏鼐、王仲殊：《考古学》，《中国大百科全书·考古学》，中国大百科全书出版社，1986 年；夏鼐：《再论考古学上文化的定名问题》，《夏鼐文集》（上册），社会科学文献出版社，2009 年，第 359—366 页。

② 〔英〕希安·琼斯著，陈淳、沈辛成译：《族属的考古——构建古今的身份》，上海古籍出版社，2017 年，第 17 页。

以当代观念与需要去解读考古发现的古代遗存。

　　陈淳说："对文化与族群相对应的深入思考主要来自三个方面：其一是考古学文化是否能对应特定的族群；其二是考古材料分布的性质与考古学文化作为分析单位的地位；其三是分界和同质性的族群和文化实体是否真实存在。"[①] 对考古学文化做国家政治体或民族认同体的解读是否具有合理性，能否成立？要回答这个问题，我们必须从学理上予以分析。下面，我们将从以下几个方面来进行分析。

　　首先，什么是国家？什么是民族？它们的本质是什么？属于什么层面的人类文化现象？

　　其次，国家或民族是否和如何通过物质形态的文化象征表现出来？哪些物质文化现象象征国家政治体或民族认同体？哪些不是？有无某些共同的物化象征标准？

　　最后，考古学发现的物质形态的古代文化遗存既包括物质技术层面的文化，也包括制度层面文化和思想观念层面文化的物化象征。我们是否应该区分不同层面的文化，分析其功能与性质并判断出哪些主要是满足日常需要的实用品，哪些主要是作为制度与思想观念象征的非日用品？我们能否分清这些具有不同功能和文化意义的古代文化遗存？我们如何区分不同层面的文化，并通过具体的、物化的古代遗存去研究与之相对应的抽象的制度与思想观念，合乎逻辑地达到"由物见人"、见组织制度、见思想观念，而不是简单化地做定性解读与判断？

　　总之，我们认为，考古学文化性质的解读应有足以支撑它的学理基础，并经得起逻辑推敲和学术质疑，解读的结论应基于解读模式与解读对象之间内涵上的对应性与同质性，不能想当然，张冠李戴。

（二）国家政治体及其物化象征

　　什么是"国家"？

　　国家是一定疆域内人群所组成的一种政治共同体，是被政治自治权区别出来的一块领地，由国土、人民、文化和政府等要素组成。拥有治理社会权力的国家行政管理当局是国家的象征。国家在一定的领土内具有合法权利，拥有外部和内部的主权。一个国家可以容纳多个民族，一个民族也可以成立多个国家。国家、民族都是人类为了满足人的需要而建构出来的共同体，本是为了满足人的社会性需求，但常常被少数人操控而成为控制多数人的工具。

---

① 陈淳：《文化与族群——〈族属的考古——构建古今的身份〉译介》，《中国文物报》2016年1月26日第6版。

国家的主要特征包括：一个社会集团的成员因政治、经济地位的不平等而分为一定的等级，出现了一整套管理和组织一定地域内人群的权力机构及一群脱离于直接生产生活资料的人，有一系列暴力机构，如军队、警察、监狱等，权力机关对生产生活资料和剩余劳动产品有支配权力。

国家是人类社会的一种组织形式，无疑属于人类制度层面的文化现象。社会分层现象和作为国家管理机构和暴力手段的政府、军队、监狱等体现于相关物质文化现象上，如不同等级的墓葬、居址、政府建筑、监狱、军事设施、权力与等级的象征物等。这些物质文化虽然可以作为国家出现的标志，但不能作为区分不同国家政治体的标志，一个考古学文化进入了国家阶段与它是不是就是一个国家或某种政治体是不同的两件事。一个考古学文化可以包括多个彼此独立的政治体，一个政治体也可能涵盖几支考古学文化。

区分不同国家政治体的标准首先是国民的主观认同，即我们承认自己属于某个政治体，其中国籍认同就是这种表现。以色列历史学家尤瓦尔·赫拉利说："无论是现代国家、中世纪的教堂、古老的城市，或者古老的部落，任何大规模人类合作的根基，都在于某种只存在于集体想象中的虚构故事。……所谓的国家，也是立基于国家故事。两名互不认识的塞尔维亚人，只要都相信塞尔维亚国家主体、国土、国旗确实存在，就可能冒着生命危险拯救彼此。"① 其次是作为国家标志的特定物化象征品，这些象征物品显示成员之间属于同一政治体，而与政治体外的其他人区别开来。国家政治体内外的人都承认这些特殊物品为特定国家的象征，作为国家象征和区分标志的这些象征物品一般不是实用性的日常生产、生活用品。

试以当代中国为例，我们就很容易理解这一现象。因全国各地自然、人文环境、生活生产方式和文化传统的巨大差异，南方与北方、东部与西部、北方旱地农业区与南方稻作农业区、牧业区与农业区、渔民与农民、工人与农民等之间因生产、生活方式的不同，导致日常用品、住房结构、居住方式等方面各不相同，各地有各地的特色，不同人群有不同人群的特点。这些异同与是否属于中华人民共和国这一国家政治体没有关系。随着全球一体化的飞速发展，各国人民之间在生产生活方式与用品、居住条件等方面越来越趋同，一致化越来越明显。这种一致性也与是否属于同一个国家政治体没有关系，我们不可能，也不会以一般日用品、住房的异同来作为当代国家政治体的区分标志。肯·达柯说：如何确定政治疆域的边界？遗址、纪念性建筑、平等政治中心之间的分界线、特定地形地貌、特殊人工制品（如铁器时代的硬币）等，均被认

① 〔以色列〕尤瓦尔·赫拉利著，林俊宏译：《人类简史——从动物到上帝》，中信出版社，2014年，第二章。

为是确定政治疆域的依据。但"考古学者普遍觉得仅根据物质资料确定政治边界是不容易的"[①]。

在当代,我们自然知道不能将这类器物的异同作为区分国家政治体的物化标志。那么,以此反推考古学家对古代考古学文化性质的解读,我们将主要以日用品——陶器的异同为标准而划分的考古学文化解读为国家政治体是否同样过于简单化了?是否缺乏学理依据和逻辑的合理性?我们为什么会那么轻易地将政治体与考古学文化联系起来呢?

其实,苏秉琦已经意识到不同性质的物质文化遗存的用途和象征意义是不一样的,并提出不能以日用陶器来作为国家等社会组织制度和国家意识的象征,他说:"古国的遗存能不能靠陶片来解决?既不能又可能。靠一般日用陶器或其碎片是不大可能的,但那些特殊形制,特大规格或以其他形式被特殊化了的陶器倒可能是礼制形成的信息,如大地湾四期的大房子中所出陶器全部是有特殊用途的,而与灰坑中习见陶器不同。这本身就说明了问题。再如陶寺大墓所出彩陶龙纹陶盘、鼍鼓、特磬之属,颇带'王气',是很有意义的。"[②]

我们认为,如果想从考古学物质文化遗存中区分出不同国家政治体,至少应该辨明不同性质的古代文化遗存并依据那些作为政治体象征的特定物品来做判断,而不是那些满足人们日常生产生活需要的日用品。

一般来说,国家等政治体通过各种祭祀、会议等维系国家运行,强化等级和权威,通过各种象征物,如徽章、旗帜、印章、器乐服饰制度来象征国家、规范等级和强化认同。我们要研究国家、酋邦等这类政治体,就应该关注这类象征物品,如图腾、礼器、徽章等,而不是各种日常生产、生活类的实用品,否则只能是"鸡对鸭讲""风马牛不相及"。

至于哪些物品可视为国家政治体的象征,则需要具体分析、具体论证,不能简单地一概而论,因为不同的政治体,运作方式不同,文化传统不同,环境条件不同,控制的资源不同,采用作为政治体象征的物品也会不同。

(三)何为"民族"

"民族"是客观存在抑或主观认同?有无物化象征?

---

① 〔英〕肯·达柯著,刘文锁、卓文静译:《理论考古学》,岳麓书社,2005年,第113、114页。
② 苏秉琦:《华人·龙的传人·中国人——考古寻根记》,辽宁大学出版社,1994年,第71页。

　　对于"民族"这一概念，不同的人有不同的定义，大致来说可分为客观存在派和主观认同派两大派。前者认为"民族"有其客观的文化特征，即民族传统文化，民族实体长期存在于历史之中；后者认为民族是近代国族主义下"想象的共同体"，"民族传统文化"不过是近代国族主义下"被创造的传统"①。

　　客观存在派认为人类是按照民族区分为你、我、他等彼此不同的群体的，我们每一个人天生就属于某一民族，民族是客观存在的，民族之间存在某些绝对不变的、相互区分的客观标准。更绝对者甚至认为血统决定了我们的民族归属。这派观点以斯大林对"民族"的定义最有代表性，影响也最大。斯大林说：民族是人们在历史上形成的有共同语言、共同地域、共同经济生活以及表现于共同的民族文化特点上的共同心理素质这四个基本特征的稳定的共同体②。每一个基本特征都具有特定的内容，彼此之间相互联系、相互依赖、相互制约。民族是长期历史形成的社会统一体，是由于不同地域的各种族（或部落）在经济生活、语言文字、生活习惯和历史发展上的不同而形成的。布伦奇利提出一个民族具有八个方面的共同性：①其始同居一地；②其始同一血统；③体型特征相同；④语言相同；⑤文字相同；⑥宗教相同；⑦风俗相同；⑧生计相同③。孙中山也主张客观的民族概念，并列举了血统、生活、语言、宗教、风俗习惯等五种民族成因④。

　　不过，以上这些共同性是否能作为区分不同民族的标准，一直被学术界所质疑，有学者指出："这些对于民族的基本假设，都是似是而非的。首先，从当今世界各民族现状来看，我们知道，共同的体质、语言、文化特征，并不是构成一个族群或民族的必要因素，也非构成它们的充分条件。"⑤以当代中国为例，多个民族共同使用汉语汉字，共同生活在一个地域，尤其是在大中城市中，不同民族的人更是杂居在一起。共同风俗习惯中，春节、端午节、中秋节等并不是汉民族所独有。历史上同样如此，如在西周时期，无论是京畿地区，还是各个封国，商人、周人甚至土著人都是共处一地的⑥，由于共同的生产生活方式和相互的学习交流，他们享有基本相同的物质文化。他们之间的区分可能主要是在主观认同，如不同祖先和不同血缘组织，如不同

① 王明珂：《华夏边缘——历史记忆与族群认同》，社会科学文献出版社，2006年，第222页。
② 斯大林：《民族问题和列宁主义》，《斯大林论民族问题》，民族出版社，1990年，第393页。
③ 邵靖宇：《汉族祖源试说》，浙江大学出版社，2003年，第20、21页。
④ 吴文藻：《民族与国家》，原刊《留美学生季报》，1926年第11卷第3号；本文转引自《吴文藻人类学社会学研究文集》，民族出版社，1990年，第19—36页。
⑤ 王明珂：《华夏边缘——历史记忆与族群认同》，社会科学文献出版社，2006年，第2、3页。
⑥ 徐良高：《周文化演进模式的考古学考察》，《苏秉琦与当代中国考古学》，科学出版社，2001年。

宗族方面，而这种主观认同和社会组织上的你我之分从考古学的物质文化上很难区分出来。

　　况且，按照客观存在派的民族定义，民族的这些共同客观标准是否能体现在考古学物质文化遗存中？哪些物质文化遗存能反映这些标准？都是需要加以严肃的论证并在学术界达成共识，然后方可将这些文化遗存作为标准来定性考古学文化为民族，唯有如此，我们的观点才会有说服力。我们认为，绝不能简单地凭借某些日用品——陶器的共同性就得出考古学文化相当于民族的结论。另外，考古发现的许多文化现象的差异可能更多地反映的是生产、生活方式的差异，未必是民族认同的差异，如不同地区古代墓葬是否随葬牛羊头骨的现象。

　　正是因为对民族划分标准客观性的质疑，尤其是鉴于纳粹德国利用"民族"概念和民族主义观念宣扬日耳曼人优越论，煽动民族情绪，屠杀犹太人，发动对外战争的恶果，二战以后，学术界兴起重新审视"民族"概念，反思民族主义的思潮，客观存在派关于"民族"的定义越来越受到学术界的质疑、批判。当今全球化的发展和世界现实更使大家意识到民族认同的主观性、相对性，"民族"定义的主观认同派观点越来越被世人所接受。"目前，在西方民族学、社会文化人类学界，族群与种族都被看成是政治、经济操作的工具，很难找到其同一、普遍、稳定的客观依据。"①

　　主观认同派认为民族是基于我们的主观认同，民族之间的区分没有不变的、绝对的客观标准，只是一些相对的、可变的主观认同②。

---

① 叶舒宪、彭兆荣、纳日碧力戈：《人类学关键词》，广西师范大学出版社，2004年，第164页。

② 什么是"认同"？心理学认为认同就是个人与他人、群体或模仿人物在感情上、心理上趋同的过程。《中国大百科全书·政治学》将政治认同的概念解释为"人们在社会政治生活中产生的一种情感和意识上的归属感"。社会学认为，认同是社会互动过程的结果。认同不是与生俱来的，它是在复杂的社会互动过程中通过"自我"与"他者"的区分而形成的。只有通过社会互动，人们才能通过强调"参照群体"对自己以及与他人的关系有一种明确的定位，进而产生对自己的身份、角色以及与他人关系的判定即认同。所以，英国学者戴维·莫利认为"差异构成了认同"。

　　认同具有以下几个特点。

　　第一，互动性，即认同必须通过对"我群"与"他群"进行区分来确定个体或群体的身份与角色。

　　第二，动态性，认同是一个过程，它处于不断的变化之中，在不同的具体场景下，认同所指向的具体内容不同。在不同文化环境中成长的人有不同的认同，而不管其人种如何。许倬云说：只有人类社会全体和个别的个人，具有真实的存在意义，国和族，及各种共同体，都是经常变动的，不是真实的存在。

　　第三，认同具有主观性，是一种主观意识。民族认同是感情的、非理性的和缺乏实质内容的。20世纪50年代，英国人类学家李区（Edmund Leach）根据他对缅甸北部卡钦人的研究，显示以客观文化特征描述一个人群的传统，无法解释田野研究中所见的一些族群现象。他指出，卡钦人与掸邦的分别，是因为卡钦人主观认为有此区别，而非他们与掸邦间客观的种族或文化差距。（转下页）

梁启超已经意识到："血缘，语言，信仰，皆为民族成立之有力条件；然断不能以此三者之分野，径为民族之分野。民族成立之唯一的要素，'民族意识'之发现与确立。何谓民族意识？谓对他们自觉为我。'彼，日本人；我，中华人'：凡遇一他族而立刻有我中华人之一观念浮于其脑际者，此人即中华民族之一员也。"①

本尼迪克特·安德森说："遵循着人类学的精神，我主张对民族作如下的界定：它是一种想象的政治共同体——并且，它是被想象为本质上有限的，同时也享有主权的共同体。"这些"想象的共同体"的崛起主要取决于宗教信仰的领土化，古典王朝家族的衰微，时间观念的改变，资本主义与印刷术之间的交互作用，国家方言的发展等因素②。

纳日碧力戈说："民族是在特定历史的人文和地理条件下形成，以共同的血缘意识和先祖意识为基础，从而在此基础上构拟以神话或者历史为核心，以共同语言、风俗或者其他精神—物质象征要素为系统特征，以政治操作为手段，以家族本体为想象空间和以家族关系为象征结构的人们共同体。"③

王明珂说："族群的本质是在每一代，透过每一个人不断地重新诠释而成。"④ 人群的主观认同（族群范围），由界定及维持族群边界来完成，而族群边界是多重的、可变的、可被利用的。这个主观族群或民族范畴的形成，是在特定的政治经济环境中，在掌握知识与权力的知识精英之引导及推动下，人们以共同称号、族源历史，并以某些体质、语言、宗教或文化特征，来强调内部的一致性、阶序性，以及对外设定族群边界以排除他人⑤。

主观认同在族群维系中的重要作用从下面的历史案例可见一斑。"僰人"是先秦

（接上页）第四，认同的对象多种多样，如共同语言、共同历史记忆、共同祖先、共同习俗，等等，有的具有物质形态，有的具有非物质形态，但都是经过有意识或无意识选择而成为共同认同的对象的。

　　第五，认同具有多重性，不同人处于不同环境下，扮演不同的角色，就要不同的认同，如地域认同、宗教认同、家族认同、国家认同，等等。例如，回族在面对汉族时，多以是否信仰伊斯兰教和遵守饮食禁忌为区分标志，但当回族面对维吾尔、哈萨克族时，伊斯兰教和饮食禁忌就不再能起到这个作用，他们就采用别的标志，如面对语言不同者时用语言，面对语言相同者时用礼俗，面对礼俗相同者时用服饰，面对服饰相同者时用地域，面对地域相同者时用起源，等等。

① 梁启超：《中国历史上民族之研究》，《饮冰室合集》专集之四十二，中华书局，1989 年。

② 〔美〕本尼迪克特·安德森著，吴叡人译：《想象的共同体：民族主义的起源与散布》，上海人民出版社，2005 年。

③ 纳日碧力戈：《民族与民族概念再辨证》，《民族研究》1995 年第 3 期。

④ 王明珂：《华夏边缘——历史记忆与族群认同》，社会科学文献出版社，2006 年，第 51 页。

⑤ 王明珂：《华夏边缘——历史记忆与族群认同》，社会科学文献出版社，2006 年，第 44 页。

时期就居住在中国西南的一个古老族群，又称"山都掌""都掌蛮"，但到明末僰人都掌蛮彻底消亡。明政府为彻底消灭不断叛乱的僰人，采取的措施除了传统的"以夷攻夷"、残酷镇压的武力手段之外，最重要的就是一系列"以夏变夷"的政治、组织、文化政策，包括改易地名，以新耳目；变名易服，列为编户，变卖入官，分投安插（即打破原有组织，重新编组）；招抚降蛮，厉行教化，以兴礼乐（从文化上彻底抹去都掌人的民族印记）；迁徙逃亡（迁入他乡之人，破坏原有人际关系纽带）。总之，采取各种措施瓦解其政治组织实体，改变其历史记忆和文化认同，培养对明王朝礼乐文化的认同[①]。最终，明王朝彻底瓦解了僰人都掌蛮这一具有悠久历史的族群。由此可见，族群维系的关键之所在——实体组织、历史记忆和文化认同。

总之，"民族"是在人的社会性基础上，利用共同历史记忆、语言、信仰等建构出来的，是时代的产物。国家意识、民族认同感都是后天培养的，是环境熏陶和教育的结果。因此，所谓"民族性"，不过是由少数知识分子建构出来，并通过各种宣传活动在社会传播而被大众接受和不断强化的，不是古已有之并固定不变的。所谓"民族文化传统"，虽然常常被作为想象的共同体——民族的重要特征之一，以强化民族的自觉意识、自我认同和"我者"与"他者"民族之间的差异感，但究其本质，不过是在民族主义盛行的时代背景下，通过回忆与遗忘、强化与淡化等手段对历史文化素材进行选择、诠释与陈述而想象与建构出来的。

既然民族是一种主观认同，那么，这种主观认同有无固定的可辨识的物化象征标准呢？

主观认同派认为族属的认同是建立在主观上对某种历史起源故事、风俗习惯、文化现象的群体认同和排他性上，不同时期、不同族群的认同对象各有不同，不存在某些统一的对象。这些各有不同的认同对象可能会体现在某些物质文化上，但更可能不体现于具体的物质文化上，没有公认的、固定的标准，即"尽管国家对于民族身份的'规定'是有序的，是稳定的，但民族符号体系却是无序的、流动的、变化的"[②]。

具有同一主观认同的族属因为地理环境、饮食习惯等的差异可能表现出不同的物质文化，而享有同一物质文化的人也可能属于具有不同认同的族群。前面有关当代中国地域文化差异与国家政治体无关的例子在此同样适用："文化分类不一定与群体的身份完全吻合。没有一群人会在一个地点从事全部的生产活动；同一群体开采不同的资源会使用不同的技术与工具；相邻的不同社会群体如开拓相同的资源也会拥有相同

① 刘复生：《僰国与泸夷——民族迁徙、冲突与融合》，巴蜀书社，2000年。
② 叶舒宪、彭兆荣、纳日碧力戈：《人类学关键词》，广西师范大学出版社，2004年，第201页。

的技术和工具。社会愈是开放，流动性愈大，从器物来分辨它们的社会和文化界限就愈困难。"①

在关于"民族"起源的问题上，两派虽然都认为民族不是人类一出现就存在的，而是人类社会发展到一定阶段才出现的文化现象，但对于民族观念出现于什么历史时期，两派也有不同的看法。

客观存在派认为人类最早的社会集团是原始群，随着生产力的发展和生产的需要，才结成稳定的血缘集体——氏族。几个亲属氏族又结合成部落。二次社会大分工破坏了传统的氏族部落内部的血缘关系，在更大规模上以地缘关系结合成规模更大的共同体——民族②。氏族→胞族→部落→部落联盟→民族，是民族形成的一般道路。

主观认同派认为民族是近现代社会的产物。埃里·凯杜里认为农业社会没有民族与民族主义，在农业社会，强调的是社会等级与上下阶层的区分，而非区域文化集团的划分，上层统治者垄断文化，强化与突出他们与其他群体的不同。因此，"农业社会往往不以文化界定政治单位，换言之，它们不习惯搞民族主义"。民族主义是19世纪初产生于欧洲的一种学说，1789年法国大革命促进民族主义思想形成、推广。只有到工业社会，人口流动频繁，文化普及，社会等级和个人地位有更大的变动性，大范围的包括各阶层的统一文化出现，强调区域文化集团的区分和社会成员的平等，由此，才会产生民族认同感和民族主义③。

厄内斯特·盖尔纳（Ernest Gellner）认为："民族主义不是民族自我意识的觉醒，民族主义发明了原本并不存在的民族。"民族主义兴起与全球化相关，首先，越面临外来文化的压力与挑战，就越刺激起自我文化的认同，以试图在全球文化体制中确立自己的地位，为自我群体在新世界秩序中寻找到有利的位置。其次，随着不同文化之间人口的流动与文化交流，在文化互相学习的过程中，自我文化的独特感也会突出。比较强化了内部的文化认同和亲近感以及"我者"与"他者"的区别感。最后，民族国家的民族主义、爱国主义思想灌输和普及教育强化了民族主义思想，扩大了民族主义支持者。今天，"民族"与"国家"已完全融合为一体，"民族第一""国家至上"观念深入人心④。

本尼迪克特·安德森视民族为一种"现代"的想象和政治与文化建构的产物。他

① 陈淳编著：《考古学理论》，复旦大学出版社，2004年，第110页。
② 注：从这一点来说，将中国古代强调共同血缘祖先的族群理解为当代的"民族"性质认同体，也是有问题的。
③ 〔英〕埃里·凯杜里著，张明明译：《民族主义》，中央编译出版社，2002年，第1、100页。
④ 〔英〕厄内斯特·盖尔纳著，韩红译：《民族与民族主义》，中央编译出版社，2002年。

认为使这种想象成为可能的是两个重要的历史条件，首先是认识论上的先决条件，即中世纪以来人们理解世界的方式所发生的根本变化。这种人类意识的变化表现在世界性宗教共同体、王朝以及神谕式的时间观念的没落。其次，18世纪初兴起的两种现象——小说与报纸——为"重现"民族这种想象的共同体提供了技术的手段。此外，他认为，要"想象民族"，还需要另一个社会结构上的先决条件，也就是"资本主义、印刷技术与人类语言宿命的多样性这三者的重合"①。"民族历史的叙述是建构民族想象不可或缺的一环。"②"博物馆和博物馆化的想象具有深刻的政治性。"③

德国的哈拉尔德·米勒说："社会精英利用'神化传说'的强大力量，将流传于民间、本来并不相干的历史传说，经过精心缜密的演绎，塑造出具有巨大凝聚力的同一精神认同。整个19世纪和20世纪，在强大且具诱导性的人文、社会理论的轮番'轰炸'下，世界各地都将'民族'这一概念构造成新时代国家的社会根基。"④

通过上述的梳理与比较分析，我们认为将民族定义为一种基于主观认同的认同体更为合理。人本是一种社会化的群体性动物，为满足群体认同感与归属感的需要，不同时代、不同文化的人群创造了不同形式的群体，即各类社会组织或认同体，小者有家庭、班级、工作单位、同乡会等，大者有国家、民族等，还有因共同理想和目标追求而结成的政党社团等。这些群体为强化凝聚力，某种认同和归属感被有意识和无意识地通过故事、历史叙述、仪式、语言等各种方式建构出来，并不断地被强化。在这一建构和强化过程中，群体内的"相同"和与其他群体的我他之"差异"被刻意强调和突出。民族就是这样一种在近代社会背景下，基于人性需要而建构的认同体。民族认同本质上是一种人类文化现象，它既是人的社会性与追求群体归属感的表现形式，也是一种政治工具，一种政治需要的产物。

在民族认同的建构过程中，我们会利用各种素材，共同语言、共同祖先、共同历史记忆、相似习俗、共同信仰等往往成为被利用的主要素材，其中，族群发展史，即共同历史记忆的建构与陈述是常用的途径和有效的方式，民族国家通史的流行正是这

---

① 〔美〕本尼迪克特·安德森著，吴叡人译：《想象的共同体：民族主义的起源与散布·导读》，上海世纪出版集团，2005年，第9页。

② 〔美〕本尼迪克特·安德森著，吴叡人译：《想象的共同体：民族主义的起源与散布·导读》，上海世纪出版集团，2005年，第12页。

③ 〔美〕本尼迪克特·安德森著，吴叡人译：《想象的共同体：民族主义的起源与散布》，上海世纪出版集团，2005年，第167页。

④ 〔德〕哈拉尔德·米勒著，郦红、那滨译：《文明的共存——对塞缪尔·亨廷顿〈文明冲突论〉的批判》，新华出版社，2002年，第88页。

一时代背景的产物。在这一历史记忆的构建过程中，传统历史文献中的一些概念、陈述通过当代的解读与重构被赋予新的含义，为我所用。文献中许多血缘家族性质的古代"族"被潜意识解读为当今民族国家意义上的民族，古代某些占据统治地位的血缘宗族集团祖先性质的传说人物——黄帝、炎帝等成了中华民族所有人的共同祖先，历史上各种族群分合争斗的历史成了中华民族的共同成长史、奋斗史，一些英雄人物被解读为民族英雄。随着族群的不断融合和认同的不断趋同，曾经的他者——四夷成为中华民族大家庭的一员，作为相对于我们自己人的他者——四夷的内涵和范围也随着这种历史重构和认同变化而不断调整，如"东夷"的内涵从商周时期的江淮山东地区的人变为汉晋时期的日本地区的人了。

五、不同的两个概念：古代文献中的"族"与当代的"民族"

　　厘清了"民族"的本质及其起源之后，要探讨考古学文化与文献记载中的族的关系，我们还必须弄清楚古代文献中的"族"是一种什么性质的概念和社会组织？是持续的客观存在还是不断变化的主观认同体？与考古学文化是否具有相同的性质？能否对应？

　　中国史学界往往将古代文献中的"族"视同为今天的"民族"，并进而从考古学发现与研究中去认定某某考古学文化是古代文献记载的某某族。正如有学者所指出的："我们目前却能看到积非成是的又一种表现，那就是越来越多的研究把'民族'这一发轫于近代西方的概念，坦然地用于对中国古代人群的研究，以至于今人识别古代民族，后人论证前人族籍的现象，在学术界蔚然成风。"[①]

　　根据前面所述学术界有关"民族"定义与形成时间的讨论，中国的"民族"观念和"中华民族"认同意识也应该形成于近代。那么，古代文献中的所谓"族"是一种什么概念？具有什么样的内涵？古今"族"的概念一致吗？今天的"民族"概念能否用于理解古代的所谓"族"？古代的"族"是客观存在的稳定共同体，还是一种不断变化的、相对区分你我他的主观认同共同体？文献中所谓的"族"具有稳定的物化象征吗？考古学界能辨认出这些物化象征品吗？对于这些物化象征的认定学术界有共识吗？

　　关于中国古代文献中的"族"的性质，有人类学家研究指出："'民族'一词自19世纪末才开始被中国学者和政治家应用于对国内外与主流群体不同的其他少数群体的称谓。由于这个词汇的来源是借自于西方（经由日文），应当说这个词汇从一开始即带有外来文化与观念的成分，反映的是西方社会特别是西欧国家的族群与社会发展

① 张海洋：《中国的多元文化与中国人的认同》，民族出版社，2006年，第23页。

历史，与中华文化中关于族群的传统观念有所不同。"①中国古代文献中的"族"不是今天的"民族"，1840 年以前，中国古籍中用于表述"族群"观念的词语如族、族类、族种、氏族、宗族、部族、邦族、国族、种、种类、种众、种族、种人等，它们的含义与今天的"民族"概念不同②。同样，历史上的"华夏""中土""炎黄子孙"等说法，乃至国外称呼我们为"大秦""震旦"等，都不是现代意义上的民族称谓。

古代的国、族与古人的"姓""氏"有关，而先秦的"姓"实为一种血缘族属的标志，即"姓族"或"国姓"。童书业说："大概最早的姓就是氏族，例如姬姓本是一个氏族（所以'同姓不婚'）。"③姓是同祖的血缘集团，姓也指人民。氏则是政治性的单位，也是姓的分族。宗是宗法制度下，按祖先祭祀的礼仪特权分级的序列。而族则原有在军事上的意义，指在同一旗号下的战斗单位。商王国以族为基本的统治结构，征战及生产多以某族、多子族等为单位。

马戎研究发现："透过对《左传》的检索，核对了《十三经注疏》中的《春秋左传正义》，我们共查出 121 个'族'字。这 121 个'族'字的使用，可以做如下的分类。（a）用以表示某个血缘群体（同姓子孙的共同体，即宗族）；（b）立功、当官有封邑后，国君可以'赐'族（成为一个'族'的起始）；（c）'九族'，指各亲属分支的集成；（d）'王族'、'公族'，指各国的王室、宗亲或由其组成的军事组织；（e）'族类'，指以血缘为基础、人口规模较大的群体；（f）表示以血缘继承而因袭某一类职业的群体（如乐官）；（g）表示'宗'的分支（如'胙之宗十一族'）。""从这两部先秦经典中的'族'字的含义来看，所表述的是血缘群体，具体的词汇可以是家族、宗族、氏族，也可以是姻亲，但没有一处是用于表示当时的少数族群（"蛮夷戎狄"）。"④"（《尚书》、《周易》等）古代文献中出现的'族'字所指的对象，很可能并不是我们今天理解的'民族'或'族群'，而是以血缘姓氏为纽带的家族、氏族、宗教群体。""先秦时代并没有使用'族'来把各国、各地域的人群加以分类，而是对每个群体采用专用名称。"⑤

---

① 马戎：《中国传统"族群观"与先秦文献"族"字使用浅析》，《文化、族群与社会的反思》，北京大学出版社，2005 年，第 149 页。

② 韩锦春、李毅夫：《汉文"民族"一词考源资料》，中国社会科学院民族研究所，1985 年。

③ 童书业：《论宗法制与封建制的关系——评黄子通"宗法制度与等级制度是不是封建制度的特征？"》，《历史研究》1957 年第 8 期。

④ 马戎：《中国传统"族群观"与先秦文献"族"字使用浅析》，《文化、族群与社会的反思》，北京大学出版社，2005 年，第 153、154 页。

⑤ 马戎：《中国传统"族群观"与先秦文献"族"字使用浅析》，《文化、族群与社会的反思》，北京大学出版社，2005 年，第 156、158 页。

关于"非我族类，其心必异"，"直至晋朝，人们对'非吾族'的理解还是指'异姓'群体，并不是其他的'民族'或'族群'"①。

王赓武说："自商周以降，中国主导的思想，不管儒家也好，法家也好，多多少少有一种天下观念，而没有文化、民族、国家的观念，一直到唐末。这种天下观念是哲学家、思想家谈的一种价值观念，比较抽象比较理想，可以说是普世的，超越国界。但从宋朝到明清有很明显的趋势，就是渐渐有一种民族观念。""宋朝要抵制外来侵略——契丹、女真、党项、蒙古，保护华夏文化，一般人发展出了一种民族感。元朝不同种族的人分等级，南宋的遗民'南人'等级最低，民族感更加凸显出来。""但一直到宋朝明朝儒家还是讲天下观。朱熹的理学非常超越，基本上不讲民族也不讲国家，是很理想的一种精神天下。"②

直至清代早中期，据研究尚无"满族"之称，只有满洲与八旗，两者虽有重合，但并非同义，满语的国（gurun）与今天的国也非同义。在清初，所谓的"族"，指的不是 gurun，而是 hala，即氏族。乾隆九年（1744）诸臣工奉高宗弘历之命编纂的《八旗满洲氏族通谱》告竣，全书收录的 1114 个姓氏，即 1114 个 hala，便是由官方钦定的"满洲"的组成部分，也就是满洲的主体和核心。从此，上至清朝皇帝，下至普通百姓，凡说"满洲"或者"满人"，指的就是爱新觉罗皇室以及这些被纳入《八旗满洲氏族通谱》姓氏的人③。

由此可见，中国古代文献中的"族"与今天的"民族"不是具有同样内涵的概念，古代的"族"是具有血缘性的部族、宗族性质。"中国传统的'族群观'与欧洲文明中出现的'民族——国家''民族''族群'观念之间存在着差别，这也正是欧洲建立了许多小国家而中国作为统一的多族群大国一直延续了几千年的主要原因。"④也正因为如此，孙中山才会批评当时的中国："一般中国人民，只有家族主义和宗族主义，没有国族主义——往往因为保护宗族起见，宁肯牺牲身家性命。至于说到对于国家，从没有一次具极大精神去牺牲的。"⑤

---

① 马戎：《中国传统"族群观"与先秦文献"族"字使用浅析》，《文化、族群与社会的反思》，北京大学出版社，2005 年，第 155 页。

② 施雨华：《王赓武：民族国家与天下观念》，《南方人物周刊》2011 年第 42 期。

③ 定宜庄：《清末民初的"满洲""旗族"和"满族"》，《清华大学学报（哲学社会科学版）》2016 年第 2 期。

④ 马戎：《中国传统"族群观"与先秦文献"族"字使用浅析》，《文化、族群与社会的反思》，北京大学出版社，2005 年，第 164 页。

⑤ 孙中山：《三民主义（1924 年）·民族主义（第一讲）》，《孙中山选集》（下卷），人民出版社，1956 年，第 590 页。

直到19世纪80年代，中国才被拉入世界的"民族国家大家庭"，进入民族国家时代。"（而）在与列强发生互动，因而导致中国人传统的'天下四海'的宇宙观被打破之前，中国历史中所有的只有国朝人，而不是民族人。"[①]

从"民族"一词的出现来看，中国古代的"民族"一词始见于唐代李筌所著兵书《太白阴经》，序言中有"智人得之以守封疆，挫强敌；愚人得之以倾宗社，灭民族"之语，此处宗社与民族相对应，同为并列结构，应理解为"社稷"与"民众"，原意可解释为"灭国亡族"[②]。

近代中国"民族"概念源于日本明治维新以后借用汉语文的"民""族"两字翻译西方语言中的 Nation、Ethnic group，于19世纪末20世纪初传入中国，并随着近代中国民族民主革命运动的兴起而被普遍使用。1882年，王韬所撰之《洋务在用其所长》写道："夫我中国乃天下至大之国也，幅员辽阔，民族繁殷，物产饶富，苟能一旦发奋自雄，其坐致富强，天下当莫与颉颃。"[③]1896年，梁启超主编的《时务报》上发表的《土耳其论》一文出现"民族"一词[④]。随后，在梁启超的诗文中，如《二十世纪太平洋歌》《国家思想变迁异同论》等，"民族""民族主义""民族帝国主义"等词随处可见[⑤]。系统介绍西方学术界"民族"之定义，则始于1903年梁启超所撰《政治学大家伯伦知理之学说》，将德人布伦奇利的民族八大特质翻译引进之时[⑥]。

"民族"概念传入中国，正值鸦片战争之后，西方列强意欲瓜分中国，华夏面临亡国亡种之际。"民族"概念一引入中国，无论是维新派还是革命派，都立刻举起民族主义大旗，并把民族主义与解决中国现实政治问题紧密地联系在一起[⑦]。

为了救国保种，在"保国、保种"的呼声中，中国很快兴起一种构建中华民族历

① 张海洋：《中国的多元文化与中国人的认同》，民族出版社，2006年，第31页。

② 茹莹：《汉语"民族"一词在我国的最早出现》，《世界民族》2001年第6期。

③ 载《洋务运动》（第一册），第496页；转引自韩锦春、李毅夫编：《汉文"民族"一词考源资料》，中国社会科学院民族所理论室，1985年，第22页。

④ 见《时务报》，第11册，第24页。

⑤ 侯德彤：《汉文中"民族"一词的出现并非始自〈东籍月旦〉——质疑近年来民族研究中的一个学术观点》，《东方论坛（青岛大学学报）》2002年第6期；梁启超：《东籍月旦》，《梁任公全集》卷四，第209、212页；转引自韩锦春、李毅夫编：《汉文"民族"一词考源资料》，中国社会科学院民族所理论室，1985年，第32、33页。

⑥ 见《饮冰室合集》第5册，第71—72页；转引自韩锦春、李毅夫编：《汉文"民族"一词考源资料》，中国社会科学院民族所理论室，1985年，第51页。

⑦ 叶舒宪、彭兆荣、纳日碧力戈：《人类学关键词》，广西师范大学出版社，2004年，第174页。

史叙述，重塑民族历史记忆，培养中华民族认同的高潮。梁启超提出"保种""合群"的思路，开始以现代民族理论来思考问题，首创"中华民族"一词。1901 年，梁启超发表《中国史叙论》一文，首次提出"中国民族"的概念，并将中国民族的演变历史划分为三个时代："第一，上世史，自黄帝以迄秦之一统，是为中国之中国，即中国民族自发达、自竞争、自团结之时代也"；"第二，中世史，自秦统一后至清代乾隆之末年，是为亚洲之中国，即中国民族与亚洲各民族交涉、繁赜、竞争最激烈之时代也"；"第三，近世史，自乾隆末年以至于今日，是为世界之中国，即中国民族合同全亚洲民族与西人交涉、竞争之时代也"。在"中国民族"的基础上，1902 年梁启超正式提出"中华民族"概念。由"民族"到"中国民族"，再到"中华民族"，梁启超完成了"中华民族"一词的创造[①]。

王赓武认为："孙中山第一个用政治的方法把民族概念带到中国社会里头去，而且坚持谈这个问题。……他一直坚持民族主义——国家的建立以民族为基础这种概念。加上共和国、民权、民生等等，他介绍许多新的概念，而且把它们政治化，用于建立一个新的国家。这是一个很大的变化，天下观念就这么转变过来。"[②] 孙中山提出："民族主义就是国族主义"，"我们鉴于古今民族生存的道理，要救中国，想中国民族望远存在，必要提倡民族主义"。"我们要挽救这种危亡，便要提倡民族主义，用民族精神来救国。"[③] 随着中华民国的建立，孙中山提出"五族共和"的理论，进一步将现代"民族"概念和民族主义意识落到了实处，成为中国人的基本观念。费正清说："近代初期的中国还保留了非民族主义的传统，即只要统治有方，谁来统治都没有关系。""1911 年革命的意义在于消极方面的成就——消灭了君主制。它所消灭的不只是欧洲式民族国家的君主制，而是普天之下'天下'式的君主制。中国政治生活中年深月久的中心人物之所以能被抛弃，是因为民族主义已经抬头，提出了以中国的国家、文化和人民作为新的效忠对象。"[④]

由此可见，"中华民族"概念是在当代民族主义思潮下，在当代世界政治体系下由知识分子建构出来的。首先由少数人提出，然后通过媒体、书籍宣传、各种以民族名义的活动、仪式而被传布，大众受到影响，被塑造出认同情感。借助中华民族历史

① 李喜所：《梁启超首提"中华民族"称谓》，《文苑》2006 年第 4B 期。

② 施雨华：《王赓武：民族国家与天下观念》，《南方人物周刊》2011 年第 42 期。

③ 孙中山：《三民主义（1924 年）·民族主义（第一讲）》，《孙中山选集》（下卷），人民出版社，1956 年，第 590 页。

④ 〔美〕费正清著，张理京译，马清槐校：《美国与中国》（第四版），商务印书馆，1999 年，第 68、158 页。

记忆的构建，炎黄成为中华民族的共同始祖，因此，可以说："黄帝为中华民族共同始祖"说在"想象的群体"与"传统的建构"模式中被认为是近代中国国族主义下中国知识分子的集体想象与建构[①]。

在这一民族国家意识构建和认同培养过程中，中国近代新史学有关历史记忆的重构与叙述发挥了重要的作用。从这种意义上讲，中国考古学界热衷于将考古学文化与古代所谓的民族联系起来解读的做法不过是这种时代思潮的反映而已。

在中国封建王朝时期，一代代王朝不过是一家一姓的家天下、家政权，是代表上天来统治人民大众，民众只是被动的接受者、被统治者，一般被排除在国家政治和精英文化之外，他们与朝廷很难形成一种休戚与共、血脉相连的认同感、凝聚力。所谓夷夏之别也基本是以精英阶层对于以礼乐文化为代表的文化大传统的接受与否为标准，与广大民众关系不大。对于这种时代背景下的"族"，我们当然不能以当代"民族"的概念去理解。

总之，古代的"族"非当代的"民族"，古代的王朝也非当代的民族国家。古代的"族"是建立在共祖血缘基础上的家族性质认同单元。今天的民族虽然也借助于共同历史记忆的建构与宣传来培养共同认同感和凝聚力，甚至强调共同祖先，如中华民族"炎黄子孙"的传说和各地的炎黄诞辰祭祀大典，但民族认同的内涵多元化，共同血缘只是其中之一。

六、华夏与四夷：区分的主观性、相对性与可变性

人们也许会想：古代文献中的"族"的性质可能确实不是当代的"民族"，我们也无法从物质文化遗存中辨认出来，但华夏与四夷以及四夷之间应该是明显的民族差异了吧？因此，谈论古代的族群，当然回避不了"华夏"与"四夷"的问题。

首先，文献中的"四夷"是什么性质的呢？

塞缪尔·亨廷顿说："人们总是试图把人分成我们和他们，集团中的和集团外的，我们的文明和那些野蛮人。"[②]

在先秦的"天下观"中，中心是华夏，是由认同礼乐文化大传统的不同姓氏血缘宗族组成，即诸夏国家。他们彼此之间通过各种各样的血缘、联姻、经济、政治等关

---

① 沈松侨：《我以我血荐轩辕：黄帝神话与晚清的国族建构》，《台湾社会研究季刊》1997年第28期。

② 〔美〕塞缪尔·亨廷顿著，周琪、刘绯、张立平、王圆译：《文明的冲突与世界秩序的重建》，新华出版社，1999年，第12页。

系结成某种共同体。在周边夷蛮戎狄等非我族类的"他者"族群势力环伺而动的压力下，这种诸夏的"我者"认同强化了向心力、凝聚力。

与"我者"诸夏相对应的就是周边的"他者"族群，即夷、戎、狄、蛮、越、羌等。所谓东夷、南蛮、北狄、西戎是古代中原人对周边非我族类的泛称，即《礼记·王制》篇所记"东方曰夷，南方曰蛮，西方曰戎，北方曰狄"。

这些夷、戎、狄、蛮、越、羌并不是拥有共同政治中心的稳定政治体或拥有共同认同的某种族群认同体，其内部包括各种族群单元，彼此分散独立，合少分多，甚至互相敌对，不似中原王朝那样属于以中央政权为核心的严密、稳定的政治体。关于这类"夷人"的多邦，青铜器铭文和古代文献中多有记载，如西周厉王时期的𫄧钟铭文提到"南夷、东夷俱也，廿又六邦"。后来的四夷同样如此，如罗新所说："无论荆州的诸蛮或扬州的山越，都不能理解为各自统一的民族集团，因为山越内部和诸蛮内部的族群多样性十分突出，同一语系甚至同一语族之下，语言或方言的差别也一定因地区和族群的不同而普遍地存在着，有时这种差别甚至足以阻断交流，使在外界看来同属一个民族的族群内部无法沟通。"[1]

有时候，在这些部族众多的区域内，一旦出现一个英雄人物能将各个分散独立的部落族群聚合起来，形成某种政治体，对中原王朝政权就会构成巨大威胁，如商代的东夷、西周的徐偃王、战国以后的匈奴、突厥等，其中的成功者吸收中原文化，建立稳定的政治体，如商代来自西方的姬羌联盟、南北朝时期的鲜卑人就可能入主中原，取代前朝，建立自己的王朝政权。但总的来说，由于部族之间松散相处的特点，大部分这种联合体都不能保持稳定与可持续的存在，"其兴也勃也，其亡也忽也"，最终被中原王朝击败，成为一颗划过中国历史上的流星，只留下一道星光。

"诸夏"与"四夷"的"我者""他者"之分因时、因地而不同，且可以互相转化，其本质就在于"认同"问题，获得认同，被接受为"我者"的一员就是"华夏人"，反之，就是"夷、狄、蛮、戎之人"。《全唐文》中程晏的《内夷檄》说："四夷之民长有重译而至，慕中华之仁义忠信，虽身出异域，能驰心于华，吾不谓之夷矣。中国之民长有倔强王化，忘弃仁义忠信，虽身出于华，反窜心于夷，吾不谓之华矣。"[2] 即凡是愿意接受中华文化礼仪道德，"能驰心于华"，虽然"身出异域""吾不谓之夷矣"；相反如果是中国之民，"反窜心于夷"，那么就算"身出于华""吾不谓之华矣"，表明决定民族归属的关键作用是文化和心理认同。唐代韩愈在《原道》中说："诸侯

---

[1]　罗新：《中古早期的南方诸蛮："霑沐王化"或"依阻山险"》，《中国社会科学院院报》2009年5月5日第7版。

[2]　董诰等：《全唐文》卷八二一《内夷檄》，中华书局，1983年影印本，第8650页。

用夷礼则夷之，进与中国则中国之。"因此，华夷之辨，不是以种族为标准，而是以文化礼义为量度标准，合于华夏礼俗文明者为华，或称夏、华夏、中国人，不合者为夷，或称蛮夷、化外之民，如孔子所说："夷狄用诸夏礼则诸夏之。"楚国自称蛮夷，其后文明日进，中原诸侯与之会盟，则不复以蛮夷视之；而郑国本为诸夏，如行为不合礼义，亦视为夷狄。《荀子·正论篇》："故诸夏之国同服同仪，蛮、夷、戎、狄之国同服不同制。"

许冠三说："自三十年代末期起，陈寅恪即一再强调，'北朝胡汉之分，不在种族而在文化'，'汉化之人即目为汉人，胡化之人即目为胡人'。故北史中的胡汉问题，'实一胡化汉化之问题，而非胡种汉种之问题'。"[1]"华夷之辨最显著的特点就在于，它不是以种族、血缘为基础，而是以文化为基础，故而华夷之间是可以转换的。"[2]北魏之时，北方六镇人口既有鲜卑人和其他北方草原文化的族群，也有胡化的汉人，而迁入中原的鲜卑人则高度汉化。最终，留在北方六镇的鲜卑人与入主中原的鲜卑人产生了隔阂，导致六镇起义反叛在洛阳的中央。

冯友兰说：中国人对文化或文明的延续和统一至为关切，因而采用文化而非血统标准区分"民族"。说元朝、清朝是外民族统治，那是用现代民族主义眼光看待历史。事实上明朝官修《元史》视元为继承宋朝正统，民国官修《清史稿》又视清为继承明朝正统。"人们或许说中国人缺乏民族主义，但是我认为这正是要害。中国人缺乏民族主义是因为他们惯于从天下即世界的范围看问题。"[3]

如果从对中原礼乐文化的认同角度来看，三代时期的青铜礼器而不是作为日用品的陶器可能更能反映这种礼乐文化的认同，但我们似乎尚缺乏充分的理由将三代"青铜礼器文化圈"视为一个华夏民族认同体。

七、"夷夏之变"与"夷夏之辨"

前面，我们讨论了古代夷夏之间文化认同的主观性、相对性与可变性。从中国古人对于夷夏关系的看法来说，同样如此，有时候强调夷夏之间交流、融合，有时候强调夷夏区分，要求保持自身文化独立性。哪种观点居于主导地位，本质上不是取决于

---

① 许冠三：《新史学九十年》，岳麓书社，2003年，第283页。

② 但兴悟：《作为朝贡体系观念基础的华夷之辨与中华意识》，《新亚洲论坛》创刊号（2007—2008年度中国赴韩学者学术论文集），首尔出版社，2008年，第205页。

③ 冯友兰：《中国哲学简史》，北京大学出版社，1996年，第162—164页。

族群文化的差异，而主要取决于当时的社会背景和政治需要。

　　"普天之下，莫非王土，率土之滨，莫非王臣"与"明夷夏之辨"是既矛盾又统一的对立统一观点。自居正统的中原王朝处于强势地位时，就强调"普天之下，莫非王土，率土之滨，莫非王臣"，承认夷夏都是"王臣"，帝王要以对待子民的态度怀柔远方，如汉唐时期。自居正统的政权处于弱势时就强调"夷夏之辨""尊王攘夷"以凝聚人心，强化认同，以便巩固统治，以期一致对外，如南宋时期。前者是"天下一统"思想的反映，后者是夷夏政权分立时期的观念。

　　实际上，在中国历史上，夷可变夏，夏可变夷，是不同时代人们主观认同和观念上的反映，随形势和政治需要的变化而变化，并不存在具有绝对客观标准的夷夏之别。正如有学者所说："对华夷之辨的理解，存在两种对立的倾向，一种强调华夷之间的区别，坚持'尊中华，攘夷狄'；另一种则强调华夷之间的整体性，'天下一家'。'九夷、八狄、七戎、六蛮，谓之四海。''四海之内皆兄弟'。""夷夏之辨的开放与保守也是中国盛衰的一面镜子，在中国强盛之际，夷夏之辨往往表现出开放的一面，如盛唐的唐太宗曾称'自古皆贵中华，贱夷狄，朕独爱之如一'。而当中原王朝相对衰落之际，夷夏之辨就更多地体现出封闭的一面。如王夫之所说：'天下之大防二：中国夷狄也，君子小人也。'"[1]"即使在同一代人甚至同一个人身上，其华夷论说亦随其在文化大小传统中的地位升沉而迥然而异。如作为起义军首领的朱元璋与作为明太祖的朱元璋在华夷问题上的说法不同；作为同盟会首领的孙中山与作为中华民国临时大总统的孙中山在民族问题上的说法也不同。但下列两点却一直清楚：一是在'华夷'论说中，'华'从不是特指某个具体'民族'，'夷'也不是；二是历朝皇帝在登极之初，实力强盛，内部矛盾和缓时，都倾向于弱化华夷之辨而提倡礼制文教的化育之功以图进取。王朝衰落，皇权虚弱，内部矛盾紧张时，则强化华夷之辨，甚至迷信武力和血统论以图自保。"[2]

　　由此可见，古代的夷夏之辨不是重在区分出不同的民族，并强调各自的合法性、独立性和主权，而是中原统治集团在面对来自周边的政治军事压力时借以号召各阶层力量，凝聚共识、强化认同的政治工具而已，所谓"非我族类其心必异"是也。一旦中原政权占据优势，取得主导地位时，又强调"夷夏一家"，"四海之内皆兄弟也"。只有在民族主义盛行的当代民族国家时代，民族的认定才会被特别强调。

① 但兴悟：《作为朝贡体系观念基础的华夷之辨与中华意识》，《新亚洲论坛》创刊号（《2007—2008年度中国赴韩学者学术论文集》），首尔出版社，2008年，第207、208页。
② 张海洋：《中国的多元文化与中国人的认同》，民族出版社，2006年，第155页。

　　"夷夏之辨"与"夷夏之变"偏重的时代性变化与对"民族主义思潮"的强化与淡化有异曲同工之妙，国家强盛时就淡化民族主义，强调"夷夏之变"，即追求不同族群之间的融合和趋同。当国家衰弱、面临外来族群威胁时，就强调"夷夏之辨"，高举民族主义、爱国主义旗帜，强调"我者"与"他者"的不同与对立，以强化族群内认同、凝聚力以便一致对外。这种"夷夏之变"与"夷夏之辨"的时代性反映了夷夏之别的相对性与可变性。

　　中国历史上，在"夷夏之变"与"夷夏之辨"的历史反复之中，蛮夷之地不断成为王朝的州县等地方行政区划，蛮夷之人不断成为"编户齐民"，即接受王朝统治，纳入华夏政权管理体系，缴纳赋税，成为王朝"子民"，主导思想上也接受儒家文化观念，戎、狄、蛮、夷不断被"华夏化"。华夏文化认同的范围由此不断扩大，人口不断增加，为近代中华民族认同的形成奠定了基础。

　　王明珂说："华夏边缘的扩展包括两个同时并进的过程：一是华夏重新定义谁是异族，一是原来的非华夏假借华夏祖源而成为华夏。前者如战国至东汉时期华夏心目中'羌'的概念不断西移，后者如吴国王室假借一个华夏祖源——太伯奔吴——以成为华夏。""在商代，商人称西方人群，或西方某一人群为羌。秦至汉初时，当华夏认识陇山以西的人群时，他们称天水到洮河、白龙江一带的人为氐与羌，氐在东而羌在西。当汉帝国的势力逐渐扩张至甘肃河西走廊、西域、青海地区的河湟，以及西南夷之外的西方地区，并与当地人群往来接触时，原来被称做戎、氐羌或羌的西方人群不断融入华夏，于是汉人心目中'羌'的概念也向西漂移。陇西是一个出发点：往西北，在西汉中期'羌中'这一地理概念由陇西移往河西走廊；往西方，西汉中晚期之后'羌人'逐渐成为河湟土著的代名词；在西南方面，汉人心目中的'氐'由甘肃南部扩及四川北部，'羌'的概念则沿汉代西疆南移。"[①]东夷、越人的变迁也走过了相似的历史过程。"东夷"在不同时代的人群对象也不同。来源于东方的商在夏人眼里大概是东夷人，然而，在商周时期，山东、淮河流域的人又成了东夷之人。东汉、魏晋的东夷则指的是遥远的朝鲜半岛、日本诸岛等地之人。总之，"夷"的对象和包含人群是不断变化的，是随着时势的变化而与"我者"不同的"他者"，是一种参照对象，难有明确的物化判断标准。

　　因此，中国不存在所谓纯种的汉族人。在历史的长河中，不同族群都在不断与汉族融合。人类群体遗传研究专家对遗传基因长期研究的结果，也证明"汉族中至少有70%—80%不是汉族，广东人基本是南方蒙古人种，海南岛靠近五指山边缘的汉族与

①　王明珂：《华夏边缘——历史记忆与族群认同》，社会科学文献出版社，2006年，第5、161页。

黎族并无太大差别"①。

在人类历史上,各种族群认同分分合合,不断分裂与融合,变化不断,许多族群消失了,又有许多新的族群出现了,没有一成不变的民族文化,更没有一成不变的纯种民族。我们不知道这个世界是否存在某支历经几千年仍然保持纯洁血统的族群,我们所知道的只是这种几千年,甚至上万年血脉相承,文化一致的民族只存在于史家建构的民族史叙述和人们的历史想象与记忆之中。应该说,炎黄血缘谱系也是这种不断被建构的历史想象与记忆,中国历史上曾经存在过的各种族群、各种区域政权都在这一谱系中找到自己的认同和归属感。

许多古代族群在历史上的消失往往不是人种的灭绝,而是身份认同发生了根本性变化,与其他族群融合了,作为原族群认同的历史记忆、各种象征、传统、甚至文字、语言因为种种原因或被遗忘,或被重构,或被编入另一历史记忆中共同构建出一种大家共同认同的新的历史记忆,原来的成员渐渐接受作为另一种族群身份认同的历史记忆、语言、文字或象征体系、宗教信仰。认同改变的同时,往往可能伴随着基于族群的政治、宗教或血缘核心组织的消亡。

古代夷夏认同的这种相对性、主观性与可变性为我们将考古学文化与古代文献中的"族"对应起来的研究增添了巨大障碍,考古学家能否从考古发现的物质文化遗存中准确地辨认出某种"民族认同体"呢? DNA检测等分子生物学手段又能否解决作为人类文化现象的民族的溯源问题呢?

八、考古学文化不能简单解读为国家政治体或民族认同体

前面我们讨论了相对于广义的文化概念及其内涵,考古学文化的定义、划分标准和本质特征,以及国家政治体的基本特征及其物化象征,"民族"的本质、基本特征及其是否存在物化象征的问题。

根据这些讨论,考古学文化本质上是考古学家提出的用于描述考古发现,阐述发现意义,构建古史叙述的概念,是考古学家创造的一种具有时代特色的工具和概念。考古学界所使用的"考古学文化"概念内涵复杂、缺乏统一标准。在考古学实践中,我国考古学界基本上都采用陶器作为划分考古学文化的标准。

考古学文化为什么不能简单地解读为国家政治体?

因为主要以陶器为标准划分的考古学文化与以特殊物品为物化象征的国家政治体

---

① 张海洋:《中国的多元文化与中国人的认同》,民族出版社,2006年,第17页。

之间有本质的不同，缺乏同质性，因此考古学文化不能简单地解读为国家政治体。正如前文所论，一个考古学文化进入了国家阶段与它是不是就是一个国家或某种政治体是不同的两件事。一个考古学文化可以包括多个彼此独立的政治体，一个政治体也可能涵盖几支考古学文化。如果要从考古发现的物质文化遗存确定古代国家政治体，应该找到一类大家公认的国家政治体的物化象征，并以之为标准划分出某种考古学文化，而不是现在这种主要以陶器为标准划分的考古学文化。

考古学文化为什么不能简单地解读为民族认同体？

基于前面的相关讨论，我们可以从下面几个方面加以分析。

首先，两者的内涵、区分标准不同，不具有同质性，因此，我们不能简单对应，做出某种考古学文化为古代文献中的某族的解读。

按照当代的主流学术观点，"民族"是一种想象的共同体，共同的主观认同和"我者"与"他者"的区分意识是基本条件，认同对象与象征多种多样，千变万化，从考古学文化的物质遗存上确定哪些是民族认同对象并进而界定考古学文化为民族认同体，非常困难。"民族志资料显示，用同样陶器的人可能属于不同的族群。这也就是许多研究者不能同意以考古文化遗存探索古代民族分布与迁徙的主要原因之一。文化特征与族群之间的确存在某种关系。……但以此文化特征来判断'族属'，首先我们遭遇的困难是，并非所有的文化特征都被用来表现族群认同。从考古材料中，我们很难知道哪一种是古人用来表明自己族群身份的文化特征。其次，即使我们能掌握一个人群自我宣示的族群文化特征，从 situational ethnicity 的观点来看，一个族群与不同异族互动时，可能会强调不同的文化特征来排除不同的异族。因此，同一族群的活动，在考古上可能留下不同的文化特征。""以考古文化特征来追溯一个社会人群的范围，所面临的另一个困境是，特定文化特征在空间人群中的分布，常呈连续性变化，没有明确的边界。或者，不同文化特征所界定的人群，常成一个个重叠而又不完全相合的圈子，它们与民族边界往往不相符合。例如，许多学者以先周考古遗存中的分裆鬲与联裆鬲来划分古文献中的姜姓与姬姓两大部族，并以此追溯周人的族源至光社文化、客省庄二期文化或辛店、寺洼文化之中。这样的研究忽略了鬲以及鬲的局部特征只是考古文化所见许多的物质文化现象之一。如果我们以其他物质文化现象，如盆、罐，或葬式、墓葬结构，或以青铜器，来追溯周人的族源，我们可能得到许多不同的结果。"[①]

其次，古代文献中的"族"往往不是今天的民族性质的认同体，而且在历史长河中，这些曾经存在的不同"族"之间分分合合，不断变化，"族"的认同呈现出明显的主观性、

---

① 王明珂：《华夏边缘——历史记忆与族群认同》，社会科学文献出版社，2006年，第37、38、40页。

相对性和可变性，没有固定不变的作为判断标准的物质文化象征与民族文化传统，因此，难以确定公认的可以作为区分不同民族的物化标准——某几类古代文化遗存。

　　既然古代文献中的"族"不是今天的"民族"，不同时期的族群各不相同，而且历史上的族群认同是主观的，是不断融合、变化的，共同的历史记忆随着时代的变化而不断被解构与重构，那么，这种主观认同是否存在某些固定的物化象征用品？是如何体现在物化象征品上的？如果没有确定的标准和物化象征品，我们如何从物质形态的考古学文化遗存中去判断它们的民族属性？至少某种物质文化共同体，如陶器文化共同体（即一般的考古学文化）不能代表民族认同体，因为我们无法确定以陶器为标准的考古学文化与古族认同之间存在同质对应的关系。

　　实际上，随着考古学文化与民族、国家关系讨论的深入，大家也日益意识到考古学文化与族群关系的复杂性，不能简单地对应。

　　"对于考古学中习用的将文化对应于族群的做法，特里格在《社群的概念》和《种族、语言和文化》两篇文章里着重探讨了这个问题，并明确指出，考古学文化无法以任何一种机械方式与诸如游群、部落、语言群、民族或者国家这样的社会群体或政治单位相对应。这不是材料不够充分的技术原因造成，而是因为物质文化的分布本来就未必与社会或政治结构相一致。民族学例子表明，拥有相同物质文化的人群，会在社会、政治或语言上彼此不同。同样，同一社群或部落的成员会有不同的生活方式。柴尔德自己也认识到了这个问题，指出'一个考古学文化的社会对应面只能用非特指的人群（people）来称呼'。"① 希安·琼斯认为，物质文化的异同并不能够提供一种族群亲疏关系的直接证据。"用文化来分辨族群，犹如用语言来建立族群认同一样，是一种高度主观的构建。"② "族属和物质文化之间的关系似乎难以捉摸，变化万端，对考古学家来说特别难以把握。并不令人惊讶的是，对族属的人类学最新理论有了了解，会令某些考古学家产生一种极端怀疑的态度，会认为族属是考古学探究一个不适当和难以企及的对象。"③

　　根据前文的文化定义和内涵界定，陶器属生产生活物质技术层面，而国家、民族属于制度、观念层面的文化现象，彼此之间没有同质对应性。认为陶器特征能反映族属或政治体的异同是建立在未经讨论的有问题的假设前提之上。

---

① 〔加〕布鲁斯·G.特里格著，陈淳译：《时间与传统》，中国人民大学出版社，2011年，第295页。

② 陈淳：《文化与族群——〈族属的考古——构建古今的身份〉译介》，《中国文物报》2016年1月26日第6版。

③ 〔英〕希安·琼斯著，陈淳、沈辛成译：《族属的考古——构建古今的身份》，上海古籍出版社，2017年，第158页。

"民族学观察对陶器在分辨民族群体和文化关系上，也提出了值得深思的问题。比如，美国亚利桑那州霍比印第安部落的研究发现，这些部落群体的许多村落主要分布于西南部的平顶山地上，对这些群体陶器的观察发现，器物形制是根据平顶山地居住地点的不同而异，而不是根据村庄、血缘群或宗族关系而发生变化。然而，在弗里德利奇（M Friedrich）对墨西哥塔拉斯坎（Tarascan）村落的陶器纹饰分析表明，形制特征的变异与陶工之间交往和接触的频繁程度有关。""英国考古学家艾恩·霍德在对肯尼亚巴林戈湖（Lake Baringo）地区三个不同部落妇女耳环的研究中，尝试采取一种区域性的研究来调查物质文化（在本案例中是个人的装饰品）在何种程度上可以标志部落之间的差异。他发现，尽管不同部落的个人之间有着密切的交往，但是许多器物和形制特征基本局限于特定的部落分布区域。同时，三个不同部落妇女耳环所标志的文化特征分布不一定和其他的文化特征比如陶器重合。于是，考古学家不再认为事情有那么简单，可以采用考古学器物组合的辨认就可以把它们归入到不同的'文化'中，然后认定每个'文化'就代表了一个社会群体或单位。"①

因此，我们不能对考古发现的任何一种遗物不加分析地简单赋予其某些象征意义，然后据此得出某些宏大的历史解读与解释。正如前面的分析，陶器与青铜礼容器虽然都是容器，但它们之间具有明显不同的功能和象征意义。陶器，在大部分情况下属于日用品，目的是满足人们的日常生活需要，其形制特征既与传统有关，也与技术有关，更与环境条件有关。主要基于陶器形态及组合差异而划分的考古学文化，是考古学家在没有更好的办法情况下，不得不建构出的一种历史描述、叙述体系。由这种考古学文化而简单地上升到考古学文化等同于民族认同体，甚至国家政治体，是未经学理讨论，更未经检验的想当然之假说。总之，考古学文化是一种考古学家主要依据陶器标准建构的当代概念，它既不能反映某种政治共同体，也不能反映某种族群认同体！

考古学文化以什么为标准划分，就是什么文化共同体，如陶器共同体、石器共同体、青铜礼器共同体等。这些共同体的历史文化意义解读依赖于对所采用标准的功能与历史文化意义的判断，如作为日用品的陶器，作为礼器的铜器，等等。如果我们能判断哪些遗物可以作为当时国家或族群这类人类社会组织的象征物，然后方可做出考古学文化与国家政治体、民族认同体具有对应关系的合理推断。

现在我们基于陶器器形及组合特征的考古学文化区系类型划分只能反映当时各区域之间日常生活和下层民众文化的异同。有学者说："考古学文化"并不对应民族认同、语言、血缘、宗教、阶级等现代划分社会群体的标准，它甚至不能对应经济形态、

① 转引自陈淳编著：《考古学理论》，复旦大学出版社，2004年，第172、173页。

政治组织，而是更接近"乡土地域"的概念①。此说甚为合理。考古学文化区系类型划分与政治体或民族认同体的区分没有必然的对应关系，基于陶器特征划分的考古学文化不代表古代某种国家政治体，也不等同于某种民族认同体。

同样，对于以其他古代遗存现象为标准来推断族属，我们也应慎之又慎，如我们常常以腰坑、头向、墓葬形制来推论墓主人的族属，如果青铜器上有族徽铭文，似乎就更能成为定论了。但实际情况并非如此简单，这些物化遗存特征不一定就与墓主的族群认同身份构成对应关系。湖北随州叶家山曾侯墓地就是一个典型例证。在叶家山曾侯墓地发现之初，许多学者根据墓葬的东西向特征，许多墓葬有腰坑、殉狗等现象，尤其是墓中随葬的青铜器多见族徽、日名等这些典型的商文化因素特征，推论叶家山曾侯是非姬姓的姒姓曾侯。加之商代甲骨文中也有曾国的记载，这种推论似乎很有道理。但 2009 年随州文峰塔春秋大墓发掘出土的曾侯與编钟铭文明确记载曾侯自述为后稷之玄孙，周初贵族南公适之后②，据此可以推定叶家山曾侯为周初分封到南方的姬姓曾侯，此结论更有说服力。

生产生活用品、物质技术、社会制度与思想观念等不同层级的文化表现在不同类型的物质文化遗存上，不同的文化遗物具有不同的功能和文化寓意。从学理上讲，如果我们希望考古学能解决古代的国家政治体或民族认同体的问题，首先必须找到与国家或民族认同相对应的象征物品，而不是以日常实用属性为主、基本不具有国家或族群象征寓意的陶器及陶器群。对此，我们不能稀里糊涂、张冠李戴！

现在，国内学者也越来越多地意识到将考古学文化简单地与民族联系起来存在的问题，如李伯谦说："在考古学文化与人们共同体、与族的对应问题上，有时也会出现十分复杂的情况，甚至在特殊情况下，一个考古学文化可以为两个或两个以上的族所使用，一个族也可以使用两个或两个以上的考古学文化。"③

总之，考古学文化及其区系类型作为考古学家面对考古发现的古代物质文化遗存而创造的一种概念和建构古史叙事的框架体系可以使用，但也仅限于此。对于其意义的解读应该谨慎、克制，任何过度的解读，比如与某某国家政治体、某某民族画等号，都是简单粗暴的，应该慎之又慎。

对夏商周考古相关研究的反思。

---

① 陈胜前：《文化考古刍议》，《南方文物》2014 年第 2 期。
② 湖北省文物考古研究所、随州市博物馆：《随州文峰塔 M1、M2 发掘简报》，《江汉考古》2014 年第 4 期；《"随州文峰塔曾侯與墓"专家座谈会纪要》，《江汉考古》2014 年第 4 期。
③ 李伯谦：《考古学文化的族属问题》，《考古学研究》（七），科学出版社，2008 年，第 452—459 页。

从考古学文化不能简单解读为国家政治体或民族认同体这一原理来重新审视中国的夏商周考古及其研究思路，其中的许多问题很值得引起我们的注意与反思。

首先，古代文献中三代时期的夏人、商人、周人、东夷、羌戎等所谓"族"的性质到底是什么？民族抑或宗族、家族？泛称抑或特称？这种"族"的认同是否会反映在物化象征上？哪些文化遗存属这类象征？为什么？

同样，夏朝、商朝、周朝等国家的性质是什么？表现在物化象征上是什么？为什么是？三代时期的铜器和陶器在反映实用功能、思想观念、社会等级和族群或政治体认同上是否具有同等价值，还是应该有所区别？如果陶器不能作为国家政治体或民族认同体的物化象征，那么，以陶器为主要标准划分的二里头文化、二里冈文化是否就不能简单地被等同于夏族文化或夏王朝文化、商族文化或商王朝文化，等等？

正如杜朴尖锐地指出的："即使在可以观察到的现代社会，民族的划分都是很困难的。就概念而言，这是很模糊的。夏在'种族上'或语言上是否与商不同？面对二里头文化与二里冈文化（早商）物质遗存的明显相似之处，种族在考古材料上又是如何体现的呢？""考古学文化能否等同于民族（部落或国家）？如果可以等同，那么现在通过物质遗存可以说明中国北部有多少民族？"[1] 即使我们以更具有政治制度和思想信仰象征功能的礼器作为这一时期民族认同的物化标志，恐怕也有问题。试举一个很简单的例子，我们知道，先周时期周人的青铜礼器文化学习自商人，如关中地区先周青铜器组合跟商人没有根本的区别，如果我们以青铜礼器作为判断标准，那么，商、周就归于一个民族了。同样，山东东夷文化的青铜礼器与中原商周文化的青铜礼器也基本一致。

对于这些立论的前提理论问题，我们不能回避或做模糊处理。如果这些问题没有解决，从考古学文化探索文献记载中的夏文化、先商文化、先周文化等就缺乏学理的支撑和逻辑的合理性，甚至就是伪命题。

文献记载的夏、先商、商、先周等等无疑是值得中国考古学探索的目标，但如果我们只是简单地将某些考古学文化视为就是文献中的特定国家政治体或民族认同体，彼此之间具有完全的、实质性的对应关系，进而认为考古发现与研究证实了这些文献记载，实现了"证经补史"的目的，使中国史学走出了"疑古"，实现了"信古"，那就有问题了。

从某种意义上讲，考古学中的夏文化、先商文化、先周文化等课题的提出是传统

---

① 〔美〕罗伯特·L.杜朴著，张良仁译，张立东校：《二里头遗址与夏文化探索》，《夏文化论集》，文物出版社，2002 年，第 567 页。

史学"证经补史"思维的产物，其所使用的夏文化、商文化、先商文化、先周文化、周文化等概念是当代史家结合人类学的"文化"概念、当代的国家概念和历史文献中的夏、商、周王朝概念，通过将文献中的基于血缘的家族、宗族明确地或潜在地诠释为当代的民族而形成的。从这一角度来看，中国考古学界迄今对三代考古的主要研究成果基本是建构了一种利用传统文献记载对考古发现进行解读、阐释与建构的历史陈述体系，虽然具有中国史学特色，但视野、观念有待扩展，解读与建构有待开拓和多元化，走"考古学史"的道路更能发挥考古学的优势，史学创新具有更广阔的前景。

第十三章 从今之"中国"到古之"中国"：当代民族国家史叙述的构建

所谓"最早的中国"这一说法具有明显的当代性。

在当今主权独立的民族国家作为普世政治体而存在的大时代背景下，在中国文明探源研究学术热点的带动下，"最早的中国"成为当今史学界、考古界的一个热门话题，各种观点纷纷出现。

中国悠久的历史学传统给我们带来的印象是："中国"自古以来就存在整体性、一致性，历史悠久，源远流长，传承有序，在当代中国的这片大地上，最早的文化就是中国文化的始祖，最早的国家文明就是"最早的中国"，古今"中国"一脉相承，历史文化延续不断。根据文献记载，传统上一般认为最早的中国就是中国历史上建立的第一个国家——夏王朝。近年来，随着中国考古学的发展，不断带来令人震惊的各地考古新发现，远远超越了传统文献记载所提供给我们的关于这片大地上古人文化成就的认知和想象，促使我们重新认识文明的出现、国家的诞生、文化的特征，等等。根据这些考古发现，国内不断有学者提出各种版本的"最早中国"说，如二里头文化最早中国说[1]，陶寺文化最早中国说[2]，良渚文化最早中国说，红山文化最早中国文明说，甚至庙底沟二期文化已形成最早的文化中国说[3]，等等。

但并不是所有的学者都接受这种古今一体的观念和"最早的中国"可以不断直接前提的做法，"过去，外国的中国学界一直有争论，即古代中国究竟是一个不断变化的'民族——文明——共同体'，一个浩瀚无边的'帝国'，还是从来就是一个边界清楚、认同明确、传统一贯的'民族—国家'？"[4] "不能要求欧美、日本的学者，像中国大陆学者那样，出于自然的感情和简单的认同，把'中国'当作天经地义的

---

① 许宏：《最早的中国》，科学出版社，2009年。
② 《"最早中国"从这里走来》，《人民日报·海外版》2015年12月14日第4版；《中科院：山西陶寺或系尧帝都城 最早中国非夏朝》，《京华时报》2015年6月19日，http://news.sohu.com/20150619/n415299072.shtml。
③ 韩建业：《早期中国：中国文化圈的形成和发展》，上海古籍出版社，2015年。
④ 葛兆光：《宅兹中国：重建有关"中国"的历史论述》，中华书局，2011年，第4页。

历史论述同一性空间（应当承认，有时候，中国大陆学术界以现代中国的政治领属空间为古代中国来研究历史的习惯，确实是会引起一些问题的），更不能要求他们像中国大陆学者那样，有意识地去建设一个具有政治、文化和传统同一性的中国历史。所以，有人在进行古代中国历史的研究和描述时，就曾经试图以'民族'（如匈奴和汉帝国、蒙古族和汉族、辽夏金和宋帝国）、'东亚'（朝鲜、日本与中国和越南）、'地方'（江南、中原、闽广、川陕甚至各个州府县）、以及'宗教'（佛教、回教）等等不同的观察立场，来重新审视和重组古代中国历史。这些研究视角和叙述立场，确实有力地冲击着用现代领土当历史疆域，以政治边界当文化空间来研究中国的传统做法，也改变了过去只有'一个历史'，而且是以'汉族中国'为中心的'中国'论述。"①台湾学者吕春盛对大陆流行的四种关于"中国"的论述，都做了尖锐的批评，认为要界定一个完整意义的"历史上的中国"，恐怕是几近不可能的事②。

　　那么，从建构史观的角度，我们如何来看待这些问题？即为何那些在当代中国范围内的考古学新发现往往被简单地、直接地定性为"最早国家"，进而成为"最早的中国"？历史学家、考古学家是如何处理这些早期复杂社会与当代民族国家的"中国"之间的关系，进而构建出一种当代民族国家史的叙述？为何这样处理？什么样的思维方式在其中发挥着作用？我们如何看待这种观念和思维方式？

　　如果我们能厘清这些问题，那么，我们对于当前的一些历史学困境也许就有了更深刻的理解，对于历史学、考古学的时代性、思想性也就有了更深切的体会。

第一节　古代天下观下的"中国"

一、中国古代的"天下观"

　　要想真正理解古代"中国"这一概念的内涵，必须首先理解古人的"天下观"。

　　"天下"是中国古人对整个世界的一种想象和称呼，那么，古人想象中的天下是怎样的呢？

　　商朝时，关于中心和四方等方位概念就已确切地出现了。西周时期，《诗经·小

---

① 葛兆光：《宅兹中国：重建有关"中国"的历史论述》，中华书局，2011 年，第 5 页。

② 吕春盛：《关于大陆学术界"历史上的中国"概念之讨论》，《台湾历史学会通讯》（台北：历史学会，1990 年第二期）。转引自葛兆光：《宅兹中国：重建有关"中国"的历史论述》，中华书局，2011 年，第 14 页。

雅·北山》记载："普天之下，莫非王土，率土之滨，莫非王臣。"天下既是超越血缘性的人群集合体，也是超越具体国家政治体的地缘统合，成为广域性地缘统合体。从周代到秦汉，"天下""四海"等词汇频频出现在文献中。

日本学者田崎仁义通过对《尚书·洪范篇》的分析，认为："天下即所谓普天之下，意味着世界与无限之地。""领土无限的观念，换言之即为拥有天下，即为大一统思想。""洪范中的天下观念，并不认为拥有服从君权之身份的人民有一定的范围限制，人类全体都可以成为王治之下的人民。"平冈武夫"将天之理念实践、扩展至全天下的，乃是'天子'。将天之理念作为实践目标而接受时，称之为'天命'。天命的内容，就是安定天下之民的日常生活。……以民之意志、感觉为己之意志、感觉而实现天命的能力，就是所谓的'德'"。天下型世界观就是以"天""天子""民""德"这四个词语为基础而形成的[①]。

历史学家通过研究夏商周三代的国家政治形态，指出："今天我们所说的夏、商、周三'朝'之相继确立，在当时人看来，夏之为夏、商之灭夏、周之翦商，并不是建立了一个新的'国家'，而是统治了'世界'，也就是成了天下之主。明确了这一点，我们就可以知道，今天我们所谓'国家'，在那个时代的人眼里，是有唯一性的，也就是说，'夏王朝'是夏那个时代的世界的全部，商、周也是一样，周人所谓'普天之下莫非王土，率土之滨莫非王臣'，应该是那时候人们关于统治范围的实际认识，而不是夸诞之辞。""他们（周人）以为他们所居住的黄河流域，再进而扩展到东至于海、南至于海、北至于肃慎、西至于流沙，这就是'天'之下的全部。因此，他们创造出'天下'这个词，实是用来指称他们眼中的'世界'；而这个世界，他们也称之为'四方'。""这个'四方'，不仅包括中原的诸侯庶邦，也是包括当时所谓'蛮夷'的，《大雅·江汉》、《虢季子白盘》、《驹父盨盖》铭文等例子都表明，那时所谓'蛮夷戎狄'，统统都包括在周王所统治的'天下'、'四方'之内。"[②]"三代的递嬗，按当时人的说法，是所谓天命的转移，是一个国家内部兴起的一股势力夺取了政权，而不是敌体的两个对立国家一个战胜了另一个的结果。因为三代国家是唯一的，当时国家的统治者（夏、商的王，周的天子），也就成了至尊无上的'一人'，其他各地诸侯邦君、蛮夷戎狄的首领，都无法取得与天子对等的地位。自夏商以至西周，这种情形维

---

① 〔日〕渡边信一郎著，徐冲译：《中国古代的王权与天下秩序：从日中比较史的视角出发》，中华书局，2008年，第11、12页。

② 赵伯雄：《周代国家形态研究》，湖南教育出版社，1990年，第206—219页。

持时间甚久，给了古代中国人极其深刻的影响，'天下一统'的观念即由此而来。"①

日本学者渡边信一郎认为，以战国汉初的非儒家文献为中心，四海、四极、四荒等超越了九州＝中国的诸领域被构想出来了。九州—四海—（四荒）—四极这样依次延展的重层式世界观，是以王城为中心渐次扩张的世界，是中国中心的世界观②。王朝之名被定义为"领有天下之号"，始自王莽，并成为其后历代王朝国号观念的基础。分裂时期的王朝与异民族入主中国所建立的王朝，多单以国号称呼王朝之名。但是在统一王朝的场合，则都将王朝之名明记为"领有天下之号"③。

殷海光、Arthur F. Wright 等也提出过相似的观点④。

总之，天下只有一个中心——中国，天子受命于天，居于中国，管理天下，是天下的象征，正如司马光所说："窃以为苟不能使九州合为一统，皆有天子之名而无其实者也。"（《资治通鉴·卷六十九·黄初二年下·著正闰之论》）

传统上，从孔子的"天下大同"理念，儒家的"修身、齐家、治国、平天下"，到张载的"为天地立心，为生民立命，为往圣继绝学，为万世开太平"，范仲淹的"先天下之忧而忧，后天下之乐而乐"，再到顾炎武的"天下兴亡，匹夫有责"，均是一种天下情怀，是对人类共同命运的关怀，并不是一种限于有限人群和地域的"民族国家"情怀。在中国历史上一般只有自称拥有天下的王朝，没有边界清晰、主权平等的国家概念。"数十年来，国家主义，也正在发展。原来在我国过去，只有天下的观念，或是世界的观念，没有近代的国家主义，所谓'普天之下莫非王土，率土之滨莫非王臣'，就是这个意思。"⑤有学者说："在与欧洲发生接触之前，中国的语言中没有与西方的'民族'这一概念对等的词汇，更不用说这个词汇所包含的'民族国家'这层政治含义。到那时为止，乃至在那以后很久，中国在客观上都是一个具有许多文化小传统和一个文化大传统，基本处于'帝国'状态。……按照'天无二日'的逻辑，世界上当然没有与它对等的概念。"⑥

虽然，清初的顾炎武在《日知录》中对天下与国家的关系进行过思考，开始将天

① 赵伯雄：《周代国家形态研究》，湖南教育出版社，1990年，第321—328页。
② 〔日〕渡边信一郎著，徐冲译：《中国古代的王权与天下秩序：从日中比较史的视角出发》，中华书局，2008年，第67页。
③ 〔日〕渡边信一郎著，徐冲译：《中国古代的王权与天下秩序：从日中比较史的视角出发》，中华书局，2008年，第4、5页。
④ 殷海光：《中国文化的展望》，上海三联书店，2003年，第1—19页。
⑤ 陈序经：《文化学概观》，中国人民大学出版社，2005年，第385页。
⑥ 张海洋：《中国的多元文化与中国人的认同》，民族出版社，2006年，第51页。

下与朝廷政权区分开来，如他在《日知录·正始》中说："有亡国，有亡天下。亡国与亡天下奚辨？曰：'易姓改号，谓之亡国；仁义充塞，而至于率兽食人，人将相食，谓之亡天下。……是故知保天下，然后知保其国。保国者，其君其臣肉食者谋之；保天下者，匹夫之贱与有责焉耳矣。'"（见顾炎武《日知录》卷十三《正始》）即"亡国"与"亡天下"是两个不同的概念。"亡国"是指改朝换代，换个皇帝、国号，而仁义道德得不到发扬光大，统治者虐害人民，人民之间也纷争不断，称之天下将灭亡。保国这类事只需由王帝及大臣和争权夺利的人去关心，但是"天下"的兴亡，则是举国上下，包括在野的士大夫及下层人士在内的所有人的大事，人人都有责任。

"古代中国关于'天下'、'中国'、'四夷'的思想与想象直到十六世纪下半叶，已经充分世界化了的西洋人来到中国，才有变化。明代万历十二年（1584年），意大利传教士利玛窦的《山海舆地图》在广东肇庆问世（后来在北京由李之藻主持刻印时改称为《坤舆万国全图》），这才使中国人开始看到并意识到了'世界'万国的实际存在。"[①]

我们要特别指出，古代的"大一统"天下不是主权独立的民族国家。上古的"大一统"，是指以王权为象征与政治信仰归向核心的一种封建式的、层次—等级化上下内外关系的体制[②]。天下由围绕"中国"中心的一层层由内向外的文化圈构成，"天下观"下的国际关系是一元化的以"中国"本朝为中心的非平等的朝贡—藩属关系，即明太祖朱元璋所说："自古中国居内以制夷狄，夷狄居外以奉中国。"（《明太祖实录》卷二十六）"天下观"不仅是中国古人对世界的一种想象，而且影响了历代王朝处理自身与外部世界的政策，并成为东亚朝贡体制的观念基础。

中国古代的思想家认为天下是由内向外、由中心向边缘的延伸，即以"中国"为中心的同心圆式的"天下"结构。《尚书·酒诰》记载商人有内、外服制，《国语·周语上》《尚书·禹贡》中有"五服"说："先王之制，邦内甸服，邦外侯服，侯卫宾服，夷蛮要服，戎狄荒服。"这一理论以距离"王畿"中心的远近为次第，分为甸、侯、宾、要、荒五个尊卑贵贱的不同区域。《尚书·禹贡》包括"九州"和"五服"两项内容，所谓"五服"，指自京师向四面每五百里为一"服"区，由近及远，分别是甸服、侯服、绥服、要服、荒服。具体规定如下：五百里甸服：百里赋纳总，二百里纳铚，

---

① 葛兆光：《古代中国社会与文化十讲》，清华大学出版社，2002年，第13页。

② 王铭铭：《士与大一统——读〈史记·司马相如列传〉》，《中国社会科学辑刊》秋季卷，复旦大学出版社，2009年。

三百里纳秸服，四百里粟，五百里米。五百里侯服：百里采，二百里男邦，三百里诸侯。五百里绥服：三百里揆文教，二百里奋武卫。五百里要服：三百里夷，二百里蔡。五百里荒服：三百里蛮，二百里流。《周礼·夏官·职方氏》篇提出了"九服"制理论：乃辨九服之邦国：方千里曰王畿，其外方五百里曰侯服，又其外方五百里曰甸服，又其外方五百里曰男服，又其外方五百里曰采服，又其外方五百里曰卫服，又其外方五百里曰蛮服，又其外方五百里曰夷服，又其外方五百里曰镇服，又其外方五百里曰藩服。"畿服"理论确立了"中心"与"周边"按照地理距离体现出的亲疏关系。顾颉刚认为："五服说不是一个假想的制度，是古代实际存在的。"[①]

　　有学者指出先秦时期的服制理论是朝贡体系的指导思想，中国历代王朝构建的藩属体制则是朝贡体系存在的前提，藩卫是这种体制的主要功能，而朝贡是维持这一体制运转的措施之一[②]。

　　"天下观"构成了古代中国的世界秩序观。以这种世界观为基础，中国古人发展出一整套关于对外关系的思想体系，以及一系列被体制化了的外交实践。作为一种实践的"天下观"，两千年里朝贡体系成为统治整个东亚的区域国际体系。"天下观"体系下，皇帝只有自我中心和一元等级秩序的理念，而无当代多元国际体系中的多元民族国家的平等理念。宗主国与藩属国之间（中心与边缘）是不平等的朝贡关系，而非世界国际观的无中心的主权国家之间的平等关系。葛兆光说："中国古代很早就有过一种让中国人很自豪的天下观，这种天下观给古代中国人心中确定了'世界'的范围和'中国'的位置，它的形成大约是在两三千年前。……中国人在自己的经验与想象中建构了一个'世界'，他们常常把它称为'天下'。他们想象：第一，自己所在的地方是天下的中心，也是文明的中心；第二，天下的大地仿佛一个棋盘，或者像一个回字形，由中心向四边不断延伸；第三，地理空间越靠外缘，就越荒芜，越野蛮，文明的等级也越低。""古代中国在与其他国家打交道的时候，总是把各种国际关系定位在附属国对宗主国的'朝觐''朝贡''觐见'，或者是大国对于小国的'和蕃''绥远''抚夷''理蕃'等等上，很少有平等、多元的观念。"[③]

　　"天下观"体现出了严格的等级和尊卑秩序的思想，它建构出的世界秩序是一元性等级体制。"华夏民族的文化中心论和政权正统论的观念是华夷之辨的两个基本内容。""周朝之前华夷之别并不十分明显。随着周公制礼，周朝大规模的礼乐文化建

---

① 顾颉刚：《禹贡注释》，《中国古代地理名著选读》（第一辑），科学出版社，1959年，第2页。

② 雷家琼、徐志民：《打破一国史藩篱　注重亚洲自身视角》，《中国社会科学报》2013年11月29日第3版。

③ 葛兆光：《古代中国社会与文化十讲》，清华大学出版社，2001年，第2、22页。

设以来,华夏开始以诗书礼乐法度等华夏文化中心相标榜,自认为在文化上高于周边的四夷了。华夏族的优越感和华夏正统论也因此而形成。这种优越感认为中国是天下的中心,中国文化是世界最优秀的文明,而四周的藩属邻国以至海外列国则是落后野蛮的夷狄。"[①] 在传统中原中心观的影响下,一直到近现代,还有许多人相信中华民族与中华文明起源于黄河中下游,然后扩散到边疆。

近年,随着中国的日益强盛,在全球化背景下,有人提出今天的中国需要一种"新天下主义",以与普世文明接轨,把民族复兴的大业融入世界历史当中,甚至中国传统的天下观可能是一种代替现有民族主权国家国际秩序的新模式,中国文化可以借此获得世界主导权。但有学者指出,在强调多元、平等的当代国际社会,中国传统的天下观是不可能被世界接受的。

二、古代文献中的"中国"

中国古代文献中的"中国"概念是与上述"天下观"相对应而出现的。

有学者认为,尧舜禹时期,或曰考古学文化的陶寺文化已经有地中的观念和"中国"一词[②]。当然,这仅是一种推想而已。

从甲骨文记载看,殷商王室居地已自称"中土""中商""土中",对四方诸侯之地则按方位称"东土""南土""西土""北土"等。周人建国,一开始就选择天下之中——洛邑建都,《逸周书·作雒解》:"乃作大邑成周于土中……"《诗经·大雅·民劳》中有:"民亦劳止,汔可小康,惠此中国,以绥四方。……民亦劳止,汔可小息,惠此京师,经绥四国。"毛苌注曰:"中国,京师也。"《何尊》铭文记载:"余其宅兹中国,自之辟民。"于省吾说:"以金文和典籍互相验证,则中国这一名称起源于武王时期,是可以肯定的。"[③]但从甲骨文、青铜器铭文的内容推敲,这类"中土""中国"都是指王所居的政治中心,即天下之中的大邑商、"成周"一带。

据王尔敏研究,先秦典籍中出现"中国"词称者25种,计使用"中国"一词178次,所含意旨约有5类:①京师之意,凡9次;②国境之内之意,即所谓国中,凡17次;③诸夏之领域,凡145次;④中等之国之意,凡6次;⑤中央之国之意,凡1次。他认为:

---

① 但兴悟:《作为朝贡体系观念基础的华夷之辨与中华意识》,《新亚洲论坛》创刊号(2007—2008年度中国赴韩学者学术论文集),首尔出版社,2008年,第206、207页。

② 苏秉琦:《中国文明起源新探》,生活·读书·新知三联书店,1999年,第161、127页;何驽:《陶寺圭尺"中"与"中国"概念由来新探》,《三代考古(四)》,科学出版社,2011年。

③ 于省吾:《释中国》,《释中国》(第三卷),上海文艺出版社,1998年,第1517页。

"在秦汉统一以前，'中国'一词所共喻之定义已十分明确，主要指称诸夏之列邦，并包括其所活动之全部领域。"①

秦汉以后，"中国"一词仍被广泛使用，如《史记·五帝本纪》记载："夫而后之中国，践天子位焉。"《集释》说："刘熙曰：'帝王所都为中，故曰中国。'"《汉书》卷四三《陆贾传》中陆贾见南越王说："皇帝起丰沛，讨暴秦，诛强楚，为天下兴利除害，继五帝三王之业，统天下理中国。中国之人以亿计，地方万里，居天下之膏腴，人众车舆，万物殷富，政由一家。"贞观二十年（646）十二月，铁勒、回鹘、俟利发等诸民族朝见之时，太宗说："我今为天下主，无问中国及四夷，皆养活之。"（《册府元龟》卷一七〇《帝王部》来远条）

辽朝末年契丹人也自称"中国"。据《辽史·刘辉传》记载，辽道宗时期，太子洗马刘辉曾上书说："西边诸番为患，士卒远戍，中国之民疲于飞挽，非长久之策。为今之务，莫若城于盐泺，实以汉户，使耕田聚粮，以为西北之费。"这里所说的"中国"，就是指契丹。说明契丹在辽朝时期已经明确地自称"中国"了。②

北宋理学家石介著《中国论》说："天处乎上，地处乎下，居天地之中者曰中国，居天地之偏者曰四夷，四夷外也，中国内也，天地为之乎内外，所以限也。"③

由此可见，古代文献中关于"中国"的记载非常多，从地理学上看，古代"中国"主要指华夏文化区、中原地区，乃至更小范围的国都区域。

"中国"作为天下之中，文化上也是表率，高人一等，具有文化优越性，如战国赵公子成所说："中国者，盖聪明徇智之所居也，万物财用之所聚也，贤圣之所教也，仁义之所施也，诗书礼乐之所用也，异敏技能之所试也，远方之所观赴也，蛮夷之所义行也。"（见《史记》卷四三《赵世家》）

在中国古代文献中，"中国"一词往往还被赋予某种文化象征的意义。古代"中国"成为文化大传统的象征，入主中原（即"中国"）并接受文化大传统，就被视为文化正统的传承人，获得正统地位。此外，"中国"还是天意的象征，只有占据"中国"，即天下之中，才表示获得了上天授权，成为名副其实的天子。所以《孟子·万章》讲到舜深得民心，获受天意，"夫然后之中国，践天子位"。

除此之外，中原地区位居资源交流的中心，即所谓"八方贡赋道里均"，这是实实在在的经济重要地位。

---

① 王尔敏：《"中国"名称溯源及其近代诠释》，《中国近代思想史论》，社会科学文献出版社，2003 年。

② 赵永春：《契丹自称"炎黄子孙"考论》，《西南大学学报（社会科学版）》2012 年第 6 期。

③ 《徂徕石先生文集》（卷 10），中华书局，1984 年，第 116 页。

　　基于以上文献分析，翁独健认为："中国一词，从《诗经》上就可以找到，不过古代'中国'之称只是地域的、文化的概念，或者是一种褒称。……历史上的中国不仅包括中原王朝，而且也包括中原王朝以外的少数民族政权。"[①] 张璇如认为："关于'中国'的概念，历史上是某一个地域名称，不是国称，作为国家的概念，是近代的事。以往有些学者，把它认为国称，或囿于《禹贡》九州之说，把中原地区作为中国的疆域是不对的。"[②] 芈一之认为："中国之称在历史上是个地区的称呼，而且是有变化和发展的。先秦时，指处于众多国家的中央地区的国家，而把四邻称做东夷、南蛮、西戎、北狄。当时，中国不是一个国家概念，而且它的领域也不是当时的国家领域。与'中国'同时使用的名称还有'四海''天下'。"[③] 杜荣坤认为：" '中国'一词最早见于《诗经》、《尚书》。据史籍记载和近人研究，初含有'京师''帝都''国中''王畿'等意。随着历史的发展，'中国'一词包含的范围逐渐扩大，成为地域的名称。……古代华夏族最初于中原建立国家，为有别于四方蛮夷戎狄，自称'中国'，即'中央之国'的含意。……秦统一六国，华夏族与四周所谓戎狄蛮夷诸族逐渐融合，形成以华夏族（汉代以后渐称汉族）为主体的统一多民族集权国家，'中国'一词泛指中原王朝所直接管辖的地区。""历史上'中国'一词是地域或文化类型及政治地位的区分，而不是整个历史疆域和政治管辖范围的概念、国家政权的正式名称。"[④]

　　总之，古代"中国"概念具有地理上的天下之中、政治上的正统象征与统治中心、文化上的发源地与文明之地，经济上的交换中心等含义，唯独缺乏当代主权独立的、平等的民族国家的含义。

　　作为古代"中国"的具体象征就是登封观星台等一系列象征"天下之中"的建筑物，包括周公测景台、周公祠、观星台、帝尧殿等。古人认为嵩山位居天下之中。自春秋时期开始，就有国王开始到中岳嵩山"封禅"，此后被后世历代帝王所遵循，保留至今的东汉太室阙、少室阙、启母阙，以及由太室祠延续演变而来的中岳庙，都与此有关。

　　从中国古代"天下观"的观念来看古代"中国"，"天下"是世界，中心在"中国"，

---

① 翁独健：《在中国民族关系史研究学术座谈会闭幕会上的讲话》，《中央民族学院》1981年第4期。

② 张璇如：《民族关系史若干问题的我见》，《中国民族关系史研究》，中国社会科学出版社，1984年。

③ 芈一之：《从实际出发研讨中国民族关系史中几个问题》，《中国民族关系史研究》，中国社会科学出版社，1984年。

④ 杜荣坤：《试论我国历史上的统一与分裂》，《中国民族关系史研究》，中国社会科学出版社，1984年。

"中国"不仅是地理中心，也是文化、文明的中心。天下一统时，"中国"是政治中心，占据"中国"往往是"正统"地位的象征和依据。即使是在多个政权并立时期，中原政权和文化也具有某种优越感，是其他政权试图入主或文化认同的目标。这一观念的形成也与中国历史文献文本特性有关，因为这些文献的创作与流传基本上都是由具有中原文化背景持有"中原文化至上观"的作者以中文文字著述、诠释和传承的。

这种自称"中国"的文化自我中心主义和自我文化优越论并不是中国古人的独有文化现象，而是人类的共同现象，且不说主导了近现代世界，但越来越受到批判的西方文化中心主义和西方文化优越论，在许多不同地域古文明中都存在过这种文化中心主义和文化优越论。

历史上，日本就曾有很多以"中国""中华"自称的事例。例如，《大日本史》中记载，奈良时代大臣给天皇的上表中称："北狄虾夷，西戎隼俗，狼性易乱，野心难驯。往古以来，中国有圣则后服，朝堂有变则先叛。"这里的"中国"实际是日本的自称。在《续日本记》《日本后纪》等日本文献中有很多日本以"中国""华夏""华土"自称的记载。越南也有自居为"中国""中华"，称他国为夷狄的记载，如历史上国王的诏书中常常出现"自古夷狄为患中国"等话语。他们也是将自己置为中心，将他者置于边缘而构建自己的天下观①。正如塞缪尔·亨廷顿所说："每一个文明都把自己视为世界的中心，并把自己的历史当作人类主要的戏剧性场面来撰写。"②

正如前面所说，古代"中国"不是正式的国家名称，各朝各代都有自己的名称，如秦汉魏晋唐宋元明清等，虽然，它偶尔也用"中国"代指以中原大地为中心而立国的相应朝代政权。在清朝后期，"中国"有时是大清国的代名词，包括清朝的全部疆域，有时却只指"内地十八省"，而不包括东北、内外蒙古、西藏、新疆。因此，要确切地表示中国古代的疆域范围，只能说当时这个朝代实际统治的范围有多大，如秦朝有多大，唐朝有多大，清朝有多大③。

从另一个角度看，古代的其他国家又是如何称呼当时的中国王朝政权的呢？是称"中国"吗？不是的。

古代的外国人称中国多以各个朝代来称呼，如称中国为"秦"，或由"秦"的

---

① 但兴悟：《作为朝贡体系观念基础的华夷之辨与中华意识》，《新亚洲论坛》创刊号（2007—2008 年度中国赴韩学者学术论文集），首尔出版社，2008 年，第 211 页。

② 〔美〕塞缪尔·亨廷顿著，周琪、刘绯、张立平、王圆译：《文明的冲突与世界秩序的重建》，新华出版社，1999 年，第 41 页。

③ 葛剑雄：《古代"中国"究竟有多大》，《档案管理》2007 年第 4 期。

音译演变而称为"秦尼""秦尼斯坦""摩秦""马秦尼""秦那斯坦"，或称为"汉""唐"；古希腊和罗马称中国为 Seres（丝国，也称塞里斯），意思是"丝来的地方"；俄语称中国为 Cathe（即"契丹"）。一般来说，汉朝时，四方之人称华夏之人为"汉人"，汉官、汉军为"汉吏""汉兵"，晋朝建立后，四方之人称汉人为"晋人"，唐朝时又称为"唐人"，明朝时又称为"明人"，皆不是当代意义上的民族国家的国民①。

　　"中国"被正式当作中国国家的名称是从 1912 年中华民国建立才开始的，正如李零所说："今天我们常常讲'中国'这个词，然而，自夏、商、周而至于元、明、清，没有任何一个朝代自称'中国'，直到 1912 年中华民国成立，'中国'才正式成为主权国家的简称，具有政治意义。而在此之前，中国历史上'中国'一直是个模糊的地理概念、文化概念以及民族概念。"② 王赓武说："自己在学生时代时就感到奇怪，为什么《中国通史》、《中国文化史》等书名里都带有'中国'的名称？我们须知，在 19 世纪以前，中国的史书中并没有'中国通史'这样的名称，只有诸如'明史'、'清史'这样的名称。'中国'开始成为一个国家的名字这样的概念，是从 19 世纪末 20 世纪初才开始出现，并在清朝灭亡后才得到广泛使用的。"③

第二节　民族国家的出现与当代"中国"

一、民族国家的出现及其特征

　　吉登斯把历史上的一般社会转型过程分为三段，即传统国家时代（traditional state）、绝对主义国家时代（absolutist state）及民族—国家（nation state）时代。现代民族—国家只是到 19 世纪初才开始在欧洲出现，其推动力在于行政力量、公民观以及全球化④。"虽然今天世界上存在的绝大多数国家均是民族国家，但作为一种国家形态，它却是一个在欧洲率先兴起的现代现象。在前现代社会中，世界上并存着诸如帝国、城

---

① 《古代外国人怎样称呼中国？》，《文史知识》1986 年第 3 期。
② 于淑娟：《李零："中国"从哪里来，到那里去？》，澎湃新闻网，2014 年 12 月 10 日，http://www.thepaper.cn/newsDetail_forward_1284685。
③ 王赓武：《"经"还未定时，"史"的意义在何处？》，澎湃新闻网，2016 年 9 月 18 日，http://www.thepaper.cn/newsDetail_forward_1530109。
④ 〔英〕安东尼·吉登斯著，李康、李猛译：《社会的构成》，生活·读书·新知三联书店，1998 年，第 12 页。

邦国家、封建国家甚至教会国家等等类型。" "18 世纪，特别是在法国革命后，民族国家迅速成为欧洲各国国家发展的普遍形态。"①

日本学者西川长夫将现代民族国家与传统帝国的区别归结为五个方面②。

一是有明确的国境存在。民族国家以国境线划分政治的、经济的、文化的空间，而古代或中世纪国家虽然也存在中心性的政治权力和政治机构，但是没有明确的划定国家主权的国境。

二是国家主权意识。民族国家的政治空间原则上就是国家主权的范围，拥有国家自主权，即不容他国干涉的国家主权和民族自决理念。

三是民族概念的形成与整合民族的意识形态，即以国家为空间单位的民族主义。不止是由宪法、民法与国籍法规定的民族，而且由爱国心、文化、历史、神化等建构起来的意识形态。

四是控制政治、经济、文化空间的国家机构和制度，不仅仅是帝王或君王的权力。

五是由各国构成的国际关系。国际关系的存在表明民族国家之主权独立与空间有限。

另外，民族国家领导人必须由本民族人担任。正如厄内斯特·盖尔纳所说："有一种特殊的违反民族主义原则的形式，民族主义情绪对这种形式是相当敏感的：如果政治单位的统治者与大多数被统治者所属的民族不同，在民族主义者看来，这便不能容忍地违反了政治行为规范。"③

当代民族国家的本质是民主，理论上，国家为"民有""民享""民治"，而不是统治者的"家天下"。专制王朝国家不是民族国家话语体系下的全体公民共享共治的民族主权国家，更遑论公民权利、契约、选举权和被选举权等。强调国家、民族概念是民族国家时代的反映。在专制王朝时代，强调的是一家即一国，天下为一国一家，对国家的忠诚即对帝王一家一姓的忠诚，所谓"家国天下"是也。梁启超曾说，中国之所以积弱，根源之一就在于国人不能正确区分国家与朝廷的概念，以致爱国心没有用在正确的地方。国家是什么？朝廷又是什么？"今夫国家者，全国人之公产也。朝廷者，一姓之私业也。国家之运祚甚长，而一姓之兴替甚短。国家之面积甚大，而一姓之位置甚微。"④中国有悠久的历史，唐虞夏商周、秦汉魏晋、宋齐梁陈隋唐、宋元

---

① 赵鼎新：《民族国家在欧洲的兴起》，《南方周末》2008 年 5 月 8 日第 D24 版。

② 转引自葛兆光：《宅兹中国——重建有关"中国"的历史论述》，中华书局，2011 年，第 27、28 页。

③ 〔英〕厄内斯特·盖尔纳著，韩红译：《民族与民族主义》，中央编译出版社，2002 年，第 2 页。

④ 梁启超：《中国积弱溯源论》，《饮冰室合集》，中华书局，1989 年。

明清，"此皆朝名也，而非国名也"。从子族的商、姬族的周，到嬴氏的秦、刘氏的汉、李氏的唐、赵氏的宋、朱氏的明，还有孛儿只斤氏的元、爱新觉罗氏的清，它们都是一家一姓的朝廷，而不是国家，都是一家一姓的私业，而非全体中国人的公产。

在中国的皇权专制王朝时期，以"道统""夷夏之辨"来区分"我者""他者"的主要是统治者和儒家知识分子（即社会精英阶层）的关怀，这种关怀与争夺和维护统治权有关。普通民众被排除于政治之外，只是被统治者，只要交粮纳税就可以了，国家利益与他们关系不大，改朝换代对百姓来说不过是换了另一家当皇帝而已。因此，普通民众对国家政治并不太在乎，也很难有对国家的认同。在这种背景下，所谓外来政权代替中原政权，只要外来统治者接受文化大传统，即以儒家思想为代表的礼乐文化、汉语言文字系统等，笼络好以儒家知识分子为代表的社会精英阶层，不过度干预普通民众的生活，这一政权就能获得中原人的接受与认同，建立稳固的统治，甚至最后也被视为中国文化的正统继承者。

因此，对于广大民众来说，"在与列强发生互动，因而导致中国人传统的'天下四海'的宇宙观被打破之前，中国历史中所有的只有国朝人，而不是民族人"[1]。孙中山说："中国人最崇拜的是家族主义和宗族主义，所以中国只有家族主义和宗族主义，没有国族主义。外国旁观的人说中国人是一片散沙，这个原因是在什么地方呢？就是因为一般人民只有家族主义和宗族主久，没有国族主义。中国人对于家族和宗族的团结力非常强大，往往因为保护宗族起见，宁肯牺牲身家性命。……至于说到对于国家，从没有一次具极大精神去牺牲的。所以中国人的团结力，只能及于宗族而止，还没有扩张到国族。""我们鉴于古今民族生存的道理，要救中国，想中国民族望远存在，必要提倡民族主义。""我们要挽救这种危亡，便要提倡民族主义，用民族精神来救国。"[2]

清末民初，一些日本学者敏锐地观察到当时中国的问题："'缺乏国家观念'，是日本研究中国民族性问题的通行看法"。例如，加藤虎之亮认为，中国的统治阶级和下层民众的关系很淡薄，作为国家组织的朝廷，实际是君主和百官结为一体，休戚与共，而他们的"国家"却与下层民众没有关系，"就好比海水，君与臣是表面的波澜，虽然波浪起伏，但底层却是什么动静也没有"[3]。这些不能不说是封建专制王朝

① 张海洋：《中国的多元文化与中国人的认同》，民族出版社，2006年，第31页。
② 孙中山：《三民主义（1924年）·民族主义（第一讲）》，《孙中山选集》（下卷），人民出版社，1956年，第590页。
③ 王向远：《日本对中国的文化侵略——学者、文化人的侵华战争》，昆仑出版社，2005年，第七章。

长期统治的结果，一个不把自己的人民当人看的国家或朝廷，人民当然不会把它的事当作自己的事！所以才会出现这样的怪现象：当甲午战争与八国联军战争打响的时候，老百姓冷漠地看满清王朝和洋人开战，甚至怀着幸灾乐祸的心情看昔日不可一世的、凶残的满清王朝被更为厉害的洋人打的人仰马翻。据说鸦片战争时期，中国人看清军失败的笑话时，英军统帅巴夏里目击此景，十分疑惑不解，问其翻译买办何以至此，买办曰："国不知有民，民就不知有国。"

　　如前所述，天下观的帝国王朝政权与民族国家的主权国家的差别之一是疆域边界的明确与否。边界是国家合法性和身份确认的主要依据之一，所有当代国家之间的边界争端总是难以解决。而"古代中国的'国家'是中心明确，边缘模糊的一个'文化概念'，……它的认同标准是'心同'，是文化价值的认同，所以，边界的法律划定是无关紧要的。……凡是文化上臣服、认同的，都可以划进来作为'华夏之藩属'，而凡是文化上不服从、不认同的，都是'异邦异俗'"[①]。在中国传统的"天下观"和中央王朝思想中，皇帝居"天下之中"，称为"天子"，周围是藩属国，王朝没有明确的边疆概念和清晰的边界。藩属国服从于我，其疆域也是属于我的。雍正年间发生的"安南勘界案"中雍正皇帝的态度是这种心态的典型反映。

　　雍正二年（1724）至雍正四年（1726），中越两国曾就边界勘定问题引发一场外交纠纷。安南（现在的越南）王黎维裪跟云贵总督吵架争120里的地，开始雍正决定将其中的80里给安南王，40里给云贵总督。安南王很高兴，上奏感谢皇帝："臣感戴圣恩欣跃欢忭惟愿万方拱命，圣寿无疆，圣朝千万年太平，臣国千万年奉贡。"雍正很高兴，认为此奏"感恩悔过，词意虔诚"，于是决定"特沛殊恩，将云南督臣查出之地四十里赏赐该国王"，将那40里也给了安南王。他说："朕统驭寰区，凡属臣服之邦皆隶版籍。安南既列藩封，尺地莫非吾土，何必较论此区区四十里之壤！若该国王以至情恳求，朕亦何难开恩赐与。祇以该督臣两次定界之时，该国王激切奏请过于触望，种种陈诉甚为不恭。该国王既失事上之道，朕亦无从施惠下之恩，此天地之常经，上下之定体，乃王之自取。非朕初心也。"（见《世宗实录》卷六五雍正六年正月己卯）[②]

---

① 葛兆光：《古代中国社会与文化十讲》，清华大学出版社，2002 年，第 13、14 页。

② 参见尤中：《中国西南边疆变迁史》，云南教育出版社，1987 年，第 165—236 页；李国强：《中越陆路边界源流述略》，《中国边疆史地研究导报》1989 年第 1 期；龙永行：《中越界务会谈及滇越段勘定》，《中国边疆史地研究报告》1991 年第 3、4 期合刊；故宫博物院编：《史料旬刊》之《雍正安南勘界案》，北京图书馆出版社，2008 年；刘炳涛：《试论"雍正安南勘界案"秉承的依据和原则》，《中国边疆史地研究》2011 年第 3 期，第 73—79 页。

同样，"在 18 世纪以前，西方的史学著作中并不存在明确的国家边界意识。如罗马史就是罗马帝国和整个地中海周边的历史。直到吉本的《罗马帝国衰亡史》，仍然延续着这样的叙事模式。从 15、16 世纪开始，西方史学的重点才开始转向国别史。其中最重要的一大事件，就是荷兰的独立。""荷兰独立以及宗教战争这两大事件，使得'国家''边界'的概念日益清晰起来"①。

二、作为民族国家的当代"中国"

19 世纪末，"数千年来未有之大变局"直接导致中国进入一个历史剧变期：一方面，几千年来支持人们观念世界的、以"华夷秩序"为核心所构建的"天下观"，受到亘古未有的挑战与冲击；另一方面，新的、近代意义的"民族—国家"观念，因西方势力的强力压迫和文化传入而处在逐渐建构之中，并渐渐支配国人对于世界与国家的想象。辛亥革命开启了中国的民族—国家建构之旅，古老的帝国踏上了向现代化迈进的重生之路，中华民族真正开始了由一个"自在的民族"向"一个自觉的民族"的演变②。梁启超的新史学目标，孙中山的民族、民权、民生"三民主义"思想，毛泽东的从民族革命到民主革命思想，等等，无不反映了中国近代民族国家思潮的影响和对民族国家构建、民族认同培养的诉求。

真正的民族国家性质的中国出现于 1912 年中华民国建立以后。按照国家政治体，尤其是以当代民族国家"中国"的概念来说，最早的"中国"应当是推翻满清王朝，结束几千年专制王朝政体后，建立的具有当代民族国家性质的中华民国。1949 年 10 月 1 日成立的中华人民共和国一方面继承了中华民国的民族国家特性，另一方面又有所不同，所以被称为"新中国"。正因为基于这种传承关系的考量，所以，毛泽东将歌曲《没有共产党就没有中国》的歌名改为《没有共产党就没有新中国》。

费正清指出："1911 年革命的意义在于消极方面的成就——消灭了君主制。它所消灭的不只是欧洲式民族国家的君主制，而是普天之下'天下'式的君主制。中国政治生活中年深月久的中心人物之所以能被抛弃，是因为民族主义已经抬头，提出了以中国的国家、文化和人民作为新的效忠对象。"③"自 1840 年鸦片战争之后，中国人的'世界'观念受到冲击。传统中国人只有以中国为中心的天下观念，而没

---

① 王赓武：《"经"还未定时，"史"的意义在何处？》，澎湃新闻网，2016 年 9 月 18 日，http://www.thepaper.cn/newsDetail_forward_1530109。

② 陈永霞：《辛亥革命时期的民族主义思潮》，《光明日报》2011 年 09 月 22 日第 11 版。

③ 〔美〕费正清著，张理京译，马清槐校：《美国与中国》（第四版），商务印书馆，1999 年，第 68、158 页。

有现代意义上以领土和主权为主要特征的民族国家观念。在西方殖民活动的压力之下，近代中国人才逐渐意识到中国只是万国之中的'一国'。"①有人说从过去封建王朝的理藩院到清朝末年不得不成立外交部，标志着中国最后承认了当代的国际体系。

虽然也有学者认为民族国家性质的中国出现得更早，如葛兆光认为"始终延续的中国却并不是在近代才重构的新的民族国家"，民族国家的"中国"出现于宋代②。但大部分学者并不这么认为。

从甲午战争到全面抗战，是天下帝国思维方式到民族国家思维方式转换的典型例证。

甲午战争爆发时，1894年8月1日，中日两国的最高领导人都宣布了宣战诏书③。比较这两份诏书，我们可以明显地看到当时中日之间的思维方式、国际意识和融入当代国际体系程度上的差距。当时的清政府还是满脑子的中国中心天下观以及由此派生出来的宗主与藩属观念。

到中国的全面抗日战争时，中国社会的传统天下帝国思维已经发生根本变化，国际社会与民族国家多元平等概念确立，因此，中华民国对日宣战布告强调了保卫中国之独立生存，维护国际公法、正义及人类福利与世界和平④。

与这种宣战文书内容变化对应的是中国社会的变化——从甲午战争的"一个人的战争"⑤到抗日战争的"全民抗战"。20世纪30年代以后，抗日战争成为一场全民

---

① 干春松：《中国近代思维方式转换的五个问题》，《中国社会科学报》2010年5月11日第6版。

② 葛兆光：《宅兹中国：重建有关"中国"的历史论述》，中华书局，2011年，第25页。

③ 张飙：《甲午战争120年祭：规模最大失败最惨影响最深》，《科技日报》2014年1月29日。

④ 中华民国政府对日宣战布告（1941年12月9日）：日本军阀夙以征服亚洲，并独霸太平洋为其国策。数年以来，中国不顾一切牺牲，继续抗战，其目的不仅在保卫中国之独立生存，实欲打破日本之侵略野心，维护国际公法、正义及人类福利与世界和平，此中国政府屡经声明者也。中国为酷爱和平之民族，过去四年余之神圣抗战，原期侵略者之日本于遭受实际之惩创后，终能反省。在此时期，各友邦亦极端忍耐，冀其悔祸，俾全太平洋之和平，得以维持。不料强暴成性之日本，执迷不悟，且更悍然向我英、美诸友邦开衅，扩大其战争侵略行动，甘为破坏全人类和平与正义之戎首，逞其侵略无厌之野心。举凡尊重信义之国家，咸属忍无可忍。兹特正式对日宣战，昭告中外，所有一切条约、协定、合同，有涉及中、日间之关系者，一律废止，特此布告。

⑤ 注：中外许多学者指出，甲午战争很大程度上是李鸿章一个人的战争，参战的中国陆海军皆出于他所创建的淮军，军队所有的现代化装备皆出自他所创办的洋务。清朝内部当时斗争十分激烈，以翁同龢为代表的清流党视李鸿章为"权宦"，认为北洋防军和北洋水师都是李鸿章个人的政治资本，所以一直给李鸿章拆台。普通民众抱事不关己的态度，甚至因钱助敌。李鸿章也是甲午战争最大的替罪羊，屈辱的《马关条约》由他亲手签订。梁启超对李鸿章与甲午战争有"以一人敌一国"的评价，他说："西报有论者曰：日本非与（转下页）

抗战，无论国内党派之间如何对立冲突，追求民族独立、共御外侮是大家一致的政治行动目标，中国由此真正完成了从以"中国"为中心的拥有天下的王朝帝国到民族国家的"中国"的观念与思维方式的转变。

当代"中国"无疑已属于一个典型的民族国家，享有独立的国家主权，具有明确边界，拥有一个政治中心，国家为"民有""民享""民治"。国际上，属于诸多的平等、独立的民族国家之一，努力维护世界和平和现行国际体系。"中国"由过去的天下之中的地理、文化概念演变为当代平等、独立的主权国家概念。

古之"中国"非今之"中国"。

通过前面的分析，我们可以看出在古代天下观中作为天下之中的"中国"与当代多元世界、全球化背景下作为民族国家之一的"中国"内涵不同，彼此之间存在本质的差异。前者的"中国"是天下之中的"中国"，文化核心的"中国"，当然，有时也指占据中原的某个政权，但具有泛称性质，非某个国家政权的专有名字。后者的"中国"是具有明确边界的、众多民族国家之一的主权国家，是世界大家庭的一员。今之"中国"非古之"中国"也。

第三节　从今之"中国"到古之"中国"：民族国家史的建构与所谓"最早的中国"

不同时代的史料是不同时代观念与需要的产物，过去的史料不能简单地被新的史学叙述所采用。虽然，古代"天下观"下的"中国"与当代民族国家的"中国"本不属于同一话语体系，概念的内涵外延均不同，相同的名称——"中国"在不同时代有完全不同的内涵，不能拿过来直接套用。但在当代中国的历史学研究中，两者往往被混淆起来，等同使用，甚至据此追溯"最早的中国"。

从古代"中国"与当代"中国"概念的内涵差异与变迁看，两者之间的差异本来清清楚楚。从数千年来中国这片大地上人口的流动、政权的分合更替以及族群的兴亡与认同的变迁所造成古今人群构成的变化和血缘传承的复杂性来看，从古今不同时代、

（接上页）中国战，实与李鸿章一人战耳。其言虽稍过，然亦近之。不见乎各省大吏，徒知画疆自守，视此事若专为直隶满洲之私事者然，其有筹一饷出一旅以相急难者乎？即有之，亦空言而己。乃至最可笑者，刘公岛降舰之役，当事者致书日军，求放还广丙一船，书中谓此舰系属广东，此次战役，与广东无涉云云。各国闻者，莫不笑之，而不知此语实代表各省疆臣之思想者也。若是乎，日本果真与李鸿章一人战也。以一人而战一国，合肥合肥，虽败亦豪哉！"参看宗泽亚：《清日战争1894—1895》，世界图书出版公司，2012年；梁启超：《李鸿章传》，百花文艺出版社，2000年。

不同政权的疆域分合变迁来看，从中国大地上古今物质、精神文化的多源、多元和变化来看，当代中国与古代所谓"中国"之间的文化传承关系都不是那么简单的，可以轻易画等号的。

那么，两者又为何纠缠在一起，形成一种剪不断理还乱的关系呢？古代"中国"概念如何由"天下之中""国之中"的含义演变为具有主权独立的民族国家性质的内涵？某些考古学文化如何成为所谓"最早的中国"，并被视为当代"中国"的历史源头的呢？

仔细分析其中的原因，我们认为这一现象与当代民族主义史观和民族国家历史叙述的建构之间存在着密切关系，是近代全球化背景下民族国家话语体系构建的产物，它所反映的是民族国家思维方式下，特定国家和群体寻求自我存在的证明和精神故乡的诉求。

民族国家观念的建构与历史记忆的重构相辅相成，伴随着当代民族国家政体取代传统的天下王朝政治体制，重构适应新时代需要的历史记忆，建构民族国家的历史叙述，进而培养具有民族国家意识的新公民成为历史学界的迫切任务。"从晚清开始，围绕科学与考据、科学与史学、科学与国学的讨论此起彼伏，其实质是如何将'科学'——这一西来的学术话语和研究范式，作为一种'精神'和'方法'与传统学术研究相结合，建构出符合现代'民族——国家'话语需要的学术形态。"①

正是在这样一个时代背景和社会需求之下，在当代民族主义观念的影响下，传统的天下观转变为民族国家思维方式，古代文献中的天下之中的"中国"概念被想当然地解读为当代民族国家性质的"中国"。民族国家史的构建将现在与过去连接，一些中国境内的考古学文化被定性为中国历史上最早的民族国家文明，进而这些最早国家政治体被称为"最早的中国"，"最早的中国"概念由此产生。因此，我们可以说，"最早的中国"这类命题的提出与讨论是当代史学界重构民族国家历史记忆的一种表现。在这一过程中，"民族""中国"等成为当代民族——国家话语体系与传统天下国家话语体系简单结合的概念，古代概念被赋予当代内涵，然后再用当代内涵的概念去叙述古代历史，解读古代文献记载。历史通过不断的诠释与重构而获得永生，历史学家正是通过这种赋予旧概念以符合时代需要的新内涵，对历史做出符合时代需要的新解读，建构出符合时代需要的新叙述，满足当代重构历史记忆的需要。

我们通过将古代文献中的"中国"一词直接解读为当代意义上的"中国"，来证明"最早的中国"的存在，中国国家历史悠久，源远流长。这种叙述不仅满足了民族主义历

① 唐启翠：《人文学术视阈中的"证据"问题》，《中国社会科学报》2010 年 8 月 12 日第 12 版。

史建构"越古越好"的心理，而且似乎有理有据，显示这种历史叙述的科学性。同时，这一历史叙述起到培养民族认同，增强民族自豪感的作用。但这种历史解读、建构与历史的真实无关，从学理上讲，这种做法忽视了古今概念的内涵差异。

葛兆光说："我们习惯于用现代国家来想象、理解和叙述古代国家。"[①] 按照厄内斯特·盖尔纳的看法，在形成民族国家的过程中，可以利用"从前民族主义时代继承过来的文化、历史和其他方面的遗产，把它们作为自己的原材料"。实际上，我们也不得不这么做。当代中国学术界正在不断以当代民族国家思维方式和概念体系去重新解读古代"天下王朝国家"理念下的古代文本，重构中国民族国家历史。不过，余英时已经提醒我们："现存的二十五史，概是历代中央王朝知识所及的天下史。"[②] 我们能简单地将它们解读为"中国史"吗？

我们知道，过去的断代体、纪传体、记事本末体、通论体等不同形式的历史叙述都是就具体人物、朝代、事件等做历史的叙述与评价，没有贯通古今的国家、民族的通史叙述。到了近现代社会，为了满足构建民族国家的需要，在民族主义思潮影响下，将民族和民族国家作为历史叙述的对象，构建民族与民族国家历史叙述。但由于民族与民族国家概念抽象而宏大，传统历史记载中没有与之对应的概念与历史叙述，再加之现实政治的需要和民族主义观念中"越古越好"心理因素的作用，为了显示自己的民族和民族国家历史悠久，源远流长，历史学家在构建民族国家通史叙述时，往往简单地将历史与现实联系起来，古今一体，构成宏大的历史叙事，以满足构建民族国家历史记忆，证明文化渊远流长，培养国家认同、民族认同的需要。这种民族国家的宏大历史叙述恰恰忽视了自在历史的具体性和复杂性，忽视在自在历史过程中文化的巨大变化、人口的迁徙流动、族群的分分合合，等等。杜赞奇在《从民族国家拯救历史》一书中说，所谓民族国家的历史，其实是"虚假的同一性"，所以他要从这种民族国家虚构的同一性中把历史拯救出来[③]。

无论是二里头文化，还是陶寺文化，甚至良渚文化、庙底沟二期文化，从人类历史角度讲，很可能是东亚地区出现的最早复杂社会或某种文化共同体，甚至是最早的国家[④]，是世界原生文明之一，对于人类历史，尤其是东亚历史具有重要的意义。但在

---

① 葛兆光：《宅兹中国：重建有关"中国"的历史论述》，中华书局，2011 年，第 23 页。
② 转引自张海洋：《中国的多元文化与中国人的认同》，民族出版社，2006 年，第 48 页。
③ 〔美〕杜赞奇著，王宪明、高继美等译：《从民族国家拯救历史：民族主义话语与中国现代史研究》，社会科学文献出版社，2003 年。
④ 作者注：当然，考古学文化能否等同于国家政治体或民族认同体，还是个需要深入讨论的问题。

民族国家历史叙述的建构中，我们却对它们做民族主义的历史解读，将它与当代的民族国家——中国联系起来，视为"我们的"历史，"我们的"骄傲，视它们为自己祖国之源头——"最早的中国"，进而大大拉长当代民族国家——中国的历史，实现民族国家历史叙述建构的目的，满足当代社会的需要。我们是否应该反思：这种思维方式是否具有某种时代的局限性？这种定性是否低估了这些古代文化在人类发展史上的价值？将这些考古学文化作为"最早的中国"，无意中低估了它们在东亚，乃至世界人类文化发展史上的标志性历史地位。正如如果我们将古罗马称之为"最早的意大利"，或将苏美尔称为"最早的伊拉克"，是否有点怪怪的感觉？如果希腊人将米诺斯文明视为"最早的希腊"，是否合适？更何况，对于古希腊文明中的迈锡尼、梯林斯，以及后来的雅典、斯巴达等诸国家，哪一个可以算是"早期的希腊"呢？

我们也许可以将当代中国范围内某种进入国家文明阶段的考古学文化作国家政治体，乃至东亚地区历史上出现的"最早国家"的阐释，但似乎不宜将它们理解为具有当代民族国家性质的国家政治体，更不宜视之为当代中国所独占的、排他性的"最早的中国"。

虽然，红山文化、良渚文化、陶寺文化、二里头文化等这些早期文明遗存处于当代民族国家——中国的地理范围内，我们有责任和义务去保护它们、研究它们。但如果我们超越当代民族国家的思维和视角，将它们置于东亚、世界乃是人类历史的视野中来理解和看待，它们似不能等同于当代"中国"，不能称为"最早的中国"，也不应为当代中国所独占、独有、独享，它们是东亚最早的文明，是世界几大古代文明之一，是人类共同的财富。据现有认识，我们可以说，良渚文化，乃至陶寺文化、二里头文化等是东亚地区的原生文明，周边地区后来陆续出现的文明都是受它影响或冲击而产生的次生文明。无论是玉器制作、青铜与铁器冶铸技术，还是玉质、青铜质礼器及其背后所蕴含的制度和思想观念等都对周边文化产生了深远的影响，因此它们是东亚文化圈共同认同的历史。以世界的眼光，而不是以民族国家的眼光来看待这些古代文明将会给我们带来认识上的很大不同。

另一方面，当我们使用"中国历史"一词时，往往具有主权国家和特定地域两种内涵，前者指"中国"这一民族国家的形成发展史，后者指发生在当代民族国家——中国地域范围内的所有人类历史，两者有很大不同。我们一般所使用的"中国历史"概念是指在当代中国境内曾经生存过的所有人及其创造的文化，它们都是"早期的中国"有机组成部分。我们在强调当代中国与那些所谓"最早中国"的考古学文化的关联性时，潜意识中强调了当代中国与历史上特定区域文化，尤其是中原政权、文化的历史血脉，那我们又置现在中国境内的其他周边各区域历史文化于何地呢？它们与当代中国是何种关系？我们的历史认同对象应该包括它们还是排除它们？将某种考古学文化，如二里头文化或者陶寺文化、良渚文化作为"最早的中国"，这种排他性的结论是否有否定中国范围内历史上的其他诸多人群及其所创造文化的历史存在与贡献的问题？"多元一体""百川归海，有容乃大"应是当代中国文化的真正成长之路，对于当代民族国家的中国来说，当代中国境内的所有古人群及其创造的文化都是中国历史的组成部分，并不是只有某种考古学文化，如二里头文化、陶寺文化等是"最早的中国"。

况且，学术界对于考古学上的二里头文化是否能称"夏文化"，历史上的夏王朝是否存在还有争议，更遑论对于更早的考古学文化性质的认定。因此，我们如何能简单直接地将某一考古学文化与当代民族国家——中国联系起来呢。这种思维方式恐怕是具有太明显的当代民族国家意识和特定国家历史认同的倾向了。

总之，我们认为，所谓"最早的中国"说法是具有明显当代性的，也是偏颇的，对考古学文化有过度解读之嫌，我们似不宜将某某考古学文化轻易地定义为"最早的中国"。

如果每个当代民族国家都站在自己的立场，以自我为中心来构建各自的民族国家通史，彼此之间必然会产生种种矛盾的阐释与叙述，而这恰恰是当代国际历史学的现状——我们往往站在自己国家的历史叙述立场上去看待周边其他国家的历史叙述，并觉得他们往往是不可思议，难以理解的。面对这一问题，超越民族国家历史思维，构建全球人类文化史的历史叙述也许是一条全球化时代谋求历史共识的解决之道。

民族国家历史叙述的建构和民族主义思维的以今释古历史解读方法带来的历史学困惑与纠结远不止"最早的中国"这一说法。例如，关于文天祥、岳飞等是否是"民族英雄"身份的争议，同样如此。

文天祥、岳飞等本是专制社会家天下的赵家王朝的"忠臣"，忠于一家一姓，但在当代民族主义的历史叙述中，他们被塑造成了忠于民族国家，为民族国家独立、生存而奋斗的"民族英雄"。可是，如果他们被定性为"民族英雄"的话，那么，文天祥、岳飞等所效忠的宋王朝就应该是我们所认同的早期中国，那么，同样后来融入中国历史之中，构成当代中国来源一部分的辽金元王朝政权及其人民又是什么呢？当时的宋辽金政权是否可以理解为现代的民族国家政权？还是都是一姓一家的封建专制王朝？岳飞服务和效忠的对象是某个政权下的人民还是皇家一姓？理论上，宋辽金政权下的民众（包括统治者）都是近代华夏民族的祖先，如果我们将岳飞视为民族英雄，那么我们就是将南宋视为我们民族的正统祖先，而排斥了金，引申到更广泛，辽、元、清也将被排斥。这不仅有正统观与非正统观等封建专制时代史学意识的影响，也与历史发展过程和中国近代华夏民族认同理念不符。由此可见，以近代民族概念和民族国家之间的关系模式去解读宋、辽、金时期的历史人物、事件是否合适，值得深思。

针对这种逻辑上的矛盾，我们必须要明白，关于文天祥、岳飞等为"民族英雄"的历史定性是具有中国近代社会特定时代性的历史解读和历史记忆的重新建构，是一个近代中国民族国家反侵略背景下的时代反映，是历史的时代性解读和重构历史记忆以便满足现实需要的产物，与历史本身无关。正如有学者指出，我们今天所熟知的"民族英雄谱系"，是晚清知识分子出于现实政治需要新造出来的。

具有时代建构性的历史学往往充满模糊性和想象。这种模糊性和想象一方面给了学术研究和政治利用以巨大发挥的空间，另一方面也带来相关概念的歧义与学术观点的多元。

第四节　中国文明唯一延续论：近代民族国家史建构及其影响

思想史上有一个非常古老的"忒修斯号"思想实验，它源自希腊作家普卢塔克（Plutarch）的作品，以其"充满悖论"而闻名于世，其内容如下：有一艘船，经过不断的修修补补，已在海面上航行了数百年。只要哪块木板老旧腐烂，就会立刻换上新的，终于有一天，这艘船上的所有配件都被换了一遍。那么，这艘船是否还是原来的忒修斯号？又或者，它已算是另一艘船了吗？如果这艘船不是原来的忒修斯号，那么它是从何时起成为另一艘船的呢？哲学家托马斯·霍布斯（Thomas Hobbes）进一步假设：如果有人将换下来的老旧配件收集起来再做成一艘船，与那艘由新配件组成的"忒修斯号"相比，哪一艘才是真正的忒修斯号？

哲学家们常用"忒修斯号"来探求事物的本质属性。国家、民族或其他各种共同体是不是也有同样的问题存在？因为构成共同体实质内涵的人员与文化都处于不断变化之中，共同体的存在感和延续性仅仅是依赖历史记忆的构建而确立的。

在当代中国，中国文明是世界诸古代文明中唯一延续至今的文明这一观念似乎成了中国史学界和全社会的共识，我们往往以此而自豪。

关于这一观点的出现，虽然19世纪初的黑格尔已提出当代中国文化与两千年前的中国文化没有什么分别[1]，但真正的中国文化延续论则是由梁启超最早提出的，他在《论中国学术思想变迁之大势》中说："西人称世界文明之祖国有五：曰中华，曰印度，曰安息，

---

[1]　陈序经：《文化学概观》，中国人民大学出版社，2005年，第218页。

曰埃及，曰墨西哥。然彼四地者，其国亡，其文明与之俱亡。……而我中华者，屹然独立，继继绳绳，增长光大，以迄今日。"①

其后，柳诒徵说："世界开化最早之国，曰巴比伦，曰埃及，曰印度，曰中国。比而观之，中国独寿。"②梁漱溟认为："历史上的中国文化若先若后之古代文化，如埃及、巴比伦、印度、波斯、希腊等，或已夭折，或已转易，或失其独立自主之民族生命，唯中国能以其自创之文化绵系其独立之民族生命，至于今日岿然独存。"③雷海宗通过比较中国史和世界史而提出中国历史具有独一无二的延续性和两大周期④。由此管窥，从这一说法出现的历史背景来看，这一命题明显是全球化时代背景下中国近代民族主义史学思维的产物。

同样，也有一些国外学者认为中国文明是延续的，如美国学者菲利普·李·拉尔夫说："（中国文明）一旦在远东出现，它就延续——并非没有变化和间断，但其主要特征不变——到现代 20 世纪。……它之所以能长期存在，其原因部分是地理的，部分是历史的。……他们很少用武力把他们的意志强加给被征服民族，但是，却把同化被征服民族，使之成为他们的高级伦理制度的受益者当作自己的天职。"⑤

李学勤总结说："不知道有多少中外学者谈论过中国文明的特点，看法虽纷纭不一，但在一点上可说是相当一致的，就是中国文明有独特的持续性。与中国古代文明并时兴起的古埃及等等文明，都未能像中国文明这样绵延久远，迄今不衰。"⑥

当然，虽然许多历史学家支持"中国文化唯一延续论"，但也有学者提出不同的认识。

法国的沙义德（John Scheid）教授在北大讲罗马的皇帝崇拜时说，他不同意西方文明是断裂的文明，中国文明是连续的文明这一说法，欧洲历史也有连续性。还有研究世界史的专家对在中国史和中国考古学领域经常出现的"中华文明是世界历史上唯一连绵不断的文明"的说法感到错愕。因为，中华文明不是世界上唯一未曾中断的文明。"古代人类创造的诸多文明中，有一部分的确是完全中断了，例如古代西亚文明、埃及文明和美洲文明。但也有相当一部分文明以这样和那样的形式延续了下来，至今仍

① 梁启超：《论中国学术思想变迁之大势》，上海古籍出版社，2001 年，第 4 页。
② 柳诒徵：《中国文化史》，东方出版中心，1988 年，第 4 页。
③ 梁漱溟：《中国文化要义》，学林出版社，1987 年，第 2 页。
④ 雷海宗：《断代问题与中国史的分期》（1936 年），《伯伦史学集》，中华书局，2002 年；雷海宗：《中外的春秋时代》（1941 年），《中国的兵》，中华书局，2012 年。
⑤ 〔美〕菲利普·李·拉尔夫、〔美〕罗伯特·E.勒纳、〔美〕斯坦迪什·米查姆等著，赵丰等译：《世界文明史》，商务印书馆，1999 年，第六章"古代中国文明"。
⑥ 李学勤、秦彤：《探索中国文明的起源》，《文明》2003 年第 5 期。

然深刻影响着人们的思想与行为。这就是学者们所说的轴心文明，主要包括中国文明、印度文明、犹太文明和希腊罗马文明。这些文明的一个共同特征在于，在几千年的历史长河中，它们可能吸收了外来的因素，从而发生了深刻的转变和变化，但它们的基本精神传统并未消亡，或者未被全新的思想和观念体系所取代，它们仍然是人们一切活动的轴心。"[①]

另外，中国也不是唯一宣称自己文化具有独特延续性的国家。伊朗国家博物馆馆长阿克巴扎迪·大流士说：伊朗人认为，埃及的楔形文字和两河流域的巴比伦文字后来都被阿拉伯语取代了，而波斯语却生生不息地延续了下来，所以，伊朗文明仍然是例外的，它是中东唯一从未中断的古文明[②]。

一、中国文化是变化的

所谓"文化传统""民族文化"等都是在近代全球化趋势和民族主义思潮兴起的时代背景和社会语境下出现的概念，使用这些概念的人有各自不同的目的，对这些概念也有各自不同的理解，因此这些概念的内涵往往很模糊，言人人殊。

何为"中国文化"？应该是指当代中国范围内历史上的人们所创造的一切文化。

以什么标准来判断中国范围内的古今文化属于一个延续不断的文化，即"中国文化"？如果我们说在中国范围内历史上人们所创造的所有文化就是"中国文化"，那么这种说法是来自我们的主观认同，还是有某些客观标准使我们可以做出这种判断，如古今文化上的一致性，或明确的传承性？

我们所能看到的历史实际是：历史上的中国文化因交流、吸收、融合、调整而不断创新、变化，每个时期、每个区域都有自己的独特文化，这是文化的本性决定的，没有一成不变的某种"中国文化"或"中国文化传统"。谭其骧说："自五四以来以至近今讨论中国文化，大多者似乎都犯了简单化的毛病，把中国文化看成是一种亘古不变且广被于全国的以儒学为核心的文化，而忽视了中国文化既有时代差异，又有其地区差异，这对于深刻理解中国文化当然极为不利。"而且"一方面是因为几千年的汉文化在不断变化，有时代差异，另一方面是因为同一时代汉民族内部文化又因地而异，有地区差异，所以不存在一种整个历史时期或整个封建时期全民族一致的、共同的文化"[③]。

---

① 黄洋：《文明与文明的延续性》，《中国社会科学报》2011 年 8 月 16 日第 5 版。

② 蒲实：《伊朗式道路选择：现代性及其反叛》，《三联生活周刊》2012 年第 19 期。

③ 谭其骧：《中国文化的时代差异和地区差异》，《复旦大学学报（社会科学版）》1986 年第 2 期。

　　正如我们在第十二章所讨论的，文化是一种人类主动适应环境的方式，文化通过不断进行调整与变化来适应不断改变的环境，迎接各种新的挑战，满足人类不断变化的新需要。不能做出及时调整以便有效应对问题的文化必然走向崩溃和消亡，变化是文化的主要特征之一。文化的发展既有传承，也有变化，没有一成不变的传统文化。中国历史上的文化也不例外。正如 C. W. 沃特森说："任何关于文化形态的连续性的声称，都在严格的历史审视中发现是不能证实的，因为在事实上文化的象征和形态总是处于一种不断的变动中，而且在过去的几个世纪中已发生了质的变化。"一个事实是，"即我们都在不断地进行调整以适应社会环境的变化，不断地学习认同新的角色和如何适当地扮演他们"。"文化的本质是根据时代的需要不断地被重构和更新的。""文化被不断地修正和改造。因此，尽管文化表现出某种不变的本质，把民族的标签贴到文化上纯属一种误导，对于什么是英国（或法国或西班牙或中国或印度）文化今天所传递的，无论人们如何试图区分它的特质，和一个世纪前被贴上同样标签的文化所传递的几乎毫无相同之处。"①他说得很中肯！

　　中国历史文化中的变与不变，断裂与延续往往表现为"名虽同，实已变"，正如流行于世界各地的川菜，虽然都自称"川菜"，但各地的川菜往往不同，都会根据当地的原材料和口味喜好做出调整。一个不能随时代、环境变化而变化的文化不是一个具有良好适应能力的文化，而是一个没有生命力的、早晚会被历史淘汰的文化！

　　所谓"中国文化"在历史过程中实际上也是不断变化的，从考古发现与文献记载看，中国历史上的文化，无论是物质、技术层面的文化，制度层面的文化，还是思想观念层面上的文化都是在不断变化之中。"中国文化"的实质也是在不断的交融中演变发展，其涵盖的人群和地域在不断扩大之中，其文化内涵也在交流融合中不断发生变化。

　　从考古学所发现的历代物质文化看，中国历史上的衣、食、住、行、墓葬制度等方面都直观、明显地展示出文化的巨大变化，每一个时代都有自己的独特物质文化面貌，如从仰韶文化的彩陶到龙山时代的灰陶、黑陶和玉器，再到夏商周时期的青铜器，再到战国以后的铁器，唐宋以后的瓷器，均发生了根本性的变化。有人说元以后中国的文脉已断，有人半开玩笑地说"唐文化在日本，明文化在韩国，传统文化在中国台湾"，等等。这种说法虽比较绝对，但至少说明日本保存了较多的唐文化因素，韩国保存了较多的明文化因素。可以说中国历史上没有两个朝代的文化是相同或相似的。我们之所以能从考古发现的物质文化遗存中区分出不同历史阶段的文化，如新石器时代文化、夏商周文化、秦汉文化、唐文化、宋文化，等等，就是因为文化发生了变化。正是因

---

① 〔英〕C. W. 沃特森著，叶兴艺译：《多元文化主义》，吉林人民出版社，2005年，第32、33、35、90页。

为这种不同和变化，考古学的器物学分期断代才能得以开展和成立。但我们在谈论"中国文化"时却忽视了这种文化的变化！

从制度层面文化看，由新石器时代，经夏商周三代，历经秦汉隋唐宋元明清，国家政治体从无到有，从祖先崇拜信仰和血缘组织为社会基础的宗法制政体到以皇权为核心的家天下的集权专制政体，再到近现代的民族国家的民主政治思想与实践，政治体制处于不断变化之中。从另一方面讲，也只有不断调整、变化的政治体制才能适应时代的变化，才会有生命力。

从思想观念文化层面看，虽然中国历史上的思想观念变化更多采用"旧瓶装新酒"的方式，即通过对儒家经典的考据、诠释等来发展时代需要的新思想[1]，但不同时代思想观念的变化是明显的。除了"五经注我"式的时代思想创新与表达外，还有学者提出，中国历史上曾出现过三个重要而明显的社会转型与文化重构时期：春秋战国诸侯争霸、百家争鸣到秦统一天下、汉以后独尊儒术；魏晋南北朝的长期分裂、儒道释相互争鸣与唐宋新儒学的更新；明末清初以来的西方殖民入侵与西学东渐对中国持续至今的影响[2]。

从人群迁徙和政权的统治集团来源看，不同王朝也不一样，其中的许多统治集团均来自周边文化区的族群，如南北朝时期的多个政权、元和清政权。

从不同区域文化交流融合角度看，从不同文化圈相互作用共同形成文化大传统的新石器时代到夏商周以后的历史时期，每个时代都有各种不同的区域族群文化与中原文化发生接触，不断重复着由"夷夏之辨"到"夷夏之变"的融合过程，如夏商周时期的东夷、蛮越、戎狄、东胡等，两汉时期的匈奴、羌人，南北朝时期的鲜卑、匈奴、羯、氐、羌，隋唐的突厥、回鹘、吐蕃、南诏等，宋代的契丹、女真、西夏，元明的蒙古，清代的满人，等等。

在全面考虑中国文化发展进程的前提下，研究中国历史上各种文化之间的交流，

---

[1] 例如，从思想文化的演变看，钱穆认为，儒家在各历史阶段都根据新的生活现实而更新其价值系统，使之能继续发挥引导或规范的作用。他将儒学的发展分为六个时期：第一，先秦是创始期；第二，两汉是奠定期，以经学为主，而落实在一切政治制度、社会风尚、教育宗旨以及私人修养之中；第三，魏晋南北朝是扩大期，不但有义疏之学的创立，而且扩大到史学，从此，经、史并称；第四，隋唐是转进期，儒学在经、史之外又向文学转进，杜甫之诗与韩愈之文都为儒学别开生面；第五，宋、元、明是儒家之总汇期与别出期，所谓总汇，指上承经、史、诗文的传统而加以融汇，所谓别出，则是理学；第六，清代儒学仍沿总汇与别出两条路进行，但内容已大不相同，尤其清儒的别出在考据而不再理学，至于晚清公羊学的兴起则更是别出中之别出了。见钱穆：《中国儒学与文化传统》，《中国学术通义》，九州出版社，2011年。

[2] 崔存明：《社会转型与文化重构》，《光明日报》2013年8月6日第11版。

在不同历史时期，文化的接触对象、交流的可能性、交流方式、过程、重点、结果及其影响等均不相同。从文化发展进程看，中国古代文化交流的主流早期是各区域文化之间，后来是中原文化与周边文化的交流及融合。随着交流融合的深化，文化间的认同趋同，中国文化区不断扩大，中国与新的周边族群文化接触、交流和融合。在早期，中国与当代所认定的域外文化的交流虽然存在，但并非主流，直至历史后期，随着中国文化区的扩大，以及某些文化的扩张，中国文化与这些文化才发生广泛的接触，彼此的文化交流才日渐明显。而我们传统的研究对当代中国文化区域内各古代文化之间的交流、融合和中国文化形成发展的历史过程并未予以足够的重视，而是简单地、概念化地作为一个整体对待。因此，我们可以说，从某种意义上讲，"中国文化""华夏文化"更多的是一种"概念"和"主观认同"，而非历史，尤其是文化发展史的真实状况。

在多元文化交流融合的历史过程中，中原地区受到的外来文化冲击最多，不同族群在此来来往往，不同朝代的统治集团往往又来自不同文化区。除了统治集团变化，还有各种经济、文化等方面的交往，如汉唐长安、洛阳的胡人及其文化等。这些外来者不仅仅是完全被中国文化所同化，同时他们也在改造中国文化，使之不断变化、发展、适应。陈序经说："两种或两种以上的文化接触以后，他们无论任何一方都不能独立生存。因为接触一经发生，立刻变为一种新局势、新要求与新趋势。""假使我们上面所说的话是不错的，那么所谓保存固有文化这句话，无论在文化发展的理论上，或趋势上，都是不通的。因为在两种或两种以上的文化尚未接触之前，既无所谓固有，在他们已经接触之后，他们也惟有一个共同的文化，而无所谓固有。"[1] 但中国历史上的儒家知识分子通过以正统名义和儒家等主流思想为指导的历史叙述再建构，将这些不同文化与族群纳入传统文化之中，成为中国文化的一部分，而忽视了他们的自身特色和对中国文化的贡献。这些都从侧面反映不同时期文化的名同实异。

我们以秦文化为例：在西周时期，秦文化的特征主要表现为周文化特征，两者关系密切[2]，但从春秋开始，随着秦文化与周边文化的交流、融合，秦文化面貌发生了巨大变化，屈肢葬、土洞墓、茧形壶、铲形足袋足鬲等一系列独具特色的文化因素流行。《春秋经》则视秦为戎狄，也有学者称之为"戎狄性"[3]。正是由于秦文化的这种早晚

---

① 陈序经：《文化学概观》，中国人民大学出版社，2005年，第330页。

② 牛世山：《秦文化渊源与秦人起源探索》，《考古》1996年第3期。

③ 杜正胜：《周秦民族文化"戎狄性"考察——兼论关中出土"北方式"青铜器》，《周秦文化研究》，陕西人民出版社，1998年。

文化的差异和多组文化因素并存的现象，导致学术界对秦人来源有不同观点[①]：从考古证据出发，有人认为早期秦文化就是周文化，有人则认为早期秦文化应该是西北地区的羌戎部族文化。如果我们从文化交流、融合和演变的角度，就不难理解这一现象。由于宗周文化的衰落和失去控制力，秦人在西北的拓展中不仅控制了大量羌戎人口，而且吸收了他们的文化，使自己的文化面貌发生了明显变化。羌戎人也渐渐认同了秦文化，而成为"秦人"。同样，楚文化的发展也表现出相似的趋势。这种文化的交流、融合是双向的，正是这种多元文化的交流融合，奠定了它们作为战国七雄的基础。正是在这一基础上，秦人才有可能建立远大于周的统一大帝国，使"中国""华夏"的文化认同区域更为扩大。与此同时，随着中原文化与周边文化的交流、融合，许多周边部族的神话祖先也纳入黄帝神话谱系中。

即使作为中国文化延续性的重要表征之一的汉语言文字也是不断变化的，汉语言一直在与其他语言、文化的交流中不断吸收外来的词汇，同时渐渐放弃许多旧的词汇。且不说现在我们大量使用的外来词汇，如互联网、达人、双赢等。就是在古代，不同时期，这种现象也不断重演，如我们常用的葡萄、胡同、一刹那、六根清净、借花献佛、无事不登三宝殿、放下屠刀立地成佛，等等，无不是来自外来语言、文化或宗教。因此，有没有所谓的"纯正汉语"之说是值得推敲的。

胡适说："一个民族也和个人一样，最肯学人的时代就是那个民族最伟大的时代；等到他不肯学人的时候，他的盛世已过去了，他已走上衰老僵化的时期了，我们中国民族最伟大的时代，正是我们最肯模仿四邻的时代：从汉到唐宋，一切建筑、绘画、雕刻、音乐、宗教、思想、算学、天文、工艺，那一件里没有模仿外国的重要成分？佛教和他带来的美术建筑，不用说了。从汉朝到今日，我们的历法改革，无一次不是采用外国的新法；最近三百年的历法是完全学西洋的，更不用说了。到了我们不肯学人家的好处的时候，我们的文化也就不进步了。"[②]

一些著名学者也意识到现代我们普遍认同的中国文化和政治区域与古代中国文化和政治区域并不相同，现代中国文化和政治区域，是不同历史时期多种文化交流融合与拓展的产物，并非古已如此。在这一交流融合的过程中，文化之间不断接触、交流，直至互相学习、融合，由此，中国文化的面貌、内涵不断发展变化，具有共同文化认同的族群和政治区域不断扩大。

---

① 刘庆柱：《试论秦之渊源》，《人文杂志——先秦史论文集》，1982 年；韩伟：《关于秦人族属及文化渊源管见》，《文物》1986 年第 4 期。

② 胡适：《信心与反省》，《胡适文存》，外文出版社，2013 年。

正因为有这种意识，所以他们认识到研究这一文化发展演变历程对我们认识当代中国文化及展望其未来发展具有特别的重要性。自近代以来，就不断有学者将认识中国文化的发展过程，即中国文化是如何一步步发展成今天这样一个面貌特征和文化认同的，作为一个重大课题。梁启超在《中国历史研究法》一书中，提出了中国历史学的重大课题包括："中华民族由几许民族混合而成？其混合醇化之迹如何？"①苏秉琦也提出："第一，应把被歪曲了的历史恢复它的本来面貌，这就是中原中心、汉族中心、王朝中心的传统观点，必须改变，恢复历史的原貌。第二，必须正确回答下列诸问题，中国文化起源，中华民族的形成，统一多民族国家的形成和发展，等等。"②

二、中国文化是多源与多元的

如果我们说历史上有一个所谓的"中国文化"存在的话，那这个"中国文化"不仅是变化的，还是多源与多元的。

从考古学资料来看，在新石器时代，中国的核心区已经形成了多元文化分布的特征，夏鼐将中国新石器文化划分为七大区域③；苏秉琦将新石器文化分为黄河中游、黄河下游、长江中游、长江下游、鄱阳湖—珠江三角洲、以长城为中心的北方文化区等六大区④；严文明将中国新石器文化概括为中原文化区、山东文化区、长江中游文化区、江浙文化区、燕辽文化区和甘青文化区，从经济类型上，又可划分为旱地农业经济文化区、稻作农业经济文化区、狩猎采集经济文化区三大经济类型区域，他由此提出"中原以外这五个文化区都紧邻和围绕着中原文化区，很像一个巨大的花朵，五个文化区是花瓣，而中原文化区是花心"⑤。张光直提出新石器时代多区域文化与交互作用圈理论⑥。所有这些观点都认为新石器时代已经出现文化多元的现象，这些多元文化都是后来中国文化的源头，即中国文化是多源的。

经过新石器时代的多元文化共存、接触、交流和融合，至二里头文化时期形成中原文化的雏形，经过三代时期中原与东、西方几大文化集团的交流和融合，至周代初

---

① 梁启超：《中国历史研究法》，《梁启超史学论著四种》，岳麓书社，1998年，第111页。
② 苏秉琦：《华人·龙的传人·中国人——考古寻根记》，辽宁大学出版社，1994年，第3页。
③ 夏鼐：《碳14测定年代与中国史前考古》，《考古》1977年第4期。
④ 苏秉琦、殷玮璋：《关于考古学文化的区系类型问题》，《文物》1981年第5期。
⑤ 严文明：《中国史前文化的统一性与多样性》，《文物》1987年第3期。
⑥ 张光直：《中国相互作用圈与文明的形成》，《庆祝苏秉琦考古五十五年论文集》，文物出版社，1989年。

步形成以礼乐文化为特征的"华夏"文化认同和夷夏之分的概念，再经过春秋战国时期诸国与各自周边文化，如南方的蛮越、北方的戎狄、东方的夷人等的冲突、交流与融合，更大范围的中国文化区和文化认同形成，为秦汉帝国的建立打下了基础。

另一方面，进入三代以后，虽然形成了以礼乐文化为代表的文化大传统认同，但各地仍然保存了自己的文化小传统，文化大传统与文化小传统共存互动一直是中国文化发展史的特色。理解三代以后的中国文化，我们仍然不能预设只有一个单纯的所谓"中国文化传统"。实际上，在中国文化发展史上，不同时期都存在过多个更小区域的文化传统。从大小文化传统的视角来看，夏商周朝代政权的更替应该是不同区域文化在认同、接受文化大传统的过程中不断壮大自己，夺取主导地位的同时，又以自己的文化不断补充、修正和发展文化大传统的过程。正如赵辉总结三代考古的重要收获时所说："业已从考古学角度明确分辨出夏商周分别是三种有联系、却不相同的考古文化，各有自己的发祥地，彼此都有一定的并立共存期。三者的关系，并非'父子'，却似'兄弟'。按照苏秉琦先生的说法，长期以来，我们的历史教育中存在一种'大一统观'，将夏、商、周、秦、汉视为一脉相承的改朝换代。这种观念虽然不断遭到质疑，然最终使之化为陈腐者，全赖考古学的证据。"[①] 这种大小文化传统的互动现象在后来的历代王朝更替和各种族群之间的互动、融合过程中不断上演，由此，中国文化在不断调整变化之中广纳百川，融合创新，保持活力。因此，我们可以说，中国历史上没有一个延续的、一成不变的、囊括全国范围的所谓文化传统[②]！

刘师培、傅斯年、劳思光等也都指出先秦诸子具有不同的地域性传统。傅斯年认为，鲁国盛行秉承周代的礼乐文化传统，"于是拿诗书礼乐做法宝的儒家出自鲁国，是再自然没有的事情"。阴阳家则是齐国以及燕国的文化传统的产物，齐人喜作荒诞不经之论，燕人热衷方士之术，"邹子出于齐，而最得人主景仰于燕，燕齐风气，邹子一身或者是一个表象"，同时齐国的上述文化传统孕育了"骨子里只是阴阳五行，又合着一些放言侈论"的"齐儒学"，而有别于鲁国"儒者的正统"[③]。刘师培指出，墨家以宋国为重镇，是因为"宋承殷人事鬼之俗，民习于愚"，并且宋地重厚好蓄藏，"故

---

① 赵辉：《考古学与中国历史的重构——为纪念北京大学考古专业成立五十周年而作》，《文物》2002 年第 7 期。

② 徐良高：《中国三代时期的文化大传统与小传统——以神人像类文物所反映的长江流域早期宗教信仰传统为例》，《考古》2014 年第 9 期。

③ 傅斯年：《战国子家叙伦·论战国诸子之地方性》，《中国学术流变》（上册），华东师范大学出版社，2003 年，第 139—144 页。

墨子尊天明鬼之说得而中之"，节用薄葬之说由此起。他还说："西秦三晋之地，山岳环列，其民任侠为奸，刁悍少虑，故法家者流，起源于此。"①关于道家的地域性传统，劳思光认为："南方哲学思想之代表，即为老子及庄子之学说"，所谓"南方之文化传统，则混合殷人及祝融氏族之文化而成，实是中原之旧文化"，"老子固楚人，庄子宋人，而宋正殷后也"；另外，"南方吴越一带之巫术亦留下某种神秘观念。皆对战国秦汉之思想大有影响"②。

谭其骧说："五四前后一般认为中国文化就是孔子思想，就是儒家的学说，就是纲常名教那一套，我看不能这么说。儒学孔教从来没有为汉族以外的兄弟民族所普遍接受，例如藏族早先信苯教，后来改信藏传佛教即喇嘛教；蒙古族本信萨满教，后来也信了喇嘛教；维吾尔族在蒙古高原时本信摩尼教，西迁新疆后改信佛教，宋以后又自西向东逐步改信了伊斯兰教。所有少数民族都各有其独特的信仰与文化，只有少数上层分子在入居中原后才接受儒家思想。""姑且不讲全中国，即使未讲秦汉以来的历代中原王朝，专讲汉族地区，二千年来既没有一种纵贯各时代的同一文化，更没有一种广被各地区的同一文化。虽然儒家学说一直是二千年来中国文化的一个重要组成部分，却从没有建立起它的一统天下，犹如基督教之于欧洲诸国，伊斯兰教之于穆斯林国家那样。各时代风俗习尚的地区差异，更充分说明了好儒尚礼的地区一般只占王朝版图的一小部分，很难到得了一半。而在这小部分地区内，即使能做到'家有诗书，人多儒雅，序塾相望，弦诵相闻'，支配人们精神世界的，却不可能是纯正的孔孟思想，不杂二氏之说，不信鬼神。他们的行为准则，也不可能完全符合于儒家的道德标准、伦理观念。""中国自古以来是一个多民族的国家，各民族在未完全融合为一体之前，各有本族独特的文化。所以严格地说，在采用'中国文化'这个词时，理应包括所有历史时期中国各族的文化才是。只是由于汉族占中国的极大多数，整个历史时期汉族文化较其他各族为先进，所以通常都将'中国文化'作为汉族文化的代名词，这等于是习称汉文为中文，汉语为中国话一样，也未始不可通融。但是，犹如讲中国通史不应局限于中原王朝的历史一样，今后我们开展中国文化的研究与讨论，或编写一部中国文化史，切不可置其他兄弟民族的文化于不问，专讲汉族文化。""姑以'中国文化'专指汉族文化，汉族文化几千年来是在不断演变中的，各个不同时代各有其不同体貌，也不能认为古往今来或整个封建时代一成不变。中国文化各有其具体的时代性，不能不问时代笼统地谈论中国文化。""姑以'中国文化'专指历代中原王朝境内的文化，

---

① 刘师培：《刘师培学术论著》，浙江人民出版社，1998年，第135页。
② 劳思光：《新编中国哲学史》（一），台湾三民书局，1984年，第74页。

任何王朝也都存在着好几个不同的文化区，各区文化不仅有差别，有时甚至完全不同。因此，不能把整个王朝疆域看成是一个相同的文化区。也就是说，中国文化有地区性，不能不问地区笼统地谈论中国文化。"①

这些中国文化多源与多元的观点以及中国文化大传统与小传统理论都很好地说明了中国文化在历史上的统一性与多样性、延续性与变化性、维持传承与保持活力、上层精英文化与民间大众文化之间的复杂关系。

总之，我们认为在中国古史与中国文化的研究中，首先必须明确这些观念：中国古代文化是多元的，抑或一元的？古代中原华夏文化与周边文化是平等的，互为影响的，抑或一枝独秀？是中原华夏文化的单向传播、同化，抑或双向的交流融合？"中国文化"是古今名实一致的，抑或"中国文化"只是一个概念和认同，其内涵在历史上是不断变化、扩展的？

新资料、新理论和文化比较研究成果迫使我们必须反思我们的许多传统史观和概念。只有保持一种开放的史观，我们才可能更全面地认识古代社会和人类文化发展史，更接近历史的真相，从而开辟中国历史研究的新天地，同时为当代中国文化在当今世界文化全球化和民族化冲突的大潮流中如何进行文化交流、融合、创新和发展提供历史的参考。

三、"中国文明唯一延续论"形成原因探析

有人说，对于一个西方文化背景下成长的西方学者来说，中国文化最大的兴趣和困惑莫过于以下问题：为什么中国文化在历史发展过程中不像其他古代文明中断了？在地域如此广大、人口如此众多、地域差异如此巨大的背景下，中国文化真的是一致的吗？他们是如何维系文化认同和凝聚力、向心力的呢？欧洲有如此多的国家，而中国这么大，却只有一个国家，一种文化认同，为什么有这种差异？这些问题不仅是作为"他者"的西方学者关注的重点，也是我国现实社会生活中需要寻找答案的问题。

正如前面所论，中国文化在历史过程中既有相似性、传承性的一面，更有变化、多源与多元的一面，但我们为什么会留下"中国文化具有唯一延续性"这样的印象并特别强调"中国是世界几大文明古国中唯一未曾中断，延续至今的古老文明"呢？

我们认为，大致来说，"中国文化唯一延续论"观念的形成既与自我文化中心主义、

① 谭其骧：《中国文化的时代差异和地区差异》，《复旦大学学报（社会科学版）》1986 年第 2 期。

中原文化优越论以及传统的"文化一元论"、正统史观和"大一统"历史思维方式等有密切关系，更与近代民族国家历史记忆的建构有密切关系，是民族国家历史叙述的建构与想象给我们带来的一种印象。

第一，祖先崇拜思维与共同祖先认同的影响，以及由此带来的尊古观念。

在祖先崇拜和尊古观念影响下，特别强调今人与古人之间的血缘纽带，彼此之间既然血脉相承，文化上自然更是传承有序。在这种血缘关系叙述的构建中，来自不同地区、不同文化的人群都被不断地纳入炎黄始祖的华夏血缘大家庭中，共同的祖先、共同的文化传统成为大家一致认同的对象，由此，古今文化一体感、延续性也成为我们历史记忆的一部分。

第二，修史、修谱传统强化了古今文化一脉相承之感。

文化传统影响我们的思想观念，而我们的思想观念也在不断重新定义"传统文化"的内涵与外延，两者相互作用。

中国悠久的以正统史观和"大一统观念"为指导的修史传统和历史叙述使得中国文化的统一性、传承性等观念深入人心。但中国考古学的成就改变了这种受上层文化操控的文献史学对历史的垄断陈述，使我们看到了中国文化发展历史的另一面，也可能是更真实的一面，即文化的延续性、统一性只是上层文化和表面现象，在中国历史上，文化起源的多源性、地域文化的多元性和文化发展的变化性才是实质性的特征，正如西汉与东汉虽都是刘姓王朝，在文献中一直被视为一脉相承，但如果没有文献记载，两者之间只从考古发现的物质文化遗存，如器物、墓葬、建筑风格等所展示的文化面貌看，我们可以说彼此基本上是两个差异很大的文化体系。

第三，悠久而独特的汉语言文字的影响。

同一、规范的汉语言文字书写体系是具有鲜明特色的中国文化大传统。数千年来，汉字的一脉相承现象给我们带来了明显的中国文化延续性和一致性的印象，虽然汉语言文字的词汇、结构不断地受到其他文化的影响而处于变化之中。"过去，汉字的使用使分散在亚洲各地的人保持一定程度的统一。"[①]古文字学家许进雄说："数千年来，汉字虽然已由图画般的象形文字演变成非常抽象的结构，但是稍加训练，就可以通读千年前的文献。同样的，不同地区的方言虽不能交谈，但却可以书写和通读一种共通的文字。中国的疆域那么广大，地域又常隔绝，其包含的种族也很复杂，而犹能融合

---

① 〔美〕欧文·拉兹洛编辑，戴侃、辛未译：《多种文化的星球——联合国教科文组织国际专家小组的报告》，社会科学文献出版社，2001年，第200页。

成一体。此特殊的语文特性应是重要的因素。"①

第四，"旧瓶装新酒"式思想文化创新方式的影响。

在专制皇权支持下的儒家独尊地位，以及对儒家经典的"旧瓶装新酒"式思想创新方式的诠释造成中国文化，尤其是主导性的思想观念呈现出一种古今延续一致的印象。

在中国传统的专制社会中，新的思想往往要以旧的名义出现，以防"标新立异"之讥；而在当代，往往是冷饭旧论也要标榜创新，唯恐"缺乏创新"之论。在专制社会和儒家独尊的社会背景下，文化创新一般都是采用"旧瓶装新酒"的方式，即通过对经典的重新选择、解读、诠释与评价，赋予新的意义，建构新的文本。有人说中国学术史、思想史在百家争鸣之后，就是一部不断地把智慧消耗到注经中的历史。"中国文化"在历史上的发展模式之一就是通过对经典的不断重新选择、阐释，以融入新的、时代性的思想与观念，满足不同时代的需要，今古文经学术传统是既相对又互补的两种手段与方法。中国文化也常常以旧瓶装新酒的形式吸收其他文化，进行自我文化改造与创新，所谓"中学为体，西学为用"就是这种表现。所谓"中国文化的延续性"感觉也由此而产生。

汉代以后，历朝历代都奉儒家思想为官方的指导思想，表现出一种对大传统文化的认同。历史上，历朝历代基本都认同、接受这一大传统文化，以这一文化的继承者、弘扬者自居，并由此而获得文化上的"正统"地位。

第五，近代民族国家通史叙述构建的影响。

受近代民族主义思潮影响，为满足民族国家"历史记忆"需要而构建的民族国家通史叙述带给我们"中国文化具有唯一延续性"的印象。因为，民族主义观念和当代民族国家历史叙述的构建为了满足强化国民凝聚力，培养具有共同祖先与历史的民族认同，证明当代民族国家的正当性、合法性和历史悠久，培养民族自豪感而特别强调古今民族、文化的一体性与传承性。正如费正清所说："历史学家和社会学家给我们描绘了中国的两个形象，一个强调今天中国同它长期过去历史的连续性，一个强调革命变革和创新的新颖特点。我们需要把这两种形象结合起来。连续和间断毕竟是作为历史的经纬联系在一起的。"② 有学者指出："中国多民族统一国家的形成，一方面是历代政府文治武功的结果，另一方面则是史家对民族文化历史系谱精心构筑的

---

① 许进雄：《中国古代社会——文字与人类学的透视·序论》，台湾商务印书馆，1995 年，第 1 页。

② 〔美〕费正清著，张理京译、马清槐校：《美国与中国》（第四版），商务印书馆，1999 年，第 330 页。

结果。"①

所谓"民族文化传统"是在民族主义盛行的时代背景下，通过回忆与遗忘、突出与扭曲等历史记忆的重构手段对历史素材进行阐释与想象而建构出来的时代概念。它常常被作为想象的共同体——民族的重要特征之一，以强化民族的自觉意识、自我认同和"我者"与"他者"民族之间的差异感。

"中国文化唯一延续论"观念、最早"中国"论和华夏民族起源论等以及有关从最早中国到现代中国发展史和中华民族演变史的构建都是受近代民族主义思潮影响的，具有时代性的历史解读与叙述，因为满足了中国人寻根和获得群体认同的心理需要，以及培养构建民族国家意识和增强中华民族向心力、凝聚力的现实政治需要而被广泛宣传和被大众接受，成为当代中国无可争议的主流历史话语体系。

总之，汉字的延续，祖先崇拜的血缘传说体系，尊古传统，旧瓶装新酒式的文化创新方式，正统观、大一统的历史叙述传统和当代的民族国家历史叙述，等等，共同造成并强化了中国文化具有唯一延续性的印象。因此，我们可以说，中国文化具有唯一延续性的观念是具有强烈历史自我认同的中国历史学家基于民族主义思想和民族国家的时代需要，为塑造民族国家公民的共同历史记忆而建构的"我的"民族国家历史叙述及其宣传、教育对我们思想观念所产生作用的结果，是历史叙述带给我们的影响，并构成一种我们有关中国历史的认知。这也是历史学的价值与社会作用的一种体现，正如梁启超在《新史学》中所说："史界革命的目的是要把史料和对史料的解说结合在一起，以提供行动指南和唤起爱国主义意识。""不对史学进行革命，史学便没有能力促进中国民众的民族意识和保证中国的续存。"② 新史学的目的就是要培养中国人的民族意识和民族自豪感，强化民族认同和凝聚力。

---

① 钱茂伟、王东：《民族精神的华章——史学与传统文化》，北京图书馆出版社，2004年，第169页。

② 〔德〕施耐德著，关山、李貌华译：《真理与历史——傅斯年、陈寅恪的史学思想与民族认同》，社会科学文献出版社，2008年，第66、67页。